부끄럽지 않은 복음

플레밍 러틀리지의
로마서 설교

부끄럽지 않은 복음
: 플레밍 러틀리지의 로마서 설교

2022년 10월 31일 초판 1쇄 발행

지은이　플레밍 러틀리지
옮김·펴냄　김지호
편집　김지은

도서출판 100
전　화　070-4078-6078
팩　스　050-4373-1873
소재지　경기도 파주시 아동동
이메일　100@100book.co.kr
홈페이지　www.100book.co.kr
등록번호　제2016-000140호

ISBN　979-11-89092-11-5　03230

플레밍 러틀리지는 로마서를 "신학적 다이너마이트"라고 부른다. 이 로마서 설교를 듣거나 읽으면 그녀가 다이너마이트의 도화선에 불을 붙이려 하고 있음을 알게 된다. 열정, 번뜩이는 탁월함, 관심을 사로잡는 재치로 무장한 설교가 부끄럽지 않은 정통 신학을 힘 있게 펼쳐 낸다. 러틀리지는 우리 시대의 가장 우아하고 유창한 설교가지만, 그 우아함에도 불구하고 이 설교는 폭격이다. 그녀가 투척한 '폭탄'은 예수 그리스도의 복음이며, 그녀가 촉발한 폭발은 복음의 진리를 신선하게 들려준다. 이 책은 오늘날 가장 주목할 만한 설교자의 주목할 만한 설교 모음집이다.

윌리엄 윌리몬 듀크대학교, 미국 연합감리교회 감독, 《오라, 주님의 식탁으로》의 저자

바울의 급진적 복음이 거의 알려지지 않은 시대에 플레밍 러틀리지는 교회에 엄청난 일을 했다. 목회자와 평신도 모두를 위해서 말이다. 그녀의 생생한 로마서 설교는 우리 앞에 놓인 현대의 위기들과 마주하여, 바울을 사로잡았던 진리─십자가에 못 박히시고 부활하신 그리스도 안에서 하나님의 뜨거운 자비가 세상을 붙들고 있어서 죄, 죽음, 심지어 불신조차도 이 자비를 무산시킬 수 없다는 진리─로부터 힘과 열정을 얻어 낸다. 나는 오늘날 그리스도교 교회를 쇠약하게 하는 '자기 계발적' 종교성을 치료할 수 있는 이보다 더 좋은 해독제를 생각해 내지 못할 것이다.

존 바클레이 더럼대학교, 《바울과 은혜의 능력》의 저자

플레밍 러틀리지는 죄와 죽음의 권세, 그리고 그보다 훨씬 더 강력한 하나님의 은혜에 대한 로마서의 급진적인 주장을, 시간을 초월하면서 동시에 시의적절한 방식으로 우리에게 열어 보인다. 여기에는 깊은 성경 독해와 인간의 삶에 관한 그녀의 기민한 통찰이 스미어 있다. 바울 서신 설교를 회피하거나 고민하는 수많은 목회자가 러틀리지의 《부끄럽지 않은 복음》을 환영할 것이다.

비버리 로버츠 가벤타 프린스턴신학교, 《로마서에 가면》의 저자

러틀리지의 새로운 설교 모음집 《부끄럽지 않은 복음》은 신학적으로 풍성할 뿐만 아니라 우아하고 문학적이다. 그녀는 현대의 도전과 기회에 아주 충실히 뿌리내리면서도 시대를 초월하는 설교를 써냈다. 동료 설교자들은 이 책의 귀중함을 알게 될 것이다.

존 E. 펠란 Jr. 노스파크신학교

바울의 글을 설교하는 일은 설교자에게 힘든 과제다. 복음서 이야기로 설교하는 것이 언제나 더 쉽다. 플레밍 러틀리지는 단지 바울과 씨름한 것이 아니다. 로마서와 씨름했다! 그녀의 로마서 설교 모음집은 이 서신이 부딪힌 신학적 문제들을 마주하고 있으며, 지금까지 사도 바울을 피해 왔던 목회자들에게 경이로운 모델을 제공한다. 러틀리지는 명료하고 품위 있게 썼으며, 현대 세계와 이 서신의 연관성을 두드러지게 나타냈다. 이 책은 오늘날에 맞게 바울을 해석하고자 하는 모든 목회자의 책장에 꽂혀 있어야 한다. **찰스 B. 쿠사** 컬럼비아신학교,《바울서신》의 저자

플레밍 러틀리지의 설교는 그리스도교 신앙을 대담하게 고백하는 동시에 인간 실존을 세심하게 파헤친다. 이 책은 날카로우면서 매력적이고, 시의적절하면서 시대를 초월한다. 이 책은 순식간에 모든 설교자의 책장에서 루터의《로마서 강의》와 바르트의《로마서》옆에 나란히 자리할 것이다. **데이비드 J. 루즈** 루터신학교

플레밍 러틀리지가 또 해냈다! 그녀의 설교 모음집을 아는 사람이라면 그녀의 책을 특징짓는 복음 중심적 열정과 사려 깊은 주해로 또다시 기뻐할 것이다. 하지만 한 번 더 놀랄 준비를 하시길. 아침마다 새로운 하나님의 자비처럼 로마서에서 펼쳐지는 바울의 복음은 매일 아침 신선하고 새롭다. 이만큼 세월이 흘렀으니 이제 로마서에 대해 무언가 새로 말할 것이 없다고 생각했는가? 이 설교는 우리 삶에 닥친 고통과 어려움이라는 가장 깊은 심연에 하나님 말씀의 힘이 중요하다는 점을 증거하고 또한 그 힘이 고갈되지 않음을 보여 준다. 자신의 로마서 설교와 강의에 동력을 불어넣고 또한 자신의 영적인 독서가 깊어지기를 원한다면, 이 책을 놓치지 마라! **A. 캐서린 그립** 버지니아신학교

나는 모든 설교자에게 이 책을 추천한다. 설교학이 훌륭하게 녹아 있다. … 이 책은 로마서가 주는 복음의 도전을 강력하고 탁월하게 보여 준다. *Expository Times*

러틀리지의 설교는 명료하고, 잊히지 않으며, 바울의 메시지에 있는 역설들을 솜씨 있게 다룬다. 결코 그저 흑과 백으로 설명하지 않고, 단순화하기에는 너무 기이한 복음의 뉘앙스를 명확하게 표현한다. *Christian Century*

루와 도로시에게

차례

로마서 1-8장 설교

이스라엘과의 연결점:
로마서 9-11장에 관한 세 편의 설교

로마서 9-16장 설교

머리말

왜 로마서인가?

사도 바울이 로마에 있는 그리스도인들에게 쓴 편지에는 독특한 중요성이 있습니다. 로마서 해석의 역사를 보면 이 점을 쉽게 알 수 있습니다. 그리스도교 역사에서 로마서는 주요한 신학 혁명의 촉발제였습니다. 로마서 말고는 성경에서 다른 책 하나를 꼽아서 이렇게 주장할 수 없습니다.

마르틴 루터의 (갈라디아서 독해와 더불어) 로마서 독해가 신앙의 폭발을 일으키면서 종교개혁이 시작되자, 서구 세계는 이 서신이 신학적 다이너마이트임을 발견합니다. 장 칼뱅은 여전히 급진적인 아우구스티누스의 로마서 독해를 발굴하고 기뻐했습니다. 또한 이 편지는 1738년 올더스게이트에서 존 웨슬리의 회심을 일으킨 원천이었습니다. 1922년 출간된 칼 바르트의 로마서 주석은 "신학자들의 놀이터에 던져진 폭탄처럼 느껴졌고"[1] 그 영향은 전혀 사그라지지 않았습니다. 로마서는 이 해석자들로 하여금 신학적 미개척지로 나아가게 했습니

---

1 로마 가톨릭 신학자이자 역사가인 칼 아담이 한 유명한 말입니다.

다. 이야기가 시작될 무렵 하나님께서 아브라함으로 하여금 고향을 떠나 나아가게 하신 것처럼 말이죠. 그리고 교회는 이런 운동이 발산한 힘으로 여전히 살아가고 있습니다. 개인적인 이야기를 하자면, 제가 열다섯 살 때 성 바울이 로마에 보낸 메시지가 처음으로 눈에 들어오기 시작했는데, 그 후 제 인생은 결코 전과 같을 수 없었습니다.

그러나 오늘날 수많은 주류 교회는 대개 복음서 구절을 토대로 설교를 합니다. 구약성경보단 복음서를 사용하는 추세고, 바울 서신을 사용하는 경우는 꽤 드뭅니다.[2] 예수님의 가르침은 단순한데, 바울이 이를 교리적으로, 이지적으로 복잡하게 만들었다는 혐의가 오래전부터 제기되어 왔습니다. 그러한 혐의는 가시지 않았고 여전히 그대로입니다. 이러한 오해를 바로잡아야 합니다. 바울의 친서들genuine Epistles이 신약성경 중에서 단연코 가장 이른 시기에 기록되었다는 점은 신학교에서 훈련받은 성직자들에게는 분명할지 모르나, 우리의 회중 대부분에게는 이 점을 재차 상기시킬 필요가 있습니다. 그리고 복음서와 바울 서신이 충돌한다는 아주 작은 암시도 정경에 속하는 성경에서 찾아볼 수 없다는 점도 그렇습니다.[3]

저는 로마서를 설교하면서, 바울이 자신의 여러 편지에서 예수님의 비유, 가르침, 행동이 함축하는 바를 언급하고, 해석하고, 부연하고, 확장하고, 도출하는 방식을 여러 번 반복해서 보여 드리려고 합니다. 따라서 몇몇 설교는 복음서에서 하나, 로마서에서 하나씩 뽑은 두 가

---

2 갈라디아서 3:16, 고린도전서 13장과 같은 바울 서신의 몇몇 구절과 로마서 8장의 마지막 부분은 선별적으로 사용되지만, 이 구절들의 인기가 오히려 바울의 글 대부분이 도외시되고 있음을 확연하게 보여 줍니다.

3 로마서, 고린도전서·후서, 갈라디아서, 빌립보서, 데살로니가전서, 빌레몬서가 바울의 저작이라는 점은 논란의 여지가 없습니다. 보수적인 주석가들은 여전히 데살로니가후서와 목회서신들을 친서에 포함시키고 있습니다. 골로새서와 특별히 에베소서의 바울 저작권을 계속 강하게 주장하고 있는 일류 학자도 몇 명 있습니다.

지 구절을 본문으로 합니다. 다른 상당수의 설교도 이 같은 점을 주장하기 위해 복음서의 말들을 가져옵니다. 바울이 복음서 이야기에 암시된 것을 명시적으로 드러내지 않았다면, 예수님의 사역이 정말 급진적이라는 사실이 우리에게 드러나지 않았을 것입니다. 이 점을 보여 드리는 게 이 설교집의 주된 목표입니다.

사도 바울

오늘날 많은 사람이 교회에 열심히 다니면서 바울을 무시한다는 것은 정말 슬픈 일입니다.[4] 이렇게 바울을 별로 안 좋아하는 이유는 대개 몰라서입니다. 주류 교회에서 바울에 대해 충분히 설교하고 가르치지 않았기 때문입니다. 만일 이 책을 통해 누군가가 새로운 눈과 귀로 바울 서신에 주목하고픈 마음이 생긴다면, 이 책은 그 목적을 달성한 것입니다.

　바울이 인기도 없고 그에 대한 설교와 가르침도 드문드문한 데는 몇 가지 이유가 있습니다. 바울은 무척 논쟁적이었는데, 우리는 격한 논쟁을 보면 흠칫하는 시대에 살고 있습니다. 입법 기관이 열심히 일하다 보면 개인적인 원한이 없더라도 격렬한 논쟁이 일어날 수 있습니다. 하지만 신학교나 교회는 보통 이런 분위기가 아닙니다. 신학 논쟁은 늘 상냥해야 할 것 같습니다.[5] 분명 바울의 사나운 모습이 개인

4　이 말은 루터교인들에게는 그다지 사실이 아닙니다. 여전히 많은 루터교인들은 루터교 창립자가 바울의 편지들에서 발견한 것들의 신선함을 어느 정도 간직하고 있습니다.

5　이념적 정확성과 관련하여 경계를 넘지 않는 한 그렇습니다. 경계를 넘으면 무례함도 허용되더군요. 손꼽히는 신학교의 한 교수는 단 하나의 예외—젠더 관련 '배타적' 언어—를 빼면 교실에서 자신이 무슨 말을 해도 괜찮았다고 조용히 말했습니다.

적인 공격으로 보일 때도 있습니다(특히 갈라디아서에서). 하지만 그것은 "그리스도 예수 안에서 우리가 가진 자유"를 진정으로 염려하여 한창 전투를 벌일 때였습니다. 바울 서신에서 우리가 바울을 전쟁터의 지휘관으로 생각해야 할 때가 있습니다. 복음이 위험에 처한 전방의 현장 소식을 접할 때가 그렇습니다. 이는 그가 급박했고, 때때로 과격하기까지 했던 이유를 설명해 줍니다.

어떤 사람들은 바울이 사용한 군대 이미지에 반감이 든다고 합니다. 하지만 암에 맞서 '싸우다'라는 언어를 이해 못 할 사람은 아무도 없습니다. 혹은 음주 운전과의 '전쟁'을 선포한다는 말도 충분히 납득할 수 있습니다. 바울이 우주 전체를 통치자들과 권세들이 인류를(사실상 피조 세계 자체를) 공격하는 전쟁터로 그리고 있다는 점을 이해한다면, 바울의 은유를 서슴없이 해석할 수 있습니다. 아동 포르노와의 전쟁을 법으로 발의하는 국회의원을 이해하는 데 망설일 필요가 없듯이 말이죠.

바울이 여성을 좋아하지 않았다고 보는 생각은 끊이질 않습니다. 성관계에 대한 바울의 이해가 충분히 개발되지 않았다는 점은 사실입니다(우리는 이 그림을 채우기 위해 성경의 다른 부분도 봅니다). 하지만 바울이 여성에게 탁월함을 부여하는 구절을 읽어 본 사람이라면 그가 여성 혐오자였다는 견해를 계속 고수할 수 없을 것입니다. 그의 언급들, 특히 로마서 16장은 따뜻하고 인격적입니다. 빌립보서 4:2-3은 특히 중요한데 자주 간과되고 있습니다. 이 구절에서 바울은 "나와 함께 협력하여 복음을 위해 싸워" 온 사람들이라고 하면서 회중 가운데 유오디아와 순두게라는 두 여인을 언급합니다. 전쟁을 암시하는 "싸워"라는 단어에 주목하십시오. 이분들은 여전사였습니다!

바울이 지적이고 추상적이고 교조적이라는 세평이 있지만, 그럼에도 그의 관심은 압도적으로 목회적이고 복음적입니다. 바울은 데살로니가전서 2장에서 자신의 사역에 대해 묘사하고 있는데, 그가 냉랭하거나 거리를 두는 사람이었다면 그렇게 쓸 수 없었을 것입니다. 게다가 이 편지의 증거 전체를 조망해 보면, 바울이 무척이나 사랑받은 사람이란 점이 분명합니다. 오늘날까지, 사랑하는 친구에게 받은 소중한 편지를 읽듯 바울의 편지를 읽고 또 읽으면서 자기 인생의 여정을 바울과 함께해 왔다면 또한 그를 사랑하게 될 것입니다. 그가 한 말은 철저한 의심의 시대에 제게 비할 데 없는 신앙의 원천이었고, 지금도 그러합니다. 바울이 고린도전서 15장에서 부활의 진리를 선포할 때, 저는 그 목소리에 스민 확신에 이끌려 수차례 불신의 위기에서 벗어났습니다. 또 고린도후서에서 바울이 겪은 고난을 알게 되니 제가 겪은 그보다 작은 어려움에 너무 마음을 쏟지 않을 수 있었습니다. 세상에 그리스도교가 존재한다는 사실 자체가 하나님께서 불같은 다소의 사울을 부르신 결과입니다. 사울은 그 부르심으로 회심하게 되었고 땅끝까지 끌어안으려는 마음을 품었습니다. 이러한 선교의 급진성을 대체할 만한 것이나 필적할 만한 것은 이제껏 없었습니다. 하나님께서는 자신의 종 바울을 통해 엄청난 일을 하셨습니다. 바울이 없었다면, 우린 하나님께서 자신을 위하여 우주 만물을 회복시키시려는 계획을 온전히 알지 못했을 것입니다.

로마서의 주요 주제

여기 실린 설교는 모든 요소를 하나하나 짚어 가며 해설하지는 않습니다. 따라서 이 서신에 있는 몇 가지 주요 사상과 주제를 요약하면 도움이 될 것 같습니다. 특히 중요한 것은 다음과 같습니다.

- 하나님의 의(디카이오쉬네^{δικαιοσύνη})는 단지 고정된 성품이나 특성이 아니라, 겉으로 드러나는 역동적인 하나님의 **활동**입니다.

- **죄**와 **죽음**은 독자적인 악한 권세입니다. 이 권세들은 사로잡은 인간 존재를 공격할 무기로 사용하려고 하나님의 **법**을 장악하고 있습니다("모든 인간이 죄의 권세 아래 있습니다"—3:9).

- 그리스도는 인간 본성을 취하심으로써, 자신의 인성 안에서 타락 이후 인간 역사의 모든 것을 총괄갱신해^{recapitulated} 오신 새 아담입니다. 그는 파멸로 향하는 이 모든 것의 방향을 뒤집으셨습니다.

- 그리스도의 십자가와 부활은 다가오는 시대의 첫 사건이자 하나님께서 아브라함에게 하신 약속들의 성취입니다.

- 믿음은 말씀과 성령의 불로 점화된 인간의 응답입니다.

- 그리스도는 코스모크라토르^{κοσμοκράτωρ}(우주의 통치자)이십니다. 바울이 그리스도를 부를 때 가장 자주 사용한 호칭은 주님(퀴리오스^{κύριος})입니다.

- 그리스도 안에서 하신 하나님의 역사는 '디카이오쉬네'(의로움)라는 그리스어로 표현됩니다. 이를 영어로 옮기면 문제가 발생합니다. 바울이 말하는, 그리고 구약성경이 말하는 하나님의 의에는 동사적인 의미가 있습니다. 따라서 영어 명사 '의로움'^{righteousness}과 그 동사형 '칭의'^{justification}는 이를 잘 담아내지 못합니다. 명사형과 동사형이 같은 말이어야 하기 때문입니다. 가장 가까운 영어 표현은 '바로잡음'^{rectification}과 '바로잡다'^{rectify}입니다. 왜냐하면—이 부분이 핵심인데—하나님은 의롭다고 **선언하실** 뿐만 아니라, 실제로 의롭게 **만드시기** 때문입니다.*

- 러틀리지는 '디카이오쉬네' 번역과 관련해서 *The Crucifixion* (Grand Rapids: Eerdmans, 2015), 133-135와 327-329에서 더 자세히 설명합니다.《예수와 십자가 처형》(서울: 새물결플러스, 2021), 235-238과 537-541. 이러한 번역은 J. 루이스 마틴이 제안했

- 하나님의 의로우심은 1) 나타난 것revealed (아포칼륍테타이 ἀποκαλύπτεται) — 행동으로 옮겨진 것 — 이며 또한 2) 귀속된 것imputed (로기조마이 λογίζομαι) — 생겨나도록 말하여진 것 — 입니다. 이런 이유로 전가imputation는 몇몇 사람들이 비난하는 "법적 허구"가 아닙니다. 전가는 실재입니다.
- 그리스도와 연합하는 세례Baptism into Christ는 각 사람의 생명 안에서 일어나는 총괄갱신으로 1) 옛 아담을 이긴 새 아담의 승리이자 2) **죄와 죽음**의 권세로부터의 구출입니다.
- 그리스도께서는 경건한 자를 위해서가 아니라, 경건치 않은 자를 위해 죽으셨습니다. 그러므로 구원은 지금 우리가 상상할 수 있는 것에 머물러 있지 않을 것입니다.
- 그리스도께 맞추어지는 것, 즉 하나님께서 바로잡으시는 일은 주님께서 다시 오실 때까지(13:11-14) 새로운 공동체의 표지입니다(12:1-2). 바울도 이를 "믿음의 순종"이라고 하였습니다.

다루지 않은 부분과 그에 대한 위탁

차례를 보셨다면 몇몇 본문에 대한 설교가 다른 본문에 대한 설교보다 더 많다는 점을 아셨을 겁니다. 그렇다고 이 점에 대해 양해를 구하진 않습니다. 예를 들어, 로마서 11:32("하나님께서 모든 사람을 순종하지 않는 상태에 가두신 것은 그들에게 자비를 베푸시려는 것입니다")는 천 번씩 만 번이라도 설교할 만한 구절이지만, 저는 교회를 다니는 동안 이 말씀에 대한 설교를 한 번도 들어 보지 못했습니다. 그래서 어떤 의미

으며, 자세한 내용은 다음을 참조하십시오. *Galatians*, Anchor Bible 33A (New York: Doubleday, 1997), 249-250(또한 263-275). 《(앵커바이블) 갈라디아서》(서울: CLC, 2018), 417-418(또한 441-462).

에서는 제가 모자란 부분을 메꾸려 하고 있다고 생각합니다. 이와 비슷하게 로마서 5장에 나오는 아담과 그리스도에 대한 이야기는 우리에게 근본적인 이야기지만, 그럼에도 실상 우리 중 다수가 잘 모르는 이야기입니다. 이 본문은 인간 역사에 대한 보편적인 설명이기 때문에, 백번 변주하여 설교하더라도 거품이 생기지 않을 수 있는 말씀입니다. 로마서 8:18-25는 전 우주^{κόσμος}를 향한 복음입니다. 하지만 이렇게 우주와 환경에 대한 관심이 많은 시대에도 그리스도인들은 이 구절을 모르고 있고, 자연에 대한 감상적인 견해에만 집착하고 있습니다. 제 생각에 이런 본문들은 훨씬 더 많이 설교되어야 합니다.

동시에 저는 여기에 여러 핵심 본문을 제시하지 않았다는 사실을 뼈저리게 인지하고 있습니다. 제가 같은 강단에서 몇 년 동안 매 주일 설교할 수 있었다면, 아마 모든 본문을 설교할 수 있었을 것 같습니다. 특히 저는 15장 7-13절을 다루지 않았고, 아름다운 16장도 다루지 못했습니다. 16장에서는 사도 개인의 인간됨이 풍성히 드러나 있고, 또 그가 여성들을 주목하고 있다는 사실도 나타나 있습니다. 저는 로마서를 여는 인사말과 감사의 표현을 훨씬 많이 다루고 싶고, 로마서 9장에서의 선택이라는 주제도 많이 다루고 싶습니다. 이 설교 모음집을 읽는 설교자분들께 이러한 빈틈을 메우고자 하는 바람이 일어나길 소망합니다.

1:26-28에 있는 동성 간 성행위에 관한 구절을 다루지 않는다는 점이 눈에 띌지도 모르겠습니다. 여기에는 이유가 있습니다. 이 쟁점이 교회에서 핵심 쟁점이자 골치 아픈 주제가 되었을 시점에, 저는 더 이상 어떤 특정 회중에 소속되지 않았습니다. 기껏해야 주말에 한 번 초청받아 설교하는 설교자에 불과한 사람이 이 구절을 다룬다는 것은 상상하기 어려운 일입니다. 그런 상황에서 이 본문을 설교했다면 맥락을 완전히 잘못짚었을 것입니다. 이 본문으로 설교하는 올바른 맥

락은, 바울의 핵심 메시지를 이미 잘 이해하고 있으며 또한 설교자/교사를 잘 알고 신뢰하고 있는 회중 가운데 있는 강단일 것입니다. 저도 한번은 저를 잘 알고 있는 회중에게 공개적으로 동성애를 둘러싼 쟁점에 대해 꽤 길게 이야기한 적이 있습니다. 하지만 그저 잠정적인 방식으로 이야기했습니다. 왜냐하면 저는 그리스도께서 이 사안을 어떻게 생각하고 계신지를, 현시점의 우리가 알 수 있다고 생각하지 않기 때문입니다.

죄와 죽음을 너무 많이 말한다?

너무 많은 설교가 **죄**에 대해 다루고 있다는 사실에 불만을 표하고 싶은 사람은 이 책도 그렇다는 점을 발견하겠죠. 그러나 저는 이 점에 대해서도 양해를 구하지 않을 겁니다. **죄**는 구약성경과 신약성경의 주요 주제입니다. 일간지에 등장하는 주요 주제이기도 합니다. 이 책의 설교를 통해 보여 주고자 하는 바는, 하나님께서는 **죄**를 이길 능력이 있다는 점, 그리고 예수 그리스도 안에서 그렇게 해 오셨다는 점입니다. 따라서 **죄**와 심판에 대한 소식은 하나님의 은혜와 자비의 복음에 뒤따르는 소식일 뿐만 아니라 선행되어야 하는 소식입니다.

제가 가끔 **죄**Sin, **죽음**Death, **율법**Law, **권세(들)**Power(s)이란 표현을 대문자(한국어판에서는 고딕으로 표시)로 시작한다는 점이 어리둥절하실 수도 있습니다. 제가 대문자로 쓴 이유는 이것들의 위상을 나타내기 위해서입니다. 이것들은 자율적이고 독립적인 존재로, 인간 개인에게 속하지도, 인류 전체 안에 있지도 않은 외부의 어떤 에너지를 힘의 원천으로 삼습니다. 이 점은 바울의 사상을 파악하기 위해 가장 중요한 것 중 하나입니다. 바울은 **죄**Sin가 죄들sins을 통칭하는 말이라고 생각하지 않았고, 복수형으로 사용한 적도 거의 없습니다. 바울에게 **죄**와 **죽음**이란 하나님의 목적에 맞서 전쟁을 벌이는 우주적 권세들입니다. 이들은 **율법**을 자기들의 무기로 만들었습니다(바울은 로마서 7장에서 이렇게 묘사하고 있습니다). 이 핵심 주제는 설교 전체를 통해 더 고찰할 것입니다. 그리스도 복음의 핵심을 승리로 파악하기 위해서는 **죄**를 하나의 **권세**로 이해하는 것이 필수적입니다. 사람들은 자신들을 패배시킬 능력이 있는 어떤 **원수**에게 사로잡혀 있다는 사실을 이해할 필요가 있습니다.[6] 사람들은 **죄**가 할 수 있는 극한까지 감수하셨던 분의 승리를 통해, 이 적에게서 구조되었다는 소식을 들을 필요가 있습니다.

　　죽음에 대해 말씀드리자면, 회중의 관심이 다른 데 쏠려 있을 때 해야 할 일은 **죽음**이라는 단어를 말하는 일이며, 그게 전부라는 점을 저는 오래전부터 배워 왔습니다. 사람들은 즉각적으로 주목합니다. 바울은 정확히 이를 "마지막 원수"(고전 15:26)라고 불렀습니다. **죽음**은 여전히 전쟁터에 자리하고 있는 최고의 원수입니다. 평신도 신학자 윌리엄 스트링펠로우가 강력하게 보여 준 것처럼, **죽음**은 우리가 예배하는 대상이며 우리의 분투의 목표입니다. 여러분이 가게 선반에 진열된 조문용 카드를 살펴보시더라도 **죽음**이라는 단어를 찾지 못할 겁니다. 이 단어는 쓰지 않는 단어입니다. 이는 죽음이 지닌 무시무시한 능력이 나타난 하나의 사례입니다. 우리는 우리의 교회에서 이 금기어를 말해야 합니다. 이를 말하는 것은 **죽음**이 정복할 수 없는 하나님의 말씀의 영역으로 **죽음**을 가져가는 것입니다. 말씀이 설교되는 중에는 **죄와 죽음**이 지배권을 상실합니다.

6　이 모든 것은 신약성경에서 사탄이라는 인물, 곧 큰 대적자로 상징화되어 있습니다. 바울은 사탄이라는 이름을 그리 자주 사용하지 않습니다. 바울은 인간성을 장악하고 있는 권세들을 죄와 죽음으로 보는 데 주로 관심을 둡니다. 설교들이 진행되면서 이 점이 더욱 분명해질 것입니다.

다양한 맥락에서의 설교 방식

이전에 썼던 것을 출간할 때면 늘 현재의 시각에 따라 수정하고 싶은 유혹이 생깁니다. 저는 이 유혹에 저항했고, 대부분 원래 전했던 설교 그대로 출간하였습니다.

제 설교 방식은 30년 이상 계속 변해 왔고, 여기에 나타나 있습니다. 거의 모든 설교에 성경적이고 신학적인 가르침이 있지만, 1995년 이후의 설교에는 상세한 주해가 거의 없습니다. 왜냐하면 그때 이후로 대개 저는 가르치려 하는 방식을 청중이 용납해 줄 것이라고 확신할 수 없는 맥락에서 설교했기 때문입니다. 물론 신학생을 대상으로 했다면 좀 더 그런 확신을 품고 설교했을 것이고, 그러한 본을 보였을 것입니다.

일반적으로 설교를 어디서 했는지 밝히는 것이 적절해 보일 경우 설교했던 곳을 명시하였습니다. 설교가 어떤 곳에서든 보편적으로 적용될 수 있어 보일 때는 그러한 명시를 생략했습니다.[7] 하지만 모든 설교에 설교 일자는 남겨 두었습니다.

그레이스교회의 설교들

뉴욕시에 있는 그레이스교회 Grace Church에서 한 설교들은 몇몇 독특한 특징이 있습니다. 왜냐하면 그 당시 회중이 특색 있었기 때문입니다. 70년대 말과 80년대 초 그곳에 강력한 쇄신이 있었고, 그래서 굳건한 보수 성향의 나이 든 성공회 신자들과 더불어 이제는 다수가 된 젊은

---

7 최근 몇몇 경우 회중들이 이 책에 명시해 달라고 요청했고, 저는 그러한 바람을 기쁘게 받아들였습니다.

미혼 신자도 많이 있었습니다. 모두가 그런 것은 아니지만 이 청년 중 다수는 보수적 복음주의 출신으로, 예전적 예배, 자유분방함, 지적으로 도전을 주는 설교를 찾아 성공회에 왔습니다. 게다가 이들은 매우 똑똑했고 모험적이었으며 관습에 별로 얽매이지 않았습니다. 뉴욕에 온 전형적인 사람들이었죠(이들 중 상당수가 나중에 신학교에 들어갔습니다). 따라서 성직자들(이 기간에 성직자는 거의 늘 다섯 명 정도였습니다)은 오늘날 보통의 성공회 교회에서보다 더 긴 시간, 더 주해적인 설교에 익숙한 회중에게 설교하는 호사를 누렸습니다. 회중은 매주 복음을 듣기 위해 왔고, 복음으로 변화되기를 기대했습니다.

이 책의 활용 방법

저는 이 책을 엮으면서 두 부류의 사람을 염두에 두었습니다.

1. 로마서에서 특별한 통찰을 찾는 설교자, 교사, 그 밖의 교회 관련 일에 종사하는 사람들
2. 직업으로 하지는 않지만, 복음에 대해 더 깊은 지식을 추구하는 탐구적인 독자들

이 설교들은 대체로 평신도 회중을 대상으로 구상한 것이기 때문에, 학술적인 발표에서는 장점이 아니지만, 일반 독자에게는 장점이 될 만한 것이 몇 가지 있습니다. 독자들은 한 주나 한 달에 한 번씩 이 책을 집어 들어도 흐름이 끊기지 않을 것입니다. 하지만 저는 설교자들에게도 도움이 되었으면 해서, 그들이 참고할 수 있도록 **설교에서 다루는 본문의 순서에 따라 배치했습니다**. 그래서 로마서 1장에서

시작해서 계속 이어집니다. 어떤 특정 구절에 대한 도움을 얻고자 하는 설교자는 차례를 보고 곧장 그 구절에 관한 설교로 가면 됩니다. 성령께서 이 설교들을 사용하셔서 다른 설교자를 북돋우신다면, 이 기획 전체가 가치 있을 것입니다.

하지만 이런 식의 배치는 몇 가지 단점을 가지고 있습니다. 로마서 1:18-3:20은 하나님의 진노를 다루고 5장과 7장은 죄의 현전과 권세를 중요하게 다루기 때문에, 이런 식으로 배치하면 앞에 삼 분의 일 정도는 무거운 방향으로 치우칠 수밖에 없습니다. 처음부터 시작해서 순서대로 설교를 읽는 독자들은 쉽게 낙담할 수도 있습니다. 이 책에 하나님의 은혜가 승리한다는 사실을 선포하지 않는 설교는 없지만, 그럼에도 첫 백여 페이지와 로마서 5장을 다루는 설교는 어느 정도 무거울 수밖에 없습니다.

따라서 로마서 입문서를 찾는 독자들은 이 책의 중간부에서 시작하는 것이 좋습니다. 저는 다음의 설교들을 먼저 읽을 것을 특별히 추천합니다.

- 로마서 9-11장을 다룬 "이스라엘과의 연결점"(〈해변에 있는 실마리〉, 〈더 나은 판돈〉, 〈하나님의 우주적 포용 계획〉)이라는 제목의 세 편의 연속 설교. 우리 시대의 해석자들은 이 부분이 이 서신의 가장 깊은 핵심이라는 점을 점점 더 인식하기 시작하고 있습니다.
- 저는 또한 〈적진을 찾기 어렵다〉와 〈누구의 삶의 방식?〉으로 시작하길 추천합니다. 앞부분의 본문들과 씨름하기 전에 여기서 시작해서 로마서 8장, 12장, 14장에 대한 설교를 먼저 읽는 것이 좋을 것 같습니다.

로마서로 설교하기

서신서로 설교하는 것은 복음서로 설교하는 것보다 어렵습니다. 왜냐하면 이야기 구조가 있기는 한데 드러나지는 않기 때문입니다.[8] 개별 이야기가 명확하게 구별되어 있는 복음서와는 달리, 로마서는 문구별 해설이나 문장별 해설이 요구됩니다. 그래서 로마서를 본문으로 하는 단회적 설교는 그 자체만으로 완성된 설교가 되기가 거의 불가능합니다. 단회적 설교보다 일련의 설교가 더 좋고, 가장 좋은 것은 주중에 성경 공부반에서 공부하고 스터디그룹에서 토의하고, 이와 병행하여 주일에 설교하는 것입니다. 저는 성경에 완전히 몰입하는 이런 방식이 회중들에게 강력한 영향을 미친다는 점을 간증할 수 있습니다.

　로마서에 대한 여러 주석이 있습니다. 수많은 주석 중 얼마만큼이 세월이라는 시험을 거쳐 살아남아 있는지는 주목해 볼 만합니다. 제가 신학교를 다닐 때(1970년대 초)는 역사-비평적 방법이 요즘 다시 유행하는 정경적, 문학적 해석에 자리를 막 양보하기 시작할 때였습니다. 저는 옛 주석 중 몇몇을 발견했고 그것들 대부분이 설교에 얼마나 도움이 되었는지를 기억하고 있습니다.

　제가 설교를 처음 배울 때, 가장 도움이 많이 된 훈련 중 하나는 동시대 설교자들의 설교를 읽는 일이었고, 저는 그 일을 굉장히 많이 했습니다. 저는 닳고 닳은 《예수께서 하신 것》*What Jesus Did*이라는 시어도어 페리스의 작은 설교집 두 권을 가지고 있습니다. 저에게 훨씬 더 중요했던 것은 여러 권으로 된 칼뱅의 성경 주석과 《교회 교의학》*Church Dog-matics*에 있는 바르트의 성경 주해들이 비교할 수 없을 정도로 큰 도움

8　바울 신학의 근저에 있는 이야기 구조는 *Narrative Dynamics in Paul: A Critical Assessment*, ed. Bruce Longenecker (Louisville: Westminster John Knox, 2002)에서 최근 주목받고 있습니다.

이 된다는 점을 발견한 일입니다. 윌리엄 H. 윌리몬의 《설교에 관한 바르트와의 대화》*Conversations with Barth about Preaching*는 제가 몇 년간 읽은 책 중 가장 흥미로웠습니다. 이 책은 분명한 바울의 소리를 담고 있습니다. 최근 몇 년 동안에는 과거에 대가로 인정된 분들—스펄전, 맥라렌, 시므온, 크러마커—의 설교를 더 많이 읽고 있습니다. 그리고 이분들이 그랬던 것처럼 (찬란한 언어는 물론이고) 모든 음색을 사용하는 방식으로 설교할 수 있기를 바라고 있습니다. 존 던은 아마 가장 위대한 설교가일 것입니다. 존 던 앞에 있으면 저는 말문이 막히겠지요. 하지만 우리는 각자 자신이 속한 시간과 장소로 부르심을 받았으며, 하나님의 말씀은 그냥 돌아오는 법이 없고, 하나님께서 목적하신 바를 이루고 보내신 바를 형통하게 하고 돌아갑니다(사 55:11).

저는 이제 인용 표시 없이 인용되는 것에 마음 쓰지 않습니다. 전에는 그런 일에 분개하곤 했지만, 이제는 그렇게 느끼지 않습니다. 만일 설교자가 매주 다른 이들의 설교 일부를 그대로 도용한다면, 자기 사역 전체를 문제 삼아야 할 것입니다. 하지만 누군가 이 책에서 이런저런 설교를 빌려 가기를 원한다면, 저는 기쁠 것입니다. 저는 바울이 빌립보 신자들에게 편지를 쓸 때 느꼈던 심정 같은 것을 조금 느낍니다. 바울은 완전히 진실하지 못한 마음으로 그리스도를 전하는 어떤 이들이 있음을 알았지만, 다음과 같이 결론 내립니다.

> 그러나 그것이 무슨 상관이 있겠습니까? 가식으로 하든지 진실로 하든지 결국 그리스도가 전파되는 것이니, 나에게는 기쁜 일입니다(빌립보서 1:15-18)

제가 다른 무엇보다도 더욱더 하고자 하는 일은 할 수 있는 한 로마서 전체를 다 해설하는 것입니다. 저는 여기에 모아 놓은 설교들이

질적으로 동일하지 않다는 점을 인지하고 있습니다. 하지만 신학적 그림을 채워 나가는 데 도움이 될 것입니다. 저는 모든 설교를 하나로 종합하면—바울의 급진적인 복음을 현대적 설교로 제시하는—일관성을 지닌 하나의 통일체를 이룬다고 믿습니다.

그러므로 저는 이 모음집을 다 읽고 나서 시간이 지날수록, 예수 그리스도의 복음을 이방인들에게 전한 첫 설교에 대해 전보다, 우리가 익숙하게 들어 왔던 것보다, 더 포괄적인 관점을 얻게 되길 소망하며 기도합니다. 로마서의 메시지는 정말로 보편적입니다. 그 안에서 우리는 역사의 목표에 대한 전망이 가능해집니다. 하나님의 구원 계획은 각 개인을 초월하며, 심지어 그리스도교 공동체를 초월합니다. 왜냐하면 하나님은 창조 질서 전체를 구속하는 길을 예비하기 위해 우리보다 앞서가시기 때문입니다.

감사의 말

이 책을 가능하게 했던 모든 사람 중에서 누구보다 중요한 한 사람이 있습니다. 루시아 로이드 사제님은 이 설교들을 세심히 살피고, 정돈하는 데 수없이 많은 시간을 할애해 주셨습니다. 또 제가 어떤 설교를 포함하고 뺄지를 결정하도록 도움을 주셨습니다. 루시아는 좋은 설교자이자 신학자일 뿐만 아니라, 성경에서 스트렁크&화이트*와 《스타일 매뉴얼》*A Manual of Style**에 이르기까지 모든 종류의 글에 완전히 능숙한 영어의 대가이기도 합니다. 만일 누군가 이 일에 대해 의견과 판단

* *The Elements of Style*의 저자.
** 13판부터 *The Chicago Manual of Style*로 제목이 바뀌었고, 2017년에 17판까지 출간되었다.

을 더해 주었더라도, 제가 신뢰했을 법한 사람은 많지 않았을 것입니다. 그녀는 저처럼 문학을 사랑하는 사람이고, 저는 그녀의 직관들을 신뢰합니다. 저는 기쁜 마음으로 그녀가 제안해 준 것을 대부분 수용했고, 두세 군데만 반대하는 결정을 내렸습니다. 그녀의 안목이 탁월하다는 점을 알기에, 두세 군데 반대하면서도 겁이 났습니다.

루시아도 자기 사역이 있기에, 최고의 편집 실력으로 최선을 다해 준 후한 마음에 더욱 깊이 감사드립니다. 그리고 밤늦게까지 수차례나 저와 수많은 메일을 주고받으면서 아낌없이 수고해 주었기에, 저는 복음 안에서 가족의 협력을 보여 주신 그녀의 남편 마이클과 그녀의 아이들에게 감사드립니다. 이는 모두 이 일을 진행하면서 주님이 주신 너무나 은혜로운 선물이었습니다. 이 선물이 더 큰 하나님의 영광으로 돌아가길 기원합니다.

부끄럽지 않은 복음

알림: 이 설교는 주일 아침 설교보다

길게 하는 '강론' 설교였습니다.

나는 복음을 부끄러워하지 않습니다….

로마서 1:16

사도 바울은 로마에 있는 그리스도인들에게 편지할 때, 왜 첫머리에서부터 자신이 복음을 부끄러워하지 않는다고 말했을까요? 바울이 복음을 부끄러워할 뻔했던 이유는 무엇일까요?

여러분은 그리스도인이라는 사실이 부끄러우십니까? 아마 어떤 분들은 부끄러워하겠지요. 수 세기 동안 그리스도교 교회가 끔찍한 일들에 연루되어 왔다는 것은 사실이고, 우리는 그러한 일들을 마땅히 부끄러워해야 합니다. 그러한 예를 들기 위해 멀리 거슬러 올라갈 필요도 없습니다. 버지니아주 프린스 에드워드 카운티의 공직자들이 공립학교들을 통합시키지 않고 폐쇄했을 때,* 바로 여기 남부 버지니아 교구에 있는 저희 성공회 교회는 침묵했고 방관했습니다. 백인 아이

---

* 당시에는 흑인학교와 백인학교가 분리되어 있었고, 대법원은 이러한 분리가 위헌이라고 결정했습니다. 그러자 관계 당국자들은 흑인학교와 백인학교를 통합시키지 않고 폐쇄해 버렸습니다.

들을 위해서는 분리사립학교들Segregation academies이 생겨났지만, 주민들 대다수가 독실한 그리스도인이라는 이 지역에서 흑인 아이들은 5년 동안이나 학교를 다니지 못했습니다. 저는 이제 성인이 된 그 흑인 아이들 중 아무라도 만난다면 용서를 구하고 싶습니다.

이 일은 50년 전 일이지만, 저는 여전히 그리스도인들의 행태가 부끄럽습니다. 예를 들어, 최근 나이지리아에서 일어난 일은 정말 부끄러운 일입니다. 《뉴욕 타임스》는 덴마크 그리스도인들의 만화에 격분한 무슬림들이 그리스도인 무리를 공격했다고 발표했습니다. 그러자 그리스도인들은 큰 칼로 무슬림들을 죽이기까지 하면서 과잉 반응했습니다. 이런 일이 일어나는 동안 소위 그리스도인이라고 불리는 어떤 사람들이 무리지어 이슬람 사원을 불태웠고, 어떤 이는 불에 그을린 사원 벽에 "예수님이 주님이십니다"라고 썼습니다. 우리는 이 일을 심히 부끄러워해야 합니다.

하지만 이런 종류의 부끄러움은 **복음 자체**를 부끄러워하는 것과는 다릅니다. 왜 바울은 자신이 복음을 부끄러워하지 않는다고 선언하며 메시지를 시작했을까요? 당시 교회가 어떤 끔찍한 일을 하진 않았습니다. 교회는 너무 신생이었고 너무 작았습니다. 그렇다면 바울이 부끄러워할 뻔했던 이유는 무엇인가요? 저는 이 점에 대해 오랫동안 생각해 왔습니다.

몇 가지 가능성 중 하나는 이 새로운 신앙에 사람들을 꼬드길 만한 것도, 아무런 위신도 없었다는 점입니다. 이 신앙은 거대한 로마 제국의 후미진 끝자락에서, 대부분 가난하고 교육받지 못한 갈릴리 사람들 중 한 무리에게서 나왔습니다. 바울 자신은 이 사람들과 반대였습니다. 바울은 고등 교육을 받았을 뿐만 아니라 로마 시민이었으며, 한때 그가 자랑스러워했던 구별된 사람이었고, 게다가 유대인 중에서도 상류층이었고, 바리새인이었습니다―그리고 우리는 바리새인들이 예수님의 제자들을 어떻게 무시했는지 알고 있습니다. 그래서 우리는 왜 이 새로운 복음이 바울 같은 사람을 창피하게 할 만한 것이었는지를 알 수 있습니다. 제 고향인 프랭클린에서 지역 신문을 볼 때면, 매주 거대한 광고를 내는 작은 시골 교회들이 수십 개나 된다는 사실에 깜짝 놀랍니다. 이 지역의 주류 교회에 다니는 사람들은 가끔 이 작은 교회들에 대해 오만한 말을 내뱉습니다. 마찬가지로 최고위층에 속한 바울은 자신의 신앙이 노동자 계층에서 유래했다는 사실 때문에 상당히 창피할 만도 했지만, 부끄러워하지 않았습니다. 그가 예수 그리스도의 사도로 부르심을 받았을 때, 그는 자기가 누린 이런 특별함과 영원히 작별했습니다.

복음을 부끄러워할 뻔했던, 아니면 적어도 복음에 대해 침묵할 뻔했던 또 다른 가능한 이유는 복음이 그야말로 명백히 위험했다는 사실입니다. 바울의 메시지는 로마 제국 정권에 대한 직접적인 공격을 담고 있었습니다.[1] 그리스도인의 첫 번째 신조는 퀴리오스 이에수스Κύριος Ἰησοῦς 즉 '예수님은 주님이시다'였습니다. 저는 이게 그 당시 얼마나 체제 전복적인 말이었는지를 우리가 정확히 파악할 수 있을 것이라고 확신하지는 않습니다. 그러나 그리스도교 초창기에 저 말은 결코 우승팀의 구호가 **아니**었습니다. 대성당과 대형교회가 널린 미국에 사는 우리는 저 말이 그 당시 로마 도시의 그리스도인들에게 어떤 것이었는지를 이해하기 어렵습니다. 우리에게는 저 말과 비교해 볼 만한 것이 없습니다. 우리는 세계를 지배하는 제국 치하에서 피지배민이 된 경험이 없습니다―우리는 **지금** (잠깐은) 세계를 지배하는 제국 시민입니다. 우리는 로마를 상상해 보아야 합니다. 콜로세움, 아피아 가도, 대광장, 전

---

1 이 점은 바울이 하나님께서 정하신 정부의 기능에 관한 내용(13장)을 로마서에 삽입해야 한다고 느낀 이유를 설명해 줄 수 있습니다. 복음이 너무 혁명적이어서 그리스도인들은 제국의 법을 존중할 수도 없을뿐더러 존중해서도 안 된다고 느꼈을 수도 있습니다. 이 주제에 대해 더 자세히 보려면, 로마서 13장과 요한계시록 13장에 대해 설교한 〈두 13장 사이에서〉(pp. 505)를 보십시오.

당들, 로마의 도로를 다니며 사람들을 압제하는 로마 군인, 전투 마차와 말, 세 대륙에 뻗어 있는 수로와 교각들. 우리는 로마 황제가 왕 이상이었다는 점을 기억해야 합니다. 황제는 일종의 신으로, 예배와 제물과 절대적 충성을 요구했습니다. 로마의 신조는 퀴리오스 카이사르Κύριος Καῖσαρ, 즉 '가이사는 주님이시다'였습니다. 우리가 수많은 나치 영화를 봐 왔기 때문에, 아마 우리 시대에 가장 가까운 유비는 "하일 히틀러"히틀러 만세일 것 같습니다. 저 시대에 누군가 "하일 예수" 하고 외쳤다면, 그날 자정에 집 문 두드리는 소리를 들었을 것 같습니다.

어떤 희생을 치르더라도 선동적인 요소를 통제하는 것이 제국을 운영하는 방식입니다. 우리는 오늘날 그런 곳에서 그리스도인이 되는 것이 어떤 일인지 생각해 볼 필요가 있습니다. 예를 들어, 지금 이 시간에도 그리스도인들이 감옥에 갇혀 있고, 고문당하고, 공안에게 죽임당하는 중국의 지하 교회에서 그리스도인이 된다는 생각을 해 보십시오. 저는 어떤 이미지 하나가 떠오릅니다. 천안문 광장의 탱크 앞에서 춤추던 젊은이가 나오는 유명한 영화가 생각납니다. 그 젊은이의 운명이 어떻게 되었는지는 알려지지 않았습니다. 거대한 탱크들이 줄지어 서 있고, 그 앞에 한 청년이 서 있었습니다. 로마에서 그리스도교 교회도 이 청년과 같았을 겁니다.

이제 복음에서 뒤로 물러날 만한 이유는 적어도 두 가지가 있습니다.

1. 복음은 우리가 부끄럽게 여기는 계층의 사람들이나 우리보다 열등한 사람들에게 매력적인 것으로 보인다.
2. 복음은 아주 큰 재난을 가져다줄 수 있다.

그러나 이 두 요인들 너머에 또 다른 요인—근본적이고 결정적인 요인이 있습니다.

히브리인들에게 보낸 서신에는 이를 잘 보여 주는 구절이 있습니다. "믿음의 창시자요 완성자이신 예수를 바라봅시다. 그는 … 부끄러움을 개의치 않으시고 십자가를 참으셨습니다."(히 12:2). 이 구절은 다른 곳에서 암시적으로 나타난 내용을 명시적으로—십자가 처형이 **수치스러운** 일임을—알려 줍니다. 십자가형은 로마인들이 극단적인 모멸감을 주고 인간성을 말살하려고 특별히 고안한 것이었습니다. 십자가형을 입에 담는 것조차도 상류 사회에 반하는 무례함으로 간주되었습니다. 유대인에게도 십자가형은 여러 이유로 형언할 수 없을 만큼 **수치스러운** 일이었습니다. 공공연하게 알몸이 드러난다는 것은 오늘날 아랍인들에게 그렇듯 성경 시대의 유대인들에게 엄청 수치스러운 일이었습니다.[2] 모델이나 배우들이 오 분마다 옷을 벗는 오늘날 우리에게는 이런 점이 크게 와닿지 않을 수도 있습니다. 공개적으로 십자가에 처형되는 사람의 상태는 우리가 상상할 수도 없을 정도로 충격적이었습니다.

그래서 자신들의 메시아와 주가 로마인들과 유대인들로부터, 국가와 교회로부터, 꺼림칙하고 모욕적이고 공공연한 죽음을 선고받은 이유를 설명하는 일은 초기 그리스도인들에게 엄청난 도전이었을 겁니다. 로마의 기준에서 보든 유대인의 기준에서 보든 여러분이 십자가형을 당한 사람을 경배하면 미혹된 사람이거나 정신 나간 사람일 겁니다. 바울은 이사야를 인용할 때 확실히 이 점을 염두에 두고 있었습니다. "성경에 기록된 바와 같이 '그를 믿는 사람은 아무도 부끄러움을 당하지 않을 것이다.'" 그리고 그다음 장에서도 이 예언자의 말을

---

2 오늘날 아랍인들은 이 점을 이해할 것 같습니다. 알몸은 아랍인들에게 수치스러운 것인데, 이라크에 있는 미국인들이 이 점을 악용해 왔습니다—이 사실은 우리의 수치입니다. 아부그라이브(Abu Ghraib)에 있는 미국인들은 포로들이 알몸으로 사진 찍힐 때 아랍인들이 보이는 태도에 대해 알고 있습니다. 우리 문화에서조차도 공공장소에서 수치스럽게 벗겨지는 꿈은 대부분의 사람에게 불안한 꿈입니다.

한 번 더 인용합니다. "[이와 같이 주께서 말씀하시기를] 보아라, 내가 시온에 걸려 넘어지게 하는 바위를 둔다 … 그를 믿는 사람은 누구나 부끄러움을 당하지 않을 것이다"(9:33; 10:11). 따라서 요약하면, 복음의 '수치'는 십자가 자체입니다. "[예수님은] 부끄러움을 개의치 않으시고 십자가를 참으셨습니다."

이제 바울이 고린도에 있는 교회를 향해, 하나님께서 부끄러움을 사용하시는 방식에 대해 무어라 말하고 있는지 들어 봅시다. "하나님께서는 지혜 있는 자들을 부끄럽게 하시려고 세상의 어리석은 것들을 택하셨으며, 강한 것들을 부끄럽게 하시려고 세상의 약한 것들을 택하셨습니다. 하나님께서는 세상에서 비천한 것들과 멸시받는 것들을 택하셨으니 곧 잘났다고 하는 것들을 없애시려고 아무것도 아닌 것들을 택하셨습니다." 바울은 설교하면서 **부끄러움**과 **어리석음**이란 단어를 **복음**이란 단어와 연결시키고 있습니다. 오늘 우리의 본문인 로마서 도입부에서도 그렇게 합니다. "나는 [교육받은] 그리스 사람에게나 미개한 사람에게나, 지혜가 있는 사람에게나 **어리석은** 사람에게나, 다 빚을 진 사람입니다. 그러므로 나의 간절한 소원은, 로마에 있는 여러분에게도 **복음**을 전하는 일입니다. 나는 복음을 **부끄러워**하지 않습니다…"

하나님은 바로 스스로 지혜롭고 강하고 유력하다고 생각하는 사람을 **부끄럽게** 하시려고, 세상에서 어리석고 약하고 비천하고 멸시받는 것들을 택하셨습니다. 이는 우리 현실에서 정말로 반직관적인 일입니다. **유력한 사람**을 통해서 자신의 능력을 보여 주는 게 하나님께 더 쉬웠을 것 같습니다. 그랬다면 하나님께 전혀 어려움이 없었을 것 같습니다. 세상은 이미 자리 잡고 있는 질서 그대로 돌아갈 것입니다. 사실 그렇게 하는 데는 하나님이 거의 필요하지도 않을 것입니다. 하나님은 이미 성취된 일에 약간 보탬이 될 뿐입니다. '하나님은 스스로 돕는 자를 돕는다'는 원리가 사실상 미국의 신경입니다. 바울은 상상할 수 없었던 '자기 계발'self-help이라는 용어가 미국 종교를 구성하는 한 부분입니다.

그래서 지금 우리는 오늘 밤 여기, 이 교회, 이 모임에 자기 스스로 나왔습니다. 저는 이 주제에 대해 오랫동안 생각해 왔습니다. 복음을 부끄러워하는 특히 미국적인 방식이 있습니다. 저는 구원이 필요하다고 인정하는 것은 부유한 주류 백인 개신교 미국인들에게 어려운 일이 아닐까 생각합니다. 작은 **도움**만으로 우리가 이미 이루어 놓은 것을 충분히 개선할 수 있더라도, 우리는 대개 자기 힘으로 성공한 사람이 돼서 자랑스러워하고 싶어 합니다 ─물론 나대지도 않고 멋있는 나름 사려 깊은 자랑이지만, 그래도 자랑은 자랑입니다. 그래서 우리는 "거듭나게 되었다"라고 말하는 사람들에 대해 업신여기는 경향이 있지 않나 생각합니다. 니고데모처럼 우리도 사실 자신이 거듭날 필요가 있다고 생각하지 않습니다. 형제자매 여러분, 만일 그렇게 생각한다면 우리는 복음을 부끄러워하는 것입니다.

저는 버지니아비치로 운전하고 오면서 공영라디오방송NPR을 듣고 있었는데, 라디오에서는 작은 아미쉬 학교에서 일어난 끔찍한 살인 사건에 대해 토론하고 있었습니다.[3] 여러 요인이 언급되었습니다 ─총기, 모방 범죄, 인터넷, 현대 생활의 스트레스 등등. 그리고 마지막에 어떤 현명한 분이 이렇게 말했습니다. "그런 것들 때문이 아닙니다. 인간의 본성 때문이죠." 그는 중세 독일에서 한 남성이 아이들을 유인해서 죽였을 때 어떻게 피리에 관한 이야기가 나왔는지를 말했습니다.[4] 인간 본성에는 태곳적부터 우리와 함께한 무언가가 있습니다. 복음이

---

3 펜실베니아에 있는 방 하나짜리 작은 학교 건물 안에서 8명의 아미쉬 소녀에게 총을 쏜 사건으로 아미쉬인들은 충격과 공포에 휩싸였습니다.

4 이것이 《피리 부는 사나이 이야기》(원제: 하멜른의 쥐잡이(Rattenfänger von Hameln))의 기원에 관한 유일한 설명은 아니지만, 가장 오래된 설명 중 하나입니다.

말해 주는 인간은 인간 본성에 갇힌 존재입니다.

로마서에서 바울은 인간 본성에 어떤 문제가 있는지 설명합니다. 이에 해당하는 이름은 '아담'입니다. 아담이라는 인물은 우리 모두의 이야기인 인간의 왜곡된 발전 단계에서 선두에 서 있습니다. 아담과 하와에 관한 성경 이야기는 하나님께서 우리에게 의도하신 것이 심하게 틀어졌으며, 우리의 반역으로 이렇게 틀어졌다고 말합니다. 우리의 잘못입니다. 그것이 이 이야기가 말해 주는 바입니다. 우리가 지금 당장 시간을 내서 이에 대한 바울의 설명을 읽기를 바랍니다. 로마서 5장 후반부에 있습니다.[5] 우리는 '아담' 안에 갇혀 있습니다.

추정상 지혜롭고, 힘 있고, 유력한 사람들로 구성되어 있다고 여겨지는 미국 의회에서 바로 지금 무슨 일이 일어나고 있는지 봅시다. 범죄보다 은폐가 더 나쁘다는 말을 우리는 얼마나 많이 들어 왔습니까?[6] 이제까지는 그 점을 배우는 과정이었다고 생각하십니까? 이런 예들은 너무 많아서 끝도 없을 겁니다. 닉슨이 워터게이트를 덮으려 하지 않았더라면, 빌 클린턴이 카메라 앞에서 거짓말을 하지 않았더라면, 로마 가톨릭 주교들이 성직자들의 아동 성추행을 숨기려 하지 않았다면, 은폐가 나쁘다는 것을 몰랐겠습니까? 이제 우리 국민의 대표들은 마크 폴리 하원의원의 잘못을 은폐하려 한 워싱턴의 권력자들이라는 존함을 얻었습니다. 위기관리 전문가인 어떤 남성은 어제 공영라디오에서 기본 규칙에 대해 이렇게 말했습니다. 모든 것을 말하라, 빨리 말하라, 자기 자신에게 말하라. 그는 하원 의장이 이 세 규칙을 모두 어겼다고 말했습니다.[7] 왜 우리는 아무것도 배운 게 없습니까?

---

5 이 주제에 대한 설교는 로마서 5장을 다루는 장들에 있습니다.

6 폴리 하원의원은 자신이 어린 남성 수행원들에게 명백히 성적인 메시지를 보낸 사실이 공개적으로 밝혀지자 사임했습니다.

7 그는 더 나아가 하지 말아야 할 세 가지를 말했습니다. (1) 부인하기 (2) 주제 바꾸기 (3)

인간 본성이기 때문입니다.

저는 공영라디오방송에서 폴리 하원의원이 3년 전 자신의 부적절한 행동을 지적받아서 그런 행동을 안 하기로 약속했다는 보도를 들었습니다. 제가 사역하면서 들었던 무수한 이야기들이 생각이 납니다. 이제 알코올을 끊겠다, 이제 아내를 그만 패겠다, 이제 체중을 줄이겠다, 이제 혼외관계를 끊겠다, 이제 …를 그만 두겠다. 이 빈칸(…)을 여러분들이 채워 보세요. 우리는 왜 그런 약속들을 계속 믿습니까? 아마 인간 본성에 대한 우리의 견해가 비현실적으로 낙관적이기 때문입니다.

이것은 그리스도교 신앙이 우리에게 가르쳐 주는 바입니다. BTK 같은 살인자가 검거되었을 때, 사람들은 "그런데 그 사람 정말 착했는데! 그 사람은 동네 눈을 치워 주는 사람이었는데! 내 타이어도 갈아 준 사람인데! 자기 아이들을 매일같이 학교에 데려다주던 사람이었는데!"라는 말을 굉장히 자주 듣습니다. 낙관주의는 일상의 좌절들을 극복하기에는 꽤 좋은 전략입니다. 하지만 사실data이 제대로 반영된 유일한 견해는 비극적 견해입니다. 인간 본성에 대한 낙관주의는 20세기의 참상을 거치고도 살아남아서는 안 됩니다. 우리가 배워 왔듯이, 인간 존재는 몇몇 조건만 주어진다면 순식간에 살인자가 될 수 있습니다. 미국 남부에서 백인이 흑인을 죽이고 싶으면 체제가 보호해 주기 때문에 손쉽게 죽일 수 있었던 때가 그리 오래전이 아닙니다.

그래서 우리에게 필요한 것은 새로운 인간성입니다. 로마서 5장의 아담 이야기가 우리에게 가르쳐 주는 바는 인간의 불순종이 **죄와 죽음**을 세상에 풀어 놓았다는 점입니다. 아담을 문자 그대로 사람으로

공격을 이어 가기. 그에 따르면 하원 의장은 이 세 가지를 다 했습니다. 이는 당파적인 발언이 아닌데, 왜냐하면 민주당에서도 세 가지 방식을 똑같이 해 왔기 때문입니다. 아아, 그것은 인간 본성입니다.

생각해야 하는지 여부가 중요한 것은 아닙니다. 중요한 것은 창세기 2-3장과 로마서 5:12-21을 인간 조건에 대한 진정한 설명으로 이해하는 겁니다. 바울은 이렇게 요약합니다. 아담의 불순종을 통해 **죄가** 세상에 들어왔고, **죄**를 통해 **죽음**이 들어왔으며, 그렇게 모든 인간이 **죄**의 지배에 빠졌기 때문에 **죽음**이 모든 사람에게 퍼졌다. '아담'은 죽은 사람입니다. 그는 자신을 구조할 수 없습니다. 그는 자신을 구원할 수 없습니다. 하와도 더 이상 자구책自救策을 마련할 수 없습니다. 그녀는 새로운 여성이 되기로 약속할 수는 있지만, 자기가 한 약속을 지킬 수는 없습니다. 알코올 중독에서 회복중인 사람에게 물어보십시오.

회복 중인 사람이 새로운 사람이 되는 길에서 가장 먼저 해야 하는 것은 창피할까 봐 두려워하는 일을 멈추는 겁니다. 성인 세례에서 좋은 점 중 하나는 이 과정을 밟는 것에 대한 쑥스러움에서 벗어나야 한다는 점입니다. 세례의 언어는 새로 태어남의 언어입니다.[8] 문제는 이러한 새로 태어남을 우리 자신에게 해당하는 것으로 받아들이기를 원하지 않는다는 점입니다. 왜냐하면 새로 태어남이란 말은 자기 자신의 무력함을 함축하고 있기 때문입니다. 이는 스스로 성공한 사람처럼 보이기를 원하는 미국적인 이미지에는 맞지 않는 모양새입니다. 우리는 "세상에서 어리석고 약하고 비천하여 무시당하는" 사람이 되기를 원하지 않습니다. 전적으로 하나님께 의지해야만 하는 무능한 사람으로 보이고 싶지 않습니다. 그래서 제가 보기에, 우리는 자신이 뜯어고쳐져야 하는 결함 있는 사람이라는 사실을 인정하고 싶지 않기 때문에 복음을 완전하게 받아들이지 않는 겁니다.

---

8 우리 주류 개신교에서 '다시 나다'(born again)라는 말을 부정적으로 사용하는 것은 유감스러운 일입니다. 왜냐하면 바로 예수님께로부터 나온 말이기 때문입니다. 세례받은 모든 그리스도인들은 '다시 난' 사람입니다. 혹은 더 좋은 말로 '위로부터 난'[여기에 사용된 그리스어 아노텐ἄνωθεν은 '다시'를 뜻하기도 하고 '위로부터'를 뜻하기도 합니다] 사람입니다(요 1:13, 3:3-5).

이런 게 좀 **체면 구기는** 일이라는 데 동의하시지 않습니까? 무능함에 대해, 구원의 필요에 대해 이야기하는 것은요? 이것은 성공한 사람들이 말하는 방식이 아닙니다. 바울은 이 점을 이해하고 있었습니다. 바울은 세상에서 성공한 사람들의 중심지인 로마로 가는 길이었습니다. 바울은 그곳에 있는 매우 자그마한 그리스도인 무리에게 편지를 쓰고 있었습니다. 그들에게는 심지어 모일 건물도 없었습니다. 바울은 그들을 방문하러 가는 길이었습니다. 바울은 로마에서 살아서 나가지 못할 겁니다. 우리는 그가 네로 황제에게 처형당했다는 사실을 알고 있습니다.[9] 아마 분명 바울도 이를 예견했을 겁니다. 그는 이미 여러 번 죽음에서 겨우 탈출했습니다. 바울은 초자연적인 용기를 얻어, 살아 있는 하나님의 복음을 제국의 수도에 가져갈 준비를 하고 있었습니다. 가이사는 **주님이 아닙니다.** 예수님이 주님입니다. 이 땅의 모든 제국이 그를 적대시하더라도 바울은 복음이 부끄럽지 않았습니다. 좀 지난 개그이긴 한데, 사도가 죽은 지 2000년이 지난 오늘날, 사람들은 자기 아들의 이름을 폴 ᵇᵃᵘˡ이라 짓고 자기 개 이름을 네로라고 짓습니다.

인간 본성. 그것은 구원자를 필요로 합니다.

우리에게는 한 분이 계십니다. 우리 주 예수 그리스도의 성령께는 우리가 스스로 될 수 없는 무언가로 우리를 변화시킬 능력이 있습니다.

어제 저는 노퍽시의 지역 신문 《버지니안-파일럿》을 보다가 참사에서 살아남은 아미쉬 소녀의 이야기를 읽었습니다. 그 아이는 학교 건물 안에서 일어난 일에 대해 이야기했습니다. 건물 안에 사로잡힌 소녀 중 가장 나이가 많았던 메리언 피셔가 목소리를 높여서 이렇게 말했다고 합니다. "나를 쏘시오. 나만 쏘고, 다른 애들은 보내 주시

---

9 아이러니하게도 바울은 콜로세움이나 화형대에서 죽지 않았습니다. 왜냐하면 로마 시민 권자들은 보다 품위 있는 방식으로 전문가에게 단칼로 처형당했기 때문입니다.

오." 메리언은 열세 살이었습니다.[10]

그녀는 성인聖人이었던 걸까요? 우리 대부분이 이르지 못할 정도의 완벽한 인간이었던 걸까요?

그리스도교의 복음은 아니라고 말합니다. 그녀는 우리와 동일한 인간 본성을 가지고 있었습니다. 메리언이 죽는 순간 그녀에게서 나온 빛은 인간의 본성이 아니었습니다. 그것은 하나님의 본성입니다. 그것은 우리 안에 계신 그리스도시며, 영광의 소망입니다. 그것은 그리스도를 믿는 믿음으로 말미암은 하나님의 의로움이었습니다. 이 선물은 성스러운 아미쉬 어린이에게만 특별히 주신 것이 아닙니다. 성령 안에서 다시 태어난 모든 사람에게 주신 것입니다. 당신을 위해, 그리고 저기 당신을 위해, 그리고 당신을 위해, 그리고 저를 위해 주신 겁니다. 그것은 "내가 아니라 내 안의 그리스도십니다." 이다음에 여러분이 다른 누군가에게 먼저 가도록 양보하거나, 싸움에서 물러나거나, 누군가를 용서하거나, 혹은 여러분보다 약한 사람의 편에 선다면, 그것은 여러분 자신이 아닙니다.

그대 안에 계신 그리스도이십니다.

복음을 부끄러워하게 만드는 유혹이 다가올 때, 우리 모두 이 땅의 모든 능력을 초월하는 이 능력을 기억하기를 기도합니다.

아멘.

---

10 로마서 1:6에 대한 설교인 〈순종의 힘〉(p. 41)에 이 소녀에 대한 좀 더 자세한 이야기가 있습니다. 예스러운 표현은 아미쉬 신도들이 말하는 방식을 반영하고 있는 듯합니다.

로마서 1-8장 설교

수종의 힘

그리스도 예수의 종인 나 바울은 부르심을 받아 사도가 되었습니다. 나는 하나님의 복음을 전하기 위하여 따로 세우심을 받았습니다. 이 복음은 하나님께서 예언자들을 통하여 성경에 미리 약속하신 것으로 그의 아들을 두고 하신 말씀입니다. 이 아들은, 육신으로는 다윗의 후손으로 태어나셨으며, 성령으로는 죽은 사람들 가운데서 부활하심으로 나타내신 권능으로 하나님의 아들로 확정되신 분이십니다. 그는 곧 우리 주 예수 그리스도이십니다. 우리는 그를 통하여 은혜를 입어 사도의 직분을 받았습니다. 그것은 우리가 그 이름을 전하여 모든 민족이 믿어서 순종하게 하려는 것입니다. 여러분도 그들 가운데 들어 있어서, 예수 그리스도의 부르심을 받은 사람이 되었습니다…

로마서 1:1-6

바울은 로마에 있는 그리스도인들에게 편지를 쓰면서, 자신을 "복음을 위해 따로 구별된 사도"로 소개합니다. 오늘날 우리가 따로 구별된 사람을 생각하면, 수도사나 아미쉬 신도처럼 자발적으로 구별된 사람이 떠오를 것 같습니다. 아니면 특수전 부대나 올림픽 팀처럼 뛰어난 기술을 갖고 있거나 특수 훈련을 받았기 때문에 특별히 따로 구별된 사람을 의미할 것 같습니다. 하지만 바울은 자신이 복음을 위한 사도로 따로 구별되었다는 말에 전혀 그런 의미를 담지 않았습니다. 그는 이런 역할을 선택한 적이 없습니다. 그는 다메섹으로 가는 길에서 부활하신 그리스도께 징집되었지만, 이 역할에 어울리지는 않았습니다. 오히려 그는 이렇게 씁니다.

> 나는 사도들 가운데서 가장 작은 사도이고, 사도로 불릴 자격도 없습니다. 왜냐하면 내가 하나님의 교회를 박해했기 때문입니다. 그러나 나는 하나님의 은혜로 오늘의 내가 되었습니다. 나에게 베풀어 주신 하나님의 은혜는 헛되지 않았습니다(고전 15:9-10).

다소의 사울이 부름받았을 때를 기억해 봅시다. 그는 스스로 의롭다고 생각하는 오만한 바리새인의 전형—실제로 바리새인 그 자체—이었고, 새로운 그리스도교의 신앙을 전멸하는 데 열정적으로 헌신하는 중이었습니다. 그는 사도행전이 말해 주듯이(행 9:1) 말 그대로 그 길에서 "주님의 제자들을 위협하며 살기를 띠고 있었습니다." 주 예수 그리스도께서 그가 말에서 내리게 하시고 사흘간 앞을 못 보게 하셨을 당시, 그는 이 이단적인 종파를 제거하는 데 필요한 것이라면 무엇이든 하려고 벼르는 중이었습니다. 그때가 바울을 베드로와 요한과 같은 자격의 사도로 부르신 순간이었고, 사울을 따로 구별하신 순간이었습니다. 비록 그때까지 사울이 예수님을 개인적으로 알지 못했지만 말이죠. 사도(그리스어 아포스톨로스ἀπόστολος)는 지위가 있는 제자입니다. 제자는 따르는 자를 의미하지만, 사도는 전적으로 임명된 사절입니다. 이것은 하나님께서 사도에게 하신 일입니다. 하나님께서는 사울을 적진에서 데려오셨고, 복음을 전하기 위해 그를 보내셨습니다. 바리새인 사울이 본인보다 못한 사람들로 여겼을 법한 바로 그런 사람들—다시 말해, 경건하지 않은 이방인들—에게 복음을 전하게 하시려고 말입니다. 다른 제자들이 그렇게 분개하지 않은 게 참 신기한 일입니다. 바울과 베드로 사이에는 긴장이 있었는데, 그 점을 알면 실제로 위로가 됩니다(갈라디아서). 그들은 스테인드글라스에 아름답게 장식된 성인이 아니라, 우리와 같이 자신의 과오로 고심하는 완전히 인간적인 사람이었습니다.

그래서 이 사람, 이 사도 바울은 백 번도 넘게 죽을 위험을 무릅썼습니다. 현대인들도 그의 발자취를 따라가 보면 놀랄 정도로, 굉장히 험한 환경의 지중해 주변 지역을 여행했습니다. 바울이 가는 곳마다 거의 매번 박해받고, 감옥에 갇히고, 생명의 위협을 받았다는 사실을 비롯하여, 이 자리에 앉아 있는 우리가 이방인—바로 우리들—을 위한 이 사도를 세우신 주님의 부르심에 얼마나 많은 빚을 지고 있는지, 우리는 조금 알고 있습니다. 바울이 없었다면, 전 세계적인 그리스도교 신앙도 없었을 것입니다. 하지만 가장 중요하게 기억해야 할 점은 바울 혼자 해낸 일이 아니라는 사실입니다. 그가 반복해서 말했던 것처럼 "내가 아니라, 내 안에 계신 그리스도"께서 하신 일입니다.

바울은 자신의 사도 사역에 대해 아름다운 말들을 남겼습니다. 골칫거리였던 고린도 교회에 바울이 쓴 편지를 볼까요? 바울은 고린도 교회가 여러 가지로 자신을 비판하려 한다는 걸 알았습니다. 하지만 바울은 "우리[사도들]는 이 보물[복음]을 질그릇[고급 도자기가 아니라 보잘것없는 진흙 그릇]에 간직하고 있습니다. 이 초월적 능력은 하나님께 속한 것이지, 우리에게 속한 것이 아닙니다"(고후 4:7)라고 주장했습니다. 이것은 바울이 시종일관 보여 주는 주제입니다. 초월적인 능력은 하나님께 속해 있습니다. 만일 오늘 복음 설교를 통해서 여러분께 전해진 가치 있는 무언가가 있다면, 그것은 하나님으로부터 난 것이지, 이 질그릇에서 난 것이 아닙니다.

바울은 이 부분에서 위험하고 어려운 사도의 삶에 대해 생각합니다. 그는 자신이 결국 십중팔구 죽임당할 것이라고 인지하고 있었습니다. 그는 자신의 순교자적 고통이 교회에 생명을 주는 것임을 알았습니다. 이에 대해 바울이 무어라 말하는지 귀 기울여 봅시다. 그가 말하는 고통이 머잖아 모든 사람이 맞닥뜨리게 될 그런 종류의 고통이 아니라 그리스도의 사자使者가 받는 특수한 고통임을 염두에 두시기 바랍니다.

> 우리는[사도들은] 사방으로 죄어들어도 움츠러들지 않으며, 답답한 일을 당해도 낙심하지 않으며, 박해를 당해도 버림받지 않으며, 거꾸러뜨림을 당해도 망하지 않습니다. 우리는 언제나 예수의 **죽음**을 우리 몸에 짊어지고 다닙니다. 그것은 예수의 **생명**도 또한 우리 몸에 나타나게 하기 위함입니다. 우리는[사도들은] 살아 있으나, 예수를 위해 늘 우리 몸을 죽음에 내어 맡깁니다. 그것은 예수의 생명도 또한 우리의 죽을 육신에 나타나게 하기 위함입니다. 그리하여 죽음은 우리[사도들] 안에서 작용하고, 생명은 [믿음 안에서 사도의 메시지를 받은] 여러분 안에서 작용하고 있습니다(고후 4:8-12).

"죽음은 우리 안에서 작용하고, 생명은 여러분 안에서 작용하고 있습니다"라는 말을 염두에 두고 계속 이야기해 봅시다. 이제 로마서의 첫머리로 돌아가기 위해, 바울이 이제껏 여행 중에서 가장 큰 여행을 준비하는 중이란 사실을 상기해 봅시다. 그는 제국의 중심인 로마에 가고 있습니다. 우리는 로마 제국의 힘을 그곳의 극미한 그리스도인 무리와 비교하여 생각해 볼 필요가 있습니다―콜로세움이 한 줌의 개미들에게 그림자를 드리우고 있습니다. 바울은 목숨을 잃을 가능성이 매우 높았지만―그리고 실제로 목숨을 잃게 되지만―그럼에도 로마에 가기로 결심했습니다. 그의 편지는 그가 로마에 갈 때 회중을 준비시키려고 쓴 것입니다. 바울은 아름다운 16장에서 그곳에 있는 많은 사람의 이름을 개인적으로 불렀고 문안했습니다. 오늘 밤 메시지는 바울이 문안 인사에서 사용했던 문구에 가장 초점을 두고 있습니다. 여기서 다시 읽어 보겠습니다.

> 그리스도 예수의 종인 나 바울은 … 우리는[사도들은] 그를 통하여 은혜를 입어 사도의 직분을 받았습니다. 그것은 우리가 그 이름을 전하여 모든 민족이 **믿고 순종하게** 하려는 것입니다….

믿고 순종하게. 이게 정확히 무슨 의미입니까? '순종'은 오늘날 환영받지 못하는 말입니다. 미국 문화는 반항적이고, '날을 세우고'─문화적 엘리트들이 가장 좋아하는 단어─'관습을 거스르는' 것을 높이 평가합니다. 경계 안에 머무르는 것을 샌님스럽다고 봅니다. 경계를 뛰어넘는 게 힙한 것이죠. 마아아알을 안 듣는 게 좋은 거죠. 시대에 걸맞은 것은 **불**순종이지 순종이 아닙니다. 순종이란 단어를 바울이 의미했던 방식으로 재전유하기 위해서는 어느 정도 노력을 들여야 합니다. 바울은 당연이 하나님께 대한 순종을 의미했습니다. 그는 편지의 끝자락에서 이 주제로 되돌아갑니다.

> 내가 이 편지에서 가끔 지나칠 정도로 강조해서 말한 것은 … 하나님께서 이 은혜를 내게 주신 것은 … 하나님의 복음을 전하는 제사장의 직무를 수행하게 하시려는 것입니다. 그리하여 이방 사람들로 하여금 성령으로 거룩하게 되게 하여, 하나님께서 기쁨으로 받으실 제물이 되게 하시려는 것입니다. … 그리스도께서 이방 사람들에게 **순종**을 얻어 내시려고 나를 시켜서 이루어 놓으신 것 밖에는, 아무

것도 감히 말하지 않겠습니다. … 성령의 권능으로 이루어졌습니다 (15:15-19).

이방 사람들―바로 여러분과 저―에게 순종을 얻어 내는 것. 성령의 권능으로 이루어진 순종. **믿어서 순종하는 것.**

저에겐 오늘 한 가지 목표가 있는데, 그것은 이런 메시지를 전하는 것입니다. 즉 '참된 자유는 하나님에 대한 반항에서 발견될 수 없다.' '하나님에 대한 반항은 영과 혼의 죽음으로 이어진다.' '하나님께 대한 순종은 육신의 죽음을 의미할지도 모른다.' '하지만 그것은 세상을 향한 생명을 의미한다.' "우리[사도들]는 언제나 예수의 **죽음**을 우리 몸에 짊어지고 다닙니다. 그것은 예수의 **생명**도 또한 우리 몸에 나타나게 하기 위함입니다." 정확히 여기서 바울이 말하고 있는 것은 자신의 사도직입니다. 하지만 더 나아가 사도적 교회(바로 우리)의 사도직에 대해 말하는 것이기도 합니다. 우리는 예수님의 죽음을 어떻게 우리 몸에 짊어지고 다닐까요?

그 13살 아미쉬 소녀 메리언 피셔는 제 마음에 박혀 있습니다.[1] 이 아이는 앞으로 가더니 "나만 쏘고, 다른 애들은 보내 주시오"라고 말했습니다. 이는 우리가 상상해 볼 수 있는 **믿음의 순종**을 확실하게 보여 주는 예입니다. 이 어린 소녀의 말에는 예수 그리스도의 죽음에 나타난, 뚜렷하여 다른 여지가 없는 유일한 특성을 담고 있습니다. 소녀는 더 어리고, 더 작고, 더 약한 다른 아이들을 대신하여 자기 자신을 바쳤습니다. 소녀의 죽음은 우리를 대신하여 죽으신 예수 그리스도의 죽음과 거의 정확히 평행합니다. 우리는 어느 면에서든 본성상 더 작

---

1 이 설교를 했던 주에, 펜실베니아 시골에 있는 방 하나짜리 학교 건물에서 8명의 아미쉬 소녀가 계획된 범죄로 총에 맞았습니다(5명이 사망했습니다). 이로 인해 지역 전체가 충격과 공포에 휩싸였습니다.

고 더 약한 존재고, 죄로 오염되고 왜곡된 존재이며, 감히 서슴지 않고 예수님을 완전히 죽음으로 몰아넣을 수 있는 그런 존재입니다.

그리고 더 있습니다. 아미쉬 공동체는 아이들을 쏴 죽이고 자살한 남성의 아버지와 아내와 자녀들을 즉시 포용하였습니다. 저 희생의 아픔이 더 커지겠지만 감수할 준비가 되어 있었던 겁니다. 기적이라는 말밖에는 설명할 길이 없습니다. 이는 하나님의 일하심입니다. 이는 주님께서 괴롭게 죽으시면서 하신 말씀에 대한 하나의 실례입니다. "아버지, 저 사람들을 용서하여 주십시오. 저 사람들은 자기네가 무슨 일을 하는지를 알지 못합니다."

아미쉬 사람들을 낭만적으로 그리거나 이상화한다면 큰 실수일 것입니다. 이들도 우리와 마찬가지로 장점과 단점이 있습니다. 그리고 저는 이들과 우리들이 신학적으로 일치하지 않는다고 확신합니다. 하지만 이들에게는 이것이 있습니다. 이들은 이 끔찍한 재판 과정에서 자신들이 준비된 사람임을 증명했습니다. 서로에게 묶여 있고, 성경적 믿음에 매달리며, 자신들의 삶의 길에 굳게 서 있는 이들의 강점은, 말하자면 "믿음의 순종"을 공동체 DNA에 뿌리내리게 했습니다. 이들은 이 끔찍한 사건이 있는 동안 "예수의 죽음을 자신들의 몸에 짊어지고 다닌" 것입니다.

아시다시피 바울이 믿음의 순종에 대해 말할 때, 일반적인 종교에 대해 말하고 있는 것이 아닙니다. 바울은 "그리스도 안에" 있는 것에 대해 말하고 있습니다(8:1, 12:5, 16:9 등). 바울은 "그리스도의 마음"을 갖는 것에 대해(고전 2:16; 빌 2:5), "그리스도의 형상을 이루는" 것에 대해(갈 4:19), "그리스도를 본받는" 것에 대해(15:5), "그리스도와 함께 죽고 함께 살아나는" 것에 대해(6:4-8 등등) 말하고 있습니다. 바울은 "주 예수 그리스도로 옷 입는" 것에 대해 말하고 있습니다(13:14). 우리는 그리스도께서 세상에 보내신 편지라고 바울은 말합니다. "먹물로 쓴 것이 아니라 살아계신 하나님의 영으로 쓴 것이며, 돌판에 쓴 것이 아니라 가슴판에 쓴" 편지입니다(고후 3:3). 바울은 우리가 하나님께서 온 세계에 뿌리시는 그리스도의 향기라고도 말합니다(고후 2:15). 바울은 우리가, "그리스도와 합하여 세례를 받은"(6:3) 우리가, 준비된 사람이 되도록 이 모든 것을 말하고 있습니다. 믿어서 순종할 준비 말입니다.

예수 그리스도를 믿어서 순종하는 것은 제약이나 폐소공포증이나 강금을 의미하지 않습니다. 그것은 자유를 의미합니다. 해방을 의미합니다. 힘을 의미합니다. 칼 바르트가 사용한 문구에 제 관심이 잘 포착되어 있습니다. 바로 "순종의 힘"입니다. 성령께 순종하여 하나님의 능력에 자기 자신을 맞추는 것. 이것은 세상을 이기는 힘입니다.

누가 그렇게 말했습니까? 또 다른 사도가 그랬습니다. 요한1서에서 이 말을 들어 봅시다.

하나님께로부터 난 사람은 다 세상을 이기기 때문입니다. 세상을 이긴 승리는 이것이니, 곧 우리의 믿음입니다. 세상을 이기는 사람은 누구입니까? 예수가 하나님의 아들이심을 믿는 사람이 아니고 누구겠습니까?(요일 5:4-5).

저는 사도가 아닙니다. 사도들의 시대는 1세기가 끝나기도 전에 이미 막을 내렸습니다. 하지만 니케아 신경이 선언하듯이, 교회는 여전히 사도적입니다. 이 말은 성령께서 적절하다고 생각하시면 질그릇이, 오늘날의 그리스도인과 같은 흙그릇이 여전히 하나님의 초월적인 능력을 담은 대리자가 될 수 있다는 뜻입니다. 저는 이러한 생각을 여러분께 전해 주기를 간절히 바랐습니다. (비록 우리가 확실히 알 수는 없지만) 아마 우리가 그리스도의 이름으로 자기 목숨을 버리도록 부르심을 받을 가능성은 거의 없을 것 같습니다. 단조로운 일상에서 하루 하루 믿고 순종하며 사는 것, 그것이 우리 대다수에게 믿음의 순종입니다. 동료 신자들과 정기적으로 드리는 예배의 의미와 목적은 다음과 같은 날마다의 결정의 순간에 주님께 순종하도록 준비된, 그런 백성이 되는 것입니다.

- 사랑받지 못하는 이에게 다가가야 할까?
- 동료 노동자가 받는 부당한 대우에 항의해야 할까?
- 인종적 편견에 맞서 분명한 목소리를 내야 할까?
- 다르푸르Darfur, 고문, 사형제에 대한 서한을 써야 할까?
- 자녀들 교육을 뒷바라지하는 것과 마찬가지로, 자녀들에게 주님의 길을 가르치는 데 시간을 들여야 할까?
- 하나님을 더 잘 섬기기 위해서 금전적 이익을 포기해야 할까?

위와 같은 일상적인 결정에서 나타나는 그리스도의 마음은 그리스도교 공동체 안에서 형성됩니다. 우리는 다 함께 주님의 만찬을 나누면서, 누구의 영이 믿음—세상을 이기는 믿음—의 순종의 힘 안에서 우리를 지탱하시고 우리 모두를 연결하는지를 기억하며 기뻐합니다. 우리는 그렇게 해 주시는 분이 누구의 영인지 기억하는 일을 좋아합니다.

아멘.

예수를 부끄러워하지 않는 것

나는 복음을 부끄러워하지 않습니다.

로마서 1:16

음란하고 죄가 많은 이 세대에서, 누구든지 나와 내 말을 부끄
럽게 여기면, 인자도 자기 아버지의 영광에 싸여 거룩한 천사
들을 거느리고 올 때에, 그를 부끄럽게 여길 것이다.

마가복음 8:38

요즘 그리스도교 교회에서 일어나는 어떤 흐름은 양적으로나 질적으
로나 제게는 색달라 보입니다. 이 흐름은 점점 빈번하게 발생하고 있
고 기세도 점점 강해지고 있습니다. 요즘, 예수를 주님으로 고백하는
2000년 된 교회의 오랜 고백을 반박하는 논거를 꾸준히 발전시키는
학자들이 꽤 많이 있습니다. 이 학자들은 인간적으로도 매력이 있고
미디어를 다루는 기술도 상당합니다. 그리고 이 학자 중 일부는 교회
안에서 이 작업을 하고 있습니다. 스스로를 "예수 세미나"The Jesus Seminar
라고 부르는 이 프로젝트는 대개 크리스마스와 부활절 시기에 맞춰
세미나 내용을 발표하기 때문에, 아주 강한 영향을 미칠 것입니다. 이
모임이 단 하나뿐이니까 어떤 의미에서는 영향력이 아주 미미할 수

있겠지만, 시나브로 퍼지면서 발전하고 있습니다. 주류 교파의 신학적 정확성이 의심받는 시기에 성직자와 평신도의 생각에 서서히 영향을 미치고 있는 것이죠. 그래서 '하나님의 아들 예수 그리스도'에 관한 복음은 존경할 만한 '인간'이자 영적 모범인 '인간 예수'에 대한 이야기 방식으로 미묘하게 바뀌고 있습니다.

성 바울은 계속 문제를 일으켰던 고린도 교회에 편지를 보내면서, 이런 종류의 일에 대해 이야기합니다. 이 편지에서 그는 "예수님은 주님이시다"(퀴리오스 이에수스Κύριος Ἰησοῦς)라는 초창기 그리스도교 신경을 언급합니다. 바울은 "하나님의 영으로 말하는 사람은 아무도 '예수는 저주를 받아라' 하고 말할 수 없고, 또 성령을 힘입지 않고서는 아무도 '예수는 주님이시다' 하고 말할 수 없습니다"(고전 12:3)라고 썼습니다. 그래서 우리에게 어떤 새로운 것이 일어나고 있다고 생각한다면 잘못입니다. 2000년 전 고린도 교회에도 예수가 주님이심을 부인하는 사람들이 있었던 것으로 보입니다.[1] 그럼에도 불구하고, 교회의 전통적인 확언과 대립하는 요즈음의 적대심은 제가 보기에 새롭습니다. 우리 중 상당수가 이러한 공격이 사라질 거라고 생각하면서 그저 무시해 왔습니다―그리고 사라질 것입니다. 하지만 그러는 동안 서서히, 상당한 침식이 일어납니다. 결국 아주 신실한 교회들도 이러한 집요한 도전이 미친 영향을 체감하게 될 것입니다. 주요 교파 도처에도 상당수의 성직자가 얼버무리거나 입장을 바꾸고 있으며, 회중을 혼란

---

1 성경신학자 래리 허타도가 그의 중요한 책 《주 예수 그리스도》(Lord Jesus Christ, Grand Rapids: Eerdmans, 2005; 새물결플러스 역간)와 How on Earth Did Jesus Become a God(Grand Rapids: Eerdmans, 2005)에서, 예수를 그리스도로 고백하는 것이 한참 후의 일이라고 주장하는 사람들과는 달리, 이 고백이 신약성경의 교회가 시작하는 순간까지 거슬러 올라간다고 철저하게 주장하는데, 이 점을 주목해야 합니다. 불행히도 《다빈치 코드》(The Da Vinci Code, 문학수첩 역간)와 같은 초베스트셀러 책의 내용을 무비판적으로 받아들일 수 있게끔 유도하는 일종의 신빙성을 생산해 내는, 초기 그리스도교의 예수상에 대한 무책임한 추측들이 부지기수입니다.

스럽게 하여 활기를 잃게 만들고 있습니다. 따라서 오늘 읽은 복음서에 있는 예수님의 말씀은 우리 시대에 특별히 적절해 보입니다. "음란하고 죄가 많은 이 세대에서, 누구든지 나와 내 말을 부끄럽게 여기면, 인자도 자기 아버지의 영광에 싸여 거룩한 천사들을 거느리고 올 때에, 그를 부끄럽게 여길 것이다."

미신타파주의자들께서는 예수가 그런 말을 한 적이 없다고 하시겠죠. 저는 먼저, 우리가 이제 우리 선조들이 읽었던 것처럼 순수하게 고대 문서들을 읽을 수 없다는 점을 인정합니다. 우리는 이제 그러한 문서들이 어떻게 형성되었는지에 대해서 선조들보다 더 잘 압니다. 초대 교회가 복음서 이야기를 형성하고 재형성했다는 점을 부인하는 일은 어리석은 행동입니다. 하지만 요즘에는 예수님 자체가 순전히 문학적으로만 현전하게끔, 아니면 신약성경 이야기와는 상당히 거리가 있는 굉장히 축소된 역사적 인물이 되게끔 본문 개작을 너무 많이 강조하는 경향이 있습니다. 여기 몇 가지 예가 있습니다. 예수님에 대해 쓴 토마스 캐힐의 신간 광고가 여기저기에 꽤 많이 실려 있습니다.[2] 광고 문구 중 하나는 이 책이 예수를 "또 다시 생생한 문학으로 현전하게" 만들었다는 추천사입니다. 제가 철해 놓은 또 다른 광고도 비슷합니다. 뉴욕대학교 교수가 쓴 예수에 관한 책 추천사인데, 이 책이 "나사렛의 현자에게 생명을 불어넣을지도 모른다"라고 말하고 있습니다. 다시 말해, 예수가 텍스트 안에서는 살아 있지만—고대에서나 현대에서나—다른 곳에는 사실 존재하지 않는다는 말입니다. 우리는 예수님을, 실존 인물은 아니지만 크리스마스 때마다 대대로 책과 연기자들을

---

2 Thomas Cahill, *Desire of the Everlasting Hills: The World Before and After Jesus* (New York: Nan A. Talese, 1999). 캐힐은 대중 독자를 위한 글을 쓰는 데 비상한 재능이 있어서 굉장히 탄복할 만하지만, 그의 〈역사의 요체〉(Hinges of History) 시리즈 중에서 이 책은 그의 한정된 연구로 인해 심각한 결함을 안고 있습니다. 그에게 개신교 성경신학과 성서학은 미지의 세계입니다.

통해 현실화되는 에버니저 스크루지 같은 문학 속 인물과 비교할 수 있습니다.[3] 혹은 예수님이 새로운 전기문이 나올 때마다 생명력을 얻는 오래전 죽은 역사 속 인물과 같다고 말할 수도 있습니다.

이것은 예수님이 "문학적 현전"literary presence으로 이해될 수 있는 방식을 단순화해서 설명한 것입니다. 하지만 이것이 요즘 예수님을 바라보는 유일한 시각은 아닙니다. 또 다른 시각은 다양한 기준에 따라 '역사적인' 것 같지 않은 부분들을 모두 폐기하면서, 신약성경 이야기를 조금씩 깎아 내는 방식입니다. 거의 아무것도 남지 않을 때까지 말이죠. 예를 들어 이 학자들은 요한복음에 진정한 예수의 말이 전혀 들어 있지 않다고 말합니다. 이러한 방법에 대한 다양한 비판이 있을 수 있습니다. 여기에 일종의 순진함이 작용하고 있다는 지적을 자주 받는데, 왜냐하면 세미나 구성원들은 자신들이 구축한 것 외에는 아무런 실제적 토대도 없이, 단순히 자기들이 구성한 예수로 자기들이 거부한 예수를 대체하고 있기 때문입니다. 이전에도 "역사적 예수에 관한 탐구들"이 있었는데 그것들은 우리에게 그리 도움이 되지 않았습니다.[4] 우리가 신약성경에서 읽는 것을 제외하면, 우리는 예수에 대해 무엇을 통해서도 알 수 없다는 것이 진실입니다. 다른 어느 곳에도 예수에 대한 동시대인의 증거가 없습니다.[5] 만일 나사렛 예수 이야기가

3 가장 강력하게 "문학적으로 현존"하는 인물은 아마 셜록 홈즈일 것입니다. 런던 베이커가 (街) 221-B호로 발송된 수백 통의 편지가 아직도 쏟아져 들어온다고 합니다. 이 상상의 주소에 있는 상상의 인물을 구경하기 위해 아직도 수천의 사람들(저도 그 중 하나입니다)이 경건하게 베이커가에 들릅니다.

4 이 문제들을 명쾌하고 생생한 방식으로 이야기하는 루크 티모시 존슨이 쓴 읽기 쉬운 작은 책, *The Real Jesus* (San Francisco: HarperSanFrancisco, 1996)를 강력히 추천합니다.

5 성경이 아닌 동시대인들의 자료에서 세례 요한에 대한 언급은 있지만 예수님에 대한 언급은 어디에도 없습니다(요세푸스(37-100)를 동시대인으로 본다면 그의 저작에 언급되어 있기는 합니다만, 후대에 덧붙인 것이라는 의심을 받기도 합니다).

십자가형으로 끝났다면, 우리는 예수님에 대해 들어 보지도 못했을 것입니다. 이 말은 자주 해도 지나치지 않습니다. 이 사실은 제가 매년 하고 있는 신약성경 강해를 이어나가게 해 주는 한 요소입니다. 저를 번번이 몰아세우는 아주 심각한 의심들이 일더라도, 초기 증언들의 독특한 특성이 저를 번번이 되돌아오게 합니다.

사도적 증언 속에는 믿음을 갖게 된 세대들이 부끄러워하며 예수님으로부터 한 걸음 물러서고 싶은 유혹을 받게 될 것이라는 선견지명이 있습니다. 신자들이 다른 이들에게 구식으로 보일까 봐, 뒤떨어진 사람으로 보일까 봐 스스로 두려워하며, 지적 혹은 도덕적 용기를 내지 못할 수도 있다는 점을 미리 예견하고 있는 것이죠. 사도 바울 자신보다 이러한 유혹을 더 잘 아는 사람도 없습니다. 바울은 "나는 복음을 부끄러워하지 않습니다"(1:16)라는 단호한 말로 로마인들에게 보내는 편지를 시작합니다. 갈라디아 사람들에게 보낸 편지에서도 똑같이 항의하는 듯한 어조로 "이제부터는 아무도 나를 괴롭히지 마십시오. 나는 내 몸에 예수의 흔적을 지니고 있습니다"(갈 6:17)라고 하며 편지를 마무리합니다. 바울은 온갖 종류의 대안적인 해석들로 애먹고 있었습니다. 특히 갈라디아서와 고린도서에는 회중의 마음과 생각 때문에 그가 격앙하여 분투하는 모습이 나타납니다. 그리고 그는 바로 그 모든 중심에 십자가를 놓았습니다. 바울은 갈라디아 사람들이 십자가를 붙들지 않은 것에 대해 이렇게 비난합니다. "어리석은 갈라디아 사람들이여, 예수 그리스도께서 십자가에 못 박히신 모습이 여러분의 눈앞에 선한데, 누가 여러분을 홀렸습니까?"(갈 3:1). 그리고 고린도 사람들에게는 이렇게 말합니다. "나는 여러분 가운데서 예수 그리스도와 그가 십자가에 못 박히신 것 외에는 아무것도 알지 않기로 작정하였습니다"(고전 2:2). 갈라디아 교회와 고린도 교회는 모두 그리스도께서 십자가에 못 박히신 것을 부끄러워하는 듯한 행동을 하고 있었습니다. 서로 약간 다른 이유로, 다른 모습으로 말이죠. 고린도 사람들은 십자가가 영적이지 않다고 생각했습니다. 그 점에 대해서는 고린도 사람들이 정확했습니다. 갈라디아 사람들은 그리스도의 죽으심이 경건치 않은 사람들을 위한 것이라는 오롯한 급진성을 약화시키면서 종교적 율법주의의 형태로 되돌아가고자 했습니다. 이것은 바로 바울이 로마서 5장에서 말한 것입니다. "그리스도께서는 경건하지 않은 사람을 위하여 죽으셨습니다." 이것은 십자가의 스캔들*입니다.

　그리스도께서 경건치 않은 사람들을 위해 죽으셨다는 사실이 이 나라 주류 교회의 주일 아침 풍경을 보면 전혀 분명하지가 않습니다. 여기 모인 우리는 저에게 꽤 시선이 고정되어 있습니다. 저는 여러분 중 누가 스스로를 경건치 않다고 생각하는지, 혹은 경건하다고 생각하는지 모릅니다. 어쨌든 교회에 오는 요지는 경건해지기 위해서입니다—혹은 종교적인 사람이 되기 위해서, 영적인 사람이 되기 위해서입니다. 그렇죠? 그러나 바울은 그리스도께서 영적이지 않은 사람들을 위해서 영적이지 않은 죽음으로 죽으셨다고 말합니다. 십자가가 갖는 불쾌한 성격을 지나치게 강조한다는 것은 불가능합니다. 십자가는 수치스럽고, 종교적이지도 못한 죽음이었습니다. 그것이 바로 사람들이 예수님을 부끄럽게 여기는 유혹에 빠지는 이유입니다. 그것이 바로 바울이 로마서에서 "나는 복음을 부끄러워하지 않습니다"라고 말한 이유입니다. 그리고 오늘 본문에서 예수께서 "음란하고 죄가 많은 이 세대에서[이 경건치 않은 세대에서], 누구든지 나와 내 말을 부끄럽게 여기면, 인자도 자기 아버지의 영광에 싸여 거룩한 천사들을 거느리고 올 때에, 그를 부끄럽게 여길 것이다"[6]라고 말씀하신 이유입니다.

---

* 스캔들scandal은 수치, 추문 등을 의미합니다. 이 말의 어원인 그리스어 '스칸달론'σκάνδαλον에는 '걸림돌'(롬 9:33)이라는 의미가 있습니다.

6 이 말씀의 병행구절은 마태복음 10:38과 16:24이며 특히 누가복음 9:23입니다.

예수님이 부끄럽습니까? 마가복음에서 그 앞의 구절들을 살펴봅시다. "그리고 예수께서는, 인자가 반드시 많은 고난을 받고 … 배척을 받아, 죽임을 당하고 … 예수께서 드러내 놓고 이 말씀을 하시니, 베드로가 예수를 붙잡고 꾸짖기 시작했다."* 스승을 부끄러워하게 될 어떤 일이 일어난다는 암시가 여기서 처음으로 나옵니다. 베드로는 가만히 있을 수 없었습니다. 베드로는 제자라는 자신의 자리에서 벗어납니다. 베드로는 마치 자신이 예수와 동등한 위치인 것처럼 예수께 다가가 붙잡습니다. 예수께서는 베드로에게 '네 자리로 돌아가라'고 말씀하십니다─오직 예수님만이 그를 베드로라 부르지 않고 사탄이라고 부르십니다. 그리스도의 십자가가 거부되고 있다면 사탄이 일하고 있는 것입니다. 이 이야기를 주의 깊게 읽으면, 예수를 따른다는 것이 무엇을 의미하는지에 대해 완전히 새로운 시각을 열어 줄 것입니다. 다시 예수님의 말씀을 들어 봅시다. "나를 따라오려고 하는 사람은, 자기를 부인하고, 자기 십자가를 지고, 나를 따라오너라." 이 유명한 말씀은 복음서의 맥락에서 우리가 생각했던 의미가 아니라는 게 명백해집니다. "누구든지 제 목숨을 구하고자 하는 사람은 잃을 것이요, 누구든지 나와 복음을 위하여 제 목숨을 잃는 사람은 구할 것이다. … 누구든지 나와 내 말을 부끄럽게 여기면 … 그에 대해서는 인자도 자기 아버지의 영광에 싸여 거룩한 천사들을 거느리고 올 때에 부끄럽게 여길 것이다." 십자가를 지는 것에 대한 말씀과 예수를 부끄러워하는 것에 대한 말씀이 서로 어떻게 연결되어 있는지 보이십니

---

* 베드로가 "꾸짖다"라는 말은 바로 다음 구절, 예수께서 "꾸짖다"라는 말과 그리스어 원문에서 같은 단어(에피티마오^{ἐπιτιμάω})입니다. 그러나 한글 성경에서는 '꾸짖다'를 완곡하게 번역합니다(개역한글: 간하다, 개역개정: 항변하다, 새번역: 항의하다, 공동번역개정: 그래서는 안 된다고 펄쩍 뛰었다). 아마 제자와 선생의 위치에 대한 우리의 정서를 알맞게 반영하여 번역한 것 같습니다. 대부분의 영어 성경은 32절과 33절에서 이를 같은 단어로 번역합니다(rebuke).

까? '십자가를 지는 것'은 너무 흔하고 진부한 말이 되었습니다. 우리는 긴 통근 시간에서부터 까탈스러운 시어머니에 이르기까지, 거의 모든 의미로 '자기가 감당해야 하는 십자가'에 대해 말합니다. 그러나 여기에는 우리가 살면서 받는 일상적인 고통들, 심지어 가장 심각하고 도전적인 고통에 대해서도 나오지 않습니다. 예수님께서는 십자가를 지는 것에 대해 말씀하실 때 매우 구체적으로 그 의미를 보여 주십니다. 여기서 십자가를 진다는 것은 예수께 속했다는 이유로 제자들이 겪게 될 부끄러움을 진다는 것을 의미합니다. 우리가 히브리서에서 읽는 것처럼, 예수님은 "부끄러움을 마음에 두지 않으시고, 십자가를 참으셨습니다"(히 12:2).

예수님에 대해 회의적인 태도가 오늘날의 시류입니다. 수준 높은 학자들의 대화 속에서, 세속 학문뿐만 아니라 종교 분야에서도, 여러분이 할 수 있는 가장 스타일리시한 지적인 조치는 예수에 대해 **문학적 현전**으로 말하는 것입니다. 그렇게 한다면 예수님은 아주 좋은 동료들을 만나게 됩니다. 햄릿, 에이해브 선장, 제인 에어는 계속해서 우리 삶에 크게 이바지합니다. 하지만 이게 예수께서 우리 가운데 사시는 방식입니까? 우리는 이 질문에 대한 답을 어떻게 찾고 있습니까? 바로 예수님께서도 제자들에게 이 질문을 던지셨습니다. "너희는 나를 누구라 하느냐?"

로마서를 통해 오늘 성서일과 본문을 다시 살펴봅시다. 바울은 이렇게 씁니다. "그렇다면 … 우리가 무슨 말을 하겠습니까? 하나님이 우리 편이시면, 누가 우리를 대적하겠습니까? 자기 아들을 아끼지 않으시고, 우리 모두를 위하여 내주신 분이, 어찌 그 아들과 함께 모든 것을 우리에게 선물로 거저 주지 않으시겠습니까? … 죽으셨지만 오히려 살아나셔서 하나님의 오른쪽에 계시며 우리를 위하여 대신 간구하시는 분이 그리스도 예수십니다"(8:31-34). 이것이 "너희는 나를 누구라 하느냐?"라는 질문에 대한 바울의 대답입니다. 여러분은 이 말씀이 오늘 성서일과의 구약 본문인 아브라함·이삭 이야기와 어떻게 대조되는지를 볼 수 있습니다.

바울은 "자기 아들을 아끼지 않으시고 우리 모두를 위하여 내주신 분"이라고 말할 때, 아브라함-이삭 이야기와의 관련성을 선명하게 의도하고 있습니다.[7] 십자가는 저 이야기의 중심에 있습니다.

오늘 읽고 있는 로마서의 마지막 부분은 신약성경에서 가장 유명한 구절 중 하나입니다. 모두가, '어떻게 그 무엇도 우리를 하나님의 사랑에서 끊을 수 없는지'에 대해 듣기를 좋아합니다. 그러나 이것이 일반적인 종교적 정서가 아니라는 점을 항상 인식하고 있지는 않습니다. 이 구절은 굉장히 구체적이고 굉장히 고양된 어조이기 때문에 아무 데나 만능으로 사용할 수 있는 그런 말씀이 아닙니다. "나는 확신합니다. 죽음도, 삶도, 천사들도, 권세자들도, 현재 일도, 장래 일도, 능력도, 높음도, 깊음도, 그 밖에 어떤 피조물도, 우리를 우리 주 예수 그리스도 안에 있는 하나님의 사랑에서 끊을 수 없습니다." 바울이 순전히 문학적 현전에 대해 말하고 있습니까? 아니면 바울은 그저 자신의 목적에 맞게 부풀린, 어떤 면에서는 확실히 흥미롭고 중요한 유명 종교인에 대해 언급하는 중입니까?

누군가는 이렇게 말하고 … 누군가는 저렇게 말하겠죠.

그러나 "**너희는** 나를 누구라 하느냐?" 하고 물으십니다.

제가 알고 있는 어떤 커플의 아들은 여러 해 동안 자살 위험이 굉장히 높은 상태로 지내고 있습니다. 많은 의사가 관여했고, 많은 방안이

---

7 이 말이 예수님의 자발적인 동의와 적극적인 참여 없이, 아버지께서 예수님을 내어 주셨다는 의미가 아니란 점을 이해하는 것이 중요합니다. 다른 구절들(예를 들어, 고후 5:18-19; 요 10:17-18; 빌 2:5-8)에서 명백하게 나타나듯이, 아버지와 아들은 이 일을 함께하고 계십니다.

탐구되었습니다. 그는 병원을 들락여 왔고, 약을 복용했다 말았다 했고, ECT(충격) 요법을 받기도 했습니다. 그를 위해 할 만한 모든 것을 다 하고 있지만, 그의 우울증을 치료하기 위한 싸움은 여전히 진행 중입니다. 어머니와 아버지는 이제 20대 후반인 자기 아들이 언제든 스스로 삶을 끊을 수 있다는 점을 알고 있습니다. 그 부모는 이 끔찍한 공포에서 결코 자유로울 수 없습니다. 이 로마서 구절은 그들이 힘을 얻는 지속적인 원천이었습니다. 그러나 이 구절은 일반적인 원리에 관한 것이 아닙니다. 결국 잘 된다는 종교적 낙관주의를 표현하는 구절이 아닙니다. 비록 자주 그렇게 사용되긴 하지만요. 이 구절의 진리 여부는 예수가 누구인지에 달려 있습니다. 누가 우리를 하나님의 사랑에서 끊을 수 있을까요? 권세자들이나 능력이 끊을 수 있습니까? 현재 일이나 장래 일이 끊을 수 있을까요? 이 모든 것은 바울이 "예수님은 죽으셨지만 오히려 살아나셔서 하나님의 오른쪽에 계시며 우리를 위하여 대신 간구하시는 분"이라고 말할 때, 그가 진실을 말하고 있는지 여부에 달려 있습니다. 만일 그 말이 사실이 아니라면, 그 무엇도 하나님의 사랑에서 우리를 끊을 수 없다는 말도 사실이 아닙니다. 바울이 진리를 말하고 있지 않다면, 하나님의 사랑에서 우리를 끊을 수 있는 무언가가 **있는** 것이고, 그건 바로 우리 자신입니다. 우리는 스스로 선택하여 하나님의 사랑에서 **자기 자신**을 끊을 수 있습니다. 만일 예수께서 하나님 우편에 앉아 계시다는 말이 사실이 아니라면, 만일 예수님이 그저 문학적 현전이나 단지 역사 속 인물에 불과하다면, 인간의 소망 너머에 있는 이 소망은 그저 희망 사항일 뿐입니다.

여러분은 예수님 때문에 부끄러우신가요? 만일 그렇다면 여러분과 함께할 동지들이 많이 있습니다. 바로 이 순간에도 여러분을 교회의 오랜 고백으로부터 어떤 다른 예수께로 인도하기를 원하는 많은 사람이 주류 교회에 있습니다. 하지만 예수님을 부끄러워한다는 것은 여러분이 가장 어두운 암흑기를 지날 때 영원한 하나님의 팔을 빼앗기는 것을 의미합니다. 예수님을 부끄러워한다는 것은 하나님의 아들이 여러분의 시야에서 점점 흐릿하게 사라져 감을 의미합니다. 예수님을 부끄러워한다는 것은 경건치 않은 자를 구하려고 죽으신 유일한 메시아를 어떤 포괄적인 종교적 인물로 대체하는 셈입니다.

"성령의 활동이 없이는 아무도 '예수는 주님이시다' 하고 말할 수 없습니다." 오늘 여러분이 이렇게 말하시면서, 여러분의 영 안에서 활동하시는 성령님을 발견하시기를 온 마음을 모아 기도합니다. "전능하사 천지를 만드신 하나님 아버지를 내가 믿습니다. 그 외아들 우리 주 예수 그리스도를 내가 믿습니다."

아멘.

피고 측 증인

나는 복음을 부끄러워하지 않습니다. 이 복음은 … 모든 믿는
사람을 구원하는 하나님의 능력입니다.

로마서 1:16

그러므로 그리스도 예수 안에 있는 사람들은 정죄를 받지 않습
니다. 그것은, 그리스도 예수 안에서 생명을 누리게 하는 성령
의 법이 당신을 죄와 죽음의 법에서 해방하여 주었기 때문입니
다. 육신으로 말미암아 율법이 미약해져서 해낼 수 없었던 그
일을 하나님께서 해결하셨습니다. 곧 하나님께서는 자기의 아
들을 죄된 육신을 지닌 모습으로 보내셔서, 죄를 없애시려고
그 육신에다 죄의 선고를 내리셨습니다. 그것은, 육신을 따라
살지 않고 성령을 따라 사는 우리가, 율법이 요구하는 바를 이
루게 하시려는 것입니다.

로마서 8:1-4

바리새파 사람 가운데 니고데모라는 사람이 있었다. 그는 유대
사람의 한 지도자였다. 이 사람이 밤에 예수께 와서 … 예수께
서 그에게 말씀하셨다. "내가 진정으로 진정으로 너에게 말한

다. 누구든지 물과 성령으로 나지 아니하면, 하나님 나라에 들어갈 수 없다. 육에서 난 것은 육이요, 영에서 난 것은 영이다. 너희가 다시 태어나야 한다고 내가 말한 것을, 너는 이상히 여기지 말아라. 바람은 불고 싶은 대로 분다. 너는 그 소리는 듣지만, 어디에서 와서 어디로 가는지는 모른다. 성령으로 태어난 사람은 다 이와 같다."

요한복음 3:1-8

퓨리서치그룹이 확인한 미국에서 가장 행복한 사람들은 (1) 부자 (2) 공화당원 (3) 종교가 있는 사람이라는 작은 기사가 지난 금요일 《샬롯 옵저버》에 실렸습니다.[1]

그렇게 행복하지 못한 사람들에 대한 뉴스도 몇 가지 있습니다. 〈래리 킹 라이브〉*는 중범죄자를 수용하는 샌 퀜틴 교도소를 방문해 왔습니다. 목요일 밤 방송은 여섯 명의 남자를 인터뷰한 내용으로 구성된 한 시간짜리 방송이었습니다. 이 중 네 명은 수감자였고, 한 명은 전에 수감자였다가 지금은 석방되었습니다. 그리고 또 한 명은 샌 퀜틴에서 30년 동안 일한 교도소장이었습니다. 다섯 명의 수감자 중 한 명은 히스패닉이었고, 두 명은 흑인이었고, 나머지 두 명은 백인이었습니다. 이들 모두 살인죄 판결을 받았고 모두 자신의 죄를 인정했습니다.

지금 이 기결수들은 확실히 조심스럽게 선택된 사람들입니다. 이들은 연쇄살인범이 아닙니다. 이들은 말씨가 분명했고, 모두 감옥에서 교화했으며, 양심의 가책을 표현한 사람들입니다. 샌 퀜틴에는 이런

---

1 *Charlotte Observer* (2006. 6. 9.).

• 미국 CNN 방송의 인터뷰 쇼.

방식으로 선택될 수 없는 여전히 반항적이며 위험한 사람이 많다는 점도 TV 시청자들에게 분명히 나타났습니다. 하지만 이 다섯 사람, 여전히 교도소에 수감 중인 네 사람과 풀려난 한 사람은 자기 삶을 다른 토대 위에 다시 세우고자 노력했습니다.

저는 이 설교가 살인자들에게 관대하다는 인상을 주지 않기를 바랍니다. 이 TV 프로그램이 감상적으로 회칠한 게 아니었다는 점을 아셔야 합니다. 그다음 날 밤에는 래리 킹이 방송 시간 내내 희생자 가족들을 인터뷰했습니다. 희생자 가족 한 명은 이렇게 말했습니다. "저는 회복적 정의를 지지하지 않습니다." 그가 명시적으로 말하지는 않았지만 그는 **회복적** 정의와 **응보적** 정의를 대비시키고 있었고, 후자를 지지하고 있음을 내비친 것이죠.

래리 킹은 살인죄를 선고받은 다섯 명이 자신들의 죄를 속죄하기로 결정한 것에 대해 충분히 이야기할 시간을 주었습니다. 하지만 래리 킹은 한 가지 주안점에 대해서는 발언 시간을 많이 주고 싶어 하지 않았습니다. 그것은 바로 이 다섯 명이 자기 삶을 예수 그리스도께로 전환했다는 사실입니다. 다섯 명 모두가 한 사람씩 그렇게 말했습니다. 그들은 계속 이 말을 꺼냈고, 래리는 그때마다 계속 화제를 바꿨습니다. 래리가 계속 화제를 돌릴수록 그들은 계속 이 주제로 돌아갔습니다. 그들은 계속 간증했습니다. 그들은 자신들을 달라지게 만든 것은 그리스도 안에서 발견한 힘이었다고 말했습니다. 더 많은 동료 수감자들이 자신들과 같은 길에 들어서지 않음을 안타까워했습니다. 이미 풀려난 아프리카계 미국인 남성은 어떻게 자신의 교회가 교도소 밖에서 그에게 이 일을 이룰 수 있었는지에 대해 이야기했습니다. 그는 교인들의 도움이 없었더라면 어려웠을 것이라고 말했습니다. 그는 자신이 사회에 성공적으로 복귀한 것을 교회 사람들 덕으로 돌렸습니다.

저는 흉악범이 그리스도께 회심하게 되었다는 소식이 있을 때마다 분개하는 목소리도 커진다는 사실을 오랫동안 주목해 왔습니다. 사람들은 경멸적인 목소리로 말합니다. "그들은 항상 **철창에 갇힌 다음에** 예수를 발견한다." 예를 들면, 칼라 페이 터커도 〈래리 킹 라이브〉에 나와서 강력하게 간증했습니다. 그 당시 텍사스 주지사는 조지 W. 부시였습니다. 부시는 그녀의 감형을 거부했고, 사형이 집행되었습니다. 사람들은 그녀에 대해서 빈정대며 말했습니다. "그 여자는 곡괭이 살인자로 수감되기 전까지 '예수를 발견하지' 않았다."

바울이 로마에 있는 그리스도인들에게 "나는 복음을 부끄러워하지 않습니다"라고 썼을 때 이와 같은 태도를 염두에 두고 있었습니다. 제 말은 바울이 구체적으로 감옥에 있는 살인범들을 생각하고 있었다는 말이 아닙니다. 그리스도인이 된다는 것 자체가 조롱받을 수 있음을 염두에 두고 있었다는 말입니다. 바울 자신도 매우 높은 지적 수준과 상당한 특권을 가진 사람이었습니다. 그는 최상위층 바리새인이었을 뿐만 아니라 로마 시민권자였습니다 ─ 당시에는 로마 시민권이 평범한 게 아니었습니다. 바울은 일평생 계속 부유한 사람, 공화정 지지자, 종교적인 사람으로 남았다가 편안하게 침대에서 여생을 마칠 수 있었습니다. 하지만 그에게 그런 일은 일어나지 않았습니다. 바울은 새로운 그리스도교 신앙을 가진 사람들을 박해하고 심지어 죽이기까지 하려고 다메섹으로 향하던 길에, 살아 계신 예수 그리스도께서 그에게 가하신 충격으로 말에서 떨어졌고, 세계를 바라보는 그의 시각 전체에 대변혁이 일어났습니다.

우리는 최초의 그리스도교 순교자 스데반이 돌에 맞아 죽을 때, 바울(그때는 사울)이 그 행동에 찬성했고 심지어 돌 던진 사람들의 겉옷을 맡아 주기까지 했다는 사실을 기억해야 합니다(행 7:58-8:3). 그래서 바울은 20-25년 뒤 고린도 사람들에게 이렇게 씁니다. "나는 사도들 가운데서 가장 작은 사도입니다. 나는 사도라고 불릴 만한 자격도 없습니다. 그것은 내가 하나님의 교회를 박해했기 때문입니다." 그러나 여기서 그치지 않고 "나는 하나님의 은혜로 오늘의 내가 되었습니다. 나에게 베풀어 주신 하나님의 은혜는 헛되지 않았습니다"라는 말로 이어갑니다(고전 15:9-10). 바울은 세 번의 선교 여행을 하는 동안 지중해 세계에서 가장 위험하고 야박한 지역을 지나며 형언할 수 없을 정도의 시련과 고난을 겪고 나서 마지막에 네로 황제가 그를 단칼에 참수한 로마에 당도했습니다.

바울은 그 선교 기간 내내, 엘리트들이 자신에 대해 그리고 이 새로운 신앙에 대해 어떻게 생각하고 있는지를 정확히 알고 있었습니다. 유대인들은 이를 스캔들(그리스어 '스칸달론'*σκάνδαλον*, 걸림돌을 의미)이라 했고, 이방인들은 이를 어리석다고 했습니다(고전 1:23). '현자들' 곧 위대한 웅변가, 철학자, 종교학 교수들은 모두 십자가에 못 박히신 그리스도의 복음을 조롱했지만, "하나님께서는 지혜 있는 자들을 부끄럽게 하시려고 세상의 어리석은 것들을 택하셨습니다"(고전 1:20-27). 그래서 아시다시피 바울은 복음을 전하면서 **어리석음**이라는 단어와 **복음**이라는 단어를 연결시키고 있습니다. 바울은 로마서의 도입부에서도 이렇게 씁니다. "나는 그리스 사람에게나 미개한 사람에게나, 지혜가 있는 사람에게나 **어리석은 사람**에게나, 다 빚을 진 사람입니다. 그러므로 나의 간절한 소원은, 로마에 있는 여러분에게도 **복음**을 전하는 일입니다. 나는 복음을 부끄러워하지 않습니다…."

십자가에 못 박히신 그리스도에 관한 있는 그대로의 복음은 이제 여기 린빌에 있는 우리들처럼—이 설교자를 포함하여—풍요로운 교인들에게는 어리석음이라는 표제 아래 제시됩니다. 바울이 전한 복음, 지중해 세계를 불태운 복음, 자격이 없으나 하나님께서 보내신 사도가 이방인에게 전한 복음—이 복음을 물 타지 않고 그대로 전하면 세상의 어떤 틀에도 잘 들어맞지 않습니다. 이 복음은 세상이 이해하는 그런 '행복'을 가져오지 않습니다. 부나 지위를 가져다주지도 않고, 세상의 안전을 보장하지도 않습니다. 복음은 비난을 가져옵니다. "당신은 왜 그런 거듭난 사람들과 시간을 보냅니까?" "당신이 이 당황스런 간증으로 내 저녁 파티를 아주 숙연하게 만들었네요." "당신은 성경이 마치 주님의 진리인 것처럼 읽는 것을 부끄러워해야 합니다 — 요즘 세상에 말야! 당신은 세례 요한처럼 굴고 있어요." 바울은 모든 시대, 모든 세대에 이렇게 대답합니다. "나는 복음을 부끄러워하지 않습니다. 이 복음은 모든 믿는 사람을 구원하는 하나님의 능력입니다."

사람들은 — 특히 여러분과 저처럼 안락한 삶을 누리는 사람들은 — 회심자들 때문에 당혹스러워합니다. 우리는 회심한 살인자들을 부끄러워합니다. 우리는 응보적 정의를 가지고 살인자들이 영원히 부끄러워하길 원하고 있습니다. 만약 하나님의 구원 능력이 수감자들과 슬럼가와 깡패들에게도 미친다고 인정하면, 우리의 기품 있는 종교가 수준 떨어질까 걱정스럽습니다. 아마 우리는 바울처럼 삶이 확 변해 버린 사람을 보면 당혹스러워할 것 같습니다. 성 프란치스코도 이런 사람 중 하나였지만, 우리는 그를 당혹스러워했고, 그래서 그가 한 모든 일을 동물 수호라는 작은 범주에 밀어 넣었습니다. 제가 이름을 말하지는 않겠지만, 이곳 같은 여유로운 공동체가 있는데, 그곳에는 새들을 수호하는 매우 큰 성 프란치스코 동상이 있고, 그곳 사람들은 모두 프란치스코 동상을 좋아합니다. 그런데 만일 성 프란치스코가 받침돌에서 내려와서 가난한 이들에게 모든 것을 거저 주는 일에 대한 설교를 시작한다면 — 실제 그의 삶이 그러했던 것처럼 — 잠시 머뭇거릴 새도 없이 곧 바로 불청객이 될 것입니다.

지난 주일은 성령강림절이었고 이번 주일은 삼위일체주일입니다. 그래서 이번 주일은 도외시된 복된 삼위일체의 세 번째 위격을 전면에 모셔 올 적기입니다. 바울은 이렇게 쓰고 있습니다.

그러므로 그리스도 예수 안에 있는 사람들은 정죄를 받지 않습니다. 그것은, 그리스도 예수 안에서 생명을 누리게 하는 성령의 법이 당신을 죄와 죽음의 법에서 해방하여 주었기 때문입니다. 육신으로 말미암아 율법이 미약해져서 해낼 수 없었던 그 일을 하나님께서 해결하셨습니다. 곧 하나님께서는 자기의 아들을 죄된 육신을 지닌 모습으로 보내셔서, 죄를 없애시려고 그 육신에다 죄의 선고를 내리셨습니다. 그것은, 육신을 따라 살지 않고 성령을 따라 사는 우리가, 율법이 요구하는 바를 이루게 하시려는 것입니다(8:1-4).

바울의 언어는 종종 빽빽해서 이해하기 어렵지만 일단 그 언어를 포착하면 기쁘고 좋은 소식으로 짜릿하게 됩니다. 이 구절에서 바울은 두 종류의 법을 대조하고 있습니다. **첫 번째**는 사람들을 정죄하고 소망 없이 구속하는 법입니다―바울은 이를 육신의 법 내지 죄와 사망의 법이라고 부릅니다. **두 번째** 종류의 법은 새로운 생명을 창조하시는 성령의 법입니다. 바울은 우리 주 예수 그리스도께서 육신의 영역, 즉 첫 번째 종류의 법―정죄하고 심판하고 처형하는 법―의 영역에 태어나셨다고 말합니다. 아시다시피 그것이 예수께서 십자가에 못 박히신 이유입니다. 예수께서는 인간 존재를 재판과 심판과 처형에 넘기는 법의 정죄를 떠안으셨습니다. 예수님은 이 법 아래서 고난당하시고 죽으셨습니다. 이 법은 정당한 이유가 있으면 사람들을 고문하여 죽게 만들어도 괜찮은 법입니다.

그러나 다른 종류의 법도 있습니다. 아버지 하나님의 선한 계명을 성령 하나님의 새로운 생명과 연결하는 법입니다. 바울은 우리 주님이 죄의 법 아래에서 죽으시면서 자신의 몸―자신의 육체―안에서 하나님의 법의 정당한 요구를 성취하고 계셨다고 선포합니다. 저는 이것이 처음에는 이해하기 어려운 것이라는 점을 알고 있습니다. 하지만 한번 이해하기만 하면 절대 잊지 않을 것입니다. 그리스도의 십자가에서 **응보적 정의**는—정죄하는 법은—사형에 처해지고 **회복적 정의**로—생명을 주는 법으로—대체되었습니다. 여러분과 저는 일주일 내내 십계명을 어기지만, 예수님이 완벽히 의로우시기 때문에 예수님 안에서 법의 정당한 요구가 **우리를 위해** 그리고 **우리 안에서** 이루어집니다—그래서 그 은혜로 인하여 우리가 성령의 새로운 생명으로 옮겨지는 게 가능해졌고 그 새로운 삶을 살 수 있게 되었습니다.[2]

이 모든 것에서 성령님의 행동이, 죄인들의 삶에 그리스도의 구원하시는 죽으심이 나타나서 능력을 발휘하게 만듭니다. 성령님의 작용으로 새로운 피조물이 있는 것입니다. 성령님의 역할은 요한복음에 자세히 설명되어 있습니다. 성령은 **옹호자**를 의미하는 그리스어 파라클레토스παράκλητος로, 혹은 피고 측 변호사로 불립니다. 하나님의 심판대에서 성령은 여러분을 옹호하는 변호자입니다.

C. S. 루이스는 "호감 주는 사람이냐, 새 사람이냐?"Nice People, or New Men?라는 멋진 표현으로 자신의 책의 장 제목을 달았습니다.[3] 제가 기억하기로 그의 요지는, 복음이 호감 주는 사람을 더 좋게 만드는 게 아니라는 것입니다. 복음은 '호감 주는' 사람이 **새** 사람, 새 피조물이 되도록 급진적으로 도전합니다. 성령의 능력으로 그리스도의 형상으로 변화되어 가는 사람 말입니다.

이 아침에 모인 우리가 바로 엘리트입니다—호감 주는 사람입니다. 오늘 아침 복음서 본문에 나오는 니고데모 같은 사람입니다. 니고

---

2 이 역설은 이 세상 가운데 우리의 삶에서 사실로 남아 있습니다. 우리는 여전히 죄와 싸워야 하지만, 그리스도 안에서 새로운 피조물이기 때문에, 지금 이 순간에도 성령을 따라서 사는 것이 가능한 상태입니다. 고전 신학으로 표현하자면 우리는 "죄인인 동시에 의인"입니다(simul peccator et iustus).

3 *Mere Christianity* (New York: Macmillan, 1953), p. 161.《순전한 기독교》, 장경철·이종태 옮김(홍성사).

데모는 유대인 중에서도 특권층이었고, "거듭나야"한다고 주장한 어떤 사람 때문에 굴욕감을 느낀 그런 사람입니다. "너는 다시 태어나야 한다"라는 주님의 말씀은 그에게 큰 충격이었습니다 ― 그렇습니다, 니고데모, 정확히 말해 여러분, 다시 태어나야 합니다. 니고데모는 남들이 볼까 부끄러워서 밤에 예수님을 찾아갔습니다. 하지만 밤에라도 예수님께 오는 것이 아예 오지 않는 것보다 훨씬 더 낫습니다. 성령은 그 뜻하신 곳으로 붑니다. 바로 이 시간 당신에게 불어 가실 수도 있습니다.

지금 한번 자신에 대해 생각해 보세요. 어디선가 누군가는 당신이 거듭나는 것을 원하지 않습니다. 당신이 예수 그리스도 안에서 새로운 사람으로 변화되는 것을 원하지 않습니다. 그런 변화가 그들을 당혹스럽게 만들 것입니다. 어쩌면 당신이 벌을 받는 모습을 보고 싶어 할지도 모릅니다. 독일어 '샤덴프로이데'Schadenfreude가 이러한 보편적인 인간의 특성 ― 남의 불행을 기쁨으로 삼는 것 ― 을 잘 보여 줍니다. 어디선가 누군가는 당신에 대해 그런 식의 감정을 느끼고 있습니다. 그 누군가는 당신이 왕따시킨 사람일 수도 있고, 당신이 해고한 사람이거나, 당신이 모욕한 사람일 수도 있습니다. 어쩌면 당신의 사업 경쟁자나, 당신의 첫 아내, 심지어 당신의 자녀일 수도 있습니다. 어딘가에는 당신이 새 사람이 되기를 원하지 않는 사람이 있습니다.

그러나 성령 안에서 새롭게 산다는 것은 새로 태어남의 복음을 부끄러워하는 것을 의미하지 않습니다. 그것은 이 세상의 기준에 대해 죽는 것을 의미합니다. 그것은 래리 킹이 당신 때문에 난처해하더라도, 같은 처지의 죄인들이 당신을 거북해하더라도, 심지어 당신의 친구나 가족이 당신을 부끄럽게 여기더라도 개의치 않는 것을 의미합니다. 옹호자가 계시기 때문입니다. "그리스도 예수 안에서 생명을 누리게 하는 성령의 법이 당신을 죄와 죽음의 법에서 해방하여 주었습니다." 법의 정당한 요구는 예수 그리스도의 죽음으로 말미암아 우리 안에서 이루어졌습니다. 우리는 더 이상 "육신을 따라서가 아니라 성령을 따라" 삽니다. 우리 앞에 열린 완전히 새로운 세계가 있습니다. 그 세계는 하나님께서 우리의 공로를 따지지 않으시고 오히려 우리의 범죄를 용서해 주시는 곳입니다[4] ─ 그렇다면 "그리스도 예수 안에서 성령의 법"을 따라 여러분의 삶을 다시 세우십시오.

나는 복음을 부끄러워하지 않습니다. … 그러므로 이제 그리스도 예수 안에 있는 사람들에게는 결코 정죄함이 없습니다.

아멘.

4 *Book of Common Prayer*, Eucharistic Rite I.

어떤 차별도 없습니다

본문: 로마서 1:18-3:31

오늘 설교는 로마서 연속 설교 중 첫 번째입니다. 왜냐하면 성서일과가 이번 여름에 로마서를 읽도록 정하고 있기 때문입니다. 저는 로마서의 첫 두 장 반을 토대로 제목을 정하였습니다. 저는 '하나님의 진노'라는 제목이 어떨까도 생각해 보았지만, 성공회 교회에서는 저 부분을 그렇게 부르지 않고, 저도 제 일을 계속하고 싶거든요. 그래서 저는 편지의 앞부분에서 다른 구절을 골랐습니다. 바로 "차별^{구별}이 없습니다"라는 구절입니다. 마르틴 루터는 "이 짤막한 부정문을 모든 성경의 핵심이자 정수로" 꼽았습니다.[1] 이 구절을 통째로 보면 이렇습니다. "거기에는 어떤 차별도 없습니다. 모두가 죄를 범했고 하나님의 영광에 못 미치는 처지이기 때문입니다"(3:22-23).

　루터는 "어떤 차별도 없습니다"라는 점에 대해 아주 멋진 일가견을 가지고 있습니다. 저는 우리가 앞 장들을 구절구절 살펴보는 데 시간을 할애해서, 바울이 독자로 하여금 독자 자신이 아닌 다른 누군가에 관한 설명으로 생각하게끔 교묘하게 서술하는 방식을 볼 수 있기를 바랍니다. 그것이 인간의 본성입니다. 무언가가 노골적으로 이야기되

1　Paul Minear, *The Obedience of Faith* (Naperville, IL: SCM Press, 1971), p. 96.

면, 우리는 그게 다른 **어떤** 사람이나 무리에 대한 이야기였으면 합니다. 이는 "거기에는 어떤 차별도 없는데, 모두가 죄를 범했기 때문입니다"라는 바울의 선고가 우리를 놀라게 하는 이유입니다. 그것은 우리의 인식을 넘어서는 공평한 경기장을 만듭니다. 거기에는 선*수강제도도, 핵심층도, 우등생 명단도 없습니다. "거기에는 어떤 차별도 없습니다."

이러한 보편적인 인간 죄성에 대한 선언이 바울의 편지에서 가장 먼저 나오는 게 아니라는 점을 주목해야 합니다. 이는 하나님의 진노를 다루는 긴 부분(1:18-3:21)을 요약하는 말입니다. 하지만 바울이 하나님의 진노로 편지를 시작한 것은 아닙니다. 그는 하나님의 은혜와 평강으로 편지를 시작했습니다(1:5-7). 그는 인사말과 관습적인 감사의 말을 한 다음 자신이 다루고자 하는 주제를 이렇게 도입합니다. "나는 복음을 부끄러워하지 않습니다. 이 복음은 유대 사람을 비롯하여 그리스 사람에 이르기까지, 모든 믿는 사람을 구원하는 하나님의 능력입니다"(1:16). 바울은 하나님의 의로운 분노가 하나님의 사랑과 자비로 완전히 둘러싸여 있음을 보여 주기 위한 방식으로 편지를 구성하고 있습니다. 하나님의 진노는 정말 실제적인 것이지만, 오락가락하는 분노의 감정이 아닙니다. 그것은 한결같고 확고하며 의도적인 **죄**에 대한 반대입니다.

죄는 요즘 시대에 굉장히 인기 없는 주제입니다. 인기가 없는 정도가 아니라 시대에 맞지 않는 주제입니다. 아마 우리 대부분은 꼰대로 여겨지기보다는 차라리 인기가 없다고 여겨지는 게 낫다고 생각할 것입니다. 하지만 여기서 바울에게 유리하게 해석해 봅시다. 어쨌든, 예수님 자신도 아무런 해명 없이 죄에 대해서 많은 말을 하셨습니다. 사실 로마 교회에 보낸 편지 전체를 "나는 의인을 부르러 온 것이 아니라 죄인을 부르러 왔다"(마 9:13)라는 예수님의 말씀에 대한 하나의 주석이라고 할 수도 있습니다. 그러니 바울의 논의를 한번 들어봅시다.

바울은 은혜로운 인사말과 함께 자신이 다룰 주제를 먼저 제시하고 나서, 다음과 같이 깜짝 놀랄 만한 말로 첫 단원의 운을 뗍니다.

> 하나님의 진노가 … 사람의 온갖 불경건함과 불의함을 겨냥하여 하늘로부터 나타납니다(1:18).

여러분 중 많은 분이 구약성경은 하나님의 진노와 심판에 대한 그림을 제시하고 반면 신약성경은 사랑과 자비의 하나님을 그린다고 생각하실지도 모르겠습니다. 이러한 생각이 도대체 어떻게 시작되었는지 모르겠지만, 심각한 왜곡입니다. 바로 두 주 전에 저는 구약성경의 호세아를 본문으로 설교했습니다. 호세아는 하나님의 부드러운 사랑과 놀라운 은혜에 대해 기억에서 지워지지 않을 만큼 인상 깊게 가르친 예언자입니다. 오늘 우리는 신약 메시지에서 중심적인 역할을 하는 하나님의 진노를 보고 있습니다. 우리는 예수님에 대해서도 감상적으로 생각해서는 안 됩니다. 예수님은 바울보다 훨씬 더 자주 지옥에 대해 이야기하셨습니다.[2]

우리가 이해해야 할 것은 사실상 성경 저자 모두에게, 아마도 특히 바울에게 하나님의 진노는 좋은 소식의 일부라는 점, 복음 자체의 일부라는 점입니다. 이는 현대인들에게는 어려운 것이지만, 스스로를 그리스도인이라고 칭하는 우리는 이 문제를 파악할 수 있다면 신앙의 깊이가 훨씬 깊어지고 소망의 힘을 크게 얻게 될 것입니다. 이는 우리

---

2   실제로 바울은 지옥에 대해 언급한 적이 전혀 없습니다. 그리고 수많은 해석자들(저도 그중 하나입니다)이 심판에 대한 바울의 언급들—난해한 데살로니가전서 2:16을 포함하여—을 최종적인(final) 것이 아니라 궁극 이전의(penultimate) 것으로 이해해 왔습니다.

가 누구이며 하나님이 누구신지를 가능한 잘 이해하는 데 도움이 될 것입니다.

로마서의 첫 세 장에서, 바울은 로마에 있는 그리스도인들에게 정교한 논증으로 불경건함과 불의라는 주제(1:18)에 대해 말합니다. (우리는 불경건함이라는 저 단어를 계속 염두에 두고 있어야 하는데, 왜냐하면 저 말이 4장과 5장에서 드라마틱하게 다시 등장하기 때문입니다.) 먼저, 바울은 "그들"이라는 대명사를 사용하여 죄로 얼룩진 인류의 상태를 묘사합니다.

> 그들은 하나님을 알면서도, 하나님을 하나님으로 영화롭게 하거나 감사를 드리기는커녕 … 그들은 하나님의 진리를 거짓으로 바꾸고, 창조주 대신에 피조물을 숭배하고 섬겼습니다(1:21-25).

> 그들은 수군거리는 자요, 중상하는 자요, 하나님을 미워하는 자요, 불손한 자요, 오만한 자요, 자랑하는 자요, 악을 꾸미는 모략꾼이요 … 신의가 없는 자요, 무정한 자요, 무자비한 자입니다. … 이와 같은 일을 하는 자들은 죽어야 마땅하다는 … (1:29-32).

여기까지, 바울의 독자들은 고개를 끄덕이며 동의할 것입니다. 그렇습니다. 사실 저기 적힌 사람들은 속 좁고 편협하며, 복수심이 강하고, 예의도 없고, 게으르고, 정직하지도 않으며, 뻔뻔하며, 위선적이고, 비그리스도교적입니다. 우리는 하나님께서 **그들**에게 굉장히 화나셨을 것이라는 점을 분명히 이해할 수 있습니다.

하지만 바울은 논증을 뒤집습니다. **그들**이라고 말하는 대신, 갑자기 **그대**라고 말하기 시작합니다. 이제 바울은 도덕적인 사람, 종교적인 사람을 언급합니다.

그러므로 남을 심판하는 사람이여, 그대가 누구이든지, 죄가 없다고 변명할 수 없습니다. … 이런 일을 하는 사람들을 심판하면서, 스스로 그런 일을 하는 사람이여, 그대는 하나님의 심판을 피할 수 있을 줄로 생각합니까?(2:1-3)

바울은 묻습니다. 그저 하나님께서 당신을 선대하신다는 이유로, 당신은 자신이 하나님의 진노에서 벗어난 줄로 믿고 있습니까? 오히려,

그대는 남을 심판하는 일로 결국 자기를 정죄하는 셈입니다. … 그대는 하나님의 공정한 심판이 나타날 진노의 날에 자기가 받을 진노를 스스로 쌓아 올리고 있는 것입니다(2:1, 5).

바울의 논증은 유대인과 이방인의 차별을 바탕으로 합니다. 이방인은 비유대인이고, 낯선 자고, '우리와 다른' 사람입니다. 유대인들은 자기 집단 안의 사람이고, 종교적 귀족이고, 말하자면 성공회 교인입니다. 먼저 바울은 이방인들이 경건하지 않기 때문에 하나님의 심판 아래 서 있음을 보입니다. 그런 다음 바울은 하나님과의 특별한 관계를 자랑스러워하는 유대계 그리스도인들에게로 화살을 돌려서, 그들 또한 하나님의 진노를 받을 만한 사람임을 입증합니다. 그들은 남을 정죄하면서, 자기는 그 정죄가 미치지 못하는 위치에 있다고 가정하고 있습니다―이것이 "그대는 남을 심판하는 일로 결국 자기를 정죄하는 셈입니다"라는 말로 바울이 사실상 의미하는 바입니다. 바울은 자신의 논증을 다음과 같은 식으로 결론 내립니다.

유대인이든 그리스인이든, 모든 사람이 죄의 권세 아래 있습니다. … 의인은 없습니다. 하나도 없습니다(3:9-10).

거기에는 어떤 차별도 없습니다. … 모두가 죄를 범했고 하나님의 영
광에 못 미치는 처지입니다(3:22-23).

이것이 전부 무엇에 관한 것인지를 이해하려면, 죄에 대해 우리가
배웠던 모든 관념을 우리 마음에서 비워 내야 합니다. 우리 대부분은
죄가 특정한 금지된 행위, 주로 성적인 것과 관련된다고 믿도록 양육
받았습니다. 이제 현대인들은 그런 것들이 죄는 아니며, 우리가 해야
할 일은 빅토리아식 강박을 제거하는 것이며, 그러면 자유롭고 풍요
로운 삶을 살 수 있을 것이라고 스스로를 납득시켜 왔습니다(이에 대
해 논할 때는 아닙니다만, 아마도 잘못된 방식으로 말이죠). 어쨌든 그것은
성경이 죄라는 말로 의미하는 바가 전혀 아닙니다. 죄들(복수)과 **죄**(단
수) 사이에는 굉장히 큰 차이가 있습니다. 우선 이 점을 이해하면, 다
음에 올 내용들을 이해하는 데에도 도움이 될 것입니다.

죄들은 개별적인 위반 행위입니다—거짓말, 좀도둑질, 속도위반,
세금 포탈 등등. 우리 모두는 이런 것들이 아주 나쁜 것은 아니라고
믿어 왔습니다. 모두가 다 남모르는 죄들을 갖고 있는데, 그게 뭐 어
때요? 우리는 이와 대조되는 지배적인 성경적 견해를 갖고 있습니다.
죄는 어떤 상태라는 것이죠. 그것은 모든 인류가 가지고 있는 질병이
고, 오염입니다. 바울은 로마서 5장에서 다음과 같이 설명합니다.

한 사람[아담]으로 말미암아 **죄**가 세상에 들어왔고, 또 그 **죄**로 말미
암아 **죽음**이 들어온 것과 같이, 모든 사람이 죄를 지었기 때문에 **죽음**
이 모든 사람에게 이르게 되었습니다(5:12).

죽음과 **죄**가 연결되어 있음에 주목하십시오. 바울은 "**죄**의 삯은 **죽
음**"(6:23)이라고 선언합니다. **죽음**, 곧 하나님으로부터 그리고 우리가

사랑하는 사람들로부터의 궁극적인 분리는 아담의 불순종, 원죄로 인해 인류에게 내려진 형벌입니다.[3] 마치 트럭에 치인 아이가 껌을 훔친 벌을 받은 중이라는 듯이, 각각의 죄들에 대해 갑자기 비극적인 방식으로 벌을 받는다고 생각하는 오류를 범하지 마십시오. 그것은 죄들과 **죄**를 또 다시 혼합하는 일입니다. 하나님의 의로우신 판결은 우리 모두에게 죽음을 선고합니다. 유대인에게나 그리스인에게나, 종교인에게나 비종교인에게나, 도덕적인 사람에게나 부도덕한 사람에게나, 경건한 사람에게나 경건치 않은 사람에게나 동일하게 죽음을 선고합니다—"거기에는 아무런 차별도 없습니다. … 모두가 죄를 범했고 하나님의 영광에 못 미치는 처지입니다. … 의인은 없습니다. 하나도 없습니다."

이 모든 것이 흔히 원죄 교리라고 불리는 것에 요약되어 있습니다. 라인홀드 니버는 "원죄에 관한 좋은 소식"에 대해 말했으며, 그것은 완전히 사실입니다. 그것은 바울이 나쁜 소식에 이르기에 앞서, 먼저 열일곱 절에 걸친 좋은 소식으로 편지를 시작한 이유입니다. 하지만 오늘날 교회에서 대부분의 사람들이 하는 것처럼, 나쁜 소식을 아예 건너뛰는 것은 크나큰 실수입니다. 하나님의 은혜는 절대적으로 **값없이** 주어지지만, 그렇다고 **값싼** 것은 아닙니다.[4] 그리스도인이 된다는 것은 주로 하나님의 은혜를 아는 것이지만, 그 은혜에 저항하는 인간의 극악무도함과 그 저항을 극복하기 위해 하나님께서 지불하신 대가를 아는 것이기도 합니다. 우리는 우리의 상태에 관한 사실들을 알아야

---

3   바울의 메시지의 기저를 이루는 내용, 즉 하나님께 대한 인간의 반역이 창조 세계의 기획을 망쳐 놓았고 **죄**와 **죽음**을 가져왔다는 점을 확언하기 위해서, 반드시 아담이라는 이름을 지닌 사람이 문자 그대로 있었다고 믿어야 하는 것은 아닙니다. 아담과 하와 이야기는 원대한 신화적 의미에서도 맞는 말입니다. 그 이야기는 우리 자신을 설명해 줍니다.

4   이는 디트리히 본회퍼가《나를 따르라》(*The Cost of Discipleship*. 역본 다수)에서 만든 유명한 구별〔차별distinction〕입니다.

합니다. 바울은 우리의 상태에 관한 사실을 다음과 같이 요약합니다.

- "모든 인간 존재는 **죄**의 권세 아래 있습니다"(3:9).
- 하나님은 죄를 미워하십니다. "하나님의 진노가 … 사람의 온갖 불경건함과 불의함을 겨냥하여 하늘로부터 나타납니다"(1:18).

지금 여러분은 자신이 죄인이라는 게 느껴지지 않을 수도 있습니다. 만일 그렇다면 여러분은 20세기 사람 중 대다수 무리에 속할 수 있습니다. 유명한 정신과 의사 칼 메닝거는 5년 전《죄는 어떻게 되었나?》*Whatever Became of Sin?*라는 제목의 책을 출간했습니다. 이 책에 있는 장 제목 중 하나는 "죄의 실종: 목격자의 이야기"입니다. (그가 말하기를) 오늘날 우리는 범죄를 저지르고, 신경증이 있고, 증상이 있고, 잘못된 판단도 하고, 자해적인 행동도 하고, 반사회적 경향도 있지만, 죄는 없습니다. 현직 정신과 의사의 관점에서 쓴 이 책은 '죄'라는 단어가 의사와 성직자가 동일한 의미로 사용하는 어휘로 돌아가기를 간절히 염원하고 있습니다.

메닝거가 죄에 대해 말할 때 무엇을 염두에 두고 있는지 인지하는 것은 매우 중요합니다. 그는 신학자는 아니지만, 그가 "죄는 전통적으로 죄책guilt, 책임answerability, … 부담responsibility을 함의한다"고 말한 것은 거의 정확했습니다. 그는 "나의 제안은 모든 인간의 행동에서 개인적인 책임의 회복 내지 재천명을 위한 것이다"라고 말합니다.[5]

---

5 Karl Menninger, *Whatever Became of Sin?* (New York: Hawthorne Press, 1973), pp. 20, 178. 저는 이 설교집의 출간을 준비하면서 메닝거의 책이 이제 좀 구식일 수도 있겠다고 생각하면서 다시 살펴보았습니다. 하지만 제 추측과는 반대로, 여전히 그 책은 정당하게 존경받는 정신과 의사가 쓴 강력한 진술이었습니다. 그에게 약간의 신학적인 실수가 있기는 하지만, 전반적으로 매우 훌륭한 통찰을 담고 있습니다. 예를 들어 그는 이렇게 쓰고 있습니다. "고백에는 저지른 죄의 침해에 대한 인식이 반드시 포함되어야 한

이는 바울이 말한 것이기도 합니다.

온 세상이 하나님 앞에서 책임을 지게 됩니다(3:19).

그대는 하나님의 심판을 피할 수 있을 줄로 생각합니까?(2:3).

여러분들은 바울이 옳다는 것을 직접 확인할 수 있습니다. 우리는 끔찍하게 엉망인 상태입니다. 우리는 **죄**의 **권세**에 노예가 되어 있습니다. 이 **권세**에 대한 바울의 생각에 주목하십시오(3:9). 우리는 한데 모이면 하나의 큰 죄를 이루는 각각의 작은 죄들의 결합에 대해 말하는 것이 아닙니다. 우리는 어떤 실제적인 **권세**에 대해 이야기하고 있습니다. 그것은 인류에게 죽음을 주고, 하나님과 그분의 목적에 확고히 대립하는 낯설고 적대적인 힘입니다.

죄가 나에게 죽음을 가져왔습니다. … 나는 죄의 종으로 팔린 몸입니다. … 나는 내가 해야겠다고 생각하는 일은 하지 않고, 도리어 해서는 안 되겠다고 생각하는 일을 하고 있으니 말입니다. … 마음으로는 선을 행하려고 하면서도 나에게는 그것을 실천할 힘이 없습니다. … 해서는 안 되겠다고 생각하는 악이 내가 하고 있는 것입니다 … 내

다"(p. 195). 그뿐만 아니라 그는 적절한 사례들을 보여 줍니다. 예를 들어, 그는 죄를 질병으로 언급하는 지배적인 경향에 반대되는 논증을 하면서, 널리 통용되는 고용주에게서 조금씩 빼돌리는 관습을 인용합니다(그는 《월스트리트저널》에 실린 몇몇 충격적인 기사를 인용합니다). 그런 다음 그는 이렇게 쏘아붙입니다. "아무도 조금 빼돌렸다는 이유 때문에, 상점 근로자의 72퍼센트 또는 은행 직원의 83퍼센트를 '병든' 사람으로 생각하지 않을 것이다. 어렴풋하게라도 그렇게 생각하지 않을 것이다. 거의 아무도 반론을 제기하지 않을 것이다. 아무도 유죄 선고를 받지 않을 것이다. 명백히 이들은 '범죄자'가 아니다. 그렇다면 나는 묻고 싶다. 이것이 명백하고, 전형적인, 순수한 진짜 **죄**가 아니라면 무엇인가? 당신은 이를 달리 무어라 부를 것인가?"(강조는 원저자의 것).

지체에 있는 죄의 법에 나를 사로잡는 것을 봅니다. 아, 나는 비참한 사람입니다. 누가 이 죽음의 몸에서 나를 건져 주겠습니까?(7:13-24).

윌리엄 골딩의 고전 소설 《파리 대왕》에서 무인도에 고립된 한 무리의 잉글랜드 소년들은 문명화된 방식으로 자기 무리를 통치하려고 시도합니다. 하지만 야만적인 본능이 그러한 노력을 앞지르기까지 그리 오래 걸리지 않았습니다. 소년들의 섬 생활은 이내 타락했고, 그 흉악함이 정점에 달했습니다. 바로 그때, 어른들의 세계가 소년들을 구하러 옵니다. 지나가던 순양함이 보낸 영국 해군 장교의 모습으로 말이죠. 골딩 스스로 자기 책에 대해 논하며 이렇게 말합니다.

> 이 책의 주제는 사회의 결함을 **인간 본성의 결함**까지 거슬러 올라가 추적하는 하나의 시도다. … 성인의 생활이 위엄 있고 유능하게 나타나는 마지막의 구조 장면을 제외하면 책 전체는 본질상 상징적이다. 하지만 현실도 섬에 있는 아이들의 상징적 생활과 동일한 악에 얽매여 있다. 〔아이들의〕 인간 사냥을 중지시킨 장교는 아이들을 섬에서 순양함으로 데려갈 준비를 한다. 이 순양함은 머지않아 〔아이들과〕 동일한 무자비한 방식으로 적을 사냥할 것이다. **그러면 이 어른과 순양함은 누가 구조할 것인가?**[6]

> 아, 나는 비참한 사람입니다. 누가 이 죽음의 몸에서 나를 건져 주겠습니까?(7:24).

죄가 무엇인지에 대해 확실히 해 봅시다. **죄**를 사소하게 여기거나

---

6 William Golding, *Lord of the Flies* (New York: Capricorn Books, 1959), p. 189; 《파리 대왕》(역본 다수). 강조를 추가함.

쉽게 다루지 맙시다. **죄**는 여기 있는 몇몇 죄들에 대한 문제나 저기 있는 죄들의 문제가 아닙니다. **죄**란 무엇입니까? **죄**는 하나님을 대신하는 인간의 기본 상태이며, 하나님께 반역하는 상태입니다. **죄**는 "인류의 본질적인 질병"[7]입니다. 죄는 우리가 상속받은 상태입니다. 우리를 노예로 만들고, 눈멀게 하며, 우리가 자유롭지도 선하지도 못하게 만드는 악마적인 **권세**입니다. 우리는 하나님 앞에서 **죄**에 대한 책임이 있습니다. 그럼에도 우리는 자신을 **죄**의 손아귀에서 해방시킬 능력은 없습니다. 우리는 절망적인 상황에 처해 있고, 하나님의 진노를 받을 만하며, 우리 각자 개인적으로든 우리 모두 집단으로든 하나님의 심판에 놓여 있습니다.

이 설교는 1분이면 끝날 예정입니다. 우리가 오늘 위기에서 벗어날 예정은 아닙니다. 잠시 바울의 말을 들으며 앉아 있는 것이 우리에게 유익합니다. "거기에는 어떤 구별도 없습니다. … 우리는 모두 죄를 범했습니다. … 하나님의 진노가 사람의 온갖 불경건함과 불의함을 겨냥하여 하늘로부터 나타납니다." 죄의 실재와 죄에 대한 하나님의 분노의 실재에 대한 지식을 묵상하는 것이 우리에게 유익합니다. 하나님의 용서하심이 마치 우리가 용서받을 자격이 있다는 듯이 그저 자동으로 따라오는 게 아니라는 점을 아는 게 우리에게 유익합니다.

아마 여러분도 예카테리나 대제가 했던 냉소적인 말을 아실 수도 있겠습니다. 듀 파르도네라, 쎄 송 메티에*Dieu pardonnera; c'est son métier*. 대략적으로 번역하면 이렇습니다. 하나님은 당신을 용서하신다―그게 하나님의 일이다. 오늘 우리는 예카테리나가 조롱했던 손쉬운 가정을 피하고자 노력하고 있습니다. 용서가 하나님의 일이라는 그럴듯한 믿음을 조심하십시오! 우리는 **죄**를 똑바로 대면하려고 애쓰는 중입니다. "감

---

7 *Lord of the Flies*, p. 82.

상적으로 얼버무린다면 장기적으로는 잔인한 일입니다. … 최악의 문제를 경험하는 것은 최선의 해결책을 알 수 있는 기회"[8]입니다.

회피하지 맙시다. 우리 자신에 대한 진실을 피하지 맙시다. 침몰하고 있는 같은 구명보트를 타고 있는 자매로서, 형제로서, 사도의 말씀에 복종합시다. 거기에는 어떤 구별도 없습니다. … 우리는 모두 죄를 범했습니다. … 의인은 없습니다. 하나도 없습니다." 여기 우리 중에 죄책감이 없는 사람은 아무도 없습니다―배우자와 자녀들과 친구들을 상하게 한 죄책감, 방종과 자기혐오에 대한 죄책감, 질투와 정직하지 못함과 게으름과 이기심에 대한 죄책감, 다른 누군가를 희생시켜 얻은 권력, 그리스도인답게 행동하지 못한 죄책감, 다른 이를 돌보지 않은 죄책감, 무엇보다도 참 하나님이 아닌 다른 신들을 섬긴 죄책감. 그리고 이 설교의 요지는 여기서 우리 각 사람이 "모두가 죄를 범했습니다"라는 사도 바울의 말이 다른 누군가가 아닌 바로 우리를 가리키고 있음을 깨닫고 고백하도록 요청하는 것입니다. 왜냐하면 우리에게 죄 있다고 판결하는 것이 성령님의 위대한 사역 중 하나이기 때문입니다. 따라서 우리는 이러한 판결 자체가 하나님의 은혜의 역사임을 압니다.

그러므로 우리의 총고해General Confession의 언어로 다 함께 고백합시다.

전능하시며 가장 자비로우신 아버지, 우리는 잘못을 범해 왔고 잃은 양처럼 아버지의 길에서 벗어났습니다. 우리는 우리 마음의 바람과 욕망을 너무 많이 따랐습니다. 우리는 아버지의 거룩한 법을 어겨 왔습니다. 우리는 우리가 해야 하는 일들을 하지 않은 채 내버려 두었고, 우리가 하지 말았어야 했던 일들을 해 왔습니다. 우리 안에는 건

---

8 FitzSimons Allison in the Grace Church (NYC) bulletin (1977. 10.).

강한 것이 없습니다. 하지만 오 주님, 우리에게, 이 비참한 범법자들에게 자비를 베풀어 주소서. 그리스도 예수 우리 주 안에서 인류에게 선포하신 당신의 약속을 따라, 자기 잘못을 고백하는 자들에게 피할 길을 허락하소서. 뉘우치는 자들을 회복시켜 주소서. 오 가장 자비로운 아버지여, 당신을 위하여, 이제부터 우리가 경건하고, 의롭고, 건전한 삶을 살아갈 수 있도록 우리 간구를 들어 주소서. 당신의 거룩하신 이름의 영광을 위하여. 아멘.[9]

---

9   이것은 아침과 저녁 기도를 위한 토머스 크랜머의 위대한 고백의 원래 형태입니다. 이 설교를 했던, 라이(Rye)에 있는 크라이스트교회는 1978년에 이 형태를 여전히 사용하고 있었습니다.

선악의 경계선

모든 사람은 죄의 권세 아래에 있습니다.

로마서 3:9

여러분이 오늘 아침 도고 기도에 원수를 위한 기도를 포함하셨는데, 이는 중요합니다. 제가 전국을 여행하면서 알게 된 것은 원수를 위해 기도하고 있는 교회가 거의 없다는 사실입니다. 우리 주님께서 원수를 위해 기도하라고 특별히 가르쳐 주셨음에도 불구하고 말이죠. 이 점에 있어서 주님을 저버리는 것은 우리 그리스도인의 건강에 좋지 않습니다. 2001년 9월 11일 이후로 줄곧 선 vs 악이라는 수사가 우리의 공적 담론을 지배해 왔습니다. 테러와의 전쟁은 악에 맞서는 선의 전쟁이라는 틀로 이해되고 있습니다. 이는 우리 미국인들이 스스로를 전적으로 자비로운 쪽에 속한다고 생각하도록 부추겼습니다. 부시 대통령은 종종 우리가 "선하고 인정이 많다"라고 했습니다. 그러나 다른 나라 사람들은 대부분 우리를 그렇게 생각하지 않습니다. 실제로 우리의 자기확신은 영적인 위험을 불러옵니다. 잠언은 이 주제에 대해 약간의 지혜를 줍니다. "사람의 행위는 자기 눈에는 모두 깨끗하게 보이나, 주님께서는 속마음을 꿰뚫어 보신다. … 교만에는 멸망이 따르고, 거만에는 파멸이 따른다. 겸손한 사람과 어울려 마음을 낮추는 것이, 거만한 사람과 어울려 전리품을 나누는 것보다 낫다"(잠 16:2, 18-19). 더 세게 진술된 잠언의 또 다른 부분은 이렇게 주장합니다. "스스로 깨끗한 자로 여기면서도 자기의 더러운 것을 씻지 아니하는 무리가 있느니라"(잠 30:12). 그렇다면 정말 중요한 물음은 이것입니다. 우리는 자신에 대해 속고 있는가? 우리는 **하나님** 앞에 어떻게 서 있는가?

우리의 두 위대한 대통령은 하나님의 심판이 있기 전에 공동체적 회개가 필요하다는 점을 이해했습니다. 조지 워싱턴과 에이브러햄 링컨은 모두 아메리카에 회개를 요청했습니다. 오늘날 어떤 대통령이 그렇게 하는 걸 상상하기는 어렵습니다. 링컨은 그가 들었던 장로교 설교에 큰 영향을 받았습니다. 링컨은 그리스도교 역사의 거인들과 나란히 설 수 있을 만큼 깊이 있는 신학자였습니다. 저는 이 점에 대해 꽤 진지합니다. 남부 사람들은 링컨을 좋아한 적이 없습니다. 제가 알기로는 링컨 자동차가 남부에서 잘 팔린 적이 없습니다. 남부인인 우리가, 링컨이 살아 있었다면 남부의 가장 좋은 친구였을 것이라는 점을 인식하는 데는 굉장히 오랜 시간이 걸립니다.

링컨이 노예에 대한 생각을 바꿨다는 점은 잘 알려져 있습니다. 남부 사람들은 종종 이것이 정치적인 결정이었고 진실하지 않은 변화였다고 부정적으로 해석해 왔습니다. 하지만 링컨의 글들은 이러한 결론을 뒷받침하지 않습니다. 링컨은 노예제도와 남북전쟁으로 인한 신학적 문제들을 놓고 오랫동안 힘겹게 씨름했습니다. 링컨은 노예제를 찬성하는 주(州)인 켄터키에 있는 한 신문 편집자에게 보낸 개인적인 편지에서, 남**과** 북 모두가 노예제라는 죄에 대한 공범으로 심판을 받게 될 것이며, 그러한 심판은 궁극적으로 사람들로 하여금 "하나님의 정의와 선하심을 입증하고 존경하게" 만들 것이라고 썼습니다. 기쁜 소식으로서의 심판입니다!―대림절 직전인 이 시기에 잘 어울리는 메시지입니다.

링컨의 〈하나님의 뜻에 대한 묵상〉이라는 에세이에는 다음과 같은 사색이 담겨 있습니다. "큰 다툼 중인 당사자들은 서로 자신이 하나님의 뜻에 부합하게 행동하고 있다고 주장합니다. 둘 다 틀렸을 **수도 있고**, 확실한 건 한쪽은 **분명히** 틀렸다는 것입니다. 하나님은 같은 사안에 대해 **찬성과 반대**를 동시에 하실 수 없습니다. 지금 이 남북전쟁에서 하나님이 목적하신 바는 양편의 목적과 분명 다를 수 있습니다…"[1]

이 놀라운 묵상은 우리가 요즘 듣는 백악관에서 나오는 내용과 굉장히 다릅니다. 링컨은 한 번도 부시 대통령처럼 "악인" 내지 "악한 자"라는 말을 한 적이 없습니다. 링컨은 노예제가 매우 나쁘다는 점을 점점 더 이해하게 되었지만, 그럼에도 국가를 선과 악으로 딱 잘라서 북부 연방을 선한 무리로 남부 연맹을 악당으로 규정하지 않았습니다. 이런 면에서 그의 생각은 성경에 깊이 뿌리내리고 있습니다. 그는 시편과 선지서를 읽고 깊이 생각했습니다. 이는 성경에서 하나님의 가장 혹독한 심판이 하나님의 백성을 향하고 있는 부분입니다. 주께서 예언자 이사야에게 "파멸이 작정되었다"라고 말씀하실 때 악당들을 멸할 것이라는 의미로 말씀하신 게 아닙니다. 우상을 숭배하는 자기 백성, 그러니까 이스라엘 백성을 **벌하여 바로 잡으실** 것이라는 의미로 말씀하신 것입니다.

어떤 양극화된 상황에서나 자기편을 선한 무리로 상대편을 나쁜 쪽으로 나누어 선 긋는 경향이 인간에겐 우선적으로 나타납니다. 상대방을 이해하려는 시도는 거의 나타나지 않습니다. 이러한 입장이 굳건해질수록 상황을 타개하는 데 필요한 통찰을 얻는 게 거의 불가능해집니다. 저는 몇 년 동안, 제가 "관통하는 선"The Line Runs Through이라 부르는 파일에 자료를 수집하고 있습니다. 이 제목은 이전에 체코공

---

1 "Meditation on the Divine Will" (1862. 9.), 두 인용문 모두 로널드 화이트의 *Lincoln's Greatest Speech* (New York: Simon & Schuster, 2002)에서 가져온 것입니다.

화국 대통령이었고 우리 시대에 몇 안 되는 심오한 대중 사상가인 바 츨라프 하벨에게서 빌려온 것입니다. 여러분은 하벨을, 공산당에 저 항했고 그런 활동으로 인해 투옥된 사람으로 기억할 것입니다. 하벨 은 벨벳 혁명 후 권력을 잡게 되었을 때 이전의 원수들과 그 협력자들 을 용서한 것으로 유명합니다. 몇몇 사람은 그런 그를 비난했지만, 그 는 자기 입장을 고수했습니다. 하벨은 70년대와 80년대의 중부 유럽 체제에서 이렇게 말했습니다. "[선과 악의] 경계선이 '그들'과 '우리' 사 이에는 분명하게 그어지지 않지만, 각 사람을 관통하고 있다."[2]

저는 종종 제 친구 한 명이 꽤 격정적으로 표출한 말을 기억합니다. 그 친구는 제2차 세계대전에서 은성 훈장을 받은 것으로 넘칠 만큼 축하를 받았습니다. 그는 이 축하에 약간 격하게 반응하며, 자기가 상 을 받은 것은 그다지 의미가 없다고 말했습니다. 왜냐하면 그가 말했 듯이 "누가 무엇을 받을 만한 자격이 있는지는 아무도 모르기" 때문 입니다. 그는 자기가 '받은 것'은 거의 요행이었으며 아무것도 받지 못 한 다른 많은 사람이 더 받을 만한 사람이라고 느꼈습니다.[3]

---

2 인용문 전체는 다음과 같습니다. "누구도 그저 피해자는 아닙니다. 모두에게 어느 정도 공동의 책임이 있습니다. … **많은 이들이 양 쪽**(가해자 쪽과 피해자 쪽)**에 속해 있었습니 다. 일상의 허위와 순응과 타협**이라는 아주 작고 가냘픈 실오라기 수백만 가닥이 모여서 사회를 억압했습니다. … 만약 그게 사실이라면 …." 그는 계속 이렇게 이어갑니다. "재판 에 회부되어야 하는 … 사람이 누구인지 굉장히 불분명합니다." Timothy Garton Ash, "The Truth about Dictatorship," *The New York Review of Books* (1997. 2. 19.), 1998, pp. 36-37에서 인용했으며, 강조는 제가 한 것입니다. 폴란드 저항 운동의 지도자 이자 자유노조 전 대변인인 아담 미치니크는 1989년 이래로 거의 같은 입장을 취해 왔습 니다. 또한 알렉산드르 솔제니친도 유명한 책 *The Gulag Archipelago*에서 거의 같은 표 현으로 동일한 의견을 내놓았습니다.

3 이 일에 대해서는 저의 책 *The Bible and "The New York Times"* (Grand Rapids: Eerdmans, 1999)에서 더 자세하게 이야기했습니다. 제 친구가 격했던 까닭은 인간 존재 를 특징짓는 거의 통제할 수 없는 내적 충동들, 성향들, 결점들이 무한히 다양하다는 점을 그가 깊이 감지하고 있었기 때문입니다. 용감한 아버지의 예(긍정적인 측면)나 과장된 용 기를 보이고자 하는 신경증적 요구(보다 부정적인 측면)와 같이, 주어진 상황에서 나타난

선악의 경계선은 각 사람을 관통하고 있습니다. 사도 바울의 말을 들어 봅시다. "한 사람으로 말미암아 죄가 세상에 들어왔고, 또 그 죄로 말미암아 죽음이 들어온 것과 같이, 모든 사람이 죄를 지었기 때문에 죽음이 모든 사람에게 이르게 되었습니다"(5:12). "의인은 없다. 한 사람도 없다. 깨닫는 사람도 없고, 하나님을 찾는 사람도 없다. 모두가 곁길로 빠져서, 쓸모가 없게 되었다. 선한 일을 하는 사람은 없다. 한 사람도 없다. … 거기에는 아무 차별이 없습니다. 모든 사람이 죄를 범하였습니다. 그래서 사람은 하나님의 영광에 못 미치는 처지에 놓여 있습니다"(3:10-12, 22-23). 선악의 경계선은 각 사람을 관통하고 있습니다. 셰익스피어의 희곡 《끝이 좋으면 다 좋아》All's Well That Ends Well에서, 두 명의 젊은 귀족은 주변 인물들 안에 혼재된 동기에 대해 토론하는데, 그중 한 명이 이렇게 말합니다. "우리의 인생이라는 천은 **좋은 것과 못된 것이 함께 얽힌 실로 짜여 있지.**"

2년 전 버밍햄의 맥웨인 회사에 대한 큰 폭로가 나왔습니다. 맥웨인은 미국에서 근로자에게 가장 위험한 회사 중 하나입니다. 이익을 추구하기 위해 악랄한 근로 조건을 제공한 것과 상해 입은 근로자들을 방치한 사실에 대한 증거가 그야말로 압도적이었습니다.[4] 그런데도 맥웨인가 사람들은 교회 교인이며 자선가입니다. 경계선은 각 회사를 관통하고 있습니다. 제 파일에 또 다른 사례가 있습니다. 연예 기획 산업에 대한 기사로 제목은 "연방통상위원회FTC의 연구가 말하는 어린이들을 겨냥한 미디어 속 폭력, 할리우드에서 거부당함"이었습니다.[5] 계속 읽어 보면, 다양한 기획사 임원들은 자신들이 의도적으

요인들 때문에 어떤 사람이 그럴 만한 사람이 아니더라도 다른 사람보다 더 용감할 수 있습니다.

4 《뉴욕 타임스》는 2002년 초 연속 4일 동안 맥웨인에 대한 기사를 심한 부상을 입은 노동자들 사진과 함께 전면에 실었습니다(몇 명은 사망했습니다).

로 어린이를 대상으로 광고한 게 아니라고 부인하지만, "영화사 실무자들은 저 보고서들이 어느 정도 타당하다고 인정"했습니다. 익명을 원하는 어느 관계자는 "모든 사람의 손이 더럽다"라고 말했습니다.

제 파일에는 이곳저곳에서 자주 재사용되는 유명한 사진도 하나 있습니다. 16-17세 정도 되는 예쁜 소녀들 사진인데요, 빛나는 머릿결, 흠 하나 보이지 않는 화장, 산뜻하고 예쁜 옷을 입은 60년대 초반의 완벽한 스타일을 하고 있습니다. 신인 배우들 같기도 하고, 우리가 자랑스럽게 여길 만한 딸 같은 모습이기도 합니다. 그러나 사진에 뭔가 이상한 점이 있습니다. 소녀들의 얼굴이 일그러져 있습니다. 소녀들은 비명을 지르고 있습니다. 분노와 증오에 사로잡힌 것처럼 보입니다. 사진에는 "1963년 앨라배마주 몽고메리시"라고 적혀 있습니다. 이때는 몽고메리 버스 보이콧*의 시기였으며, 젊은 여성들은 흑인들을 향해 소리 지르는 중이었습니다.

이 소녀들은 사악합니까? 아니면 그저 잘 모르는 어린 아이들입니까? 저 소녀들은 지금 저보다 열 살 정도 어릴 것 같습니다. 저는 저 여성분들이 저 사진 속 자신에 대해 지금은 어떻게 생각하고 있는지 궁금합니다. 40년 전 카메라에 포착된 죄가 평생을 따라다니고 있는 저 사람 중 하나가 아마 저나 여러분이었을 수도 있습니다. 여러분 모두가 들어 봤을 만한 말이 있습니다. "하나님의 은총이 아니었다면 나도 그랬을 것이다."[6] 성경 구절은 아니지만, 굉장히 성경에 뿌리를 둔

---

5 《뉴욕 타임스》(2002. 2.).

* 백인 전용석 등 버스 내 인종 차별에 반대하기 위한 버스 이용 거부 운동.

6 이 책의 다른 곳에서도 언급되겠지만, 이 인용구는 17세기의 잉글랜드 청교도 존 브래드포드가 한 말입니다. 그는 런던의 거리에서 사형장으로 끌려가는 몇몇 죄수를 보면서 이렇게 말했습니다. "하나님의 은총이 아니었다면 존 브래드포드가 〔사형장으로〕 가고 있겠구나." 이는 명백히 사형 문제에 대한 중요한 함의를 담고 있습니다.

발상입니다. 시편 130편 3절을 생각해 봅시다. "주님, 주님께서 죄를 살피신다면, 누가 감당할 수 있겠습니까?" 달리 말하면, 하나님께서 우리 죄를 헤아리신다면 우리는 모두 정죄받을 것입니다.

"모든 사람의 손이 더럽다." "의인은 없다. 한 사람도 없다."

그래서 이 아침에 우리는 저와 여러분이 공유하는, 오늘 여기에 있는 한 사람 한사람이 모두 공유하는 상태에 강조점을 두고 있습니다. "바로 곁에 악이 도사리고 있습니다." 누가 한 말인가요? 네, 바울이 실제로 한 말입니다. "여기에서 나는 한 법칙을 발견했습니다. 곧 내가 선을 행하려 할 때에는 언제나 바로 곁에 악이 도사리고 있다는 것입니다." 바울은 이 말에 앞서 이렇게 말합니다. "나는 내가 하는 일을 도무지 알 수가 없습니다. 내가 해야겠다고 생각하는 일은 하지 않고, 도리어 해서는 안 되겠다고 생각하는 일을 하고 있으니 말입니다. … 나는 내가 원하는 선한 일은 하지 않고, 도리어 원하지 않는 악한 일을 합니다. 내가 원하지 않는 것을 하면, 그런 일을 하는 것은 내가 아니라 내 속에 들어 있는 죄입니다"(7:15-20). 오늘 여기에 이를 인정하지 않는 분이 계신가요?

인간은 선을 행하고자 하는 바람보다 더 강력한 충동에 사로잡혀 있습니다. 최근 저는 가슴 저미는 이야기를 들었습니다. 그 이야기와 관련된 사람에게 말이죠. 정말 많이 사랑받은 굉장히 유명한 사람이고, 유명한 기관의 책임자이자 아주 헌신된 그리스도인에 관한 이야기입니다. 그는 자신의 아내가 죽은 후 자신이 알코올 중독의 늪에 빠지고 있다는 사실을 분명히 자각하게 되었습니다. (그는 언제나 술을 마셨지만 그의 아내가 그를 덮어주었습니다. 알코올 중독자에게 개입하는 것에 대해 지금과 같은 지식이 없었던 60년대의 일이었습니다.) 비슷한 위치에 있는 세 동료가 이 분을 정식으로 방문했습니다. 동료들은 그에게 음주가 그에게, 그의 일에, 그의 관계에, 그의 유산에 어떤 영향을 미치고 있는지 꽤 자세히 이야기했습니다. 그들은 이 어려운 만남에 자기 영혼을 쏟았고, 감정적으로 지쳤습니다. 만남이 끝날 무렵, 동료들의 염려 대상이었던 그 사람은 친구들의 경건한 방문에 감사하며 술을 끊겠다고 진지하게 약속했습니다. 이들은 자신들의 임무를 완수했다고 느끼며 감사하는 마음으로 나왔습니다. 왜냐하면 이들 중 한 명이 저에게 말했듯이, "우리는 존이 자신이 말한 대로 될 것을 알기" 때문입니다. 이것은 너무 믿을 수 없을 만큼 순진해 보입니다. 그렇죠? 그가 끊지 않았고, 끊을 수도 없었고, 결국 술 때문에 죽었다는 게 드러나자 이 친구들은 큰 환멸을 느꼈습니다. 이 세 친구는 그를 사로잡은 힘의 권세를 너무 비참할 정도로 과소평가했습니다.

우리 주님은 우리가 이러한 힘의 권세를 알길 원하십니다. 우리는 복음서에 있는 주님의 말씀을 통해서, 사도 바울의 글을 통해서, 우리가 직면하고 있는 지칠 줄 모르고, 해악하며, 극도로 영리한 권세들에 대해 다양한 방식으로 여러 번 들어 왔습니다. 이러한 권세들은 그야말로 우리의 파멸을 추구합니다. 그러나 우리가 무방비 상태인 것은 아닙니다. 사도는 이렇게 조언합니다.

> 악마의 간계에 맞설 수 있도록, 하나님이 주시는 온몸을 덮는 갑옷을 입으십시오. 우리의 싸움은 인간을 적대자로 상대하는 것이 아니라, 통치자들과 권세자들과 이 어두운 세계의 지배자들과 하늘에 있는 악한 영들을 상대로 하는 것입니다(엡 6:11-12).

우리가 직면하고 있는 힘들은 압도적이며, 그로 인한 고통은 헤아릴 수가 없습니다. 그리스도인들은 이 점에 대해 속지 말아야 합니다. 우리 주님은 제자들이 직면한 두려움에 대해 경고하셨습니다(이 말씀은 대림절이 시작되기 바로 전 주일의 본문입니다).

또 너희는 여기저기에서 전쟁이 일어난 소식과 전쟁이 일어날 것이라는 소문을 듣게 되어도, 놀라지 말아라. 이런 일이 반드시 일어나야 한다. 그러나 아직 끝은 아니다. 민족과 민족이 맞서 일어나고, 나라와 나라가 맞서 일어날 것이며, 지진이 곳곳에서 일어나고, 기근이 들 것이다. 이런 일들은 산고의 시작이다. … 너희는 내 이름 때문에 모든 사람에게서 미움을 받을 것이다. 그러나 끝까지 견디는 사람은 구원을 받을 것이다…(막 13:7-13).

그러고 나서 주님은 "내가 이 모든 일을 너희에게 미리 말하여 둔다"고 말씀하십니다(막 13:23). 예수께서는 그리스도인의 삶이 악, 죄, 죽음—무엇보다도 우리 자신의 존재를 위협하는 악, 죄, 죽음—에 맞서는 오랜 투쟁이 될 것이라는 점을 우리가 미리 알기를 원하십니다.

우리가 예배 중에 고백문을 읽을 때 "우리"라는 단어를 사용하는 것은 중요합니다. 저 "우리"라는 말은 아담의 죄 안에 우리가 연대되어 있음을 가리킵니다. 이러한 연대가 가장 명확하게 드러나는 곳은 로마서 5장 12-21절입니다. 바울은 전 인류에게 아담이라는 이름을 부여합니다. 아담으로 묶인 집단은 가장 포괄적인 모두의 공동체인데, 왜냐하면 보편적이기 때문입니다. "한 사람으로 말미암아 죄가 세상에 들어왔고, 또 그 죄로 말미암아 죽음이 들어온 것과 같이, 모든 사람이 죄를 지었기 때문에 죽음이 모든 사람에게 이르게 되었습니다"(5:12). 이는 고린도전서 15장 22절에서도 반복됩니다. "아담 안에서 모든 사람이 죽는 것과 같이." 죄의 권세에 속박된 인간의 연대는 그리스도인이 이해해야 하는 가장 중요한 개념 중 하나입니다.

교회에서 공동으로 고백문의 문장을 읽는다고 해서 고백문이 담은 진리를 언제나 우리의 존재 깊숙이 전유하게 되는 것은 아닙니다. 우리 모두는 (토머스 크랜머의 총고해General Confession의 언어를 가지고) "**저**는 잘못을 범해 왔고 잃은 양처럼 아버지의 길에서 벗어났습니다. **저는 저 자신의** 마음의 바람과 욕망을 너무 많이 따랐습니다"라고 고백할 필요도 있습니다. 이것은 우리에게 그렇게 쉬운 일은 아닙니다. 우리는 모두 서로 정도는 다르더라도 **부인**이라고 보통 불리는 저 심리 현상에 참여하고 있습니다. 부인 혹은 회피는 죄 의식을 저지하는 하나의 방법입니다. 우리는 죄가 거기에 없는 것처럼 함으로써 죄를 멀리할 수 있다고 생각합니다. 우리는 "제가 눈을 감았으니 아무도 저를 볼 수 없어요"라고 말하는 어린이와 같습니다. 많은 교구 목사님이 교구 식구들과 그들의 고질적인 문제를 가지고 상담하려고 할 때, 잘못을 인정하려는 의지도 비난을 받아들이려는 마음도 전혀 없을 때, 변해야 할 필요도 전혀 느끼지 못할 때, 그들이 느꼈던 좌절에 대해 이야기할 것입니다. 저는 특히 교회에 다니고 있는 한 커플이 생각납니다. 남편이 결혼 생활을 함께 유지하기 위해서 본인이 노력해야 하는 부분이 있는데, 이를 받아들이지 않아서 아내가 내적으로 죽어 가고 있었습니다. 그는 자기에게 아무런 문제가 없다고 생각했습니다. 자신이 달리 행동해야 하는 부분이 있음을 보지 못했습니다. 그는 이렇게 말했습니다. "제닛[아내]이 이 모든 불평불만을 내려놓기만 하면, 모든 것이 괜찮아질 거예요."

선악의 경계선은 각 사람을 관통하고 있습니다. 비극, 진정한 비극은 있는 그대로를 보지 못하는 것입니다. 정말로 비극적인 사람은 범죄를 저지른 사람도 다른 이들에게 해를 끼친 사람도 아닙니다. 해를 끼치고도 그것을 회개하지 않는 사람, 심지어 자기 자신에게조차도 잘못을 시인하지 않고 기만하는 사람입니다. 그러한 사람에게는 하나님의 은혜가 소급되는 복음의 약속이 막혀 있습니다. 그렇지 않다면, 우리를 기다리고 있는 그 약속은 공허한 것입니다. 하나님의 능력은 과거에 일어난 일들까지 모두 올바르게 만들 수 있습니다. 바울은 '용서'

라는 단어를 거의 사용하지 않았습니다. 그가 더 눈에 띄게 쓴 단어는 '의롭게 됨'justification입니다. 의롭게 됨이란 우리 죄인들이 **용서받을** 뿐만 아니라 **의롭게** 될 것이라는 의미입니다. 이는 우리가 하나님의 권능으로 올바르게 된다는 의미이며, 또한 우리의 잘못의 결과로 고통받고 있는 모든 사람이 완전한 보상을 받게 된다는 의미입니다.

어떻게 이게 가능합니까?

우리 주 예수님의 희생은 바로 이것입니다. 예수님은 아버지와 분리되어 완전히 홀로 심판의 날에 들어가셔서, 정죄의 선고를 그 자신이 받으셔서 그것이 우리에게서 떠나도록 감당하셨습니다. 이것이 복음입니다. 이것이 그리스도인의 신앙에 관한 좋은 소식입니다. 저 높은 곳에서 침입하는 상륙군이 도착했습니다. 더 이상 중립은 불가능합니다. 사탄은 맹렬하게 불태우고 있지만, 후퇴하고 있습니다. 주님의 시간이 올 것입니다. 더 이상 자기기만, 변명, 부인, 회피가 설 자리가 없습니다. 왜냐하면 C. S. 루이스의 말처럼, "타락한 인간은 개선될 필요가 있는 그저 불완전한 피조물이 아니라, 무기를 내려놓아야 하는 반역자"[7]이기 때문입니다. 우리를 무장 해제시키시는 분은 주 예수 그리스도십니다.

하지만 들어 보십시오. 우리는 아무런 **능력도 없는** 사람이 되려고 **무장 해제**된 것이 아닙니다. **"권능**이 어린 양의 피에" 있습니다. 그것은 우리에게 내려진 하나님의 말씀의 권능입니다. **전에도 그랬습니다.** 그것은 광야에서 사탄을 압도한 권능입니다. 그것은 걷지 못하는 사람을 일으킨 권능입니다. 그것은 하나님의 아들이 "잠잠하라! 고요하라!" 말씀하시자 바람과 파도가 창조주께 순종했던 그 음성에서 나온 권능입니다. 그것은 이생에서 분투하는 모든 그리스도인을 지탱하는

---

7 C. S. Lewis, *Mere Christianity* (New York: Macmillan, 1953), p. 59. 《순전한 기독교》, 장경철·이종태 옮김(홍성사 역간).

힘입니다. 이 힘은 우리가 꿈꿀 수만 있었던 것들을 해낼 수 있습니다. 이는 아브라함이 믿었던 하나님, "죽은 사람들을 살리시며 없는 것들을 불러내어 있는 것이 되게 하시는" 권능의 하나님의 능력이기 때문입니다(4:17). 아브라함을 의롭다_{righteous} 여기신 하나님은 죄인을 의롭게 하시는_{justifies} 하나님이십니다. 아브라함을 의롭다 여긴 그 의로움은 **그만을 위한 것이 아니며, 또한 우리를 위하는** 것입니다. 죄인을 향한 하나님의 약속은 오늘 "우리 주 예수를 죽은 자들 가운데서 다시 살리신 분을 믿는 우리들까지도 의롭다고 여겨 주십니다"(4:24).

아멘.

그러나 이제는...

> 그러나 이제는 율법과는 상관없이 하나님의 의가 나타났습니
> 다. … 하나님의 의는 예수 그리스도를 믿는 믿음을 통하여 오
> 는 것인데, 모든 믿는 사람에게 미칩니다.
>
> 로마서 3:21-22

사도 바울이 자신의 교회들에 편지를 쓰려고 앉았을 때(아니, 어쩌면 서
있을 때. 왜냐하면 우리는 그가 누군가에게 편지를 받아쓰게 했다고 생각하니까
요), 그는 항상 나쁜 소식이 아니라 좋은 소식으로 시작했습니다. 바울
을 거의 졸도할 뻔한 지경까지 몰아간 갈라디아 교회의 경우에도, 그는
복음에 대해 짧지만 아주 강력하게 진술하며 시작했습니다(갈 1:1-5).
그래서 우리는 그리스도교의 신앙 선포 순서가 은혜와 자비에서 출발
하지 결코 죄에서 출발하지 않는다는 점을 일급 신학적 원리로 말할 수
있습니다. 하나님과 그분의 세계에 대한 이야기는 하나님의 다함없는
사랑으로 시작하여 완성에 이릅니다.

하지만 죄에 대해서는 거의 듣기 어려운 우리 시대와 같은 때에는,
도처에 널려 있는 죄에 대한 성경의 압도적인 증거를 가지고 무엇을
해야 할지 아는 것이 설교자들에게 엄청난 도전입니다. 구약과 신약
전체에서 죄는 도처에 어마어마하게 현존합니다. 우리가 죄에 대해

말할 준비가 되어 있지 않다면, 우리는 정말 성경을 전혀 읽을 수 없을 것입니다.

로마서의 맥락에서 죄라는 주제는 예수님의 가르침과 사도 바울의 관계라는 주제로 우리를 곧장 안내합니다. 사람들은 이에 대해 헷갈리고 있습니다. 우리는 바울이 단순한 예수님 이야기를 그의 엄밀하고 복잡한 지성으로 받아들여서, 예수님 이야기를 복잡한 교리로 망가트렸다는 말을 종종 듣습니다. 바울이 사실상 예수님의 가르침도, 예수님의 삶에 대한 이야기도 언급하지 않은 것은 맞습니다―십자가 처형과 부활이라는 가장 중요한 예외를 제외하면요. 하지만 이 예외는 바로 그리스도인이 되기 위해서 우리 모두가 이해해야 하는 우선적인 것입니다. 우리의 시선이 우리 믿음의 최핵심을 응시하게 하고, 우리가 이를 온전히 전유하게 하는 이가 바울입니다. 우리 모두는 결정을 내릴 필요가 있습니다. 바울 서신을 사복음서에 부차적인 것으로 읽을 것인가요, 아니면 사복음서에 관한 없어서는 안 될 하나의― 사실 **바로 그**―주석으로 읽을 것인가요? 확실히 초대 교회는 이 점에 대해서 분명했습니다. 만약 그렇지 않았다면, 초대 교회는 바울 서신을 존중하는 마음으로 신약의 중심에 놓지 않았을 테고, 또한 신약성경에서 바울 서신이 다른 어떤 저자의 글보다 많은 부분을 차지하지도 않았겠죠.

마찬가지로 바울 서신이 오늘날 우리가 가지고 있는 형태의 복음서들보다 훨씬 더 먼저 기록되었다는 사실이 중요하지 않았다면, 신약성경에서 바울 서신의 위치는 달라졌을 것입니다. 마태복음, 마가복음, 누가복음, 요한복음의 형태로 기록되기 훨씬 전에 '예수 전승'이 구두로 회자되었습니다. 가장 초기 바울 서신(데살로니가전서)의 기록 연대는 부활 사건이 있은 후 20년 혹은 25년도 안 되었을 때였습니다. 반면에 대부분의 학자들이 추정하고 있는 복음서의 기록 연대는 로마가 성전을 파괴한 주후 70년 이후입니다. 보통 사람들이 바울 서신을 복음서에 부차적인 것으로 일축할 때는 대개 이러한 연대 추정에 대해 모르는 경우입니다.[1]

만일 우리에게 죄에 대한 바울의 가르침이 없었더라면, 우리는 정말로 죄가 무엇인지를 알지 못했을 것입니다. 사도는 나사렛 예수가 성육신하신 그리스도로 우리 가운데 나타나셨을 때 (사도신경의 언어를 사용하면) "십자가에 못 박혀 죽으시고 장사한 지" 사흘 만에 부활하셨는데, 이게 모든 것을 바꿨다고 선포하고 있습니다. 바울은 고린도후서에서 다음과 같이 말합니다.

> 그러므로 이제부터 우리는 아무도 육신의 잣대로 알려고 하지 않습니다. 전에는 우리가 육신의 잣대로 그리스도를 알았지만, 이제는 그렇지 않습니다. 누구든지 그리스도 안에 있으면, 그는 새로운 피조물입니다. 옛 것은 지나갔습니다. 보십시오, 새 것이 되었습니다(고후 5:16-17).

그리스도 안에서 전례를 전혀 찾아볼 수 없는 일이 일어났고, 그것이 우리로 하여금 모든 것을 새로운 빛에 비춰서 보게 만들었다는 사실을 강조한 사람이 바울입니다. 이 말은 예언자 이사야가 먼저 했던 말이지만("보라, 내가 새 일을 행하리니…", 사 43:19) 예수 그리스도 안에서 실제로 일어났다는 것을 보여 준 사람은 바울이었습니다. 가버나움 회당에서 하셨던 예수님의 사역 개시 설교에 대한 누가복음 4장의 이

---

[1] 신약성경의 연대 추적과 바울 서신의 기록 및 수집에 관한 문제들에 관심이 있는 일반 독자들에게 레이몬드 E. 브라운의 《신약 개론》(*Introduction to the New Testament*, New York: Doubleday, 1997. 기독교문서선교회 역간)보다 더 좋은 안내서를 찾기 어렵습니다. 신학적으로 브라운은 바울 서신보다 복음서와 더 친하지만, 그는 꼼꼼함과 철저함과 표현의 명확함에 있어 단연 뛰어납니다.

야기도 동일한 내용을 말하고 있지만, 바울만큼 명확하거나 날카롭지는 않습니다. 우리는 구약성경의 배경을 몰라서 누가가 말하는 이야기의 요지를 쉽게 파악하지 못합니다. 예수님이 바로 앞에 계신 것은 메시아의 시대가 당도했다는 표지이며, 누가의 요지가 바로 그것입니다.

마찬가지로, 우리가 해마다 복음서를 읽을 수는 있어도, 바울이 우리에게 설명해 주지 않는다면 죄가 무엇인지는 이해하지 못할 것입니다. 복음서에서 우리는 죄를 세금 탈취, 간통, 도둑질, 양 떼를 포기하는 것, 하나님께 돈을 바치지 않는 것, 위선적인 것, 그 밖의 '죄들'로 정의될 수 있는 구체적인 행위로 생각하기 쉽습니다. 우리는 예수께서 죄인들과 같이 잡수신 일을 성경에서 읽습니다. 여기서 죄인이란 구체적인 죄를 저질러 사회로부터 정죄받은 사람을 의미한다고 가정하면서 읽습니다. 우리는 "나는 의인을 부르러 온 것이 아니라, 죄인을 부르러 왔다"는 주님의 말씀을 읽으면서 예수께서 세상을 두 개의 범주로 나누셨다고 자연스럽게 가정하고 우리도 그렇게 나눕니다. 따라서 우리는 로마서 3장에서 바울의 말을 들으면서 놀라게 됩니다.

> 유대인이든 그리스인이든 모든 사람이 죄의 권세 아래 있습니다. …
> 의인은 없다. 하나도 없다. … 거기에는 아무 차별區別도 없습니다. …
> 모든 사람이 죄를 범하였습니다. 그래서 사람은 하나님의 영광에 못
> 미치는 처지에 놓여 있습니다. …

"죄의 권세 아래." 이것이 실마리입니다. **죄**는 **죄들**과 같은 것이 아닙니다. 죄들은 여러분이 하루를 끝마치며 헤아려 볼 수 있는 개별적인 악행입니다. 혹은 하나님께서 여러분이 생을 마감할 때 헤아리실 개별적인 악행들입니다. 여러분은 죄의 목록을 만들어 볼 수 있고, 자신이 그 목록에 아주 많이 해당되지 않는다고 자축할 수도 있습니다.

우리가 **죄**에 대해서 이런 식으로 생각하면, 하나님의 아들이 무엇을 하려고 오셨는지 결코 이해하지 못할 것입니다.

죄는 개별 범죄의 총합이 아닙니다. 죄는 인간이 처한 근본적인 상태이며, 우리 모두가 가진 질병이고, "인격의 가장 중심에 있는 깊은 내적 뒤틀림"[2]입니다. 존 뉴먼 추기경이 지적했듯이, 인류는 어마어마한 태곳적 재앙의 결과에 휘말려 있습니다. 세계는 하나님께 적대적인 낯선 힘에 의해 항로에서 떨어져 나갔으며, 역설적이지만 우리 각자는 그 결과로 발생한 어그러짐에 자기 몫의 책임이 있습니다. 바울에 따르면, **죄**는 인간 밖에 있는 "노예로 만드는 권세"이자, 단독으로도 공동체적으로도 하나님의 심판을 받아 마땅한 "인간 자신에게 그 책임이 있는 행위"입니다.[3] 우리가 알든 모르든, 느끼든 느끼지 못하든 이것은 사실입니다. 바울은 편지의 수신자들이 가지고 있을 수도 있고 그렇지 않을 수도 있는 죄책감이라는 주관적인 감정에서 **죄**에 대한 논의를 시작하지 않습니다. 바울은 우리보다 훨씬 터 큰 **권세**에 사로잡힌 타락한 피조물이라는, 하나님 앞에서 우리가 처한 객관적인 상황에서 논의를 시작합니다. 우리 주변에서 보는 비극과 어리석음과 파괴의 흔적은 "불의한 행동으로 진리를 가로막는 사람의 온갖 불경 건함과 불의함을 겨냥하여 하늘로부터 나타난 하나님의 진노"의 표지입니다(1:18).

그래서 우리가 말한 것을 총괄해 보면, 바울이 들려주는 이야기(비록 이야기 같아 보이지 않더라도 이야기입니다)의 서언은 하나님의 강력한 구속 행위에 대한 선언입니다. "나는 복음을 부끄러워하지 않습니다.

2 Dorothy L. Sayers, in *Creed or Chaos.* 〈신조인가 무질서인가〉, 《도그마는 드라마다》 (IVP 역간).

3 Günther Bornkamm, *Paul* (New York: Harper & Row, 1971), pp. 124, 126. 《바울》 (이화여자대학교출판부 역간).

이 복음은 모든 믿는 사람을 구원하는 하나님의 능력이기 때문입니다"(1:16). 바울은 이 점을 분명히 한 다음 그제야 죄에 대한 하나님의 진노를 다루는 두 장 반에 걸친 긴 서술에 착수합니다. 이 서술 과정에서 그는 하나님의 진노가 **우리**에 대한 것이 아니라 **죄**에 대한 것임을 우리가 이해할 것이라고 기대하고 있습니다. 우리는 우리 주변에서 일어나는 온갖 끔찍한 형태의 일을 통해 하나님의 진노를 **경험**하지만, 우리가 바울의 이야기를 주의 깊게 들어 보면, 이 진노가 마치 쉽게 화내는 경향이 있는 부모처럼 하나님의 불같은 성미가 아니라, 자기 피조물을 속박하는 악한 **권세**에 대한 무자비한 반대임을 배우게 됩니다. **죄**에 대한 하나님의 적대심은 변덕스럽지도 유해하지도 않습니다. 하나님의 얼굴은 확고한 목적을 가지고 꾸준히 자기 피조물의 **적**을 향하고 계십니다. 따라서 우리는 죄 많은 피조물이라는 우리의 정체성을 인정하지만, 그럼에도 하나님이 우리의 공동의 **적**에 맞서는 우리 편이시라는 사실을 압니다. 그래서 우리의 비극을 인정하면서 동시에 기뻐할 수 있습니다. "모든 사람이 **죄**의 권세 아래 있다"라는 바울의 설명에 우리 자신이 해당됨을 인식할 때 이미 우리는 더 이상 저 **권세**가 궁극의 해를 가할 수 없는 곳에 안전하게 자리하고 있는 상태입니다.

그러나 사람이 어떻게 죄의 권세에 저항하겠습니까! 언젠가 G. K. 체스터턴은 "**원죄**는 경험적으로 증명할 수 있는 유일한 그리스도교 교리다"라고 말했지만, 우리는 계속 고집스럽게 그 점을 보지 않으려고 합니다. 우리는 우리 자신의 깨끗함 혹은 무죄함의 신화에 집착합니다. 저는 사람들이 **원죄**와 같은 것은 도무지 있을 수 없는 것이라고 항의하는 말을 여러 번 들었습니다. 그들이 말하는 바로 그 순간에 그들 자신과 그들의 부모와 자녀와 그 자녀의 자녀들이 집안 대대로 내려오는 가족병리의 패턴에 갇혀 있는 것이 보였습니다.

몇 해 전 어떤 여성분이 "모든 것이 저를 궁지로 몰아넣고 있다는 느낌이 듭니다"라고 저에게 말했습니다. 그것은 그녀가 느끼는 죄의 힘인데, 그녀는 그것에 대해 책임이 있기도 하고 없기도 합니다. 저는 그녀에게 당신의 느낌은 이미 하나님의 은혜가 당신의 삶 속에 작용하고 있음을 나타내는 신호라고 말해 줄 길이 있기를 기도합니다. 삶의 비극과 공허를 느끼는 사람들은 일 년 내내 "양지바른 곳에 살려고" 노력하는 사람들보다 진리와 더 가깝게 살고 있습니다. 여러분의 눈에 구원의 여명이 밝아 오기 전까지, 여러분은 자신이 길을 잃었다는 사실을 알 수 없습니다. 다가오는 구원의 태양이 떠오르면 죄의 어둠이 드러납니다. 죄에 대한 지식은 하나님의 자비를 알기 시작한 사람들에게만 주어집니다 ─ 이는 그리스도인만이 이해하는 실마리요 역설입니다.

1515년, 마르틴 루터라는 이름의 독일인 수도사는 자신의 서재에 앉아 바울이 로마인들에게 쓴 말을 숙독하고 있었습니다.[4] 앞서 몇년 몇달 동안 루터는 절망의 나락으로 치닫고 있었습니다. 우리는 인간의 모든 역사에서 루터처럼 자신의 죄성 때문에 극심한 고통을 겪은 사람을 별로 알지 못합니다. 루터는 모든 것을 해 보았습니다. 고백, 참회, 신비주의, 성찬, 고행, 온갖 종류의 영적 결심. 그러나 아무것도 효과가 없었습니다. 그는 자신이 하나님 앞에서 완전히 정죄받았다고 느꼈습니다. 벗어날 희망이 보이지 않았습니다. 루터의 전기 작가는 이렇게 이야기합니다. "그의 논리는 막다른 골목에 이르렀다. 용서받으려면 죄들을 고백해야 했다. 죄를 인식하지 못하면, 기억하지 못하면 고백할 수 없다. 고백하지 못하면 용서받을 수 없다."[5] 아무리 애를

---

4 이것은 완전히 정확한 것은 아닙니다. 왜냐하면 제가 갈라디아서를 언급하지 않았기 때문입니다. 갈라디아서는 신학적 변혁을 일으킨 최초의 촉매로서 루터에게 훨씬 더 중요했습니다. 하지만 그 위대한 회심의 기본 요강이 로마서에 있다고 생각합니다.

5 Roland H. Bainton, *Here I Stand: A Life of Martin Luther* (New York: Mentor

써 봐도, 수도사 마르틴은 자기 죄를 전부 기억할 수도 없었고 일일이 명명할 수도 없었습니다. 그는 하나님의 재판 앞에서 죄가 천명되면 자신이 파멸될 것이라고 믿었습니다.

마르틴 루터는 로마서 1장 16-17절에 있는 바울의 말을 읽고 또 읽었습니다. 바울이 전개할 주제가 시작되는 곳입니다. "복음에는 하나님의 의가 나타나서 믿음으로 믿음에 이르게 하나니." '복음'(그리스어 유앙겔리온·εὐαγγέλιον)이라는 단어는 '좋은 소식'을 의미합니다. **좋은 소식은 하나님의 의가 나타났다는 것입니다.** 어떻게 이게 좋은 소식일 수 있습니까? 하나님의 의가 나타났다는 건 나쁜 소식이 아닐까요? 하나님의 의에 대한 바로 이러한 생각이 루터를 떨게 했습니다. 하나님의 의와 자기의 불의를 대조하면서 그는 떨었던 것입니다. 바울은 무슨 의미로 말했던 걸까요? 루터는 계속해서 이 본문과 씨름했습니다.

> 나는 복음을 부끄러워하지 않습니다. 이 복음은 … 모든 믿는 사람을 구원하는 하나님의 능력입니다. … 복음에는 하나님의 의가 나타나서 믿음으로 믿음에 이르게 합니다. 기록된 바 "오직 의인은 믿음으로 말미암아 살리라" 함과 같습니다(1:16-17).

그리고 루터는 아래 말씀도 읽습니다.

> 한 사람으로 말미암아 **죄**가 세상에 들어왔고, 또 그 **죄**로 말미암아 **죽음**이 들어온 것과 같이, 모든 사람이 죄를 지었기 때문에 죽음이 모든 사람에게 이르게 되었습니다. …
>   [그러나] 한 사람의 범죄로 많은 사람이 죽었으나, 하나님의 은혜

Books, 1950), p. 42. 《마르틴 루터》(생명의말씀사 역간).

와 예수 그리스도 한 사람의 은혜로 말미암은 선물은, 많은 사람에게 더욱더 넘쳐나게 되었습니다. … [아담의] 한 범죄에서는 심판이 뒤따라와서 유죄 판결이 내려졌습니다마는, 많은 범죄에 값없는 선물이 따라와서 의롭다 하심을 가져왔습니다. …

그러니 한 사람[아담]의 범죄 행위 때문에 모든 사람이 유죄 판결을 받은 것 같이, 이제는 한 사람의 의로운 행위 때문에 모든 사람이 의롭다는 인정을 받아서 생명을 얻게 되었습니다. 한 사람이 순종하지 않음으로 말미암아 많은 사람이 죄인으로 판정을 받았는데, 이제는 한 사람이 순종함으로 말미암아 많은 사람이 의인으로 판정을 받을 것입니다. … 죄가 많은 곳에, 은혜가 더욱 넘치게 되었습니다. 그것은, 죄가 죽음으로 사람을 지배한 것과 같이, 은혜가 의를 통하여 사람을 지배하여, 우리 주 예수 그리스도로 말미암아 얻는 영원한 생명에 이르게 하려는 것입니다(5:12-21).

그리고 그리스어 본문으로 씨름했던 마르틴 루터는 영어 본문을 읽는 우리가 볼 수 없는 무언가를 보기 시작했습니다. 루터는 "하나님의 의"에서와 같이 **의로움**righteousness을 의미하는 단어와, "한 사람의 의로운 행위 때문에 모든 사람이 무죄 판결과 생명을 받았습니다"에서와 같이 **무죄 판결**acquittal 내지 **의롭다 함**justification을 의미하는 단어가 사실 같은 단어라는 점을 보았습니다. **같은 단어입니다!** 루터는 하나님께서 예수 그리스도 안에서 자신의 의를 우리에게 강력하게 전가[6]하셨

---

6 이에 해당하는 고전적인 단어는 '주입'(infuse)과는 구별되는 '전가'(impute)입니다. 이 구별은 여전히 루터교-가톨릭 불일치의 중심에 있습니다. 우리가 '의롭다 함'(justification; 디카이오수네[δικαιοσύνη])이라는 단어를 '바로잡음'(rectification)으로 번역하여, 이 단어를 명사(의롭다 함/바로잡음[justification/rectification])로도 동사(의롭다 하다/바로잡다[justify/rectify])로도 보존한다면, 이 논쟁은 몇 걸음 더 전진하게 될 수 있습니다. 이와 같이 하나님은 죄인들을 그저 의롭다고 선언하기만 하신 것이 아닙니다. 하나님은

음을 깨닫기 시작했습니다. 비록 우리에게는 받을 자격이 전혀 없었는데도 말이죠. 루터는 하나님께서 죄인을 **의롭다 하신**[justified](**의롭게 만드신**[made righteous], 같은 단어) 것을 보았고, 그로써 하늘 보좌 앞에서 깨끗하게 씻긴 예복을 입고 서 있을 수 있었습니다. 마르틴 루터는 불현듯 그리스도의 십자가 안에서 하나님의 진노와 자비가 융합되는 것을 보았습니다. 바울이 "그러나 이제는…"이라고 말한 것처럼, 인류 앞에 쾅 닫힌 무거운 문이 그 거대한 경첩과 함께 움직이기 시작했습니다.

"**그러나 이제는**"이라는 바울의 말을 들어 보십시오! 그것은 "세계-변혁적 **이제는**"으로, 정죄받은 옛 삶에서 값없이 의롭게 된 삶으로 가는 통로이며, 그리스도 안에서 "파멸된 옛 사람"을 "하나님에 의해 자유롭게 된 새 사람"으로 변화시키시는 하나님의 행동이고,[7] **죄와 죽음**이라는 악의 영겁과 의와 생명이라는 새로운 영원 사이에 놓인 중심점입니다. 이 위대한 "그러나 이제는"은 시대의 전환이 이루어지는 받침점, 구원의 경첩입니다.

> 그러나 이제는 율법과는 상관없이 하나님의 의가 나타났습니다. … 하나님의 의는 예수 그리스도를 믿는 믿음을 통하여 오는 것인데, 모든 믿는 사람에게 미칩니다. 거기에는 아무런 구별이 없습니다. 모든 사람이 죄를 범하였습니다. 그래서 사람은 하나님의 영광에 못 미치는 처지에 놓여 있습니다. 그러나 사람은, 그리스도 예수 안에서 얻는 구원으로 말미암아, 하나님의 은혜로 값없이 의롭다는 선고를 받습니다. 하나님께서는 이 예수를 속죄 제물로 내주셨습니다. 그것은 그의 피를 믿을 때에 유효합니다. 하나님께서 이렇게 하신 것은 …

잘못된 모든 것을 바로잡으시려고 그리스도인의 삶에서(그리고 우주 안에서) 강력하게 일하십니다.

7 Bornkamm, *Paul*, pp. 118, 121.

하나님의 의를 나타내시려는 것이었습니다. … 이는 하나님은 **의로운**righteous 분이시라는 것과 예수를 믿는 사람은 누구나 **의롭다고 하신다**justifies[그리스어로 같은 단어!]는 것을 보여 주시려는 것입니다.

그리고 이것은 루터에게, 이 위대한 좋은 소식에 사로잡힌 모든 그리스도인에게, 의로운 판사 자신이 죄책감을 느끼는 피고인 옆에 나란히 서서 피고인에게 자유를 선포하시려고 재판석에서 피고석으로 내려오시는 모습 같아 보였습니다. 무시무시했던 하나님의 의는 세상을 향해 손 내밀어 세상과 인간 한 사람 한 사람을 자신에게로 되찾아오시는 하나님의 능력이 되었습니다.[8] 루터의 말로 표현하자면, "성경 전체가 새로운 의미를 띠었고, 이전에 나에게 하나님의 의는 증오로 가득한 것이었으나, 이제 하나님의 의는 더 큰 사랑 속에서 표현할 수 없을 만큼 달콤하게 되었습니다. 바울의 이 구절은 나에게로 다가와 하늘로 들어가는 문이 되었습니다."[9]

이와 같이 바울은 사복음서가 그리는 것을 상세히 설명하고 강조합니다. 우리의 은혜로운 주님께서는 우리가 완벽해질 때까지 기다리시지 않습니다. 주님은 우리가 **죄**와 **죽음**에 빠져 있는 것을 보시고, 우리와 만나시고 우리를 이 끔찍한 **적**의 손아귀에서 해방시키시려고 오십니다. 주님은 우리가 최악의 모습일 때 우리에게 오십니다. 왜냐하면 주님께서 십자가에 못 박히셨을 때 우리는, 인류는 가장 최악의 모습이었기 때문입니다. 만일 우리 자신이 하나님의 심판 그 너머에 있다고 생각한다면, 우리는 여전히 하나님의 의에 대해 무지한 채로 있을 것입니다. 로버트 M. 쿠퍼는 이렇게 말했습니다. "그리스도교의 죄

---

8 Ernst Käsemann, "The Righteousness of God in Paul," in *New Testament Questions of Today* (Philadelphia: Fortress Press, 1969), p. 182.

9 Bainton, *Here I Stand*, p. 50에서 인용함.

106 | 그러나 이제는…

교리는 '대부분의 경우 사람들은 할 수만 있으면 자신들이 원하는 것을 하고 필요하다면 계속 그렇게 해 나가는 것에 대해 어느 정도 정당성 justification을 부여한다'는 점을 알게 합니다." 만일 우리가 우리 자신이 정말로 어떤 사람인지 안다면, 우리 자신이 만들었지만 스스로 빠져나갈 수 없는 그물에 사로잡힌 반역한 피조물이라는 현실을 안다면, 우리는 사도에게서 위대한 좋은 소식을 듣고 기쁨으로 받아들일 것입니다.

그래서

- 만일 여러분이 했던 일 때문에 불안해하고 있다면
- 혹은 여러분이 무언가를 했을까 봐 근심하고 있다면
- 혹은 여러분이 여러분의 자녀에게 입힌 상처들로 염려하고 있다면
- 혹은 여러분이 자기 자신에게조차 감히 고백할 수 없을 만큼 어떤 비밀스런 어둠에 시달리고 있다면
- 혹은 세상의 잔인함과 무감각함으로 인해 역겨워하고 있다면
- 혹은 편견과 오염과 빈곤과 전쟁을 유발하는 체계에 여러분 자신이 참여하고 있음을 인정한다면
- 혹은 어떤 의미로든 하나님 앞에서 우리의 모든 삶이 가련하고, 삐뚤어져 있으며, 비참하다는 것을 참으로 지각하고 있다면

그렇다면 기뻐하십시오! 오늘 당신에게 하나님의 구원하시는 능력이 계시되고 있습니다. 바울은 말합니다. "우리가 아직 무력할 때에 그리스도께서 경건하지 않은 사람을 위하여 죽으셨습니다. … 우리가 아직 죄인이었을 때에 그리스도께서 우리를 위하여 죽으셨습니다"(롬 5:6, 8).

"보십시오, 지금이야말로 은혜의 때요, 지금이야말로 구원의 날입니다"(고후 6:2). 지금이야말로, 오늘이야말로. 이제는 여러분의 삶에서

세상을 변화시키는 사건이 일어나고 있음을 알 때입니다. 이제는 **죄**와 **죽음**이 더 이상 당신을 지배하지 못함을 볼 때입니다(6:9-11). 우리는 "우리 죄의 사슬에 묶여"* 있으나, 그리스도 우리 주께서 "우리의 범죄 때문에 죽임을 당하셨고, 우리를 의롭게 하시려고 살아나셨습니다"(4:25).

왜냐하면 사실 하나님의 의로움은 예수 우리 주님 자체이기 때문입니다.

아멘.

---

* 〈O God, whose nature and property〉라는 제목의 찬양 가사입니다. 공동번역 예레미야애가 1:14에서도 비슷한 표현을 볼 수 있습니다.

유신과 무신

본문: 로마서 3:9-10, 21-25

교회력에서 종려주일은 트로이 목마입니다. 여러분은 그리스 신화에서 나온 이 이야기를 기억하고 계실 겁니다. 트로이 사람들은 그리스인들이 〔아테나 여신에게〕 바친 거대하고 근사한 나무 말을 성 안으로 들였습니다(그래서 사실 그리스 목마로 불러야 합니다만, 그냥 둡시다). 트로이 사람들은 목마를 밀어 성벽을 통해 성 안으로 들였습니다. 밤이 되자 말 속에 숨어 있던 그리스 병사들은 조용히 나와서 그리스 군대가 성에 들어오게 했고, 그리스 군대는 성을 약탈했습니다.

종려주일은 트로이 목마와 비슷한 구석이 있습니다. 제 손주들은 주일 중에서 종려주일이 제일 좋다고 말합니다. 하지만 이유를 말해 보라고 하면, 아이들은 그냥 종려나무가 좋은데, 특히 자기들 아빠가 종려나무를 엮어 만들어 준 십자가가 좋다고 합니다. 이건 정말 하나의 계략입니다. 우리가 하는 일은 종려나무를 흔들며 축제 분위기를 만들어 여러분들을 이곳에 끌어들이는 것인데, 하지만 그러면서 우리는 수난 이야기를 밀반입하고 있고, 여러분은 "십자가에 못 박읍시다!"를 외치는 자신을 발견합니다. 이날, 고대 교회의 예전은 우리가 잔혹 행위에 참여하도록 예루살렘으로 데려갑니다. 따라서 이날에 알맞은 고유 명칭은 종려주일이 아니라 수난주일입니다. 오늘 예루살렘에서는 범죄가 자행되고 있고, 우리는 범인입니다.

저는 2001년 9월 11일 이래로 두 개의 영어 단어가 이전보다, 제가 살아온 모든 세월을 통틀어, 훨씬 빈번히 사용되고 있다는 인상을 받았습니다. 그 하나는 '영웅'이고, 나머지 하나는 '무죄'innocence입니다. '무죄'란 단어는 오늘 종려주일과 특히 관련됩니다. 수난주일과 말이죠.

무죄란 말은 어떻게 사용하느냐에 따라서 상당히 다른 두 가지를 의미합니다. 세계무역센터에서 죽은 사람들이 **무죄**하다고 말할 때 우리가 의미하는 바는 각 개인으로서 그 사람들이 비행기로 건물에 돌진한 사람의 잔인함과 분노를 유발할 일을 하지 않았다는 뜻입니다. 또 다른 예를 들면, 어떤 사람을 향해 쏘려고 한 총알이 다른 사람에게 갔을 때, 우리는 총알을 맞은 사람에 대해 '무죄한'이란 표현을 씁니다. 그래서 '무죄한 행인'이라는 말이 있습니다. 이런 맥락에서 우리가 '무죄하다'고 말할 때, 이 말이 적절한지 여부는 그다지 논쟁거리가 되지 않습니다.

하지만 이 '무죄'라는 단어가 다른 방식으로 사용될 때는 문제의 소지가 더 많습니다. 예를 들자면, 소위 '미국 무죄의 신화'라고 하는 것이 있습니다. 우리는 이 신화를 배우며 자랐습니다. 존 웨인, 지미 스튜어트 같은 상징적인 스타들이 영화 속에서 이를 보여 주었습니다. 그들은 생명을 구하는 역할이었고, 어떤 잘못도 저지를 수 없는 역할이었습니다. 프랑스인, 독일인, 일본인, 러시아인—**그들**은 자기 이익만 생각하거나 비열하거나 악랄하거나 속이는 사람들이었지만, **미국인들**은 유익하고 정직한 사람들이었습니다. 그런데 이 년 전, 아부 그라이브*에서 찍은 사진들이 퍼지면서 "미국 무죄의 종말"[1]이라는 표현이 널리 사

---

* 아부 그라이브(Abu Ghraib)는 미군이 잔혹한 방식으로 이라크인을 고문하고 학대한 이라크의 정치범 수용소입니다.

1 이 문구는 이전에도, 예컨대 미라이에서 있었던 대학살과 관련하여 사용되었습니다. 오

용되었습니다. 우리는 "하지만 그 사람들(아부 그라이브에 수용된 이라크인들)은 그야말로 몇 안 되는 통제 불능의 악당들, 한줌의 썩은 사과들이었다"라고 말하면서 몇 달 동안이나 이에 반대하며 이의를 제기했습니다. 하지만 2년 간 수많은 육군과 해병대 군인의 증언이 있었고, 교도소 수감자들과 관타나모(테러리스트 수용소)로부터 자세한 일들이 폭로되었습니다. 저 신화적 관점은 이제 더 이상 유지될 수 없습니다.

그렇습니다. 종려주일 ─ 수난주일 ─ 은 트로이 목마입니다. 우리는 외부에서 포위당한 게 아니라, **내부에서** 포위당한 것입니다.

전면적인 무죄 선언은 그리스도교 신앙의 근본 진리와 모순됩니다. 바울은 로마의 그리스도인들에게 보낸 편지에서 긴 분량을 할애하여 유죄와 무죄에 대해 가르칩니다. **죄**는 여기서 실수했거나 저기서 오판한 것을 가리키는 말이 아닙니다. **죄**는 인류를 통제하고 장악한 **권세**입니다. 아담과 하와 이야기는 문자 그대로의 이야기를 전하기 위해 기록된 것이 아닙니다. 어떻게 이 모든 것이 지금과 같이 되었는지를 우리에게 설명해 주기 위해 기록된 이야기입니다. 바울은 아담 이후의 인류에 대해 다음과 같이 씁니다.

> 유대 사람이나 그리스 사람이나, 모든 사람이 죄 아래에 있습니다. 성경에 이렇게 기록되어 있습니다. "의인은 없다. 한 사람도 없다" (3:9-10).

클라호마시 폭탄 테러가 있었을 때도 사용되었고 9/11 때도 사용되었지만, 이 경우는 이제 미국도 테러에서 면제된 나라가 아니라는 의미였습니다(이는 innocence가 '무죄'나 '무고'라는 의미보다 '무해'하다는 의미로 사용된 경우로, '테러 청정지역의 종말'로 표현할 수 있습니다. 영어 innocence가 무죄, 무고, 결백함, 순결함, 깨끗함, '흠 없음' 등을 의미한다는 점을 염두에 두고 이 설교를 읽으시면 내용이 더 와닿을 것 같습니다). 미라이도 적절한 예지만, 전 세계적으로 사진이 퍼지지는 않았습니다(사실 사진이 전무합니다). 그래서 미라이의 경우보다 아부 그라이브에 대한 전 세계의 반응과 그에 따른 미국의 이미지 훼손이 훨씬 더 컸습니다.

바울은 "의인은 없다. 한 사람도 없다"라고 말할 때 시편 말씀을 인용한 것입니다. 구약성경에서 가장 오래된 부분들은 상이한 개념들을 사용하여 죄에 대해 똑같은 것을 가르치고 있습니다. 하나님 앞에서 인간의 처지는 완벽한 거룩함을 마주한 더러운 불순물입니다. 이런 식으로 정의되는 죄는 일종의 **상태**로, 우리 모두를 전염시킨 **전염병** 같은 것입니다. 우리의 도덕적 지위는 세균이나 바이러스와 같을 뿐입니다.

예를 들어 보겠습니다. 현재 듀크대학교의 라크로스팀에 관한 것입니다.[2] 우리는 거기서 실제 무슨 일이 일어났는지 알지 못하지만, 우리가 아는 것은 성폭행 혐의가 제기된 이후 지금까지 아무도 침묵의 벽을 깨고 나오지 않았다는 사실이며, 또 우리가 아는 것은 사건 후 2시간이 경과되기 전에 어떤 팀원 한 명이 정말 넌더리나는 이메일을 보냈다는 사실입니다. 공교롭게도 그 팀원 5명은 뉴저지의 모리스타운에 있는 델바톤스쿨의 졸업생입니다. 델바톤스쿨은 남자 프렙스쿨prep school로 가톨릭학교입니다. 베네딕트 수도사들로 이루어진 어느 수도원이 운영하고 있으며, 학교의 목적이 그리스도교의 가치를 교육하려고 힘쓰는 것이라고 써 붙여 놓았습니다. 들어가기 힘든 듀크대학에 다섯 명이나 들어갔다니 수도원의 입장에서 얼마나 자랑스러웠을까요. 라크로스팀의 폭행 혐의가 뉴스에 터졌을 때, 이 학교에 걸려오는 언론의 전화가 폭주했습니다. 《뉴욕 타임스》는 이 학교의 교장인 가톨릭 사제와 이야기를 나눴는데, 그는 이렇게 말했습니다. "이 학생들은 훌륭한 가정에서 자란 훌륭한 아이들입니다. 우리 모두가 이 아이들을 걱정하고 있습니다."[3]

---

2   이 설교를 할 당시, 언론은 이 강간 혐의 사건으로 소비되고 있었습니다.

3   "Scrutiny of Duke Players Builds," *The New York Times* (2006. 3. 30). 이 설교 이후에, 피의자로 기소된 젊은 남성 중 한 명의 강력한 알리바이와 더불어, 증인들과 이른바

이제 교장 선생님은 자신이 그렇게 전면적인 진술을 한 것을 후회합니다. 제가 그걸 어떻게 아냐고요? 제가 교장 선생님과 통화했기 때문입니다. 저는 그가 말했던 것을 재고하고 싶은지 물었습니다. 저는 그와 이야기를 나누면서 그의 고통을 느낄 수 있었습니다. 마음이 쓰였습니다. 그가 학교와 학생들을 사랑했다는 점과 이 사건이 그를 속속들이 흔들어 놨다는 것이 분명했습니다. 그 소년 중 하나가 보낸 메일이 드러났고, 그것은 교장 선생님이 그 아이에 대한 지지를 그만둔 요인이었습니다. 교장 선생님은 그 아이들을 함께 불러 놓고, 폭력과 여성 혐오와 인종을 이유로 하는 혐오 발언이 죄라는 것에 대해 간곡한 말로 이야기했습니다.

"이 학생들은 훌륭한 가정에서 자란 훌륭한 아이들입니다." 아마 우리는 우리가 서로를 미화하는 방식에 보다 주의를 기울여야 할지도 모릅니다. 우리가 우리 자녀들의 결백을 믿고 싶어 하는 것처럼, 교장 선생님은 자기 학생들이 무죄임을 간절히 믿고 싶어 했습니다. 하지만 아마도 이것은 순진한 생각입니다. 매우 중요한 의미에서 보면, 훌륭한 가정에서 자란 훌륭한 자녀란 없습니다—모든 가정은 그 나름의 고장난 측면들이 있습니다. 제 아무리 훌륭한 사람이라도 모든 인간은 특정 상황에서, 특히 어떤 무리의 일원으로 행동할 때, 특정한 짓을 할 수 있습니다. 여러분들은 아마 《파리 대왕》*Lord of the Flies*이란 소설을 기억하실 겁니다. 소설은 '무죄한' 고립된 아이들이 끔찍한 일을 저지르다가 절정에 이른 다음, '결백의 상실'과 '인간 마음속 어두움'을 명백히 보여 주며 끝납니다. "한 사람으로 말미암아 죄가 세상에 들어

희생자들의 증언 번복을 포함하여 수많은 요인으로 인해 검찰의 논거가 약화되었습니다 (후에 이 사건은 증거 부족으로 기각되었습니다). 이는 여기서 논하는 바에 전혀 영향을 미치지 않습니다. 여기서는 대체로 이메일이 논의 대상입니다. 이메일의 진위 여부와 무도함에 대해서는 의심의 여지가 없습니다.

왔고, 또 그 죄로 말미암아 죽음이 들어온 것과 같이, 모든 사람이 죄를 지었기 때문에 죽음이 모든 사람에게 이르게 되었습니다"(5:12). 그런데도 우리는 여전히 이 진리에 굴하지 않고 있습니다. 그렇죠?

이 예배가 끝날 때 우리는 위대한 찬송가 중 하나인 〈귀하신 예수〉 Ah, holy Jesus를 부를 것입니다. 이 찬송은 성주간에 부르는 찬송입니다. 2절 가사를 특히 주목해서 보시기 바랍니다.

> 누구의 죄인가요? 누가 당신을 그렇게 했나요?
> 아아, 예수여, 나의 배신이 당신을 망쳤습니다.
> 그건 나에요. 주 예수여, 내가 당신을 부인했고,
> 내가 당신을 십자가에 못 박았습니다.[4]

"내가 당신을 십자가에 못 박았습니다." 이 말은 종려주일에, 우리가 "십자가에 못 박으시오!"라고 외치는 군중의 역할을 할 때, 우리가 하는 고백입니다. 이는 여러 방면에서 교회력 가운데 가장 심오한 순간입니다. 우리는 무슨 일이 일어나고 있는지 정확히 이해하지 못하더라도, 수난 각본을 낭독하면서 자신이 아무래도 **무죄한 방관자가 아님**을 감지합니다. 우리는 이 사건에 **연루되어** 있습니다. 제가 처음으로 교구를 맡았을 때 어떤 여성분은 "십자가에 못 박으시오"라고 외치는 낭독에 참여하지 않았습니다. 그녀는 거기에 굉장한 자부심이 있었습니다. 그리고 나중에 커피를 마시면서 "나는 그냥 그렇게 말할 수 없었어요!"라고 큰 목소리로 이야기했습니다. "나는 도저히 그 말을 내뱉을 수 없습니다!" 저는 이 여성분을 잘 알고 있었습니다. 그녀의 삶 전체가 그녀 자신이 무죄하다는 흠 없음의 신화를 중심으로 짜

---

4 요한 헤르만(1585-1647) 작사〔새찬송가 152장 〈귀하신 예수〉. 로버트 시모어 브리지스가 영역한 가사를 우리말로 새로 번역하였습니다〕.

여 있었습니다. 저는 그녀가 가여웠습니다. 그녀의 자기 의^義는 진실—그녀 자신에 대한 진실, 주 예수 그리스도에 관한 진실—로부터 스스로를 격리시켰습니다.

몇 안 되는 소수의 성공회 교구는 오늘도 여전히 토머스 크랜머의 위대한 총고해_{General Confession}를 사용합니다. 저는 여러분 중 몇 분이라도 총고해를 기억하기를 소망합니다. "우리는 우리 마음의 바람과 욕망을 너무 많이 따랐습니다. … 우리는 우리가 해야 하는 일들을 하지 않은 채 내버려 두었고, 우리가 하지 말았어야 했던 일들을 해 왔습니다. 우리 안에는 건강한 것이 없습니다." 우리는 **죄**에 얽매여 있습니다. "죄의 값은 죽음입니다"(6:23).

오늘은 우리가 우리 주님을 있는 그대로 볼 준비를 시작하는 날입니다. 보기에 아름답지도 후광이 빛나지도 않는 분, 오히려 쇠약하고 상처투성이에 피 흘리는 사람—**사악함, 죽음, 죄**의 권세에 완전히 굴하고 있는 사람을 말이죠. 저는 특히 여러분께 세족 목요일 예배에 참여할 것을 권면합니다. 성주간 목요일에 우리는 겟세마네 동산에서 자신의 운명을 맞을 준비를 하신 주님의 고뇌와 괴로움을 재연_{re-enact}합니다. 주님께서 저에게서 지혜를 거두시지 않는 한, 저는 세족 목요일 예배가 청년 시절 저에게 준 감명을 결코 잊지 않을 것입니다. 일곱 살이나 여덟 살 이상인 자녀가 있다면 이 예배에 데려오시기를 강권합니다. 그 목요일은 교회력에서 잊힐 수 없는 순간입니다. 이 밤에 우리는 우리 주 예수께서 버림당하시고, 배반당하시고, 어둠의 권세에 넘겨지시는 광경을 봅니다.

예수님은 왜 그러셨을까요? 하나님의 아들이 왜 그렇게 하셨을까요?

들어보세요. 그는 유일하게 무죄한 분입니다. 그는 지금까지 살았던 사람 중 유일하게 무죄한 분입니다. 무죄한 분이 멸망시키는 **권세**

들이 마련해 놓은 길을 정면으로 향하여 서 계십니다. 그는 **죄**와 우리 사이에 자기 자신을 두셨습니다.

우리는 요즘 왜 초기 그리스도교가 이것저것 뒤섞인 잡동사니였는지, 이 모든 영지주의 복음들이 어떻게 존재했는지, 대안적인 진리를 숨기기 위해서 어떤 사악한 정통의 음모가 있었는지에 대해 상당히 많은 이야기를 듣고 있습니다. 우리는 어떻게 우리 모두가 영적 여정 가운데 있는지, 어떻게 모든 종교가 기본적으로는 동일한 것인지에 대해서도 많이 듣습니다. 이러한 종교적 발상은 자기 생각에 의로운 사람들, 영적 엘리트들에게 언제나 인기 있었습니다. 의로운 사람—이는 바리새인들의 존재 방식이었습니다. 영적 엘리트—이는 영지주의자들의 존재 방식이었습니다. 《다빈치 코드》*The Da Vinci Code*와 《유다 복음》*The Gospel of Judas*에는 흥미를 자극하는 요소들이 있습니다. 권력과 억압의 세력이 꾸민 사악한 음모를 드러내는 고결한 협객 역할에 자신을 대입할 수 있는 이야기는 언제나 솔깃합니다.[5]

그러나 이 모든 것에는 하나의 기본 문제가 있습니다. 이 다른 복음들은 좋은 것입니다—무죄한 사람들에게는 말이죠. 하지만 범죄자에게 좋은 소식을 전해 주는 복음은 단 하나뿐입니다. 영적인 사람들을 위한 좋은 소식, 의인들을 위한 좋은 소식, 무죄하고 흠 없는 사람들을 위한 좋은 소식—이것은 무난한 소식입니다. "하나님은 스스로 돕는help 자를 돕습니다."[6] 그러나 그리스도교의 복음은, 사랑하는 여러분, 죄인들에게 좋은 소식입니다. "우리가 아직 무력할helpless 때에 그

---

5 이 설교를 했을 당시, 《다빈치 코드》 영화에 대한 광고들이 번지르르하게 눈길을 끌며 각종 매체에 쏟아져 나왔고, 드라마틱한 타이밍에 〈내셔널 지오그래픽〉이 유다 복음이 '발견'되었다고 발표하여 언론이 들썩였습니다. 이레나이우스는 3세기에 이미 그것이 터무니없다는 점을 알고 있었습니다.

6 잘 알려진 것과는 달리, 성경에는 이 같은 말이 없습니다.

리스도께서 경건하지 않은 사람을 위하여 죽으셨습니다"(5:6).

이제 하나님의 말씀에서 이 위대한 말씀을 한 번 더 들어봅시다.

유대 사람이나 그리스 사람이나, 모든 사람이 죄 아래에 있습니다.
성경에 이렇게 기록되어 있습니다.

"의인은 없다. 한 사람도 없다. …"

그러나 이제는 … 하나님의 의가 나타났습니다. … 하나님의 의는
예수 그리스도를 믿는 믿음을 통하여 오는 것인데, 모든 믿는 사람에
게 미칩니다. 거기에는 아무 구별이 없습니다. 모든 사람이 죄를 범
하였습니다. 그래서 사람은 하나님의 영광에 못 미치는 처지에 놓여
있습니다. 그러나 사람은, 그리스도 예수 안에서 얻는 구원으로 말미
암아, 하나님의 은혜로 값없이 의롭다는 선고를 받습니다. 하나님께
서는 이 예수를 속죄 제물로 내주셨습니다. 그것은 그의 피를 믿을
때에 유효합니다.

아멘.

왜 그렇게 하셨습니까?

본문: 빌립보서 2:7-8, 로마서 3:9-10, 21-24

오늘 밤 저는 바울 서신 두 군데를 묵상하도록 여러분을 초청합니다. 첫 번째는 여러분이 방금 들으셨던 빌립보서 말씀입니다(번역이 다릅니다).

그리스도 예수는 하나님의 모습(모르페[μορφή])을 지니셨으나, 하나님과 동등함을 움켜쥐어야[또는 고수해야] 할 것으로 여기지 않으시고, 오히려 자기를 비워서 종의 모습(모르페)을 취하시고, 사람과 같이 되셨습니다. 그는 사람의 모습(모르페)으로 나타나셔서, 자기를 낮추시고, 죽기까지 순종하셨으니, 곧 십자가에 죽기까지 하셨습니다(빌립보서 2:7-8).

그리고 로마서에서는 이 말씀을 보겠습니다.

유대 사람이나 그리스 사람이나, 모든 사람이 죄 아래에 있습니다. 성경에 이렇게 기록되어 있습니다.

"의인은 없다. 한 사람도 없다. …"

그러나 이제는 … 하나님의 의가 나타났습니다. … 하나님의 의는 예수 그리스도를 믿는 믿음을 통하여 오는 것인데, 모든 믿는 사람에게 미칩니다. 거기에는 아무 구별이 없습니다. 모든 사람이 죄를 범하였습니다. 그래서 사람은 하나님의 영광에 못 미치는 처지에 놓여 있습니다. 그러나 사람은, 그리스도 예수 안에서 얻는 구원으로 말미암아, 하나님의 은혜로 값없이 의롭다는 선고를 받습니다. 하나님께서는 이 예수를 속죄 제물로 내주셨습니다. 그것은 그의 피를 믿을 때에 유효합니다(로마서 3:9-10, 21-24).

우리는 첫 번째 말씀에 대해서 '왜?'라고 물을 것입니다. 그렇다면 우리는 그 답을 찾기 위해 두 번째 말씀을 살펴볼 것입니다.

우리 주님은 왜 스스로 자신의 신위神威; divinity를 비우셨을까요? 바울이 말하고 있는 것이 바로 그것입니다. 주님은 하나님의 모습이었지만, 하나님과 동등함을 붙들고, 움켜쥐고, 고수해야 할 것으로 여기지 않으셨습니다. 우리가 아이들을 볼 때 가장 특징적인 것 중 하나는 아이들이 물건을 움켜쥐고 있는 모습입니다. 다른 누군가가 자기 장난감을 가져갈 것 같으면 그것을 꽉 쥐고 "내 거야!"라고 말합니다. 아이들이 자라면 대놓고 "내 거야!"라고 말하지는 않지만, 그럼에도 동일한 방식으로 **행동**합니다. 우리는 누군가가 우리 동네를 망가뜨려서 집값을 낮출 것 같다는 생각이 들면, "내 거야!"라고 말하며 방어태세를 갖출 것입니다. 만약 우리가 공화당원인데 민주당이 우리 의석을 차지할 것 같다는 생각이 든다면(반대로 민주당원인데 공화당에 뺏길 것 같다면), 우리는 권력 유지를 위해, 우리 자리가 확고했다면 말하지 않았을 법한 말을 할 것입니다. 우리 주 예수 그리스도는 정반대입니다. 예수님은 하나님의 모습이셨지만, 자신의 신위를 움켜쥐지 않으셨습니다. 오히려 자기를 비우시고, 자기를 쏟아 버리시고, 죄와 죽음의 영역에 들어오셨습니다.

왜 하나님은 그렇게 하셨습니까? 이러한 교환exchange을 상상하는 것은 우리에게 어려운 일입니다. 여러분이 낙원에서 살고 있다면, 자발적으로 낙원에서 떠나서 사악함으로 가득한 진흙탕, 피, 폐물의 세계에 내려오시겠습니까? C. S. 루이스는 하나님께서 자신의 신적인 모습을 민달팽이로 교환하신 것과 같다고 말합니다.● 왜 하나님은 그렇게 하셨습니까?

먼저 아주 기본적이지만 종종 이해되지 않는 것에 주목해 봅시다. 이 구절은 우리가 전문적으로 매우 높은 그리스도론very high Christology이라고 부르는 내용을 담고 있습니다. 이는 매우 단순한 의미입니다. 인간 존재인 나사렛 예수가 성육신하신 하나님이셨다는 것, 즉 인간이 되신 하나님이라는 의미입니다. 그분은 사람이 되시기 전에 하나님이셨습니다. 글쎄, 사실 그렇게 단순하지만은 않은데, 왜냐하면 그분은 복된 삼위일체의 제2위이시기 때문입니다. 하지만 오늘 밤 거기까지 들어가진 않겠습니다. 예수님은 카렌 암스트롱이 다른 여러 종교 천재들과 나란히 놓고 "축의 시대 현자"●●라고 부른 것에 해당되지 않습니다. 예수님은 깨달음으로 이어지는 특별한 프로그램을 가지고 있는 진기한 재능이 있는 영적 지도자가 아니었습니다. 많은 사람이 그렇게들 생각하고 있지만요. 예수님은 유례없이 존경할 만한 모범을 보이신 고도로 진화된 인간이 아니었습니다. 요즘 교회 안에서조차 많은 사람이 그렇게 가르치고 있지만요. 바울이 그리스도 예수께서 사람이 되기 전에 하나님의 모습이었다고 기록한 시기는 부활 후 30년이 채 되지 않았을 때였습니다. 성 요한은 예수님이 창조 이전부터 하나님의 모습이

●● 철학자 칼 야스퍼스는 기원전 8세기부터 3세기까지를 인간의 철학·종교의 주축을 이루어 낸 축의 시대/기축 시대(Achsenzeit; axial age)라고 했습니다. 카렌 암스트롱은 그 시대를 논하며 예수님을 포함시키고 있습니다.

었다고 가르칩니다(요 1:1-3). 이는 우리가 높은 그리스도론이라고 부르는 것입니다. 이는 매우 중요한데, 왜냐하면 요즘 여러분이 여기저기서 접하는 종교 선생들은 낮은 그리스도론low Christology을 주장하기 때문입니다. 그들은 인간 예수를 현자, 치유자, 종교 천재로 매우 존경하지만, 분명 예수를 하나님으로 믿지는 않습니다.

니케아 신경에서 우리는 "나는 우리 주 예수 그리스도, 영원에서 아버지께로부터 나신 독생하신 분, 하나님으로부터 나신 하나님이시며, 빛으로부터 나신 빛, 참 하나님으로부터 나신 참 하나님을 믿습니다"라고 고백합니다. 이것은 교회의 고백이고, 만일 우리가 이 근본적인 진리를 믿지 않는다면, 우리는 이 건물 역시도 종교사 박물관으로 만들지 모릅니다.

다시 우리의 질문으로 돌아가 봅시다. 왜 하나님은 그렇게 하셨습니까? 왜 다른 누구도 한 적 없는, 다른 어떤 종교도 상상해 보지 않은 방식으로 자신을 비우셨습니까? 확실히 고대 지중해 세계는 죽어 가는 신들과 부상하는 신들로 가득했습니다. 인간의 모습을 한 신들이 풍년이었고, 너무 흔해 빠진 신들도 많았습니다. 이 신들과 그리스도교가 믿는 삼위일체는 유사점보다 차이점이 훨씬 더 많습니다. 예수님은 당시 다른 모든 신화적 인물과는 달리, 실제로 살았고 실제로 죽으셨던 역사적 인물입니다. 이 사실이 그 자체로 세계를 뒤흔들 만한 것은 아니었습니다. 하지만 바울은 문자 그대로 지구를 뒤흔들 만한 주장을 제시합니다. "그리스도 예수는 하나님의 모습을 지니셨으나, 하나님과의 동등함을 움켜쥐어야 할 것으로 여기지 않으시고, 오히려 자기를 비워서 종의 모습을 취하시고, 사람과 같이 되셨습니다. 그는 사람의 모습으로 나타나서, 자기를 낮추시고, 죽기까지 순종하셨으니, 곧 십자가에 죽기까지 하셨습니다. 그러므로 하나님께서는 그를 지극히 높이시고, 모든 이름 위에 뛰어난 이름을 그에게 주셨습니다.

그리하여 하늘과 땅 위와 땅 아래 있는 모든 것들이 예수의 이름 앞에 무릎을 꿇고….'

교회와 당국의 모든 훌륭한 사람이 사형을 선고한 이 사람은 모든 이름 위에 뛰어난 이름이시며, 하늘과 땅의 주님이라는 자리에 앉으신 분이고, 전 우주와 만물의 구원자이십니다.

하지만, 벌써 세 번째지만, 왜 그렇습니까? 왜 사람의 모습으로 오셨습니까? 아니 그보다 왜 십자가에서 종의 모습으로 죽으셨습니까?

여기 로마서 3장에서 바울의 말을 들어 봅시다.

> 모든 사람이 죄를 범하였습니다. 그래서 사람은 하나님의 영광에 못 미치는 처지에 놓여 있습니다. 그러나 사람은, 그리스도 예수 안에서 얻는 구원으로 말미암아, 하나님의 은혜에 값없이 의롭다는 선고를 받습니다. 하나님께서는 이 예수를 속죄 제물로 내주셨습니다. 그것은 그의 피를 믿을 때에 유효합니다.

바울은 그리스도의 피가 역사의 흐름과 우주의 방향을 바꾸어 놓은 무언가를 성취했다고 선언합니다. 하나님께서는 이 일을 하셨습니다. 하나님은 예수 그리스도 안에서 자신을 죄를 위한 희생 제물로, **선물로** 내주셨습니다. 오늘날 우리는 '무료 선물!'을 사은품으로 주는 은행과 화장품 회사의 방식에 너무 익숙해서 선물에는 값이 없다는 당연한 사실을 잊는 경향이 있습니다. 그것이 선물의 본질이죠. 선물이 무료가 아니라면 그건 선물이 아닐 것입니다. 그리스도의 죽으심은 우리가 완전히 무력해서 우리 자신을 위해 아무것도 할 수 없었을 때 우리에게 주신 하나님의 선물입니다. 왜 우리는 무력했습니까? 우리가 죄의 권세에 속박되어 있었기 때문입니다. 따라서 바울은 이렇게 씁니다. "**유대 사람이나 그리스 사람이나, 모든 사람이 죄 아래에 있**

습니다. ⋯ '의인은 없다. 한 사람도 없다. ⋯'"

아마 여러분은 이 말이 자신에게 해당하지 않다고 생각할 수도 있습니다. 여러분이 그렇게 생각하신다면, 이제까지 성취된 것 중에 가장 위대한 것, 바로 하나님의 은혜의 선물을 거절하고 있는 것입니다. 모두가 〈나 같은 죄인 살리신〉Amazing Grace을 부르지만, 많은 사람이 이 노래를 부르면서 이 노래가 어떤 의미인지 짐작조차 못하고 있는 것입니다. 하나님의 은혜가 작동하고 있다는 참된 표지는 자신이 구속받은 죄인임을 자백하는 것입니다. 여러분이 누구도 여러분의 죄를 위해 죽어 줄 필요가 없다고 생각하신다면, 여러분에겐 그리스도교가 필요 없습니다―아니 더 정확히 말해서, 그리스도교가 필요 없다고 **생각하고** 있는 것입니다(이건 또 다른 문제입니다). 하지만 오늘 밤, 여러분에게 구원자가 필요하다는 것을 안다면, 여러분은 정말로 복 있는 사람입니다. 여러분은 기쁘고 새로운 마음으로 집에 돌아갈 수 있습니다. 그리스도께서는 당신을 위해 자신을 비우셨고, 당신을 위해 자신을 내어 주셨습니다. 예수님 자신이, 하나님의 아들이 자발적으로 자신을 제물로 드리셨습니다. 죄와 죽음의 노예가 되어 죽으셨습니다. 왜냐하면 바로 **우리가** 그런 존재―죄와 죽음의 노예―이기 때문입니다. 그는 우리를 대신하셨고, 값을 지불하셨고, 우리의 운명과 자신의 운명을 교환하셨습니다. 그래서 우리가 저 지독한 죄와 죽음의 속박으로부터 영원히 해방된 것입니다.

이 어디에도 비할 데 없는 주님의 메시지에 대한 응답으로, 기도하는 마음으로 다음 찬양을 드립시다. 마지막 두 절을 특히 생각하시면서, 자신의 고백으로 드립시다.

곰살궂은 예수, 날 위해 사람이 되셨소.
죽을 듯했던 그 번민에도 생명을 바친 당신.

당신의 괴로운 죽음, 당신의 쓰라린 수난.
나를 살리시려고 자신을 포기하신 당신.

곰살궂은 예수, 난 갚을 길 없어
당신을 경배하고 당신께 마냥 기도합니다.
당신의 연민, 지칠 줄 모르는 그 사랑.
자격 없는 나를, 내 무엇이기에.*

아멘.

---

* 새찬송가 152장 〈귀하신 예수〉. 로버트 시모어 브리지스가 영역한 가사를 우리말로 새로
번역하였습니다.

구속하는 진노

본문: 로마서 3:9-25

이번 주《타임》지는 퇴역한 해병대 3성 장군 그레고리 뉴볼드의 뛰어
난 에세이를 특별 기사로 실었습니다. 그는 이라크 침공 전에 최고작
전장교로 근무했습니다. 그가 글을 쓴 이유는 두 가지입니다. (1) 미국
이 침공하기 전, 자신이 품은 의혹에 대해 보다 거침없이 비판하지 못
한 것에 대한 후회를 표현하기 위해서, 그리고 (2) 목소리를 내야 할
것들에 대해 침묵하는 현역 장교들에게 권고하기 위해서입니다. 그는
굉장히 거친 말로 펜타곤의 전쟁 기획자들을 비판했지만, 오히려 왜
애당초 더 강하게 반대하지 않았냐는 비난을 받았습니다. 그는 아직
제복을 입은 장교들이 소속을 밝히기를 꺼려한다는 점을 인정합니다.
이라크에 있는 많은 육군 장교와 해병대 장교가 집에 돌아가서 전쟁
을 수행하며 겪은 불행에 대해 표현하지만, 공개적으로 말하지는 않
습니다.[1] 헌법에 정해져 있는 민간인의 군사력 통제를 존중하는 것이
미국 군 생활의 전통이지만, 이것 말고도 다른 요인이 있습니다. 한
참전 군인은 기자에게 이렇게 말했습니다. "장교 집단은 조국을 위해
서라면 자신들의 **삶**을 기꺼이 헌신하겠지만, 조국을 위해 **진급**을 헌

---

[1] 저는 이 점을 신문을 통해서만이 아니라 개인적인 만남을 통해서 알고 있습니다.

신하지는 않습니다."[2] 이 점은 잘 알려진 신세키 장군의 사례에서 잘 드러납니다. 그는 이라크전에 더 많은 지상군이 필요하다고 주장했다가 국방부에 의해 해임당하면서 화려한 성공이 불명예스럽게 끝났습니다. 뉴볼드 장군이 쓴 이 에세이는 우울합니다. 좋은 소식이 아닙니다.

로마인들에게 보낸 편지는 복음, 즉 **좋은 소식**으로 시작합니다. 이 점이 가장 중요합니다. 로마서는 나쁜 소식으로 시작하지 않습니다. 낭랑한 도입부로 시작합니다. 바울은 "나는 복음을 부끄러워하지 않습니다. 이 복음은 유대 사람을 비롯하여 그리스 사람에게 이르기까지, 모든 믿는 사람을 구원하는 하나님의 능력입니다"(1:16)라고 말하며 주제를 제시하기 시작합니다.

그러나 거기서부터 놀랍게도 바울은 **나쁜 소식**으로 전환합니다. 두 장 반에 걸친 하나님의 진노를 다루는 긴 단락을 시작합니다. 이 단락을 주의 깊게 연구하면 그만큼 득이 됩니다. 하나님의 진노 부분이 계속 점증되는 효과는 상당히 압도적입니다. 여러분은 처음에는 거기에 자신이 해당되지 않는다고 생각할 수도 있습니다. 왜냐하면 바울이 **여러분과는 다른 사람들**(여기서는 이방 이교도)을 추적하고 있기 때문입니다. 하지만 바울은 그러고 나서 하나님이 자신들을 인정해 주신다고 생각하고 있는 선한 종교인들(여기서는 유대인[3])도 기소하는 쪽으로 비난의 방향을 돌립니다. 그래서 이 부분은 각 사람 모두 하나님 앞에서 불의하며 하나님의 법에 심판을 받는다고 선고하고, 기소 근거를 철저

---

2 Thom Shanker, "Third Retired General Wants Rumsfeld Out," *The New York Times* (2006. 4. 10).

3 바울이 의도하지 않았던 반유대주의적인 함축을 피하기 위해서, 바울이 사용한 "유대인"이라는 말과 "그리스인/이방인"이라는 말을 현대적인 표현으로 바꾸는 것은 중요합니다. 칼 바르트는 우리가 '유대인'을 오늘날의 종교적인 사람(교회 다니는 사람 그리고/또는 총칭하여 '영적인' 사람)으로, '이방인'을 세속적인 사람으로 생각하도록 가르쳐 주었습니다.

히 요약하며 절정에 달합니다. 바울은 시편과 예언자 이사야의 글에서 여러 구절을 모아서 자기 논거의 결론을 내립니다.

- 의인은 없다. 한 사람도 없다.
- 모두가 곁길로 빠져서, 쓸모가 없게 되었다.
- 선한 일을 하는 사람은 없다. 한 사람도 없다.
- 그들의 목구멍은 열린 무덤이다.
- 혀는 사람을 속인다.
- 발은 피를 흘리는 일에 빠르다.
- 그들이 가는 길에는 파멸과 비참함이 있다.
- 평화의 길을 그들은 알지 못한다.
- 그들의 눈에는 하나님을 두려워하는 빛이 없다.

여러분은 이 혹독한 정죄에 동의하실 겁니다. 이것은 제가 일반적인 주일 아침 설교에 선택하는 그런 본문이 아닙니다. 성주간에 선택한 본문입니다. 여러분도 일반적이지 않은데, 평일 밤에 이 예배에 나오셨기 때문입니다. 그래서 저는 여러분이 몇몇 도전을 받아들일 준비가 되신 분들이라고 추정하며 경의를 표합니다.

우리는 항상 하나님의 진노에 대한 무언가를 기억해야 합니다. 하나님의 진노는 하나님이 격분하신다거나 냉혹하다거나 사악하시다는 의미가 아닙니다. 진노는 하나님의 감정이 아닙니다. 진노는 하나님의 거룩하심이 **죄**를 향하게 될 때의 측면입니다.[4] 우리는 어제 종려주일 설교에서 하나님 앞에서 인간의 처지가 완벽한 거룩함을 마주한 더러운 불순물과 같다고 말했습니다. 우리는 우리 자신과 의로우신

---

4 Paul Ricœur, *The Symbolism of Evil* (New York: Harper & Row, 1967), p. 63. 《악의 상징》(문학과지성사 역간).

하나님 사이의 어마어마한 거리에 대한 이해가 깊어질 필요가 있습니다. 성경을 늘 읽는 습관이 있는 분들은 이 점을 이해하고 있을 것입니다. 또한 시편과 잠언이 반복적으로 말하는 것처럼 "주님을 경외하는 것이 지혜의 시작"임을 이해할 것입니다. 하지만 불행히도 우리는 이제 더 이상 성경 읽는 습관을 들이지 않으며, 그래서 이러한 점을 이해하지 못합니다. 우리가 하나님의 의를 고려한다면 하나님 앞에 서는 것은 결코 아무것도 아닌 것일 수 없습니다. 그 점을 보려면 용기가 있어야 하고 정직해야 합니다―용기와 정직은 참된 믿음과 같이 갑니다. 믿음을 통해 우리는 "**모든 사람**이 죄의 권세 아래 있음"(3:9)을 봅니다. 그리고 **모든 사람**이 이렇게든 저렇게든 하나님의 법에 정죄를 받습니다―율법을 알고 있는 사람뿐만 아니라 자기 자신(의 기준)이 자기에게 율법의 구실을 하는 사람들도 말이죠(첨언하자면 이는 로마서 2:14에서 가져온 표현입니다). **죄**는 율법과 협력하는 **권세**입니다(7장). **율법**을 지키는 데 우리가 완전히 실패했기 때문에 "**율법**은 진노를 불러옵니다"(4:15). 바울은 결국 **율법**이 "온 세상을 하나님 앞에서 유죄"로 선언하고 "모든 말문을 막는다"(3:19)고 결론 내립니다.

이제 다시 퇴역한 장군에게 돌아가 보겠습니다. 아직 제복을 입고 있어서 자기 목소리를 낼 수 없는 또는 내지 않는 군 장교들의 문제는 **죄**의 힘이 어떻게 사람들과 기관들을 장악하고 있는지를 보여 줍니다. 아이젠하워가 경고한 방위산업은 제지할 수 없는 힘을 갖게 되었습니다. 이 땅에서 기록된 가장 위대한 문서 중 하나인 미국헌법조차도 목소리를 내고자 하는 장군들에겐 문제가 됩니다. 장군들은 지휘체계를 존중함으로써 제약을 받고, 또 정치에 개입하기를 원하지 않기 때문입니다. 전쟁은 스스로 그 자신의 조건을 설정하고, 군대, 정부, 사회기반시설, 민간인, 어린이까지 전쟁의 구렁텅이로 삼키면서, 실로 전쟁 자체가 법의 구실을 합니다. 제2차 세계대전은 "정의로운 전쟁"the good war

으로 불립니다. 저도 (어느 정도) 동의합니다만, 그 전쟁에도 불의evils가 있습니다. 드레스덴과 도쿄 폭격은 오늘날 국제기준으로는 허용되지 않습니다. 루즈벨트와 여러 인물들의 홀로코스트에 대한 무시 내지 고의적 무지에 대한 자료가 이제 많이 있습니다. 셔먼 장군과 더불어, 마치 전쟁 때문에 일어난 일이기에 용서가 된다는 듯이, "전쟁은 지옥이다"라고 말하는 것만으로는 그리스도인들에게 충분하지 않습니다. 의로우신 하나님 앞에서 우리는 모두 무릎을 꿇어야 합니다.

여러분, 혹시 《그린 테이블》The Green Table이라는 유명한 발레를 보셨나요? 이 작품을 흠모하는 사람들은 많은데, 자주 공연되지는 않습니다. 이 작품은 녹색 천으로 덮인 긴 테이블 주위에 모여 앉은 외교관들을 그립니다. 그 외교관들은 각 국가의 운명에 대해 논의합니다. 이 외교관 중 몇몇은 개인적으로는 선의를 갖은 사람일 수도 있지만, 얼굴이 드러나 있지 않기 때문에 우리는 알 수 없습니다. 이들은 마스크를 쓰고 있습니다. 이는 폰*과 같이 전쟁에 사로잡힌 이들의 상태에 차이가 없음을 시사합니다. 결론부에서 **죽음**이라는 음산한 인물이 등장하여 무대 전체와 이 장면에 나오는 모든 배역들에 대한 지배력을 행사합니다. 이는 하나님의 진노와 **죄**의 권세를 묘사한 것입니다. 로마서 3장보다 앞에서, 바울은 "하나님께서 그들을 내버려 두셨다"(1:24, 26, 28)라는 말을 세 번 반복하면서 **죄**를 묘사합니다. 이는 우리가 원하는 식의 삶, 하나님의 계명이 없는 삶에 우리를 내버려 두셨다는 견해입니다.

그들이[여기서 바울은 '그들'이 사실 우리 또는 인류 전체를 의미하는 계시로 이어지도록 이끌어 가고 있습니다] 하나님을 인정하기를 싫어하므로, 하나님께서는 그들을 타락한 마음자리에 내버려 두셔서, 해서는 안 될

* 체스에서 앞줄에 있는 8개의 말. 장기로 치면 졸/병(卒/兵)과 비슷합니다.

일을 하도록 놓아 두셨습니다. 그들은 온갖 불의와 악행과 탐욕과 악의로 가득 차 있으며, 시기와 살의와 분쟁과 사기와 적의로 가득 차 있으며…(1:28-29).

사순절 시기의 목적은 우리가 **죄**의 포로임을 슬퍼할 기회를 주는 것입니다. 바울의 우주적인 고발은 우리가 그저 여기저기서 작은 잘못과 실수를 저지르는 사람에 불과한 게 아니라는 점을 이해하라는 뜻입니다. 우리는 전 세계적인 불경건의 망에 연루되어 있습니다. 공정한 세계라면 이라크에서 미국의 점령 결과로 살해된 민간인들의 이름과 미국인 사망자들의 이름이 나란히 언급되겠지만, 이곳은 공정한 세계가 아닙니다. 토머스 제퍼슨은 하나님이 공정하다는 생각이 들 때면 자신의 조국이 걱정되었다고 썼습니다. 제퍼슨과 같은 유니테리언이 그렇게 말했다면, 예수 그리스도 이야기로 형성된 그리스도인은 얼마나 더 그렇겠습니까. 바울이 로마서에서 하는 말이 바로 그 말입니다.

성주간의 이 밤에, 함께 종려주일―수난주일―의 성서일과를 생각해 봅시다. 우리는 전 세계 도처에 있는 **죄**의 행렬을 구경하는 무죄한 방관자가 아닙니다. 부유한 미국인인 우리는 우리 별에서 일어나는 문제들에 깊이 관계하고 있습니다. 저 자신은 정말로 끔찍한 것―생화학 테러, 환경 재해, 원자 폭탄, 5년 전 9/11에 그랬듯이 오늘날 생각지도 못한 참상들―이 우리 앞에 놓여 있다고 생각합니다. 바울은 이러한 21세기의 공포에 대해서 알 수 없었겠지만, 그렇다고 이런 것들을 놀랍게 여기지도 않았을 것입니다. 왜냐하면 그가 선포한 복음의 범위가 세계적인 정도가 아니라 우주적이기 때문입니다. "모든 입이 막히게 되고, 온 세상은 하나님 앞에 유죄로 드러납니다"(3:19).

그러나 이제. 성경에서 "그러나 이제"라는 말씀을 들을 때마다 여러분들은 고개를 드십시오! "그러나 이제"라는 말씀은 복음이 이르렀음을 나타내는 신호입니다. 이 점을 이해하려면, 바울이 그 전에 우리에게 무엇을 보여 주었는지를 기억하십시오. 바울은 우리 모두가 하나님의 율법 아래 정죄됨을 보여 주었습니다. 여기가 바로 전환점입니다.

> 그러나 이제는 율법과는 상관없이 하나님의 의가 나타났습니다. … 하나님의 의는 예수 그리스도를 믿는 믿음을 통하여 오는 것인데, 모든 믿는 사람에게 미칩니다. 거기에는 아무런 구별이 없습니다. 모든 사람이 죄를 범하였습니다. 그래서 사람은 하나님의 영광에 못 미치는 처지에 놓여 있습니다. 그러나 사람은, 그리스도 예수 안에서 얻는 구원으로 말미암아, 하나님의 은혜로 값없이 의롭다는 선고를 받습니다.

이 구속은 그리스도 예수 안에 있습니다. **구속**한다는 말은 어떤 의미입니까? 구속한다는 것은 무언가를 되사려고 값을 지불한다는 의미입니다. 그것이 하나님께서 하신 일입니다. 하나님께서는 자기 세상을 되사시려고 궁극의 대가를 지불하셨습니다. 어떤 대재앙이 일어나더라도 하나님의 신적이고 우주적인 목적에는 필적하지 못합니다. 인류 전체의 불의도 하나님의 의로우심에 필적하지 못합니다.

이제 여러분 자신에 대해서 생각해 보세요. 바로 이 순간 여러분은 세계적인 문제에는 관심을 기울이고 있지 않을지도 모릅니다. 아마 여러분 자녀와의 문제나 노부모님과의 문제에 대해 생각하고 계실지도 모릅니다. 어쩌면 여러분 주변 사람과의 관계 문제를 염려하고 있을지도 모릅니다. 아니면 여러분이 자신의 일에서 정말로 성공했는지를 자문하고 있을지도 모릅니다. 음주, 폭식 문제나 인터넷에서 본 나쁜 글을 생각하고 있을 수도 있습니다. 카드 대금이 너무 많을 수도 있고, 신용 등급이 달라졌을 수도 있습니다. 자신이 기계의 부품에 지나지 않는지, 아니면 뭔가 다른 게 있는지 고민할지도 모릅니다. 여러분이 사색적인 사람이라면, 자기 삶의 결과가 무엇일지를 가끔 자문할 것입니다.

어제 성가대는 영가靈歌를 아름답게 편곡한 〈예수께로 달아나시오〉를 불러 주셨습니다.

> 내 영혼에 나팔 소리가 들리네.
> 난 여기 오래 머물지 않으리.
> 죄인은 모두 떨며 서 있네.
> 내 영혼에 나팔 소리가 들리네.
> 난 여기 오래 머물지 않으리.[5]

저 말은 정확합니다. 바울은 이렇게 씁니다. "복음이 말하는 대로, 하나님께서 예수 그리스도를 통하여 사람들의 비밀을 심판하시는 그날이 다가오고 있습니다"(2:16). "죄인들은 모두 떨며 서 있고" 우리 중 어느 정도 나이가 든 사람들은 우리가 여기 오래 머물지 않을 것임을 압니다. 그러면 우리 삶은 무엇을 의미할까요? 그리고 하나님의 진노로부터 우리 자신을 어떻게 지킬까요?

예수 그리스도 안에 있는 하나님의 좋은 소식은 죄인에게 그저 죄 없다고 선언해 주는 것이 아닙니다. 그렇다면 하나님은 속임수를 쓰신 것입니다. 악을 못 본 체하시는 것이며, 수백만 사람이 당한 지독한 고통을 부인하시는 것입니다. 로마서는 그보다 훨씬 포괄적인 복

---

5 저는 이 영가가 노예 공동체에서 이중적 의미였을 것이라는 점을 알고 있습니다. "달아나시오"는 아마 지하철도조직(Underground Railroad〔노예 탈출을 도왔던 조직〕)으로 달아나라는 의미, 즉 노예에서 탈출하라는 의미였을 것입니다. 그럼에도 보편적인 의미로 적용됩니다.

음을 선포합니다. 실제로 로마서의 주제인 하나님의 의는, 하나님이 하늘에 의롭게 앉아서 **우리**가 의롭지 **않다**고 이따금씩 분노를 표현하신다는 의미가 아닙니다. 간혹 어떤 설교를 들으면 그렇게 생각하게 될 수도 있겠지만, 그것은 복음이 아닙니다. 하나님의 의는 하나님이 자신을 위하여 종들을 부르시되, **부르신 다음 의롭게 만드실** 종들을 부르신다는 의미입니다. 진급 누락의 위험을 감수하더라도 하나님을 위해 진실을 말하도록 부르신다는 의미입니다. 그 마음에 새겨진 새로운 법을 주셨다는 의미입니다. 그 법은 정죄하는 법이 아니라 구원하는 법입니다.

하나님의 의는 하나님께서 행동을 취하신다는 의미입니다. 하나님이 홍해를 가르신다는 의미이며, 기브온 위에 태양이 머무르게 하신다(수 10:12)는 의미입니다. 하나님의 영이 마른 뼈에 생기를 불어넣으신다는 의미이고, 나팔 소리가 들리면 죽은 자들이 일어난다는 의미입니다. 없는 것을 있게 하신다는 의미입니다(4:17)—즉, 전쟁이 있던 곳에 평화가 있게 하시고, 미움이 있던 곳에 사랑이, 거짓이 있던 곳에 진실이, 오직 불의만 있던 곳에 의로움이 있게 하신다는 의미입니다. 왜냐하면 하나님은 덕망 있는 사람을 칭찬하러 오신 게 아니라, 죄인을 구원하시려고 오셨기 때문입니다. 죄인이요, 그러니까 여러분과 저, 장군들과 정치가들을 말입니다. 그래서 이 우주 안에 우리를 정죄할 수 있는 것이 아무것도 없다는 의미입니다. 특히 하나님의 진노가 없다는 의미입니다. 왜냐하면 그리스도의 십자가 안에서 하나님 스스로—아버지와 아들이 함께—직접 자신의 진노를 받으시고, 상쇄하시고, 만족시키실[6] 길을 찾으셨기 때문입니다. 이제는 "율법과는

---

6 캔터베리의 안셀무스로부터 유래한 이 표현은 여러 이유로 문제가 됩니다. 하지만 토머스 크랜머가 그의 〈성찬 기도〉(Eucharistic Prayer)에서 이 표현의 적절한 사용을 보여준 것처럼("온 세상의 죄인들을 위한 온전하고, 완벽하고, 충분한 희생과 봉헌과 **만족**"),

상관없이 하나님의 의가 나타났습니다…"(3:21).

거기에는 아무 구별이 없습니다. 모든 사람이 죄를 범하였습니다. 그래서 사람은 하나님의 영광에 못 미치는 처지에 놓여 있습니다. 그러나 사람은, 그리스도 예수 안에서 얻는 구원으로 말미암아, 하나님의 은혜로 값없이 의롭다는 선고를 받습니다. 하나님께서는 이 예수를 속죄 제물로 내주셨습니다. 그것은 그의 피를 믿을 때에 유효합니다.

아멘.

저는 로마서 3장의 맥락에서 이 표현이 정확성을 갖는다고 생각합니다.

온전한 친교 Full Communion 를 기념하는 설교

미국 성공회
미국 복음주의 루터교회

에드먼드 스티블 목사·교수님을 기억하며 헌정합니다

그러나 이제는 율법과는 상관없이 하나님의 의가 나타났습니다. 그것은 율법과 예언자들이 증언한 것입니다. 그런데 하나님의 의는 예수 그리스도를 믿는 믿음을 통하여 오는 것인데, 모든 믿는 사람에게 미칩니다. 거기에는 아무 차별이 없습니다. 모든 사람이 죄를 범하였습니다. 그래서 사람은 하나님의 영광에 못 미치는 처지에 놓여 있습니다. 그러나 사람은, 그리스도 예수 안에서 얻는 구원으로 말미암아, 하나님의 은혜로 값없이 의롭다는 선고를 받습니다.….

로마서 3:21-24

지금 우리가 세례 서약을 갱신한 이 예배 모임에서, 저는 마르틴 루터의 말로 여러분을 환영하고자 합니다. 루터가 "세례의 영광"이라고 부른 것이 있는데, 이에 관하여 루터 자신이 한 말입니다.

세례는 가장 주요한 성례로, 모든 성례의 토대다. … 세례는 두 가지를 상징하는데, 바로 죽음과 부활이다. … 우리는 이 죽음과 부활을 새로운 창조, 중생, 영적 탄생이라고 부른다. … 세례라는 성례는 비록 표징이더라도 순간적인 행위가 아니라 영원한 것이다. 의식 자체는 순간적이지만, 그 의식이 나타내는 것은 죽어서까지 지속된다. 실제로 마지막 날 부활 때까지 지속된다. 세례는 그로써 당신이 날마다 죽고 사는 것을 의미한다. … 그리스도를 믿는 믿음으로 죽고 살기 위해 … 우리 삶에서 모든 경험이 그 특성상 세례를 받아야 한다.[1]

루터교인과 성공회 신도가 세례의 약속을 함께 붙드는 것—얼마나 영광스러운 날이며, 얼마나 영광스러운 예배입니까! 어떻게 배려하며 계획했고, 얼마나 오래 그 뒤에서 기도하고 수고했으며, 결실을 맺으면서 어떤 은혜를 우리 주님께서 보여 주셨습니까. 그 상징성으로 보더라도 사순절 기간보다 이 예배에 더 적합한 때가 있을까요? 오늘, 9개월 앞둔 성육신 축일에 복된 동정녀 마리아는 착상의 말씀을 받습니다. 그녀는 약속을 따라 살아야 합니다. 오랜 시간 기다려야 합니다. 하나님의 목적은 부분적으로만 드러납니다. 길이 어둡습니다. 아직 첫날밤을 보내지 않았습니다. 이것이 교회의 이미지입니다. 하지만 마리아가 이미 이루어졌다는 듯이, "권세 있는 자들을 그 자리에서 내치시고, 겸손하고 보잘것없는 이들을 높이셨습니다"라고 노래했던 것처럼, 우리도 믿음으로 노래합니다. "그리스도께서 든든한 기초가 되셨네, 그리스도께서 머리와 모퉁이 돌이 되셨네… 모든 교회를 하나로 묶으시네."[2] 저는 이 예배에서, 비슷한 시기에 살았던 성공회

---

1 Martin Luther, "The Pagan Servitude of the Church," Martin Luther: Selections from His Writings, ed. John Dillenberger (Garden City, NY: Anchor Books [Doubleday], 1961), on the principalities and powers, pp. 294 이하. 〈교회의 바벨론 포로〉.

의 헨리 퍼셀과 루터교의 거장 요한 제바스티안 바흐가 플래너리 오코너와 윌리엄 포크너를 생각나게 한다고 말해야겠습니다. 오코너는 자신을 포크너와 비교하면서, 당나귀 마차가 기적 소리를 내는 철마를 피해 가려 한다고 말했습니다. 하지만 확실히 어떤 분은 오늘 루터의 〈내 주는 강한 성이요〉Ein feste Burg를 부르지 않고 퍼셀의 〈웨스트민스터 사원〉Westminster Abbey을 부르도록 더없이 관대하고 행복한 결정을 내려 주셨습니다.

저에게 설교학을 가르쳐 주신 교수이자, 위대한 루터교 설교자인 에드먼드 스티믈을 생각할 때, 이 시간은 저에게 감사와 경외의 순간입니다. 그는 성도의 친교 상통(성공회), 통공(천주교), 교통(개신교) 안에서 오늘 우리와 함께 기뻐할 것입니다. 하나님께서 제 입술의 말과 우리 모두의 마음속 묵상을 축복하시기를 빕니다.

우리 주 예수 그리스도의 나심을 예고하는 오늘의 두 번째 성서일과 말씀(히 10:5-10)은 히브리서의 특징을 뛰어넘는 깜짝 놀랄 만한 상상력을 보여 주는 예입니다. 성부 하나님과 성자 하나님께서 태초부터 함께 일하신 것이 보입니다. 아들은 아버지께 구약성경의 말―시편 40편―로 말씀하고 계십니다. 그리스도는 먼저 이 땅에서의 모습(인 듯한 모습)으로, 그다음 성육신 이전의 모습으로, 그다음 다시 이 땅에서의 모습으로 말씀하십니다. 그리스도께서는 **위에서**, 아버지와 얼굴을 마주하며 말씀하시는 것으로 보입니다. "당신은 제사와 예물을 원하지도 기뻐하지도 않으셨습니다." 그리고 **아래에서**, 이 세상에 오셔서 말씀하시는 것으로 보입니다. "나를 위하여 한 몸을 예비하셨습니다." 이 구절은 눈부신 말씀이며 이 축일에 어울리는 훌륭한 선택입니다. 성자께서는 우리를 거룩하게 하기 위한 완벽한 제물이 되시

---

2 이 찬양은 성공회 작곡가 헨리 퍼셀이 작곡한 〈웨스트민스터 사원〉의 곡조에 맞춰 불립니다.

려고 이 세상에 착상하시기 전부터 자기 자신을 바치셨습니다. 그러므로 그리스도께서는 아버지께 말씀하십니다. "보십시오, 하나님! 저는 당신의 뜻을 행하러 왔습니다." 그리고 사도적 저자는 이어서 말합니다. "이 뜻을 따라 예수 그리스도께서 자기 몸을 단번에 드리심으로써 우리는 거룩하게 되었습니다."

이 뜻을 따라. 이 말씀을 놓고 함께 고민해 봅시다. 우리의 성화는 하나님의 뜻을 따라 성취됩니다. 그럼에도 우리는 **스스로** 결정하고 **스스로** 창조하고 **스스로** 창안한다는 확신으로 유명한 문화 속에서 살고 있습니다. 바로 오늘날 미국 문화가 그렇습니다. 자기 **자신**을 재창조하라는 말이 일상이 되었습니다. 우리는 잠시 멈춰서 생각해 보지 않고, **자기** 관리, **자기** 동기 부여, **스스로** 선택한 가치들에 대해 말합니다. 스스로 결정하는 것이 사실상 위대한 미국의 복음이라고 주장할 수 있습니다. 우리 모두, 루터교인과 성공회 교인 모두 여기에 영향을 받습니다. 이러한 생각은 우리가 숨 쉬는 공기처럼, 마시는 물처럼 자연스럽습니다. 모든 교파의 신학이 여기에 영향을 받았습니다. 그러나 이는 성경에 입각한 생각이 아닙니다. 예수님이 우리의 모범입니다. "내 뜻대로 마옵시고, 아버지의 뜻대로 하옵소서"(눅 22:42). "이 뜻을 따라 우리가 거룩하게 되었습니다."

저는 16살 때 마르틴 루터에 대한 영화를 봤습니다(1950년대 초입니다). 영화에서 받은 감명이 저를 평생 따라다닙니다. 그 영화는 이제 우리에게 너무 구시대적일 것 같습니다. 하지만 루터가 성경을 숙독하는 장면과, 거기서 하나님이 믿음을 통해 은혜로 죄된 인류를 의롭다 하시는 계시를 루터가 발견하는 장면은 어떤 면에서 제 인생의 가장 중요한 사건이 되었습니다. 그 이후로 저는 복된 루터를 사랑했고 오랫동안 그의 글을 즐겁게 읽었습니다. 하지만 이 설교를 준비하면서 그의 글로 돌아왔을 때, 저는 그의 작품 중 많은 부분이 이제 문화적 맥락이 바뀌어서 다르게 들린다는 점을 발견하고 굉장히 놀랐습니다. 모든 위대한 특성들이 여전히 거기에 남아 있습니다. 활력과 풍성함, 신앙에 대한 대담한 옹호, 투지 넘치는 항의자적Protestant 양심, 그리스도의 인격을 향한 일편단심의 열정이 있습니다. 하지만 우리는 루터의 시절에 살고 있지 않습니다. 격론의 시대는 한물갔습니다. 성공회의 에큐메니컬 간사인 콜럼비아의 필립 화이트헤드는 현대 예배 기획의 선두에 있는 인물인데, 어제 신문에 그의 말이 실렸습니다. "우리는 중심으로, 예수 그리스도께로 돌아왔다. 우리는 논쟁을 일으키는 복잡한 차이점들에 정말 지쳤다." 저 품위 있는 진술은 오늘날 미국의 분위기를 잘 포착해 줍니다. 루터의 격렬함, 루터의 빈정댐, 루터의 거친 말, 그리고 루터의 "배타성"이라고 부를 만한 것은 다문화주의를 받아들이는 법을 배우려고 노력하는 오늘날 교회의 요구와 어울리지 않습니다. 하지만 모든 신학자는 각각의 새로운 세대마다 재해석되어야 합니다. 새로운 루터 독해가 현재 우리의 상황에 어떤 말을 할지 봅시다. 저는 위대한 루터교 신약 신학자 에른스트 케제만의 선례를 따라가 볼 것입니다. 그는 칭의를—특히 로마서에서의 칭의를—가장 철저하게 다시 읽어 냈습니다.

오늘날 주류 교회의 표어는 "포용"입니다. 오늘날 미국에서 우리가 하는 것처럼 온갖 유형의 사람들을 공정하게 대하려 하고 각자의 종교적 신념을 존중하려 하는 이런 불굴의 노력은 여태껏 어느 문화에도 없었다고 감히 말할 수 있을 것 같습니다. 이 언급의 요지는 포용을 향한 움직임이 그리스도교 자체에서 나왔다는 것입니다. 성경의 예언과 주님의 가르침, 그리고 관대함, 자선, 용서, 압제당하는 사람들과의 연대의 본을 보여 준 수많은 그리스도인의 모범이 우리가 다른 어떤 사회보다 더욱 포용을 향해 나아가도록 강권하였습니다. 이는 십자군, 종교 재판, 반유대주의와 같은 교회의 통탄스러운 죄를 부인하자는 게 아닙니다. 부단히 경계할 필요는 있지만, 동시에 유대교-그리스도교 전통이 (적어도) 환대의 환경을 갖고 있고 (잘하면) 인간의 자유를 위한 추진력[3]도 갖고 있다고 주장할 만한 정당한 이유가 있습니다. 그리스도교 신앙을 논리적으로 끝까지 밀어붙이면 급진적인 포용에 이르게 됩니다. 하지만 여기서 물음이 생깁니다. 이 유례없는 인간의 화합에 착수하는 **근거는 무엇입니까?**

배제와 포용의 문제는 신약성경 안에 선명하게 나타나 있습니다. 가장 명백한 예는 예수께서 죄인과 세리와 식탁 교제를 나누신 사건입니다. 하지만 우리가 마르틴 루터를 기리며 갈라디아서로 곧장 들어가 보면, 우리는 거기서 베드로와 바울이라는 신약 교회의 두 거장을 발견하게 되는데, 이 둘은 교회의 식사 자리에서 배제와 포용에 대해 공공연하게 다투고 있습니다. 우리는 베드로의 인간성에 너무 명백하게 흠이 있다는 사실을 잘 알고 있고 또한 그래서 베드로를 사랑합니다. 베드로는 자신의 지위에 맞게, 유대법을 따르지 않는 식탁에서 일어나서 유대법을 따르는 식탁으로 이동했습니다. 왜 그랬습니까? 저는 성공회 총회에 가면 극보수주의자들의 부스에 어슬렁거리는 것처럼 보일까 봐 신경이 쓰이는데, 바로 이와 같은 이유입니다. 조지 W. 부시가 지금은 야세르 아라파트와 함께 눈에 띄고 싶어 하지 않는 이유와 동일합니다. 여러분이 좀 부끄러운 사람과 점심 먹을 때 잘나가는 친구들 눈에 안 띄었으면 하고 외진 식당에 가는 것과 같은 이유입니다. 베드로는 그가 불의한 사람들과 함께 식사하고 있는 모습을 예루살렘에서 온 잘나가는 사람들에게 들키고 싶지 않았습니다. 그래서 베드로는 이방인과의 구별 문제로 부딪힐 일 없는 반대편 끝

---

3 저는 계몽주의, 토지 개혁, 보편 교육, 의료 서비스, 노예제 폐지운동, 인권 운동, 민권 운동, 여성 해방 운동, 언론의 자유, 종교의 자유, 민주주의, 그리고 아마 가장 흥미롭게도 세속화 그 자체를 염두에 두고 있습니다.

식탁으로 얼른 갔습니다. 바울은 회상하며 말합니다. "게바가 책망받을 일을 했기 때문에 나는 그에게 면박을 주었습니다." 무엇 때문이죠? 당연히 배제했던 일 때문입니다. 그런데 어떤 근거로 말입니까? 바울은 계속해서 말합니다. "우리는 본디 유대 사람[도덕적 상류층]이요, [무지한] 이방인 출신의 죄인이 아닙니다. 그러나 … **심지어 우리도** 그리스도 예수를 믿는데, 그것은 우리가 율법을 행하는 행위로가 아니라, 그리스도를 믿는 믿음으로 의롭다고 하심을 받고자 했던 것입니다. 율법을 행하는 행위로는 아무도 의롭게 될 수 없기 때문입니다."(갈 2:15-16). 이는 오늘날 주류 교회에서 통상적으로 들을 수 있는 포용의 이유가 아닙니다. 적어도 제가 듣기에는 그렇습니다. 보통 말하는 포용의 근거는 "예수께서 모든 사람을 사랑하신다"입니다. 한데 저 말이 예수님이 하시는 바를 충분히 설명해 주나요?

어제 사우스캐롤라이나 신문 《스테이트》_State_에 실린 칼럼 하나가 눈에 들어왔습니다. 그 칼럼은 덴마크 베시를 기리기 위한 동상을 세울지에 관한 논란을 다룹니다. 베시는 흑인 자유민으로 1822년 찰스턴에서 35명의 사람들과 함께 교수형을 당한 사람입니다. 베시가 거대한 노예 반란을 주도하려 했던 게 발각되었을 때였습니다. 이 반란은 찰스턴의 백인 여성과 아이들의 대학살로 이어질 수도 있고 아닐 수도 있었습니다.[4] 또한 이 칼럼은 흑인 작가 자메이카 킨케이드가 최근 찰스턴에 나타났다고 언급했습니다. 킨케이드는 찰스턴에서 열린 정원 클럽 행사에서 존 C. 칼훈에 대해 안 좋게 말한 적이 있습니다.[5] 킨케이드가 지역의 손님맞이 방식을 "용서할 수 없을 만큼" 거슬렸다

---

4 Claudia Smith Brinson, "State's Past on Collision with Future," _The State_ (2001. 3. 24.).

5 이 내용은 다음에 실린 킨케이드의 글을 다시 꺼낸 것입니다. _The New Yorker_ (2001. 1. 22.).

고 말한 사람도 더러 있었습니다(이러한 비난은 예수께서 바리새인들의 집에서 식사하실 때도 제기되었습니다). 칼럼니스트는 사우스캐롤라이나에서 표현되는 다양한 관점들을 서로 닿지 않는 "평행 우주들"이라고 묘사했습니다. 상당수의 남부 백인들에게 존 C. 칼훈은 동상을 만들 만한 가치가 있는 인물이지만 덴마크 베시는 그런 인물이 아닙니다. 아프리카계 미국인들에게 덴마크 베시는 자유의 투사지만, 칼훈은 압제자입니다. 칼럼니스트는 '우리는 이 점에 대해 조금이라도 소통할 수 있을까?' 하고 묻습니다. 소통을 위한 어떤 공통의 토대가 있을까요? 이 각 사람들을 향한 예수님의 사랑은 이러한 격한 차이를 진정시키기에 충분합니까?

어느 큰 성공회 교구의 사제가 최근 저에게 어떤 이야기를 들려주었습니다. 원수를 위해 기도하라는 예수님의 가르침에 순종할 때 어떤 일이 일어났는지에 대한 이야기입니다. 그 사제는 걸프전 발발 당시 주일 예배 기도 대상 목록에 사담 후세인을 넣었습니다. 세 사람이 교회 밖으로 뛰쳐나갔고, 교구위원장은 몹시 흥분했고, 회중은 떠들썩했습니다. 그 사제는 그때가 인생에서 진짜 가장 두려운 시간이었다고 말했습니다. 그는 오직 걸프전이 빨리 끝났다는 사실만이 우리를 구해 주었다고 말했습니다.

예수님은 사담 후세인을 사랑하실까요? 예수님은 근본주의자들을 사랑하실까요? (그랬으면 좋겠는데, 왜냐면 저도 근본주의자로 불려 왔거든요.) 예수님은 인종 차별주의자와 동성애 혐오자와 아동 성범죄자를 사랑하실까요? 여러분 중에서 동료 남부인인 윌 캠벨의 비전을 기억하시는 분도 계실 것입니다. 그는 아마 여기서 빠져 나갈 수 있는 유일한 미국인일 것 같습니다. 캠벨은 무조건적인 은혜에 대해 사색하면서, "천국의 고지를 돌며 히틀러를 추적하다가, 천년이 지난 후에 히틀러가 멈추자 그의 가슴에 다윗의 별을 달아 주는 골다 메이

어•"를 상상합니다.[6]

이걸로 충분합니까? 우리는 정말로 하나님이 히틀러를 사랑하신다고 말할 수 있나요? 그 이상을 말해야 하지 않을까요? 하나님께서 인류를 거룩하게 하신다는 건 어떤 의미이며, 어떻게 그게 이루어집니까?

칭의와 성화의 연관성에 대해서는 수많은 논쟁이 있는데, 우리 쌍방의 친구인 에른스트 케제만은 이 칭의와 성화의 연결점을 성경 문구 안에서 보도록 도와줍니다. 바로 로마서에 가득 울려 퍼지고 있는 문구입니다. **하나님의 의**. 케제만은 로마서를 읽으면서 칭의가 단지 무죄 선고가 아니라는 점을 깨달았습니다. 칭의는 하나님께서 **잘못된 것을 올바르게 만드시려고** 적극적으로 강력하게 일하신다는 의미이기도 합니다.[7] 용서 자체만으로 하나님의 뜻 전체가 포괄되지는 않습니다. 우리는 하나님이 세상의 미래를 향해 뜻하신 바를 이해하기 위해서, 하나님께서 예수 그리스도 안에서 하신 일의 뜻이 단지 죄 용서에만 머물러 있지 않고 모든 잘못을 바로잡는 데에도 있음을 알 필요가 있습니다. 바울이 로마서 8장에서 "모든 일이 서로 작용하여 선을 이룬다"(8:28)라고 말할 수 있었던 것은 바로 이 점을 간파하고 있었기 때문입니다. "현재 우리가 겪는 고난은, 장차 우리에게 나타날 영광에 견주면, 아무것도 아니라고 나는 생각합니다"(8:18)라고 말할 수 있었던 것도 이 때문입니다. 바울은 "모든 피조물은 간절히 기다립니다. … 하나님의 자녀가 영광스러운 자유를 얻기를 고대하며"라고 말

• 이스라엘 정치인.

6 Will D. Campbell, *And Also with You: Duncan Gray and the American Dilemma* (Franklin, TN: Providence House Publishers, 1997).

7 이는 케제만의 박사 후 과정 연구생 중 한 명인 J. 루이스 마틴이 새로운 《(앵커바이블) 갈라디아서》(CLC 역간)에서 발전시킨 내용입니다.

할 때, 인간 존재 안에 그리고 인간 사회 안에 하나님의 의가 실제로 **만들어지고 있고** 또한 만들어질 것이라는 의미로 말했습니다. 우리가 그렇게 의욕하고 있기 때문이 아니라, 하나님이 그렇게 의욕하고 계시기 때문입니다. 예수께서는 모든 사람을 사랑**하십니다.** 하지만 그것이 세상의 사담 후세인들과 아동 성추행범들을 포용해야 하는 이유를 충분히 말해 주는 신학적 근거는 아닙니다. 우리는 그 이상을 말해야 합니다. 우리는 예수 그리스도 하나님의 아들 안의 십자가와 부활, 재림을 통하여 일하시는 하나님의 능력에 대해 말해야 합니다. 하나님은 모든 사람을 의롭게 만들고, 만물을 올바르게 만들려고 일하십니다. 하나님께서 원래 의도하셨던 대로 만드시려고요.

여러분 중 일부는 이 모든 신학적 담론에서 길을 잃은 느낌이 드실 수도 있습니다. 이 모든 것이 그대에게 개인적으로 어떤 의미가 있습니까? 여러분 **자신**에게 어떤 의미가 있나요? 오늘날 교회 생활에는 어떤 의미가 있습니까?

이것은 자유를 뜻합니다. 이것은 바울이 갈라디아서에서 "그리스도 예수 안에서 우리가 가진 자유"(갈라디아서 2:4)라고 말한 것을 뜻합니다. 이것은 당신이 어떻게 하고 있는지를 너무 염려하지 않고, 자신이 누구이며 무엇인지를 기뻐한다는 뜻입니다. 이것은 신뢰를 뜻합니다. 만일 **하나님**이 잘못된 것을 올바르게 만들려고 일하고 계신다는 것을 안다면, 당신은 다른 이들에게 실망하는 데 시간을 너무 허비하지 않고 하나님께서 이미 하고 계신 것을 따라 걸을 수 있습니다. 작년 《뉴욕 타임스》에 놀라운 일화가 하나 실렸습니다. 여기 길 건너에 있는 주의회 의사당에 남부 연맹의 전쟁기가 게양되어 있는 것에 저항하기 위해 찰스턴에서 콜럼비아까지 행진한다는 내용이었습니다. 행진에 참여하는 사람들이 출발 지점에 모일 때, 찰스턴의 카터 사보로 밝혀진 어느 백인 남성이 전쟁기를 들고 한쪽에 혼자 서 있었습니다. "그는 몰던 출신의 아프리카계 미국인 커플인 산드라 고든과 토미 고든 옆에 잠시 서 있었는데, [행진 참가자들이 콜럼비아를 향해 출발할 때] 산드라 고든이 사보 씨를 포옹했습니다."[8]

이런 식의 구속의 행위는 어디에서 오는 것입니까? 하나님의 의가 우리를 그대로 내버려 두지 않을 것이라는 확신, 하나님의 의가 성령의 능력으로 우리를 위해서, 우리 안에서 적극 일하고 계신다는 확신, 하나님의 의가 우리를 용서할 뿐만 아니라 우리를 **바로잡는다**는 확신에서 옵니다—칭의와 성화가 우리 안에서 조화됩니다. 우리의 큰 유익을 위해, 하나님의 큰 영광을 위해서 말입니다. **하나님의** 일은요, 사랑하는 형제자매 여러분, 우리의 것이 아닙니다. 로버트 파라 카폰이 쓴 것처럼, 하나님은 사랑스러운 사람을 사랑하려고 오신 것도, 나아질 만한 사람들을 나아지게 하려고 오신 것도 아닙니다. 다만 죽은 사람을 일으키려고 오셨습니다.[9] 그러니까 여러분 기쁜 마음으로 주님의 식탁으로 나오십시오. 주님은 자기 몸을 우리 모두를 위해 제물로 주셨습니다. 마르틴 루터의 말로 시작했던 것처럼, 마르틴 루터의 말로 마치겠습니다. 그는 어느 누구 못지않게 자기 자신도 고침받아야 한다는 것을 알았습니다.

> 사람이 그리스도를 상실하면, 자기 자신의 행위에 대한 자신감에 빠집니다. … 아무도 고백이나 기도나 스스로 준비한 것을 신뢰하며 미사에 나오지 않도록 정말 주의하십시오. 이러한 모든 것에 대한 자신감 상실은 오히려 약속을 주시는 그리스도에 대한 높은 신뢰로 나아

8 "Protest March Against Flag Attracts 600 in South Carolina," *The New York Times* (2000. 4. 3.).

9 Robert Farrar Capon, *The Foolishness of Preaching* (Grand Rapids: Eerdmans, 2000).

가게 됩니다.[10]

우리의 동일한 주님이신 예수 그리스도께, 아버지께, 성령께, 모든 능력과 위엄과 주권과 영광이 이제와 영원히 있으리로다.

아멘.

---

10 Martin Luther, "The Bondage of the Will." 〈노예 의지론〉.

경건하지 않은 자의 아버지만 어머니

주님께서 아브람에게 말씀하셨다. "너는, 네가 살고 있는 땅과, 네가 난 곳과, 너의 아버지의 집을 떠나서, 내가 보여 주는 땅으로 가거라. 내가 너로 큰 민족이 되게 하고 … 땅에 사는 모든 민족이 너로 말미암아 복을 받을 것이다."

창세기 12:1-3

그러면 육신상으로 우리의 조상인 아브라함이 무엇을 얻었다고 우리가 말할 수 있겠습니까? 아브라함이 행위로 의롭게 되었더라면, 그에게는 자랑할 것이 있었을 것입니다. 그러나 하나님 앞에서는 자랑할 것이 없습니다. 성경이 무엇이라고 말합니까? "아브라함이 하나님을 믿으니, 하나님께서 그를 의롭다고 여기셨다" 하였습니다. … 경건하지 못한 사람을 의롭다고 하시는 분을 믿는 사람은, 일을 아니할지라도, 그의 믿음이 의롭다고 인정을 받습니다. … 아브라함은 우리 모두의 조상입니다. 이것은 [창세기 12장에] 기록된 대로 "내가 너를 많은 민족의 조상으로 세웠다" 함과 같습니다. 이 약속은, 그가 믿은 하나님, 다시 말하면, 죽은 사람들을 살리시며 없는 것들을 불러내어 있는 것이 되게 하시는 하나님께서 보장하신 것입니다.

로마서 4:1-5, 16-17

이 아침에는 성서일과의 첫 본문으로 창세기 말씀이 봉독되었습니다. 여러분은 창조 세계의 역사에서 가장 중요한 연설을 듣고 있었던 것 인데, 혹시 그 점을 알고 계시는지요. 그렇습니다. 우리는 정확히 그렇 게 말할 수 있습니다. 우리는 12장이 시작되는 곳에서 "주님께서 아브 라함에게 말씀하셨다"[1]를 읽었습니다. 하나님께서 약 4,000년 전 메 소포타미아에서 자신이 선택한 종에게 건네신 말씀은 전 인류를 향한 구원 이야기가 개시되는 사건입니다.[2]

---

1   **아브람**은 '높으신 나의 아버지/조상[신]'과 같은 것을 의미했습니다. 아브람의 아내의 이 름인 **사래**는 '공주'를 의미했습니다. 이러한 관습적인 근동 지역의 이름에 대해서는 주목 할 만한 것이 없습니다. 아브람의 이름은 나중에 훨씬 더 거창한 뜻으로 바뀝니다. **아브라 함**은 '많은 이들의 아버지/조상'을 의미합니다(창세기 17:5). (사래는 '사라'로 바뀌지만 두 이름은 같은 의미이며, 원래 이름이 나중 이름보다 고대적인 형태일 뿐입니다. 어떤 설 명도 없이 이렇게 이름이 변했습니다(창세기 17:15).) 아브라함의 가족의 이름 중 몇몇은 이전에 우르와 하란에서 달의 신을 섬겼던 것을 반영하는 것으로 보입니다(그 당시 **그들 은 다른 신들을 섬겼습니다**―여호수아 24:2).

2   저는 이 설교를 위해 몇몇 배경을 살펴보면서, 누지(Nuzi)와 마리(Mari)에서의 기이 한 고고학적 발견들이 생각났습니다. 아브라함의 하란이 이 근방인데, 현재는 북부 이라 크 지역에 속해 있습니다. 고대 기록이 담긴 수천수만의 점토판이 이 지역에서 1930년대 에 출토되어서, "정말 놀랄 만큼 세부적인 수준으로" 족장 시대에 대한 지식을 넓혀 주었 습니다(Nahum M. Sarna, *Understanding Genesis* [New York: Schocken Books, 1972]). **주의 사항**: 사르나(Sarna)가 최상급의 주석을 쓴 이후로, 누지와 마리의 텍스트 를 해석하는 것이 처음 생각했던 것만큼 간단하지 않다는 점이 분명해 졌습니다. William A. Dever, *Where Did the Early Israelites Come From?* (Grand Rapids: Eerdmans, 2003)을 보십시오.

　이에 대한 당면한 중요성은 현재 점령된 이라크의 상황과 묶여 있습니다. 오늘날 그곳 고고학의 혼란스러운 상태를 생각하는 것은 성경을 사랑하는 사람들에게 굉장한 고민입 니다. 예를 들어, 불과 4개월 전《뉴욕 타임스》의 기사는 콜럼비아의 고고학 교수인 자이 납 바흐라니(Zainab Bahrani)의 말을 다음과 같이 인용합니다: "지난 2년 동안 [고고 학 유적지에서] 수천수만의 물건이 완전히 사라졌습니다. 이는 엄청난 규모의 문화적 재

유대인들, 이방인들, 무슬림들은 모두 어떤 식으로든 아브라함의 자손이라고 주장합니다. 우리는 모두 "아브라함의 믿음들"에 대해 들으며 자랐기에 익숙합니다. 무슬림에 대한 아브라함의 역할을 설명하는 일은 오늘 설교의 범위에서 벗어납니다. 하지만 오늘 여기 모인 유대교-그리스도교 유산을 받은 우리에게는, 이 사람에게 주신 주 하나님의 메시지가, 그 메시지를 받지 못했더라면 아무 의미도 없었을 이 사람에게 주신 메시지가 중요합니다. 이 메시지는 먼저도 중요하고 지금도 중요하고 마지막에도 중요합니다. 이 메시지가 **먼저** 중요한 이유는 우리가 어디에 뿌리내리며 근거하고 있는지를 보여 주기 때문입니다. **지금** 중요한 이유는 하나님의 백성으로 살아가는 방식을 보여 주기 때문입니다. 마지막에 중요한 이유는 지진과 쓰나미가 일어나는 이 세상 속에서 절대적으로 신뢰할 수 있는 유일한 미래를 미리 가리키고 있기 때문입니다. 땅과 바다에서뿐만 아니라 문화적, 생태적, 지정학적 구조에도 지진과 쓰나미가 일어서 점점 위태로워지는 우리 별에서 말이죠. 하나님께서 아브라함과 맺으신 언약은 신뢰할 수 있는 단 하나의 장래를 위한 힘입니다.[3]

해입니다." 이뿐만 아니라 그녀는 2003년 미국의 점령이 시작된 후 이 지역에서의 약탈이 거의 통제 불가능할 정도로 늘었다고 말합니다. 바그다드 함락 이틀 후 이라크 박물관(Iraqi Museum)에 대한 약탈을 다룬 소식들이 과장되었다는 사실이 많이 밝혀졌지만, 그래도 10,000-15,000개의 물건이 없어졌다는 것은 이제 일반적으로 받아들여지는 바입니다. 발굴지에서의 약탈에 대해 말하자면, 이라크에서 미술 자문 수석이었던 매사추세츠 예술대학(Massachusetts College of Art)의 어느 교수는 무려 400,000개나 되는 중요한 유물이 도난당했을 것이라고 추정했습니다. 밀수업자 한 명이 체포되었는데 쐐기문자판이 3,000점이나 나왔습니다. 그리고 그 밀수업자는 그 정도 분량을 일주일에 두세 번이나 선적했다고 말했습니다. 최근 몇 달 동안 이라크인들은 약탈자를 제지하는 데 진전이 있었지만, 약탈을 완전히 막으려면 지금보다 기하급수적으로 많은 자금과 트럭과 경비원이 필요합니다. David Johnston, "Picking Up the Stolen Pieces of Iraq's Cultural Heritage," *The New York Times* (2005. 2. 14.).

3 성경에 대한 주요 신학적 특징 중 하나는 서로 상이한 두 가지 유형의 언약이 평행하게

하나님은 아브라함에게 말씀하셨습니다. 몇 년 전에 텔레비전에서 아브라함에 관한 시리즈를 방영했습니다. 시리즈 감독은 아브라함 역을 맡은 배우가 하나님의 대사까지 녹음하게 했습니다. 의도적인 결정이었죠. 그러니까 영화에서 하나님의 목소리는 아브라함의 내면 깊은 곳의 존재가 투사된 것입니다. 그것은 아주 많은 사람들이 히브리 성경에 대해 일반적으로 믿는 바와 같습니다 — 그러니까 히브리 성경은 종교적으로 매우 발달된 사람들의 의식으로부터 나왔다는 말입니다. 수많은 학계의 엘리트 집단이 이러한 생각을 받아들였고, 그래서 교회에 다니는 많은 사람들도 당연하게 받아들입니다. 그러나 우리가 성경을 읽되 의도된 방식대로 읽는다면, 성경이 **하나님**께서 자기 자신과 자신의 목적을 계시하시려고 어떻게 말씀하셨고 행동하셨는지에 대한 이야기임을 발견할 것입니다. 이런 식으로 성경을 읽는다고 해서 근본주의는 아닙니다. 전혀 아닙니다 — 이런 근거 없는 두려움은 시작부터 떨쳐 내고 들어갑시다. 여러 포스트모던 해석자들은 종교적 믿음에 회의적이긴 하지만, 그럼에도 불구하고 어떤 텍스트를 읽을 때 우리가 그 텍스트에 대해 고안한 방식이 아닌 그 텍스트 고유의 방식으로 어떻게 텍스트가 읽히는지를 보여 줍니다.[4] 우리는 성경적 전제를 모조리 받아들이지 않아도 이러한 읽기를 시도해 볼 수 있습니다. 장비가 다 있지 않아도 됩니다. 요점은 우선 시작하자는 것입니다.

전개된다는 점입니다. 하나는 아브라함(및 다윗)과의 언약으로 **무조건적**입니다. 다른 하나는 모세와의 언약으로 **조건적**입니다. 이 두 가닥은 모두 구약 도처에서 찾아볼 수 있습니다. 하지만 아브라함 언약이 신약에서 승리를 거두며(예: 롬 4장, 9-11장), 그에 앞서 구약에서도 아브라함 언약의 우선성이 전조로 나타납니다(예: 렘 31:31 이하).

4 예를 들면, 저는 노스럽 프라이(Northrop Frye), 스탠리 피쉬(Stanley Fish), 폴 리쾨르(Paul Ricœur)와 같은, 정도의 차이는 있겠지만 그리스도교 신앙에 우호적인 인물들은 물론 자크 데리다(Jacques Derrida)와 수전 손택(Susan Sontag, *"Against Interpretation"*)을 염두에 두고 있습니다.

주님께서 아브라함에게 말씀하셨습니다. 뭐라고 말씀하셨습니까? 가장 먼저 주님은 그 시대 사람이 상상할 수 없는 일을 아브라함에게 하라고 말씀하셨습니다. **주님께서 아브람에게 말씀하셨다.** "너는, 네가 살고 있는 땅과, 네가 난 곳과, 너의 아버지의 집을 떠나서, 내가 보여 주는 땅으로 가거라." 우리는 현대 미국인들이 생각하는 개인으로서의 자기 자신이라는 개념이 그 곳 그 시대 사람들에게는 없었다는 점을 기억해야 합니다. 자기 조상의 땅과 전통에서 떠난 사람은 거의 없었습니다. 아브람의 모든 정체성이, 사실상 그의 전 존재가 자신이 속한 대가족 공동체 안에 들어 있었습니다. 따라서 하나님의 이 명령은 정말 겁나는 지시였습니다. 제트기로 여행하고 별장과 제2의 고향이 있는 시대에 사는 우리 현대인은 사실 이게 아주 잘 이해되지 않을 수도 있습니다. 하지만 우리는 구원이 어떻게 아브라함과 함께 시작되었는지를 이해하고 싶습니다. 그렇다면 우리는 한 가지를 제외하면 아브라함의 모험이 문자 그대로 불가능했을 것이라고 상상해야 합니다. 바로 하나님의 **약속의 능력**이 없었다면 말입니다.

그 하나님의 약속에는 세 가지 주요 특징이 있었습니다.

1. 아브라함과 그의 자손들은 어떤 땅을 소유할 것이다.
2. 그들은 셀 수 없을 만큼 많은 자손이 있는 큰 민족을 이룬다.[5]
3. 아브라함의 자손들은 땅의 모든 족속에게 복이 될 것이다.[6]

---

[5] 땅의 티끌과 뭇별만큼 많다는 것을 우리는 곧 배웁니다(창 13:16, 15:5).

[6] 저는 아브라함이 두 가지 요소, 즉 땅과 자손을 갖게 된다는 약속을 말하는 해설이 있는 오래된 성경이 있습니다. 하지만 보다 최신 주석은 하나님의 약속에 **세 가지 요점**이 있다고 언급합니다. 그리고 아브라함의 자손들이 지구의 모든 족속에게 복이 될 것이라는 약속을 특히 강조하고 있습니다. 이는 어떻게 상황이 해석을 형성할 수 있는지를 보여 주는 좋은 예입니다. 우리가 현재 지구촌의 상황에서 보면, 저 약속이 지구의 모든 족속(그리고/또는 국가)을 포함한다는 점이 훨씬 더 눈에 잘 들어옵니다. 성 바울도 이 점을 포착했

지금 저는 성령의 능력 안에 있는 여러분과 제가 함께 이야기하고 있는 이 잠깐의 설교 시간 동안만이라도 적어도 우리가 동의할 수 있는지 궁금합니다. 첫째, **하나님은 아브라함에게 말씀하셨습니다.** 아브라함의 의식에서 나온 내면의 목소리도, 아브라함의 종교적 열망에서 나온 암시도, 프로이트 식으로 아브라함의 무의식에서 나온 강력한 소원도 아닙니다(프로이트는 의심의 대가였습니다)―아닙니다. 아브라함에게 건네진 말씀은 이렇게 인간적으로 만들어진 목소리에서 나오지 않았습니다. 다만 오직 한 분이시며 살아계신 참 하나님으로부터 나왔습니다.

둘째, 하나님은 이 한 남자와 그의 아내 사라를 통해 우주적 구원 계획의 막을 여셨습니다. 아브라함은 성경이 말한 바와 같이 많은 이들의 아버지가 될 것이고(이는 아브라함이라는 새로운 이름에 담긴 뜻입니다), 사라는 "여러 민족의 어머니"[이 점에 귀를 기울이세요] 될 것이고 "민족들을 다스리는 왕들이 사라에게서 나올 것입니다"(창 17:16). 모든 민족의 모든 통치자가, 하나님의 말씀이 아니었다면 그저 평범했을 이 여성 앞에 무슨 일이 있어도 무릎을 꿇을 것입니다. 클레오파트라를 잊으시고, 예카테리나 대제도 잊으시고, 마거릿 대처도 잊으십시오―**무슨 일이 있어도** 이 여성이 **땅의 모든 권세의 어머니**가 될 것입니다. 저도 이렇게 말은 하고 있지만, 이 설교를 쓰려고 노트북 앞에 앉아 있을 때 화면에 나타난 내용을 거의 믿을 수 없었습니다.

지만, 바울의 가르침에서 이 부분이 항상 강조되지는 않았습니다. 성경을 읽는 것은 실제 해석의 문제일 때보다 강조의 문제일 때가 종종 더 많습니다. 지구의 모든 족속들에게 주시는 복에 대한 부분은 항상 **그 자리에** 있었지만, 항상 **눈에 띄지는** 않았습니다. 오늘날 우리는 이를 주목할 필요가 있습니다. **당신으로 말미암아**[아브라함과 그 자손으로 말미암아] 지구의 모든 사람이 복을 받을 것입니다. (확실히 저는 어떤 점을 보이기 위해 어딘가 지나치게 단순화하고 있습니다. 저 축복이 전 세계로 확장될 것을 옛날 주석가들이 모두 알아채지 못했다고 말한다면 사실이 아닙니다.)

17장에서 사라에 대한 약속이 아브라함에 대한 약속보다 훨씬 더 강조되고 포괄적으로 표현됩니다. "민족들을 다스리는 왕들이 그녀에게서 나오게 [하고 그녀 앞에서 절하게] 하겠다." 그럼에도 이 말씀이 사라라는 인물이나 아브라함이라는 인물 자체에 비중을 두는 게 아님을 기억하십시오. 이는 사라와 아브라함의 자손들과 하나님께서 그 자손들에게 정하신 역할과 더 관련된 말씀입니다. 그 자손들은 먼저 자기 족속을 대표하고, 그다음 생겨나는 언약의 백성을 대표하며, 마지막으로 온 인류―땅의 모든 족속―를 대표합니다.[7]

그래서 아브라함은 많은 사람을 대표하는 이름이지만, 동시에 아브라함과 사라는 한 개인이기도 합니다. 이들이 성경에서 특정한 인격을 지닌 인간으로 나타나기 때문에, 우리는 하나님께서 그들에게 하신 약속에 대해 더 많은 것을 배웁니다. 이 두 사람이 항상 미덕의 귀감은 아닙니다. 이들이 이집트에 머물렀던 기간에 사라는 중년이었는데 매우 아름다웠습니다. 우리는 아브라함이 자신의 부를 쌓기 위해 바로의 눈앞에 사라를 내보이며 누이인양 행세하는 모습을 봅니다. 나중에 사라가 자기 아이를 갖지 못할 가능성이 분명해지자, 사라는 자기 하녀 하갈을 남편에게 줍니다. 짐작컨대 이기적인 생각으로 그런 게 아니라, 아브라함이 그런 식으로 자녀를 갖기를 바랐던 것 같습니다. 하지만 그 후 하갈을 미친 듯이 질투하게 되고, 하갈과 하갈의 아이를 죽이려고 아브라함에게 그들을 사막으로 내쫓으라고 요구합니다. 여기서 아브라함은 힘센 두 여인 사이에 잡혀 사는 전형적인 남성처럼 나옵니다. 다른 말로 하면, 별로입니다. 그래서 우리는 이로 인

---

7   그럼에도, 아브라함과 사라의 자손은 단순히 다른 자손과 섞이지 않을 것입니다. 이는 매우 중요합니다. 이들은 나머지 모든 자손들에게 복이 될 것이나, **구별된 사람으로 남을 것**이며, **구별된 소명**을 갖게 될 것입니다. 유대인이 아닌 그 누구도 그리스도인들에게 이 점에 대해 더 잘 가르쳐 줄 수 없습니다.

해 우리의 어머니 사라와 아버지 아브라함에 대해 어떻게 생각해야 하는지에 대한 문제가 발생한다는 걸 볼 수 있습니다.[8]

몇 년 전 노스캐롤라이나에 있는 성공회 회의장인 카누가에서, 네 살배기 제 손자와 그 또래 아이들이 짤막한 노래 하나를 부르며 노래에 맞춰 율동을 했습니다. 이 노래 가사는 이렇습니다(아마 여러분의 자녀 중에서도 이 노래를 들어 본 아이들이 있을 겁니다).

믿음의 조상 father 아브라함은
여러 명의 자손 sons이 있었는데요
그중에 나도 너도 있으니
찬양해요 주님을.[*]

진실로 진실로 이르자면, 차별적 언어를 피해야 하는 요즘 시대에, 어른들이 어린이들에게 이런 노래를 부르게 한 것에 저는 조금 놀랐습니다. 하지만 여러분이 〔남성 중심적 언어인〕"조상"father과 "자손"sons 부분을 넘어가 줄 수 있다면, 이 노래는 아주 좋은 신학입니다. 우리는 모두 아브라함과 사라의 후손입니다. 그리고 그것은 전적으로 주님이 하신 일이니, 하나님을 찬양하고 그에게 영광을 돌립시다.

---

8 어떤 위대한 구약 신학자는 아브라함과 사라의 잘못을 언급하면서 다음과 같이 썼습니다. "약속의 수여자가 실패하고 죄를 저질렀음에도 불구하고, 여호와께서 성스러운 역사를 이루어 가는 자신의 사역을 그르치시지 않았다면, 〔오히려 더욱〕 그분의 말씀은 참으로 신뢰할 만한 것이다." Gerhard von Rad, *Genesis: A Commentary* (Philadelphia: Westminster, 1972), p. 170.

• 이 찬양은 우리나라에서 "믿음의 조상 아브라함은 일곱 명의 아들이 있었는데요 그 중의 하나 키가 크고요 나머지는 작대요"라는 가사로 유명합니다. 그러나 원래 가사를 그대로 옮기면 다음과 같습니다. "조상(father) 아브라함에겐 많은 자손(sons)이 있었다/많은 자손에겐 조상 아브라함이 있었다/나도 그 자손 중 하나고 너도 그 중 하나다/그러니 모두 주님을 찬양하자."

그런데 정말 그렇습니까? 우리는 모두 아브라함의 후손입니까? 그리고 그게 전적으로 주님이 하신 일입니까? 우리가 아브라함과 사라를 칭송해야 할 부분은 어디까지입니까? 여기가 사도 바울이 등장해야 할 부분입니다.

로마서 4장은 갈라디아서 3장과 함께 바울이 아브라함을 자기 논증의 한복판으로 불러오는 지점입니다. 갈라디아 교회 논쟁의 중심에는 누가 진짜 아브라함의 후손인지에 대한 물음이 있습니다. 육신을 따라 후손이 된다면, 그렇다면 이방인들은 아브라함의 훌륭한 상속자가 될 수 없습니까? 아니면 어떤 다른 기준에 따라 후손이 된다면, 그렇다면 그것은 어떤 기준입니까? 그리고 이는 어떤 차이를 만듭니까? 이 문제는 언제나 그랬던 것처럼 오늘날도 당대의 문제입니다. 오늘날 주류 교회에서 벌어지는 논쟁의 중심에 있는 단어, 즉 **배제**와 **포용**에 대해 잠시 생각해 보십시오. 포용되는 이는 누구며, 배제되는 이는 누구입니까? 그리고 무엇에 근거해서 그렇습니까? 아브라함은 이 문제에서 부동의 중심dead center에 서 있습니다. 아니, 오히려 우리는 **유동의 중심**live center이라고 말해야 합니다.

잠시, 트리니티교회와 함께한 제 개인사에 대해 변변치 않지만 말씀드리겠습니다. 제 좋은 친구인 샘 로이드의 초대로, 저는 지난 몇 해 동안 이 필립스 브룩스** 강단에서 설교할 수 있는 특권을 여러 번 누려왔습니다. 저는 필립스 브룩스와 그 뒤에 우리 주님이 서 계신 동상 사진이 있는 엽서에 편지를 써서 무척 많이 보냈습니다. 저는 설교자로서 그 사진에서 큰 위로와 힘을 얻고 있습니다. 게다가 저는 페리스 박사님의 설교를 들을 기회도 얻었습니다. 그는 여기서 30년간 교구 사제로 사역했습니다. 저는 그의 설교를 딱 한 번 들었지만, 그 설

●● 1800년대 트리니티교회의 목회자로 〈오 베들레헴 작은 골〉을 작시한 것으로도 유명합니다.

교는 성금요일의 3시간짜리 설교였고, 제 삶은 전과 같을 수 없었습니다. 저는 일주일에 한 번 정도 페리스 박사님의 무덤을 지나갑니다. 그는 부모님, 조부모님과 함께 뉴욕 라이에 있는 아름다운 나무들이 우거진 공동묘지에 묻혀 있습니다. 저에게 그 묘지는 죽음의 장소가 아니라 생명의 자리입니다. 저는 제 책 중 하나를 페리스 박사님을 기억하며 헌정했습니다.[9] 저는 그의 설교를 듣고 신앙에 활력을 얻었다는 사람들을 아직도 만납니다. 그래서 저도 이 아름다운 건물에서, 이 범상치 않은 위치, 보스턴이라는 대도시 한가운데에서, 여러분이 미래의 사역자들을 함께 고대하는 이 순간에, 여러분의 옛 성직자들에게 무언가 빚진 사람으로서 여러분들과 함께 있습니다.

과거, 현재, 미래의 사역자들에게는 공통점이 있습니다. 이들 모두가 하나님의 심판 아래 서 있다는 것입니다. 이에 대해 설명해 보도록 하겠습니다. 과거 10년 동안 제 사역은 이 나라 전역을 돌아다니며 다양한 주류 교단의 온갖 규모의 교회들을 방문하는 식이었습니다. 저는 이 다양한 회중들에게 공통의 주제가 하나 있다는 점을 알게 되었습니다. 소식지나 예배 순서지 전면에 자신들에 대한 설명이 있는데, 보통 이런 말입니다. 우리는 열려 있습니다. 우호적입니다. 포용적입니다. 환대합니다. 저는 이 내용을 이런저런 문구로 굉장히 자주 봐서, 이게 우리 시대의 추세라는 데에 다들 동의할 것이라는 생각이 듭니다. 그럼에도 저는 이 동일한 회중들이 다양한 이유로 **거리를 두거나 대놓고 거부하는** 사람들을 **개인적으로** 꽤 많이 **알고** 있습니다 — 흑인이거나 게이거나 라틴아메리카 사람이거나 가난한 사람이라는 이유 때문에 거부하는 게 아니라, 정신 질환을 앓고 있거나, 불쾌감을 주는 차별적인 견해를 갖고 있거나, 너무 추하거나, 사회성이 너무 형

---

9 *The Seven Last Words from the Cross* (Grand Rapids: Eerdmans, 2005).

편없거나, 아직도 1928년판 성공회 기도문을 사랑한다는 이유 때문에 말이죠. 어느 회중도 모두를 '포용'할 수는 없습니다. 누군가는 비정규 친교 시간coffee hour에 항상 혼자 앉아 있을 겁니다. 그것은 **죄**라고 불리는 것 때문입니다. **죄** 때문에, 인간적으로 말해서 어떤 회중도 문으로 들어온 모든 이를 '무조건적으로 수용'하지 못하며, 우리는 그런 것들 〔자신들의 포용력〕에 대해 자랑할 때 조심해야 합니다.[10] 우리는 그렇게 하려고 노력할 수는 있지만, 그렇게 하지는 못합니다.[11] 오직 우리 주 예수 그리스도만 그렇게 하실 수 있었고, 그가 성육신하신 하나님이 셨기에 그렇게 하실 수 있었습니다.

그러면 우리가 그런 생각을 포기해야 한다는 의미입니까? 우리가 날마다 더 '포용'하기를 바라지도 기도하지도 노력하지도 말아야 한 다는 의미입니까? 당연히 아니겠죠. 그럼 이 점을 분명히 해 봅시다. 어떤 성공회 교회도 보수적인 와스프의 수호자나 보스턴 브라민* 같 은 식으로는 살아남을 수는 없습니다.[12] 게다가 포용은 단지 생존의

---

10 "자랑하려는 사람은 주님 안에서 자랑해야 합니다"(고린도후서 10:17). "그리스도의 능력이 내게 머무르게 하기 위하여 나는 더욱더 기쁜 마음으로 나의 여러 **약한 것들**을 자랑하려고 합니다"(고후 12:9; 강조를 추가함).

11 하버드의 존 레벤슨은 "Theological Liberalism Aborting Itself" (*Christian Century*, 1992. 2. 5-12.)라는 잘 알려진 논문에서, 어느 유명한 자유주의 신학교의 교수가 자신의 학교는 이전의 결연 관계를 철회했으며 더 이상 학교 교수들에게 어떤 신념이나 관습을 요구하지 않는다고 자랑스럽게 설명했던 일을 회상합니다. 거기에 있던 어떤 사람이 '전혀 아무것도 요구하지 않나요?'라고 물었습니다. 그 교수는 단호하게 "전혀요"라고 대답했습니다—그러나 그러고 나서 그는 "뒤늦게 생각났다는 듯이 조용한 목소리로 '포괄적인 언어(inclusive language〔성차별을 함의하지 않는 언어〕) 사용 요구는 예외겠네요'라고 덧붙였습니다."

• 와스프(WASP)는 미국 상류 사회의 주류를 이루는 앵글로-색슨계 백인 개신교도(White Anglo-Saxon Protestant)를 일컫는 말입니다. 보스턴 브라민(Boston Brahmin)은 보스턴의 명문가 내지 전통적인 상류층 엘리트를 일컫는 말입니다. 이들은 와스프이기도 합니다.

12 저는 모든 종류의 사람들, 특별히 교회에 소속되지 않은 신자(unchurched)를 끌어들이

문제가 아닙니다. 훨씬 더 중요한 건, 교회가 세상을 끌어안고 무조건 적으로 사랑하시는 하나님의 모습이 되는 게 하나님의 목적이라는 점입니다. 그러나 포용에 대한 보다 철저한 이해에 이르려면, 이에 대한 더 나은 신학적 바탕이 필요합니다. 여기가 아브라함이 등장해야 할 부분입니다. 로마서 4장에서 바울은 아브라함에게, 선택받은 사람의 원형에게, '포용'된 사람의 원형에게, 우리 모두의 조상에게, **자랑할 만한 근거가 전혀 없었다**고 기록합니다(4:2). 바울은 왜 그렇게 말합니까?

아브라함은 두 가지 방식으로 해석될 수 있습니다. 가장 분명한 방식이자 가장 친숙한 방식은 우리가 따라야 할 의로움의 모델로 해석하는 것입니다. 이는 바울이 갈라디아 교회를 떠난 다음에 시작된 갈라디아 교회의 아브라함 이해 방식입니다. 바울은 갈라디아 교회 회중이 계속 그 방향으로 나가면 "그리스도 예수 안에서 누리는 자유"(갈 2:4)를 잃게 될 것임을 보여 주려고 상당한 경고로 응수하며 편지를 씁니다. 갈라디아 회중은 누가 더 종교적인지, 누가 더 포용적인지, 누가 더 그리스도인인지를 서로 겨루는 영역으로 후퇴하게 될 것입니다. 누가 가치 있고 없는지에 대한 저런 식의 경쟁은 가인과 아벨 때부터 우리의 DNA에 연결되어 있습니다. 그리고 이를 바꾸기 위해서 우리가 할 수 있는 일은 아무것도 없습니다. 오직 하나님만이 이를 바꾸실 수 있습니다. 우리가 무언가를 할 능력이 있기도 전에 이미 이방인들을 자기 가족으로 끌어들이신 하나님, 하나님만이 말이죠. 바울은 창세기

고 통합하려고 노력하는 프로그램에 열렬히 찬성합니다. 다만 저는 폭넓은 회중 포용을 목표로 두려면 우리에게 더 **신학적인** 바탕이 필요하다는 점을 보여 주려고 하는 것입니다. **죄**는 우리의 노력 중 가장 숭고한 것마저도 망칠 수 있을 정도라는 점을 우리가 자각하지 못한다면, 우리는 자기 의(義)라는 늪에 빠질 것입니다. 그러면 또한 우리가 사람들을 저버리는 상황이 계속 반복된다는 점을, 그래서 회개의 자세를 계속해서 유지해야 한다는 점을 의식하지도 못할 것입니다.

를 인용하여 이렇게 말합니다. "하나님께서 이방 사람을 믿음에 근거하여 의롭다고 여겨 주신다는 것을 성경은 미리 알고서, 아브라함에게 '모든 민족이 너로 말미암아 복을 받을 것이다' 하는 기쁜 소식을 미리 전하였습니다"(갈 3:8). 그런데 여기에 핵심적인 사상이 있습니다. 아브라함이 이 영예를 얻기 위해 한 것이 아무것도 없습니다. 아브라함에겐 **자랑할 만한 이유가 전혀 없습니다.** 바울의 말을 정확히 옮기면 이렇습니다.

> 아브라함이 행위로 의롭게 되었더라면, 그에게는 자랑할 것이 있었을 것입니다. 그러나 하나님 앞에서는 자랑할 것이 없습니다. 성경이 무엇이라고 말합니까? "아브라함이 하나님을 믿으니, 하나님께서 그를 의롭다고 여기셨다." … 경건하지 못한 사람을 의롭다고 하시는 분을 믿는 사람은 아무 공로가 없어도, 그의 믿음이 의롭다고 인정을 받습니다(4:2-5).

그래서 여기에 정말로 가장 급진적인 것이 있습니다. 아브라함, 전혀 의로움의 모델이 아닌 아브라함은 다른 누구보다도 먼저 의롭다 함을 얻은 죄인의 원형이며, 하나님이 경건하게 고치신 '경건치 않은' 사람의 원형입니다. 아브라함 자신의 행위 때문이 아니라 상상할 수도 없는 일을 하신 하나님 때문입니다―**제일** 받아들여지기 어려운 사람, 가장 **불경건한** 사람을 의롭다 하시고, 바로잡으시고, 구속하시고 새롭게 고치시는 하나님 때문입니다.

아브라함과 사라에 대해 말할 때는 보통 어디로 가는지도 모른 채 모험했던 그들의 용기를 강조합니다. 중점이 그들의 여행, 그들의 믿음, 그들의 인내에 있습니다. 그러나 성경은 이런 식으로 보지 않습니다. 창세기 12장의 첫 구절들은 완전히 새로운 종교적 방식이 마련된다는 사실을 안내하는 도입부입니다. 사람들은 자기 믿음의 여정, 기도 습관, 포용의 노력이나 여타 어떤 행위로도 평가받지 않을 것입니다. 사람들은 전혀 평가받지 않고, 오히려 '의롭다'고 여겨질 것입니다. 말하자면 의롭게 되고, 온전하게 되고, 예수 그리스도의 형상을 담은 사람이 될 것입니다. 예수 그리스도는 누구십니까? **우리 믿음의 선구자요 완성자**이십니다(히 12:2). 이는 우리 인간이 우리 자신을 위해 할 수 있는 일에서 산출된 성과와는 질적으로도 다르고 양적으로도 다릅니다.

인간이 만든 어떤 모임도 모든 사람을 포용해 내지 못합니다. **죄가** 있는 곳에서는 늘 불가능합니다. 그뿐만 아니라 절대적으로 모든 사람에게 호소력 있는 계획조차 제안하지 못할 것입니다. 하나님은 **절대적으로 모든 이에게** 호소하기 위해서 **먼저 한 사람을** 택하셨습니다. 하나님은 **땅의 모든 통치자**를 자신의 통치 아래로 데려오기 위해서 **모든 민족의 어머니 한 사람을 먼저 택하셨습니다.** 예수님은 **모든 사람**을 포용하시기 위해 **먼저 열두 명**을 택하셨습니다. 이와 같이 작은 모임이 더 큰 세상에 하나님의 목적을 나타내는 표적이 됩니다. 이것이 바로 그리스도인 회중의 모습으로, 적군의 영토에 배치된 하나님 나라의 전초 기지입니다. 그러나 이 점을 유의하십시오. 하나님께서 강력히 사용하시는 어떤 사람이나 회중이나 단체가 받는 가장 큰 유혹은 이를 자랑하는 것, 자기 의義에 빠지고, 자기 자신 및 자신이 성취한 것에 집중하는 것입니다. 이 모든 게 하나님의 불가항력적 은혜 덕분임을 망각하는 것입니다.

작년에 제가 여기 왔을 때, 여러분의 교구 사제인 샘 로이드와 저는 비할 데 없는 남부의 활동가이자 민속학자이자 신학자인 윌 캠벨에 대해 많은 이야기를 나누었습니다. 윌이 읽은 신약성경의 비상한 급진성은 그가 KKK에 희생당한 흑인들과 관계를 유지할 수 있게 했고,

동시에 KKK 살인자들과도 관계를 유지할 수 있게 했습니다. 문자 그대로입니다.[13] 형제자매 여러분, 그것은 '포용'이 아닙니다. 그것은 죽은 자의 부활입니다. 이는 사실상 바울이 로마서 11장이 끝나는 지점에서 한 말과 정확히 같습니다.

> [불신자들에 대한 하나님의 일시적인 심판이] 세상과의 화해를 이루는 것이라면, 그들을 받아들이심은 죽은 사람들 가운데서 살아나는 삶을 주심이 아니고 무엇이겠습니까? … 그러니 교만한 마음을 품지 말고, 도리어 두려워하십시오(11:15-20).

한평생 윌 캠벨은, 그저 경건치 않은 자를 "받아들이시는" 게 아니라, 경건치 않은 자 즉 저와 여러분을 원상으로 **되돌리시는** 것이 하나님의 의도라고 거듭거듭 말했습니다. 우리 스스로는 결코 할 수 없는 방식으로, **죽은 사람들을 살리시며 존재하지 않는 것들을 존재하게 하심**으로써(4:17) 우리를 되돌리신다고 말입니다. 이 존재하지 않는 것들은 무엇입니까? 그가 의로우신 것처럼 의로운 사람들입니다. 그것이 하나님이 약속하신 미래입니다.

그래서 아브라함과 사라의 이야기는 우리 자신의 인간적인 포용 계획이나 그 밖의 모든 인간적인 계획을 증거하는 대열로 우리를 인도하는 게 아닙니다. 매일의 회개와 겸손 가운데 **참으로 급진적인 하나님의 약속의 힘**을 계속해서 증거하는 사람들의 대열에 우리가 들

---

13 1998년 KKK 임페리얼 위저드(KKK의 고위 간부)인 샘 바워스에 대한 재판에서 윌 캠벨은 바워스와 바워스가 죽인 희생자의 유가족들 사이를 왔다 갔다 했습니다. 희생자는 민권활동가 버논 다머였습니다. 기자들이 어떻게 그렇게 할 수 있었냐고 묻자, 윌은 으르렁거리며 말했습니다. "제가 빌어먹을(God-damned) 그리스도인이니까요." (저의 설교집 *Help My Unbelief* [Grand Rapids: Eerdmans, 2000]에서 "God-damned Christian"을 보십시오.)

어가게 합니다. 하나님의 약속은 참으로 급진적입니다. **경건치 않은 자를 의롭다 하시는** 하나님의 계획만큼 포용적인 것은 세상 어디에도 없기 때문입니다.

믿음의 조상 아브라함은
여러 명의 자손이 있었는데요
그중에 나도 너도 있으니
찬양해요 주님을.

아멘.

엄청난 인정

"[아브라함이] 의롭다는 인정을 받았다" 하는 말은, 그만을 위하
여 기록된 것이 아니라 … 우리까지도 위한 것입니다.

로마서 4:23-24

이번 겨울에 우리는 지하 방수 공사를 했습니다. 저희가 이 일을 맡기
려고 고용한 분은 이 지역 몇몇 교회에서도 비슷한 일을 했다는 사실
에 자부심을 느끼고 있었습니다. 그와 제가 친해지기 시작하자 그는
저에게 계속 자신을 위해서 기도해 달라고 요청하였습니다. 사실 저
는 항상 이런 식의 표현에 반대하지만 그는 계속 저를 두고 "하나님
과 가까운" 사람이라고 말했습니다. 그 남성의 말엔 이런 뜻이 담겨
있습니다. 본인보다 제가 하나님과 더 가깝다. 본인의 기도보다 제 기
도가 더욱 효과가 있다.

성직자들은 이런 일을 자주 겪습니다. 그리고 제 생각에 대부분의
교역자들은 이런 식의 인식을 굉장히 불편해합니다. 그게 사실이 아
님을 아니까요. 하지만 저희가 특별한 역할을 하고 있다는 사실 또한
알고 있습니다. 성직자들은 이 세상에서 하나님이 하시는 일을 구체
적으로 나타내는 역할을 하고 있습니다. 사람들은 선한 부류, 하나님
이 다가오시는 부류가 있다고 믿고 싶어 합니다. 그래서 성직자들에

게 희망과 바람의 옷을 늘 입혀 왔고, 늘 그럴 것입니다.

평신도들도 간혹 자신이 이런 위치에 있다는 점을 알게 됩니다. 수요일 아침 여성 성경 공부 모임에 어떤 사랑스런 분이 계신데(우리 교구 분은 아니지만 우리 모임의 일원입니다), 그분의 삶이 성결해서 사람들이 "하나님과 가까운" 분이라고 말하게 됩니다. 이런 사람을 묘사하는 또 다른 방식은 "아주 종교적인" 사람이라고 부르는 것입니다. 물론 이런 말이 늘 우호적인 것은 아닙니다. 어떨 때는 칭찬이고 어떨 때는 그렇지 않습니다만, 어쨌든 이렇게 다른 사람의 신앙과 삶을 이해하는 여러 방식들이 가져오는 일반적인 결과는 우리와 그들을 분리하는 것입니다. 우리와 그들을 나누고, 우리와 그들 사이를 구별하는 것입니다.

예수님과 바울이 물려받은 히브리 전통에서 족장 아브라함은 하나님께 가까운 사람의 모델로 여겨졌습니다. 아브라함은 의인의 전형이었습니다. 그는 가장 종교적으로 잘 살았던 종교적 삶의 모범이었습니다. 이렇게 전해 내려온 개념은 몇 가지 결과를 낳았습니다. 아브라함은 이상적인 인물이 되었습니다. 그의 혈육의 자손들은 자신들에게 특별한 의로움이 있으며 다른 민족들과는 구별된다고 생각했습니다. 동시에 아브라함의 뛰어난 믿음과 성결은 일부에겐 가능하고 대부분의 사람들에겐 불가능한 인간적 성취로 여겨지게 되었습니다.

오늘날 우리도 우리 종교 지도자들에게 똑같은 일을 하는 것 같아 보입니다. 우리는 종교 지도자를 이상화하고, 종교 지도자들의 잘못이 드러나면 실족합니다. 우리는 우리 자신을 성직자와 결부시켜서 성직자에 근접한 우리 모습에서 자존감을 도출해 냅니다. 우리는 성직자들에게 특별한 영적 능력을 부여합니다. 우리는 간혹 성직자들의 삶을 모방하려고도 하지만, 또 어떤 때는 그런 얽매인 듯한 삶으로부터 자유롭고 싶어서 성직자들을 오르지 못할 산처럼 영적으로 우월한

존재, 나와는 동떨어진 삶을 사는 사람으로 생각하기도 합니다.[1]

이런 식의 사고방식은 완전히 잘못된 것이라고 사도 바울이 우리에게 말하고 있습니다 — 저는 심사숙고하여 "완전히 잘못된"이라는 말을 사용했습니다. 우리가 아브라함이나 리터 신부나 테레사 수녀나 우리 교구 사제나 혹 다른 누군가를 의로움과 경건함의 모델로 생각하면, 이는 죽음으로 이어지는 일입니다. 왜냐하면 그것이 우상 숭배의 한 형태이기 때문입니다.[2] 바울은 이런 식의 사고에 반대하며 말합니다. "아무런 차별구별이 없다"(3:22), "아무런 차이가 없다"(14:13). 그리고 로마서 4장에서는 자신의 주장을 보여 주기 위해 "우리 모두의 조상"(4:11)으로 불리는 사람을 선택합니다. 바울은 모든 인류의 불의와 불경건을 입증하려고 아브라함이라는 진정 영웅적인 인물을 고른 것입니다.

표면적으로는 바울이 심하게 모욕한 것처럼 보입니다. 어떤 면에서는 그렇습니다. 왜냐하면 아브라함은 정말로 틀림없이 진정한 믿음의 영웅이기 때문입니다 — 아브라함은 히브리서 11장에 믿음의 영웅 명단 중에서도 선두에 있습니다. 그러나 바울은 히브리 성경에서 아브라함에 대한 자신의 해석을 도출한 것입니다. 바울은 하나님께서 아브라함을 다루시는 모습이 묘사된 창세기 구절을 오랫동안 열심히 묵상했습니다. 바울은 저 족장을 향한 위대한 부르심의 본질이 예수 그리스도 안에서 드러난다고 확신했습니다.

---

1 위대한 도로시 데이는 "저를 성인(saint)이라고 부르지 마세요! 저는 너무 쉽게 버려지고 싶지 않아요"라고 말했습니다.

2 굉장히 존경받는 뉴욕시의 사회사업가이자 사제인 브루스 리터는 미성년 소년들에 대한 성적 위법 행위에 관여했다는 혐의를 받아서 자신이 설립한 사역지의 리더 자리에서 일찍 물러났습니다. 물론 테레사 수녀는 아무런 혐의도 받지 않았지만, 그녀의 이미지를 둘러싼 성스러움은 그녀를 너무 좋은 사람으로 만들어서 그녀 자신으로 살아가기가 어려워졌습니다. 불행한 결과를 낳은 것이죠.

창세기 12장에서 우리는 주님께서 아브라함에게 말씀하시는 것을 봤습니다. 그 말씀은 이렇습니다.

> 너는 네가 살고 있는 땅과, 네가 난 곳과, 너의 아버지의 집을 떠나서, 내가 보여 주는 땅으로 가거라. 내가 너로 큰 민족이 되게 하고, 너에게 복을 주어서, 네가 크게 이름을 떨치게 하겠다. 너는 복의 근원이 될 것이다. ··· 땅에 사는 모든 민족이 너로 말미암아 복을 받을 것이다(창 12:1-3).

이 구절은 흔히 '아브라함의 소명'으로 여겨집니다. 하지만 여러분은 조금 전 로마서 4장을 읽을 때, 바울이 주님의 저 발화에 주목하고 있다는 점을 알아채셨나요? 바울은 저 말씀이 단지 **소명**이 아니라 또한 **약속**이라는 사실을 불현듯 발견했습니다. 그리고 이 약속이 **무조건적**이라는 사실도 말이죠. 여기에는 아무런 '만약에'도 없습니다. 하나님은 아브라함에게, '**만약** 네가 의롭다면 너를 축복하겠다', '만약 네가 믿는다면 너를 축복하겠다', '만약 네가 회개한다면 너를 축복하겠다'는 식으로 말씀하시지 않았습니다. 하나님은 단지 이렇게 말씀하셨습니다. "내가 너를 축복하겠다." 그냥 바로 마침표를 찍으셨습니다. 그리고 아브라함의 자손들이 땅의 모든 민족―**모든** 사람―에게 복이 될 것이라고 말씀하셨습니다. 창세기의 이 구절은 성경에서 처음으로 보편 구원적 어조를 보이는 구절 중 하나라는 인상을 줍니다.

여러분들은 이 구절에서 아브라함의 자녀가 되는 것이 상당한 특권으로 여겨지게 되었다는 것을 보실 수 있습니다. 신약성경은 누가 아브라함의 자녀고 누가 자녀가 아닌지에 대한 논의로 가득합니다. 바울 때까지, 아브라함의 자녀가 된다는 것은 진정한 지위를 나타내는 상징이었습니다. 많은 사람들이 당연히 아브라함의 자손은 의롭고 경건하다고 생각했습니다. 아브라함의 자손은 '매우 종교적'이고 '하나님과 가까운' 사람들을 의미했습니다. 그리고 이로써 자신들과 보통 사람들을 구분했습니다.

신약성경에서 이러한 생각에 처음으로 도전한 사람은 세례 요한입니다. 그는 자신에게 나아오는 '종교적인' 사람들에게 외쳤습니다. "속으로 '우리는 아브라함의 자손이다' 하고 생각하지 말아라. 내가 너희에게 말한다. 하나님께서는 이 돌들로도 아브라함의 자손을 만드실 수 있다"(마 3:9). 로마서 4장에서(갈라디아서 3장에서도) 바울은 자기 고유의 방식으로 이 주제에 가담합니다. 바울은 구약성경을 통해서 의로움과 경건함의 진정한 토대가 무엇인지를 보여 주고자 합니다. 바울의 메시지는 바울 시대에는 충격적인 것이었습니다. 그리고 오늘날에도 여전히 충격적입니다. 하지만 이를 듣고 받아들이는 사람들에겐 그야말로 죽음으로부터 나온 생명입니다.

바울은 창세기 15장 6절에서 한 단어를 발견하고, 시편 32편 2절에서도 발견합니다. 바울은 로마서 4장의 아브라함에 관한 논의에서 이 단어를 가장 중심에 놓습니다. 이 단어는 바로 "인정하다"reckon입니다.

우리 남부인들은 다른 영어권 사람들보다 '인정하다'라는 말을 더 자주 하는 경향이 있습니다. 우리는 이 단어를 이런 식으로 씁니다. "난 그렇게 생각해reckon." "난 그렇다고 봐reckon." "내가 할 거 같아reckon." 요즘에는 이런 식으로가 아니면 이 단어를 잘 사용하지 않는 것 같습니다. 바울은 남부인들이 사용하는 식으로 이 단어를 사용하지 않았습니다. 바울은 회계사가 총합을 '계산하고'reckon 있거나, '산정'reckoning 하고 있거나, 장부에 총액을 '산출하고'reckon 있는 상황에 어울릴 법한 방식으로 이 단어를 사용했습니다. 바울은 어떻게 아브라함이 의롭게 되었는지를 보이기 위해 이 구약성경의 단어를 사용했습니다. 바울은 그리스어 번역본에서 창세기 15장 6절을 인용하면서, 아브라함이 의로운 이유는 그가 신실하거나 순종적이거나 경건해서가 아니라 하나님이 그를 의롭다고 "산정하셨기"[reckoned] 때문이라고 말합니다. 이는 사실상 아브라함이 의롭지 않았고, 경건하지 않았으며, 하나님께서 그를 의롭다고 산정하시기 전까지 실제로 경건하지 **않은** 사람 중 하나였음을 말하는 또 다른 방식입니다. 정말 너무 놀랍습니다. 이제 아브라함의 장부에 기록할 만한 게 아브라함에게 있다고 말할 수 없습니다. 장부에 기록된 것은 하나님으로부터 그에게 내려진 순전한 선물이고, 일하지 않고 받은 선물입니다. 이를 은혜라고 부릅니다.

이러한 하나님의 일방적인 '인정'은 **하나님의** 행동입니다. 아브라함은 하나님께 가까이 다가가지 않았습니다. 하나님께서 아브라함에게 가까이 다가오셨습니다. 아브라함이 영적으로 이 다가오심을 준비한 것도 아닙니다. 아브라함에게는 어떤 특별한 종교적 의식意識도 없었습니다. 그는 하나님이 꽉 붙드셔서 비범하게 된, 원래 그저 평범한 사람이었습니다. 바울은 중요한 구절을 통해 이것이 하나님의 행동임을 밝힙니다. "경건하지 못한 사람을 의롭다 하시는…"(4:5).

이제 이것이 우리에게 의미하는 바는 우리를 서로 구분하고 가르는 모든 게 일소된다는 점입니다. 우리와는 아주 거리 있어 보이는 영웅적 인물들도 우리와 같은 죄인일 뿐입니다. 그러나 저 영웅들과 똑같이 우리 죄인들도 의롭다 칭함을 얻고 의롭다고 인정받습니다. 하나님이 저와 가까이 계신 만큼 지하실 방수 작업하시던 분과도 가까이 계십니다. 하나님은 여러분이 가장 존경하고 가장 우러러보는 사람의 삶에서 일하시는 것과 똑같이 여러분의 삶 속에서 일하실 수 있고, 그만큼 가까이 계십니다. 하나님의 의는 하나님께서 선물을 주시는 경륜에 따라 다양한 삶에서 다양한 형태를 취하겠지만, 선물을 나누어 주시는 것은 하나님의 일이기에 우리는 선물에 대해 염려하지 않고 자유롭습니다. 그리고 이 말은 여러분의 기도도 저의 기도나 존

스토트의 기도나 교황의 기도와 다름없다는 의미입니다.

그레이스교회에 이 메시지를 또 가지고 오는 것은 언제나 아주 특별한 기쁨입니다. 오늘날 우리가 알고 있는 우리의 공동체는 로마서 위에, "경건하지 않은 자를 의롭다 하신다"라는 메시지 위에 세워졌습니다. 여러분이 여기서 발견한 은혜가 있다면, 자유가 있다면, 우애가 있다면, 축복이 있다면, 그것은 모두 하나님의 은총을 발견했기 때문입니다. 우리가 예수님 안에서 믿음을 통해 하나님께 의롭다고 인정받은 사람이란 사실을 발견했기 때문입니다. 자신이 어떤 사람이라고 뽐내거나 어떤 일을 했다고 공로를 주장할 수 있는 사람은 아무도 없습니다. 오히려 우리는 우리가 하나님의 신실하심과 자비하심에 완전히 기대고 있음을 매일 새롭게 발견하는 죄인들의 공동체입니다.

앞서 우리 교구의 사제였던 피츠 앨리슨이 사우스캐롤라이나의 주교가 되기 위해 그레이스교회를 떠났을 때, 이 공동체는 그가 아주 신실하게 한결같이 은혜의 메시지를 선포한 것에 대해 금 십자가 목걸이를 선물함으로써 감사의 마음을 표했습니다. 그 십자가 뒷면에는 단어 하나가 그리스어로 새겨져 있었습니다―로기조마이^{λογίζομαι}, 즉 '인정하다'에 해당하는 그리스어입니다. 저는 이제까지 이 말을 수차례 언급했습니다. 하지만 이를 계속 반복해서 말해도 말할 때마다 늘 제 신앙이 새로워졌습니다. 이 단어―로기조마이―속에 제 구원과 여러분의 구원이 놓여 있습니다. 칼 바르트는 이제껏 누구 못지않게 이 단어의 의미를 잘 이해했고, 이렇게 말했습니다. "이 현실적인^{unromantic} '인정하다'라는 단어." 이 현실적인 단어 로기조마이에 제 구원과 여러분의 구원이 놓여 있습니다. 우리의 죄와 우리의 필요를 살피시는 하나님은 우리를 불쌍히 여기십니다. 하나님은 일방적으로 우리를 의롭다고 인정하셨습니다. 우리는 위대한 조상 아브라함과 똑같은 근거 위에 서 있습니다. 우리의 자랑의 근거는 아브라함이 가진 근거와 똑같습니다―그것은 우리 자신의 의로움이 아닌 "하나님의 의로우심"(3:21)입니다.

하지만 이 놀라운 소식, 이 복음이 우리 마음속에 들어오는 그 순간마다 늘 일어나는 여론은 "그러면 이제 우리가 아무것도 **할** 필요가 없다는 뜻인가?" 하는 물음입니다. 바울이 로마서 6:1에서 "은혜를 더하게 하려고, 여전히 죄 가운데 머물러 있어야 하겠습니까?"라는 물음을 상정한 것처럼 말이죠. 바울의 대답은 "그럴 수 없습니다!"God for-bid! 입니다. 하나님의 로기조마이의 힘, 하나님의 인정하시는 힘을 정말로 느낀 사람들에게 그리스도 안에서의 새로운 삶은 오직 악 대신 선을 행하고 인자를 사랑하며 불의에 맞서 싸우려는 강렬한 열망의 형태로만 나타날 수 있습니다. 형제자매들 가운데 가장 작은 자를 섬김으로써 하나님을 섬기려는 강한 열망의 형태로만 나타날 수 있습니다. 세상은 더 이상 악한 것을 볼 필요가 없습니다. 세상은 선한 것을 봐야 합니다. 세상은 주 예수 그리스도의 이름으로 부르심을 입은 공동체 안에서 일어나는 하나님의 의로우심을 봐야 합니다. 이 이름에 능력이 있습니다. 불경건함에서 경건함을 만들어 낼 능력이 있습니다. 실제로 그렇게 만드시는 능력이지, 없는데 있는 척 가장하는 게 아닙니다.

1981년, 우리는 새롭게 출발하는 우리의 교구 사제에게 로기조마이라고 새겨진 십자가를 선물했습니다. 이제 1990년입니다. 우리는 9년 사이에 많은 일을 함께 경험했습니다. 주님만이 아십니다. 그간 우리의 교제 가운데 얼마나 많은 죄가 있었고 얼마나 많이 용서받았는지, 얼마나 많은 사람이 주 예수 안에서 믿음을 통해 의롭다고 인정받았는지를. 이제 1990년대에 우리가 로기조마이를 새겨 넣고 싶은 데가 어딘지를 생각할 때입니다.

우리는 미래에 사용할 연방 건물들을 복원하기 위한 설비 모금에 착수했습니다. 우리는 이 건물들에 무엇을 각인하게 될까요? 우리는 그 건물들을 하나님 앞에서 우리가 의롭다고 인정받기 위한 공로로 생각하게 될까요? 자기-칭의의 수단으로 우리 자신의 목적을 위해 그 건물들을 통제하고 형성하려고 노력한다면, 거기에 어떤 조건들을 달아 놓을까요? 아니면 우리가 어떻게 이 도시와 이 세계의 모든 사람들을 위한 무조건적인 약속의 언약을 가장 잘 섬길 수 있을지를 물으며, 하나님께서 쓰시도록 겸손히 그 건물들을 하나님께 바칠까요?

저는 이 교구의 교구위원이 쓰신 몇 마디 말을 여러분께 읽어 드리려 합니다. 이는 우리의 지난 빌딩 사업 설명에서 따온 말입니다. 15년 전 우리의 옛 공간에 터틀홀이라고 부르는 새 공간이 만들어졌습니다. 그 당시 그레이스교회의 미래는 완전히 불투명했습니다. 60년대 말과 70년대 초 교인 수가 급격히 감소했기 때문입니다. 터틀홀이 완공된 이후 우리가 목격한 성장은 로마서 및 경건치 않은 자에 대한 칭의 선포와 직접적인 관련이 있습니다. 그것은 아주 많은 사람이 이곳에서 들은 복음의 진리입니다. 톰 홀은 터틀홀 사업에 대해 다음과 같이 썼습니다.

(1974년에) 건축 계획을 세울 때에는 그저 그레이스 공동체의 한정적인 필요에 대해서만 생각했습니다. 하지만 이제 새로운 홀 없이 외부 봉사 사역과 기도 모임과 복음 전도 활동, 이를테면 새 생명 사역, 은혜의 때 프로젝트, 포커스FOCUS와 같은 활동을 계속한다는 것은 상상도 못할 일입니다. **하나님 당신의 사역을 향한 하나님의 섭리가 우리의 적당했던 열망을 추월하고 초월했습니다**(강조를 추가했습니다).

참 멋진 말입니다. 자신의 불의한 백성을 의롭다고 인정하시는 하나님의 활동을 나타내는 말입니다. 하나님은 전에 의로움이 없었던 곳에서 의로움을 창조하십니다. 하나님은 우리의 한정적인 역량을 "추월하고 초월합니다." 하나님께서 우리와 함께, 우리를 통해 하실 수 있는 일에는 한계가 없습니다.

사랑하는 하나님의 백성 여러분, 우리는 오늘 아침 우리의 구속자 예수 그리스도의 이름을 부르고 예배하려고 모두 함께 모였습니다. 우리 모두가 한 기도로 기도드리기를 빕니다. "경건치 않은 자들을 의롭다 칭하시고 그 믿음을 의로 여기시는 분을 신뢰했던" 아브라함과 같을 수 있기를, 하나님께서 계속 우리에게 은혜 부으시기를 우리 모두가 기도하기를 빕니다. "당신의 사역을 향한 하나님의 섭리가" 우리 교구와 우리의 보수 계획과 하나님의 백성으로서의 우리의 미래를 "추월하고 초월"하도록 우리 모두가 기도하기를 빕니다. 하늘 보좌의 심판 자리에 앉으신 아버지께서 그 얼굴을 우리에게 돌리셔서, 사랑하시는 자기 아들의 눈을 통해 경건치 않은 범죄자들을 바라보시며, "너의 믿음을 의로 여긴다"고 말씀하신 놀라운 소식을 우리 모두가 마음으로 받아들이기를 기도합니다.

아멘.

인간의 상상을 넘어

그가 믿었던 하나님, 죽은 자를 살리시고 없는 것을 있게 만드
시는 하나님의 현전에서…

로마서 4:17

주 예수를 다시 살리신 분[하나님]이 예수와 함께 우리도 다시
살리시고 여러분과 함께 우리를 그분의 현전으로 데려가실 것
입니다.

고린도후서 4:14

오늘 여기에 오신 분 중 몇몇 분은 부활절이 지나갔다고 생각하실지
도 모르겠습니다. 하지만 그렇지 않습니다. 부활 절기Easter season는 아직
반도 지나지 않았습니다. 이 시기는 부활주일에서 성령강림주일까지
계속되기 때문에 위대한 50일Great Fifty Days로 불립니다.

그런데 이게 정말 중요할까요? 부활 절기는 그저 관습이 아닌가
요? 아니면 그 이상인가요? 신문에는 그리스도인들이 그리스도의 부
활을 기념하는 절기라고 매년 나옵니다. 신문들은 또한 예언자 무함
마드가 바위 사원에서 하늘로 승천했다고 믿는 무슬림들의 신앙도 소
개합니다. 신문에서 어떤 종교만 빼먹으면 보기 안 좋을 것 같아서인

지 갠지스강에서 목욕하는 힌두교인의 사진도 소개합니다. 그리고 이 의식이 부정한 것을 씻는다고 보는 힌두교 신앙에 관한 설명도 곁들입니다. 이 모든 것은 거의 비슷해 보입니다—이 종교는 이것을 믿고, 저 종교는 저것을 믿고, 종교적 신념의 변종들이 지구 곳곳에 불쑥불쑥 나타납니다. 여러분은 내셔널 지오그래픽을 통해 세계 종교를 둘러보고 여기에는 이 믿음이 있고, 저기에는 저 믿음이 있으며, 어떤 것도 특별히 참되거나 독특하지 않다는 점을 보게 되실 겁니다.

저는 궁금합니다. 이 아침 여기 계신 많은 분 중에 몇 분이 예수님의 부활을 믿는지 궁금합니다. 전에는 팔레스타인으로, 지금은 이스라엘로 불리는 땅에서 이천 년 전 어떤 사람이 십자가에 처형당하여 죽었고, 묻혔고, 그냥 혼수상태가 아니라 확실히 죽었고, 시신이 세마포에 싸였고 무덤이 바위로 덮였는데 이를 뚫고 나와서 자기 친구들에게 나타났다는 것을, 그냥 살아서 나타난 게 아니라 모든 건강과 힘이 회복된 상태로 나타났다는 것을 여러분은 믿으십니까?

만일 이 물음에 "그렇다"라고 대답하신다면, 여러분은 큰 복을 받은 사람입니다. 하지만 우리는 모두 우리를 둘러싼 회의적인 목소리에 완전히 면역될 수 없습니다.[1] 저는 그리스도의 부활에 대한 믿음이 21세기의 감수성에 맞게 바뀌어야 한다고 말하는 사람들과 많은 시간을 보냈습니다. 교회 바깥의 사람들뿐만 아니라 교회 안의 사람들과도 많은 대화를 나누었습니다. 사람들은 이런 이야기를 합니다— 실제 일어난 일은 제자들이 깨달음에 이른 것이다. 즉 예수께서는 죽

---

[1] 최근 몇 년간 널리 주목받은 이러한 목소리들은 부분적으로는 "예수 세미나"(Jesus Seminar)에 기인한 것이지만, 부분적인 원인일 뿐입니다. 이런 목소리를 내는 사람 중 다수는 예수 세미나의 회원이 아닙니다. 스퐁 주교의 책은 50만 부 넘게 팔렸습니다. 수많은 부활절 설교가 약해진 것에서 볼 수 있듯이, 주류 교회들은 이러한 생각에 깊이 영향받았습니다. 제가 최근에 들은 어떤 설교는 설교자가 키아와 아일랜드(Kiawah Island)를 여행하며 발견한 자연의 경이에 대해서만 설교 시간 내내 이야기했습니다.

으셨지만, 예수님께서 제자들에게 뜻하신 바는 죽지 않았고, 제자들이 함께 모여 예수님을 기념할 때 그들과 함께하시는 예수님의 현전을 느낄 수 있게 되었다는 것. 제자들은 이 점을 깨달았고, 그래서 실제 일어난 일은 부활이 아니라 바로 이러한 깨달음이라는 것이죠. 혹은, 우리 모두 어떤 면에서는 불멸의 존재라는 말, 혹은 사랑이 죽음보다 강하다는 말로 부활을 이야기하기도 합니다. 제자들이 이러한 점을 깨닫고 그들의 삶이 변했다는 말입니다.

저는 어떤 모임의 일원인데요, 이 모임은 한 달에 한 번 모여서 저녁을 먹으며 우리 모두가 사랑했던 고인이 된 분을 위해 건배를 합니다. 우리는 잠깐 멈춰서 그분에 관한 이야기를 나누거나 그분을 회상합니다. 그러고 나서 다른 주제로 넘어갑니다. 이러한 관습이 얼마나 오래 갈지는 지켜봐야 알겠죠. 결국 우리는 한 명씩 떨어져 나갈 것이고, 우리가 서로를 위해 영원히 건배할 수는 없습니다.[2] 다른 한편, 영국 해군의 성스러운 관습도 있습니다. 일 년에 한 번 영국 해군 장교들이 만찬을 들려고 모여서 넬슨 제독을 위해 건배합니다. 넬슨 제독은 트라팔가에서 나폴레옹을 상대로 영광스런 승리를 거두다가 전사했습니다. 사회를 보는 장교가 일어나서 잔을 들고 "여러분, 영원히 기억될 인물을 위하여!"라고 말합니다. 이 화려한 관습은 200년 정도 되었습니다. 넬슨 경이 영어권 세계에서는 훌륭한 불멸의 인물 명단에 오를 것 같지만, 프랑스인들은 관심하지 않을 것입니다. 우리는 넬슨이나 나폴레옹 같은 "영원히 기억될 인물"에 기초하여 전 세계적인 운동을 시작할 수 없습니다. 어떤 다른 인물이 있지 않을까 생각할 수도 있습니다. 제가 어린 시절을 보냈던 버지니아 샬로츠빌에서는 사람들이 '제퍼슨'이 언제든 방에 들락거릴 수 있을 것처럼 그에 대해

---

2 이 책의 출간을 준비할 때, 새로운 구성원들이 들어오면서 이러한 관습은 벌써 사라지고 있었습니다.

생생하게 이야기합니다. 그리고 항상 엘비스에 관한 이야기도 합니다. 일주일에 한 번쯤은 엘비스가 살아 있다는 소문이 돕니다.[3]

자, 여러분들은 요지를 아셨을 겁니다. 예수님도 이와 유사한가요? 예수님의 부활에 대한 믿음이 그저 여러 종교적 선택지 중 하나인가요? 이천 년 전 그 밤, 무덤의 어둠 속에서 실제로 무슨 일이 일어났습니까? 그리고 다 따져 봤을 때, 그게 정말 중요한 일입니까? **당신에게 중요한 일입니까?**

예수께서 부활하셨다고 말해진 지 약 20년이 지나서, 사도 바울은 고린도에 있는 그리스도인에게 편지했습니다. 고린도 그리스도인들이 십자가와 부활의 복음 메시지에서 떠났기 때문에 바울은 괴로워했습니다. 고린도 교인들은 (모든 종교가 추구하는) 일반적인 영성에 더욱 빠졌습니다. 일부는 예수님의 부활이 중요하다고 믿지 않았습니다. 왜냐하면 어쨌든 자신들은 신비적 연합을 통해 불멸한다고 생각했기 때문입니다.[4] 그들은 최근 어느 잡지 기사에서 "포스트모던적 사제, 교회 없는 영성의 아이콘"으로 불린 오프라에게 편안함을 느꼈을 것 같습니다.[5] 고린도 교인들이 추구한 것이 바로 그런 것입니다. 교회 없는 영성, 매여 있지 않은 종교, 교리에 골머리 썩을 필요 없는 것, 모두에게 자동적인 불멸성.

오늘 아침 저는 사도 바울이 로마의 회중에게, 고린도 회중에게 보낸 편지를 가지고 설교하고 있습니다. 바울은 고린도인들에게 이렇게 썼습니다. **"주 예수를 [죽은 자 가운데서] 다시 살리신 분[하나님]이 예수와 함께 우리도 다시 살리시고 여러분과 함께 우리를 그분의 현전**

---

3 4년 후 엘비스의 팬들이 나이 들면서 이 현상도 시들해지기 시작했습니다.

4 그들은 성찬이 '불멸의 약'을 준다고 믿었던 것 같습니다.

5 *Columbus Ledger-Enquirer* (2002. 3. 30.). *Christianity Today*에서 인용함.

으로 데려가실 것입니다"(고후 4:14).

우리가 가진 부활에 관한 가장 이른 시기의 증언이자 가장 확고한 증언은 바울의 편지들 안에 있습니다. 수많은 사람이 바울에 대해서 아무것도 모르면서 바울을 싫어하고 오해하기도 합니다. 이는 불행하게도 교회의 재앙에 가깝습니다. 왜냐하면 설령 바울에게 어떤 잘못이 있더라도 바울은 무시될 수 없는 존재이기 때문입니다. 그리고 우리는 구체적이고 확연한 시각으로 인간 바울을 분명히 이해할 만큼 그의 서신을 충분히 가지고 있습니다. 그래서 하나님이 예수를 죽은 자 가운데서 일으키셨다는 바울의 선포를 그저 종교적 바람의 막연한 형태인 것처럼 손쉽게 설명해 버릴 수는 없습니다. 바울이 교회를 세우고 편지를 보냈을 때는 예수님 생전에 예수님을 알았던 사람들―부활 이후에 그의 살아계심을 본 사람들―대부분이 아직 살아 있던 시기였습니다. 이 시기에 권위 있는 누군가가 바울의 선포에 동의하지 않았다는 흔적은 조금도 발견되지 않았습니다. 다른 것들에 대해서는 이견이 있었습니다. 이를테면 할례라든지 음식 규례 같은 것입니다. 하지만 부활에 대해 이견을 가진 권위자는 없었습니다. 신약성경의 교회는 "주 예수를 다시 살리신 분[하나님]이 예수와 함께 우리도 다시 살리시고 여러분과 함께 우리를 그분의 현전으로 데려가실 것입니다"라는 선포의 결과로 생겨났습니다.

부활을 믿지 않는 반대자들에 대한 한 가지 흥미로운 점은, 그들은 이렇게든 저렇게든 대부분 하나님께 초점을 맞추지 않는다는 것입니다. 그들의 초점은 예수께서 죽으신 후에 제자들이 경험한 예수의 현전이 어떤 것이냐입니다. 제자들의 경험이 이런 것이다, 저런 것이다가 그들의 요지입니다. 바울은 상당히 다른 것을 말하고 있습니다. 바울은 **하나님께서 예수를 죽은 자 가운데서 살리셨다**고 말합니다. 초기 유대계 그리스도인들은 이를 이해하는 데 전혀 어려움이 없었습니다.

그들이 평생 하나님에 대해 들어 왔던 것—그가 "강한 손과 편 팔로 우리를 이집트에서, 종살이하던 집에서" 인도하여 내셨다(신 26:8)—과 비슷했습니다. 그들이 항상 알고 있던 하나님은 길이 없던 홍해에 길을 내신 하나님이었습니다. 하나님은 목적을 가지고 만물을 움직이시는 분입니다. 노예였던 자기 백성이 자유를 얻도록 인도하신 분은 **하나님**입니다. 예수님을 죽은 자 가운데서 살리신 분은 **하나님**입니다. 그리고 사도들이 말한 대로, 예수와 함께 우리도 살리실 분은 **하나님**입니다. 그래서 어떤 의미에서는, 예수님의 부활에 관한 문제는 당신이 하나님을 믿는지 여부에, 그리고 하나님을 믿는다면 어떤 하나님을 믿는지 여부에 따라 좌우됩니다.

로마서에서 바울은 "죽은 자를 살리시고 없는 것을 있게 만드시는 분"이 하나님이라고 이례적으로 강조하며 말합니다(4:17). 하나님은 평화가 없는 곳에 평화를 가져오실 수 있을까요? 저는 며칠 전 CNN에서 전 국무장관이었던 이글버거와의 인터뷰를 들었습니다. 그는 이스라엘과 팔레스타인 간의 폭력이 종식될 전망에 관한 질문을 받았습니다. 그는 전망이 좋지 않다고 생각했습니다. 그는 자신이 근무할 때보다 상황이 더 나빠져서 어디서 해결책을 찾아야 할지 모르겠다고 말했습니다. (정확히 인용하면) 그는 이렇게 말했습니다. "그것은 인간의 상상을 넘어서는 것입니다." 최근 폭격으로 인해 이스라엘에 대한 콜린 파월의 임무가 어제 날짜로 중단되었습니다. 샤론〔이스라엘 총리〕은 다시 한 번 "팔레스타인의 '테러 기반 시설'을 파괴할 때까지 이스라엘군의 임무는 계속될 것이다"[6]라고 포고했습니다.

이제 또 다른 이야기를 들려 드리겠습니다. 에후드 바라크가 총리로 있던 시절 이스라엘 법무부 장관이었던 요시 베를린이 《뉴욕 타임

---

6 *The New York Times* (2002. 4. 6.), 1면.

스》의 기고란에 쓴 기사인데, 현 상황을 어둡게 분석하고 있습니다. 요시 베를린은 다음과 같은 중요한 말을 했습니다. "테러 기반 시설에 맞서는 이스라엘의 전쟁은 더 많은 테러리스트를 탄생시킬 것이다. **왜냐하면 테러의 기반은 사람들의 마음에 있기 때문이다.**"[7] 이는 놀라운 진술입니다. 여러분이 사순절 기간과 성주간에 살아 있었고 또 귀 기울이고 있었다면, **죄**와 **죽음**으로 불리는 테러 기반 시설이 인간의 마음에 있으며 이에 대한 인간적인 해결책이 없다는 점을 알았을 것입니다. **해결책은 인간의 상상 너머에 있습니다.** 어떤 새로운 것이 다른 어딘가에서 세상에 들어왔습니다. 그것은 예수님의 부활 안에서 일어난 것입니다. 예수님은 "영원히 기억될 인물"이 아닙니다. 예수님은 하나님의 살아 있는 아들이시며, 모든 부활의 능력 가운데 나타나십니다. **하나님은 예수님을 죽음에서 일으키셨습니다.**

대략 주후 33년경에 일어난 일이 전 세계적으로 퍼진 운동을 만들어 냈다는 데에는 모든 사람이 동의할 것입니다. 완전히 실패했고 신뢰할 것 없는 제자 무리로부터 이 운동이 나왔다는 점에도 모두가 동의할 것입니다. 그렇다면 문제는 그 운동이 무엇이었냐는 것입니다. 부활이 허구라고 주장하는 사람은 우리가 신약성경의 선포를 포기하고 누구든 상상할 수 있는 것을 받아들이기를 촉구합니다. 그러나 신약성경은 부활절 당일에 일어난 일은 **인간의 상상 너머에 있다**고 말합니다. 하나님께서는 예수님을 죽음에서 일으키셨습니다. 인간의 마음이라는 테러 기반 시설이 깨져서 그분 주위에 떨어져 있습니다.

게다가, 이 영광스런 부활 절기에 모인 사랑하는 하나님의 백성 여러분, 우리 죄인들이 기대해 볼 권리조차 없고 예상할 수도 없었던 이 위대한 일을 하신 하나님, 주 예수를 부활시키신 하나님이 "예수와 함

---

7 *The New York Times* (2002. 3. 30.), 칼럼면. 강조를 추가했습니다.

께 우리도 다시 살리시고 여러분과 함께 우리를 그분의 현전으로 데려가실 것입니다." 십자가에 처형당한 사람이 부활했고 또 그 사랑하는 형제자매를 그와 함께 데려갈 수 있다는 이 소식은 인간의 상상을 완전히 초월하는 생각입니다. 이는 모든 사람이 자기 자신의 수호천사에게 이끌려 하늘나라로 둥둥 떠오른다는 굉장히 흔한 인간적인 비전이 아닙니다.

저를 오해하진 마세요. 저는 천사를 믿습니다—하지만 통속적으로 상상하는 식의 천사를 믿지는 않습니다. 신약성경에 따르면, 천사들조차도 부활을 상상할 수 없었습니다(벧전 1:12). 부활은 세상에서 완전히 새로운 것이었습니다. 이 새로움을 아주 조금이라도 파악하려면, 우리가 붙들고 있던 다른 모든 것을 내려놓는 상상을 해야 합니다. 왜냐하면 하나님은 "없는 것을 있게 만드시는 분"이기 때문입니다. 참으로, 그렇게 하실 수 있는 하나님은 무엇이든 하실 수 있습니다. 하나님은 믿음이 없는 곳에 믿음을 창조하실 수 있습니다. 평화가 없는 곳에 평화를 가져오실 수 있습니다. 화해가 없는 곳에 화해를 일으키실 수 있습니다. 사후 세계에 대한 일반적인 믿음을 다루는 윤리적인 내용이 아닙니다. 부활에 관한 믿음은 전혀 별개의 것입니다. 예수님의 부활을 믿는 신앙은 깨지지 않았던 벽을 깰 수 있습니다. 예수님의 부활에 대한 믿음은 세상 속에서 그 형태가 구체화됩니다. 인종 분리정책이 극복될 것이라고 믿었던 남부 흑인 교회 사람들의 신앙으로, 베를린 장벽이 무너질 것이라고 믿었던 동유럽의 작은 그리스도인 모임의 신앙으로, 아파르트헤이트가 끝날 것이라고 믿었던 네덜란드 개혁 교회와 남아프리카 성공회의 신앙으로, 어제 저에게 이 공동체가 여러 계층의 사람이 자유롭게 한데 섞일 수 있고 서로를 존중하는 곳이 되기를 소망한다고 말한 분—바로 여기 이 교구 분입니다—의 신앙으로 구체화됩니다. 부활이 세상에 나타날 때의 모습이 이러합니다. 하나님은 죽은 자를 살리시고 없는 것을 있게 만드십니다. 주 예수를 다시 살리신 하나님이 예수와 함께 우리를 다시 살리시며 한 때 하나님을 대적했던 자들을 화해시키셔서 그분의 현전으로 데려가 실 것입니다. 하나님이 하실 것입니다. 하나님이 약속하셨습니다.

정처 없는 자유로운 영성을 선호하는 사람은 항상 있을 것입니다. 죽음 너머의 삶을 믿는 종교 일반의 믿음을 고집해야 한다고 말하는 사람도 항상 있을 것입니다. 인간 존재가 스스로 이런 일들을 할 수 있다고 생각하고 싶어 하는 사람도 항상 있을 것입니다. 그러나 이러한 믿음에는 〔입만 있고〕 이가 없습니다. 이러한 믿음으로는 중동에서의 폭력뿐만 아니라 바로 이곳 미국의 가정과 공동체에서 분란을 일으키는, 인간의 마음속에 자리한 테러의 기반을 극복할 수 없습니다. 어느 종교에나 있는 종교성은 예수 그리스도 우리 주님의 현전에서 변화될 미래에 대한 약속과 비교될 수 없습니다. 예수님은 참 인간이면서 동시에 참 하나님이십니다. 친구와 적을 똑같이 감싸서 변화시키는 자신의 포옹으로 끌어안으신 분입니다. 소리 없이 말하는 주권적 위치에서 본디오 빌라도를 내려다보신 분입니다. 인간의 마음속에 있는 테러 기반의 심연에 자기 자신을 내어 주셨지만, 무덤 저편에서 승리를 거두신 분입니다. 오늘은 기쁜 날입니다. 죽은 자를 살리고 없는 것을 있게 만드는 분이 하나님이시니 기뻐합시다. 주 예수를 다시 살리신 하나님이 예수와 함께 우리도 다시 살리시고 우리를 그분의 현전으로 데려가실 것입니다.

그리스도께서 부활하셨습니다. 주님은 정말 부활하셨습니다. 할렐루야!

아멘.

존재하지 않는 것들

알림: 이 설교는 매우 급격한 교인 감소를 경험하고 있는
스코틀랜드 교회와 샬럿에서 가장 큰 장로교회 네 곳의
성직자 및 평신도가 매우 많이 모인 곳에서 했습니다.

> 그가 믿었던 죽은 자를 살리시고 없는 것을 있게 만드시는 하
> 나님의 현전에서…
>
> 로마서 4:17

지난 주 저와 제 남편은 《소피 숄의 마지막 날들》Sophie Scholl: The Last Days 이란 영화를 보러 갔습니다. 계속 기억에 남을 만큼 마음을 사로잡는 힘이 있는 영화였습니다. 영화의 중심에는 백장미라는 독일 대학생들의 작은 모임이 있습니다. 이 학생들은 열심 있는 그리스도인이었고, 나치에 저항했습니다. 그리고 모두 붙잡혔고 처형당했습니다. 시종일관 눈을 뗄 수 없었던 이 영화는 작년에 오스카상 후보에 올랐습니다. 하지만 상을 받지 못해 영화를 본 많은 사람이 유감스럽게 생각했습니다. 이 영화는 소피 숄의 재판 기록을 재현합니다. 재판은 "히틀러의 죽음의 재판관"이라 불리는 사람이 심리했습니다.[1] 영화가 끝난 후 논

---

1 그의 이름은 롤란트 프라이슬러입니다. 영화를 본 사람 중 일부는 이 역할을 맡은 배우가 너무 과하게 악마적으로 연기해서 현실감이 떨어졌다고 불만을 털어놓았습니다. 하지만

쟁이 있었습니다. 위엄 있는 슈트를 입은 남자, 분명 자기 방식에 익숙한 사람이 일어나서 화난 목소리로 말했습니다. "이 학생들이 어떤 선한 일은 했다는 거죠? 그렇게 자기 목숨을 버린 요지는 뭐죠? 전쟁을 하루라도 단축시켰나요? 한 명의 목숨이라도 구했습니까?" 그 남자가 성큼성큼 걸어 나가자 충격의 정적이 흘렀습니다.

아브라함은, 성경에 기록된 대로―그가 믿었던 죽은 자를 살리시고 없는 것을 있게 만드시는 하나님의 현전에서―"내가 너를 많은 민족의 조상으로 세웠다" 함과 같이 우리 모두의 조상입니다(4:17).

어떤 것이 없습니까? 전쟁이 있는 곳에 평화가 없습니다. 퇴락이 있는 곳에 성장이 없습니다. 불신이 있는 곳에 신앙이 없습니다. 미움이 있는 곳에 사랑이 없습니다. 하지만 무엇보다도 죽음이 있는 곳에 생명이 없습니다. 죽음은 거대한 비존재이며, 궁극적인 부정입니다.

우리가 할 수 있는 모든 능력을 발휘하더라도, 죽음으로부터 생명을 가져올 수는 없습니다. 전설적인 야구 선수 테드 윌리엄스가 죽었을 때, 국가 전체가 그의 업적을 기념하고 그의 죽음을 애도했습니다―그의 머리가 알코어 생명연장재단의 캔 속에 냉동되어 있고 그의 몸은 통 속에 부유하고 있다는 사실을 발견했을 때까지 말이죠. 그들은 이를 "바이오스타시스"라 부릅니다. 그 시점에서 테드 윌리엄스는 농담

대본은 재판 기록을 엄밀하고 충실하게 반영했고, 게다가 프라이슬러가 법정에서 극단적으로 행동했다는 동시대인들의 충분한 증언이 있습니다(헬무트 제임스 폰 몰트케는 그가 "탁자를 쾅쾅 쳤고, 자신의 법복만큼이나 얼굴이 달아올랐고, 고함을 쳤으며…"라고 썼고, 그 밖의 여러 자세한 내용도 덧붙였습니다). 또 어떤 사람은 영화에서 소피가 너무 착해서 현실성이 떨어진다고 말합니다. 하지만 또다시, 대본은 소피의 구술 기록, 즉 소피 자신의 언어를 용의주도하게 보여 주고 있습니다. 이 재판 기록은 1989년 베를린 장벽이 무너진 후 동독 지역에서 발견되었습니다.

거리가 되었습니다. 그런데 죽음이 우리를 부를 때, 우리 중 누가 생명을 보존하는 데 더 가까이 갈 수 있습니까? 셰익스피어의 햄릿은 이렇게 말합니다. "이 잔인한 사자, 죽음이 냉정하게 다가오는구나."

죽음은 강력하게 우리를 따라다닙니다—여러모로 말이죠. 우리는 9월 11일에 발생했던 테러 5주년을 통해, 미국에 사는 우리가 거의 보지 못했던 죽음에 초점을 맞추게 됩니다. 이러한 추모는, 우리를 괴롭힌 죽음을 이용하여 9/11과 아무 관련도 없는 수많은 이라크 시민을 죽음으로 내몬 사실이 없었다면 유익했을 것입니다. 죽음이 죽음을 낳습니다. 이게 인간의 이야기입니다. 죽음에서 생명이 나온다면, 그것은 인간의 이야기가 아닙니다. 죽음에서 생명이 나온다면, 그것은 **하나님의** 이야기입니다. 죽은 자에게 생명을 주시고 없는 것을 있게 만드시는 분은 **하나님**이십니다.

우리는 이를 혼동합니다. 우리는 죽음으로부터의 생명을 연상하게 하려고, 갈색 튤립 알뿌리가 봄에 눈부신 꽃으로 나타난다거나, 누가 봐도 죽은 그루터기에서 푸른 새순이 돋아난다는 식의 유비를 사용합니다. 물론 이런 자연의 변화 과정은 우리 마음을 참으로 새롭게 하는 경이로운 일입니다. 하지만 자연 과정은 죽음으로부터의 생명을 **가리켜** 줄 뿐입니다. 그 자체가 죽음으로부터의 생명은 아닙니다. 죽은 자의 부활은 자연 세계에 존재하지 않습니다. 새순, 나무, 나비—모든 것은 언젠가 죽습니다.

이제 오늘 아침 본문으로 돌아가면, 사도 바울은 아브라함에 대해 이야기합니다. 왜 아브라함입니까? 로마서 4장에서 아브라함의 생각의 흐름을 따라가면, 바울은 아브라함이 우리 모두의 아버지, 즉 "모든 믿는 자의 아버지"라는 점을 이해하기를 바라고 있습니다. 혹은 모든 믿는 자의 조상이라는 말을 더 선호할 수도 있습니다. 그가 조상인 이유는 이성과 **대립**합니다. 아브라함은 자신의 능력이 아니라 자신의

무능 때문에 모든 사람의 선조가 됩니다. 구속사에서 아브라함의 자리는 아브라함의 충분함에 따라 결정된 게 아니라 그의 **부족함**에 따라 결정된 것입니다. 아브라함은 의롭기 때문에 유명한 게 아니라, 의로움이 **없어서** 유명합니다. 신학자 더글러스 하링크가 최근 지적했던 것처럼, 어디에서나 '인간의 잠재력'을 말하는 시대에 성경의 사람인 우리는 아브라함의 독특한 특징을 되새길 필요가 있습니다. 즉, **아브라함에겐 인간적 잠재력이 없었습니다.**[2] 그의 인간적 잠재력은 **존재하지 않는 것, 없는 것이었습니다.**

아브라함에게 주신 하나님의 약속을 기억해 봅시다. 창세기에서 하나님은 아브라함의 후손이 무수할 것이라는 약속을 각기 다른 상황에서 적어도 네 번 하셨습니다. 하지만 바울이 로마서 4장에서 강조한 것처럼, 아브라함의 몸은 "백 세에 가까워서 이미 죽은 것이나 다름없었고"(4:19) 그의 아내 사라도 비슷해서 아이를 임신할 수 없었습니다. 바울에게 특히 인상 깊었던 창세기 구절에서, 하나님은 밤에 아브라함을 장막 밖으로 데리고 나오십니다. 우리는 4천 년 내지 5천 년 전 밤하늘이 어땠을지 상상해 볼 필요가 있습니다 — 도시의 불빛도 대기 오염도 없습니다. 혹시 여러분이 밤중에 사막 한 가운데 머무른 경험이 있으시면, 아브라함이 본 것을 잘 짐작하실 수 있습니다.

> 주님께서 아브람을 데리고 바깥으로 나가서 말씀하셨다. "하늘을 쳐다보아라. 네가 셀 수 있거든, 저 별들을 세어 보아라." 그리고 주님께서 아브람에게 말씀하셨다. "너의 자손이 저 별처럼 많아질 것이다." 아브람이 주님을 믿으니, 주님께서는 아브람의 그런 믿음을 의로 여기셨다(창 15:5-6).

---

2 애드먼턴에 있는 킹스유니버시티칼리지(Kings University College)의 조직신학 교수인 더글러스 하링크의 최근 설교.

바울이 그랬듯이, 저 **여기다**reckon라는 단어를 주목하십시오. 로기조 마이λογίζομαι, 이 "현실적인 단어"[3]에 세계의 의미가 담겨 있습니다! 그 어근은 로고스λόγος, 즉 말씀입니다. 아브라함이 원래 의로운 게 아닙니다. 하나님께서 그를 의롭다고 여기시고, "말씀하셨습니다." 로고스, 즉 하나님의 말씀입니다. 더 앞으로 가 봅시다. 창세기 1장입니다. "그리고 하나님이 말씀하셨다. '빛이 있으라.'" 윌 윌리몬이 아주 정확히 언명했듯이, 그리스도교의 모든 과업은 이 세 단어 "**그리고 하나님이 말씀하셨다**"에 달려 있습니다.[4] 하나님께서 말씀하셨습니다. "빛이 있으라." **말씀하시자 빛이 생겼습니다.** 말씀으로 이루어진 창조입니다! 하나님께서 말씀하셨습니다. **그리고 말씀하신 대로 되었습니다.**

신약성경으로 쭉 가서 요한복음의 거대한 서곡을 들어 봅시다.

> 태초에 말씀이 계시니라. 그 말씀이 하나님과 함께 계셨다. 그 말씀 은 곧 하나님이시니라. 그가[그 말씀은 '그것'이 아니라 '그'입니다!] 태초 에 하나님과 함께 계셨고, 만물이 그로 말미암아 지은 바 되었으니, 지은 것이 하나도 그가 없이는 된 것이 없느니라[아무것도 말씀 없이 창조되지 않았습니다!]. … 말씀이 육신이 되어 우리 가운데 거하시매 … 은혜와 진리가 충만하더라(요 1:1-14).

이 엄청난 구절은 말씀으로 말미암은 세계 창조와(만물이 그 말씀으로 "말미암아 지은 바 되었으니") 그로 말미암아 지어진 세계로 그리스도께서 오신 일을 연결시킵니다. 소스라칠 만한 말씀입니다. 그렇지 않습니까? 하나님의 말씀으로 천지를 창조했다는 이런 이야기는 세상

---

3 칼 바르트, 《로마서》(복있는사람 역간).

4 William H. Willimon, *Conversations with Barth about Preaching* (Nashville: Abingdon, 2006). 윌리몬 박사가 전날 밤 동일한 모임에서 설교했습니다.

에 또 없습니다―또한 이 말씀이 예수 그리스도로 성육신하여 세상에 오신 것입니다. 이 말씀은 "죽은 자를 살리시고 없는 것을 있게 만드시는"―무로부터의*ex nihilo* 창조―말씀입니다.

그래서 이 말씀은 생명의 가능성이 전혀 없는 데를 생명으로 '여기시고'*reckon*, 인간이 의로울 능력이 없는 데를 의로움으로 여기시는 말씀입니다. 이 말씀은, 하나님의 약속이 실현되리라고 기대할 만한 가시적 조짐이 전혀 없을 때 하나님의 약속을 믿는 신앙을 불러일으키는 말씀입니다.

로마서의 이 구절에 대한 설교를 듣는 일은 드뭅니다. 제 생각에 우리는 하나님께서 무로부터 무언가를 창조하실 수 있음을 믿으려 하는 것 같지 않습니다. 우리는 우리 자신의 공적을 남겨두려 합니다. 저는 성 아우구스티누스의 글을 좋아합니다. 지금 봐도 그는 아주 현대적인 사람입니다! 그는 펠라기우스와 논쟁할 때 펠라기우스가 쓴 것을 조롱했습니다. 펠라기우스는 "악한 영에 보다 수월하게 저항하도록 도움을 주시는" 하나님이 필요하다고 썼습니다. 아우구스티누스는 이렇게 말합니다(제가 쉬운 표현으로 바꿨습니다). "보다 수월하게"가 무슨 말입니까? 왜 그저, 악을 이기기 위해 하나님의 도우심이 필요하다고 단순하게 말하지 않습니까? "보다 수월하게"라는 말이 보태는 바는 무엇입니까? 그것은 인간의 가능성입니다. 펠라기우스는 우리로 하여금, 우리 스스로 악을 이길 수 있으나 '보다 수월하게' 이기려면 하나님의 도우심을 인식해야 한다고 생각하게 만듭니다.[5]

바울의 편지와 이사야의 예언은 근본적으로 다른 것을 말하고 있습니다. 왜 이사야일까요? 왜냐하면 이 책 중 유배 기간에 쓴 부분(40-55장)은 완전히 새로운 것, 전에 존재하지 않았던 것을 하실 하나

---

5 Augustine, *A Treatise on the Grace of Christ, and On Original Sin*, Book I, ch. 28, xxvii.

님의 약속이 계속 부어지기 때문입니다.

> 보라 … 이제 내가 새로 일어날 일들을 예고한다. 그 일들이 일어나기 전에, 내가 너희에게 일러준다(사 42:9).

> 이제부터 내가 곧 일어날 새 일을 네게 알려 줄 터이니, 이것은 내가 네게 알려 주지 않은 은밀한 일이다. … 지금까지 네가 들어 본 일이 없는 일이다(사 48:6-7).

예언자가 하나님의 새로운 일이 완전히 우리의 능력 밖의 일임을 강조하는 것을 보십시오. 우리는 그 일을 이루어 내기는커녕, 상상해 낼 수조차 없습니다. 그 일은 하나님이 선언하시고, 말씀하시고, 알려 주신 일입니다. 우리가 협력한 일이 아닙니다.

바울은 이 무로부터의 창조를 아브라함에게 하신 약속과 연결시킵니다. 하나님은 무엇을 약속하셨습니까? 존재하지 않았으나 하나님께서 존재하게 하시는 것의 본질이 무엇입니까? 그것은 새로운 피조물입니다. 그 면류관과 영광인 새로운 인류입니다.

새로운 인류. 옛 인류는 아담이라 불렸고 **죄**와 **죽음**에 속박되었습니다. 우리는 이 파멸의 고리 속에 갇혀 있습니다. 지난주에 오사마 빈 라덴이 죽었다는 소문이 떠돌았습니다. 그가 죽었다면 무엇이 달라지겠습니까? 특별히 달라질 것은 없습니다. 테러는 전 세계적으로 일어나고 있습니다. 우리는 평화가 없는 곳에 평화를 창조하실 수 있는 신이 필요합니다.

우리가 새로운 인류가 일어나게 할 수 있을 거라 믿었던 때가 있었습니다. 어떤 이들은 아직도 그렇게 믿는 듯합니다. 미국인들은 인간 본성에 대해, 특히 우리 자신의 본성에 대해 낙관적인 것으로 유명합니다. 치료제가 없을 정도로 확고합니다. 부시 대통령은 미국인들이 선하며 동정심 많은 사람이라는 점을 꾸준히 상기시키고 있습니다. 하지만 그리스도교 신앙은 그렇게 말하지 않습니다. 인간에 대한 그리스도교의 관점은 비극적입니다. 그리스도교의 관점은 착한 미국의 자녀들이 이라크 시민들에게 끔찍한 짓을 할 때 몸서리치지만 전혀 뜻밖의 일이라는 듯이 놀라지는 않습니다. 특정 상황에서 여러분이나 제가 같은 일을 하지 않을 거라고 장담할 수 있습니까? 저는 《아주 평범한 사람들》*Ordinary Men*을 얼마 전에 다 읽었습니다. 제2차 세계대전 중 폴란드에 배치된 예비경찰대대에 관한 책입니다. 이 대대원들은 대개 함부르크 출신이었지만, 샬럿이나 글래스고[이 설교가 행해진 지역] 출신이었을 수도 있습니다. 이 사람들은 그저 평범한 청년, 노동자, 선생님, 자영업자였습니다. 그들이 맡게 된 일은 유대인 남자, 여자, 아이들을 찾아내서, 총으로 쏘고, 시신을 숲에 두고 오거나 큰 구덩이를 파서 함께 묻는 것이었습니다. 아니면 유대인들을 죽음의 열차에 싣는 일이었습니다. 움직일 공간이 없을 만큼 빽빽하게 말이죠. 이 5백 명도 안 되는 일개 대대가 그들의 여정이 끝날 때까지 7만 명이 넘는 사람들을 죽였습니다. 평범한 사람들이 말이죠.

지난주 《뉴욕 타임스》에 눈에 띄는 기사 하나가 있었습니다. 요우크 치항이라는 이름의 한 캄보디아 남성은 크메르루즈의 대량 학살에서 겨우 살아남았습니다. 이 학살에서 200만 명의 캄보디아 인들이 죽었고, 이들 중 상당수는 지성인과 전문인과 교육자였습니다. 요우크 치항은 크메르루즈 학살자들의 증언을 모으는 데 평생을 바쳤습니다. 이 기사는 요우크 치항이 그 학살자 중 한 명과 했던 인터뷰를 담고 있는데요, 그는 당시 14살 소년이었고 자기 목숨에 대한 두려움 때문에 학살자가 되었다고 합니다. 요우크 치항(인터뷰어)은 자신과 자신이 인터뷰한 그 남자의 처지가 바뀌었다면 자신도 달리 행동하지 않았을 것이라고 결론 내렸습니다. "그들이 우리고, 우리가 그들이다. [학살자들은] 우리에게 있는 악한 측면이다. 범죄는 인간이 저지른다. 바로 우리와 같은 사람들이 저지른다."[6] 다시 말해, 우리가 미국 남부에서 흑인에게 린치를 가하고 기념 촬영을 한 백인이 아니었던 이유는 우리의 상황이 그렇지 않았기 때문입니다. 단지 상황이 우리와 그들을 가를 뿐입니다.[7]

우리는 새로운 인류가 필요합니다. 한데 새로운 인류가 어디서 옵니까? 하나님으로부터 온다는 것이 성경의 메시지입니다.

이제 백장미 소피 숄에게로 돌아가서 물어봅시다. "당신이 자기 목숨을 그렇게 버린 요지는 무엇이죠? 그게 어떤 선한 일을 한 건가요?" 이 물음에 답할 필요가 있습니다. 결국 지금은 새로운 인류, 하나님의 새 피조물이 오직 약속의 형태로만 존재합니다. 이생에서 새 피조물의 표징signs은 오직 표징으로만 존재할 뿐입니다. 새 피조물의 표징이 곧 새 피조물은 아닙니다. 그럼에도 표징은 저와 여러분이 여기서 나타내야 하는 것입니다. 그리스도인으로서 우리의 삶은 표징이며, 하나님의 약속과 목적과 능력을 가리키는 화살표입니다. 오늘날 독일의 젊은이들에게 그들의 역사에서 가장 존경하는 인물이 누구냐고 물어보면, 소피 숄과 그녀의 오빠 한스는 늘 다섯 손가락 안에 듭니다.

나치에 저항했던 독일인 중에는 젊은 그리스도인 헬무트 야메스 폰 몰트케도 있습니다. 이분도 나치에게, 동일한 재판관에게 사형 당했습니다. 그가 자신의 아내에게 보낸 편지가 책으로 출간되었는데,

---

6 Seth Mydans, "Survivor Gently Adds Voices to Cambodia's Dark Tale," *The New York Times* (2006. 9. 16.).

7 목 매달린 흑인 남성들의 몸과 활짝 웃는 백인 용의자들의 모습이 담긴 사진은 엽서로 만들어졌습니다. 이 엽서 중 상당수가 아직 남아 있고, 오늘날 박물관에서 볼 수 있습니다.

그의 그리스도교 신앙으로 가득했습니다. 책 제목은 소박하게 《프레야에게 보낸 편지》*Letters to Freya* 입니다. 여러분들은 아마 조지 캐넌이란 이름을 들어 보셨을 수도 있습니다. 그는 아마 가장 존경받는 20세기 외교관일 것 같습니다. 캐넌과 몰트케는 전쟁 전부터 외교계에서 알고 지낸 사이였습니다. 몰트케가 처형당한 후 여러 해가 지나서 캐넌은 다음과 같은 말을 썼습니다.

> [몰트케는] 도덕적으로 가장 위대한 사람이었다. … 우리는 제2차 세계대전의 전선의 양편에 서서 만났다. … 우리 시대에 몇 안 되는 진정한 개신교-그리스도인 순교자 중 하나였던 이 외롭게 분투하는 사람의 이미지는 여러 해가 지났지만 여전히 나에게 도덕적 양심의 기둥으로, 정치적·지적 영감의 마르지 않는 원천으로 남아 있다.

제가 영화를 봤을 때 저 말을 알았더라면, 그래서 그 화난 관객에게 들려주었더라면 좋았을 텐데 말이죠. 글쎄, 뭐 그 화난 남성도 한 가지 점에 있어서는 옳았습니다. 바로 용감한 행동 그 자체로는 새로운 피조물을 들여올 수 없다는 점입니다. 오직 하나님만이 그 일을 할 수 있습니다. 그렇게 행동하는 사람들이 새로운 인류를 시작하는 것도 아닙니다. 아직은 아닙니다. 하지만 그런 행동과 그러한 사람들은 표징입니다. 그런 행동들이 하나님의 말씀이 약속하신 것을 나타내는 표징이기 때문에, 하나님은 그들의 행위를 "죽은 자를 살리시고 없는 것을 있게 만드는 능력"으로 "여기십니다."

며칠 전 저는 신문에서 미시시피의 스톤월이라는 작은 마을의 어떤 남성에 관한 이야기를 읽었습니다. 그는 사업으로 매우 성공한 사람입니다. 그는 자기 회사의 막대한 자금을 들여서 지역 수영장을 재건하는 데 사용하기로 결심했습니다. 그 수영장은 항상 백인만 이용했었고, 흑인들이 들어가게 하기보다 차라리 먼지가 쌓이게 방치했던 곳이었습니다. 40년 넘게 지난 후에야 모든 시민들에게 다시 개장하게 되었습니다.[8] 지금 이게 무슨 의미입니까? 수영을 배운 적 없는 아이들 세대에 새로운 수영장이 어떤 선한 일을 할까요? 인종적 긴장이 여전히 남아 있는 공동체에 어떤 좋은 일을 할까요? 아마 그곳엔 다툼이 있을 것입니다. 아마 백인들은 거기서 수영하고 싶지 않아 할 것입니다. 아마도요. 하지만 그것은 하나의 표징입니다.

완전한 화해, 영속적인 평화, 만민의 해방. 현재로서는 이러한 것들이 오직 약속의 양상으로만 우리에게 나타납니다. 죽은 자의 부활은 아직 존재하지 않습니다. 인류가 "바이오스타시스"나 다른 어떤 수단으로 생명을 복원할 수 있더라도 그것은 그저 옛 삶과 동일할 것입니다―죄가 더한 곳에 **죽음**이 더할 뿐입니다. 우리는 존재하지 않던 것을 창조할 수 없습니다. 하지만 우리는 지금 인간의 견지에서 말하는 것이 아닙니다. 우리는 우리의 협력 없이 우리를 창조하신 하나님에 대해, 우리가 그분을 상상하지도 못할 때에 우리에게 말을 건네신 하나님에 대해서 말하는 중입니다. 우리는 죽은 자를 살릴 수 있으신 하나님에 대해 말하고 있고, 죽은 자를 살린다고 약속하신 하나님에 대해 말하고 있으며, 우리의 영광의 소망이신 예수 그리스도의 성취된 부활을 통해 지금도 우리 안에 이 약속을 능력 있게 만드시는 하나님에 대해 말하는 중입니다.

저는 인간의 가능성에 대해 설교하려고 뉴욕에서 샬럿까지 온 것이 아닙니다. 미국인인 제가 스코틀랜드 교회에 인간적인 방법들을 제안하고자 온 것도 아닙니다. 저는 하나님의 은혜로 왔으며, 저에게 맡기신 사도의 메시지를 가지고 왔습니다. "죽은 자를 살리시고 없는

---

8 Adam Nossiter, "Unearthing a Town Pool, and Not for Whites Only," *The New York Times* (2006. 9. 18.).

것을 있게 만드시는 하나님의" 현전과 능력을 여러분께 공표하려고
이곳에 왔습니다.

아멘.

목숨과도 바꿀 수 있는 to die for

본문: 로마서 5:6-11, 누가복음 18:11-14

저는 토요일에 이곳에 도착해서 이 근방을 돌아다니다가 봄꽃을 봤습니다. 꽃이 너무 예뻐서, 요즘 말로 하면 정말 "끝내준다"to die for●는 생각이 들었습니다. 그러다가 저 표현이 어떻게 시작되었을까, 무언가를 위해 죽는다는 게 정말 어떤 의미일까 궁금해졌습니다.

그리고 오늘 본문인 로마서 말씀을 읽을 때 저런 생각이 다시 들기 시작했습니다.

> 우리가 아직 약할 때에, 그리스도께서는 제 때에, 경건하지 않은 사람을 위하여 죽으셨습니다. 의인을 위해서라도 죽을 사람은 거의 없습니다—더욱이 선한 사람을 위해서라도 감히 죽을 사람은 드뭅니다. 그러나 우리가 아직 죄인이었을 때에, 그리스도께서 우리를 위하여 죽으셨습니다. 이리하여 하나님께서는 우리들에 대한 자기의 사랑을 실증하셨습니다(5:6-8).

● 그것을 위해 죽을 수 있을 만큼 매우 좋다는 영어식 표현입니다. 우리말에서 '좋다'라는 의미를 과장하여 '죽이네', '작살나네'라고 하는 것과 비슷한 표현 방식 같습니다.

바울은 기록자에게 받아 적게 하고 있었습니다. 바울 서신 대부분이 그렇게 기록되었고, 여러분들은 바울의 생각들이 서로 대화하고 있는 방식을 자주 볼 수 있습니다. 예를 들어, 이 구절에서 바울은 "그리스도께서 경건하지 않은 사람을 위해 죽으셨습니다"라는 선언으로 시작합니다. 그런 다음 그는 생각합니다. "내가 방금 뭐라고 말했지? 경건하지 않은 사람을 위해 죽는다고? 누가 경건하지 않은 사람을 위해 죽겠어? 사람들은 대부분 의인을 위해서도 죽지 않아. 그래 … 어쩌면 **의인**을 위해서 과감히 죽는 것을 상상해 볼 수는 있겠지." ('생각에도 소리가 있는지 모르겠지만' 그럼에도 여러분은 바울이 생각하는 소리를 거의 들을 수 있습니다.) 여러분이 6절과 7절을 살펴보시면 그가 얼마나 큰 소리로 생각하고 있는지를 볼 수 있습니다. 7절에는 이를테면 삽입구가 있습니다. 여기서 질문은 다음과 같은 것입니다. 누가 무엇을 위해 죽었는가? 무엇을 위해 "죽을 만"to die for한가? **누구**를 위해 죽을 만한가? 이것이 오늘 밤 설교의 주제입니다.

다른 누군가를 위한 죽음이 비범하다는 걸 파악하지 못할 만큼 무딘 사람은 세상에 없다고 가정해도 무방할 것입니다. 이번 주에 《플라이트 93》United 93이라는 영화가 전국적으로 개봉될 예정입니다. 이 이야기는 잘 알려져 있지만, 9월 11일을 기억하는 사람들에게는 결코 진부해질 수 없는 이야기입니다. 모든 미국인에게 불멸의 이야기입니다. 왜냐하면 플라이트 93의 영웅적인 승객들이 사실 우리 모두를 위해 죽었다는 것을 우리가 알고 있기 때문입니다. 만일 저 비행기가 국회의사당이나 백악관에 충돌하는 데 성공했다면 어땠을까요—그렇습니다. 이런 상상은 영화로 만들기엔 너무 끔찍합니다.

다른 이를 위해 죽는다는 것, 자기 나라를 위해 죽는다는 것, 다른 사람이 살 수 있도록 죽는다는 것. 군인들이 하는 일을 늘 이렇게 설명합니다. 군대의 기념관에 요한복음에 있는 예수님의 말씀이 적혀 있는 경우가 많습니다. "사람이 자기 친구를 위하여 자기 목숨을 내놓는 것보다 더 큰 사랑은 없다"(요 15:13). 보편적으로, 이러한 최고의 희생은 기억하고 숭배할 만한 가치가 있다고 여겨집니다.

하지만 바울이 드는 이 특별한 경우는 요한복음의 경우보다 더 급진적입니다. 이 로마서 구절이 지닌 혁명적인 힘을 모두 이해하기 위해서, 친구를 위한 죽음, 자기 가족을 위한 죽음, 동포를 위한 죽음, 전우를 위한 죽음 같은 개념은 잠시 잊어야 하겠습니다. 바울은 그리스도께서 자기 친구를 위해 죽으셨다고 말하지 않습니다. 바울은 그리스도께서 **경건하지 않은 사람을 위해** 죽으셨다고 말합니다. 바울은 **우리가 그분의 원수였을 때** 그리스도께서 우리를 위해 죽으셨다고 말합니다. **우리가 여전히**[또는 **아직**] **죄인이었을 때** 그리스도께서 우리를 위해 죽으셨다고 말합니다.

저 짧은 단어 **아직** 또는 **여전히**를 주목해 보십시오. 우리가 **여전히 죄인**이었을 때 그가 우리를 위해 죽으셨습니다. 이 말은 많은 짐을 신고 있습니다. 이 말은 우리가 죄 없는 쪽으로 전혀 진보하지 않았다는 의미입니다. 무슨 말인지 이해하셨습니까? 수많은 종교가 사람들이 죄 없는 쪽으로 진보할 수 있다는 개념에 기초합니다. 구약성경은 그게 사실이 아님을 보여 줍니다. 이스라엘 민족은 하나님과의 계약에서 실패했습니다. 실패하고 실패하고 또 실패했습니다. 성공회 기도서 어딘가에 나와 있듯이, "우리는 우리 죄의 사슬에 묶여 있고 얽매여 있습니다." 우리는 음주나 흡연, 운전 중 분노나, 인종 차별에서 실제로 진보를 이룰 수 있습니다만—성령께서 우리 안에서 그렇게 일하십니다—그럼에도 여전히 죄인입니다. 이생에서는 우리가 "주님, 나에게, 이 죄인에게 자비를 베푸소서"라는 말을 멈출 수 있는 때가 오지 않을 것입니다. 사실 우리는 이러한 기도를 우리의 입술과 마음에 늘 달고 다녀야 합니다. 만일 주님께서 이 시간, 이 교회에 들어오

신다면 우리는 즉각 입을 열어 그렇게 말해야 합니다.[1]

예수께서는 저 기도에 대해 비유로 말씀하셨습니다. 성 누가는 예수께서 "스스로 의롭다고 확신하고 남을 멸시하는 몇몇 사람에게"(눅 18:9) 이 비유를 말씀하셨다고 전합니다. 그 이야기는 이렇습니다.

> 두 사람이 기도하러 성전에 올라갔다. 한 사람은 바리새파 사람이고, 다른 한 사람은 세리였다. [이야기의 요지를 이해하기 위해서 세리들이 두 가지 점―부역자였고, 또 거기서 이득을 취했다는 점―에서 경멸받았음을 염두에 두십시오.] 바리새파 사람은 서서, 혼잣말로 이렇게 기도하였다. "하나님, 감사합니다. 나는, 남의 것을 빼앗는 자나, 불의한 자나, 간음하는 자와 같은 다른 사람들과 같지 않으며, 더구나 이 세리와는 같지 않습니다. 나는 이레에 두 번씩 금식하고, 내 모든 소득의 십일조를 바칩니다." 그런데 세리는 멀찍이 서서, 하늘을 우러러볼 엄두도 못 내고, 가슴을 치며 "아, 하나님, 이 죄인에게 자비를 베풀어 주십시오" 하고 말하였다. [예수께서는 그 자리에서 듣고 있던 자기-의에 취한 사람들을 쳐다보며 말씀하셨습니다.] 내가 너희에게 말한다. 의롭다는 인정을 받고서 자기 집으로 내려간 사람은, 저 바리새파 사람이 아니라 이 세리다(눅 18:10-14).

예수께서는 이런 이야기들을 하셔서 죽임을 당하셨습니다.

오직 회심한 사람만이 자신을 죄인으로 생각합니다. 회심하지 않은 사람들은 이런 견해와 아무런 관련이 없을 것입니다. 이것이 우리가 바울의 복음을 거부하는 까닭입니다. 우리는 자신을 죄인처럼 생각하고 싶지 않습니다. 사람들은 우울하게 죄에 대해 이야기하지 말자고

---

1 그리고 실제로 주님의 살아 있는 임재가 말씀과 성찬으로 여기에 계시기 때문에 우리가 항상 죄를 고백하는 것입니다.

합니다. 죄에 대해 듣고자 교회에 오는 사람은 아무도 없습니다(우리는 다른 사람들의 죄를 다룬 험담성 기사를 즐겁게 읽지만, 그것은 그들의 문제입니다). 보다시피 우리는 모두 이런저런 모양으로 바리새인입니다. "우리가 여전히 무력할 바로 그때에, 그리스도께서 우리를 위해 죽으셨습니다"라고 말하는 복음에 저항하는 까닭이 바로 그것입니다. 우리는 무력함을 다루는 그 부분을 좋아하지 않습니다. 그래서 다른 복음, 미국식 복음으로 대체합니다. "하나님은 스스로 돕는 자 자신을 계발하는 자를 도우신다." 여러 여론 조사에서 나타나듯이, 아주 많은 미국인들이 이게 성경에 뿌리를 둔 것이라고 생각합니다. 이것이 성경에서 온 것이 아니라고 끊임없이 말해야 합니다. 성경은 정확히 그 반대로 말합니다. 우리가 스스로를 도울 수 없을 때 그리스도께서 우리를 위해 죽으셨습니다(5:6을 달리 표현함).

"우리가 아직 죄인이었을 때에, 그리스도께서 우리를 위하여 죽으셨습니다. 이리하여 하나님께서는 우리들에 대한 자기의 사랑을 실증하셨습니다. 그러므로 지금 우리가 그리스도의 피로 의롭게 되었으니…" 이 '의롭게 되다'justified라는 말은 예수께서 바리새인과 세리의 비유에서 사용하신 말과 같은 단어입니다. "내가 너희에게 말한다. 의롭다는 인정을 받고서 자기 집으로 내려간 사람은, 저 바리새파 사람이 아니라 이 세리[불의한 사람, 경건하지 않은 사람]다." 이 단어 '의롭게 되다'는 그리스도교 복음을 이해하기 위한 핵심어입니다. 어떤 특정 행동, 미심쩍은 행동을 제안하고 있는 사람에 대해 생각해 봅시다. 그 사람은 다른 사람과 상담 중입니다. 다른 사람이 그에게 "어떻게 그 행동을 정당화할 수 있을까요?"라고 묻습니다. 정당화한다justify는 말은 무언가를 옳게 만든다, 내지는 적어도 옳아 보이게 만든다는 의미입니다. 제프리 스킬링이 엔론의 CEO로서 했던 일을 어떻게 정당화할 수 있습니까?[2] 그는 지금 법정에서 스스로를 정당화하려고 애쓰는 중입니다.

성 바울의 가르침의 아주 핵심인 **칭의** 의화/정당화, justification 라는 단어에 대한 논쟁은 늘 있어 왔습니다. 이 단어는 옳아 **보이게** 만든다는 의미입니까? 아니면 **실제로** 옳게 **만든다**는 의미입니까? 어떤 이들은 바울의 칭의 개념이 법적 허구라고 말합니다. 그러니까 피의자가 실제 유죄인데도 불구하고 '무죄'로 선언한다는 것이죠. 하지만 이는 바울이 의도한 바의 핵심을 이해하지 못한 것입니다. 바울은 하나님의 의로움(이 편지의 주제)이 실제로 변화시키고 있다는 의미로 말했습니다. 즉, 하나님의 의가 실제로 **잘못된 것을 올바르게 만들며**, 바로 그것이 그리스도께서 우리 모두를 위해 죽으실 때 하신 일입니다.

바울의 복음은 누가의 복음보다 더 급진적입니다. 바리새인과 세리의 비유는 아름답습니다. 이 비유는 제게 위로가 됩니다. 또 우리에게 어떻게 기도해야 하는지를 가르쳐 줍니다. 하지만 이 비유만 가지고 생각하면, 죄인을 두 부류로 나누려는 마음이 생깁니다. 즉 자기 가슴을 치고 감히 하늘을 우러르지 못하며 회개하는 세리와 같이 좋은 죄인이 있습니다. 그들의 위대함은 그들의 자책에 있습니다. 그러나 또한 회개하지 않고 어떤 통회도 보이지 않는 나쁜 죄인도 있습니다. 그들이 어떻다는 겁니까?

여기가 '경건하지 않은'이라는 바울의 단어가 등장하는 지점입니다. 우리가 앞서 말했듯이, 바울은 그리스도께서 자기 친구를 위해 죽으셨다고 말하지 않았습니다. 기억나시나요? 바울은 그리스도께서 자기 원수들을 위해 죽으셨다고 말합니다. "우리가 하나님의 원수일 때 하나님의 아들의 죽으심으로 말미암아 하나님과 화해하게 되었습

---

2 2001년 휴스턴에서 수십억 달러 규모의 회사가 무너지면서 자본주의 세계 전체가 요동쳤습니다. 이 회사의 회계가 속임수였다는 사실이 드러났을 때, 이 일에 아무런 잘못이 없는 주주들이 억만금을 잃었습니다.

니다"(5:10). 회개에 대한 언급도, 통회에 대한 언급도 없습니다. 회개는 우리를 회복시키시기 위한 조건이 아닙니다. 가슴을 치는 통회도 우리의 회복 조건이 아닙니다. 우리의 회복을 위해 필요한 조건은 없습니다. 여기에 복음이 있습니다. "우리가 여전히 죄인이었을 때에, 그리스도께서 우리를 위하여 죽으셨습니다. 우리가 하나님의 원수일 때 하나님의 아들의 죽으심으로 말미암아 하나님과 화해하게 되었습니다. … 그리스도로 말미암아 하나님의 진노에서 구원을 얻었습니다"(5:8, 10, 9). 가슴을 치는 통회는 조건이 아닙니다. 결과입니다. 통회는 이러한 좋은 소식에 대한 **우리의 반응**입니다.

우리가 시작할 때 던졌던 질문을 기억해 봅시다. 누가 경건하지 않은 사람을 위해 죽겠습니까? 여러분 머리에 지금 바로 떠오르는 가장 경건하지 않은 사람은 누구입니까? 아마 사담 후세인이나 오사마 빈라덴일 수도 있습니다. 미국 군대가 오사마를 위해 가서 자신들의 목숨을 내어 준다고 상상해 보십시오. 상상이 되십니까? 생각해 볼 수도 없는 미친 짓입니다. 그런데 바울은 예수께서 하신 일이 바로 그런 것이라고 말하고 있습니다. 예수께서 어떤 사람을 위해 죽으신 것입니까? 정확히 하나님의 아들을 십자가에 못 박고 조롱했던 바로 그런 유의 사람들을 위해 죽으셨습니다.

아시다시피, 그리스도교의 가장 핵심은 종교가 아닙니다. 십자가는 종교라고 하기엔 너무 역겨운 것입니다. 바울은 저 말을 기록으로 남긴 최초의 인물입니다. 그는 십자가를 **스캔들**[3]이라고 말합니다(고전 1:23). 여러분이 사전에서 '종교'라는 단어를 찾아보면 모든 정의들이 우리—인간 존재—에 대한 것임을 알게 될 것입니다. 우리는 무언가를 하는 존재입니다. 믿음, 예배, 기도, 예전의 체계—이것들은 다 하

---

3 그리스어 스칸달론($\sigma\kappa\acute{\alpha}\nu\delta\alpha\lambda\text{ο}\nu$)은 약간 자극적인 어감을 가진 우리말[영어] '스캔들' (scandal)보다 더 거슬리는 말입니다.

나님을 찾을 때 **우리가 하는** 것들입니다. 하지만 성경의 이야기는 우리가 하나님을 찾는 이야기가 아닙니다. 하나님이 우리를 찾는 이야기입니다. "아담아, 네가 어디 있느냐?" 아담이 반역하여 창조 세계 전체를 **죄와 죽음**으로 몰아넣은 후 처음으로 들었던 말이 바로 저 말씀입니다. 구속 사역은 하나님의 사역이고, 하나님 홀로 하신 사역입니다. 그것이 우리의 큰 확신이며 우리의 큰 소망입니다. 하나님께서는 가장 큰 잘못을 바로잡을 수 있을 만큼 포괄적인 일을 하셨습니다. 최후의 법정에서, 우리는 우리에게 무죄를 선고할 뿐만 아니라 우리를 하나님의 의의 길로 인도하는 그리스도의 피로 의롭다함을 얻을 것입니다.

이는 하나님 앞에서 우리의 지위가 완전히 바뀌었다는 의미입니다. 더 이상 예전 그대로가 아닙니다. 더 이상 하나님의 원수가 아닙니다. 여러분이 전에 괴롭혔고 경멸했던 사람이 여러분의 목숨을 구해줬다고 상상해 보십시오. 그 일은 그 사람에 대한 여러분의 태도를 철저히 바꾸어 놓을 것입니다. 이제 그 사람이 그저 여러분의 목숨을 구한 게 아니라 실제 치명적인 상황—확실한 죽음이 눈 앞에 있는 기로—에 들어가서 당신을 대신해서, 당신의 자리에 갔다고 상상해 보십시오. 당신의 인생이 바뀔 것이라는 데 의심의 여지가 있습니까?

그것이 바로 그리스도의 십자가의 결과로 우리에게 일어난 일입니다. 이사야의 말을 들어 봅시다.

그는 사람들에게 멸시를 받고, 버림을 받았다―그러나 그가 받은 징계가 우리를 성하게 해 주었고, 그가 매를 맞음으로써 우리의 병을 고쳐 주었다.

바울의 말을 들어 봅시다.

우리가 하나님의 원수일 때 하나님의 아들의 죽으심으로 말미암아 하나님과 화해하게 되었습니다. 그렇다면 화해한 우리가 그의 생명으로 구원을 얻으리라는 것은 더욱더 확실한 일입니다!

그의 죽으심으로, 그의 생명으로. 이것은 성삼일^{Triduum}이 우리에게 가르쳐 주는 것입니다. 성삼일은 이번 주의 성스러운 세 번의 예배입니다―세족식의 목요일, 성금요일, 부활주일 예배. 이것들은 함께 갑니다. 여러분이 만일 세 번 모두 참석하시지 않으면 연속적인 구원의 장면을 놓치게 됩니다. 원수들은 같은 상에 둘러앉아서 같은 떡을 먹고 같은 잔을 나누면서, 잠에 빠지고 그를 버리고 숨으려고 달아나고 세 번 부인합니다―그럼에도 그의 죽으심으로 화해하고 그의 생명으로 구원을 얻습니다. 이렇게 **경건하지 않은 자에게 구원**을 가져다주시려고 하나님의 아들이 자기를 희생하신 이야기와 조금이라도 비슷한 것은 세계 종교 어디에도 없습니다.

"목숨과 바꿀 수 있는 것"^{to die for}이 무엇입니까? 우리입니다. 그대입니다.

아멘.

경건하지 않은 사람을 위한 생명의 물

알림: 이 설교는 로마서가 복음서의 이야기를

어떻게 조명하는지 보여 줍니다.

우리가 아직 약할 때에, 그리스도께서는 제 때에, 경건하지 않은 사람을 위하여 죽으셨습니다. ⋯ 우리가 아직 죄인이었을 때에, 그리스도께서 우리를 위하여 죽으셨습니다. 이리하여 하나님께서는 우리들에 대한 자기의 사랑을 실증하셨습니다.

로마서 5:6-8

한 사마리아 여자가 물을 길으러 나왔다. ⋯ 예수께서 말씀하셨다. "⋯ 내가 주는 물을 마시는 사람은, 영원히 목마르지 아니할 것이다. 내가 주는 물은, 그 사람 속에서, 영생에 이르게 하는 샘물이 될 것이다."

요한복음 4:7, 13

저는 어릴 때 여기 프랭클린에 살았습니다. 저의 할머니이신 에밀리 노플릿 파커는 저에게 성경책을 읽어 주곤 하였습니다. 할머니의 헌신적인 사랑이 제가 평생 성경을 사랑하게 된 배경이 되었습니다. 할머니는 제가 고작 여덟 살 때 돌아가셨지만, 할머니의 선물은 남아 있습니다. 할머니가 시편 24편을 읽어 주셨던 일은 아주 생생하게 기억납니다. 할머니는 킹제임스성경을 읽어 주셨는데, 그 말씀이 무슨 말인지 모르겠다고 불평하고 싶은 마음이 들지 않았습니다. 시편 24편의 한 부분은 이렇습니다.

누가 주님의 산에 오를 수 있으며,
    누가 그 거룩한 곳에 들어설 수 있느냐?
그는 깨끗한 손과 해맑은 마음을 가진 사람….

할머니의 이 시편 소리를 들으면서, 주님의 산에 올라가서 주님의 거룩한 곳에 서는 것보다 세상에서 더 중요한 일은 없다는 생각이 분명하게 들었습니다. 하지만 제가 어떻게 오를 수 있을까요? 누가 주님의 거룩한 곳에 설 만한 사람일까요? "그는 깨끗한 손과 해맑은 마음을 가진 사람"입니다. 제가 제 고사리손을 살펴보고 점검했던 것이 마치 지난주에 있었던 일처럼 기억이 납니다. 제 마음이 과연 깨끗한지는 확신하지 못했지만, 그래도 손은 깨끗해질 수 있다고 생각했습니다(또 하나 염려했던 점은 저 "그는"〔남성 대명사〕이란 말이었지만, 저는 그게 저에게 해당한다는 걸 알았습니다). 이후로 며칠간 저는 손 씻는 일에 엄청 신경 썼습니다. 저는 제가 지금 당장 시편의 요구사항에서 오십 퍼센트 정도에만 미칠 수 있다면, 깨끗한 마음은 나중으로 미룰 수 있지 않을까 생각했습니다. 그 후에 할머니는 시편 24편을 한 번 더 읽어 주셨습니다. "누가 주님의 산에 오를 수 있으며, 누가 그 거룩한 곳에 들어설 수 있느냐? 그는 깨끗한 손과 해맑은 마음을 가진 사람…." 저는 방금 문질러 씻은 제 손을 유심히 보았습니다. 할머니는 분명 제 마음을 읽은 듯했습니다. 왜냐하면 상냥하게 이렇게 말씀하셨거든요. "애야, 그렇다고 손을 씻으란 말은 아니란다. 손을 나쁜 일에 쓰지 말라는 말씀이지."

이럴수가. 제 오십 퍼센트가 날아갔습니다. 저는 빵 퍼센트로 돌아왔습니다. 이것은 제 머리에 처음 들어온 성경 이미지였습니다. 저는 손을 들여다보는 것을 멈추고 제 마음을 들여다보기 시작했고, 저에게 큰 문제가 있다는 것을 알았습니다.

저는 나중에 우리 모두에게 큰 문제가 있다는 것과 생애 초기부터 있다는 걸 알게 되었습니다. 저는 제 아이들이 어릴 때 카풀 운전을 많이 했습니다. 아이들은 제가 함께 있다는 걸 잊은 듯이 다른 아이들에 대해 이야기했고, 저는 아이들의 대화를 들으면서 깨닫는 것이 항상 있었습니다. "매튜 그 애는 멍청해." "메리는 옷을 너무 구리게 입어." "지미는 바지에 지렸더라." 아이들의 대화는 원죄를 완벽하게 실증합니다. 지구상의 모든 인간을 괴롭히는 질병을 말이죠. 지난 수요일 밤, 모니카 르윈스키는 린다 트립*과 거리를 두는 중요한 발언을 했습니다. 르윈스키는 "나는 그녀처럼 되지 않을 거예요", "나는 그녀와 달라요" 하고 말했습니다. 모니카에게 아무리 문제가 있더라도, 그녀는 린다 트립 같은 중년도 아니고, 린다처럼 꼴사납고 세상으로부터 미움받는 사람은 아니라는 것이죠. 우리는 모두 이런 행동을 일삼습니다. 우리는 자신에게 우월감을 줄 만한 더 나쁜 사람을 언제든 찾을 수 있습니다. 우리는 우리 자신이 더 좋은 쪽에 속해 있고 다른 누군가가 나쁜 쪽에 속해 있다고 믿으려고, 등급과 부류를 만들어 사람들을 구분합니다. 우리의 입지가 불안정할수록 이런 현상은 보편적으로 나타납니다. 우리는 **그들과 달라요**. 우리는 **그들처럼 되지 않을 거예요**.

예수께서 이 땅에 계실 때, 그분은 이러한 보편적인 인간 행동 규칙을 따르지 않으셨습니다. 오히려 그분은 가는 곳마다 문제를 일으키는 식으로 행동하셨습니다. 어떤 일이 있었습니까? 예수님은 무슨 일

---

* 르윈스키가 개인적으로 털어놓은 자신에 대한 클린턴의 성 추문을 폭로한 인물.

을 하셨기에, 모든 사람이, 특히 종교적인 사람들이 그렇게 화가 났을까요? 오늘 아침 우리가 읽은 복음서 이야기를 살펴봅시다.

예수님은 사마리아의 어느 마을에 들어가셨습니다. 여러분은 사마리아가 좋은 이웃_{neighborhood}이 아니었다는 걸 염두에 두셔야 합니다. 다들 아시겠지만, 우리가 사람들을 나누는 한 가지 방식은 지역_{neighborhood}별로 나누는 것입니다. 부동산 가격은 이런 식으로 좋은 지역인지 아닌지에 따라 좌우됩니다. 예수님 시대에 유대 지역은 좋은 곳이었고, 갈릴리 지역은 그리 좋은 곳은 아니었으며, 사마리아 지역은 요즘 말로 최악이었습니다. 예수님 같은 유대인들은 가능하면 사마리아에는 가지 않았습니다. 사마리아 사람은 좋은 부류가 아니었습니다. 부모라면 자기 자녀를 사마리아 학교에 보내지 않을 겁니다.

하지만 예수님은 굳이 이 나쁜 지역으로 가셨습니다. 요한복음의 이야기에 따르면, 예수님은 먼 길을 걸어서 피곤하셨고 마을 우물 옆에 앉으셨습니다. 예수님도 피곤하셨습니다. 우리처럼 말이죠. 예수님은 인간이 된다는 것이 어떤 것인지 정확히 이해하고 계십니다. 그는 위에서 내려다보면서 우리에게 "존은 패배자야. 샐리는 실패자고. 마이클은 나약해" 하고 말하지 않으십니다. 그는 우리 가운데 오셔서, 우리의 약함과 실패와 상실을 겪으셨습니다. 그는 지치셨고, 쉬려고 자리에 앉으셨습니다. 우리가 앞으로 보겠지만, 그는 그러면서도 주로 자신의 필요가 아니라 다른 이의 필요에 대해 생각하셨습니다.

여러분도 아시다시피, 예수님 시대에는 로마 귀족들 외에는 수돗물을 사용하는 사람이 없었습니다. 그 당시에는 마을마다 우물이 있었고, 물이 필요하면 우물에 가야 했습니다. 물 긷는 일은 남성의 일이 아니었습니다. 여자의 일이었습니다. 그래서 예수님은 이미 자기 위치를 세 단계나 낮추셨던 것입니다. 먼저 그는 사마리아에 갔습니다. 이것만으로도 충분히 별로죠. 둘째로, 마을에서 가장 괜찮은 사람들,

자기 먹을 물이 집에 있는 사람을 방문한 것도 아닙니다. 셋째, 그는 여인들이 모이는 곳에 앉아 있었습니다. 이렇게 세 단계나 강등하신 것이죠. 남자들은 여자들이 있는 곳에 서성이고 싶어 하지 않았습니다. 그러면 남성으로서의 자기 지위가 약해질 수 있으니까요. 하지만 예수님이 그곳에 도착하셨을 때는 남자도 여자도 아무도 없었습니다. 때는 한낮이었고 무덥고 먼지도 많았기 때문입니다. 그 여인은 초저녁에 날씨가 서늘해질 때까지 기다렸다가 물을 길으러 온 것이 아닙니다. 여인들은 초저녁쯤에나 부엌에 가기 전에 잠깐씩 우물에 들려서 서로 소식을 나눕니다. 그런데 봅시다! 누가 오고 있습니다. 어떤 여인이 큰 물동이를 자기 어깨에 균형을 맞춰 이고서 혼자 걸어오고 있습니다. 이 여인은 왜 한낮에 이리로 오고 있습니까? 곧 알게 됩니다. 예수님은 이 여인을 올려다보시면서 말씀하십니다. "물을 달라."

우리는 여기서 우리 주님께 또 하나의 결점이 있음을 봅니다. 그는 물을 담을 그릇이 없었기 때문에 자기 물을 길을 수도 없었습니다. 그는 여인의 도움에 의지하고 있습니다. 이는 품위 있는 유대인 남자라면 하지 않을 법한 행동이었습니다. 하지만 예수께서는 도움이 필요한 궁핍한 무리에 들어가는 것을 부끄러워하지 않으셨습니다. 그러나 그가 주저하거나 비위를 맞추는 식으로 물을 요구하지 않았음을 주목하십시오. 그는 인간으로서의 취약함을 나타내셨지만 동시에 메시아적 권위도 나타내시며, 아주 높은 곳에서 요구하십니다. "물을 달라."

이제 유념하실 것은, 이 사람이 경멸받는 사마리아인인데다 그것도 여자였다는 점입니다. 당시 유대인 남자는 공공장소에서 여자에게 말을 걸지 않는 것이 상례였습니다. 유대인 여성에게도 말을 걸지 않는데, 하물며 사마리아 여인은 말할 것도 없습니다. 지금까지 우리는 예수님의 결점을 몇 가지나 보았습니까? **하나**, 그는 질이 나쁜 지역에 머물렀습니다. **둘**, 그는 육체적으로 보면 기진맥진한 상태였습니다.

셋, 그는 여자들이 모이는 곳에 혼자 앉아 있었습니다. **넷**, 그는 한낱 여자에게 도움을 요청함으로써 자신의 약함을 노출했습니다. **다섯**, 게다가 그 여자는 경멸 대상인 사마리아인이었습니다.

이제 이야기는 여기서 방향을 바꿉니다. 우리는 이 여성이 사마리아 인일 뿐이 아님을 압니다. 여성일 뿐이 아님을 압니다. 이걸로도 충분 히 나쁘지만 더 있습니다. 그녀는 상종 못 할 공동체에서조차 상종 못 할 자입니다. 이것은 정점이자 **여섯** 번째 결점입니다. 사마리아인 중 에서도 이 여인은 도리에서 벗어난 사람입니다. 그래서 이 여인은 다 른 여인들과 함께 저녁에 오지 않고, 정오에 혼자 우물에 온 것입니다.

예수께서는 사마리아 여인에게 가서 남편을 데려오라고 말씀하십 니다. 여인은 남편이 없다고 말합니다. 예수님이 뭐라고 대답하시는 지 들어 봅시다. "남편이 없다고 한 말이 옳다. 너에게는 남편이 다섯 이나 있었고, 지금 같이 사는 남자도 네 남편이 아니니, 바로 말하였 다." 그래서 이 여인은 한낮에 우물물을 길으러 왔던 것입니다. 그녀 는 마을에 사는 다른 여인들과 마주치고 싶지 않았습니다. 그녀는 살 면서 여러 남자를 만났습니다. 그녀는 다른 여성들처럼 좋은 아내도, 좋은 어머니도 아니었습니다. 다른 여성들은 이 여인을 아래로 내려 다보면서 이렇게 말했을 것입니다. "우리는 이 여자와 달라요." "우리 는 이 여자처럼 되지 않을 거예요."

예수께서 특별히 주목하신 이 여인은 닮고 싶어 할 만한 바람직한 사람이 아니었습니다. 그녀는 떳떳한 사람이 아니었습니다. 우리는 이야기를 읽으면서 이 여인조차도 예수님의 행동에 놀랐다는 것을 배 웁니다. 그녀는 예수께 말합니다. "당신은 유대 사람인데, 어떻게 사 마리아 여자인 나에게 물을 달라고 하십니까? 왜냐하면 유대 사람은 사마리아 사람과 상종하지 않기 때문입니다." 예수님에 대해 기억해 야 할 가장 중요한 것 중 하나는 여러분이 보시는 바와 같이, 그가 아무도 함께하고 싶어 하지 않는 사람에게 특별한 관심을 보이며 접근했다는 점입니다.

앨라배마주 버밍엄의 버지니아 뒤르가 지난주에 소천하였습니다. 여러분은 혹시 뒤르가 어떤 사람인지 알고 계시는지요. 《뉴욕 타임스》부고 기사에 나왔듯이, 그녀는 옛 남부 전통에서 자랐습니다.[1] 그녀는 청년여성연맹Junior League에서 첫걸음을 내디뎠고 거기서 활동했습니다. 그녀는 귀족 출신이었고, 선조들에게 물려받은 재산이 있었으며, 상류층이었고, 이야기 속에 나오는 "남부인의 생활 방식"[2]의 진정한 표본이었습니다. 하지만 그녀와 또한 알라배마 출신인 그녀의 남편은 사마리아인으로 전향했기 때문에 사회에서 따돌림당하는 부류가 되었습니다. 몽고메리에서 로자 파크스가 버스에서 자리를 양보하지 않아서 수감되자, 뒤르 부부는 그녀가 보석으로 풀려나는 것을 돕고자 했습니다.[3] 이들 부부는 몽고메리의 버스 보이콧 운동을 비롯한 여러 민권 활동을 지지했고, 저와 여러분이 상상하기 어려운 대가를 치렀습니다. 클리퍼드 뒤르는 자신이 변호를 담당하던 고객 대부분을 잃었습니다. 이들의 친구들은 대부분 이들을 등졌습니다. 이들은 거리에서 외면당했습니다. 앨라배마에 폭력이 난무하던 그 시절, 이들의 생명과 이들 자녀의 생명까지도 위협받았습니다.[4]

1　*The New York Times* (1999. 2. 25.).

2　"남부인의 생활 방식"(Southern Way of Life)이라는 유명한 문구는 인종 분리 정책에 절대적으로 전념했던 남부 백인들 사이에서 1950년대와 1960년대에 유행했던 말입니다.

3　Virginia Foster Durr, *Outside the Magic Circle, ed. Hollinger F. Barnard* (University of Alabama Press, 1985).

4　사실, 이 특별한 커플은 이보다 10년 전부터 고객과 친구들을 잃기 시작했습니다. 그때는 매카시 시대로, 수치스러운 빨갱이 사냥(공산주의자 사냥)이 전국적으로 유행했는데, 이 커플은 여기에 동참하기를 거부했습니다. 버지니아 뒤르의 편지 모음집, *Freedom Writer* (New York: Routledge, 2003)를 보십시오.

버스 보이콧 이후 40년 넘는 세월이 흘렀습니다. 학교에 다니는 아이들은 모두 로자 파크스의 이름을 압니다. 하지만 버지니아 뒤르의 이름은요? 우리는 지난주 그녀의 부고에서, 파크스 씨가 뒤르 가족에게 편지를 한 통 썼다는 것과 대통령이 공로장testimonial을 수여했다는 것을 알게 되었습니다—그러나 앨라배마의 백인 상당수는 오늘날까지 뒤르를 배신자로 여기고 있습니다. 여기서 진실은 무엇입니까? 배신자는 누구고 영웅은 누구입니까? 그리스도와 같은 식으로 행동한 사람은 누구입니까? '사마리아인'은 누구고 '유대인'은 누구입니까?

민권운동을 하던 시기에 자신의 목숨을 걸었던 사람 중에서도 가장 용감하고 영웅적인 사람은 흑인 소작인들이었습니다. 이들 중 다수는 글을 읽을 줄 거의 모르거나 아예 몰랐는데도, 미시시피에서 매우 위험한 유권자 등록 운동을 위해 수개월, 수년 동안 노력했습니다. 이 소작인들은 이 운동에서 낮은 계층 중에서도 가장 낮은 계층에 속한 사람이었습니다. 이 운동을 하던 같은 인종의 중산층도 이들을 상당히 업신여겼습니다.[5] 도움을 주기 위해 목숨을 걸고 미시시피에 왔던 백인 대학생들과 그 밖의 자원봉사자들—무시무시한 "외부 선동자들"—은 이 극빈층 주민들과 같이 구금되었습니다. 그들은 자신들의 오두막집에 살면서 자신들의 음식을 먹었습니다. 소작인 중 한 명이 나중에 이 젊은 자원봉사자들에 대해 증언했습니다. "우리는 우리를 동물이 아닌 인간으로 볼 만한 사람이 있을까 생각했습니다. 이 젊은이들은 정말 그리스도 같았습니다."[6] 이들은 '사마리아인들' 사이에

---

5 이는 테일러 브랜치의 민권운동사 제2권 *Pillar of Fire* (New York: Simon & Schuster, 1998)를 비롯하여 수많은 책에 설명되어 있습니다. 1964년 민주당 전당대회에서 휴버트 험프리는 유력한 소작농 지도자 패니 루 해머를 "저 문맹 여성"이라고 불렀습니다(*Pillar of Fire*, 470).

6 패니 루 해머가 한 말로, Charles Marsh, *God's Long Summer* (Princeton: Princeton University Press, 1997)에서 인용했습니다.

와서 살고 일하게 되었을 뿐만 아니라, 하층민 소작인들에게 다른 유의 사마리아인, 즉 예수님의 비유에 나오는 선한 사마리아인처럼 보였습니다.

예수님은 사마리아 여인에게 너무 멋진 약속을 하셨습니다. "내가 주는 물을 마시는 사람은 영원히 목마르지 아니할 것이다. 내가 주는 물은 그 사람 속에서, 영생에 이르게 하는 샘물이 될 것이다." 이 여인은 너무 짜릿해서 물동이를 버려둔 채 마을에 들어가서 사람들을 볼 때마다 말을 건넸습니다―그리고 그 결과가 성 요한이 우리에게 들려주는 이야기입니다. "그 동네에서 많은 사마리아 사람이 [예수를] 믿게 되었다. 그것은 그 여자가 … 증언하였기 때문이다." 여러분이 보시다시피, 예수께서는 저 버림받은 여인이 선교사가 되게, 복음 전도자가 되게 하셨습니다. 예수님과 만난 사건 속에서, 경건하지 않은 사마리아 여인은 그 어떤 고결한 유대인 남성 못지않은 사람이 되었습니다.

이것이 예수께서 하신 일입니다. 예수님은 특히 버림받고 짓밟힌 이들에게 다가가 그들을 변화시키십니다. 예수님은 이들에게 영원한 생명의 물을 주십니다. 이 물은 깨끗한 손처럼 다른 무언가를 상징합니다. 예수께서 주시는 이 물은 그분 자신이며, 그분의 신적 생명입니다. 예수님을 받아들이면서 우리는 새로운 사람이 됩니다. 우리는 새로운 여행을 시작합니다. 우리는 타인과 우리 자신을 대비시키고 싶어 하지 않을 것입니다. 우리는 세계를 좋은 이웃과 나쁜 이웃으로 나누려 하지 않을 것입니다. 우리는 좋은 이웃과 더불어 사는 사람조차도 깨끗한 손과 순전한 마음을 지니고 있지 않다는 사실을 이해할 것입니다. 예컨대 여러분은 설교자인 제가 민권운동을 돕기 위해 무엇을 했는지 물어볼 수 있을 것입니다. 저는 뭐 하나도 하지 않았습니다. 저는 리치먼드의 백인 구역에 살고 있었고, 백인 교회에 다녔으며,

가정부에게 인간 이하의 끔찍한 임금을 지급했습니다. 저는 어떤 것에 대해서도 저 자신을 자랑스러워할 수가 없습니다. 복음 설교자는 남들보다 나은 의로움을 주장할 수 없는 연약한 인간 그릇입니다. 앞서 언급한 린다 트립은 불후의 명언을 남겼습니다. "나는 당신과 다르지 않아요."

그래서 오늘의 이야기가 들려주는 기적은 주님의 놀라운 메시지가 바로 우리 각 사람을 위한 메시지라는 것입니다. 성 바울은 오늘의 두 번째 성서일과 본문에서 이 점을 명확히 합니다.

> 우리가 아직 약할 때에, 그리스도께서 … 경건하지 않은 사람을 위하여 죽으셨습니다. … 우리가 아직 죄인이었을 때에, 그리스도께서 우리를 위하여 죽으셨습니다. 이리하여 하나님께서는 우리들에 대한 자기의 사랑을 실증하셨습니다(5:6, 8).

그는 우리의 손이 깨끗해지고 우리의 마음이 순전해질 때까지 기다리시지 않았습니다. 그는 "하나님은 스스로 돕는help 자를 돕는다"라고 말하지 않으셨습니다. 우리가 아직 **약할**helpless 때에, 예수님은 의롭지 **않은** 사람, **부도덕한 사람**, 경건하지 **않은** 사람을 위해 죽으셨습니다. 로마서의 이 두 구절은 성경의 중심 메시지입니다 —**그리스도께서 경건하지 않은 사람을 위하여 죽으셨습니다.** 여러분도 잘 아시겠지만, 주님의 눈에는 우리 모두가 경건하지 않은 사마리아인이지만, **우리가 아직 죄인이었을 때에 그리스도께서는 우리를 위하여 죽으셨습니다.** 우리는 먼저 손을 씻을 필요도 없습니다. 오늘 새로운 신뢰를 품고 가까이 오십시오. 살아 계신 주님은 사람들에게 받아들여지지 못한 사마리아 여인에게 하셨던 말씀을 통해 오늘 우리 모두에게 말씀하십니다. "내가 주는 물을 마시는 사람은 영원히 목마르지 아니할 것이다. 내가 주는 물은 그 사람 속에서, 영생에 이르게 하는 샘물이 될 것이다."

아멘.

오래된, 아주 오래된 이야기

본문: 로마서 5:12-21

제 또래의 사람들은 다소 소침한 경험을 하고 있습니다. 손주들은 전자 기술의 세계에 편안함을 느끼는데, 그게 우리로서는 제대로 통달할 수 없는 세계란 걸 알게 되면서 말이죠. 70대에도 전자 기기를 잘 다루는 사람이 있긴 하지만 많지는 않습니다. 우리는 어느 정도 인터넷 사용법을 배울 것이고 휴대전화로 전화를 걸 수도 있지만, 이러한 복잡한 장치들을 배워서 사용하는 것에 편안함을 느끼지는 않을 것 같습니다.

1960년대 말에 일어난 '젊은이의 반란'youthquake이 한창일 때, 유명한 인류학자 마거릿 미드는 새로운 세대 차이에 대해 몇 가지 강의를 했습니다.[1] 그녀는 이 강좌가 혁명적이기를 의도했고, 당시 제가 이 강좌를 읽었을 때—이 강좌는 책으로 묶여서 나왔습니다—저에게는 확실히 혁명적으로 보였습니다. 제 책은 밑줄과 느낌표와 동감 표시로 가득했습니다. 미드는 전형성pre-figurative 문화와 후형성post-figurative 문화에 대해 말합니다.[2] 후형성 문화는 아이들이 어른들에게 배우는 문

---

1 Margaret Mead, *Culture and Commitment* (Garden City, NY: Natural History Press, 1970).

2 그녀는 또래들로부터의 문화 습득을 지시할 때는 '동형성'(cofigurative)이라는 말을 사

화입니다. 전형성 문화는 세상에 완전히 새로운 것의 도래를 알리기 위해 사용한 말로, 어른들이 아이들에게 배워야 하는 것입니다. 그녀는 말하기를, 후형성적 환경에서 어른들은 변화를 마음속에 담아내지 못하기에 후손들에게 불변하는 연속성에 관한 감각만 전달할 수 있을 뿐입니다.[3] 저는 서른 몇 살에 부모로서 이 글을 읽자마자, 변화를 마음속에 담아내지 못하는 이런 노인병 걸린 어른이 되지 말아야겠다고 다짐했습니다. 네, 저는 신세대에 합류하려고 했습니다. 저와 제 남편은 청년들을 지원하는 데 헌신했습니다. 우리는 미드의 견해를 비롯하여 그녀와 같은 사람들의 견해를 접하며 무척 신났고 뜨거운 피가 끓었습니다. 우리는 새로운 이야기를 쓰는 일에 끼고 싶었습니다.

미드는 이렇게 썼습니다. "나는 새로운 문화 형태가 나타나고 있다고 생각한다. … 어른들은 '나도 안다. [너처럼] 젊은 시절이 있었으니까' 하고 말할 수 있었습니다.[4] 그러나 이제 청년들은 이렇게 말할 수 있습니다. '네, 하지만 당신은 내가 청년으로 살아가고 있는 세상에서 청년으로 살아본 적도 없고, 살아볼 일도 없잖아요.'"[5] 미드는 만일 어른들이 이 새로운 생각을 받아들인다면 아이들은 "열려 있어야 하고 자유로워야 하는 미래를 향해 쑥쑥 자유롭게 자라게" 될 것이라고 말합니다.[6]

오늘날 마거릿 미드의 견해는 이상하게 순진해 보입니다. 그녀가

용합니다.

3 *Culture and Commitment*, p. 2.

4 그녀는 이에 관해 다음과 같이 덧붙입니다. "오늘날 아이들이 직면하는 미래는 앞을 내다볼 수 없는 베일에 싸인 미래다. 따라서 이러한 미래는 안정적이고, 어른들이 통제하며, 부모를 모델 삼는 … 문화 속에서 다루어질 수 없다."

5 *Culture and Commitment*, pp. 62–63.

6 *Culture and Commitment*, p. 96.

묘사한 "깊은, 새로운, 전례 없는, 전 세계적인 세대 차이"라는 게 확실히 있으며, 이는 우리 늙은이들에게 많은 고통과 곤혹감을 선사해 왔습니다.[7] 하지만 새로운 가능성에 대한 그녀의 낙관론은 결과로 입증되지 않았습니다. 그녀는 새로운 글로벌한 관점이 자기 편 집단과 적 집단, 내부자와 외부자의 차이를 제거할 거라고 생각했는데,[8] 지금 보면 터무니없는 생각입니다.

청년들의 능력에 대한 그녀의 확신이 오늘날에는 몽상 같아 보입니다. 그녀는 60년대 후반의 청년들에게 다음 단계가 무엇일지 가르칠 수 있는 어른이 세계 어디에도 없다고 썼습니다. 따라서 어른의 역할이 "어른들을 미지의 방향으로 인도할" 청년들과 대화를 조성하는 것이라고 생각했습니다. 미드의 책은 낙관주의와 믿음—어떤 의미에서는 매우 종교적인 믿음—으로 가득 차 있지만, 그녀 식의 견해는 용기 없고 가르칠 것도 없고 단지 십 대 자녀를 풀어 주는 것이 최선이라고 판단하는 새로운 세대의 부모를 만드는 데 한몫했습니다. 아이들은 어른들의 지도가 필요할 뿐만 아니라 강압적이지 않고 다정하게 지도해 주기를 간절히 바라는데, 부모는 이를 알지 못한 채 "우리는 아이들을 믿어요" 하고 말할 것입니다. 저는 시내에 나갈 때마다 청년들이 무리 지어 서성이는 모습, 누가 마약을 가지고 있으며 누가 하룻밤을 원하는지에 관한 정보를 공유하며 배회하는 모습을 봅니다. 이들의 부모님에게 가서 물어보면, 아마 어깨를 으쓱하면서 "그래서 당신이 뭘 하려고요?" 하고 되묻거나, 아니면 "우리는 아이들을 믿어요"라고 말할 겁니다.

미드는 이 책에서 활짝 열린 미래, 새롭고 더 나은 인류 이야기에

---

7   *Culture and Commitment*, p. 80.

8   *Culture and Commitment*, pp. 75-76.

대해 말합니다. 세 번째 천년기로 바뀔 무렵, 활짝 열린 미래에 대한 진부한 이야기가 많이 있었습니다. 그것은 2000년에 있었던 이야기입니다—아주, 아주 오래 전 일이죠.[9] 만일 여러분이 과거의 그늘에서 벗어날 수 있다고 믿는다면, 진부한 말들도 믿을 수 있겠죠. 잉글랜드의 해리 왕자는 홀로코스트를 잊었습니다. 그가 정말 알고는 있었다면 말이죠.[10] 우리 젊은이 중에는 20세기가 역사상 가장 잔인한 시대였다고 인식하고 있는 분이 계시겠죠? 그런데 무엇 때문에 21세기가 더 나을 거라고 생각하나요? 이런 생각은 인간이 희망적인 상상을 무한히 할 수 있기 때문에 가능합니다.

아이들이 쑥쑥 자유롭게 자랄 열린 미래라는 것이 어디에 있나요? 저는 어릴 때 친구들과 함께 토요일 아침에 도시락을 들고 나가서 마을 여기저기에서 온종일 놀곤 했습니다. 휴대전화로 우리가 어디 있는지 확인하는 사람은 아무도 없었습니다. 어떤 부모님도 아이들을 위해 놀이 약속을 잡아 줄 필요가 없었습니다. 우리는 너무 어두워서 잘 보이지 않을 때까지 깃발뺏기 게임과 깡통차기 게임을 했습니다. 오늘날 세계가 그때보다 더 개방적이고 자유로운가요? 저는 비행기를 타고 여기 오려고 신발, 벨트, 장신구, 스웨터, 자켓, 모자를 벗어야 했습니다—그런 다음에 몸수색도 받아야 했습니다. 이게 열려 있는 자유로운 세계인가요? 이 세계가 앞으로는 어떻게 될까요? 방사능 무기, 생화학 무기, 전염병, 지진, 대량 학살로 이어질지 누가 알겠습니까?

오늘 사순절 첫째 주일, 우리는 새로운 자유와 개방의 세계를 건설하자고 서로 권하기 위해 함께 예배드리러 온 게 아닙니다. 그 대신 우리는 오래된, 아주 오래된 이야기를 되새겨야 합니다. '패러다임 전

---

9 2001년 9월 11일이 미국인의 삶에서 분수령이었다는 점을 나타내려고 한 말입니다.

10 젊은 왕자가 만(卍)자 완장을 차고 나치 복장으로 가장무도회에 가자 영국에서 격렬한 항의가 일어났습니다.

환'에 관한 최신 이야기가 아닙니다. 우리가 어떻게 어리석음, 잔인함, 파괴, 질병, 죽음이라는 계속 반복되는 이 굴레로 들어가게 되었는지 말해 주는 옛이야기를 되새겨야 합니다. 오늘 다루는 이야기는 창세기의 에덴동산에서 시작되며, 왜 우리가 멋진 신세계를 창조해 낼 수 없는지 그 이유를 말해 줍니다.

성서일과의 창세기 본문과 로마서 본문은 쌍을 이룹니다. 사도 바울은 로마에 있는 그리스도인들이 창세기 이야기를 알게 되리라 생각하여 굳이 소개하지는 않습니다. 그는 곧장 이렇게 시작합니다.

> 한 사람[아담]으로 말미암아 **죄**가 세상에 들어왔고, 또 그 죄로 말미암아 죽음이 들어온 것과 같이, 모든 사람이 죄를 지었기 때문에 죽음이 모든 사람에게 이르게 되었습니다. [그리고 그 결과] 죄가 죽음을 통해 사람을 지배하게 되었습니다.[11]

보통 죄에 대해서 이런 식으로 생각하지 않는다는 점을 인식하는 게 정말 중요합니다. 일반적으로는 여기 이 죄, 저기 저 죄, 가벼운 죄, 무거운 죄, 소죄小罪, 대죄大罪 — 이런 식으로 생각합니다. 부작위와 작위라는 구체적이고 개별적인 행위의 측면에서 생각합니다. "우리는 마땅히 해야 할 일들을 하지 않고, 해서는 안 될 일들을 합니다."[12] 이는 죄에 대한 최고의 정의定義 중 하나입니다. 저는 우리가 이 고백을 폐기하지 않고 계속하기를 바랍니다. 하지만 이 위대한 기도조차도 바울이

---

11 에른스트 케제만의 독일어 사역을 옮긴 것입니다. *Commentary on Romans* (Grand Rapids: Eerdmans, 1980), p. 140. 《로마서》(한국신학연구소 역간).

12 오늘날 성공회 교회에서 거의 사용되지 않는 토머스 크랜머의 총고해(General Confession)입니다. 《성공회 기도서》(*The Book of Common Prayer*)의 아침기도에서 발췌하였습니다.

생각했던 것의 핵심에는 전혀 이르지 못합니다. 이 로마서 구절은 **죄**를 현재 지배력을 행사하는 군주로 묘사하고 있습니다. 동료 폭군인 **죽음**과 작당하여, 섬멸군처럼 세상을 돌파하여 진격하는 것이죠.

바울 서신에서 **죄**에 관한 이러한 그림은 복음서에 묘사된 예수님의 축귀 사역과 관련됩니다. 하나님의 아들이 이 인간의 영역에 태어나시자, 아무런 의심 없이 받아들여지는 일은 일어나지 않았습니다. 이 영역은 이미 점령된 상태였습니다. **죄와 죽음**은 지배권을 얻었습니다. 이것이 우리 주님께서 수행하신 축귀 사역에 주목하는 것이 중요한 이유입니다. 그는 **적**이 장악하고 있는 영역에서 귀신들을 몰아내고 있었습니다. 오늘의 성서일과 복음서 본문에서, 그리스도는 사탄과 정면 대결을 펼치고 계십니다. 시험받으신 이야기는 단지 예수께서 우리처럼 시험받고 계신 것에 관한 이야기가 아닙니다. 물론 그런 이야기이기도 하지만, 훨씬 더 그 이상입니다. 이 이야기는 하나님께 매우 실제적인 일신의 **대적자**가 있음을 우리에게 보여 주기 위한 것입니다. 그 **적**은 승리에 골몰하고 있으며 세계 전역에서 날뛸 수 있도록 허용된 자입니다. "악의 축"*은 중동 어딘가에 있지 않습니다. 악의 축은 모든 곳에서 지배권을 얻었으며, 모든 인간의 마음에 지배권을 행사합니다.

바울은 성서로 훈련받지 않는 한 이 세상에서 그 누구도 가정해 볼 수 없는 어떤 것을 상정하고 있습니다. 아담은 에덴동산에서 선택권을 가지고 있었습니다. 아담은 죄로부터 자유롭게 하나님과, 하나님이 창조하신 것과, 하와와, 자기 자신과 완벽한 조화를 이루는 삶을 선택할 수 있었습니다. 하지만 아담은 다른 선택을 했고, 그 결과는 그 이후로 **선택의 여지가 없어졌다**는 것입니다. 물론 여러분은 어떤 차를 살지 선택할 수 있습니다 ─ 돈이 있다면 말이죠. 하지만 **그 누구도 죄와 죽**

---

* 조지 W. 부시가 테러를 지원하는 국가를 가리키기 위해 사용한 말.

음이라는 철칙에서 벗어나는 선택을 할 수는 없습니다. 여러분이 아담이라는 이름의 사람이 실존했는지를 믿든 안 믿든 여기서 차이가 나지는 않습니다. 핵심은 우리 모두가 반역의 상태, 죽음에 이르는 병에 걸린 상태로 태어났다는 것이며, "아담"은 이러한 우리의 상황을 지시하는 이름입니다. 옛사람들은 누군가 나쁜 행동을 하면 "그건 그 사람 안의 아담이야"라고 말하곤 했습니다. 바울은 이 점을 강조합니다.

> 한 사람[아담]의 범죄로 많은 사람이 죽었습니다. … [아담의] 범죄에서는 심판이 뒤따라와서 유죄 판결이 내려졌습니다. … 한 사람의 범죄 때문에 그 한 사람으로 말미암아 죽음이 왕노릇 하게 되었습니다.

바울은 정말로, 정말로 우리가 이 점을 이해하기를 바랄 것입니다. 여러분이 이 단락을 살펴본다면, 바울이 이 말을 적어도 다섯 번이나 한다는 걸 발견하실 겁니다—"한 사람의 범죄 행위 때문에 모든 사람이 유죄 판결을 받았습니다." 우리는 **죄**와 **죽음**에 속박되었습니다. 인간은 활짝 열린 미래를 창조할 능력이 없습니다. 그 반대입니다. 증오를 전 세계로 퍼트리는 기술과 테러리즘은 공포가 지배하며 옥죄는 세상으로 우리를 막무가내로 끌고 갑니다. 이런 세상에서 미국인들은, 시민의 자유를 유보하고 포로들을 고문함으로써 우리가 가장 중요하게 여겼던 가치들을 배신한 것에 대해 생각하게 되었습니다. 이것은 **죄**와 **죽음**의 지배가 우리에게 가져온 것입니다.

이제 바울이 말하는 방식에 귀 기울여 봅시다. 그는 아담에 관한 이러한 진술을 가져옵니다. 그러고는 하나님이 우리 스스로 만든 미래로부터 우리를 건지려고 하신 일을 보여 줍니다. 그리고 이 두 진술을 대치시킵니다.

한 사람의 범죄로 많은 사람이 죽었으나, 하나님의 은혜와 예수 그리스도 한 사람의 은혜로 말미암은 선물은 많은 사람에게 더욱더 넘쳐나게 되었습니다. … 한 범죄에 심판이 뒤따라와서 유죄 판결이 내려졌습니다마는, 많은 범죄에 은혜가 뒤따라와서 의로다 하심['바로잡으심'이 더 나은 번역]을 받았습니다. … 한 사람의 범죄 때문에 그 한 사람으로 말미암아 죽음이 왕노릇 하게 되었다면, 넘치는 은혜와 의의 선물을 받는 사람들은, 예수 그리스도 그 한 사람으로 말미암아, 생명 안에서 더욱더 왕노릇 하게 될 것입니다. 그러니 한 사람의 범죄 행위 때문에 모든 사람이 유죄 판결을 받은 것 같이, 이제는 한 사람의 의로운 행위 때문에 모든 사람이 무죄 판결을 받아서 생명을 얻게 되었습니다.

　　바울은 이런 식의 대조를 두 번 더 반복합니다. 그러니까 이 한 단락에서 이런 말을 총 일곱 번 반복하는 셈입니다―한 사람의 죄는 모든 사람의 죽음을 의미했지만, 또 다른 사람이 저 죄를 바로잡는다는 것은 모든 사람의 생명을 의미합니다.
　　저는 여러분이 이 반복되는 선언의 결론이 무엇인지 볼 수 있기를 전심으로 바랍니다. 저는 오늘 하루 동안만 여러분과 함께 있습니다. 제가 여러분께 전해드릴 것은 이 한 단락뿐입니다. 이 한 설교만 전해드리면 됩니다. 늘 새로운 이 오래된 이야기만 남겨드리면 됩니다. 완전히 재건되는 미래에 관한 이 약속만 전해드리면 됩니다. 이 약속은 하나님의 선물입니다. 어른들을 미래로 인도할 수 있는 새로운 아담과 하와의 자손은 없습니다. 추정컨대 새로운 젊은이는 언제까지나 아담과 같습니다. 새로운 인간은 딱 한 명 있습니다. 예수 그리스도입니다. 예수님은 새로운 인류를 창조할 수 있는 새로운 사람입니다. 그분의 이야기 속에서 우리의 이야기가 재건됩니다. 이는 아이들이 어른들에게 들어야 하는 이야기입니다. 이 오래된 이야기에 우리의 생명이 달린 듯 들려주는 것. 이것이 우리의 책임이자 우리의 소명입니다. 시편 145편이 노래하듯이, "주님께서 하신 일을 우리가 대대로 칭송하고, 주님의 위대한 행적을 세세에 선포하렵니다."

하지만 여러분, 우리는 기억해야 합니다. 사악한 **권세**를 이기신 그리스도의 승리에 우리가 참여할 수 있는 방법은 오직 하나뿐입니다. 우리는 그리스도의 방식대로만 그리스도의 승리에 참여할 수 있습니다. 우리가 우리의 방법대로 노력한다면, 우리는 **죄**와 **죽음**의 지배에 다시 들어갈 것입니다. 유일한 승리의 방법은 십자가를 통한 길입니다. 이런 까닭에 그리스도인을 나타내는 진정한 표지는 악에 대한 분노가 아닙니다. 그리스도인을 구별해 주는 표지는 다른 사람이 우리의 수중에 있을 때 우리가 행동하는 방식입니다. 이것은 그리스도교를 구별해 주는 것입니다. 이것은 십자가에 매달아 죽음에 이르도록 고문하는 자를 위해 기도하신 분의 표지입니다. 이것은 십자가에 처형당하신 분의 독특한 표지입니다. 이것을 가벼이 여기면 그리스도교의 이야기도 가볍게 여겨집니다. 그리스도인을 다른 사람들과 구별해 주는 것이 없어집니다.

요즘 청년들은 아주 많은 '생활 방식'을 소화해야만 할 것 같은 아주 많은 압박을 받고 있습니다. 이런 압박의 메시지는 모두 본질적으로 동일합니다―직업을 구하고, 돈을 벌고, 관계를 맺고, 차를 사고, 배에 식스팩을 만들고, 주식 투자를 하고, 부동산을 사면, 당신은 자유로워질 것이며 당신의 삶^{life}은 충만해질 것이다.

이는 거짓말입니다. 이 모든 게 거짓입니다. 이 중 어떤 것도 생명^{life}을 주지 못합니다. **죄**와 **죽음**의 표지는 저 모든 것에 걸쳐 있습니다. 하지만 오늘 뉴스가 있습니다. 저는 여러분과 함께 있는 동료 죄수인데, 곧 석방될 것이라는 뉴스를 가져왔습니다. 첫 사람 아담은 강합니다. 그러나 둘째 아담 그리스도는 훨씬 더 강합니다.

그러나 죄가 많은 곳에 은혜는 더욱 넘치게 되었습니다. 그것은 죄가 죽음으로 사람을 지배한 것과 같이, 은혜가 의를 통하여 사람을 지배하여, 우리 주 예수 그리스도로 말미암아 얻는 영원한 생명에 이르게 하려는 것입니다.

아멘.

네 원수는 나 자신

알림: 이 설교는 9/11 이후 미국에서 논란이 된 문제인

고문에 관한 콘퍼런스에 도움이 되기 위해 한 것입니다.

본문: 로마서 5:6-9; 8:1; 고린도전서 6:19

예수님에 대한 지식이 많지 않은 사람도 예수께서 원수 ^{적, enemies}을 사랑하라고 말씀하셨다는 것을 압니다. 산상설교에서 바로 이렇게 말씀하셨습니다.

"'네 이웃을 사랑하고, 네 원수를 미워하여라' 하고 말한 것을 너희는 들었다. 그러나 나는 너희에게 말한다. 너희 원수를 사랑하고, 너희를 박해하는 사람을 위하여 기도하여라"(마 5:43-44).

저는 제 사역으로 인해 작은 교회에서부터 큰 교회까지 교파를 막론하고 미국 전역에 있는 여러 교회에 가 보았습니다. 제가 방문한 미국 교회에는 한 가지 공통점이 있습니다. 원수를 위해 기도하지 않는다는 점입니다. 우리 나라 군대를 위해서는 기도합니다. 그러나 적군을 위해서는 기도하지 않습니다.[1]

저는 또한 국가가 용인한 고문 사용 같은 문제에 대해 논하는 교회를 보지 못했습니다. 프린스턴과 같은 대학 도시들은 예외일 수 있지만, 저는 이전에 대학 교회(버지니아대학교)의 구성원으로서 증언할 수 있는데, 그러한 회중들도 그들 특유의 문제가 있으며 또한 자신들의 진보적 헌신에 대해 우쭐대는 경향이 있습니다. 일반적인 미국 교회에 대해 말하자면, 고문 문제는 거의 표명되지 않고 있습니다. 아부그라이브 사진이 처음 등장한 이후, 시사 주간지들은 미국이 용인한 테러리스트 추정자들에 대한 고문 문제를 커버스토리에 싣고 있지만, 우리 미국 시민 중 극소수만이 여기에 관심을 두는 것 같습니다.[2] 제 평생의 기억에는 주요한 공적 문제 중에서 이 문제처럼 의도적으로 무시되어 온 것이 없습니다. 우리는 우리 자신에게, 왜 그런지를 물어야 합니다.

작년 제 고향인 버지니아주에서 줄리어스 얼 러핀이라는 이름의 흑인 남성이 석방되었습니다. 그는 자신이 저지르지 않은 범죄로 인해 21년간 투옥되었습니다. 1982년, 모두 백인이었던 배심원단은 그가 백인 여성을 폭행했다고 유죄 판결을 내렸습니다. 단지 그 백인 여성이 자기 눈으로 러핀이 폭행자임을 식별할 수 있다고 끈질기게 주장했기 때문입니다. 러핀은 DNA 검사를 통해 무죄가 밝혀진 후 풀려났습니다. 앤 맹이란 이름의 그 백인 여성은 드문 일을 했습니다. 자신이 그를 폭행자로 잘못 식별한 데 대해 깊이 뉘우치고 있다고 편지를 썼습니다. 그녀는 그의 배상 문제를 논하기 위해 마련된 주정부 청문회에서 그의 옆자리에 앉았고, 그를 대신해서 증언했습니다. 러핀

---

1   우리 성공회의 기도책에는 적을 위한 좋은 기도문이 있지만, 제가 직접 요청했을 때를 제외하면 이 기도문을 들어 본 적이 없습니다(저는 나중에 국립대성당[National Cathedral]에서 이 기도문을 사용한다는 이야기를 들었습니다).

2   금요일 콘퍼런스에서 연설했던 마크 대너는 수년 동안 미국 정부에 성가신 존재로, 외롭게 자기 목소리를 냈습니다. 그는 출판도 했지만, 아무도 귀 기울이지 않는 것 같다고 말합니다.

씨의 가족들과 마찬가지로, 그녀는 모든 백인 배심원이 피고인인 흑인 남성보다 피해자인 자신을 지지했다고 생각한다고 진술했습니다. 그리고 그녀는 정부위원회에 이렇게 말했습니다.

> 저는 러핀 씨의 투옥에 대해 개인적인 책임을 느낍니다. 하지만 우리의 형사사법제도 또한 어느 정도 책임을 져야 합니다. 이 배심원단이 러핀 씨를 보면서, 그에게서 자기 자신을 보거나 자기 아들이나 자기 형제를 볼 수 있는 사람은 아무도 없었습니다.[3]

제가 보기에 이것이 문제의 핵심인 것 같습니다. 우리는 이라크나 아프가니스탄에서 자행된 고문에 신경 쓰지 않습니다. 우리는 자기 자신을, 또는 우리 가족을 고문당하는 죄수와 같은 종의 사람으로 보지 않기 때문입니다. 저는 며칠 전 신문 칼럼을 하나 읽었는데, 거기서 정치적으로 보수적인 어떤 여성분이 미국 시민들이 감시당하고 있다는 사실에 감정이 상할 일이 없다고 말했습니다. 제 생각에 그녀가 개의치 않을 수 있었던 이유는 자기 전화나 가족들의 전화가 도청당한 적 없거나, 현 정부에 대한 열렬한 충성심 때문에 자기 자신에게 그런 일이 일어나리라고는 상상할 수 없어서인 것 같습니다. 그녀는 자신이 그러한 침해를 당하지 않는다고 생각합니다. 하지만 우리 같은 특정 연령대의 사람들은 FBI가 마틴 루터 킹을 감시했고, 베트남전에 반대하는 것보다 더 나쁜 일을 한 적 없는 우리 친구들을 감시했다는 것을 아주 잘 기억하고 있습니다.

어쩌면 우리의 자녀, 형제, 혹은 우리 자신일 수 있다는 마음으로 피고인을 볼 수 있는 것—그것은 "하나님의 은총이 아니었다면 나도

---

3 Tim McGlone, "State Urged to Pay for 21 Lost Years," *Norfolk Virginian-Pilot* (2004. 2. 4.).

그랬을 것이다"라는 유명한 속담에 담긴 의미입니다. 이 말은 16세기에 잉글랜드인 존 브래드포드가 처음 한 말입니다. 그는 한 무리의 죄수들이 교수대로 끌려가는 것을 보면서 "마땅히 받을 벌을 받는 거야" 하고 말하지 않았습니다. 오히려 그는 "하나님의 은총이 아니었다면 존 브래드포드가 (교수대로) 가고 있었을 거야"라고 말했습니다.[4] 이 간단한 속담은 하나님과 인류에 대한 가장 깊고 근본적인 진리를 표현하고 있기 때문에 400년이 넘는 세월의 시험을 거쳐 아직도 남아 있습니다.

요즘 광고에서 우리가 마땅히 누릴 만한 것에 대해 얼마나 자주 이야기하고 있는지 알고 계신가요? 제가 최근에 들었던 두 가지 광고를 예로 들어 보면 이렇습니다. "당신은 마땅히 아우디를 탈 자격이 있습니다!" "당신이 마땅히 받아야 하는 건강 관리를 위해 마운트시나이 병원으로 오세요." '마땅하다'deserving는 생각은 어디에서 나온 것입니까? 누구에게 무엇이 마땅한지를 누가 결정합니까? 우리는 이제 9/11 이후 백악관이 비밀리에 군법을 개정했다는 사실을 알고 있습니다. 체니 부통령은 이런 식으로 설명했습니다. "우리는 [이 계획이] **그들에게 마땅하다고 여겨지는** 식으로 우리가 **그들 개개인**을 처리할 수 있게 [미리 효력을 갖추어] 보장한다고 생각합니다." 저는 체니 부통령과 저 자신이 반대편임을 확인하려는 게 아닙니다. 저는 당파적으로 정치적인 언급을 하려는 것이 아니라, 그저 인간의 본능적인 반응을 예시하는 것입니다. 그도 저와 똑같은 인간이고, 둘 다 똑같이 하나님의 은혜를 마땅히 받을 자격은 없으며, 똑같이 하나님께서 찾으시는 사람입니다.

디트리히 본회퍼는 고문이 "상대적인 힘의 우월성을 이용하여" 고

---

4 John Bradford (1510-1555), *Bartlett's Familiar Quotations*에서 인용함.

통을 가하는 것이라고 썼습니다.[5] 그리스도인은 마땅히 힘의 우위를 이용하지 않습니다.[6] 칼럼니스트 앤디 크라우치는 "그리스도인이 때때로 권력을 얻도록 부름받는다면(그리고 종종 우리는 그런 식으로 행동합니다) 우리는 아마 우리 주님께서 권력을 포기하신 것을 주시하면서 시작해야 할 것이다"라고 썼습니다.[7] 아이들은 다른 사람을 괴롭히면 안 된다는 것을 어릴 때부터 배워야 합니다. 그러니까 "상대적인 힘의 우위"를 쉽게 이용해서는 안 된다는 것을 말이죠. 미군이 이라크 포로들을 지칭하려고 사용하는 용어는 PUC('퍽'으로 발음됩니다)인데, "통제 아래 있는 사람"person under control이란 뜻입니다. 여기서 강조되는 것은 사로잡는 이의 우월한 힘과 사로잡힌 자의 무력함입니다.

만일 다른 이의 고통을 즐기는 요소가 인간 본성에 없다면, 우리는 이것을 가르칠 필요가 없을 겁니다. 이라크 포로 학대가 미군의 "분노 발산"이라는 수많은 보도가 있었습니다. 마치 별일 아닌 것처럼, 마치 다른 사람에게 고통이나 굴욕을 주는 것이 간편한 스트레스 해소법이라는 듯이 대수롭지 않게 이런 이야기가 나왔습니다. 지난가을, 국제 인권감시기구Human Rights Watch의 보고서에 증언했던 군인 중 한 명은 "어떤 면에서 그건 스포츠였다"라고 했습니다.[8] 사람들은 보통 본능적으

---

5 *Ethics* (New York: Macmillan, 1965), p. 185. 《윤리학》(역본 다수). 이용함(taking advantage)에 관하여 본회퍼가 지적한 내용은 고문에 관한 법무부의 정의에는 분명히 빠져 있지만, 매우 중요한 부분입니다. (취조에 관한 이 악명 높은 2002년 8월 1일의 메모는 캘리포니아-버클리대학교 법학 교수인 존 유가 대체로 작성한 것입니다. 메모에 따르면, 고문으로 간주되려면 고문 기법이 [말하자면] "장기부전, 신체 기능 장애, 죽음 같은 심각한 신체적 부상을 동반하는 통증에 상응하는" 고통을 만들어 내야 합니다. 이 말은 예컨대 *The Washington Post* [2005. 12. 26.]에서처럼 널리 계속 인용되고 있습니다).

6 이는 C. S. 루이스가 전통적으로 가장 군주적이고 강력한 동물로 여겨지는 사자를 그리스도에 대한 상징으로 사용한 취지입니다.

7 "Always in Parables" column, *Christianity Today* (2004. 2.).

8 "Torture in Iraq," *The New York Review of Books* (2005. 11. 3.).

로 이런 경향성을 부인하겠지만, 이는 인간 정신 속에 흐르는 암류暗流를 이해하지 못한 것입니다. 그리스도교 전통에서 이러한 암류는 **죄**라는 이름으로 불립니다. 사순절이 다가오면 교회에 다니는 우리는 우리 죄를 고백하는 전통적인 행동을 거쳐 갈 것입니다. 우리가 한 국가의 국민으로서 진정으로 우리 죄들을 식별하고 회개하기 위해 모인다면 좋은 일일 겁니다. 우리의 가장 위대한 대통령인 워싱턴과 링컨은 전국적인 규모로 회개를 촉구했습니다. 오늘날 대통령이 그렇게 하는 것을 상상하기는 어렵습니다.

최근에 나온 《워싱턴의 횡단》*Washington's Crossing*이란 책에서, 역사학자 데이비드 해킷 피셔는 조지 워싱턴이 '통제 아래 있는 사람들'에 대한 미국의 정책을 개인적으로 설정한 방식을 묘사합니다.

> 뉴욕에서의 전투가 있고 나서 영국 군인은 수천 명의 미국인 전쟁 포로를 극도로 잔인하게 다루었다. … 몇몇[미국인]은 탈출했고, 그들이 전한 기록은 매우 충격적이었다. 제2차 세계대전에서 일본군에게 사로잡힌 미국인 포로들이 전한 기록처럼 말이다.
>
> [그러나] 트렌턴 전투 이후 포로에 대한 미국의 정책이 드러났다. 조지 워싱턴은 당시 미국인들이 얻고자 분투했던 인간의 권리를 똑같이 가진 인간으로서 헤센[영국이 고용한 독일인 용병] 포로를 대우하도록 명령했다. 헤센들은 … 예의와 심지어 친절로 자신들을 대하는 것을 보고 놀랐다. … 프린스턴 전투 이후 이 정책은 영국인 포로들에게까지 확대 적용되었다. 워싱턴은 자신이 가장 신뢰하는 장교 중한 명에게 포로들을 돌보라고 명령했다. "자네는 영국군 [211명의] 사병을 돌보라. … 그들을 인간으로 대하고, 영국 군인들이 잔혹하게 우리의 불쌍한 형제들unfortunate brethren을 다룬 본보기를 우리가 모방했다고 불평할 이유가 없게끔 하라." ['불쌍한 형제들'[그리스도인이 신앙의

해킷은 이렇게 결론 내립니다.

> 의회와 대륙군(독립전쟁 때의 미국군)은 일반적으로 [이러한] '인류애
> 정책'을 채택했다. 독립전쟁에서 그들의 도덕적 선택은 미국 독립 혁
> 명의 의미를 확장했다.[9]

정보를 뜯어내기 위한 수단으로 고문을 옹호하는 이들의 주장은 9/11 이후 우리가 전과는 다른 형태의 적을 상대한다는 것입니다. 이 적은 조지 워싱턴이 헤센을 대우했던 것처럼 대우받을 만한 그런 적이 아니라는 것이죠. 그러나 이는 새로운 주장이 아닙니다. 인류를 마땅히 대우받을 자격이 있는 사람과 없는 사람으로 나눌 수 있다는 발상은 보편적인 생각입니다. 이를 토대로 사람을 구분 짓는 일은 우리 모두가 원래 하던 것이고, 의로운 사람과 불의한 사람을 구별하는 것은 종교에 내재된 발상입니다. 그런 까닭에 로마서 3장에서 성 바울의 선언은 매우 반종교적이고 급진적입니다. "거기에는 아무 구별[차별]이 없습니다. 모든 사람이 죄를 범하였습니다. 그래서 사람은 하나님의 영광에 못 미치는 처지에 놓여 있습니다. 그러나 사람은, 그리스도 예수 안에서 얻는 구원으로 말미암아, 하나님의 은혜로 값없이 의롭다 함을 얻습니다."

그래서 이제 미국적 가치에서 내려서 보편적인 그리스도교의 복음으로 갈아탈 때입니다. 그리스도 예수의 관점에서 볼 때 '마땅함'에 관한 이야기는 위험한 영역입니다. 모든 사람이 〈어메이징 그레이스〉

---

9 David Hackett Fischer, *Washington's Crossing* (Oxford, 2004), pp. 378-79.

나 같은 죄인 살리신 찬양을 좋아하는 것 같지만, 모든 사람이 이 찬양 가사의 의미를 이해하는 것은 아닙니다. '은혜'grace라는 단어의 의미는 바로 **당찮은 호의**입니다. 받을 자격 없이 베풀어진 호의입니다. 마땅히 받을 만한 자격이 있는 사람에게 베풀어진 것이라면, 그건 은혜가 아닙니다. 놀라울 amazing 것도 없습니다.

어메이징 그레이스는 그리스도교 복음의 관점에서만 온전히 이해될 수 있습니다. 적^{원수}을 사랑하라는 예수님의 가르침이 그분의 죽음과 부활에서 떨어져 나온다면 전혀 이치에 맞지 않게 됩니다. 성금요일과 부활절이 아니었다면, 우리가 그의 가르침을 멋진 금장 상자에 넣어 놓고 의례가 있을 때마다 흠숭하며 기리기 위해 가지고 나왔다가 나머지 시간에는 선반에 고이 모셔 두는 게 정당할 겁니다. 하지만 우리는 예수님을 나이스한 종교 선생님으로 만들 수 없습니다. 십자가 없이는 예수님의 가르침을 진지하게 받아들일 수 없습니다. 그리스도교 신앙은 유일하여 다시 반복될 수 없는 어떤 사건에 기초합니다. 그 사건은 우리가 현실을 이해하는 방식을 근본적으로 바꾸어 놓았습니다. 십자가는 밝히 나타내 줍니다. 자신의 신적 생명과 자기 적들의 생명을 맞교환하시는 하나님을 우리가 예수 그리스도 안에서 보고 있다는 사실을 말이죠.

이 적들은 누구입니까? 트리니티교회와 방문자들에게 저는 몇 분 전까지만 해도 낯선 이방인이었고, 저에게 여러분도 낯선 사람이었습니다. 하지만 이제 복음의 힘 안에서 우리는 하나입니다. 로마서 5장에 귀 기울여 봅시다.

> 우리가 아직 약할 때에, 그리스도께서는 제 때에, 경건하지 않은 사람을 위하여 죽으셨습니다. [불의한 자는 고사하고] 의인을 위해서라도 죽을 사람은 거의 없습니다. … 그러나 우리가 아직 죄인이었을 때에

[불의할 때에, 당찮을 때에, 자격 없을 때에], **그리스도께서 우리를 위하여 죽으셨습니다.** 이리하여 하나님께서는 우리들에 대한 자기의 사랑을 실증하셨습니다. … **우리가 하나님의 적^{원수}일 때에도 하나님의 아들의 죽으심으로 말미암아 하나님과 화해하게 되었습니다**(롬 5:6-10).

그리고 우리는 베드로전서에서 이런 말씀을 봅니다.

그리스도께서도 죄를 사하시려고 단 한 번 죽으셨습니다. 곧 의인이 불의한 사람을 위하여 죽으신 것입니다. 그것은 그가 육으로는 [십자가에서] 죽임을 당하셨으나 영으로는 [부활로] 살리심을 받으셔서 여러분을 하나님 앞으로 인도하시려는 것입니다(벧전 3:18).

여러분, 이것이 어떻게 모든 사람을 포괄하는지 보이십니까? 베드로와 바울은 우리 모두가 자격 없는 자에게 베푸시는 하나님의 은혜를 받은 사람임을 보여 줍니다. 이것이 바로 우리가 상상할 수 있는 어떤 구별도 넘어서는 형제와 자매로 우리를 만들어 주는 것입니다.

여러분은 여러분의 형제, 자매, 부모님의 몸이 어떻게 다루어지기를 바라십니까? 우리에게 오늘의 성서일과로 이 서신서 말씀이 정해져 있다는 사실은 주목할 만한 일입니다. "여러분의 몸은 여러분 안에 계신 성령의 성전이라는 것을 알지 못합니까? 여러분은 성령을 하나님으로부터 받아서 모시고 있습니다. … 그러므로 여러분의 몸으로 하나님을 영화롭게 하십시오"(고전 6:19-20). 바울은 고린도 교인들에게 육신의 삶에 대해 가르치고 있습니다. 고린도 회중은 매우 '영적인' 사람들이었습니다. 그들은 육신의 생활이 하나님께는 중요치 않다고 생각했습니다. 중요한 것은 '영'이었습니다. 바울이 그들에게 보낸 편지는 질책이자 교정이었습니다. 모호하고 신비로운 무형의 방식으로 하나님을 영화롭게 하는 것이 아닙니다. 그리스도 제자들의 현실적이고 육신적인 삶에서 하나님은 영광을 받으십니다.[10] 육체가 사람이라는 것은 매우 히브리적인 개념입니다.

하지만 더 있습니다. 오롯한 본문 말씀은 이렇습니다.

> 여러분의 몸은 여러분 안에 계신 성령의 성전이라는 것을 알지 못합니까? 여러분은 성령을 하나님으로부터 받아서 모시고 있습니다. 여러분은 여러분 자신의 것이 아닙니다. 여러분은 하나님께서 값을 치르고 사들인 사람입니다. 그러므로 여러분의 몸으로 하나님을 영화롭게 하십시오.

여러분은 하나님께서 값을 치르고 사들인 사람입니다. 어떤 값을 치르셨습니까?

그 값은 하나님의 아들의 생명이었습니다. 완벽하게 의로운 자기 생명을 **아무 데도 의롭지 않은** 죄 많은 인간의 생명과 맞바꾸신 것이죠. 내가 다른 인간을 볼 때, 그가 내 적이라 할지라도—특히 그가 내 적일 때—나는 그리스도께서 자신의 생명을 바친 사람을 보고 있는 것입니다. 그리스도께서 부활로 생명을 주신 사람을 보고 있는 것입니다. 오직 이러한 눈으로 바라볼 때만 적을 사랑하라는 가르침을 이해할 수 있습니다.

자기 **친구**를 위해서라면 누구나 좋은 일을 할 수 있습니다. 훌륭한 군사라면 자기 전우를 위해 죽을 것입니다. 이것은 언제나 전장의 규칙이었습니다. 여기에 특별히 그리스도교적인 것은 없습니다. 우리가 그리스도를 나타내는 방법은 우리의 **적들**이 무장 해제되어 우리의

---

10 고린도서의 구절은 특별히 성적인 도덕에 관한 것이지만, 이것이 모든 신체적 삶에 적용된다는 점에는 의심의 여지가 없습니다.

수중에 놓였을 때, 그들에게 육체적인 해를 가하기를 거부하는 것입니다.[11] 이것이 그리스도교 복음이 작동하는 모습입니다.

아멘.

---

11 "무장 해제되어 우리의 수중에 놓인다"는 문구는 매우 중요합니다. 여기서 필연적으로 철저한 평화주의가 도출되는 것은 아닙니다. 무장하여 위협해 오는 적을 물리적인 수단으로 막아야 할 때도 있을 것입니다.

그 한 사람

아담 한 사람의 범죄 때문에 그 한 사람으로 말미암아 죽음이
왕노릇 하게 되었다면, 넘치는 은혜와 의의 선물을 받는 사람
들은, 예수 그리스도 그 한 사람으로 말미암아, 생명 안에서 왕
노릇 하게 되리라는 것은 더욱더 확실합니다.

로마서 5:17

지난 주말 저는 비행기 잡지 하나를 집었습니다. 비행기 잡지들은 우리가 체험할 수 있는 멋진 일과 멋진 장소들을 보여 줍니다. 비행기 표를 많이 살 수 있다면 말이죠. 제가 집은 비행기 잡지에는 롤러코스터에 관한 기사가 있었습니다. 기사는 요즘 롤러코스터가 대유행이라는 점을 설명하고 전국에 다양한 놀이기구를 평가했습니다. 짜릿한 사진도 많이 있었습니다. 저는 놀이기구가 얼마나 안전한지와 사고 빈도가 얼마나 낮은지에 대한 통계가 특히 기억에 남았습니다. 음… 그런데 아시다시피 바로 이번 주에 젊은 여성이 그레이트 어드벤처 놀이공원에서 롤러코스터를 타다 튕겨 나와서 죽었습니다. 그 여성은 안전벨트를 제대로 매지 않았습니다.

우리는 롤러코스터를 완전히 새로운 시각에서 바라보게 됩니다. 그렇죠? 우리는 너무도 쉽게 모든 게 잘 될 거라고, 우리는 위험하지 않

다고 생각하며 안심하게 됩니다. 사실 위험이라는 건 우리가 돈을 쓰며 즐기는 '짜릿함'일 뿐이며 모든 것이 좋은 쪽으로 되어 가고 있다고 우리는 편안하게 생각하며 안심합니다.

또 다른 예화가 있는데, 이건 좀 많이 다른 이야기입니다. 2주 전에 우리 가족은 끔찍했다고밖에 설명할 수 없는 어떤 경험을 했습니다. 제 딸 엘리자베스는 6월 8일 월요일에 유럽으로 떠날 예정이었습니다. 엘리자베스는 뇌종양을 앓았었고 수술 후 9개월 동안 엄청난 합병증이 발발해서 1년을 연기했던 여행이었습니다. 그래서 이번 유럽 여행에는 우리 가족의 감정이 말로 표현할 수 없을 만큼 들어가 있었습니다. 엘리자베스는 짐을 싸고 정리하는 데 몇 주가 걸렸습니다. 그리고 목요일에 모든 준비를 마쳤습니다.

6월 4일 목요일 저녁이었습니다. 엘리자베스는 자기 눈이 이상하다고 제게 말했습니다. 금요일 아침 7시에 긴급히 눈을 검사하러 신경안과 의사를 찾아갔습니다. 그리고 9시 30분에 돌아왔습니다. 딕과 저는 엘리자베스가 집에 들어설 때 발소리를 듣고 뭔가 좋지 않다는 것을 직감했습니다. 검사 결과 시신경에 비정상적인 압력이 발견되었습니다. 표현할 수 없는 두려움, 울렁거림, 공황, 공포의 물결이 우리를 휩쓸고 갔습니다. 우리 가족이 마음속에서 떨쳐 내고자 했던 유일한 공포는 종양이 다시 자라나는 것이었는데, 우리는 바로 이것이 원인이라고 생각했습니다. 이것 말고 다른 원인을 생각할 수 없었습니다.

CT 촬영이 11시 30분으로 잡혔습니다. 결과는 오후 1시 30분쯤에 나온다고 했습니다. 우리는 결과를 기다리기 위해 신경과 의사 진료실로 갔습니다. 우리는 병원 복도에서 의사를 만났습니다. 그는 자신이 어쩌지 못하는 불안한 표정을 보였고, 우리는 초조해졌습니다. 9:30에서 오후 1:30 — 제 인생에서 가장 긴 네 시간이었습니다. 그 시간 동안 저는 시골 친구와 우연히 마주쳤습니다. 사람 좋은 그 친구는 밝은 목소리로 "안압 증상은 그냥 스트레스 때문일 거야"라고 말하며 저를 위로하려 했습니다. 그러나 저는 화를 다스리기 힘들었습니다. 친구의 말을 들으며 저는 "당신이 모든 것을 잃었을 때 정신을 유지할 수 있다면, 당신은 상황을 제대로 이해하지 못하고 있는 것이다"라는 패러디가 떠올랐습니다. 저는 "시신경 유두부종 증상은 수치가 말해 주는 거야. 컴퓨터로 출력한 수치"라고 말했는데, 너무 퉁명스럽게 말했던 게 아닌가 싶습니다.

오후 1시 30분. 신경과 진료실에서 우리를 불렀습니다. 의사의 표정에서부터 몸짓에 이르기까지 모든 면에서 곧바로 좋은 소식임을 직감하게 되었습니다. 그는 뜸 들이지 않고 바로 입을 열었습니다. "엘리자베스, 곧 좋아질 거야. CT 사진이 깨끗해." 괴로운 기다림은 네 시간이었는데, 엘리자베스의 삶과 미래가 우리에게 회복된 건 반 초도 안 걸렸습니다. 종양은 없었습니다. 저는 울면서 주저앉았고, 크리넥스를 붙들고 있어야 했습니다.[1]

이 사실을 아는 사람은 거의 없었습니다. 너무 순식간에 일어난 일이라 누군가에게 말할 시간도 없었습니다. 게다가 더 구체적으로 판명되기도 전에 다른 가족들까지 고뇌와 긴장으로 끌어들일 필요는 없어 보였습니다. 저는 제가 오후와 주말 내내 사람들을 붙들고 우리가 헤어나게 된 이야기를 하고 있다는 걸 발견하게 되었습니다. 그리고 이내, 사람들이 그 경험의 크기를 온전히 이해할 수 없다는 것을 배우게 되었습니다. 그것은 전달 불가능했습니다. 실제로 그 해방을 겪어 보지 않은 사람과 우리가 느낀 감정을 완전하게 공유할 수 없었습니다.

로마서 5장에서 바울은 자신이 발휘할 수 있는 모든 열정을 담아

---

1 엘리자베스는 그다음 주 월요일에 유럽으로 떠났습니다 —그녀는 눈이 아파서 알약 수백 알을 복용했지만, 여행을 할 수는 있었습니다. 시신경에 압력이 증가한 건 종양이 아닌 다른 문제 때문이었고, 치료가 가능했습니다.

서, 온 세계가 처한 위험과 그리스도인이 가까스로 탈출한 죽음의 위험에 대해 썼습니다. 그는 교회에 어떤 메시지를 보내는 중이었습니다―인류가 그리스도 안에서 무엇을 얻게 되었는지를 보려면, 우리는 우리의 것이어야 했던 저 끔찍한 운명을 이해해야 한다는 내용이었습니다. 바울은 교회에 정량화할 수 있고 측정할 수 있는 객관적인 증상(그리스도가 없었다면 여러분은 죄 가운데 죽었습니다. 여러분은 길을 잃고 심판받고 미래도 없고 소망도 없습니다. 온 세계가 병들었고 암에 걸렸으며 종양이 발견되었으며 '불치병'에 걸렸습니다)을 컴퓨터 출력물로 보여 주려 하고 있습니다.

성 바울은 **죄**의 편만한 영향력에 대해 매우 분명하게 씁니다. 그는 자신의 글에서 **죄**를 의인화합니다. **죄**가 마치 (실제 현실에서) 군림하는 군주인 것처럼 말이죠. 그는 "**죄가**" 모든 사람에 대한 "지배권을 따냈다"라고 말합니다.[2] 바울은 **죄**에 대해서는 그것이 애용하는 독특한 무기인 죽음으로 무장되어 있다고 묘사하고, **죽음**에 대해서는 세상을 향해 돌진하는 섬멸군처럼 묘사합니다. 이런 식으로 말이죠. "죄가 세상에 들어왔고, 또 그 죄로 말미암아 죽음이 들어온 것과 같이, 모든 사람이 죄를 지었기 때문에 죽음이 모든 사람에게 이르게 되었습니다"(5:12). 그리고 그 결과 "**죄**가 죽음을 통해 지배권을 얻었습니다." 이는 우리가 실제로 죄의 지배 영역, 죽음의 영역에 살고 있다는 뜻입니다. 정확히 "악의 제국"[3]에 살고 있는 것이죠. 이 제국에는 전혀 탈

---

2 "죄가 지배권을 따냈다"(Sin won dominion)는 5:21절에 대한 에른스트 케제만의 번역입니다. *Commentary on Romans* (Grand Rapids: Eerdmans, 1980.《로마서》[한국신학연구소 역간]). 그는 또한 5:17에서는 "죄가 지배권을 얻었다"(sin gained dominion)는 표현을 사용합니다. 이는 확실히 [그리스어를 독일어로 옮기고, 독일어를 영어로 옮긴] 중역입니다만, 제프리 W. 브로밀리[영역자]는 핵심 강조점을 잘 포착했습니다.

3 이 설교를 했을 당시, 로널드 레이건이 소련 정권을 나타내기 위해 사용한 주지의 표현입니다.

출구가 없습니다. 이주도, 망명도, 밤에 강을 건너는 것도, 배나 열기구나 무언가를 타고 탈출하는 것도 불가능합니다.[4] 죄와 죽음(성경에 따르면 이들은 파트너입니다)은 우리를 완전히 지배하고 있으며, 죄의 영향권 밖에서 태어나서 살기를 선택할 수 있는 사람은 아무도—전혀—없습니다.

바울은 자신의 독자들이 창세기 이야기를 알고 있다고 가정합니다. 하나님은 아담을 창조하시고 에덴동산에 두셨고 선택할 수 있는 자유를 주셨습니다—아담은 죄의 간섭을 받지 않고 하나님과, 하와와, 자기 자신과 완벽한 조화를 이루며 사는 길을 선택할 수 있었습니다. 아담은 이런 삶을 선택하지 않고, 하나님을 거역하는 불순종의 길을 택했습니다. 그리고 그 이후로 선택의 여지가 없어졌습니다.[5] 그 누구도 **죄**와 **죽음**의 철권 통치 바깥에서 사는 삶을 택할 수 없습니다. 바울이 로마서 1장에 쓴 것처럼, 하나님은 "우리를 [죄에] 넘기셨습니다"우리를 내버려 두셨습니다. "한 사람[아담]으로 말미암아 죄가 세상에 들어왔고, 또 그 죄로 말미암아 죽음이 들어온 것과 같이, 모든 사람이 죄를 지었기 때문에 죽음이 모든 사람에게 이르게 되었습니다." 아담의 불순종이라는 전염병은 인류 전체의 분순종을 초래했습니다. 여러분이 문자 그대로 아담이란 이름의 사람이 실존했는지를 믿든 안 믿든 차이는 없습니다. 핵심은 우리 모두 반역의 상태, 죽음에 이르는 병에 걸린 상태로 태어났다는 것이며, "아담"은 이러한 우리의 상황을 지시하는 이름입니다.

---

4 이는 이 설교를 했을 당시 뉴스에서 동구권에서의 탈출을 언급할 때 사용하던 표현입니다.

5 히포의 아우구스티누스는 이를 다음과 같은 식으로 설명합니다—에덴에서 아담과 하와는 선택할 수 있었다. 즉 죄를 지을 수도 있었고(*posse peccare*) 죄를 짓지 않을 수도 있었다(*posse non peccare*). 타락 후, 죄를 짓지 않는 선택이 불가능하게 되었다(*non posse non peccare*). 하나님이 만들고 계신 새로운 창조에서는 더 이상 죄를 짓는 것이 불가능하다(*non posse peccare*). 그제야 우리는 참된 자유를 갖는다.

한 사람의 범죄 행위[아담의 불순종] 때문에 모든 사람이 유죄판결을 받았는데 … 한 사람[아담]이 순종하지 않음으로 말미암아 많은 사람이 죄인으로 판정을 받았는데 … [그래서] 죄가 죽음 안에서 지배권을 따냈습니다(5:18-21).[6]

아담과 예수 그리스도. 두 사람은 세상을 결정했습니다. 아담의 세계는 죄와 죽음의 세계입니다. 그리스도의 세계는 하나님이 주시는 새 생명과 참된 자유의 세계입니다. 아담의 세계는 창조주 하나님께 반역한 데서 비롯되었습니다. 예수 그리스도 안에 있는 새 세계는 하늘 아버지의 은혜에서 비롯되었으며, 우리의 불순종을 삼킨 예수님의 순종의 승리를 통해 그 효력이 발생하게 되었습니다.

로마서에서 바울은 아담 안에서 인간이 처한 끔찍한 곤경을 기술하는 데 많은 분량을 할애합니다.

한 사람[아담]으로 말미암아 죄가 세상에 들어왔고, 또 그 죄로 말미암아 죽음이 들어왔습니다. 그리고 죽음이 모든 사람에게 이르게 되었습니다. 한 사람이 순종하지 않음으로써 많은 사람이 죄인이 되었습니다.

바울은 그리스도 안에서 우리의 생명이 죽음의 문턱에서 빠져나오게 되었다고 말하려는 중입니다. 말하자면 그는 우리를 붙잡고, 우리가 구출된 이야기를 들려주려고 안달 나 있습니다. 그리고 바울은 우리가 이 이 이야기를 우리 자신의 것으로 만들지 않는 한, 우리가 공

---

6 저는 계속 케제만의 번역을 사용하고 있습니다. 케제만의 로마서 주석은 (골치 아프더라도) 유례없이 강력한 작품입니다. 제 책장에 있는 케제만 로마서 주석은 오랫동안 너무 많이 봐서 닳고 닳았습니다.

유해 본 적 없는 누군가의 경험을 간접적으로 듣는 것밖에 될 수 없다는 점을 알고 있습니다.

요즘에는 바울이 발언할 기회가 잘 없습니다. 죄에 대한 이 모든 이야기를 듣기가 어렵습니다. 20세기의 교양 있고 세련된 사람들은 죄에 관한 이야기를 관둔 지 오래되었습니다―우리는 강박적 행동이나 신경증적 패턴, 일탈이나 병리학, 장애나 그 밖의 무엇(자기 스스로 하는 것)에 대해서든 말하지만, 죄에 대해서는 말하지 않습니다. '죄'는 인간 행위의 궁극적 심판자이신 신에 대한 믿음과 관련해서만 이치에 닿는 말입니다. 우리의 문화는 그러한 신에 대한 신뢰를 상실했기에, 죄에 대해 말하지 않습니다. 그 대신 우리는 스트레스에 대해 말합니다. 우리는 스트레스 관리 과정을 이수하면 모든 것을 통제할 수 있을 것으로 생각합니다. 반면에 바울은 스트레스가 아니라고 말합니다.[7] 죄는 객관적이며, 입증될 수 있는 실재이며, 여기에 그 증거가 있습니다. 죄는 아담이 시동을 건 불순종의 결과이며, 죄의 필연적 결과는 유죄 판결, 곧 하나님과의 궁극적 분리입니다. 죄는 아담 이후 전염병처럼 인류를 통해 퍼진 질환입니다. 인간의 조건입니다. 이는 그리스도교의 원죄 교리에 관한 성경의 근거입니다.[8] 바울은 아담 종족의 일

---

7 제 딸의 이야기가 죄와 관련이 없는지는 (아담과 하와의 타락의 결과로 질병을 비롯한 고통이 창조 세계에 들어왔다는 점을 제외하고는) 분명하게 알 수 없습니다. 저는 제 딸의 질병이 어떤 식으로든가 죄와 관련이 있다고 말하려는 게 아닙니다. 이 맥락에서 제 딸의 이야기를 한 목적은 좋은 소식의 필요성을 느끼지 못한 사람들에게 좋은 소식을 전달하는 것이 어렵다는 점을 설명하기 위해서입니다.

8 반드시 '아담'을 실존 인물로 생각할 필요는 없습니다. 어쩌면 바울 자신도 창세기 1-3장을 '문자 그대로' 받아들이지 않았을지 모릅니다. 창세기 이야기의 힘은 하나님에 대한 인간의 반역이 원래 완벽했던 창조 세계를 망쳐 버렸으며 우리 모두를 감염시켰음을 말해 주는 데 있습니다.

타락 이야기의 해석을 추구하는 데 관심 있는 이들에게 폴 리쾨르(Paul Ricoeur)보다 더 좋은 해석자는 없습니다. 그는 타락을 상징적으로 이해해야 한다고 설명하면서 이렇게 씁니다. "타락 이야기에는 신화의 위대함이 있다. … 우리는 **두 가지 존재론적 상황 사**

원이 된다는 것이 무슨 의미인지 이해하지 못하면 이 상황도 이해하지 못할 것이라고 말합니다. 이 롤러코스터는 죽음으로 끝납니다. 우리가 [안전벨트를] 제대로 매지 않았다고 말하는 것은 돌려 말하는 것입니다. 아담의 자손인 우리는 우리가 통제할 수 없는 힘에 완전히 휘둘리고 있습니다. 우리의 삶을 에워싸서 삶이 끔찍하게 어그러지도록 만드는 힘에 말이죠.

하지만 바울의 논증의 효과는 나쁜 상황에 처해 있다는 걸 납득시킬 수 있는 바울의 능력에 달려 있지 않음을 인식하는 것이 대단히 중요합니다. 여러분은 엘리자베스 이야기에서, 위험하지 않다는 게 분명해질 때까지 제가 눈물을 흘리지 않았다는 사실을 기억할 겁니다. 저는 제 가족이 해방되었다는 사실에 압도되기 전까지는 주저앉지 않았습니다. 해방 deliverance 자체가 저를 주저앉게 했습니다. 이것이 제가 바울과 더불어 전달하고자 하는 요지입니다. 우리의 이전 상황이 공포였음을 조명해 준 것은 하나님의 은총입니다. 우리는 우리가 안전함

이의 단절을 상징하는 **사건**이라는 생각을 간직해야 하며 … 과거의 사실이라는 생각을 버려야 한다." [이 '단절'은 확실히 바울이 로마서 5장에서 아담과 그리스도에 대해 길게 다루면서 염두에 두고 있던 것입니다.]

리쾨르는 이렇게 이어갑니다. "뱀은 다음과 같은 상황을 나타낸다. 인간의 역사적 경험에서 모든 개인은 이미 악을 발견한다. 악을 절대적으로 시작한 사람은 없다. 아담이 순진한 시간적 의미에서의 첫 인간이 아니라 전형적 인간이라는 의미라면, 아담은 각 개인으로 시작하는 인류의 '출발'에 대한 경험과 인간의 '상속'에 대한 경험을 모두 상징한다." [이는 확실히 바울이 로마서 5장에서 그린 것입니다.]

"뱀은 … 악에서 인간의 책임 있는 자유에 동화될 수 없는 측면을 상징한다. … 유대인들은 악마론(demonology)에 맞서 자신들의 양보 없는 유일신론으로 잘 무장되었지만, 그들 자신도 [그들이 경험한] 사실에 따라, 유배 이후 발견하게 된 거대한 이원론을 … 어느 정도 부득이 허용하게 되었다. … 당연히 사탄은 또 다른 신일 수 없다. 유대인은 뱀도 창조의 일부라는 점을 늘 기억할 것이다. 그러나 적어도 사탄이라는 상징은 인류 이전의 악마적 존재에 악의 기원을 두는 두 번째 동향을 통해, 인간 안에 악이 집중되는 동향을 상쇄할 수 있게 해 준다." (Paul Ricoeur, *The Symbolism of Evil*, pp. 233, 235, 243, 257-59. 《악의 상징》[문학과지성사 역간]. 강조를 추가함.)

인식할 때에만 우리를 덮친 위험의 심각성을 인지하게 됩니다. 그제서야 우리는 감사하면서 주저앉습니다. 바울은 무엇보다도 감사와 기쁨이 우리를 그렇게 압도할 수 있기를 바라고 있습니다. 그리고 나서 우리는 모든 사람에게 그 이야기를 들려주고 싶어 합니다. 사람들을 그이야기 속으로 끌어들이고 싶어 합니다. 다시 한번 들어봅시다.

한 사람으로 말미암아 죄가 세상에 들어왔고, 또 그 죄로 말미암아 죽음이 들어온 것과 같이 … 죽음이 모든 사람에게 이르게 되었습니다. … 그러나 … 한 사람의 범죄로 많은 사람이 죽었으나, 하나님의 은혜와 예수 그리스도 한 사람의 은혜로 말미암은 선물은, 많은 사람에게 더욱더 넘쳐나게 되었습니다. … 아담 한 사람의 범죄 때문에 그 한 사람으로 말미암아 죽음이 왕노릇 하게 되었다면, 넘치는 은혜와 의의 선물을 받는 사람들은, 예수 그리스도 그 한 사람으로 말미암아, 생명 안에서 왕노릇 하게 되리라는 것은 더욱더 확실합니다.
    그러니 한 사람의 범죄 행위 때문에 모든 사람이 유죄판결을 받은 것 같이, 이제는 한 사람의 의로운 행위 때문에 모든 사람이 의롭다는 인정을 받아서 생명을 얻게 되었습니다. 한 사람이 순종하지 않음으로 말미암아 많은 사람이 죄인으로 판정을 받았는데, 이제는 한 사람이 순종함으로 말미암아 많은 사람이 의인으로 판정을 받을 것입니다.

여러분이 보시다시피, 바울은 작은 것에서 더 큰 것에 이르는 식으로 논증을 쌓아 가고 있습니다. 그가 말한 대로 "더욱더" 그리스도의 은혜의 행위가 우리를 구원합니다. 그리스도가 아담보다 "더욱더" 강하여 승리를 거둡니다. "그 한 사람" 아담은 자신과 함께 온 인류를 반역으로 몰아넣었습니다. "그 한 사람" 예수 그리스도는 "넘치는 은혜와 의의 선물"을 "더욱더" 주십니다.

저는 바울이 했던 것 이상으로 여러분께 이를 드러내 보일 수는 없습니다. 우리는 그리스도 "그 한 사람"을 믿는 신앙으로 이를 알고 있습니다. 아슬아슬하게 탈출하는 느낌은 자신들도 무저갱의 벼랑 끝에서 빠져나왔다는 걸 인지하지 못하는 사람들에게는 전달하기 어려운 경험입니다.

여러분이 이 상황을 고려해 보시기를 제가 낼 수 있는 모든 열정을 담아 권합니다. 아담의 삶은 극도로 위태롭습니다. 우리는 질병, 범죄, 상실, 사고, 침해, 정신병, 테러로 매 순간 위협받고 있습니다. 설상가상으로 우리에게는 비난과 정죄의 위험도 있습니다 ─ 당신이 실제 어떤 사람인지 드러나는 것, 우리가 가장 사랑을 갈구하는 사람에게서 거절당하는 것, 하나님의 궁극적인 유기. 인간의 입장에서 말하면, 이것은 우리의 유산입니다.

바울이 말하기를, 우리는 여기서 가까스로 탈출했습니다! 예수 그리스도, 우리의 심판자이신 하나님의 아들은 우리를 구하러 오셨습니다. 구원할 수 있는 신적 권능을 가지고 인간의 무대에 문자 그대로 모습을 드러내셨습니다. 이는 절망적인 위험과 기적적인 구원deliverance의 드라마입니다. 비할 데가 없습니다. 이것은 제 이야기일 뿐만 아니라 여러분의 이야기입니다.

> 한 사람의 범죄 행위 때문에 모든 사람이 유죄판결을 받은 것 같이, 이제는 한 사람의 의로운 행위 때문에 모든 사람이 의롭다는 인정을 받아서 생명을 얻게 되었습니다. … 아담 한 사람의 범죄 때문에 그 한 사람으로 말미암아 죽음이 왕노릇 하게 되었다면, 넘치는 은혜와 의의 선물을 받는 사람들은, 예수 그리스도 그 한 사람으로 말미암아, 생명 안에서 왕노릇 하게 되리라는 것은 더욱더 확실합니다.

바울은 우리가 세상 그 무엇보다 우리의 구원자 "그 한 사람 예수 그리스도"를 인정하기를 원합니다. 그 한 사람 안에서 우리가 단번에 해방되었고, 우리의 길에서 하나님의 부활의 삶으로 편입되었으며, 죽음의 지배에서 메시아의 지배로 옮겨져, 온갖 형태의 악을 이기신 승리에 참여하게 되었음을 알기를 원합니다.

인생의 중반기에 이르니, 소위 또 다른 구원자들의 상충하는 주장들을 점점 더 많이 접하게 됩니다. 공중파 방송과 서점은 다양한 구루들gurus, 영성 지도자들, 자칭 구속자들의 호소로 가득합니다. 그리고 인생의 중반기에서 저는 그들 중 어느 누구에게도 생명이 없음을 점점 더 인식하게 됩니다. 사실 더 훨씬 더 세게 말할 수도 있습니다. 그들 또한 아담 종족의 일부고, 그들이 아무리 '영적'으로 보이더라도 그들도 **죄와 죽음**의 지배를 받는 일원이라고 말이죠—하나님의 성령이 저에게 그 소식을 전하지 않으셨다면, 저 역시 마찬가지겠지요.

바울은 비교할 수 없는 좋은 소식을 가지고 왔습니다. 우리는 **이미** 하나님의 은혜 안에 서 있습니다. CT 사진은 깨끗합니다. 우리는 **이미** 그의 능력의 장중에 있으며, 저승에서도 안전합니다. 여러분은 예수 그리스도 안에서 오고 있는 위대한 구원을 붙잡으실 건가요? 우리가 우리의 여정에서 우리를 안전하게 매 줄 수 있는 그 한 사람을 인정하고 우리의 삶을 그분께 맡기는 것. 바로 그것이 사도의 절실한 관심이었습니다.

그분을 인정하고 그분을 신뢰하는 것이 방법입니다. 저는 여러분이 엉터리 구원자에게 자신을 맡기지 않기를 기도합니다. 아담의 지배권 아래 태어나지 않은 유일한 구원자가 있습니다.[9] 단 한 사람입니다. 그 한 사람은 예수 그리스도입니다—그분 홀로 우리를 **죄와 죽음**의

---

9 신학자 폴 L. 레만은 그리스도를 하나님이 세상을 바꾸시는 아르키메데스 점이라고 말하곤 했습니다.

지배에서 벗어난 생명으로 구속하실 수 있습니다. 그분 안에만, 그 한 사람 안에만 기쁨과 평화와 구원과 무죄 선고가 있습니다. 안전한 귀향이 있습니다. 오직 그분 안에만. 그분에게만. 그 한 사람.

그 한 이름.

예수 그리스도.

아멘.

세례받은 자의 마지막 출구

본문: 로마서 6:4-13

주 예수님의 세례를 축하하는 이 날, 우리의 본문은 로마서에서 세례와 직접 관련되는 구절입니다. 성 바울은 이렇게 씁니다.

> 세례를 받아 그리스도 예수와 하나가 된 우리는 모두 세례를 받을 때에 그와 함께 죽었다는 것을 여러분은 알지 못합니까? 그러므로 우리는 세례를 통하여 그의 죽으심과 연합함으로써 그와 함께 묻혔던 것입니다. …
>
> 우리가 그리스도와 함께 죽었으면, 그와 함께 우리도 또한 살아날 것임을 믿습니다. 우리가 알기로, 그리스도께서는 죽은 사람들 가운데서 살아나셔서, 다시는 죽지 않으시며, 다시는 죽음이 그를 지배하지 못합니다.
>
> 여러분은 죽은 사람들 가운데서 살아난 사람답게, 여러분을 하나님께 바치고 …

더 이상 **놀랄** 것도 없지만, 특히 뉴욕에서는 그렇지만, 저는 여전히 **충격**을 느낄 수 있습니다. 저는 크리스마스 직전에 제가 가장 좋아하는 서점인 셰익스피어앤컴퍼니 창문을 통해 봤던 것에 깊은 충격을 받았습니다. 이 서점은 이곳 브로드웨이에서 남쪽으로 몇 블록 떨어진 곳에 있습니다.

그 서점에는 크리스마스 선물로 포장된 책들이 진열되어 있었습니다. 각 책의 포장지는 제목과 표지 디자인을 약간 볼 수 있게끔 솜씨 좋게 뜯어져 있었습니다―한 예로 마돈나의 신체 일부가 보였습니다. 이걸 보고 제가 괴로웠던 건 아닙니다. 제 토대를 흔들어 놓은 것은 크리스마스 포장지로 쌓인 역사책과 소설과 유명인의 전기와 나란히, 자살 방법을 다룬 데릭 험프리의 책《마지막 출구》*Final Exit*가 진열되어 있었다는 사실입니다. 크리스마스 선물로 진열된 죽음. 저는 제가 이 책을 봤을 때처럼 여러분도 이 소식을 듣고 충격을 받으셨으면 합니다.

저는 여기 모이신 모든 분이 이 주제와 관련하여 우리 사회에 극적인 변화가 일어났다는 걸 알고 계시리라 생각합니다. 불과 몇 년 사이에 자살에 대해 경악하는 경향은 줄고 자살을 낭만화하는 경향이 생겼습니다. 우리는 이제《햄릿》에서 햄릿과 호레이쇼가 여행에서 돌아와 어떤 일이 벌어졌는지 알지 못한 채 자살이라고 안내된 '초라한 장례식'을 보는 장면에서 특별한 충격을 느끼지 못합니다. 자기 목숨을 끊은 사람이 오필리아라는 것을 알고 연민과 두려움을 느끼긴 하겠지만요.

그렇습니다. 이것은 주일에 꺼내기에는 이상한 주제입니다. 그러나 저는 요단강에서의 우리 주님의 세례 축일이 삶과 죽음의 문제를 자세히 들여다보도록 요구한다고 생각합니다. **바로** 우리가 자신이 세례받은 의미를 이해하고 수용할 수 **있도록** 말이죠.

여기에 매우 민감한 목회적 문제가 있음을 감지하고 계신 분도 있을 것 같습니다. 자살은 우리 대다수에게 가까이 다가왔습니다. 우리 중 누군가는 자신의 자살에 대해 생각해 봤을지 모릅니다. 우리가 아끼는 누군가가 자살을 생각하고 있거나 시도해 봤을지도 모릅니다. 우리 가족이나 친구의 가족 중에서 스스로 목숨을 끊은 사람이 있을지도 모릅니다. 제가 깊이 사랑하는 몇몇 사람들이 최근 하나 이상의 방법으로 자살에 가까이 다가갔습니다. 저는 이에 관하여 설교단에서는 **목회자로서** 말씀드릴 수가 없는데, 그렇게 하려면 각 사람이 처한 상황에 최대한 주의를 기울여야 하기 때문입니다. 다만 삶과 죽음에 대해, 그리고 최근 수정주의자들의 자살관에 대해 그리스도교 세례의 맥락에서 **신학적으로** 말하는 게 제 목적입니다.

얼마 전, 저는 어떤 남성분과 이야기 나눌 기회가 있었습니다. 저는 그분이 지닌 정신과 마음의 자질을 깊이 존경합니다. 저는 그에게 서점 진열대에 관해 이야기했습니다. 그 역시 매우 놀랐습니다. 저는 그가 유대인이었지만 전통적인 의미에서 종교적인 사람이 아니란 걸 알고 있었고, 그래서 그에게 자살을 생각해 본 적이 있는지 물어봤습니다. 그는 없다고 했고, 저는 왜 없냐고 물었습니다. 그는 "그건 너무 굴복하는 느낌이잖아요"라고 답했습니다. 저는 그 말에 감탄했습니다만, 저는 그리스도인이라서 굴복에 긍정적인 의미를 부여하는 데—이를테면, 하나님의 뜻에 **굴복함**—익숙한 사람입니다. 저는 몇 주 동안 이에 대해 곰곰이 생각해 봤습니다. 신학적인 관점에서도 그만큼 인상적인 무언가를 생각해 내려고 말이죠. 바울의 말이 제 머릿속에 떠올랐습니다. "세례를 받아 그리스도 예수와 하나가 된 우리는 모두 세례를 받을 때에 그와 함께 죽었습니다. … 그러나 우리가 그리스도와 함께 죽었으면, 그와 함께 우리도 또한 살아날 것임을 믿습니다. … 여러분은 죽은 사람들 가운데서 살아난 사람답게 여러분 자신을 하나님께 바치십시오."

거의 십 년 동안 저는 자살이란 주제와 관련된 기사, 스크랩, 인용문을 파일에 모아 놓았습니다. 최근 몇 달 동안,《마지막 출구》가 베스트셀러 목록과 서점 매대에 나타난 후 그러한 기사 수가 비약적으로 늘어났습니다. 저는 가위질하느라 바빴습니다. 특히 주목할 만한 부분은 누군가의 자살을 정당화하려는 사람들의 증언이 늘었다는 것입니다. 그들에게 소중한 사람이 혼자서 자살했든 그들이 실제로 죽는 것을 도왔든 간에 말이죠. 오늘 밤에는 베티 롤린과 그녀의 어머니의 실화를 바탕으로 한 〈마지막 소원〉이라는 텔레비전 프로그램이 방영될 예정입니다.《타임》의 평에 따르면, 이 TV 드라마는 딸이 병든 어머니의 죽음에 적극적으로 관여하는 것을 극적으로 표현하면서 이를 매우 지지하고 있습니다.

저는 제 파일에서 하나를 골랐습니다. 작년에 유명 작가인 저지 코진스키가 매우 뜻밖에도 자살했는데, 그때 뉴욕 문학계 전체가 충격을 받고 동요하는 것 같았습니다. 다양한 설명, 합리화, 정당화가 쏟아져 나왔습니다.《뉴욕》이란 잡지는 다음과 같은 코진스키 아내의 말을 인용했습니다. "저지는 자신이 해야 할 일을 했다. 그는 자신의 모든 출구가 봉쇄되었다고 느꼈다." 기자는 이렇게 말을 이었습니다. "그런 점에서 코진스키의 자살은 실존적 결단으로 볼 수 있다. 삶을 너무도 사랑한 나머지 자신이 설정한 조건이 아닌 다른 식으로는 살 수 없었던 이의 영웅적 행위로 볼 수 있다."

자살이라는 주제에 관하여 제가 아는 한 가장 인상적인 신학적 글은 디트리히 본회퍼의《윤리학》에 나옵니다. 이 책은 글 조각일 뿐입니다. 그는 이 책을 완성하지 못했습니다. 2년 동안 수감되었다가 나치에게 교수형을 당했기 때문입니다. 그는 "실존적 결단", "영웅적 행위"에 경의를 표하면서 논의를 시작합니다. "자살은 특히 인간의 행동이며, 만일 이런 이유로 고결한 인간의 정신이 자살을 칭찬하고 정당화한다면 놀랄 일이 아니다. … 자살은 인간이 인간으로서 궁극적이고 극단적인 자기-정당화 ^{자기·의화, self-justification}를 하는 것이다. … 이 행위는 보통 절망 상태에서 일어나지만, 이런 절망의 한가운데서도 최고의 자기-정당화 행위를 수행하는 것은 인간의 자유다."

본회퍼는 여기서 스토아철학이라고 불리는 귀족적 철학에 경의를 표하는데, 스토아철학은 고대 철학이긴 하지만 오늘날에도 가장 강력하고 이례적인 사람들이 지지하고 있습니다. 스토아철학은 인간의 존엄성에 대한 고결한 견해에 바탕을 두고 있기 때문에, 그리스도교 도덕과 항상 라이벌이었습니다. "자기 자신에게 정직하라"라는 폴로니우스의 말은 지극히 개인주의적인 스토아 신조의 정수입니다. 본회퍼는 "끔찍한 외로움과 자유 속에서 이 [자살] 행위가 일어남"에 관하여 말하면서, 자살에 대한 스토아적 관점을 수용한 "고귀한 인간 정신"에 경의를 표합니다. 여기에 굴복이란 없습니다. 여기에는 **신**학도 없습니다. **신**이 없기 때문입니다. 그리고 본회퍼는 그리스도교 신학자로서 다음과 같이 새로운 단서를 제시합니다. "그럼에도 자살이 부당하다고 선언해야 한다면, 자살은 필멸자 내지 인간의 법정이 아니라, 오직 하나님의 법정에서만 기소되어야 한다. 자살이 불신이므로 부당하다고 여길 수 있는 것은 살아계신 하나님이 있기 때문이다. 신뢰가 없는 것은 도덕적 잘못이 아니고 … 하나님을 고려하지 않은 것이다. **인간은 자살로도** 인간을 위해 인간의 운명을 예비하신 **하나님의 손에서 벗어날 수 없다**. 하지만 불신은 이러한 사실을 은폐한다. 그런 점에서 불신은 처참하다. … 죽음을 선택할 자유는 … 하나님을 신뢰하지 않는 식으로 사용된다면 … 자유의 남용이다. 하나님은 삶의 종착지를 결정할 권리를 하나님의 권리로 남겨 두셨다. 왜냐하면 오직 하나님만이 자기 뜻에 따라 인도할 생명의 목적지를 아시기 때문이다."[1]

---

1 Dietrich Bonhoeffer, *Ethics*, p. 168; 강조를 추가했습니다. 《윤리학》(역본 다수).

우리 모두가 알다시피, 우리가 속한 그리스도교 이후의 문화는 불과 몇십 년 만에 그 뿌리에서 단절된 징후를 보이고 있습니다. 요즘에는 유대-그리스도교 유산에 관한 실효 지식을 회복하기 매우 어렵습니다. 저는 수많은 그리스도인이 스토아철학자처럼 말하는 것을 보았습니다. 자신들이 무엇을 하고 있는지 모른 채 말이죠. 따라서 우리 그리스도인들은 우리가 무엇을, 왜 믿는지를 훨씬 분명하게 의식할 필요가 있습니다. 그저 주변 분위기에 휩싸여서 우리가 믿는 바를 흡수하는 것은 이제 불가능합니다. 이런 이유로 세례받기 위해 교회에 오는 것은 세례가 대개 사회적 의무로 여겨지던 때보다 훨씬 용기와 신앙이 필요한 행동이 되고 있습니다. 미하일 고르바초프가 어릴 때 세례받았다는 사실은 많은 이의 의식을 고양했습니다. 왜냐하면 이는 세례 의식이 단순히 형식에 그치는 것이 아니라 오랫동안 어떤 집단에서 고려되지 않았던 방식으로 낯설게 강력하고도 신비한 실효를 나타낼 수 있다는 전조이기 때문입니다.

성 바울이 뭐라고 말하는지 다시 들어봅시다.

세례를 받아 그리스도 예수와 하나가 된 우리는 모두 세례를 받을 때에 그와 함께 죽었다는 것을 여러분은 알지 못합니까? 그러므로 우리는 세례를 통하여 그의 죽으심과 연합함으로써 그와 함께 묻혔던 것입니다. …

우리가 그리스도와 함께 죽었으면, 그와 함께 우리도 또한 살아날 것임을 믿습니다. 우리가 알기로, 그리스도께서는 죽은 사람들 가운데서 살아나셔서, 다시는 죽지 않으시며, 다시는 죽음이 그를 지배하지 못합니다.

여러분은 죽은 사람들 가운데서 살아난 사람답게, 여러분을 하나님께 바치고 …

여러분은 이 말에 충격을 받으셨나요? 저는 충격을 받았습니다. 세례받은 그리스도인은 어떤 의미에서 **이미 죽었습니다**. 세례받은 그리스도인은 이미 자신의 '마지막 출구'를 만들었고 이미 그 문을 통과하여 반대편에 이르렀습니다. 그러면 우리가 죽지 않는다는 말인가요? 분명 우리도 죽습니다. 하지만 그리스도인에게는 죽음이 마지막 말일 수 없습니다. 존 던은 이렇게 썼습니다. "죽음은 이제 지배자가 아니다." "죽음이여, 교만하지 마라." "죽음이여, 그대도 죽을 것이다." 우리에게 마지막 말은 죽음이 아니라 생명입니다. 인간의 생명은 그 자체로 무한한 가치가 있습니다. 왜냐하면 하나님께서 자기 자녀들에게 영원한 삶을 의도하셨기 때문입니다. 따라서 삶에 대한 존중은 언제나, 어떤 그리스도인에게나 올바르며, 하나님의 뜻에 굴복한다는 것은 삶을 지탱한다는 의미일 수 있습니다. 사회가 삶을 쓸모없는 것으로 여길 때조차도 말이죠.[2]

본회퍼는 자살 논의의 핵심에 이르자 자살 충동자를 도우려 해 봤던 사람이라면 누구나 알 수 있는 말로 이렇게 글을 씁니다. "자포자기한 사람은 [마치 '마음을 다잡자!' 하고 말하듯이] 자기 자신의 힘에 호소하는 법으로는 구원받을 수 없다. 그러한 법은 자신을 더 깊은 절망으로 몰아갈 뿐이다. 삶에 절망한 사람에게는 **다른 이의 구원 행위**만 도움이 된다. 더는 삶을 지탱할 수 없는 사람에게 살아야 한다는 명령은 도움이 될 수 없고, 다만 **새로운 영**만 도움이 될 수 있다."[3]

새로운 영. 이건 바로 세례의 언어입니다. 세례는 새로운 영의 선물입니다. 생명의 영이지 죽음의 영이 아닙니다. 은혜의 영이지 율법의

---

2 반복해서 말하자면, 저는 여기서 신학적 근거들에 대해 말하고 있는 것이지, 개별 사례에 대해 말하고 있는 것이 아닙니다. 각각의 사례에 대해서는, 한편으로 죽음을 허용하는 것과 다른 한편으로 실제 살인하는 것의 차이점에 따라, 개별적으로 생각해야 합니다.

3 Bonhoeffer, *Ethics*, p. 169. 강조를 추가했습니다.

영이 아닙니다. 이 새로운 영―성령―은 우리가 설정해 놓은 조건이 아니라 하나님이 설정하신 조건 아래서 삶을 살아가도록 용기와 믿음을 선사합니다. 우리의 출구를 폐쇄하는 하나님이 아니라 반대로 영원한 삶의 문을 열어 주시는 하나님이 설정하신 조건 아래서 말이죠. 드라마에서, 주제넘은 태도에서, 심지어 자살을 영웅적 행위로 보는 스토아철학에서는 그러한 삶을 찾기 어렵습니다. 그리스도인들은 본회퍼가 말했듯이 자살을 영웅 행위로 보는 평가가 "살아계신 하나님을 고려하지 않았기에 처참하다"고 생각합니다.

제 생각에 제 인생에서 저에게 믿음을 주신 분이 두 사람 있습니다. 한 분은 아버지의 어머니입니다. 다른 한 분은 아버지의 누나이자 제 고모로, 이름이 메리 버지니아―짧게 줄여서 메리 브이―입니다. 제가 지금 들려 드릴 이야기는 저의 고모가 겪은 죽음-속에서의-삶에 관한 이야기입니다.

제가 조그마한 아이였을 때, 저의 할머니는 규칙적으로 저에게 성경을 읽어 주셨습니다. 제가 8살 때 할머니는 돌아가셨고, 메리 브이는 할머니가 하셨던 일을 대신했습니다. 저와 제 여자 형제는 메리 브이가 들려준 성경 이야기에 우리가 빚진 것에 대해 종종 이야기합니다. 그녀는 하나님께서 어린 사무엘을 부르셨다고 이야기했고, 저는 그대로 믿었습니다. 지금도 여전히 믿는데, 비싼 등록금을 지불한 신학교 교육 때문이라기보다 메리 브이가 저에게 들려주었기 때문입니다. 제가 30대일 때, 메리 브이에게 뇌졸중이 나타났습니다. 그때 메리 브이의 나이가 78세였던 것 같습니다. 그러고 나서 그녀는 정신을 되찾지 못했습니다. 그녀는 십 년이라는 긴 시간 동안 요양원에 있었습니다. 그 기간에 그녀가 한 말은 거의 또는 아예 말이 안 되는 게 대부분이었습니다. 그녀를 방문하고 걱정하는 일은 우리 모두를 지치게 했습니다. 특히 제 어머니와 아버지가 지치셨습니다. 아버지는 누구보다 힘들어했습니다. 아버지는 고모에게 갔다 오면 지친 기색이 역력했습니다.

1979년 크리스마스였습니다. 아버지와 어머니는 메리 브이를 만나러 버지니아 프랭클린에 있는 요양원에 갔습니다. 메리 브이 고모가 돌아가시기 1년 전쯤이었습니다. 아버지는 이런 방문을 간신히 견뎌 냈습니다. 아버지와 어머니가 육체적으로나 감정적으로 얼마나 많은 대가를 치렀는지 저도 짐작은 해 볼 수 있지만, 온전히 알 수는 없습니다. 이때 메리 브이는 88세쯤이었고, 91세에 돌아가신 아버지는 그때 85세였던 것 같습니다.

아버지는 크리스마스에 요양원에 갔다가, 자기 사무실에 가서 그날 메리 브이가 말했던 것을 전부 적어두었습니다. 아버지는 변호사였고, 그가 받아 적은 것에는 정확성에 관한 그의 방법론적 관심이 고스란히 묻어나 있습니다. 저는 아버지가 받아 적으신 아버지와 고모의 정확한(다소 요약이 있지만) 표현을 여러분께 들려 드리겠습니다. 여기에는 이 남매의 미묘하게 예스러운 말하기 방식이 매우 정확하게 담겨 있습니다. 제가 덧붙일 설명은 메리 브이가 들려준 이야기에는 과거의 인물이 많다는 점뿐입니다. 여기에는 미술 강의를 하러 프랭클린에 자주 왔던 리치먼드의 유명한 미술사가 딕 코시트도 있습니다. 아무튼 제 아버지가 쓴 기록은 이렇습니다.

"앨리스[저의 어머니]랑 나는 오늘 아침 메리 브이를 만나러 갔다. 나는 그녀에게 크리스마스 이야기를 읽어 주었고, 그 이야기는 '성 누가가 들려준 크리스마스 이야기'라는 말로 끝났다."

"그녀는 '그래, 이제 내가 주목한 부분을 들려주지. 지난주에 난 에밀리오에 있었는데, 마르다랑 마리아랑 그들의 오라비 나사로의 집에서 예수님을 보았지'라고 말했다. 나는 그녀에게 엠마오를 말하는 거냐고 물었고, 그녀는 그렇다고 말하면서도 그곳을 에밀리오라고 불렀다."

"나는 '어떻게 봤을까?' 하고 물었고, 그녀는 이렇게 대답했다. '내가 교회 밖에 서 있는데 어떤 목소리가 들려 왔네. "메리, 나와 같이 가세." 딕 코시트였지. 나는 "딕, 어디 가시나?" 하고 물었고, 그는 에밀리오에 가는 길이라고 했지. 나는 거긴 왜 가냐고 물었고, 그는 주님께서 친구들과 저녁 드시러 거기 가실 거라는 말을 들었다고 했네. 그리고 다른 소식이 없으면 주님께서 마르다와 마리아와 그들의 오라비 나사로의 집에 계실 거 같다고 했지. 그들의 집이 바로 에밀리오에 있다네.'"

"나는 '나사로가 이미 무덤에서 나온 다음인가?' 하고 물었고, 메리 브이는 이렇게 말했다. '나사로는 아직 아프기도 전이라네. 마르다는 덩치 좋고 센 여자였는데 계속 돌아다녔어. 나는 저녁 식사를 준비하고 있겠다는 생각이 들었어. 그런데 생각해 봐 — **예수님은 탁자에 계셨어.**' 그녀는 그곳에 사람들이 많이 있었다고 말했다[그녀는 그곳에 모인 사람들을 우리의 작은 고향 마을 사람들 이름을 따서 불렀다]. 그녀는 딕 코시트가 주님을 많이 봤다는 말을 들었다고 했다. 그녀는 베드로의 아내가 열병에 걸렸는데, 예수께서 손대시자 열병이 떠났다고 했다. 그리고 말했다. '예수님은 그녀에게 손을 갖다 댄 게 다였지.' '자네도 거기 폭풍이 있었던 거 기억할 거야. 바람이 세게 불었고 물이 출렁였지. 예수님이 뱃머리에서 주무시고 계셨는데, 그들이 깨웠지. 예수님이 일어나셔서 "잠잠하고 고요하라"고 하셨더니 바람이 잦아들었고 물이 잠잠해졌지. 폭풍도 사라지고 말야.'"

"마지막에 엘리스가 말했다. '메리 브이, 이야기를 다 들으니까 난 정말 전율이 와.' 그리고 메리 브이가 대답했다. '**나도 전율이 왔었지.**'"

"그녀가 이 이야기들을 들려주자 우리는 모두[4] 감명받았다. 우리는 또 이야기해 달라고 했고, 그녀는 전부 반복해서 이야기했다. 이야기는 다시 들려준 시간까지 해서 20분 정도 걸렸다. 메리 브이는 천천히 멈칫거리면서 이야기했지만, 무슨 일이 있었는지를 그리고 그것이 최근에 일어난 일이라는 점을 정확하게 말하고 있다는 인상을 주었다."

대부분의 시간을 반식물인간 상태에서 보내는 십 년이란 세월은 어떤 기준에서 보더라도 너무 깁니다(모든 시간을 그렇게 보낸 건 아니었지만). 저는 누구에게도 그런 일이 없기를 바라고, 어떤 가족에게도 그런 일을 견디는 상황이 없기를 바랍니다. 하지만 저는 오늘, 사랑하는 고모와 더불어 고모 평생의 삶을 함께 걸어 주신 그 주님이 생명의 주인이시지, 죽음의 주인이 아님을 믿습니다. 그리고 우리는 이 짧은 이야기에서 과거, 현재, 미래 간의 경계, 엠마오와 에밀리오, 베다니와 프랭클린 간의 괴리, 주님과 딕 코시트(나사로와 마찬가지로 그에게도 죽은 자의 부활이 필요하게 됩니다)[5] 간의 구분이 없을 정도로 삶의 소재들이 하나님의 말씀과 서로 뒤엉켜 있음을 보았습니다.

제 아버지와 메리 브이는 나란히 공동묘지에 묻혀 있습니다. 저는 프랭클린에 돌아올 때면 거기에 자주 갑니다. 저에게 그곳은 죽음의 장소가 아니라 생명의 장소입니다. 거기서 저는 되새기게 됩니다. "호레이쇼, 천지에는 자네의 [스토아]철학으로 상상할 수 있는 것보다 많은 일이 있다네." 크리스마스 날 메리 브이의 믿음과 아버지와 어머니

---

4 간호사도 한 명 있었습니다. 그 당시에 버지니아 프랭클린에 살던 간호사라면 분명 독실한 그리스도교 신자였을 것입니다.

5 이 이야기에서 가장 주목할 만한 특징은 코시트 씨가 이미 한 해 전인 1978년에 자동차 사고로 죽었다는 점입니다. 메리 브이가 이 사실을 알았을 수도 있습니다.

(그리고 간호사)의 경이와 경외심의 응답은 제가 받은 선물이고, 여러분께 드리는 선물입니다. 세례받은 사람의 마지막 출구는 오늘입니다. "세례를 받아 그리스도 예수와 하나가 된 우리는 모두 세례를 받을 때에 그와 함께 죽었습니다. … 그러나 우리가 그리스도와 함께 죽었으면, 그와 함께 우리도 또한 살아날 것임을 믿습니다. … 그리스도께서는 죽은 사람들 가운데서 살아나셔서, 다시는 죽지 않으시며, 다시는 죽음이 그를 지배하지 못합니다. 여러분은 죽은 사람들 가운데서 살아난 사람답게, 여러분을 하나님께 바치십시오."

아멘.

죽음이 지배할 수 없다

본문: 로마서 6:1-14

종려주일에 시작하여 이번 주에 전해진 네 편의 설교를 통해 우리는 바울이 로마에 있는 그리스도인에게 보낸 편지에 집중하고 있습니다. 우리는 예수 그리스도의 죽음과 그 죽음이 우리에게 어떤 의미인지 묵상하고 있습니다. 이는 작은 문제가 아닙니다. 이는 실제로 삶과 죽음에 관한 바로 그 문제입니다. 나사렛 예수께서 십자가 형으로 죽으셨다는 건 모두가 압니다. 하지만 교회에 다니는 사람 중에서도 그것이 어떤 의미인지 조리 있게 설명할 수 있는 사람은 별로 없습니다. 아마 이번 주가 끝날 무렵에는 설교자를 포함해서 우리 모두 다 함께 왜 주님이 십자가에 못 박히셨는지를 더 깊이 이해하게 될 것입니다. 그것이 제 기도입니다.

로마서 6장에 있는 한 구절에 집중하시기 바랍니다. "죄의 삯은 죽음이요"(6:23). 바울의 편지 전반부에서 상당 부분이 **죄**와 **죽음**이 어떻게 함께 가는지를 보이는 데 할애됩니다. 바울은 죽음이 단지 자연스러운 과정이 아니라, 인류를 파멸시키기 위해 **죄**와 연결된 **권세**임을 이해하기를 바라고 있습니다.

이는 낙관적으로, 긍정적으로 생각하는 미국에서는 인기 있는 개념이 아니지만, 위대한 작가들은 늘 이 개념을 이해했습니다. 제가 몇해 전 뉴올리언스에 갔을 때, 저는 프렌치쿼터 도보 여행을 했습니다. 가이드는 현지 역사 교사인 케니스 홀디치였는데, 테네시 윌리엄스와 잘 아는 사이였습니다.[1] 저는 여전히 이 도보 여행이 제가 경험한 것중 최고라고 생각합니다. 가이드는 우리에게 세인트피터가(街)에 있는 테네시(그는 윌리엄스를 이렇게 불렀습니다)가 살던 집을 보여 주었습니다. 테네시는 그의 가장 유명한 희곡을 완성할 때 그 집 3층에 살고 있었습니다. 그는 희곡의 여러 제목을 놓고 궁리하고 있었습니다. 그는 자신이 두 전차 노선 사이에 있음을 깨닫고는 제목을 결정했습니다. 여러분이 옛 뉴올리언스에 대해 아신다면 아마 제가 무슨 말을 하는지 이해하셨을 겁니다. 한 노선은 디자이어°행이고, 다른 하나는 묘지행입니다. 테네시 윌리엄스는 이것이 인간의 상황에 관한 완벽한 은유라고 생각했습니다. 우리는 욕망과 무덤 사이에서 처하여 살고 있습니다. 여기에는 **죄**(욕망)와 **죽음**(무덤)이 있습니다. "우리 마음의 바람과 욕망"이 우리를 죄에 가둡니다. "죄의 삯은 죽음입니다"(6:23).

저는 **죄**와 **사망**에 관한 설교문을 작성할 때, 이 두 단어의 첫 글자를 대문자로 씁니다. 이렇게 함으로써 **죄**와 **사망**이 인간의 삶을 이루는 요소에 그치지 않고 우리를 지배하는 **권세**임을 보이려는 것입니다. 바울도 인간의 상황을 이런 식으로 이해했습니다. 오늘 우리가 본 본문에서 바울은 이것들의 주권적 영향력을 나타내는 표현을 사용했습니다. **죄가 군림한다. 죽음이 지배한다.** 우리는 **죄의 노예다.** 저는 여러분이 이 점을 알기를 바랍니다. 죄는 우리가 회피하는 길을 선택할

• '디자이어'(Desire)는 뉴올리언스의 거리 이름으로 '욕망'이라는 의미가 있습니다.

1 이 설교는 세인트루이스에서 전한 것인데, 제가 이 설교를 썼을 때는 테네시 윌리엄스가 세인트루이스에서 태어났다는 사실을 몰랐거나 잊었습니다. 이는 그가 하시는 일을 우리가 알지 못할 때도 자신의 말씀을 잘 들어맞게 하시는 하나님의 복된 섭리였습니다.

수 있는 것이 아닙니다. 우리가 죽지 않기를 선택할 수 없는 것처럼 말이죠. 우리는 **욕망**과 **무덤** 사이에 갇혀 있습니다.

우리의 수많은 교회에서 사도 바울을 형편없게 이해하고 있는 것은 그를 제대로 가르치지 않았기 때문입니다. 그의 편지는 종종 이해하기 어렵고, 그를 읽기 위해서는 도움이 필요합니다. 저는 신학교를 졸업하고도 몇 년이 지나도록 사실 바울을 전혀 '이해'하지 못했습니다. 제가 받을 수 있었던 최고의 수업을 어느 정도 받았으면서도 말이죠. 바울을 이해하는 데는 "아하 하는 깨달음의 순간" 같은 게 있습니다. 오직 성령만이 통제하시는 그런 순간이죠. 설교자가 할 수 있는 모든 일은 증언하는 것입니다. "이 방향을 보세요!" 하고 말이죠. 오늘 밤에는 바울이 **죄**와 **죽음**에 대해 말하는 방향을 살펴봅시다. 바울은 우리가 어떻게 **죄**의 수중에 빠지게 되었는지에 관한 설명을 거친 다음, 6장에서는 우리 그리스도인이 세례받을 때 일어나는 것에 관한 일종의 서사시를 시작합니다.

> 그러면 우리가 무엇이라고 말을 해야 하겠습니까? 은혜를 더하게 하려고, 여전히 죄 가운데 머물러 있어야 하겠습니까? 그럴 수 없습니다. 우리는 죄에는 죽은 사람인데, 어떻게 죄 가운데서 그대로 살 수 있겠습니까? 세례를 받아 그리스도 예수와 하나가 된 우리는 모두 세례를 받을 때에 그와 함께 죽었다는 것을 여러분은 알지 못합니까? 그러므로 우리는 세례를 통하여 그의 죽으심과 연합함으로써 그와 함께 묻혔던 것입니다. 그것은, 그리스도께서 아버지의 영광으로 말미암아 죽은 사람들 가운데서 살아나신 것과 같이, 우리도 또한 새 생명 안에서 살아가기 위함입니다.

놀라운 말입니다. 바울의 가르침은 너무 기발하고 독창적이어서 이를 설교할 때마다 저는 바울의 가르침에 휩쓸려 다닙니다. 우리에게 복음서만 있었다면 이에 대해 아무것도 이해하지 못했을지 모릅니다. 서신서는 예수에 관한 사복음서 이야기의 의미를 채워 나가는 데 필수입니다. 바울은 그리스도와 합하여 세례받은 사람은 그리스도와 함께 십자가에 못 박혔다고 말합니다. 그의 죽으심의 혜택이 모두 우리의 것이 되었다는 말입니다. 그는 우리가 더 이상 죄의 노예가 되지 않도록 우리의 죄 많은 자아가 십자가에서 죽임당한다고 말합니다. 여러분 자신이 받은 세례와 여러분 자녀의 세례와 여러분이 사랑하는 이들의 세례에 대해 생각해 보세요. 세례 안에서 성령은 죄 많은 자아가 죽도록 그리스도와 세례받는 사람을 그리스도의 죽음 안에 연합시킵니다. 저는 이 설교를 쓰면서, 이 설교를 전하면서 이 메시지의 힘에 강하게 얻어맞았습니다. 우리가 자기 자신에 대해 속상함을 느끼는 모든 것, 우리가 떨쳐 버릴 수 없을 것 같은 습관들, 우리를 곤경에 빠뜨리는 성격의 특징들, 심지어 자기 자신에게마저 숨기려 하는 은밀한 집착과 왜곡들―이 모든 것이 죽임을 당하게 되었습니다.

> 우리의 옛사람이 그리스도와 함께 십자가에 달려 죽은 것은, 죄의 몸을 멸하여서, 우리가 다시는 죄의 노예가 되지 않게 하려는 것임을 우리는 압니다.

바울은 이 가르침에 위험이 있다는 것을 알고 있었고, 이 위험으로 인해 이를 가르칠 때마다 바울의 복음 설명에 사람들이 계속 저항할 것이라는 점도 알고 있었습니다. 우리는 하나님의 은혜의 메시지를 무척 두려워합니다. 이 두려움을 이해하기 위해서 우리는 로마서에서 조금 앞으로 돌아가야 합니다. 이번 단락 바로 앞에서 바울은 십자가에서 그리스도의 "의로운 행위 때문에 모든 사람이 의롭다는 인정을 받아서 생명을 얻게 되었다"고 설명합니다. 그런 다음 그는 훨씬 더 위험한 말을 합니다. "죄가 더한 곳에 은혜가 더욱 넘쳤습니다"(5:20). 바울은 어떤 사람들이 이를 잘못 이해해서 '오예! 죄가 더할 때 은혜가 더 넘친다면, 죄를 짓자! 죄를 더하게 하자!'[2]라고 말할지 모른다는 점을 알고 있었습니다. 그러나 이는 사실 완전히 오해한 것입니다. 오늘 밤 본문에서 바울은 말합니다. "은혜를 더하게 하려고, 여전히 죄 가운데 머물러 있어야 하겠습니까? **그럴 수 없습니다!**" 우리는 바울의 "그럴 수 없습니다!"를 훨씬 강조해야 합니다. 바울의 어조는 아마 이랬을 겁니다. '아니, 아니, 아니야! 네가 그렇게 생각한다면, 완전히 잘못 이해한 거야! 넌 근처에도 못 왔어! 죄에 대해 죽은 우리가 어떻게 계속 죄 안에 살 수 있냐고?'

저는 이를 이해시킬 방법을 생각하려고 노력했습니다. 만일 여러분이 감옥 생활을 하다 풀려났다면, 다시 감옥으로 돌아가고 싶을까요? 여러분에게 있던 나쁜 습관을 드디어 고쳤는데, 다시 그 습관을 들이고 싶을까요? 하지만 이런 비유가 바울의 말을 확 와닿게 하진 못한 것 같습니다. 그렇죠? 다들 아시겠지만, 우리는 나쁜 습관을 고쳤다가 다시 **들이는** 경우가 잦습니다. 체중을 애써 감량했다가 다시 과체중이 되곤 합니다. 알코올 중독에서 회복 중인 사람이 다시 술을 입에 댑니다. 한번 간통해 본 사람은 한 번 더 간통하는 게 쉽다는 걸 압니다. 우리는 대량 학살이 '절대 다시 일어나서는 안 된다'고 말하지만, 지금 무슨 일이 일어나고 있는지 보시죠.[3] 이런 일들은 끝 모르고 일

---

2 이는 고린도 교회의 문제였습니다. 그들은 좋은 소식에 너무 흥분해서 자신들이 이미 죄로부터 자유로워졌다고 생각했습니다. 갈라디아 교회에는 그 반대의 문제가 있었습니다. 고린도 교회 같은 교회의 방종이 두려워서, 더욱 율법주의적으로 변했습니다.

3 전 세계가 다르푸르에서 일어난 대량 학살을 못 본 척하고 있었습니다. 캄보디아나 르완다 때처럼 말이죠.

어납니다. 이러한 사실은 **죄**의 권세를 보여 주는 증거입니다. **죄**의 권세는 "죽음 안에서 지배합니다"(5:21). 우리 주님의 십자가 처형은 바로 이 사실, 즉 **죄**가 우리를 장악하고 있다는 사실을 가리킵니다.

우리의 옛사람이 그리스도와 함께 십자가에 달려 죽은 것은, 죄의 몸을 멸하여서, 우리가 다시는 죄의 노예가 되지 않게 하려는 것입니다.

하지만 다시 생각해 보죠. 우리는 우리 자신이 그렇게 자주 **죄**로 돌아간다는 사실을 어떻게 이해해야 합니까? 네, 우리는 그런 것 같습니다. 바울도 그렇게 말하는 것 같습니다. 하지만 **죄**가 더 이상 우리를 결정하지는 않습니다. 죄는 이제 완전히 같은 방식으로 우리 삶을 지배하지 않습니다. 우리가 세례받을 때 무언가 객관적일 일이 일어났습니다. 우리 바깥에서 우리에게 무언가가 온 것이죠. 그리고 우리가 세례받은 삶으로 자라나면서, 우리는 다음과 같은 위대한 진술을 어떻게 우리 것으로 만들 수 있을지 점점 알아 가게 됩니다.

우리가 그의 죽으심과 같은 죽음으로 그와 연합하는 사람이 되었으면, 우리는 부활에 있어서도 또한 그와 연합하는 사람이 될 것입니다.

그리스도와의 연합입니다! 그의 죽으심으로 그와 연합하며, 죽은 자의 부활로 그와 연합합니다. 다른 종교 체계에서는, 영지주의 체계에서는 영적 엘리트들이 자기들 스스로 이런 일을 하게 되어 있습니다. 그러니까 우리가 하나님과의 연합을 추구하는데, 만일 이를 잘 해 낸다면 우리는 깨달음 내지 더 높은 의식을 발견한 것입니다. 혹은 또 다른 식의 신과의 일체감을 발견한 것입니다. 그러나 그리스도교 이야기는 이와 정반대입니다. 우리는 종교적으로든 다른 방식으로든 스스로 아무것도 할 수 없습니다. **죄**와 **죽음**에 단단히 붙들려서 우리에게 희망이 없을 만큼 깊은 간극으로 하나님과 분리되었기 때문입니다. 하나님께서는 이 간극에 자기 자신의 인격으로 다리를 놓으셨습니다. 우리는 우리의 미래를 그분과 함께하는 새로운 정체성에서 발견합니다. 바울은 이 소식의 기쁨에 사로잡혀서 이 소식을 어디에도 비교할 수 없을 정도였습니다. 그는 반복해도 결코 지겨울 수 없다는 듯이 여러 다양한 방식으로 이를 말합니다.

우리가 그의 죽으심과 같은 죽음으로 그와 연합하였습니다.
우리는 부활에 있어서도 또한 그와 연합하는 사람이 될 것입니다.
우리는 그리스도와 함께 죽었습니다.
우리는 또한 그와 함께 살아날 것임을 믿습니다.

그래서 우리 주 예수님과의 이러한 일치는 실제 삶에 존재하는 것이고, **죄**로 인해 무산될 수 없는 것입니다. 그분과 우리의 연합은 하나님이 하신 것이며, 따라서 우리가 이를 취소하기 위해 할 수 있는 것은 없습니다. 그가 **죄**보다 강하시며, **죽음**보다 강하시기 때문입니다. 그리스도께서 죽음으로부터 부활하심으로써 이를 보여 주셨습니다.

그리스도께서는 죽은 사람들 가운데서 살아나셔서, 다시는 죽지 않으시며, 다시는 죽음이 그를 지배하지 못합니다. 그리스도께서 죽으신 죽음은 죄에 대해서 단번에 죽으신 것이요, 그분이 사시는 삶은 하나님에 대하여 사시는 것입니다. 이와 같이 여러분도 자신을, 죄에 대해서는 죽은 사람이요, 하나님에 대해서는 그리스도 예수 안에서 살고 있는 사람이라고 생각해야 합니다.

이 숨이 멎는 듯한 구원 선언은 세상의 모든 것에 차이를 만들어 냅니다. 실제로 이는 새로운 세계이며, 이전의 세계와 결코 같지 않습니다. 이제 우리에게는 **죄**를 지배하는 새로운 힘이 있습니다. 우리는 새로운 사람으로 살 수 있습니다. 이는 바울이 '그럴 수 없습니다!'라는 말로 의미하는 바입니다. 여러분은 은혜를 풍성하게 하고자 죄를 더 짓지 않을 것입니다. "우리는 죄에는 죽은 사람인데, 어떻게 죄 가운데서 그대로 살 수 있겠습니까?" 그리고 그는 이렇게 열정적으로 호소합니다.

그러므로 여러분은 여러분의 지체를 죄에 내맡겨서 불의의 도구가 되게 하지 마십시오. 오히려 여러분은 죽은 사람들 가운데서 살아난 사람답게, 여러분을 하나님께 바치고, 여러분의 지체를 의의 도구로 하나님께 바치십시오. 여러분은 율법 아래 있지 않고 은혜 아래 있으므로, 죄가 여러분을 다스릴 수 없을 것입니다.

"여러분의 지체를[여러분 자신을 구성하는 모든 것을] 의의 도구로 하나님께 바치십시오." 여러분은 아마 바울의 윤리적 가르침이 다음과 같은 말로 요약될 수 있다는 것을 들어 보셨을 겁니다. "당신은 이미 이루어진 당신 그대로가 되십시오!" 여러분은 이미 하나님의 의의 도구입니다. 하나님이 세례식에서 당신을 그리스도와 연합시키심으로써 당신을 그렇게 만드셨기 때문입니다. 그렇다면 이제는 실제로 하나님의 의의 도구가 될 수 있습니다! 여러분은 의의 도구처럼 행동할 수 있습니다. 여러분은 해방되었습니다!

하지만 여기에는 역설이 있습니다. 우리가 말할 수 있는 그 무엇으로도 이 역설을 제거하지 못합니다. 이 역설은 최후의 날까지 남아 있을 겁니다. 마르틴 루터가 말했듯이 이생에서 우리는 계속해서 죄인인 동시에 의인입니다(*simul peccator et iustus*). 우리는 죄인이나, 이제 의롭게 된 죄인이므로 모든 것이 변했습니다. 우리는 의롭다 선언된 죄인일 뿐만 아니라, 실제로 의롭게 만들어져 가는 길을 걷고 있습니다. 우리는 어제 설교에서 이에 대한 힌트를 얻었습니다. 의롭게 만드시는 분은 하나님이십니다. 오직 하나님만이 이 일을 하실 수 있습니다. 하나님은 그리스도의 죽음과 부활에서 이 일을 이미 하셨습니다. 우리는 그의 십자가에 동화되고, 그의 부활의 삶에 동화됩니다.

테네시 윌리엄스는 너무 슬프게 죽음을 맞이했습니다. 그는 뉴욕시에 있는 첼시 호텔에서 홀로 죽었습니다. 부검 결과 그의 목에 무언가 박혀 있다는 사실이 드러났습니다. 그는 질식사했고, 그를 도와줄 사람이 없었습니다. 약물 때문에 죽었을 수도 있습니다. 알코올 때문일 수도 있고요. 그는 확실히 모범 시민도 아니었고, 전통적인 의미에서의 그리스도인도 아니었습니다. 하지만 도보 여행 가이드가 우리에게 무언가 다른 것을 말해 주었습니다. 저는 놀라서 그가 한 말을 받아적었습니다.

테네시가 소유하고 살았던 집은 툴루즈가에 있지만, 그가 처음 매입한 집은 올리언스와 도피네 모퉁이에 있는 큰 집이었다. 그가 그 집을 원한 이유는 위쪽 창문에서 세인트루이스 대성당 뒤에 있는 그리스도 동상을 볼 수 있기 때문이었다. 그리스도는 축복의 손을 들고 있고, 밤에 비치는 스포트라이트는 동상보다 훨씬 큰 그림자를 만들어 냈는데 동상이 온 세계를 끌어안는 듯했다. 테네시는 그것이 그리스도께서 고통받는 세계를 위로하시는 것처럼 보였고 그것을 보고 있으면 평안을 느끼게 된다고 말했다.[4]

---

4 케니스 홀디치 교수(2000. 3. 24.).

이사야는 메시아가 "상한 갈대를 꺾지 않을 것"(사 42:3)이라고 예언했습니다. 만일 우리가 주님의 품이 미치지 못하는 곳에서 테네시 윌리엄스가 죽었다고 생각한다면, 우리는 주님의 궁극적 승리를 부인하는 것입니다. 우리 모두는 죄인으로 죽을 것입니다. 하지만 오늘 밤 우리가 읽은 본문에서 바울은 약속합니다. "여러분은 율법 아래 있지 않고, 은혜 아래 있으므로, 죄가 여러분을 다스릴 수 없을 것입니다." 죄는 여러분을 다스릴 수 없을 것이고, 죽음도 다스릴 수 없습니다.

우리 상한 갈대 중 어떤 이는 다른 이보다 더 잘 상한다는 것은 사실입니다. 저는 뉴올리언스 대성당 뒤에 있는 동상을 여러 번 바라보았고, 제가 얼마나 상한 갈대인지 생각했습니다. 마약, 술, 유흥이 저에게 특별한 유혹이 아닐지 모르지만, 저 또한 욕망과 무덤 사이에 끼어 있습니다. 저도 죄인으로 죽을 것입니다. 그러나 나 자신의 '영성'이 아니라 나를 대신하신 주님의 선제적 행동으로 인해, 나는 세례받은 죄인으로 죽을 것이며, 의롭게 된 죄인으로, 그리스도와 연합한 죄인으로 죽을 것입니다.

오늘 밤 이 말씀을 듣는 모든 사람에게, 복음은 복음 본래의 모든 능력을 가지고 여러분에게 옵니다. 그리스도의 죽음과 부활은 오래전에 끝나서 이미 지나간 것이 아닙니다. 그리스도의 죽음과 부활은 바로 오늘 밤 그 장엄한 힘으로 나타납니다. 하나님의 말씀은 살아 있고 활력이 있어서 말씀이 들려지는 곳마다 새로운 생명과 새로운 소망, 새로운 승리를 창조하시기 때문입니다.

그러면 우리가 무엇이라고 말을 해야 하겠습니까? 은혜를 더하게 하려고, 여전히 죄 가운데 머물러 있어야 하겠습니까? 그럴 수 없습니다. 우리는 죄에는 죽은 사람인데, 어떻게 죄 가운데서 그대로 살 수 있겠습니까? 세례를 받아 그리스도 예수와 하나가 된 우리는 모두 세례를 받을 때에 그와 함께 죽었다는 것을 여러분은 알지 못합니까? 그러므로 우리는 세례를 통하여 그의 죽으심과 연합함으로써 그와 함께 묻혔던 것입니다. 그것은, 그리스도께서 아버지의 영광으로 말미암아 죽은 사람들 가운데서 살아나신 것과 같이, 우리도 또한 새 생명 안에서 살아가기 위함입니다.

아멘.

가장 강한 동물과 만난 하나님의 사랑

죄의 삯은 죽음이요

로마서 6:23

이 [하나님의] 자녀들은 피와 살을 가진 사람이기에, 그[하나님의
아들]도 역시 피와 살을 가지셨습니다. 그것은, 그가 죽음을 통
하여 죽음의 세력을 쥐고 있는 자 곧 악마를 멸하시고, 또 일생
동안 죽음의 공포 때문에 종노릇하는 사람들을 해방시키시기
위함이었습니다.

히브리서 2:14-15

60세가 넘은 우리 같은 사람은 존 F. 케네디의 장례식을 보려고 온 나
라가 흑백 텔레비전 앞에 모였던 것을 잊지 못할 겁니다. 저는 아직도
그때가 어제처럼 기억납니다─운구 마차, 기수 없는 말, 검은색 베일
을 쓴 케네디가의 여인들. 우리 대부분은 **죽음**을 기억하라 *memento mori* 고
끊임없이 요구하며 계속 반복하며 소리 내는 북소리가 아직도 기억날
겁니다. 우리는 재클린 케네디가 달라스에서 워싱턴으로 돌아와서 에
이브러햄 링컨의 장례식에 관한 연구 자료를 요청했던 것도 기억합니
다. 우리는 이에 대해 그녀에게 큰 빚을 지고 있습니다. 플래너리 오

코너는 당시 한 친구에게 편지를 썼는데, 그 편지에는 오코너의 매우 중요한 관찰이 담겨 있습니다. 그녀는 이렇게 썼습니다. "케네디 부인은 역사에 대한 감각과 죽음으로 인해 생긴 것에 대한 감각이 있다"[1]

"죽음으로 인해 생긴 것"이란 어떤 의미입니까? 오늘 성금요일에, 우리는 텔레비전이나 영화 스크린 주위에 모이지 않았습니다. 극장이나 오락 시설에 모인 것도 아니며, 한 가족으로서 이곳에 함께 모였습니다. 꽃이 모두 시들고 평안이 없는 교회에, **죽음**으로 인해 생긴 것을 **죽음**에게 지불하기 위해, **죽음**의 현실, 무자비함, 인정사정없는 권세를 인정하기 위해 모였습니다.[2] 복음서 저자 요한은 우리 주님께서 나사로의 무덤 가까이 오셨을 때 **죽음**의 **권세**를 제압하시면서 세 번이나 속으로 깊이 비통해하셨다고 전합니다. 성 바울은 **죽음**이 인간과 하나님의 **마지막 원수**라고 씁니다(고전 15:26). 만일 죽음이 그저 작은 것, 지나가는 것, 무시해도 되는 것이라면, 우리 주님이 얻어 낸 승리도 그저 작은 것, 지나가는 것, 무시해도 되는 것입니다. 다른 종교적 발상들과 나란히 있는 그저 또 하나의 종교적 발상일 뿐, 특별한 차이나 의미가 없습니다.

마지막 원수. 바울은 고린도전서에서 **죽음**을 이렇게 불렀습니다.

---

1 *The Habit of Being* (New York: Farrar, Straus and Giroux, 1979), p. 552.

2 서론에서 밝혔듯이, 책으로 엮은 설교에서, 저는 죄, **죽음**, **권세**힘(Power)가 독립적 실체로서의 위상('지배권과 권력')이 있음을 나타내기 위해 첫 글자를 대체로 대문자로 표기했습니다(한국어 번역에서는 고딕체). 이 대적 세력들은 인간 외부적 존재로 인간과 독립적이고, 그들 자신의 힘의 원천을 따라 활동하며, 우주 무대에서 하나님을 대적하는 데 배치되어 있습니다. **죄**는 인간 악행의 총합 그 이상이고, **죽음**은 개개인의 죽음의 총합 그 이상입니다. 이 모든 것이 사탄이라는 상징적 인물로 의인화되어 있습니다. 윌리엄 스트롱펠로우가 그의 다양한 작품에서 보여 준 것보다 이 **권세**들에 대해, 특히 **죽음**에 대해 잘 쓴 것은 없습니다.

　저는 이번 설교에서 **사랑**(Love) 또한 대문자로 씁니다. 사랑도 그런 **힘**—하나님 자신의 힘이기 때문에 적을 충분히 정복할 수 있을 만큼 강한 **힘**—을 갖고 있다는 걸 보여 주기 위해서입니다.

로마서에서는 **죽음**이 지닌 어마어마한 섬멸의 **권세**에 관한 또 다른 진실을 설명합니다. **죽음**에 관한 이 두 번째 진실은 **죽음**이 **죄**의 **권세**와 사악한 협력 관계라는 점입니다. 바울은 우리가 "**죄**의 종"이라고 씁니다(6:17, 20). 이 **종**이라는 단어에는 많은 의미가 담겨 있습니다. 종은 우리 스스로 자유를 찾을 수 없는 노예 상태, 굴복, 속박을 의미합니다. 바울은 이어서 "**죄**의 결국 ^{목적, telos}이 **죽음**"이라고 합니다. 우리가 **죄**를 **권세**로, 확고한 목적을 지닌 인격적이고 지적인 존재로 이해하지 않는 한 이를 온전히 이해할 수 없습니다. 이 점이 바로 바울이 말하고자 한 바입니다.[3] **죄**의 목표는 인간 존재의 **죽음**입니다. 바울은 "**죄**가 나에게 죽음을 일으킨다"고 말합니다(7:13). 그리고 바울은 우리가 말의 요지를 파악하지 못했을까 봐 다른 식으로도 말합니다. "**죄**는 대가를 지불해야 하는데, 그 대가가 죽음이다"(J. B. 필립스^{Phillips} 역). 또는 익숙한 표현으로는 "**죄**의 삯은 죽음이다"(6:23). **죽음**이 정말로 끔찍한 까닭은 그저 필멸성 때문이 아닙니다. 정말 끔찍한 점은 **죽음**이 **죄**와 절대적으로 결부된다는 점, 하나님과 인간에 대한 총체적인 적대감과 결부된다는 점입니다.

이를 더욱 조명해 주는 또 다른 본문이 있습니다. 히브리인들에게 보낸 편지에 나오는 내용입니다.

> 이 [하나님의] 자녀들은 피와 살을 가진 사람이기에, 그[하나님의 아들]도 역시 피와 살을 가지셨습니다. 그것은, 그가 죽음을 통하여 죽음의 세력을 쥐고 있는 자 곧 악마를 멸하시고, 또 일생 동안 죽음의 공포 때문에 종노릇하는 사람들을 해방시키시기 위함이었습니다.

---

3   플래너리 오코너도 이렇게 말합니다. "우리의 구원은 악마와 승부를 겨루는 일입니다. 단순히 일반화된 악이 아니라 악하고 자신의 지배권을 확정 지은 지적인 존재와…" (1959년 11월 20일 존 호크스에게 보낸 편지).

우리는 히브리서를 쓴 사람의 정체를 모르지만, 어쨌든 히브리서 저자는 예수님이 우리와 피와 살을 공유하는 하나님의 아들이라고 설명합니다. 공유한다는 것이 일반적으로 좋은 동반 관계에 필요한 원리이기 때문에 그런 게 아닙니다. 특수한 목적을 위해 공유한 것입니다. 그는 **죽음을 통해** 죽음의 권세를 파괴하시려고 우리와 피와 살을, 고통과 괴로움으로 가득한 우리의 연약한 육신적 존재를 공유하셨습니다. **죽음**을 정복하는 유일한 길은 **죽음**의 영역에서 **죽음**과 **정면으로** 맞서는 것입니다. 다시 귀를 기울여 보십시오. 하나님의 아들이 우리와 피와 살을 공유하신 것은 "그가 **죽음을 통하여** 죽음의 세력을 쥐고 있는 자를 멸하시기 위함입니다."

이 히브리서 본문에는 **죽음의 권세**에 이름이 붙어 있습니다. 죽음의 권세 뒤에는 하나님의 큰 **대적자**이자, 우리의 모든 선의를 압도하고 자기 생명을 건 보복의 악순환을 촉발하는 독특한 능력을 지닌 악마 자신의 권세가 있습니다. 이 **대적자**, 이 **원수**에게 저항해야 합니다. 교회는 이 저항의 사역에 부름받았습니다. 그러나 치명적인 유혹은, **죽음**과 협력하는 동일한 **권세**인 **죄** 때문에 우리의 저항조차도 죽음의 세력권에 말려들 수 있다는 점입니다. 이는 누구에게든, 어느 집단에든 해당하며, 교회나 나라에도 해당합니다. 최근 《뉴요커》 기사는 보스니아 사라예보 출신의 어떤 무슬림 남성에 관한 이야기를 다룹니다. 그는 자기 조국에서 복면을 쓴 정체 모를 사람들에게 납치되었는데, 그 납치범 중 최소한 한 명은 미국인입니다. 그의 조국 정부가 그의 범죄 혐의를 찾지 못했음에도 납치범들은 그를 관타나모로 보냈고 그는 그곳에서 3년을 보냈습니다. 그의 사건은 10월에 펜타곤의 재심 재판소에 회부되었지만, 아무런 이유도 없이 기각되었습니다. 기사는 모종의 도움을 간청하며 탄원하는 그의 아내의 편지를 인용하였습니다. 전직 CIA 변호사였고 현재 미네소타주 세인트폴에서 법학을 가르치는 어느 교수는 이 사건에 대해 다음과 같이 말합니다. "우리는 대략적인 규칙도 아직 발견하지 못했다. … 그곳의 법은 정글의 법칙이며, 이제 우리는 가장 강한 동물이 되었다."[4] 이는 미국인이, **법학 교수**가 한 말입니다. 이는 정부가, 사람들이 권력에 도취하여 타인에 대해 판단 내리는 방식입니다. "가장 강한 동물"인 것이죠. 저는 제 손주 때문에 아이들이 공룡을 좋아한다는 걸 압니다. 아이들은 힘과 권력을 사랑합니다. 아이들은 늘 가장 강한 동물이 되고 싶어 합니다. 아이들은 자라서 법학 교수가 되고 CIA 요원이 되고 정치인이 되어서도 계속해서 가장 강한 동물이 되고 싶어 할 겁니다. 하지만 누구에게도, 그 누구에게도 절대 권력을 맡길 수 없습니다. 힘이 강해질수록 힘을 남용하고 싶은 유혹도 커집니다. 여담인데, J. R. R. 톨킨의 책 《반지의 제왕》*The Lord of the Rings*의 메시지도 바로 이 점입니다. 이 유명한 이야기는 '선 vs 악'이라는 단순한 싸움에 관한 것이 아닙니다. 톨킨이 다루는 주제는 우리 중 가장 뛰어난 사람마저도 압도하는 **적**의 능력입니다.[5] 우리 중 그 누구도 **죄**와 **죽음**의 손아귀에서 벗어나 있지 않습니다.

바울 서신과 히브리서는 우리 주님께서 **죽음을 통해**(또는 **죽음으로써**) 죽음의 **권세**를 멸하셨다는 복음의 메시지를 전합니다. 우리는 이를 어떻게 이해해야 할까요? 자신만의 독특한 공격 수단을 지닌 적을 파괴하는 흔한 방식은 적의 공격 수단이 적을 향하게 하는 것입니다. 하지만 예수 그리스도께서는 완전히 다른 무언가를 하셨습니다. 그리스도는 **죽음**으로써 **죽음**을 패배시켰으나, 핵심은 그가 **죽음**의 무기를 사용하지 않으셨다는 점입니다. 그는 **죽음**을 **정복**하기 위해 **죽음**을 **겪으셨**고, 죽음을 **극복**하기 위해 **죽음**을 **견디셨**고, 죽음을 **굴복시키기**

---

4 Jane Mayer, "Outsourcing Torture," *The New Yorker* (2005. 2. 14-21.).

5 톨킨은 책에서뿐만 아니라 편지에서도 '선한' 주요 등장인물인 간달프나 아라곤이 악마적인 힘에 면역되어 있지 않다는 점을 매우 분명히 합니다.

위해 **죽음**에 **자신을 내주셨습니다.** 그러나 그는 **죽음의 방법을 베낌으로써가 아니라, 죽음의 영역에 들어감으로써,** 하나님 아버지의 궁극적 목적을 신뢰하는 것 말고는 다른 어떤 방어 수단도 없이 들어감으로써 **죽음**과 싸우셨습니다.

그래서 그리스도인이 **적**에게 저항하는 유일한 방법은 **적**의 공격 수단을 거부하는 길입니다. 런던의 웨스트민스터 사원에 가면 1998년에 공개된 정문 위에 있는 10개의 동상을 볼 수 있습니다. 그 동상은 20세기 세계 각국의 남녀 순교자들입니다. 마틴 루터 킹을 비롯해서, 미사를 드리던 중 총에 맞은 엘살바도르의 로메로 주교, 이디 아민에 의해 살해된 우간다의 성공회 대주교 자나니 루윔도 있습니다.[6] 열 명은 모든 시대의 모든 그리스도교 순교자들을 나타냅니다.[7] 이들은 자칭 순교자라 하는 테러리스트와 구별되는데, 자살 폭탄 테러범은 자기의 죽음을 통해 다른 이의 죽음을 추구하기 때문입니다. 이런 식으로는 **죽음**을 이길 수 없는데, 그들이 **죽음**이 지닌 공격 수단을 사용하기 때문입니다. 그리스도교 순교자들은 이런 식으로 하지 않았습니다. 그들은 화평이라는 하나님의 목적을 증거함으로써 **죽음**에 자신을 내어 주었습니다. 웨스트민스터 사원에 있는 20세기 순교자들은 우리 나머지 사람

---

6 디트리히 본회퍼도 해당합니다. 본회퍼가 히틀러에게 저항하기 위해서 히틀러의 공격 수단을 취했기 때문에 그가 진정한 순교자가 아니라는 말이 간혹 나옵니다. 좁은 의미에서는 맞습니다. 그러나 가장 위대한 자기 성찰, 가장 심오한 겸손, 하나님의 뜻에 대한 복종이 없었던 게 아니었으며, 결과를 분명히 알고 자기 운명을 완전히 받아들였습니다. 그는 이것이 반드시 일어나야 할 일이라고 믿었고, 그래서 자신이 해야겠다고 생각했습니다. 그는 이를 수행하기 위해 다른 누군가를 파송하지 않았습니다. 그는 극히 위험한 곳에 자신을 던졌습니다. 그는 히틀러와 측근의 죽음만을 추구하려 했을 뿐, 다른 누군가를 죽게 하려 하지 않았습니다 — 특히 무죄한 행인을 죽게 하려 하지 않았습니다. 디트리히 본회퍼는 정말로 그리스도교 영웅으로, 증인이자 순교자입니다.

7 웨스트민스터 사원 웹사이트는 이 열 분에 대한 자세한 정보를 제공합니다. www.westminster-abbey.org에 가서 "West Front of Abbey"를 클릭하십시오.

을 위해 꺼지지 않는 불을 붙였습니다. 지금 이 순간에도 자신의 신앙 때문에 인질로 잡혀 있는 그리스도인이 세계 도처에 있습니다. **죽음의 힘**machinery을 극복하신 주님의 승리를 증언할 수 있도록 주께서 그들에게 용기와 힘을 주시기를 빕니다.

여러분 중 그저께 신문에 실린 토마스 프리드먼의 칼럼을 읽은 분이 계실 것 같습니다.[8] 칼럼 제목이 재치 있었습니다. "조지 W.에서 조지 W.까지." 그러니까 조지 워싱턴에서 조지 W. 부시에 이르는 메시지였습니다. 프리드먼은 26명의 수감자가 미군의 구류하에 죽었다는 데 매우 화가 났습니다(우리 모두가 그래야 하듯이). 그는 델라웨어강을 건너는 조지 워싱턴에 관한 새로운 책을 읽고, 거기서 중요한 교훈을 발견했습니다. 워싱턴의 군대가 강을 무사히 건너서 혜센의 주둔지를 장악했을 때, 수많은 포로에게 숙소를 제공해야 하는지에 관한 문제가 생겼습니다. 유럽에서는 숙소 제공이 의무가 아닌 선택이었던 것 같습니다. 줄 수도 있고 안 줄 수도 있죠. 워싱턴 장군은 아메리카에서는 언제나 제공하라는 명령을 내렸습니다. 미국인들은 포로를 늘 인간적으로 대했습니다. 그것이 미국적인 방식이죠. 좀 더 높은 차원에서 우리는 그것이 **그리스도의 마음**이라 할 수 있습니다.

전 세계가 미국을 주시하고 있습니다. 우리가 '가장 강한 동물'이니까요. 그리고 우리가 신앙심 깊은 사람이란 걸 온 세계가 압니다. 미국 복음주의 그리스도교는 일이 년 전에는 상상도 못 했을 법한 방식으로 전 세계적으로 대서특필되고 있습니다. 문제는 이렇게 대서특필되는 그리스도교가 어떤 그리스도교인가 하는 점입니다. 우리는 그리스도의 마음을 보여 주고 있습니까? 결국에는 국가주의와 분간되지 않는 것이 우리의 종교는 아닌가요? 우리는 하나님에 대한 신뢰 말고

8 Thomas Friedman, *The New York Times* (2005. 3. 24.).

는 아무런 무기도 없이 **죽음**의 영역에 들어가신 우리 주님에 관해 말하는 것과 같은 식으로 처신할 수 있을까요?

이 성금요일에, 지정학적인 세계에 초점을 맞추는 렌즈가 여러분에게로, 십자가의 말씀을 들으려 모인 여러분에게로 그 초점을 좁혀 가고 있습니다. **죄**와 **죽음**과의 싸움에 대비하기 위해 여러분은, 저는, 우리는 여기서─벨트웨이* 외곽에서─무엇을 할 수 있습니까? 저는 성령께서 주시기를 간구하며 한 가지 제안을 하려 합니다.

성금요일에 교회는 그 자신도 공범자임을 앞장서서 인정합니다. 우리가 거기에 있었다면 성경 이야기에 나오는 무리에 동참하여 같은 목소리를 냈을 것임을 인정합니다. 우리는 기도와 뉘우침의 행위로 이를 시인합니다. 오늘 이날 매우 깊은 진실을 모른 척 지나치지 않고 인정하고자 하는 전 세계 그리스도인들과 연대하여 시인합니다. 우리는 다음과 같은 진실을 인정합니다. 주님께서 고문당해 죽으셨는데, 세상의 수많은 희생자의 편에 서기 위해서만이 아니라, 정말 믿기 힘들게도 가해자들을 대신하기 위해서도 죽으셨습니다. 예수께서 십자가에서 기도하실 때, 그는 희생자를 위해 탄원하신 게 아니라, 오히려 "아버지여, 저 사람들을 용서하여 주십시오" 하시며 가해자를 위해 탄원하신 것이었습니다.

우리는 이 이야기 속에 들어가기 위해 무릎을 꿇고 찬송으로 기도를 드릴 것입니다. 이 찬송은 17세기 어느 그리스도인이 썼는데, 사람들이 그들 자신과 직접 관련하여─**우리 자신**과 직접 관련하여─우리 주님의 수난과 죽음의 의미에 이끌리도록 도우려고 썼습니다. "**나는** 당신을 십자가에 못 박았습니다."

이 찬송을 부르면서 우리는 이어지는 〈책망가〉 비탄의 노래, the Reproaches를

---

* 워싱턴 외곽의 순환도로(워싱턴을 중심으로 한 정계를 비유하는 말입니다).

준비하게 됩니다. 책망가에는 비극적 역사가 있습니다. 중세에 이르러 특히 유대인과 관련지어 이 노래를 해석하기 시작했기 때문입니다. 가사를 따라가다 보면 왜 그렇게 되었는지 이해가 될 겁니다. 가사가 전하는 이야기가 유대인의 이야기이기 때문입니다. 우리는 〈귀하신 예수여〉를 노래하면서, 책망가가 그리스도인이 아닌 오로지 유대인에게만 해당한다고 생각한 것이 얼마나 비극적인 실수였는지를 이해하게 될 겁니다. 우리는 그리스도의 수난에서 우리 자신의 역할에 대해 노래할 것입니다 ─ 로마인의 역할도 '유대인'의 역할도 아닌 **우리 자신의** 역할을 말이죠. **우리는** '책망받고 있는' 사람입니다.

이상하게도 이것은 이 세 번째 시간에 우리를 하나로 묶어 줍니다. 우리는 우리 모두가 **죄와 죽음**의 법칙에 연루되어 있음을 고백합니다. 이것이 오늘 우리가 할 수 있는 가장 중요한 일입니다. 로마서에서 바울은 말합니다. "거기에는 아무 구별^{差別}이 없습니다", "모든 인간이 … 죄의 권세 아래" 있기 때문입니다(3:22, 9). 우리는 우리 자신이 **죄와 죽음**에 관여하고 있음을 인정함으로써, **폭력과 공포가 군림하는 이곳 바깥에서** 우리에게 온 구원을 감사하며 기쁘게 받아들입니다. 우리는 자신을 고문하고 죽인 자들에게 베푸신 주님의 자비를 온전히 인정합니다. 그래서 우리는 결단코 누군가에게 고문을 가하거나 앙갚음하는 데 우리의 힘을 사용하지 않겠다고 다짐합니다. 우리는 정글에서 가장 강한 동물이 되는 데서 우리의 힘을 찾지 않습니다. 우리는 예수 그리스도의 자기희생적 사랑의 힘에 우리 자신을 묶음으로써 우리에게 주신 가장 강력한 힘을 발견합니다. 우리를 우리 자신으로부터 구원하러 온 것이 바로 이 **사랑**입니다. 죽음을 극복하는 것이 바로 이 **사랑**입니다. "하나님의 크신 사랑 하늘에서 내리사."[9] 오늘 바로 이

---

9 찰스 웨슬리(1707-1788)가 작시한 찬양(새찬송가 15장 〈하나님의 크신 사랑〉).

사랑이 당신을 바라보고, 당신 마음에 귀 기울이며, 있는 그대로 당신을 보고, 당신의 모든 모순과 흠을, 당신의 기만과 실패를, 당신의 슬픔과 상실을 압니다. 그리고 당신이 자기 안에 거하기를, 새롭게 깨끗해진 마음과 완전히 새로운 영으로 다시 빚어지기를 명합니다.

> 귀하신 예수 정죄 당하심은
> 악한 자들의 미움 때문이라
> 원수의 조롱, 주의 몸 상하심
> 오 괴로워라
>
> 뉘 잘못인가, 누가 범죄 했나
> 나의 반역이 당신을 상하게 했네
> 그건 나구나, 내가 주를 배반하고
> 못 박았구나
>
> 양들의 선한 목자가 제물 되었네
> 종은 죄를 짓고, 아들은 고통받았네
> 우리가 외면할 때 속죄하셨네
> 하나님이 탄원하시네
>
> 주 사람 되심 나를 위함이라
> 당신 죽음의 슬픔, 자기 생명을 주심
> 괴로운 죽음, 극심한 고난
> 날 구원하기 위해서라[10]

---

10 요한 헤르만(1585-1647)이 작시하고 로버트 시모어 브리지스가 영역(1899)했습니다
〔새찬송가 152장 〈귀하신 예수〉. 영역 가사에 따라 새찬송가 가사를 일부 수정했습니다〕.

책망가

나 주 너희 하나님은 너희를 이집트 땅에서 인도하여 냈건만, 너희는 너희 구주에게 십자가를 준비해 두었구나.

거룩하신 하나님, 거룩한 용사시여, 거룩한 불멸자시여, 저희에게 자비를 베푸소서.

나 주 너희 하나님은 광야에서 40년 동안 너희를 인도하였고, 만나로 너희를 먹이고, 심히 좋은 땅으로 너희를 데려갔건만, 너희는 너희 구주에게 십자가를 준비해 두었구나.

거룩하신 하나님, 거룩한 용사시여, 거룩한 불멸자시여, 저희에게 자비를 베푸소서.

주 너희 하나님이 말씀하기를, 내가 너희를 위해 더 무엇을 해야겠느냐? 내 너희에게 가장 좋은 포도원을 주었건만, 너희는 나에게 아주 쓴 것을 주는구나. 목마른 내 목을 축이려 신 포도주를 주고, 너희 구세주의 옆구리를 창으로 찌르는구나.

거룩하신 하나님, 거룩한 용사시여, 거룩한 불멸자시여, 저희에게 자비를 베푸소서.

나 주 너희 하나님은 너희를 위해 이집트와 그 맏아들을 매질했건만, 너희는 나를 매질하는구나. 나는 홍해를 갈라 너희를 이집트에서 인도해 냈건만, 너희는 나를 대제사장에게 인계하는구나. 내가 너희 앞에서 바다를 열었더니, 너희는 창으로 내 옆구리를 여는구나.

주님께서 말씀하시기를, 오 나의 백성아, 내가 너희에게 무엇을 잘못했느냐? 내가 어디서 너희를 싫증 나게 했느냐? 나에게 말해다오.

내가 너희 앞에서 구름 기둥으로 인도하였건만, 너희는 나를 빌라도의 법정에 데려가는구나. 내가 사막에서 너희에게 만나를 먹였건만, 너희는 나에게 주먹질하고 매질하는구나. 나는 바위에서 생명수를 내어 너희가 마시게 했건만, 너희는 나에게 독과 초를 마시라고 주는구나.

주님께서 말씀하시기를, 오 나의 백성아, 내가 너희에게 무엇을 잘못했느냐? 내가 어디서 너희를 싫증 나게 했느냐? 나에게 말해다오.

내가 너희를 위해 임금들을 쳤건만, 너희는 갈대로 내 머리를 치는구나. 나는 너희에게 왕홀을 주었건만, 너희는 내 머리에 가시관을 씌우는구나. 나는 너희를 큰 권세로 높여 주었건만, 너희는 나를 십자가 형틀에 매다는구나.

거룩하신 하나님, 거룩한 용사시여, 거룩한 불멸자시여, 저희에게 자비를 베푸소서.

2006년 3월 8일
국립대성당 베들레헴채플(워싱턴 D.C.)

누가 늑대에게 먹이를 줄 것인가?

저는 오늘 아침에 여러분과 이야기할 시간이 8분밖에 주어지지 않았다고 들었습니다. 여러분 중에는 제가 다시 볼 수 없는 분이 있을지 모릅니다. 저는 조지 윗필드가 말했던 것처럼 여러분께 이야기하고자 합니다. "나는 다시는 설교할 수 없는 사람처럼 … 죽어 가는 사람으로서 죽어 가는 사람에게 설교했다." 여러분이 잊지 않을 말씀을 성령께서 저에게 주시기를, 여러분께서 진정으로 영원한 생명의 말씀으로 받으시기를 기도합니다.

제가 오늘 설교할 본문은 바울이 로마인들에게 보낸 편지 7장 말씀입니다.

> 여기에서 나는 법칙 하나를 발견하였습니다. 곧 나는 선을 행하려고 하는데, 그러한 나에게 악이 붙어 있다는 것입니다. 나는 속사람으로는 하나님의 법을 즐거워하나, 내 지체에는 다른 법이 있어서 내 마음의 법과 맞서서 싸우며, 내 지체에 있는 죄의 법에 나를 포로로 만드는 것을 봅니다. 아, 나는 비참한 사람입니다. 누가 이 죽음의 몸에서 나를 건져 주겠습니까? 우리 주 예수 그리스도를 통하여 나를 건져 주신 하나님께 감사를 드립니다!(7:21-25)

제가 지금 하려는 이야기는 인터넷에 떠도는 이야기입니다. 아마 몇 가지 다른 변형이 있는 것 같습니다. 제가 며칠 전에 들은 형태로 들려 드리겠습니다.

체로키족 노인이 어린 자기 아들을 가르치고 있었습니다. "아들아, 모든 사람의 내면에는 두 마리의 늑대가 있단다. 하나는 폭력적이고 거칠고 파괴적이야. 나머지 하나는 잘 훈육되었고 현명하며 인자하지. 이 두 늑대가 네 내면에서 싸우고 있단다. 어느 늑대가 이길까?"

소년은 당황한 표정으로 말했습니다. "모르겠어요."

노인은 말했습니다. "네게 먹이를 받아먹은 늑대가 이긴단다."

성 바울은 모든 사람의 영혼에서 일어나는 이러한 갈등을 묘사합니다. "나는 속사람으로는 하나님의 법을 즐거워하나, 내 지체에는 **다른 법**이 있어서 내 마음의 [선한] 법과 맞서서 싸우며, 내 지체에 있는 죄의 법에 나를 포로로 만드는 것을 봅니다." 두 늑대는 하나님의 법과 죄의 법입니다. 때마침, 오스카상을 수상한 영화 《크래쉬》*Crash*가 이 점을 상세하고 예리하게 보여 줍니다. 주요 등장인물이 여럿인데, 순전히 악하기만 한 인물도 없고 순전히 선하기만 한 인물도 없습니다. 동일한 인물 안에서 두 세력이 **싸우고** 있습니다.

여러분은 선한 일을 하고 싶을 겁니다. 그렇죠? 여러분은 정직하게 일하고 싶습니다. 자신이 좋은 시민이길 바랍니다. 여러분의 배우자와 자녀에게 도움이 되고 동료와 친구들에게 배려하는 사람이고 싶을 겁니다. 활기차며 건강하고 근심 걱정이 없는 사람이 되길 원합니다. 친절하며 이기적이지 않고 관대한 사람이고 싶고요. 그런데 여러분은 왜 자신이 인색하고, 나태하고, 이중적이고, 자기중심적이고, 무심하고, 신경질적인 사람이라고 생각하시나요?

이런 방식은 국가적 차원에서도 작동합니다. 미국에는 주도권을 놓고 싸우는 두 마리의 늑대가 있습니다. 선한 미국은 개방적이고 관대하며 자유롭습니다. 추악한 미국은 오만하고, 약자를 괴롭히며, 승리 주의에 젖어 있습니다.

그리고 이러한 곤경은 사실 보편적입니다. 바울이 말했듯이, 모든 인간이 "죄의 법에 포로로 사로잡혀 있습니다." 심지어 모든 피조물이 "썩어짐에 종살이하고" 있고(8:21), 통치자들과 권세들에 속박되어 있고, 똑같이 적대감, 편견, 전쟁에 끝없이 속박되어 있습니다. 우리가 더 많은 젊은이를 무장시키고 영웅이 되라고 해외에 파병 보낼수록 더 많은 이들이 외상 후 스트레스 장애로 돌아옵니다.

"인간 정신의 승리"는 꿈에서나 나올 법한 얼빠진 구호입니다. 어떤 정신이 승리합니까? 선한 정신이 승리하나요, 아니면 추악한 정신이 승리하나요? 어떤 늑대가 이길까요?

먹이를 받아먹은 늑대입니다.

누가 선한 늑대에게 먹이를 줄까요? 여러분인가요? 그럼 왜 여러분은 자신의 의무를 그렇게 소홀히 하고 있나요? 여러분은 왜 자신의 실체를 그렇게 드러내지 않고 있죠? 여러분의 삶에는 수많은 것이 있는데, 왜 하나님을 섬기는 것은 딱 하나뿐입니까? 우리의 위대한 사순절 찬송가 가사를 빌리자면, 왜 "그렇게 우리의 기도는 무기력하고, 우리의 신앙은 흐릿합니까?" 왜일까요? 복된 토머스 크랜머가 기도문 모음에서 사순절 셋째 주일을 위해 썼듯이, **우리는 우리 자신을 도울 힘이 없습니다.** 우리는 "죄의 법에 포로로 사로잡혀 있습니다."

그래서 바울은 우리 모두를 대변하여 외칩니다. "아, 나는 비참한 사람입니다. 누가 이 죽음의 몸에서 나를 건져 주겠습니까?"

우리는 우리의 나쁜 본성이라는 악마들에게서 우리 자신을 구할 수 없습니다. 우리를 내버려 두면, 우리는 언제나 다른 누군가를 잡아먹는 육식성 늑대를 먹일 것입니다. 하지만 우리만 내버려 두지 않으셨습니다. 그리스도교 이야기의 가장 심오한 의미는 선한 목자가 자기를 바침으로써 우리를 구한다는 것입니다. 주께서 친히 말씀하셨듯이, 양을 죽이지 못하게 자기 목숨을 버림으로써 말이죠(요 10:11-15). 그래서 바울은 결론 내립니다. "그리스도 예수 안에 있는 생명을 누리게 하는 성령의 법이 당신을 죄와 죽음의 법에서 해방하여 주었습니다"(8:2). 여기에 참으로 먹을 양식이 있고, 마실 음료가 있습니다. 떡과 포도주가 있고 영생의 말씀이 있습니다. 우리 주님 예수 그리스도로 말미암아 하나님께 감사드립니다!

아멘.

프로도와 자유 의지

알림: 이 설교는 원래 장로교 회중을 위해 쓴 것입니다. 피터 잭슨의 영화 중

처음으로 널리 흥행한 《반지의 제왕》이 개봉한 다음 해인 2002년,

장로교 두 곳을 배경으로 설교하기 위해 처음 원고를 썼습니다.

여기 실린 형태는 2002년 4월 13일 루이지애나 라파예트의 성공회예수승천교회의

저녁 예배에서 전한 것입니다. 이 설교에 담긴 견해는 저의 책 《가운데땅 전투:

톨킨의 "반지의 제왕"에 담긴 하나님의 계획》*The Battle for Middle-earth: Tolkien's Divine Design in*

"The Lord of the Rings" (Grand Rapids: Eerdmans, 2004)에서 확장하여 다룹니다.

나는 내가 하는 일을 도무지 알 수가 없습니다. 내가 해야겠다
고 생각하는 일은 하지 않고, 도리어 해서는 안 되겠다고 생각
하는 일을 하고 있으니 말입니다. … 나는 선을 행하려는 의지
는 있으나, 그것을 실행하지는 않습니다. 나는 내가 원하는 선
한 일은 하지 않고, 도리어 원하지 않는 악한 일을 합니다. 내가
해서는 안 되는 것을 하면, 그것을 하는 것은 내가 아니라, 내
속에 자리를 잡고 있는 죄입니다.

로마서 7:15-20

그리스도 예수 안에 있는 성령의 법이 나를 죄와 죽음의 법에
서 해방하였습니다.

로마서 8:2

여기에 장로교 신자분 계신가요? 저는 어렸을 때 장로교인은 예정설을 믿기 때문에 나쁘다고 들었습니다. 그러니까 여러분은 자유로울 수 없고, 여러분에 대한 모든 것이 미리 그려져 있고, 이미 정해진 것에 대해 여러분이 할 수 있는 게 없다는 것이죠. 하지만 영원히 모든 사람을 속일 수는 없습니다. 저는 젊은 성공회 신자일 때 기도서 뒤에 있는 39개 신조로 불리는 것을 발견했습니다. 우리가 현재 가지고 있는 기도서를 디자인한 사람들이 39개 신조를 아주 작은 글자로 인쇄하는 바람에 아마 아무도 안 보게 될 것 같지만, 여전히 기도서에 실려 있긴 합니다. 저는 설교가 지루할 때 39개 신조를 슬쩍슬쩍 보곤 했습니다. 이 신조는 영국 교회가 종교개혁을 하는 동안에 작성한 것입니다. 제17조는 제목이 "예정과 선택에 관하여"인데, 꽤 길어서 일부분만 읽어 드리겠습니다.

> 생명에 관한 예정은 하나님의 영원한 목적이다. 땅의 기초가 놓이기 전부터 하나님은 이 예정에 따라 … 그리스도 안에서 택한 사람을 저주와 형벌에서 구원하시기로 … 그리고 그리스도에 의해 영원한 구원을 가져다주시기로 거듭 작정하셨다. …
>
> … 예정과 그리스도 안에서 우리의 선택을 경건하게 고찰하는 것은 정말로 달콤하며 기쁘고, 말할 수 없는 위로가 된다. …

저는 십 대 때 이걸 읽고 참 좋다고 생각했습니다. 그때 아직 자라지 않았던 어린 제가 충분히 이해했던 건 아니지만, 어쨌든 내가 왠지 세상의 기초가 있기 전부터 하나님의 영원한 목적의 일부라는 생각이 들었고, 저는 이 점에 주목했습니다. 이 내용은 제게 정말로 "달콤하며 기쁘고, 말할 수 없는 위로" 같아 보였습니다 ─ 그리고 지금도 그렇습니다.

그런데 점점 나이가 들고 더 진지하게 신학을 공부할수록 사람들이 '예정'에 경악하고 있다는 말을 더 많이 듣게 되었습니다. 예정을 내비치는 게 있다면 그 무엇이라도 절대 받아들일 수 없다는 말을 듣기도 했는데, 예정이 자유 의지를 소중히 여기는 위대한 미국의 복음과 모순되기 때문입니다. 성경보다 훨씬 신성한 위대한 미국의 복음과 모순되니 말이죠. 저는 목회를 하는 동안 다른 어떤 주제보다 자유 의지 교리에 문제를 제기할 때 토론이 완전히 엇나가는 것을 경험했습니다. 성경, 하나님, 예수님, 기적, 예언자, 사도, 교회―이것들이 다 좋지만, 이 모든 것의 핵심은 인간의 결정, 인간의 선택입니다. 그렇습니까? 하지만 한편으로 성경에 이와 다른 내용을 내비치는 구절들이 있습니다―아마 여러분도 기억나실 겁니다. 요한복음에서 예수님이 제자들에게 하신 말씀입니다. "너희가 나를 택한 것이 아니라, 내가 너희를 택하여 세운 것이다. 그것은 너희가 가서 열매를 맺어, 그 열매가 언제나 남아 있게 하려는 것이다"(요 15:16).

그렇습니다. 논쟁은 계속됩니다. 하나님이 우리를 선택하시는 것은 좋습니다. 인정합니다. 하지만 하나님의 선택을 받아들일지 말지 결정하는 것은 우리에게 달려 있습니다. 그래서 핵심은 다시 우리에게 돌아오고, 하나님으로부터 벗어납니다. 하나님은 이제 더 이상 문장의 주어가 아닙니다. 우리의 결정, 우리의 선택이 관심의 중심이 됩니다.

하지만 바울이 이에 대해 뭐라 하는지 다시 들어 봅시다. "나는 내가 하는 일을 도무지 알 수가 없습니다. 내가 해야겠다고 생각하는 일은 하지 않고, 도리어 해서는 안 되겠다고 생각하는 일을 하고 있으니 말입니다. … 나는 선을 행하려는 의지는 있으나, 그것을 실행하지는 않습니다. 나는 내가 원하는 선한 일은 하지 않고, 도리어 원하지 않는 악한 일을 합니다. 내가 해서는 안 되는 것을 하면, 그것을 하는 것은 내가 아니라, 내 속에 자리를 잡고 있는 죄입니다."

바울은 인간 안에서 항상 벌어지는 전쟁을 묘사하는 중입니다. 월리엄 포크너는 노벨상 수상 연설에서, 문학에서 가장 중요한 주제는 "자기 자신과 충돌하는 인간의 마음"이라고 말했습니다. 바울 이후 이런 상황을 가장 잘 묘사한 사람은 북아프리카 히포의 성 아우구스티누스입니다. 놀랍게도 아우구스티누스는 오늘날까지도 유행합니다. 그에 관한 새로운 자료가 늘 출판되고 있습니다. 그는 신체에 명령을 내리는 마음에 관한 예를 사용했습니다. 이를테면, 손더러 움직이라고 명령하는 것이죠. 명령과 실행의 구분이 없을 만큼 손은 빠르게 반응합니다. 하지만 마음이 의지더러 무언가를 하라고 명령을 내려도 의지는 명령에 따르지 않습니다. 생각해 봅시다. 여러분은 혹시 다이어트를 계속하려고 노력해 보셨나요? 혹시 화를 다스리려고 노력해 보셨나요? 신용카드 한도를 초과하지 않기로 결심해 보셨나요? 아니면 꾸준히 운동하기로 다짐해 보셨나요? 혹은 다른 사람의 성공에 분해하지 않기로 자신과 약속해 보셨나요? 혹은 잊지 못할 걸 뻔히 알면서도 사람들이 여러분에게 "잊어 버려!"라고 말해 준 적은 없나요? 이런 예는 계속 들 수 있습니다. 신학자 칼 바르트는 그건 마치 자기 머리카락을 끌어당겨서 늪에서 빠져나오려 하는 것과 같다고 말합니다. 밥 돌이 대통령 선거에 출마했을 때, 그의 연설 코치는 그가 기억해야 할 내용을 종이에 써서 냉장고에 붙여 놓았습니다 — 문장을 마치기, 가장 중요한 말을 강조하기, 자신을 "밥 돌"이라고 부르지 않기. 그 코치는 이렇게 써 붙이면서도 돌이 자기 충고를 따르지 않을 것이란 걸 이미 알았다고 합니다.[1] 명령은 의지의 변화로 이어지지 않습니다. 내가 하려는 좋은 일은 내가 하는 게 아닙니다.[2] 아우구스티

---

[1] *Newsweek* (1996. 11. 18.).

[2] 그러면 사회나 국가에 의한 선택은 어떤가요? 며칠 전(2002년 3월 10일) 또 다른 문화 평론가 제임스 고먼은 《뉴욕 타임스》에 기고하면서 다음과 같이 통렬한 반어법을 구사했습니다. "2001년(9·11이 일어난 해)이 '유엔 국제 협력의 해'로 지정되었습니다. 잘된 거죠."

누스는 이렇게 결론 내립니다. "원수가 내 의지를 그의 손에 넣고 내 의지로 쇠사슬을 만들어서 나를 결박하였습니다."

그래서 바울과 아우구스티누스는 모든 개개인이 자기 안에서 전쟁을 벌이는 세력들을 지배하지 못하고 오히려 갈등에 사로잡혀 있음을 묘사합니다. 우리 자신에게 있는 '선택 가능성'을 더 상정할수록, 우리는 이에 대해 더 많이 속습니다. 너무 많은 '선택 가능성'은 우리에게 좋지 않습니다. 저는 몇 해 전, 머스터드를 사려고 가게에 들르곤 했는데, 디종과 하인즈 두 가지 선택지가 있었습니다. 그런데 지금은 머스터드를 사려고 가게에 가면 50여 종의 머스터드를 만납니다. 제 고민은 늘어납니다. 머스터드에 대해 좀 더 알아볼까? 나보다 머스터드에 대해 잘 아는 사람이 저기 어딘가 있을 거야. 여러 머스터드를 놓고 선택하는 일은 우리에게 잠시나마 자유를 느끼게 할 수 있지만, 그것은 그저 자유의 환영일 뿐입니다. 저는 머스터드 하나를 고르는 건 할 수 있지만, 우유부단한 건 어쩌지 못하는 것 같습니다.

여러분이 지그문트 프로이트에 대해 어떻게 생각하시든지 간에, 무의식이 지닌 힘에 관한 그의 주요한 발견을 되돌릴 수는 없을 것입니다. 사람들은 무언가를 하면서 자신이 왜 그걸 하고 있는지 모를 수 있습니다. 우리는 오래전부터 우리의 정신에 깊이 묻혀 있는 여러 이유로 파괴적인 방향을 추구합니다. 어떤 사람이 다른 누군가에 대해 이렇게 말하기도 합니다. "그에게 가장 나쁜 적은 바로 그 자신이야." 우리 모두가 그렇다는 걸 깨닫지 못한 채 말이죠. 단지 어떤 사람들에게 이런 점이 더 분명하게 나타날 뿐입니다. 날씬한 몸을 유지하는 데 문제가 없는 사람도 있습니다. 그들은 매일 운동합니다. (밉상맞죠?) 그들은 수년 전에 담배를 끊었습니다. 그들은 직장에서 해고된 적이 없습니다. 그들의 아이들은 모두 빼어난 외모에 똑똑한 데다 성공하기도 했습니다. 이런 사람들은 "하나님은 스스로 돕는 자를 돕는다"

라는 말을 즐겨 합니다. 우리는 이런 부류의 사람들, 이런저런 이유로 어쩔 수 없이 실패해 본 적 없는 사람들을 알고 있습니다. 우리가 실패를 말해 줄 수 있다면 좋을 텐데요!

마르틴 루터도 아우구스티누스와 바울을 따라서 노예 의지에 관하여 썼습니다. 미국 그리스도인들은 이런 사고방식을 좋아하지 않습니다. 우리의 의지가 무력함을 인정하면 우리의 밑바탕을 이루는 무언가를 저버리는 것 같습니다. 올바른 선택을 하는 것이 바로 도덕적 삶의 기초가 아닙니까? 올바른 걸 선택할 능력이 없다면, 그건 로봇이나 꼭두각시가 아닌가요?

이제 우리는 프로도와 《반지의 제왕》에 관해 이야기할 준비가 되었습니다.

아마 이제 《반지의 제왕》이 완전히 그리스도교 이야기라는 걸 다들 알지 않을까 싶습니다. 영화만 보면 모를 수도 있지만, 책을 보면 알게 됩니다. 자유 의지에 대한 논쟁이 모든 이야기의 중심에 있습니다. 무엇이 가장 중요할까요? 인간의 선택일까요, 아니면 전체를 지배하는 **더 높은 힘**이 향하는 목적일까요?

영화 광고에 프로도가 간달프에게 말하는 장면이 들어가 있습니다.[3] 프로도는 말합니다. "반지가 내게 오지 않았으면 좋았을 텐데. 이런 일이 일어나지 않았더라면 좋았을 거야." 간달프가 대답합니다. "나도 그렇게 생각해. 살아서 그런 시절을 겪은 사람이라면 다들 그렇게 생각할 거야. 하지만 그건 [우리가] 결정할 일이 아니야. 우리는 우리에게 주어진 시간을 어떻게 할 것인지만 결정하면 돼."

이제 확실히 인간의 결정에, 경우에 따라서는 호빗의 결정에 모든 초점을 둡니다. 이러한 관점에서 프로도의 선택이 이야기의 주요 주

---

3 총 세 편으로 된 《반지의 제왕》 영화는 2001-2003년 12월에 한 편씩 개봉되었습니다. 이 설교는 1편과 1편의 광고를 다룹니다.

제가 됩니다. 하지만 책을 더 면밀하게 읽으면, 또 다른 것이 등장하는 게 보입니다.

모르실 수도 있는 분들을 위해 설명하자면, 이야기에서 절대반지the Ruling Ring는 전능하기만 한 게 아니라 전적으로 악하기도 합니다. 그 누구도 반지를 영원히 사용할 수 없음에도 불구하고 그렇게 하고픈 유혹이 모든 사람을 압도합니다. 그 누구에게도 절대 권력을 맡길 수 없다는 것이 톨킨의 위대한 주제라는 점에 일반적으로 동의할 것입니다. 고결한 사람들은 자신들이 저 반지를 영원히 사용할 수 있다고 생각하기 때문에 특히 위험합니다. 저는 지난주에 저명한 영국 학자 티모시 가튼 애쉬가 쓴 글을 읽으면서 이 점이 많이 떠올랐습니다. 그는 미국을 사랑하고 여기 산 지 반년이 되었지만, 미국이 자기 이익을 추구하기 위한 힘을 너무 많이 가지고 있다고 생각했습니다. 그는《뉴욕서평》The New York Review of Books에 "천사장에게도 그렇게 큰 권력을 맡길 수 없다"라고 썼습니다.

《반지의 제왕》을 통해 우리는 각 사람 안에서 벌어지는 싸움을 봅니다. 반지의 힘과 또 다른 힘이 벌이는 싸움⋯ 음, 어떤 힘이죠? 엘론드 회의에서 무슨 일이 일어났는지 한번 봅시다. 프로도가 반지를 파괴하는 임무*를 받아들일지 보려고 모든 사람이 그에게 고개를 돌렸습니다.

> 큰 두려움이 [프로도에게] 엄습했다. 그는, 오랫동안 예견했으나 혹시 안 내려질지도 모른다는 헛된 희망을 품고 심판 선고를 기다리는 사람 같았다. 리븐델에서 ⋯ 쉬면서 계속 편안하게 있었으면 하는 걷잡을 수 없는 갈망이 밀려왔다. 그는 결국 **간신히 말을 꺼냈는데, 다른 어떤 의지가 자신의 작은 목소리를 이용하는 것만 같고** 자기 귀에 들리는 게 자기 말이 맞는지 의심스러웠다. "나는 길을 모르지만, 반

지를 가지고 가겠습니다."[4]

이 책은 이런 암시로 가득합니다. "다른 어떤 의지", 더 높은 의지가 작용한다는 암시가 가득합니다. 이야기 초반에 간달프는 매우 주저하고 있는 프로도에게 이렇게 말합니다. "**다른 어떤 것**이 작용하고 있지. 반지 제작자의 욕망마저도 넘어서는 것이 말야. … 빌보는 그 반지를 갖게끔 **되어 있었는데**, 반지 제작자가 의도한 것은 아니었어. 자네도 여하튼 반지를 갖게끔 **되어 있었던** 것이지."[5] 프로도는 갈라드리엘의 거울을 들여다보았는데, "빠르게 지나가는 여러 장면을 보았습니다. 그리고 그는 어쩐지 그 장면들이 자신이 관여하게 된 거대한 역사의 일부임을 알 수 있었습니다." 이 장면들을 봄으로써 그는 마음이 편해졌고 힘이 났습니다─그에게 용기를 불어넣은 것입니다.

거의 (제1권의) 마지막에 이르러서 프로도의 분투는 절정에 달했습니다. 그는 자신이 혼자 남았으며 극도로 위험한 상황에 처했음을 알게 되었고, 절대 해서는 안 될 일로 알고 있었던 것을 하고 싶은 불가항력적인 유혹에 사로잡혔습니다. 그는 반지를 손가락에 끼었습니다. 이는 금지된 열매를 취한 아담과 하와와 유사합니다. 프로도는 재앙을 불러오는 행동을 함으로써 어둠의 제왕에게 자기 자신을 넘겨줍니다. 그는 반지에 의해 암흑의 땅[모르도르]으로 이끌려갑니다.

모든 희망이 사라졌다. 그리고 갑자기 그는 그 눈을 느꼈다. 어둠의

• 반지는 모르도르에 있는 운명의 산의 불꽃으로만 파괴할 수 있으므로, 반지를 그곳으로 운반해야 하는 임무를 말합니다.

4 J. R. R. Tolkien, *The Lord of the Rings: The Fellowship of the Ring* (Boston: Houghton Mifflin, 1965), p. 284. 《반지의 제왕 1》(아르테 역간). 강조를 추가하였습니다.

5 강조를 추가하였습니다.

탑에 잠들지 않는 눈이 있었다. 프로도는 자신이 그 눈을 응시하고 있다는 사실을 그 눈이 감지했다는 것을 알았다. 거기에는 **맹렬히 열망하는 의지**가 있었다. 그것이 그에게 확 다가오는 것 같았다.[6]

프로도는 자신이 상반되는 두 가지를 말하고 있음을 알았습니다.

그는 자신이 외치는 소리를 들었다. "절대, 절대 안 돼!" "진실로 당신에게 가겠습니다." 그는 알 수 없었다. **다른 힘의 지점이 번쩍**하면서 그의 마음에는 다른 생각이 떠올랐다. "빼라! 멍청한 녀석아, 빼! 반지를 빼!"

그의 마음속에서 두 개의 힘이 서로 다투었다. … 그는 몸부림치며 괴로워했다. 갑자기 그는 다시 자기 자신을 인식했다. … 프로도는 자리에서 일어났다. 굉장한 피로가 밀려왔지만, 그의 의지는 굳건했고 마음은 가벼워졌다. 그는 소리 내어 혼잣말했다. "**나는 해야 할 일을 할 거야.**"[7]

우리는 이 절정의 장면에서 성 바울이 묘사한 우리 앞에 놓인 투쟁을 봅니다. 우리를 향해 확 다가오는 "맹렬히 열망하는 의지"가 있습니다. 바울은 이를 **죄**와 **죽음**의 **권세**라고 불렀습니다. 이 **힘**은 우리 모두를 노예로 만들겠다는 투지에 머무르지 않습니다. 그것은 수동적이지 않습니다. 그것은 우리에게 적극적으로 손을 뻗고, 우리는 또 다른 원천이 우리를 돕지 않는 한 무력하게 그 손아귀에서 벗어나지 못합니다. "원수가 내 의지를 손에 넣고 내 의지로 쇠사슬을 만들어서 나

---

6 *Lord of the Rings: The Fellowship of the Ring*, p. 418. 강조를 추가했습니다.

7 강조를 추가했습니다.

를 결박하였습니다." 그러나 우리는 무력하지 않습니다. "다른 힘의 지점"에서 우리를 지원하러 오기 때문입니다. 이는 우리가 자유롭다는 점을 발견하는 방식입니다. 우리는 **우리에게 이미 결정된 것을 후련한 마음으로 자유롭게** 따를 수 있습니다. 프로도가 "나는 해야 할 일을 할 거야"라고 했던 것처럼 말이죠.

제가 아는 한, 이 이상하지만 궁극적으로 역설인 것에 관한 최상의 묘사는 톨킨의 친구인 C. S. 루이스가 자신의 우주 판타지 중 두 번째 책인 《페렐란드라》*Perelandra*에서 그린 것입니다. 주인공 랜섬*은 어떤 결정을 내립니다. 사탄과 육탄전을 벌일 것인가, 말 것인가 하는 것이죠. 타락하지 않은 행성인 금성의 자유는 여기에 달려 있지만, 그 결과 지옥에 떨어질 수도 있습니다. 그는 결정을 내리려고 고심합니다. 그런데 갑자기

> … "내일 이맘때쯤 네가 불가능한 일을 해낼 것"이라는 생각이 그의 앞에 나타났다. 완전히 확신할 수 있게끔 말이다. … 미래의 행동이 마치 이미 했던 일처럼 변함없이 거기에 군건하게 자리 잡고 있었다. … 변경할 수 없는 운명이 선택 능력을 대체하고 **선택 능력은 아예 힘을 잃었다고 말하는 게 좋을지도 모르겠다.** 아니 어쩌면, 자신의 열정이라는 언어*rhetoric*에서 해방되어 **불가침의 자유에 들어갔다**고 말할 수도 있을 것이다. 랜섬은 아무리 애를 써도 이 두 진술의 차이를 알 수 없었다. **예정과 자유는 보아하니 동일했다.** 이제 그는 이 주제에 관해 들어온 수많은 논쟁에서 더 이상 어떤 의미도 발견할 수 없었다.[8]

• '랜섬'(Ransom)에는 몸값, 대속물이라는 뜻이 있습니다.

8 C. S. Lewis, *Perelandra* (New York: Macmillan, paperback edition, 1965), p. 149. 《페렐란드라》(홍성사 역간).

예정과 자유는 똑같은 모습으로 나타납니다. 그것이 그리스도교의 복음입니다.

이 영광스러운 메시지에 대한 우리의 저항이 얼마나 강한지 놀랍습니다. 빌립보서에는 이를 정확하게 표현한 구절이 있습니다. 이 구절의 앞부분은 우리가 좋아하는 구절이라 자주 들어 왔습니다. 그런데 정말 중요한 뒷부분은 별로 들어 본 적이 없습니다. 후반부가 전반부에 어떻게 의미를 부여하는지 잘 들어 보세요.

> 두렵고 떨리는 마음으로 자기의 구원을 이루어 나가십시오. 하나님은 여러분 안에서 활동하셔서, 여러분으로 하여금 하나님을 기쁘게 해 드릴 것을 염원하게 하시고 실천하게 하십니다(빌 2:12-13).

여러분의 뜻과 하나님의 뜻 중 누구의 뜻을 지니는 게 더 좋습니까? 여러분의 선택과 하나님의 선택 중에서는요? 우리는 주기도문으로 어떤 기도를 드립니까?—나라가 임하시오며 뜻이 이루어지이다? 주님의 뜻이 이루어지게 하시렵니까? 아니요. 우리는 그렇게 하지 않습니다. 우리는 자유롭지 않습니다. 우리의 기도서를 다시 인용하자면, "우리는 우리 마음의 바람과 욕망을 너무 많이 따랐습니다." 그러나 우리는 바라는 대로 할 만큼 자유롭지도 못합니다. 로마서 7장에 이어 8장은 말합니다.

> 그리스도 예수 안에 있는 성령의 법이 나를 죄와 죽음의 법에서 해방하였습니다(8:2).

이제《반지의 제왕》으로 한 번 더 돌아가 봅시다. 저는 여러분이 오늘 밤, 지금, 이 이야기 속에서 자신을 보게 되기를 기도합니다. 골룸이라고 불리는 인물에 대해 한번 생각해 보겠습니다. 그는 한때 평범한 사람이었습니다(혹은 호빗족과 같은 부류의 사람이었습니다). 하지만 그는 절대반지의 사악한 힘으로 인해 완전히 타락하게 되었습니다. 반지에 대한 욕망에 사로잡혀서 가장 친한 친구를 죽였습니다. 골룸은 어둠 속에서 살금살금 숨어 다니는 불결하고 흉측하고 혐오스러운 피조물이 되었습니다. 간달프가 이 이야기를 프로도에게 들려주자 프로도는 "추악한" 이야기라고 말합니다. 하지만 간달프는 "**나는 슬픈 이야기라고 생각한단다. 다른 누군가에게도 일어날 수 있는 이야기지**" 하고 말합니다.

프로도가 "그가 반지를 싫어한다면[싫어하게 되었다면], 그는 왜 반지를 없애지 않았나요?"라고 말하자, 간달프는 이렇게 대답합니다.

> "그는 반지를 싫어하면서도 사랑하지. … 그는 반지를 떨쳐 낼 수 없어. **그에게는 그 일에 대한 의지가 남아 있지 않아.** … 사태를 결정하는 건 골룸이 아니란다, 프로도. 반지 자신이지."

이는 로마서 7장과 8장에서 도출한 완전히 그리스도교적인 가르침입니다. 저 슬픈 이야기는 모두에게 일어나는 일입니다. **죄**와 **죽음**은 우리의 사태를 결정합니다. 우리에게는 그 일에 대한 의지가 남아 있지 않습니다. 그러나 "그리스도 예수 안에 있는 성령의 법이 나를 죄와 죽음의 법에서 해방하였습니다." 이는 의지가 속박된 사람들을 위한 새로운 의지가 그리스도 안에 있다는 의미입니다. 이것이 그리스도의 십자가 안에서 기록된 새로운 이야기의 핵심입니다.

제가 과거에 경험한 바에 의하면, 오늘 여기 계신 분 중에는 계속해서 자유 의지 교리를 고수할 분도 계십니다. 심지어 제 설교에 화가 날 분도 있을 겁니다. 그런 분들은 아마 우리 자신의 의지보다 하나님의 의지가 더 중요하다는 말이 여러분의 인격을 침해하고 행위 능력을 빼앗는다고 할 겁니다. 그러나 여러분 중에는 스스로 자기 자신을 변화시킬 수 없음을 아는 분도 있습니다. 하나님의 은혜 덕분이겠죠. 그런 분들은 자신에게 도움이 필요하다는 것을 알고, 자기가 고침받아야 한다는 것도 압니다. 그리고 그렇게 말한다고 해서 부끄러워하지 않습니다. 그건 약함이 아니라 능력입니다—그것이 하나님의 능력이기 때문입니다. 여러분은 자신의 "선택 능력이 힘을 잃었을 때" 자신이 저 "다른 힘의 지점"에 맞추어짐을 보게 될 겁니다. 여러분은 자신의 안전이 하나님이 목적하신 위대한 역사에 놓여 있다는 것을 발견하게 됩니다. 그리고 이러한 점은 "달콤하며 기쁘고, 말할 수 없는 위로"의 원천이 될 것입니다.

하지만 여기서 위로받는다는 점은 진실의 절반일 뿐입니다. 여러분은 이제 프로도처럼(그리고 C. S. 루이스의 랜섬처럼) **"나는 해야 할 일을 할 거야"** 하고 말할 수 있습니다. 여러분은 "다른 힘의 지점"을 인식하면서, 하나님께서 여러분이 들어서도록 예비하신 선한 일들을 확신을 가지고 행할 수 있습니다. 그럴 때 실제로, 여러분이 할 수 없다고 생각했던 큰일들을 할 수 있습니다. 여러분은 교도소에 찾아갈 수 있고, 아이들의 멘토가 되고, 배우자를 용서하고, 편견에 맞서 싸우고, 자신의 태도를 바꾸고, 적에게 손을 내밀고, 그릇된 것에 반대할 수 있습니다—신용을 얻거나 자존감을 높이기 위해서가 아니라 하나님이 당신의 삶에서 자신의 목적을 실현하고 계시기 때문입니다. **그리스도 예수 안에 있는 성령의 법이 나를 죄와 죽음의 법에서 해방하였기 때문입니다.**

하나님은 스스로 돕는help 자를 도우십니까? 이는 우리가 다른 사람에게 요구하고 싶어 하는 복음입니다. 그런데 이게 복음입니까? 좋은 소식인가요? 어떤 복음을 택하시겠습니까? "무력한helpless 이의 도움이시여, 나와 함께하소서"*라는 고백은 어떻습니까?

여러분이 선택하십시오.

*   *   *

성 아우구스티누스가 발견했듯이, 예정과 자유는 같은 것입니다. 이 시간 다 함께 아우구스티누스의 기도로 함께 기도합시다.

> 오 주님, 주님은 당신을 아는 마음들의 빛이시고, 당신을 사랑하는 영혼들의 생명이시며, 당신을 섬기는 의지들의 힘이십니다. 우리가 당신을 알도록 도우셔서 우리가 진실로 당신을 사랑하게 하시고, 우리가 당신을 사랑하도록 도우셔서 우리가 당신을 온전히 섬길 수 있게 하소서. 당신을 섬긴다는 것은 완전히 자유롭다는 뜻입니다.
>
> 아멘.

• 〈Abide With Me〉(새찬송가 481장 〈때 저물어서 날이 어두니〉) 1절 가사.

정죄받은 사람

본문: 로마서 7:21-8:6

저는 거의 반세기 동안 영화를 보러 다녔습니다. 영화에서 가장 낯익은 이미지 하나는 법정에서 판결이 내려지는 장면입니다. 재판을 받는 사람과 방청인들은 배심원단의 결정을 들으려고 앉아서 기다립니다. 배심원들은 한 명씩 의견을 내놓습니다. 배심원들은 돌아가면서 말하고, 카메라의 초점이 한 사람씩 비춥니다 —"유죄!" "유죄!" "유죄!"

저는 이 이미지에 평범한 영화와 텔레비전 드라마의 취지 이상으로 우리의 감정을 사로잡는 힘이 있다고 생각합니다. 어떤 무시무시한 힘에 의해 유죄 선고가 내려질 것이라는 두려움이 일평생 우리를 괴롭게 합니다. 아무리 우리가 우리 삶을 통제하는 것처럼 보이더라도 이 두려움에서 자유로운 문명인은 거의 없습니다. 몇 달 전 저는 《뉴욕 타임스》 일요일판에 실린 기사에 대해 제가 아는 몇몇 유력한 사람들이 보인 반응에 깜짝 놀랐습니다. 그 기사는 "인간에 관하여"라는 칼럼 중 하나로 "요건 충족"Making the Cut이라는 제목이었습니다. 칼럼의 저자인 존 타르코프는 이렇게 씁니다.

통과 —이 문구는 스포츠 용어에서 유래한 것이지만, 그 의미는 체육

관과 훈련장 너머로 확장되었다. 직장을 구하고, 혼자 힘으로 신도시에 자리 잡고, 연봉을 올리고, 결혼하고, 지위와 권력 찾기 등등. 일이 안 풀릴 때 사람들이 듣는 메시지는 변하지 않는다 — 자격 미달이군. 이것은 요건에 관한 메시지다. 인간의 내면 활동에는 저 말에 맞물리지 못하고 갈리는 기어가 있다. … 저 말이 사람을 분노로 내몰거나 헤어나기 힘든 패배자의 마음가짐을 갖게 한다.[1]

이러한 설명에 대한 몇몇 사람의 깊은 감정적 반응을 살피는 것은 흥미로웠습니다. 왜냐하면 제가 보기에 이 사람들은 '요건을 충족한' 사람이었기 때문입니다. 그럼에도 "자격 미달이군"이라는 말은 그들이 마치 명백한 실패자인 것처럼 큰 울림을 준 듯했습니다.

우리 회중인 월리 웰치가 쓴 〈우익수로 뛰다〉Playing Right Field라는 노래를 들어 보신 분이 꽤 많으실 겁니다. 마지막으로 선발된 소년이 자기 쪽으로 공이 날아오지 않기를 기도하며 외야에 서 있는 모습이 노래 가사입니다. 이 노래를 듣는 사람들은 이게 어떤 느낌인지 안다고 생각합니다. 저는 늘 어떻게 **모든 사람이** 그런 기억 반응을 하게 되는지 궁금했습니다. 모든 사람이 희망도 투지도 없이 있다가 마지막으로 선택된 건 아니겠죠, 저처럼요? 저는 몇 주 전 대학 동창회에 갔습니다. 스물다섯 명 정도 모여 앉아서 추억에 빠졌습니다. 이렇게 마지막에 뽑혔다는 흔한 기억이 왠지 모르게 떠올랐고, 거기 있던 여성들 **모두** 그 괴로움을 떠올리며 일제히 웃으며 앓는 소리를 냈습니다. 저는 놀라서 주위를 둘러보았습니다 — 저는 이 친구 중 몇몇이 항상 **맨 먼저** 선발되었다는 걸 알고 있는데, **그런** 친구들이 어떻게 자격 미달의 두려움을 이해할 수 있었을까요? 보아하니 이건 보편적 인식인 것 같

1 John Tarkov, "About Men" column, *New York Times Magazine* (1983. 9. 25.).

습니다. 우리는 운동 신경 미달이거나, 인기가 없거나, 똑똑하지 않거나 예쁘지 않거나, 어딘가 하나는 **부족합니다**.

포클랜드섬이 위기를 맞았을 때, 협상을 주재했던 저명한 영국 외교관 앤서니 파슨스에 관한 기사가 이어졌습니다. 어마어마한 학식과 뛰어난 개인적 자질이 있었던 그는 제가 보기에 이상적인 사람 같았습니다. 한 기자는 그에 관한 기사의 마지막 부분에서 그가 엄청난 독서가이며 조셉 콘래드의 《로드 짐》*Lord Jim*을 좋아한다고 언급했습니다. 인터뷰어가 "왜 《로드 짐》이죠?" 하고 묻자 그는 이렇게 대답했습니다. "왜냐하면 그 책은 모든 사람이 자신이 어떤 성품을 갖추어야 하는지에 관한 완벽한 개념을 지니고 있다는 사실과, 그런 성품에 이르는 데 실패한 결과를 다루기 때문입니다."

우리는 알베르 카뮈의 매우 함축적인 단편 소설 《전락》에서 세상 물정에 밝은 장-바티스트의 고백을 읽습니다. "나는 나의 삶과 완전히 조화를 이루었다." "내 회사에 수요가 있었다. … 진정으로 말하자면 … 나는 나 자신이 슈퍼맨 같다고 생각했다." 그런데 어느 날 밤, 파리 거리를 통해 집으로 걸어가던 장-바티스트는 다리 위에 서 있는 젊은 여성을 봅니다. 그 여성이 있던 곳을 지나갔는데, 잠시 후 그녀가 물에 몸을 던진 소리가 들립니다. 그녀가 외치는 소리를 여러 번 들었는데도 그는 멈추지 않고 가던 길을 계속 갑니다. 그는 집에 도착했고 사고가 났다는 걸 아무에게도 알리지 않았습니다. 그 후에 그는 이렇게 말합니다. "나는 내 본성의 진실에 관하여 자신을 기만할 수 없었다. … 내가 [다른 이들을 향해] 눈뜨게 된 것은 사랑이나 관대함이 아니라, 그저 사랑받고 싶은 욕망이었으며 내가 받을 만하다고 생각한 것을 받고자 하는 욕망이었다." 이러한 발견을 한 이후 그의 인생은 "무엇보다도 문제는 심판ﷳ을 피하는 것이다"라는 그의 말처럼 회피적인 형태를 띠게 되었습니다.

"심판을 피하는" 과정은 장-바티스트에게 다음과 같은 점을 가르쳐 주었습니다.

사람들은 자신이 심판받지 않으려고 서둘러 심판한다. 무엇을 기대하는가? 인간에게 마치 본성인 것처럼 가장 자연스럽게 떠오르는 생각은 결백하다는 생각이다. 이런 관점에서 볼 때, 우리는 모두 부헨발트의 작은 프랑스인과 같다. 그는 점원에게 불만을 제기했고, 그 자신은 죄수였다. … 점원은 … 웃었다. "쓸모없는 노인네. 당신은 여기서 불만을 제기할 수 없어." 작은 프랑스인은 말했다. "하지만, 저기. 내 경우는 예외야. 난 결백하거든!"

우리는 모두 예외다. 우리는 모두 어떤 주장에 대항해서 호소하고 싶다! 우리는 모두 어떤 수를 써서라도 결백을 주장한다. 나머지 인류 전체와 천국마저 비난해야 하더라도 말이다. … 핵심은 [우리가] 결백해야 한다는 것이다. … 내가 말했듯이, 그건 심판 회피의 문제다.

… 날 믿어라. 종교는 계명을 도덕화하여 퍼붓는 순간 잘못된 방향으로 가고 있다. 죄책감을 만들거나 벌을 내리기 위해 하나님이 필요한 건 아니다. 우리 동료 인간들로 충분하다. 우리가 거들면 된다. … 신이 필요한 유일한 지점은 결백^{무죄함}을 보증하는 것이다.

… 내 당신에게 큰 비밀을 하나 말해 주지. 최후의 심판을 기다리지 말게. 최후의 심판은 매일 열리거든.

결백하지 않습니다! 자격을 갖추지 못했습니다! "유죄입니다!" "유죄에요!" "유죄!" 신약성경에서 성 바울은 이를 "죄와 죽음의 법" 이라고 부릅니다. 여기서 '법'이라는 단어에는 여러 의미가 있습니다만, 그중 하나는 중력 법칙이나 열역학 법칙처럼 지속적으로 작동하는 과정으로 굴러가는 불변하는 행위의 법칙입니다. 우리가 이러한

'법칙들'에 지배받는 것과 마찬가지로, 우리는 모두 **죄**와 **죽음**의 **법**에 지배받습니다. 이것은 궁극적 형태의 유죄판결입니다. 이는 바울이 로마서 5장에서 "아담"이라고 부른 인간의 조건입니다. "한 사람[아담]의 범죄 행위 때문에 모든 사람이 유죄판결을 받았습니다."

제 경험상 우리 모두에게 있는 유죄판결에 대한 두려움, 자격 미달로 판단될까 하는 두려움의 기원은 어처구니없을 만큼 평범하고 당혹스럽습니다.

그것은 부모의 불만의 형태로 우리에게 옵니다. 몇 주 전 《뉴요커》에 어떤 카툰이 실렸습니다. 카툰은 바닥에 있는 작은 인간 형상들보다 높게 솟아 있는 거대한 동상 그림입니다. 그 동상은 휘황찬란한 19세기 복장을 한 사람인데, 위풍 있고 지배자적인 포즈를 취하고 있습니다. 동상 바닥에는 이런 글귀가 새겨져 있습니다.

군인

정치인

작가

애국자

하지만 여전히

어머니의 기대에는

못 미치는 사람

세상의 동화가 사악한 마녀들과 무시무시한 거인들로 가득한 이유는 이런 원시적인 공포, 부모님으로 인해 해결되지 않은 공포가 우리 안에 있기 때문입니다. 우리는 평생 이런 걸 안고 살아갑니다. 회사의 대표이사도 오 척 단신의 흰머리 어머니의 임재 앞에서 무력하고 무능한 사람으로 전락합니다. 자기 회사의 사장 자리에 앉아 있는 사람도 이미 10년 전에 돌아가신 아버지에게 존경과 사랑을 얻으려고 아직도 노력하고 있습니다. 저는 이런 모습을 여러 번 봐 왔습니다. 수없이 봤습니다. 이러한 부모에 대한 기억은 '요건에 관한 메시지'가 자기 앞에 굴욕적으로 나타나게 합니다. "사람을 분노로 내몰거나 헤어나기 힘든 패배자의 마음가짐을 갖게" 하는 "자격 미달이군"이라는 우레와 같은 판결이 자신을 따라다니게 합니다. 다스 베이더가 루크 스카이워커의 **아버지**로 밝혀진 건 우연이 아닙니다. 우리가 새로운 어머니와 아버지를 선택할 수 없는 것만큼이나, 우리는 우리에게 유죄판결을 불러오는 **죄와 죽음의 법**에서 자유로울 수 없습니다. 저 법칙이 무자비하게 일률적이고 불가피하여 벗어날 수 없다는 사실 때문에 바울은 "아, 나는 비참한 사람입니다! 누가 이 죽음의 몸[이 유죄판결의 굴레, 우리가 '자격 미달'이라는 생각, 이렇게 판단받는 것에 대한 두려움]에서 나를 건져 주겠습니까?" 하고 울부짖었습니다(7:24).

그러고 나서 바울은 답을 내놓습니다. 우리 모두의 진정한 아버지께서 그에게 보여 주신 답입니다.

이제 그리스도 예수 안에 있는 사람들은 정죄_{유죄판결}를 받지 않습니다.

제가 그레이스교회에 오기 훨씬 전부터, 그리고 3년 전 제가 여기 오고 난 후에도 사람들은 이 구절이 1975년 이곳에서 일어나기 시작한 회복의 배후에 있는 힘이었다고 말합니다—저도 그렇게 믿습니다. "이제 그리스도 예수 안에 있는 사람들은 정죄를 받지 않습니다." 이것은 복음입니다. 좋은 소식입니다. "한 사람[아담]의 범죄 행위 때문에 모든 사람이 유죄판결을 받았던 것처럼, 이제는 한 사람[그리스도]의 의로운 행위 때문에 모든 사람이 의롭다는 인정을 받아서 생명을 얻게 되었습니다"(5:18). 해방입니다! "무죄입니다!" "무죄에요!"

"무죄!" 예수 그리스도 안에서 우리는 자유롭게 되었습니다! 어쩐지 사람들이 이 문으로 쏟아져 들어오기 시작했습니다. 이는 우리가 너무 듣고 싶은 메시지입니다. 평결은 극적으로 뒤집혔습니다. 평결을 뒤집을 힘이 있는 사람이 딱 한 명 있는데 그가 뒤집었습니다 ─ 그는 우리의 심판관이 되어 오실 겁니다. 이제 그리스도 예수 안에 있는 사람들은 유죄판결을 받지 않는데, 왜냐하면 예수께서 자신을 죽음에 내어 주셨을 때 "우리 대신 심판을 받으신 심판자"[2]가 되셨기 때문입니다. 예수께서 십자가에 못 박히기로 복종하셨을 때, 유일하게 죄 없으신 그가 우리가 일평생 '피하려고' 노력했던 심판을 스스로 담당하신 것입니다. 그렇게 하심으로써 "우리를 죄와 사망의 법에서 해방하셨습니다."

수많은 회복과 개혁과 변화된 삶의 중심에 있었던 이 본문에 관하여 오늘 설교한다는 것은 제가 상상할 수 있는 최고의 기쁨입니다. "이제 그리스도 예수 안에 있는 사람들은 정죄를 받지 않습니다!"

그러나 저는 우리가 이 구절을 온전한 맥락에서 듣지 않으면 사도 바울을, 그리고 궁극적으로는 우리 자신을 부당하게 다루는 것이라고 생각합니다. "이제 그리스도 예수 안에 있는 사람들은 정죄를 받지 않습니다. 그것은 그리스도 예수 안에서 생명을 누리게 하는 성령의 법이 나를 죄와 죽음의 법에서 해방하여 주었기 때문입니다."

보시다시피 이 두 구절을 모두 읽지 않으면, 우리도 결국 장-바티스트처럼 "신이 필요한 유일한 지점은 [우리의] 결백_{무죄함}을 보증하는 것"이라고 생각하게 될지 모릅니다. 그러면 성경의 의미를 빈약하게 이해한 것입니다. 하나님은 우리를 그저 예전과 같은 생활 방식으로 돌아가게 하려고 무죄 판결을 선고하신 게 아닙니다. 예수님이 죽으

---

2 이는 칼 바르트의 《교회 교의학》(Church Dogmatics, Edinburgh: T&T Clark, 1956. 대한기독교서회 역간), IV/1에서 십자가에 관한 장의 제목입니다.

셨을 때 죄를 위한 제물로 죽으셨다는 바울의 말처럼 하나님이 "그 육신에 죄 선고를 내리셨을" 때(8:3), 우리의 상황 전체가 완전히 달라졌습니다. 우리는 "죄와 죽음의 법 아래 살아왔지만, 그리스도 예수를 통해서 생명을 누리게 하는 성령의 법이 우리를 해방하여 주었습니다." 예수님은 유죄판결로 이어지는 죄와 죽음의 세계에 들어오실 때, "권능의 선물"[3]을 가지고 오셨습니다. 이 권능의 선물은 **죄**와 **죽음**의 **법**이 더 이상 지배하지 못하는 전적으로 새로운 영역, 성령의 영역을 창조합니다. 이와 같이 바울은 "우리를 위한 그리스도"뿐만 아니라 "우리 안의 그리스도"에 대해서, 혹은 "그리스도 안에서의" 우리 존재에 대해서 이야기합니다. 예수님은 우리를 새로운 영역에 데리고 왔습니다. 예수님이 우리를 **유죄판결로부터 보호**하는 영역일 뿐만 아니라, 그가 우리를 **변화시키는 능력**의 영역입니다. 예수님이 우리 안에서 이루셨고 또한 이루실 것 때문에, 우리는 "우리의 죄 많은 본성을 따라서가 아니라 성령을 따라서"(8:4) 살 만큼 자유롭습니다.

이틀 전 금요일에 저는 발 수술을 받고 누워 있었는데, 어떤 사랑스러운 여성분이 저를 찾아와 주었습니다. 이분은 겨우 몇 달 전에 그리스도인이 되었습니다. 편의상 이분을 도로시라고 부르겠습니다. 도로시는 자기 성경책이랑 샌드위치를 가지고 왔습니다. 우리는 하나님의 것과 "그리스도 예수 안에 있는 생명의 성령의 법"에 대해 논하며 멋진 점심을 먹었습니다. 저는 그리스도 안에서 도로시의 새 삶에 드러난 진실함과 성실함에 깊은 감동을 받았고 겸허해졌습니다. 도로시는 분노의 방식이 그리스도인의 방식이 아님을 자신이 성경에서 어떻게 읽었는지 들려주었습니다. 그녀는 이제 자기 사무실에 있는 다른 사람들에게 더 인내심을 갖고 짜증을 덜 낼 수 있도록 도와달라고 주님

---

3 알렉산더 맥라렌에게 빌려온 문구입니다.

께 기도하고 있다고 했습니다. 도로시에게는 훨씬 더 오래전부터 그리스도인이었던 한 친구가 있는데, 그 친구는 이에 대해 가소롭다는 듯이 후훗 하였습니다. 그리고 '속생각을 서슴없이 터놓는' 현대적인 방식으로 말했습니다. 화난다는 건 그저 사람임을 나타내는 표시라고 말이죠. 하지만 불과 몇 달 만에 도로시는 자신의 새로운 상황, 새로운 힘의 영역, "그리스도 예수 안에 있는 생명의 성령의 법"에 대해 놀랍도록 분명한 시각을 얻었습니다. 도로시는 말했습니다. "내 안에서 예수님이 내 화를 바꾸도록 나를 도우실 거라고 기대하면 **안 되는 건가요?**"

저는 대답했습니다. "물론이죠. 당연히 그렇게 생각해야죠!" "그리스도 예수를 통해서 생명을 누리게 하는 성령의 법이 우리를 해방하여 주었습니다."

오늘 이곳에는 적어도 세 부류의 사람이 있습니다.

1. 이곳에는 정죄에 대해 생각하는 것과 생각하지 않는 것 사이에서 일종의 불안한 균형을 이루며 삶을 살아가는 사람이 있습니다. 자격 미달이라는 두려움이 종종 여러 모양으로 수면 위로 나타나지만, 불편한 놀라움이 심하게 많지는 않아서 꽤 평안하게 삶이 유지되는 한, 그 두려움은 상당 시간 수면 아래 감춰질 수 있습니다.

2. 이곳에는 다리 위에서의 일을 경험하기 전의 장-바티스트처럼, 자신이 슈퍼맨 또는 슈퍼우먼이라고 자기 자신과 다른 이들을 납득시키는 데 성공한 사람도 있습니다. 이런 형제자매들은 병을 얻는 게 아니라 병을 줍니다. 이들은 다른 이들에게 판단받을까 봐 걱정하는 대신 다른 이들을 판단합니다.

3. 그리고 "내 속에 선한 것이 있지 않으며 … 선을 행하려는 의지는 있으나, 그것을 실행할 수 없음"을 알기에 완전히 공황 상태로 사는 사

람이 있습니다. 그런 사람에게는 "유죄!"라는 판결 소리가 항상 귓가에 맴돌아서 삶이 매우 힘에 부칩니다.

자신이 어느 부류에 속하는지는 여러분 자신만 결정할 수 있습니다 — 하지만 어느 쪽에 속하든 한편으로 우리 각 사람은 동일한 부류입니다. 로마서 3장에서 바울이 썼듯이, "모든 사람이 … 죄의 권세 아래 있고 … 의인은 없나니 하나도 없으며 … 아무 구별이 없는데, 모든 사람이 죄를 범하였기 때문입니다"(3:9-10, 22-23). 조셉 콘래드의 내레이터인 말로우가 소설에서 '로드 짐'을 사랑한 여성에게 "누구도, 그 누구도 자격이 없습니다"라고 했던 것처럼 말이죠.

그래서 오늘 아침 우리 각 사람에게, 들을 귀와 믿을 마음이 있는 사람에게 위대한 말씀이 다가옵니다. 새로운 판결을 선고하고 새로운 세상을, 분노와 패배감이 설 자리가 없는 새로운 세상을 창조하는 복음의 말씀이 다가옵니다.

그리스도 예수 안에 있는 사람들은 정죄를 받지 않습니다. 그것은, 그리스도 예수 안에서 생명을 누리게 하는 성령의 법이 나를 죄와 죽음의 법에서 해방하여 주었기 때문입니다.

"무죄입니다!"

아멘.

애플게이트 너머의 희망

알림: 이 설교는 특수한 맥락에서 전한 것이며, 그 맥락에 비추어 이해해야 합니다.

높은 지위에 있는 교인의 심각한 직권남용이 밝혀졌고,

그 사람은 공개적으로 망신당했습니다.

설교 당시 교인들은 이를 두고 고심하고 있었습니다.

피조물은 하나님의 자녀들이 나타나기를 간절히 기다리고 있습니다. 피조물이 허무에 굴복했지만, 그것은 자의로 그렇게 한 것이 아니라, 굴복하게 하신 그분이 그렇게 하신 것입니다. 그러나 소망은 남아 있습니다.

우리는 이 소망으로 구원을 얻었습니다. 눈에 보이는 소망은 소망이 아닙니다. 보이는 것을 누가 바라겠습니까? 그러나 우리가 보이지 않는 것을 바라면, 참으면서 기다려야 합니다.

로마서 8:19-25

교회의 목적은 무엇입니까? 도대체 왜 모입니까? 교회에 있는 것보다 밖에 나가서 자연 속에 있을 때 하나님과 더 가까워질 수 있다고 생각하는 사람도 많습니다. 교회에서 발견되는 죄의 양을 볼 때 사람들이 이렇게 생각하는 것도 당연합니다. 우리가 이렇게 말할 때 **다른 어떤** 교회 사람들의 죄에 대해 말하는 게 아닙니다. 왜냐하면 지난주 설교에서 말했듯이, 우리가 함께 고백한 총고해는 우리 각 사람이 하나님의 자비가 필요한 죄인임을 인식하도록 가르치기 때문입니다. 우리는 이러한 점을 골프장이나 바다에서 배우지 않습니다. 산에서 하이킹하면서 배우지 않습니다. 저도 자연을 정말 사랑합니다. 사실 저는 환경 운동 창립 회원입니다—저는 제가 첫 번째 지구의 날 행진에 참여했다는 걸 자랑스럽게 떠들고 다닙니다. 그럼에도 저는 성경을 읽는 사람이기에, 자연환경이 우리로 하여금 **하나님의 창조에 감사하도록** 인도할 수 있을지 몰라도 **우리의 죄를 사해 주신 하나님을 찬양하도록** 가르칠 수 없다는 걸 압니다.

우리 나라는 지금 애틀랜타 올림픽을 준비하며 기대감으로 가득합니다. 올림픽에는 신비스러움이 있습니다. 4년마다 이맘때쯤이면 수많은 희망 사항이 우리 안에 일어납니다. 여러 나라에서 국기를 들고 몰려온 선수들을 보면, 지구인의 평화와 화합에 관한 즐거운 생각을 하게 됩니다. 신문에서 읽었는데, 미국 역사상 가장 큰 규모의 평시 안보 작전이 지금 애틀랜타에서 수행되고 있다고 합니다. "정보 요원들은 누가 누구에게 화가 났는지에 대한 '반감망'을 준비하고 있습니다." 이는 전 세계가 죄에 사로잡혀 있음을 보여 주는 완벽한 예가 아닌가요![1]

지난주 우리는 사도 바울이 로마서에서 죄 문제에 관해 이야기한 것을 들었습니다.

> 나는 선을 행하려는 의지는 있으나, 그것을 실행하지는 않으니 말입니다. 나는 내가 원하는 선한 일은 하지 않고, 도리어 원하지 않는 악한 일을 합니다. … 내가 해서는 안 되는 것을 하면, 그것을 하는 것

---

[1] *The New York Times* (1996. 7. 12.). 얼마 후 올림픽에서 폭탄 투척 사건이 일어나면서 이를 실증했습니다. 이 책에 실린 또 다른 설교 〈부인에서 승리까지〉(p. 347)를 보십시오.

은 내가 아니라, 내 속에 자리를 잡고 있는 죄입니다. 여기에서 나는 법칙 하나를 발견하였습니다. 내가 선을 행하려고 할 때 나에게 악이 붙어 있다는 것입니다.

죄에 관한 이 고전적 설명은 일반적으로 개인과 관련된 것으로 이해됩니다. 우리는 각자 자기 삶에서 바람직하지 않은 행동을 반복하는 패턴과 싸웁니다. 그러나 오늘 로마서 구절에서 바울은 더 큰 그림을 그립니다. 그는 단지 개인이 아니라 **피조물 전체**가 죄의 영향력으로 고통받고 있다고 말합니다. C. S 루이스가 묘사했듯이, 자연환경 자체가 "휘었고" 왜곡되었으며 고장나 있습니다. 저는 애니 딜라드가 좋은 자연 작가라고 생각하는 사람들을 볼 때마다 항상 기분이 좋습니다. 저는 그녀의 책에서 다음 구절을 좋아합니다. "물고기는 수영해야 하고, 새는 날아야 하며, 곤충들은 끔찍한 일을 하나씩 해야 하는 것 같다." 그녀는 계속 설명하며 이렇게 말합니다. 곤충의 행동은 "인간의 모든 가치에 대한, 신이 타당하리라는 모든 희망에 대한 공격이다."[2]

하나님은 곤충들이 서로를 천천히 끔찍하게 잡아먹도록 창조하셨을까요? 그런지 아닌지 저는 모릅니다만, 예언자 이사야가 그린 하나님 나라에 관한 유명한 묘사는 창조 세계에서 무엇이 잘못되었는지에 관한 실마리를 던져 줍니다.

이리가 어린 양과 함께 살며, 표범이 새끼 염소와 함께 누우며, 송아지와 새끼 사자와 살진 짐승이 함께 풀을 뜯고, 어린아이가 그것들을 이끌고 다닌다. … 젖먹는 아이가 독사의 구멍 곁에서 장난하고, 젖뗀 아이가 살무사의 굴에 손을 넣는다. 나의 거룩한 산 모든 곳에서,

2 Annie Dillard, *Pilgrim at Tinker Creek*, Perennial Library (New York: Harper & Row, 1985), p. 63. 《자연의 지혜》(민음사 역간).

서로 해치거나 파괴하는 일이 없다(사 11:6-9).

이 이미지는 매년 크리스마스카드에 사자와 어린양이 함께 누워 있는 그림으로 재생산됩니다. 이 대중적인 이미지에는 자연이 있는 그대로 괜찮지 않다는 함의가 흐릿하게 있습니다. 자연은 뭔가 잘못되었고, 뭔가 고쳐져야 합니다. 그리고 자연이 고쳐질 때 그것은 사람의 행위가 아니라 하나님의 행위로 될 것입니다. 그래서 바울은 이렇게 씁니다. "모든 피조물이 이제까지 함께 신음하며, 함께 해산의 고통을 겪고 있다는 것을, 우리는 압니다. 그뿐만 아니라 … 우리도 … 속량하여 주실 것을 고대하면서, 속으로 신음하고 있습니다."

　성경의 관점은 우리 모두가 다 함께한다는 것입니다. 우리는 모두 어마어마한 태곳적 혼란에 연루되어 있습니다. 밀턴의 표현을 빌리면, 이 혼란은 "인간의 첫 번째 불순종"[3]의 결과로 일어났습니다. 러셀 게이트는 어제 칼럼에서 이를 정확히 표현했습니다. 그는 워터게이트, 이란게이트, 화이트워터게이트 등과 같은 온갖 '게이트'에 관하여 쓰면서 이렇게 말합니다. "-게이트 역사가 우리 나라에서 시작되었다고 생각하는 것은 미국의 자존심을 살려 주지만, 실상은 훨씬 흥미롭다. -게이트는 기록된 역사의 여명기까지, 아마 그 너머까지 거슬러 올라간다. 이 계보의 시초를 흔히 애플게이트라고 한다. 즉 에덴동산에서 착수한 추악한 상황이다."[4] 이는 창세기에서 이사야를 거쳐 로마서에 이르기까지 성경이 우리에게 정확히 말해 주는 내용입니다. 우리가 하나님의 선한 계획에 반기를 들어서 고대의 끔찍한 일이 우리에게 일어났고, 그 이후 우리는 그 결과를 안고 삽니다.

3　John Milton, *Paradise Lost.*《실낙원》(문학동네 역간).

4　*The New York Times* (1996. 7. 13.).

저는 이 지역에 있을 때, 이 지역에 아무 문제가 없다는 듯이 지내고 싶습니다. 저희 집이 있는 버크셔 카운티에서 제가 좋아하는 산책로 끝자락에는 멋진 언덕 경치와 양들이 가득한 초원 지대가 있습니다. 거기서 저는 늘 헨델의 《유다 마카베오》에 나오는 제가 아주 좋아하는 합창곡을 생각합니다. "오, 사랑스럽고 사랑스런 평화여. … 언덕 위를 양무리로 장식하고, 계곡을 옥수수 물결로 웃게 하여라." 그러다 슈퍼마켓에 가는 길에 상담소, 병원, 소방서를 지나면서, 자연에서 보는 평화의 이미지가 덧없고 불완전함을 알게 됩니다. 혹은 조금 전 읽은 농장 이주 노동자들이 사는 끔찍한 환경에 관한 기사를 생각해 보면, 우리는 아무 생각 없이 양파나 딸기를 즐기지만, 우리가 있는 지역에서 불과 몇 지역 떨어진 곳에서 노동자들이 재배하는 환경은 가혹한 것처럼, 죄가 언덕 위에 살아 있다는 걸 압니다.

우리는 자연에서 하나님에 관한 그림 전체를 알 수 없습니다. 자연은 우리가 주일에 함께 모여서 하는 것들을 하지 않습니다. 주일 아침 예배는 개인 예배가 아니라 공동체 예배입니다. 예배 행위를 예배 행위답게 하는 것은 고통받는 피조물 전체를 위한 죄의 고백과 교회의 기도를 다 함께 **분담하는** 것입니다. 함께 모인 맥락에서 읽고 해석한 하나님의 말씀을 들을 때 우리는 비로소 인간 곤경의 깊이와 하나님의 신성한 계획의 너비를 이해하게 됩니다.

이 마을에 사는 우리 모두는 매일 운전하며 호프힐 농장을 가리키는 표지를 지나갑니다. 저는 이 농장이 누구 소유인지 모릅니다만, 저는 몇 년 동안 '호프힐'소망의 언덕이라는 이름을 보며 즐거워했습니다. 주님께서 "나의 거룩한 산 모든 곳에서, 서로 해치거나 파괴하는 일이 없다"고 말씀하십니다. 이 말씀을 보면 저는 늘 오늘 읽은 로마서 구절이 떠오릅니다. "우리는 이 소망으로 구원을 얻었습니다. 눈에 보이는 소망은 소망이 아닙니다. 보이는 것을 누가 바라겠습니까? 그러나 우리가 보이지 않는 것을 바라면, 참으면서 기다려야 합니다." 로마서는 어떻게 피조물 전체가 타락했는지와 구속받는지를 이야기해 줍니다. "굴복하게 하신 이의 뜻으로 말미암아" 그런 것이죠. 그런데 피조물이 자기 죄에 굴복했지만, "**희망을 잃지 않은 채** 굴복한 것"입니다.

신문에서 읽었는데, 우리 동부 이웃인 샘 워터스톤이 캄보디아로 희망의 사명을 가지고 떠났다고 합니다.[5] 캄보디아 시골에는 발 딛기 안전한 곳이 없습니다. 킬링필드에는 100만 개의 지뢰가 매장되어 있습니다—자연의 왜곡에 관한 이야기입니다! 유명한 배우가 거기 있다는 것은 사람들의 이목을 끌려는 행위로 치부될 수도 있지만, 연대의 표시로 해석될 수도 있습니다. 세계가 캄보디아 사람들의 고통을 잊지 않았다는 표시로 말이죠.

하지만 우리가 희망적인 일을 찾기 위해 캄보디아까지 갈 필요는 없습니다. 지난 수요일은 교구회관에서 멋진 일이 있었습니다. 가을 축제를 위해 자원봉사를 하려고 사람들이 드나들었거든요.[6] 어떤 사람들은 이것이 사소한 일이라고 말할지도 모릅니다. 작은 일들이 실제로 큰 의미일 수 있습니다. 작은 일들이 생명의 신호일 수 있습니다. 친교와 연대의 기회일 수 있습니다. 무엇보다도 희망의 방책일 수 있습니다. 우리가 '반감망'의 일부가 되지 않을 것임을 보여 주기 위해 우리가 할 수 있는 것은 전부 하나님 나라를 위해 싸우는 것입니다. 교회는 혐오를 소멸하는 방법을 배우는 중인 신자들의 공동체입니다.

지난여름 저는 글리머글래스 오페라에서 모차르트의 《돈 조반니》

---

5   유명한 드라마 배우인 샘 워터스톤은 캄보디아 대량 학살에 관한 영화인 《킬링필드》(*The Killing Fields*)에서 주연을 맡았습니다.

6   캄보디아 대학살에 대한 언급에 이어서 이런 말을 하는 것은 매우 경솔해 보일 수 있습니다. 하지만 이 교구는 배신이라는 재난의 시기를 겪었기에 이러한 회복의 징조들은 보기와는 달리 사소하지 않습니다.

공연을 관람했습니다. 여러분 중에서도 이 논란이 많은 작품을 보신 분이 계실 겁니다. 이 작품을 좋아하는 사람도 있고 싫어하는 사람도 있습니다. 감독이 구상한 여러 이상한 것 중 하나는 분명 모차르트 모습을 의도한 것 같은데 흰 가발을 쓰고 매끈한 반바지를 입은 어린아이가 작품 시작부터 끝까지 돌아다니며 일을 만드는 것입니다. 제 친구는 이 아이가 끼어들어 걸리적거리는 게 너무 싫어서 어린 배우를 가리켜 계속 "애송이 자식"이라고 했습니다. 친구의 말도 일리 있지만, 제 생각은 달랐습니다. 오페라에 마지막에 어떤 일이 있었는지 이야기해 보겠습니다. 여러분도 어떻게 전형적인 유혹자, 착취자, 기만자 돈 조반니의 엄청난 사악함이 드러나서 회개하지 않고 지옥으로 빨려가는지 줄거리를 아실 겁니다. 저는 어제 여기 오는 차 안에서 그 장면을 녹음한 부분을 들었는데, 정말 소름 돋아서 머리카락이 쭈뼛쭈뼛하게 섰습니다. 이 특정한 작품에서, 지옥으로 간 장면 이후 마지막 장면에서 등장인물들이 모두 둘러서서 돈이 마땅한 벌을 받은 것을 노래하는 동안, 어린 모차르트 역은 불 사이로 손을 내밀어 돈을 안전하게 끌어당깁니다. 돈은 불가능한 구원의 가능성을 엿본 사람처럼 두려움과 경외심이 가득한 표정을 하고 있습니다.

감독의 이 이상한 장치(어린 모차르트)가 주위를 산만하게 하나요? 네, 맞습니다. 모차르트의 의도를 왜곡한 걸까요? 아마 그런 것 같습니다. 감독에게 신학적인 의도가 있었던 걸까요? 분명 그런 의도는 아니었을 겁니다. 그는 아마 예술이 불멸성을 부여한다는 점을 암시하려 했을 겁니다. 하지만 로마서 8장의 이 구절의 맥락에서 저는 그것이 제게 무엇을 시사했는지 말해 볼까 합니다. 돈 조반니가 아무리 사악하고, 아무리 뉘우치지 않고, 아무리 자기 파멸에 몰두했더라도, 창작자는 자신의 창조물을 너무 사랑하기 때문에 결국 그대로 가게 두지 않았습니다. 그리고 저는 이러한 점이, 바울이 오늘 우리에게 선포하는 바를 보여 주는 좋은 이미지라고 생각합니다. 우리의 창조주께서 자기가 지으신 피조물을 너무 사랑하셔서 우리를 그냥 내버려 둘 수 없다는 것이죠.

> 불길이 너를 해치지 못하니,
> 내가 허락한 저 불길
> 네 불순물을 태워 너는 정금이 되리.[7]

'하나님과 가까워 지는 것'은 교회에 오는 목적이 아닙니다. 이는 너무 개인주의적인 방식으로 이해한 것입니다. 우리는 하나님의 백성이 되기 위해, 소망의 방책을 세우기 위해, "피조물도 썩어짐의 종살이에서 해방되어서, 하나님의 자녀가 누릴 영광된 자유를 얻으리라는 것"을 다 같이 증언하기 위해 함께 모입니다. 교회는 고립된 개인으로서가 아니라 유기적 전체의 부분으로서 저와 여러분입니다. 교회는 그 모든 실망과 잔혹함과 아픔으로 하나님의 고통받는 피조물을 대표하지만, 그러면서도 동시에 소망의 메시지를 품고 있습니다.

교회는 하나의 유기적 전체입니다. 바울은 하나님의 백성으로서 "한 지체가 고통을 당하면 모든 지체가 함께 고통을 당하고, 한 지체가 영광을 받으면 모든 지체가 함께 기뻐합니다"(고전 12:26)라고 말합니다. 한 교회가 불타면 모든 교회가 불탑니다. 교회 건물이 불타더라도 교회, 곧 하나님의 백성은 남아 있다는 것을 상기시켜 주기 위해 모든 그리스도인이 거기 남아 있습니다. 교회가 된다는 것은 하나님이 가져오시는 영광스러운 구속의 소망을 품고 기다리면서 전체 창조세계와 연대하는 공동체가 된다는 것입니다. 우리는 아직 그것을 보

---

7 Hymn, "How Firm a Foundation," K. in John Rippon's selection, 1787.

지 못합니다. 그것은 우리보다 앞에 있습니다. 바울은 그것이 우리가 소망을 가져야 할 이유라고 씁니다. 왜냐하면 "누가 [이미] 보고 있는 것을 소망하겠습니까? 우리가 보이지 않는 것을 소망하려면, 참으면서 기다려야 합니다." 신약성경에서 참음(휘포모네ύπομονή)이란 단어는 우리 말 **참음**patience보다 훨씬 더 능동적인 힘을 지닙니다. 그것은 불굴, 지구력, 인내력을 뜻합니다. 참음은 "하나님의 자녀들이 나타나기를" 고대하는 것이기 때문에 소망에 근거를 둔 것이며, 참으면서 기뻐하는 것 이상의 암시가 담겨 있습니다. 여러분은 이 놀라운 구절이 의미하는 바를 이해하시나요? 그것은 우리가, 그래요 비록 지금과 같은 모습의 우리이더라도, 믿음과 인내를 통해 하나님의 아들 예수 그리스도의 형상으로 다시 지어지고 있다는 의미입니다. 바울은 이 놀라운 대목에서 전 피조물이 이 약속이 실현되기를 기다리고 있다고 말합니다. "피조물도 썩어짐의 종살이에서 해방되어서, 하나님의 자녀가 누릴 영광된 자유를 얻을 것입니다." 이것이 우리가 신뢰하고 확신하는 확실한 소망입니다. 그래서 우리는 폐회 찬송을 부르려 합니다.

기초가 굳건하네, 너희 주님의 성도들,
탁월한 말씀을 믿는 신앙을 위해 놓였네…

예수를 좇던 영혼 피난처를 찾네
결코 그의 대적에게 도망가지 않으리
지옥 전체가 우리 영혼을 흔들려 해도
절대 결코 포기하지 않으리.

아멘.

세상을 다시 만들기

로마서 8:3-4, 35-39

바울이 로마에 보낸 편지에서 가장 잘 알려진 구절은 아마도 분명 8장일 겁니다. 8장 마지막 부분은 장례식장에서도 종종 봉독됩니다.

> 누가 우리를 그리스도의 사랑에서 끊을 수 있겠습니까? 환난입니까, 곤고입니까, 박해입니까, 굶주림입니까, 헐벗음입니까, 위협입니까, 또는 칼입니까? … 우리는 이 모든 일에서 우리를 사랑하여 주신 그분을 힘입어, 이기고도 남습니다. 나는 확신합니다. 죽음도, 삶도, 천사들도, 권세자들도, 현재 일도, 장래 일도, 능력도, 높음도, 깊음도, 그 밖에 어떤 피조물도, 우리를 우리 주 예수 그리스도 안에 있는 하나님의 사랑에서 끊을 수 없습니다.

미국 그리스도인들은 이 구절을 너무 자주 듣고 있는 환경에 살기 때문에, 흔히들 죽음의 순간에 개인에게 주어지는 약속으로 생각합니다. 혹은 개인적인 어려움에 관한 약속으로 생각합니다. 분명 틀린 말은 아닙니다. 저도 제 장례식 때 아마 저 말씀을 붙들지 싶습니다. 하지만 오로지 이런 식으로만 읽는다면, 바울이 선포하는 복음을 온전히 이해하는 데 방해가 됩니다.

이 복음을 풍성하게 들으려면, 우리는 로마 그리스도인들에게 보낸 이 편지의 앞장으로 되돌아가야 합니다. 바울은 개인의 죽음보다 훨씬 큰 인류에 대한 위협으로 글을 확장합니다. 실제로 그는 우주적 규모로 글을 쓰고 있습니다. 그는 맨 앞 장들에서 전 인류의 보편적인 불순종에 대한 하나님의 진노에 관하여 씁니다. 그리고 8장에 이르러서 이를 확장합니다. 그는 피조물 전체가 "허무에 굴복하게" 되었다고 씁니다. 우주 전체가 "썩어짐의 종살이"를 한다고 말합니다. 그는 인간의 역사 전체와 창조된 우주 전체를 염두에 두고 있습니다. 그가 현재 우리 행성과 생태계에 닥친 위험을 상상하진 못했겠지만, 지금 무제약적 개발로 인해 우리의 열대 우림, 호수, 습지, 빙하에서 일어나고 일어나는 '황폐'를 염두에 두더라도 무리는 아닙니다. 바울은 천사들과 통치자들과 권력자들에 대해 말할 때, 하나님께서 선한 목적으로 창조하셨지만 지금은 자기 위치에서 떨어져 나와 하나님을 적극 반대하는 세력, 존재, 체계, 구조를 염두에 둔 것입니다. 사업 이익을 추구하기 위해 지구 온난화에 대해 우리가 아무것도 하지 못하게 만드는 힘을 생각해 보세요. 그것이 현재 작동하는 통치자와 권력자입니다.[1] 인터넷이 정말 많은 선을 가져왔지만 또한 얼마나 많은 악—거식증 소녀들이 계속 굶어야 할 것처럼 세뇌하는 사이트,[2] 성범죄자들이 아이들과 접촉하게 해 주는 사이트, 테러용 폭탄을 제조하는 방법을 알려 주는 사이트—을 가져왔는지 생각해 봅시다. 이제 이 지니

---

1 앨 고어는 자신의 책과 영화 《불편한 진실》(An Inconvenient Truth)에서 업튼 싱클레어를 인용합니다. "사람에게 무언가를 이해시키는 것이 어려운데, 자신의 월급이 그 무언가에 대한 몰이해에 달려 있기 때문이다." 이는 통치자들과 권력자들이 인간의 의지를 쥐고 있는 방식을 완벽하게 보여 줍니다.

2 이런 사이트들은 "프로아나"(pro-ana)로 불립니다.

를 다시 램프에 넣을 수 없습니다. 전쟁 기계를 생각해 봅시다. 한번 작동하기 시작하면 멈추게 하는 것이 거의 불가능에 가깝습니다. 인류는 이러한 통치자들과 권력자들에게 종노릇하고 있습니다. 그러나 바울은 이들 중 그 무엇도 우리를 우리 주 예수 그리스도 안에 있는 하나님의 사랑에서 끊을 수 없다고 선포합니다.

우리가 하나님께 거부당하는 것 말고는 아무것도 기대할 권한이 우리 자신에게는 없다는 점을 오늘날 우리 문화에서는 이해하기 어렵습니다. 우리는 오로지 하나님의 사랑에 대해서만 이야기하고 하나님의 심판에 대해서는 말하지 않는 종교적 분위기에 살고 있기 때문에 이 점을 이해하지 못합니다. 하나님은 모든 사람을 있는 그대로 포용하고 끌어안고 받아들입니다. **모든 인간에게 심각한 문제가** 있다는 생각은 요즘 미국 교회에서 전하는 메시지가 아닙니다. 그러나 바울이 전한 복음의 메시지가 근본적으로 전제하는 바는 3장에서 썼듯이, "의인은 없다. 한 사람도 없다. … 거기에는 아무 차별이 없다. 모든 사람이 죄를 범하였다. 그래서 사람은 하나님의 영광에 못 미치는 처지에 놓여 있다"라는 사실입니다. 바울이 로마서에서 한 말은 전부 이러한 인간 상태에 대한 진단과 별개로 이해할 수 없습니다.

잠시 "거기에는 아무 차별이 없다"라는 말을 생각해 봅시다. 구체적으로 바울이 의미하는 바는 하나님 앞에서 유대인과 이방인, 경건한 자와 경건치 않은 자, 신자와 이교도, '선한 사람'과 '나쁜 사람'의 구별이 없다는 것입니다. 모든 사람이 **죄**와 **죽음**의 **권세**에 사로잡혀 있고, '종교적인' 사람이 되는 것은 아무런 도움이 되지 않습니다. 종교적인 사람이 되는 것은 우리가 자신을 정당화하고 의롭게 하려는 또 하나의 방법일 뿐입니다. '종교'나 '영성'은 효력이 없습니다. 종교적인 사람이 되는 것은 인간이 하는 또 하나의 일일 뿐이며, 바울은 이 점을 분명히 합니다. 즉, 우리의 종노릇에 대해 우리가 할 수 있는 것은 아무것도 없으며, 우리를 가둔 통치자들과 권력자들의 손아귀에서 우리 스스로 벗어날 수 없습니다.[3] 우리는 그들에게 갇혀 있습니다.

두 가지 사례를 고찰해 봅시다.

지난주 신문에 실린 특집기사는 이라크 전쟁에서 있었던 이야기를 들려줍니다. 저자는 15년 전 제1차 걸프전쟁 참전 용사로, 현재는 아칸소주의 어느 대학에서 영문학을 가르치고 있습니다. 그가 가르치는 과목 하나는 미국 전쟁 문학입니다. 학생들은 베트남전 때 미라이에서 벌어진 대학살에 관한 글을 비롯하여 여러 자료를 읽습니다. 지난가을 국가경비대 소위로 이라크에 주둔했던 어느 젊은이가 전쟁 범죄를 고백하려고 이 선생을 찾아왔습니다. 그는 자신의 소대가 민간인이 살해된 이라크인의 집을 수색했던 과정을 이야기했습니다. 죽은 사람의 형제는 가족을 잃은 슬픔을 주체하지 못하며 흐느끼고 있었습니다. 젊은 미국 소위가 고함쳤습니다. "씨○ 누가 저 인간 좀 쏴 버려라."

영문학 교수는 말했습니다. "그건 범죄입니다. 그 젊은이는 이야기하며 눈물을 흘렸습니다. 제가 볼 때 그 친구는 자신이 선을 넘었다는 걸 깨달은 것 같습니다. 그는 그렇게 감정이 폭발하면 얼마나 쉽게 사람을 밀치게 되고, 총구로 찌르게 되고, 발로 걷어차고 개머리판으로 머리를 때리게 되는지 깨달았습니다. 그는 비겁한 사람이 아니었습니다. 자기 부하를 위해 목숨을 건 적도 있습니다. 저는 그가 자신의 잘못을 모조리 인정한 점과, 그 과정에서 소소하지만 전시 행동 기준을 높여 놓은 점을 깊이 존경합니다."[4]

며칠 뒤, 편집자는 이 글에 대한 답변으로 또 다른 사연을 받았습니다. 편지를 쓴 이의 아버지가 제2차 세계대전 참전 용사입니다. 아버

---

3 로마서 7장을 이를 자세히 설명하는 용의주도한 구조로 되어 있습니다. 7장은 "누가 이 죽음의 몸에서 나를 건져 주겠습니까?"라는 결론으로 끝납니다.

4 Alex Vernon, "The Road from My Lai," *The New York Times* (2006. 6. 23.).

지는 딸에게 전쟁 기간 중 자기 중대에서 일어난 사건에 대해 말했습니다. 동료 군인이 12살 독일 소녀를 총으로 쐈습니다. 소녀가 웃었다는 게 이유였습니다.[5]

그러나 이 편지에는 그 군인이 이후에 자기 잘못을 후회했는지에 관한 말이 없습니다. 형제를 잃은 이라크인을 향해 흥분해서 고함쳤던 젊은 소위 이야기를 되돌아봅시다. 우리는 그의 회개의 눈물이 그 소위 안에서 역사하시는 성령의 흔적이라고 말할 수 있습니다. 바울이 8장 앞부분에서 한 말도 이와 같은 의미를 담고 있습니다.

> 육신으로 말미암아 율법이 미약해져서 해낼 수 없었던 그 일을 하나님께서 해결하셨습니다. 곧 하나님께서는 자기의 아들을 죄된 육신을 지닌 모습으로 보내셔서, 죄를 없애시려고 그 육신에다 죄의 선고를 내리셨습니다. 그것은, 육신을 따라 살지 않고 성령을 따라 사는 우리가, 율법이 요구하는 바를 이루게 하시려는 것입니다(8:3-4).

이 말이 좀 복잡한 것 같아서 단순화해서 설명해 보겠습니다.

1. 모든 인간은 **죄**의 권세 아래 있다.[6]
2. **율법**(하나님의 계명과 가르침)은 우리가 지닌 최악의—전시에 민간인을 학대한 것처럼—본성으로부터 우리를 구하지 못한다.
3. 율법이 무능하기 때문에, 하나님은 무능한 율법이 할 수 없는 것을 성취하기 위해 유일무이하게 유능한 행동을 하셨다. 죄와 싸우는 전투에 자기 아들을 보내셨다.

---

5 《뉴욕 타임스》 편집자가 받은 편지(2006. 6. 28.).

6 저는 이 설교 원고에서 '죄'(Sin)의 첫 글자를 대문자로 써서, **죄**가 독립적 **권세**를 지닌 위치에 있음을 강조하려 합니다.

4. 하나님이 예수 그리스도 안에서 하신 일 때문에, 하나님의 선한 계명이 성령에 의해 우리 마음에 접붙여졌다. 젊은 소위가 자기 죄를 고백할 때 일어난 일이 바로 이것이다.

하지만 그렇다면 맘 상한 이라크인은요? 어떤 사람이 그렇게 주체하지 못하고 흐느껴 웁니까? 그는 틀림없이 자기 형제를 매우 많이 사랑했습니다. 아마 그는 사랑받는 동생이거나, 존경받는 형이었을 겁니다. 그런데 그들이 반란군이었나요? 그들이 반란군이라고 가정해 봅시다. 그러면 그들에게 죽은 사람을 위해 애도할 권리가 없다는 의미가 되나요? 이는 중요한 문제입니다.

우리는 젊은이들을 전쟁에 보낼 때, 그들이 우리의 이름으로 끔찍한 일을 하고 와서 침묵을 지킬 것이라고 기대합니다. 제2차 세계대전에서 자기가 본 것과 한 일에 대해 말하지 않은 참전 용사들에 관한 이야기들이 60년이 지난 후에도 계속 튀어나오고 있습니다. 어느 군인의 아내는 "그는 결코 그 일에 대해 말하지 않아"라고 말할 것입니다. 왜요? 전시에 했던 일들은 너무 끔찍해서 입에 담을 수 없다고 여겨집니다. 삶의 다른 여러 측면도 그렇습니다. 가족들은 자기 가족의 알코올 중독에 대해 이야기 꺼내지 않습니다. 모든 사람이 그걸 가리기 위해 정교한 역할을 합니다. 아이들은 자신의 부모나 조부모가 횡령범, 마약상 혹은 더 나쁜 일을 하는 줄 모르고 자랍니다. 그들의 장례식에서 사람들은 일어나서 그들이 얼마나 대단한 사람이었는지 이야기합니다. 저는 개인적으로 이런 모습을 여러 번 봤습니다. 이런 회칠은 치명적인 심리적 실수입니다. 행위를 숨기지 않고 빛으로 가져가면, 그리스도의 영이 속죄 사역을 할 수 있습니다.

우리는 거의 오로지 좋은 사람과 나쁜 사람으로 나누어 생각하는 데 익숙합니다. '관타나모 근무자들은 분명 나쁜 인간들이야. 그렇지 않았으면 거기 배치되지도 않았을 거야' 하고 생각합니다. 일전에 공항에 갔는데 사막용 위장복을 입은 다수의 군인이 복귀했습니다. 사람들은 박수로 맞았습니다. 어떤 어머니는 어린 자녀들에게 "저 사람들은 영웅이야"라고 말했습니다. 하지만 실제로 사람의 내면을 알게 되면, 경계를 딱 긋기가 쉽지 않다는 것을 알게 됩니다. 우리는 관타나모에서 벌어진 이라크 포로 학대에 대해 읽으면서, 학대를 행한 사람이 누구인지 생각해야 합니다. 그런 미국 군인들도 한편으로 중요한 의미에서 피해자입니다. 이라크에서 잔혹 행위를 저지른 젊은 남녀들은 자신의 위치를 잊었거나, 혹은 자기 위치에서 갖추어야 할 태도에 대해 들어 본 적 없었습니다. 그들은 강력하고 원칙적인 리더십의 부족으로 고통받고 있습니다.[7] 전투 지역에 있는 사람은 누구나 어둠의 권세에 취약합니다. 전쟁 범죄에 참여한 사람은 때로는 피해자이고 때로는 가해자입니다. 그리고 우리는 때때로 뭐가 뭔지, 누가 피해자며 누가 가해자인지 완전하게 구분할 수 없습니다.

바울은 로마서에서 이를 가려낼 인간적인 방법이 없다고 말합니다. 우리는 모두 정말로 상실한 피조물이고, 우리가 예상치 못한 순간에도 우리를 휘어잡은 **죄와 죽음의 법칙**에 대해 무력합니다. 동생을 상실한 사람과 침착함을 상실한 사람 중 누가 더 불쌍합니까? 누가 말할 수 있나요? 오직 하나님만이 가려낼 수 있습니다. 그것이 예수 그리스도 안에서 하나님이 하신 일입니다.

---

7   이 설교를 할 당시, 미국 군사법원에서는 5건의 중요한 형사 사건이 계류 중이었는데, 각 사건은 이라크에 주둔한 미 육군 병사와 해병대원의 살인 및 강간 혐의와 관련됩니다. 이 중 4건은 2006년 첫 몇 달 동안 발생했습니다. 《뉴욕 타임스》(2006. 7. 9.)에 따르면, 육군과 해병대 총 125명이 민간인을 살해한 혐의로 기소되어 유죄판결을 받았던 베트남전쟁에 비하면 이것은 적은 숫자입니다. 그리고 저 숫자는 베트남에서 중대범죄를 저지른 장교와 사병의 실제 총합 중 기껏해야 일부에 불과합니다(Elizabeth Kolbert, "The Fall: Bob Kerrey's Vietnam," *The New Yorker* [2002. 6. 3.]).

육신[인간 본성]으로 말미암아 율법이 미약해져서 해낼 수 없었던 그 일을 하나님께서 해결하셨습니다. 곧 하나님께서는 자기의 아들을 죄된 육신[인간 본성]을 지닌 모습으로 보내셔서, 죄를 없애시려고 그 육신[예수님의 인간 본성]에다 죄의 선고를 내리셨습니다. 그것은, 육신[죄된 인간 본성]을 따라 살지 않고 성령을 따라 사는 우리가, 율법이 요구하는 바를 이루게 하시려는 것입니다.[8]

이것이 바울이 로마서 8장의 마지막 부분에서 엄청난 약속을 이야기하는 맥락입니다. "누가 우리를 그리스도의 사랑에서 끊을 수 있겠습니까?" 하고 물을 때 그는 단지 소문자 'd'로 표현되는 죽음death만 염두에 둔 것이 아닙니다. 그는 파멸의 권세인 **죽음**Death을 염두에 두고 있는 것입니다. 지금도 우리 삶에서 **죄**와 협력하여 우리를 지배하고 있는 파멸의 **권세**인 **죽음**을 말이죠. 그는 인류를 항로에서 벗어나게 하고, 우리의 최선의 본능을 왜곡하고, 우리의 최선의 노력을 일그러뜨리는 힘의 복합체를 의미하고 있습니다. 그는 불순종의 귀결, 하나님의 목적에 반기를 든 결과—다시 말해, 하나님의 심판—를 의미하고 있습니다. 그리고 그가 이미 분명히 밝혔듯이 모든 인간이 심판을 치러야 하며, 여기에는 **차별이 없습니다.**

그러면 이제 절정에 이른 구절을 다시 한 번 들어봅시다.

하나님이 우리 편이시면, 누가 우리를 대적하겠습니까? 자기 아들을 아끼지 않으시고, 우리 모두를 위하여 내주신 분이, 어찌 그 아들과 함께 모든 것을 우리에게 선물로 거저 주지 않으시겠습니까? 하나님

---

8 바울은 '육신'(사르크스σάρξ)이란 말을 혼란스럽게 사용합니다. 그는 물리적 육체를 의미한 게 아닙니다. 이를 "죄된 [인간] 본성"(sinful [human] nature)으로 옮긴 NIV 번역이 이해에 도움이 됩니다.

께서 택하신 사람들을, 누가 감히 고발하겠습니까? 의롭다 하시는 분이 하나님이신데, 누가 감히 그들을 정죄하겠습니까? 그리스도 예수는 죽으셨지만 오히려 살아나셔서 하나님의 오른쪽에 계시며, 우리를 위하여 대신 간구하여 주십니다. …

의롭게 하시는 분은 하나님이십니다. 우리는 우리 자신을 정당화할 ^{의롭게 할} 필요가 없으며, 사실 그렇게 할 수도 없습니다. 우리는 그런 시도를 멈출 수 있습니다. 의롭게 하시는 분은 하나님이시니까요. 그리스도 예수님은 죽으셨지만 오히려 살아나셔서 하나님 오른쪽에 계시며 우리를 위하여 대신 간구하십니다. 이 그림에 맞춰 우리 생각을 조정할 수 있습니까? 우리를 위해 죽으신 주님이 바로 우리를 고발하는 **권세들**을 상대로 우리를 변호하는 분이십니다.

"하나님께서 택하신 사람들을 누가 감히 고발하겠습니까?" 누가 하나님이 택하신 사람일까요? 분명해 보일 수도 있겠지만, 아주 분명하지는 않습니다. 우리가 예배 때 먼저 읽은 시편의 마지막 구절은 "악인의 욕망은 헛되이 꺾일 것이다"(시 112:10)였습니다. 누가 '악인' 입니까? 악한 욕망을 품은 이 사람은 누구입니까? 누가 영웅이고 누가 악당이죠? 희생자는 누구고 가해자는 누구입니까? 그 경계는 변합니다. 누가 각 사람의 가치와 운명을 결정하나요? 이 아침에 여기 교회에 모인 우리는 어쩌면 우리를 판단할지도 모르는 우리 주변의 누군가가 생각날 수도 있습니다.

그러나 단 한 분의 심판관만 중요합니다. "누가 정죄하겠습니까? 그리스도 예수께서 … 우리를 위하여 간구하십니다." 단 하나의 영만 중요합니다. 단 하나의 영만이 우리 안에서 의의 사역을 할 수 있는데, 그 영은 새 시대_{New Age}의 영_{정신}으로 총칭될 수 있는 영이 아니라, 주님을 모시는 우리 안에서 역사하는 복된 삼위일체의 세 번째 위격인 성령이십니다.

그러면 우주는 어떻게 되나요? 피조물은요? 그것이 어떻게 허무와 부패의 속박에서 벗어나게 될까요? 위대한 약속이 여기 있습니다. **죄**와 **죽음**이 영원무궁히 극복될 때 단 한 명의 승리자가 전장에 남을 것입니다. 그는 모든 것의 주인이시며, 모든 것이 그 한 분으로 말미암아 창조되었고, 그의 '능력의 말씀'이 온 우주를 자기 파멸에서 지킵니다 (요 1:3; 히 1:2). "하나님이 우리 편이시면, 누가 우리를 대적하겠습니까?" 환난, 곤고, 박해, 굶주림, 헐벗음, 위협, 칼, 이런 것들이 우리를 대적할 수 있습니까? 이런 것들이 우리를 정복할 수 있습니까? 바울은 승리의 신호를 보냅니다. "아니요! 우리는 이 모든 일에서 우리를 사랑하여 주신 그분을 힘입어서 **이기고도 남습니다**."⁹ 이는 개별 죽음에 관한 말이 아닙니다. 이는 그리스도 안에서 취소된 **죽음**의 세계 전체에 관한 것입니다. 우리 주님은 단지 자신을 희생 제물로 바치기만 하신 게 아닙니다. 우리를 파괴하는 모든 것에 맞서 싸우고 승리하셨습니다. 이것이 바울이 확신하며 죽음도, 삶도, 천사들도, 권세자들도, 현재 일도, 장래 일도, 권력도, 전쟁도, 팬데믹도, 테러로, 지구 온난화도, 여타 피조물에 속한 그 무엇도 우리를 우리 주 예수 그리스도 안에 있는 하나님의 사랑에서 끊을 수 없다고 말할 수 있었던 이유입니다.

그 어떤 피조물도 자신의 모든 피조물을 향한 하나님의 구원 목적을 꺾을 수 없습니다. 이라크인과 죽은 그의 형제와 독일 소녀와 그녀를 죽인 군인 중 누구도, 여러분 중 누구도, 우리 중 누구도 정복하신 분의 손을 넘어서지 못합니다. 각 그리스도인은 그리스도의 승리를 증거하는 역할을 합니다. 젊은 소위가 자신의 잘못을 고백하며 한 회개는 하나님이 모든 잘못된 일을 이기실 것을 나타내는 작은, 아주 작

---

9 NEB와 J. B. 필립스(Phillips) 역본은 다음과 같이 옮깁니다. "그리스도를 통하여 우리는 우리를 사랑하시는 분으로 말미암은 압도적인 승리를 얻습니다."

은 표지이지만 매우 의미 있습니다. 그리고 그가 뉘우치면서 전시 행동 기준을 높이는 역할을 했습니다. 정말이지 우리는 모두 통치자들과 권세자들과 싸우는 전쟁 중입니다. 하지만 그들에 맞서 무기를 든 사람은 승리한 편에 서서 싸우는 것입니다.

어느 '종교'에도 이렇게 방대한 비전은 없습니다. 이는 여기 어떤 사람이 죽고 저기 어떤 사람이 천국 가는 문제가 아닙니다. 이는 세상에서 엉망진창인 것을 모조리 정복함에 관한 것이고, 우리 각 사람을 통해 일하시는 성령님에 관한 것입니다. 성령님은 우리 각 사람에게 미래가 하나님께 속해 있음을 나타내는 작은 신호를 주십니다. 예수 그리스도의 이 복음은 하나님의 목적에 맞게 재창조하심에 관한 것입니다. 태초에 창조 세계를 존재케 하셨고 마지막에는 성취하실 하나님의 목적에 맞게 말이죠.

따라서 보좌에서 다스리시는 분께 모든 영광과 힘과 위엄과 통치와 권세가 지금과 영원히 있을 것입니다.

아멘.

하나님의 상속자들

본문: 로마서 8:9-17

온갖 신문류, 특히 식료잡화점 계산대에서 파는 타블로이드판 신문은 사람들을 '상속자' 혹은 '상속녀'로 설명하는 걸 굉장히 좋아합니다. 잠재 독자들의 흥미를 유발하는 보증수표인 것처럼 신문을 장식합니다. "애인과 눈맞아 도망친 상속녀!" "플라스틱 제국의 상속자, 교통사고로 부상!" "신인 여배우, 석유회사 상속자와 밀회!" 지루한《뉴욕 타임스》조차도 어마어마한 상속이 매력적인 기삿거리임을 아나 봅니다. 크리스티나 오나시스는 '상속인'으로 자주 등장합니다. 상속인이 아니라면, 우리는 본래 평범한 이 젊은 여성에게 별로 관심을 주지 않았을 것 같습니다. 상속 말고는 별다른 특징이 없는 것 같더라도, 상속인의 결혼, 자살, 납치 사건은 매우 관심을 끄는 주제입니다.

저는 상속인이 아닙니다. 막대한 부든 그렇지 않든 제가 미래에 받을 재산은 없습니다. 하지만 여러분 중에도 그런 분이 꽤 계시겠지만, 이렇게 불안한 경제 상황 속에서도 재정적인 안정을 어느 정도 경험해 본 적이 있습니다. 그리고 저는 제가 거대한 유산을 받는다는 것이 어떤 것인지 상상해 볼 수 있습니다. 부를 상속받으면, 없었으면 느끼지 못했을 수도 있는 어느 정도의 안정, 어느 정도의 자유, 어느 정도의 희망을 누릴 수 있습니다. 상속자는 자녀를 프린스턴 대학에 보낼 수 있습니다. 물론 자녀가 똑똑하다면 말이죠. 상속자가 아프면 최고의 의료진에게 진료받고 1인실을 사용할 수 있습니다. 불경기라면 마요르카 대신 낸터킷에 갈 수도 있습니다. 불경기라고 해서 휴가를 거를 필요는 없겠죠. 요즘 같은 때엔 라크레마예에서보다 집에서 식사하는 경우가 잦겠지만, 그렇다고 스파게티에 콩만 먹고 살지는 않을 겁니다. 상속자도 늙는 게 두렵고 요양원 가는 것도 두렵겠지만, 그렇더라도 퍼트넘-위버에 가지 타운홈에 가는 게 아니라는 걸 알고 있습니다.* 이러한 요소들은 사람들이 살아가는 방식에 큰 차이를 만듭니다. 일반적으로 상속받은 재산이 있으면 없는 것보다 염려할 만한 이유, 위축될 이유가 더 적고, 더 자신감 있고 더 안정적이며, 선택지도 더 많고 삶을 더 즐길 수 있습니다.

저는 적어도 양심적이고 섬세한 사람이라면 상속에는 책임―청지기의 책임―도 따른다는 데 동의할 거라 생각합니다. 자선 재단 설립, 동반 기부금, 창조적인 대출, 고군분투하는 새로운 프로그램을 맡는 모험, 아무런 이익을 취하지 않는 조건 없는 기부, 자산을 아낌없이 기부한다는 유언―유산을 이런 일들에 사용한다면, 한 개인의 특권으로만 남을 수도 있었던 것으로부터 사회 전체가 유익을 얻습니다.

삶의 의미, 목적을 부여하고 안전을 가져다주는 또 다른 유형의 상속이 있습니다. 예를 들어 안정적인 가족이라는 유산은 매우 소중합니다. 부모와 조부모가 계속 결혼 상태를 유지하고 있고 모든 관계에서 양심적이고 정직하며 공동체에서 활동적이고 자연과 예술로부터 즐거움을 얻는다면, 그 아이들은 이혼, 불륜, 냉담, 권태에 훨씬 덜 취약합니다. **미국의** 유산에 대해 말하자면, 올해가 바로 유산의 해입니

• 퍼트넘-위버와 타운홈은 각각 그리니치에 있었던 이용료가 상이한 요양원인 듯합니다.

다. 200주년 경축하며 특히 이번 7월 4일에 우리는 우리가 독립선언서와 권리장전의 상속인이며, 토머스 제퍼슨과 패트릭 헨리의 상속인이며, 신대륙 세계관과 법 아래 자유와 평등이라는 숭고한 개념을 계승하고, 이전 문명에서는 알지 못했던 종교의 자유 개념을 계승한다는 사실을 기념합니다. 그리고 우리는 우리 역사에서 벌어진 상당히 덜 숭고한 사건의 계승자이기도 합니다. 우리는 힘과 속임수로 아메리카 인디언의 상속권을 박탈했고, 그런 다음 긍지를 갖고 있는 이 사람들에게 굴욕감을 주고 이들을 고립시켰습니다. 셀 수 없이 많은 흑인 노예를 끌고 왔고, 그들의 후손은 차별적인 제도로 여전히 고통받고 있습니다. 우리는 미국식 생활 방식을 유지하기 위해 지금도 계속해서 제3세계 나라들을 착취하고 있습니다. 우리는 영광스러운 미국 혁명의 상속자일 뿐 아니라, 매우 불명예스러운 베트남 전쟁의 상속자이기도 합니다.

그렇다면 상속은 복잡한 문제입니다. 우리는 선한 것에 덧붙여 악한 것도 물려받았고, 특권에 덧붙여 책임도, 자부심에 덧붙여 수치심도 물려받았습니다.

우리가 읽은 말씀은 오늘 자 성서일과의 서신서 본문에 해당합니다. 사도 바울은 로마의 그리스도인들에게 이렇게 씁니다.

> 성령이 … 우리가 하나님의 자녀임을 증언하십니다. 자녀이면 상속자이기도 합니다. 우리가 그리스도와 함께 영광을 받으려고 그와 함께 고난을 받으면, 우리는 하나님이 정하신 상속자요, 그리스도와 더불어 공동 상속자입니다.

마르틴 루터는 이 본문에 대해, "이 본문은 금글자로 기록되어 있고 무척 경탄할 만하며 위로가 넘친다"라고 말했습니다. 칼 바르트는 이 구절을 "구속받은 자의 노래"라고 불렀습니다. 하나님의 자녀이자 상속자! 믿을 수 없게도 그게 바로 우리입니다. 이와 같은 유산은 전에도 없었고 후에도 없을 것입니다. 좀 먹거나 녹슬지 않으며, 도둑이 뚫고 들어와 훔치지도 못합니다. 주식시장에서 손실될 수도 없고, 밤에 불타거나 쿠데타가 일어나서 몰수당하거나 심한 인플레이션으로 무가치해질 수도 없습니다. 다른 모든 것이 실패할 때 이 유산은 우리에게 희망을 줍니다. 미래에 우리 삶에 무언가가 어떻게 남을 수 있을지 상상할 수도 없지만, 우리에게 미래가 보장되어 있습니다. 사도 바울은 바로 성령님이 우리가 받을 상속의 보증이라고 말합니다. 그리스도인이 하나님께 "아버지여!"하고 부르짖을 때, 기도 내용을 잘 표현하지 못하더라도, 간구하는 사람이 아무리 죄가 많더라도, 부르짖는 이가 아무리 절망적이더라도, 대신하여 간구하는 이가 성령님이십니다. 소망이 헛되지 않게 보증하시는 이가 성령님이십니다. 따라서 그 기도를 하나님이 들으시고, 하나님이 자신의 상속인 삼으셨고, 그 무엇도 파괴할 수 없는 상속을 준비하셨습니다. 예수 그리스도가 바로 선구자요, 첫 열매입니다. 우리는 예수님의 부활 안에서 공동 상속자이며, 그의 영광을 공유할 것입니다. 마르틴 루터 말이 맞습니다―이 말씀은 금글자로 기록되어 있으며, 위로로 가득합니다.

그렇지만―그렇지만―다른 점도 이야기되어야 합니다. 그리스도교 복음에 관한 다른 모든 진술처럼, 이 본문도 위로와 근심을 동시에 줍니다. 사도 바울의 메시지에 관한 마르틴 루터의 이해는 그리스도를 위해 안정, 평판, 지위, 친구, 가정, 삶 등 모든 위험을 무릅썼을 때 엄청난 감정적, 육체적, 영적 혼란을 통해서 얻은 것입니다. 여러분이 만일 미국 혁명이 하나의 혁명이었다고 생각하신다면, 그것을 예수 그리스도의 복음과 비교해 보세요. 제가 죽기 전에 하고 싶은 일이 하나 있다면, 그리스도교 신앙이 혁명적이라는 사실을 적어도 몇몇 사람에게라도 전하는 것입니다. 하나님의 상속인들과 그리스도의 동료 상속자 여러분! "온유한 사람은 복이 있나니, 그들이 땅을 유산으로 받을 것입니다"(마 5:5). 여러분은 이보다 더 기발한 것을 들어 보셨나요? 여러분은 **이 말**을 믿으시나요? 예수님은 "내 이름을 위하여 집이나 가족이나 땅을 버린 사람은 … 영원한 생명을 유산으로 받을 것"(마 19:29)이라고 말씀하셨습니다. 이상하고 불안하고 혁명적인 진술입니다. 집과 가족과 땅을 얻는 것이 아메리칸드림이기 때문입니다.

하나님의 상속인! 성 야고보는 이렇게 말합니다. "하나님께서는 세상의 눈으로 볼 때 가난한 사람을 택하셔서 믿음에 부요한 사람이 되게 하시고, 하나님을 사랑하는 이들에게 약속하신 그 나라의 상속자가 되게 하시지 않았습니까?"(약 2:5). 세상의 눈에 가난한 사람들입니다! 재산을 물려받은 상속인이 아닙니다. 부자나 영향력 있는 이도 아닙니다. 유명한 사람이나 성공한 사람도 아닙니다. 회사 사장도, 컨트리 클럽 회원도 아니며, 가장 힘 있고 국방력이 월등한 나라의 시민도 아닙니다. "세상의 눈으로 볼 때 가난한 사람"입니다. "꼴찌들이 첫째가 되고, 첫째들이 꼴찌가 될 것"입니다(마 20:16). 혁명이죠! 아무리 생각해 봐도 이 메시지는 여러분이나 저에게 위로가 될 수 없습니다.

그러면 바울은 어떻게 우리에게 응답할까요? "우리는 상속자입니다. 우리는 지금 그리스도와 고난을 나누고 있고 장차 영광을 나눌 것이기에, 그리스도와 공동 상속자입니다." 우리는 **두 부분을 상속**받습니다. 하나는 영광이고, 다른 하나는 고난입니다. 그리스도와 공동 상속자인 우리는 그와 함께 영광중에 높아질 것입니다. 그러나 또한 그와 함께 십자가에서 고난을 받고 죽을 것입니다. 그리스도인의 삶에서 이보다 더 확실한 것은 없습니다. 만일 우리가 고통 없이, 분투 없이, 희생 없이 상속을 취할 수 있으리라 생각한다면, 우리는 복음 전체를 잘못 이해한 것입니다. 우리의 그리스도교 유산은 혁명적인 유산입니다. 이 유산을 위해서 아시시의 프란치스코는 자신의 모든 부를 나누어 주었습니다. 윌리엄 브래드포드는 첫 겨울에 동료 중 절반이 죽은 잔혹하고 이질적인 나라를 위해 잉글랜드의 푸르르고 유쾌한 땅을 떠났습니다. 네덜란드 개혁교회의 베이어스 나웨 목사님은 아프리카에서 아파르트헤이트에 반대하는 목소리를 내고서 자신의 설교단과 사회적 지위를 잃었습니다. 북한의 그리스도인들은 바로 이 시간에도 감옥에 갇혀 있습니다. **이 상속을 위해서** 말이죠. 하나님의 상속인! 이는 어디에서든 그리스도인에 관한 핵심 사실입니다. 내 재정 상태, 내 가족, 내 잉글랜드 선조, 내 미국적 유산은 모두 밀물이 들어오면 씻겨 내려갈 모래일 뿐입니다. 우리가 설 반석은 단 하나뿐인데, 바로 예수 그리스도입니다. "그는 마음이 교만한 사람들을 흩으셨으니, 제왕들을 왕좌에서 끌어내리셨고 … 부한 사람들을 빈손으로 떠나보내셨습니다"(눅 1:51-52). 반면 통치자에게 처형당한 미천한 범죄자를 하나님은 "만물의 상속자로 세우셨습니다"(히 1:2). 혁명입니다!

여기 그리니치에 있는 우리는 별로 혁명적이라고 느끼지 않습니다. 푸른 잔디와 좋은 학교와 낮은 범죄율 같은 우리의 유산은 매우 소중합니다. 여기 그리니치에서는 가족을 떠나거나, 감옥에 가거나, 목숨을 걸라고 부름받지 않는 것 같습니다. 이런 사실로 인해 그리스도의 왕국의 상속자처럼 행동하도록 부름받은 사람은 **다른** 시간 **다른** 장소에 있는 **다른** 그리스도인일 뿐이라고 생각하며 마음을 달래지 마십시오. 여러분도 상속자입니다. 저도 상속자이고요. 이 점을 인식하는 것이 **차이를 만들어 냅니다.** 상속받을 게 있는 사람들이라면 더 자유롭고, 더 자신 있고, 더 안전할 수 있습니다. 나는 그리스도의 동료 상속인처럼 행동하고 싶지, 두려워하며 세상에 영합하고 싶지 않습니다. 죄책감에 시달리는 약골처럼 행동하고 싶지 않습니다. 내일 일어날지도 모르는 일로 두려워하고, '그러나'와 '만약에'로 둘러싸여서 내 구역을 떠나지 않고, 낯선 사람들과 심령이 가난한 사람들에게 내 집과 내 사업장을 개방하지 않고 꼭꼭 걸어 잠그는 사람처럼 행동하고 싶지 않습니다. 나는 그렇게 행동하지 않아도 됩니다. 나는 하나님의 자녀입니다.

자신이 상속받을 것이 보장된 사람들은 온갖 위험을 감수할 수 있습니다. 장래의 유산이 있는 사람은 무모해도 될 만한 여유가 있습니다. 저는 제 할머니 생각이 납니다. 가족들은 모두 할머니에게 알코올 중독자들을 집에 들이지 말라고 했습니다. 모르는 사람에게 돈을 주지 말라고 했습니다. 나이가 90이고 날씨도 안 좋아 위험하니 아픈 친구들을 방문하지 말라고 했습니다. 할머니는 질책과 결심이 뒤섞인 표정으로 우리를 바라보며 말하곤 했습니다. "너희는 어떻게 나에게 어려움에 처한 사람을 돕지 말라고 권할 수 있지?" 그리고 할머니는 계속해서 알코올 중독자들을 받아들였습니다. 할머니는 92세에 사기꾼에게 1,000달러를 사기당했고 부유한 삶과는 거리가 멀었지만 그러한 점이 할머니를 겁나게 하지 못했습니다. 할머니는 계속해서 가진 돈을 나누었고 마지막 날까지 위험을 무릅쓰며 살았습니다.

제가 개인적으로 아는 세 커플이 떠오릅니다. 그리니치 기준에서 그들은 모두 가난했습니다. 그들은 자기 수입의 10%를 교회에 기부합니다. 그들은 먼저 작정하고, 그다음 자신과 자기 아이들에게 필요한 나머지 부분의 예산을 짭니다. 게다가 이들은 기분 좋게, 감사하게, 당연하다는 듯이 이런 일을 합니다. 저는 버지니아 샬러츠빌에서 액자 가게를 운영하는 빅토리우스 씨가 떠오릅니다. 그의 사업 방침은 아무도 고용하지 않은 사람을 고용하는 것입니다. 그가 지난 몇 년간 도둑과 횡령으로 얼마나 많은 돈을 잃었는지 모릅니다. 게으르고, 꾀병 부리고, 무능한 인력들로 인해 얼마나 생산성이 저하되었는지 모릅니다. 아시겠지만 액자 가게는 그의 주된 투자처가 아닙니다. 그는 다른 어딘가에 자기 보물을 두었습니다. 성령께서 자신의 투자 이익을 보증해 주시는 곳이죠. 그의 유산은 썩지 않습니다. 우리 한번 그리스도의 이름으로 무모해져 봅시다! 우리가 무모하게 행동함으로써 고난당한다면, 그건 우리가 받을 유산의 일부입니다. 그리스도께서 세상에 대해 어리석고 무모하심으로 고난을 받으셨으니까요. 그리스도인의 가슴은 세상의 고통과 매우 가깝게 있어야 합니다―그래야 합니다. 이것은 복음서 이야기, 십자가에 처형당하신 주님 이야기의 절반입니다. 이야기의 나머지 반은 영광과 보상입니다.

> 그때에 임금은 자기 오른쪽에 있는 사람들에게 말한다. "내 아버지께 복을 받은 사람들아, 와서, 창세 때로부터 너희를 위하여 준비한 이 나라를 차지하여라"(마 25:34).

아멘.

기대하며 기다리는 피조물

본문: 로마서 8:18-25

기쁨과 감사가 가득한 이런 날, 우리에게는 곧 세례받을 귀한 두 아이 에밀리와 캐서린이 무엇으로도 상처받지 않게 보호하고 싶은 깊은 본능이 일어납니다. 우리는 할 수만 있다면 이 세상에서 자라면서 불가피하게 겪을 온갖 고통, 실망, 슬픔으로부터 아이들을 지켜 주고 싶습니다. 오늘 우리에게 주어진 성서일과 로마서 본문은 우리의 이런 바람을 헤아리고 있는 듯합니다. 사도 바울은 우리의 소원과 그 소원이 불가능함을 예상하며 우리에게 이런 말로 도전합니다. "현재 우리가 겪는 고난은, 장차 우리에게 나타날 영광에 견주면, 아무것도 아니라고 나는 생각합니다"(8:18).

오늘 우리 앞에 놓인 성경 구절은 굉장히 이례적입니다. 몇몇 주석가는 이 구절을 가리켜 '유일무이하다'고 말합니다. 바울은 로마서의 이 부분에서 고통의 문제에 정면 공격을 가하고 있는데, 신앙과 세례에 관한 맥락에서 그렇게 하고 있습니다. 이 구절이 유일무이한 까닭은 바울 서신에서 인류의 운명과 나머지 피조물을 명시적으로 연결하는 유일한 곳이기 때문입니다. 인간이 자연환경에 가하는 것에 대한 불안이 커지는 이 시대에, 바울의 말은 우리에게 새로운 적절성을 갖습니다.

로마서 5-8장에서 바울이 말하는 내용은 전부 그리스도와 연합하는 세례, 그리고 성령이라는 세례의 선물과 관련됩니다. 그리스도인의 삶이 생기게 하는 이는 성령님입니다. 그리고 바울이 여러 방식으로 분명히 했듯이, 그리스도인의 삶은 그리스도의 삶의 모습으로 만들어지는 과정입니다. 그리스도의 삶에서 절정이라고 할 만한 사건은 어떤 것이죠? 아시다시피 십자가 처형과 부활이 가장 중요한 사건이라는 데는 의심의 여지가 없습니다. 그래서 그리스도인 공동체의 삶도 십자가 처형과 부활과 비슷합니다―바울이 6장에 썼듯이, "우리는 세례를 통하여 그의 죽으심과 연합함으로써 그와 함께 묻혔던 것입니다. 그것은, 그리스도께서 아버지의 영광으로 말미암아 죽은 사람들 가운데서 살아나신 것과 같이, 우리도 또한 새 생명 안에서 살아가기 위함입니다."

이런 이유로 바울은 우리에게, 세례로 그리스도와 연합하는 것은 그의 신적 삶의 모든 유익을 받는 것뿐만 아니라 그의 고난을 나누는 것도 의미한다고 말합니다. 그것은 하나님의 가족으로 입양된다는 것, 그리스도 및 다른 형제자매들과의 영속적인 교제, 죄 용서, 즐거운 섬김의 삶을 살 힘을 얻는 것, 영원한 삶의 약속을 의미합니다―그러나 또한 불가피하게 하나님의 아들이 그랬던 것처럼 세상에 관여하는 삶으로 들어간다는 의미이기도 합니다. 왜냐하면 바울이 빌립보서에서 말했듯이 예수님은 자신의 신적 특권을 '고수하지' 않으셨고, 오히려 자신을 비워 사람이 되셨고, 우리의 삶으로 들어오셨고, 십자가에서 죽기까지 순종하셨기 때문입니다(빌 2:5-8). 그리스도인의 삶은 죽은 자의 부활로 가는 여정에서 이러한 모범을 따릅니다. 바울이 8장 17절에 썼듯이, "우리는 그리스도와 함께 영광을 받으려고 그와 함께 고난도 받습니다."

이제 우리의 시선을 로마서 8장 18-25절로 돌려 봅시다. 이 부분에서 바울은 높아지심에 관한 진술을 시작합니다. 그리고 이는 그 무엇도, 절대 그 무엇도 우리 주 그리스도 예수 안에 있는 하나님의 사랑에서 우리를 끊을 수 없다고 말하는 8장 마지막 절정으로 이어집니다. 18절은 하나님의 계시로, 이 세상에서 받는 우리의 고통이 아무리 커도 "장차 우리에게 나타날 영광"에 조금도 비교될 수 없다고 장엄하게 선언할 권한을 받은 이의 말입니다. 바울의 강력한 주장은 우리가 현재 세상에서 겪는 모든 괴로움이 언젠가, 세상을 구속하여 변화시킬 하나님의 계획으로 인해 완전히 변형되어 나타난다는 것입니다.

우리도 알고 있듯이, 바울은 그리스도인이 고통에서 벗어날 수 없다고 생각합니다. 하지만 우리는 이 점을 훨씬 더 강하게 말할 필요가 있습니다. 바울은 앞으로 닥칠 일을 그저 수동적으로 받아들이라고 말하지 않습니다. 오히려 그는 세례받은 그리스도인이 죄, 악, 죽음의 세력과 일평생 싸우는 삶에 들어갈 것에 대해 말합니다. 우리에 앞서, 우리를 위해 이 전투에 먼저 들어가셨고 고통과 죽음 반대편에서 승리를 거두신 우리 주님의 이름으로 말이죠.

여기서 바울의 현실주의가 두드러집니다. 그는 결코 그리스도인 공동체가 이 문제 많은 세상에서 눈을 돌려 복된 미래를 바라보라고 요청하지 않습니다. 그 반대입니다. 그는—유일무이하게—이 구절에서 구원자가 가까이 있음을 모르는 **고통받는 우주를 대표하여** 새로운 방식의 삶을 살도록 우리를 부릅니다.

맞나요? 성경을 읽어 봅시다.

피조물은 하나님의 자녀들이 나타나기를 간절히 기다리고 있습니다. 피조물이 허무에 굴복했지만, 그것은 자의로 그렇게 한 것이 아니라, 굴복하게 하신 그분이 그렇게 하신 것입니다. 그러나 소망은 남아 있습니다. 그것은 곧 피조물도 썩어짐의 종살이에서 해방되어서, 하나님의 자녀가 누릴 영광된 자유를 얻으리라는 것입니다(8:19-21).

세계 곳곳에서, 그리고 우리 사회에서 그리스도교 교회가 경멸과 무관심의 대상으로 여겨지는 이 시대에, 바울의 이 대담한 말을 읽는 것은 놀라울 따름입니다. 그는 피조물 전체가―창조 질서 전체, 모든 자연과 우주가―하나님께서 자기 자녀를 그리스도의 형상으로 재창조해 주시겠다는 약속을 이루면서 하실 일을 "기대하며 기다리고 있습니다"(J. B. 필립스Phillips 역). 이렇게 되면, 죄와 죽음의 영향력이 영원히 역전되고, 인류에게 하나님의 형상이 회복되며, 이 "우주적 틀"[1] 전체가 하나님이 처음 창조하셨던 낙원보다 훨씬 복된 새롭고 영원한 상태에 들어간다는 의미입니다. 바울은 5장에서 원래의 에덴이 아담의 죄로 망가졌다고 말했습니다. 오늘 성서일과 본문에 있는 표현으로 하면 "허무에 굴복한" 것입니다. 하나님은 우리를 이 허무에서 구조하셨는데, 인류만 구하신 게 아니라 창조세계 자체를 구하셨습니다. 그리고 "썩어짐의 종살이에서 해방"하셔서 "하나님의 자녀가 누릴 영광된 자유"를 누리게 하십니다.

자연이 세례받은 하나님의 자녀들이 최종적으로 나타나기를 기대하며 기다린다고 생각하는 것은 좀 터무니없어 보일 수 있습니다. 필경 우리 그리스도인들―때때로 특히 우리 성직자들―은 굉장히 한심한 사람들입니다. 그리고 뉴스 미디어는 이 점을 계속 각인시켜 줄 겁니다. 피조물들은 대체로 교회에 무관심하고, 때로는 적극적으로 적대시합니다. 그렇다고 바울이 말한 것이 바뀌진 않습니다. 하나님의 목적은 실패할 수 없으며, **교회라는 대리자를** 통해 피조물을 회복

---

1 존 드라이든은 우주의 재창조에 관한 자신의 영광스러운 시, 〈성 세실리아의 날을 위한 노래〉(A Song for St. Cecilia's Day, 1687; G. F. 헨델이 곡을 붙임)에서 이 문구를 사용합니다. 마지막 연은 로마서 8:19뿐만 아니라 고린도전서 15:52를 연상시킵니다.

하시는 것입니다. **교회가 저 피조물을 대표하여 고통받는 것처럼 말이죠.** 이것이 환경 운동에 참여하는 그리스도인의 참된 동기입니다. 바울은 상처 입은 자연이 인간이 감지하지 못한 것을 감지한다고 내비칩니다. 어느 주석가는 승객들이 열차가 다가오는 것을 보거나 듣기 전에 역장의 개가 훨씬 먼저 나와서 열차를 맞이한다는 예로 이를 설명합니다. 자연의 주님이 자신의 피조물을 회복시키러 오실 것입니다. 그리고 그분은 가까이 계십니다.

그래서 세례받은 그리스도인이 된다는 것은 그리스도처럼 세상에 적극 관여하게 된다는 의미입니다—그러니까 창조 세계가 나락으로 떨어지는 동안 거리를 두고 있는 것이 아니라, 그 상처, 흉터, 고통을 자신의 것으로 여긴다는 의미입니다. 이것이 "하나님의 자녀들이 나타난다"는 말의 의미입니다. 그날이 오면 피조물들이, 주님의 이름으로 제자들이 한 자기-내어 줌의 행위 속에서, 십자가에 못 박힌 구세주를 알아볼 것입니다. 성경 어디에서도 그리스도인이 된다는 것을 현실로부터의 도피로 설명하지 않는다는 사실은 정말 분명합니다.

하지만 우리가 이 전투로 진군할 수 있는 힘은 어디에서 납니까? 이 두 아이를 보세요—그리스도의 신실한 군사와 종이 되는 것은 고사하고, 세상의 온갖 도전을 어떻게 감당할까요? 우리가 세례 예배 때 사용하곤 했던 문구가 있습니다—저는 이 문구를 우리가 계속 사용하길 바랍니다.

우리는 이 아이를 그리스도의 양 무리라는 회중으로 받아들이며, 이후로 이 아이가 십자가에 못 박힌 그리스도에 대한 신앙 고백을 부끄러워하지 않고, 담대하게 죄와 세상과 악마와 싸우며, 삶의 마지막까지 그리스도의 신실한 군사이자 종이 되리라는 표시로서, 십자가 표시로 승인합니다.

두근거리지 않습니까? 하지만 여기에 수반되는 일을 생각하면, 두근 거리다가도 가슴 저미게 됩니다.

지금쯤 여러분 대부분은 프랜 홈스에 대해 아실 것 같습니다. 그녀는 신학대학원생이고, 그녀의 남편은 더그고, 그들에게는 불치병에 걸린 딸 캐린 그레이스가 있습니다.[2] 2년 이상 그들은 사랑하는 아이를 돌보려고 애쓰며 괴로웠고, 전혀 희망이 없고 모든 징후가 끝을 향하고 있음을 알면서 더욱 고통스러웠습니다. 고통 자체만으로도 충분히 끔찍합니다. 그리스도인들은 지금 일어나고 있는 일에 어떤 의미가 있는지 아무런 증거가 없는데도, 계속 믿음을 지녀야 한다는 추가적인 도전까지 마주하고 있습니다. 더그는 이렇게 썼습니다. "우리가 왜 이 모든 것을 겪어야 하는지, 그리고 미래에는 어떤 일이 있을지 모릅니다." 프랜은 이렇게 썼습니다. "구원이 가까이 왔다는 느낌도 들지 않고, 현재에는 많은 목적을 보지도 못하지만, 우리는 하나님이 우리를 버리지 않으셨음을 믿으면서 '주님의 뜻이 이루어지리다'라는 말씀을 계속 붙잡고 있고, 붙잡혀 있고, 읊조리고 있습니다." 제8장에서 바울이 이해하고 언급한 것은 이러한 의심의 극치입니다. 바울은 하나님을 포기할 듯한 맥락에서 **소망**에 관하여 말하고 있습니다.

> 우리는 이 소망으로[모든 피조물이 구속받고 하나님의 자녀가 영광된 자유를 누리리라는 소망] 하나님의 구원을 얻었습니다. 눈에 보이는 소망은 소망이 아닙니다. 보이는 것을 누가 바라겠습니까? 그러나 우리가 보이지 않는 것을 바라면, 참으면서 기다려야 합니다(8:24-25).

---

2 캐린은 죽지 않았습니다. 유명한 뉴욕 외과 의사가 그녀의 목숨을 구했습니다. 그녀는 현재 눈부신 젊은 여성이지만, 심각한 장애가 있으며 휠체어에 의존합니다. 몇 년 동안 이 가족에게 계속해서 엄청난 도전과 어려움이 있었습니다.

소망의 근거가 없어 보일 때 희망을 계속 품는 것이 그리스도교 소망의 본질입니다. 바울은 피조물 전체가 이런 소망 가운데 기다리고 있다고 씁니다. 이리가 어린 양과 함께 눕고(사 11:6-9), 칼을 쳐서 보습을 만들며(사 2:4), 아이를 낳지 못하는 여인도 즐거워하고(시 113:9), 눈먼 사람의 눈이 밝아지며(사 35:5), 사막에 시냇물이 흐르고(사 35:6), 들의 모든 나무가 손뼉을 칠 날을(사 55:12) 소망하며 기다리고 있다고—"간절히 기다리고 있다고"—말이죠. 그런데 우리는 왜 이를 믿어야 할까요?

어린 캐서린의 아버지 찰스는 최근 저에게 편지를 보냈습니다. 그의 편지에서 우리 모두가 이따금 느끼는 좌절이 느껴졌습니다. 그는 자신이 왜 믿는지를 물었습니다. "내가 믿기 때문에 믿는다"는 것 말고 다른 이유가 있을까요? 그리스도인의 소망에는 어떤 증거가 있을까요?

여러 측면에서 보더라도 증거는 사실 전혀 없습니다. 회의적인 사람을 설득할 만한 것은 없습니다. 그럼에도 제가 볼 때 하나님의 미래와 "하나님의 자녀가 누릴 영광스러운 자유"에 대한 믿음을 고수할 만한 이유가 있습니다. 제가 믿는 이유 중 몇 가지는 이렇습니다.

- 제가 52년 동안 마주한 매일의 어려움 속에서, 성경이, 구약과 신약이 저에게 한결같고 무궁무진한 생명과 회복의 원천이었기 때문에 믿습니다.
- 디트리히 본회퍼, 마틴 루터 킹, 데스몬드 투투, 프랭크 더그 홈스 같은 그리스도인들의 비범한 삶이, 진리를 위해서라면 고난을 겪고 심지어 죽을 준비도 되어 있는 그런 진리에 대한 확신을 주었기에 믿습니다.
- 나사렛 예수님이 인류 역사상 가장 설득력 있고 가장 위엄 있는 단

한 명의 인물로 남아 있으며, 이 십자가에 처형당한 사람이 죽은 자 가운데서 살아났다는 주장을 결코 떨쳐버릴 수 없기에 믿습니다.

저는 지금 이 어린아이들의 세례에 굉장히 관심이 많습니다. 왜냐하면 제 첫 손녀가 바로 지난달 성미가엘^{세인트마이클}교회에서 세례를 받았기 때문입니다. 제 손녀는 그때 생후 2개월이었습니다. 여러분도 아마 아시겠지만, 성미가엘교회에는 제단 위쪽에 교회 애프스^{apse}를 둘러싸고 있는 혼을 쏙 빼놓을 정도로 아름다운 티파니 글라스 창이 있습니다. 이 창은 천사장 미가엘이 죄와 죽음과 악마의 세력을 물리치는 하나님의 미래의 순간을 그리고 있습니다. 바울에 글에는 성 미가엘에 관한 언급이 없습니다. 미가엘은 다른 성경에서 회화적이며 비유적으로 나타납니다. 사도 바울은 로마서에서 하나님의 종말론적 전쟁을 생생하게 들려주고 있지만, 대개 개념적인 설명입니다. 일부 다른 성경 저자들은 이를 이미지로 극화하여 표현합니다. 최후의 날에 주님의 야전 지휘관인 미가엘의 이미지처럼 말이죠.

성미가엘교회의 사제는 천군이 모든 악을 이기는 승리의 창 아래에서 우리 작은 손녀를 들고 있었습니다. 그리고 삶의 마지막까지 그리스도의 신실한 군사이자 종이 되라는 옛 기도로 기도를 드렸습니다. 아기 소녀와 전쟁 이미지의 병치는 터무니없거나 어처구니없었을 것입니다. 전쟁 이미지가 세례받은 이의 힘의 원천을 나타내는 것이 아니라면 말이죠. 글라스 창이 그리스도인의 소망―예수 그리스도께서 죽음의 문턱에서 부활하심으로 예시된 하나님의 승리의 도래―에 관한 것이 아니라면 말이죠.

그레이스교회 제단 위에 있는 창은 성미가엘교회의 창처럼 압도적인 느낌을 주지는 않지만, 같은 진리를 말해 줍니다. 그레이스교회의 창은 위엄 있는 그리스도를 그립니다. 예수님은 주님이십니다. 우리는 그의 죽음과 합하여, 그의 승리와 합하여 세례를 받습니다. 이는 용기의 원천입니다. 소망의 원천입니다. 신앙의 원천입니다. 더그 홈스는 최근에 로마서 8장 28절을 인용하여 이렇게 썼습니다. "하나님은 하나님의 뜻대로 부르심을 받은 사람들을 위해 모든 것 안에서 선을 이루십니다." 그는 캐린이 "내 예수님"이라고 부르는 예수님 그림을 그렸다고 말했습니다. 그는 캐린의 예수님인가요? 그는 무덤보다 강한 분인가요? 캐린의 짧은 삶에 의미가 있을까요? 여러분의 삶이, 제 삶이, 에밀리와 캐서린의 삶이 의미 있을까요?

모든 피조물이 간절히 열망하며 기대하고 기다리며 기쁨으로 대답합니다. 네. 네. "아멘. 오십시오, 주 예수님."

아멘, 아멘.

부인에서 승리까지

누가 우리를 그리스도의 사랑에서 끊을 수 있겠습니까? 환난
입니까, 곤고입니까, 박해입니까, 굶주림입니까, 헐벗음입니까,
위협입니까, 또는 칼입니까? 성경에 기록한 바 "우리는 종일 주
님을 위하여 죽임을 당합니다. 우리는 도살당할 양과 같이 여김
을 받았습니다" 한 것과 같습니다. 그러나 우리는 이 모든 일에
서 우리를 사랑하여 주신 그분을 힘입어서, 이기고도 남습니다.

로마서 8:35-37

제가 알기로 '부인'이라는 단어는 최근까지 심리학적 의미로 사용되
지 않았습니다. 웹스터 대사전 2판에 나온 정의는 심리학적 의미와
거리가 멉니다. 1993년판 옥스퍼드 소사전은 "무언가의 존재 내지 무
언가에 관한 사실을 인정하기를 거부함"이라고 정의합니다. 약간 더
심리학적인 의미가 있죠.

이는 그리스도교 예배자로 모인 회중에게 중요한 주제입니다. 우리
가 최신 치료 용어를 익혀야 하기 때문이 아니라, 그리스도인의 삶에
서 핵심 문제이기 때문입니다. 부인을 신학적으로 해석하면 '고통을
꺼림'이라는 의미가 됩니다.

문제가 생기기 전까지는 누가 진정한 친구인지 알 수 없다는 격언

은 잘 알려져 있습니다. 저는 얼마 전 슈퍼마켓에서 어느 여성분과 대화를 나눴는데, 그녀는 자신이 슈퍼마켓에 있을 때 최근 남편이 사망한 여인이 들어오는 걸 봤다고 말했습니다. 제가 대화를 나눈 여성분은 멋쩍었는지 미망인에게 할 말을 궁리하는 쪽보다 돌아서 다른 통로로 지나가는 길을 택했습니다. 저는 제 딸이 뇌종양에 걸렸을 때, 편지를 쓰거나 전화하지 않고, 나중에도 아무 일 없었다는 듯이 아무말도 꺼내지 않은 사람들이 기억합니다. 제가 이에 대해 깊이 생각한건 아니지만, 그래도 예전처럼 그들을 높게 본다고 말할 수는 없을 것같습니다. 그리스도교적 실존의 특징은 다른 사람들과 함께 고난을겪을 수 있는 능력입니다.

물론 부인은 어느 정도 유용합니다. 우리는 제구실을 하기 위해서라도 실망을 묻어 두어야 할 때가 있습니다. 자신의 슬픔에 대해 생각하거나 이야기하고 싶지 않은 때가 있습니다. 슬픔이 존재한다는 걸부인하기 때문이 아니라, 우리 삶의 다른 부분을 꾸려 나가야 하기 때문입니다. 현실 바깥에 계속 머물다가 다른 이의 요구를 충족시키지못하거나 자신에게 필요한 일을 하지 못하면 문제가 발생합니다.

저는 사역하면서 알게 된 가정들을 생각합니다. 어떤 가족은 가족한 명이 죽어 가고 있음을 인정하지 않았습니다. 그래서 아픈 사람은자신이 행복한 얼굴을 해야 한다고 느꼈고, 적절한 진통제를 복용하지도 임박한 자기 죽음에 대해 말을 꺼내지도 못했습니다. 가족들이작별을 논하지 않을 때 장례식을 계획하는 것은 매우 어렵습니다. 가족 구성원을 이상화하는 것은 부인의 또 다른 형태입니다. 몇 년 전,저는 전에 몰랐던 어느 남성분의 장례식 계획을 위해 그의 두 딸과 오후 시간을 보냈습니다. 저는 "아버지에 대해 이야기해 주세요"라고말했습니다. 그런데 저는 현실적인 이야기를 끌어내지 못했습니다.딸 한 분은 실제 이렇게 말했습니다. "완벽한 아버지였어요." 이것은 과장으로, 부정의 한 사례입니다. 그녀는 완벽한 남자를 찾으려고 세 번 이혼했습니다.

결혼 생활에서 가장 근본적인 부분은 기꺼이 고통받는suffer 것입니다. 우리는 우리가 결혼했다고 생각했던 사람을 잃는 일을 겪고suffer, 실제로 존재하는 사람에게 적응해야 합니다. 그것이 사랑이 하는 일입니다. 저는 남성분들이 이 점을 아는지 모르는지 잘 모르지만, 오랜 결혼 생활을 한 여성이 자기 남편에 대해 이야기를 푸는 것보다 더 빨리 보이면서 재밌는 건 별로 없습니다. 부부는 보편적인 불만들을 마음에 담고 있습니다. 천장만 바라보며 눈알을 굴리다가 서로를 인식하며 끙끙거립니다. 그리고 이 모든 것의 저변에는 물리칠 수 없는 애정과 사랑이 있습니다. 진정한 결혼 생활의 바탕은 환상의 상실을 **겪고** 현실에 기초하여 지속적인 관계를 세워 나가고자 오랜 시간 마음 쓰는 것입니다.

고난은 그리스도교 신앙의 최중심에 있습니다. 사도 바울보다 이를 더 강력하게 주장한 사람은 없습니다. 우리는 그가 쓴 로마서를 이번 여름 내내 읽고 있습니다. 그는 이렇게 말합니다.

> 누가 우리를 그리스도의 사랑에서 끊을 수 있겠습니까? 환난입니까, 곤고입니까, 박해입니까, 굶주림입니까, 헐벗음입니까, 위협입니까, 또는 칼입니까? 성경에 기록한 바 "우리는 종일 주님을 위하여 죽임을 당합니다. 우리는 도살당할 양과 같이 여김을 받았습니다" 한 것과 같습니다. 그러나 우리는 이 모든 일에서 우리를 사랑하여 주신 그분을 힘입어서, 이기고도 남습니다.

로마서 8장의 이 부분은 매우 사랑받는 구절입니다. 바울은 여기서 중요한 가정을 하고 있습니다. 그리스도인의 삶에 고통이 따른다는 것입니다. 그리스도인의 길은 오늘날 우리가 많이 듣고 유행하는 그런 '영성'과는 전혀 다릅니다. 그리스도인의 길은 천사의 세계, 영혼의 세계, 종교적 환상의 세계로 도피하는 방종이 아닙니다. 그리스도인의 길은 혈육을 지닌 사람의 현실적 투쟁에 바탕을 두고 있습니다. 때때로 우리를 머리끝까지 짜증 나게 하지만 그럼에도 하나님이 우리에게 이웃으로 주신 형제자매들의 현실 몸부림을 바탕으로 합니다. 사도 바울이 그리스도의 사랑에 관해 쓸 때, 감정이나 발렌타인을 의미한 게 아닙니다. 그는 우리가 서로를 견딜 수 없다고 느껴질 때조차도 서로를 향해 사랑으로 행동하려고 매일 몸부림치라는 의미로 썼습니다. 왜냐하면 이것만이 원수에게 자신을 내어 주신 구세주의 삶과 우리 구원을 위해 당하신 그의 끔찍한 죽음을 우리가 진정으로 체현할 수 있는 유일한 길이기 때문입니다.

여기 모인 회중 중 한 명(편의상 프랜시스라 부르겠습니다)이 저에게 들려 준 이야기인데, 프랜시스가 아파서 병원에 몇 주 동안 있었는데 자기보다 덜 아픈 데다가 유별나게 무례하기까지 한 완전히 낯선 다른 종족과 방을 같이 썼다고 합니다. 프랜시스는 이렇게 말했습니다. "그 여자가 저에게 끔찍한 말을 했어요." 중병에 걸린 데다 그런 사람과 병실까지 같이 쓰는 것은 정말 고통스러운 일 같습니다. 이런 일을 일주일간 겪고 나서 결국 프랜시스는 이렇게 말했습니다. "루이즈, 내가 질문 하나 해도 될까요?" 그 불친절한 룸메이트는 마지못해 '네'라고 말했습니다. "루이즈, 우리 친구가 될 수 없을까요?" 기적이 일어났습니다. 루이즈의 태도는 완전히 바뀌었고, 루이즈는 동료 환자들을 위해 좋은 일을 하기 시작했습니다. 프랜시스의 말을 정확히 반복하자면, "그 일이 있은 후, 그녀는 저에게 너무 잘해 주었습니다." 제가 이 이야기를 언급하는 이유는 우리가 위험을 감수하고자 할 때 진정한 돌파구가 어떻게 생기는지를 보여 주려는 것입니다. 그리스도를 위한 위험은 항상 거절 가능성을 수반합니다. 바울은 이렇게 씁니다. "우리는 종일 주님을 위하여 죽임을 당합니다." 우리는 "도살당할 양과" 같습니다. 바울은 그리스도인으로 부름받으면 이런 식의 도전에 직면하리라는 점을 알고 있었지만, 하나님은 바로 그러한 도전의 한복판에서 구원 사역을 하십니다.

지난주에 가장 중요한 사건 하나는 폭탄 테러 이후 문을 닫았던 애틀랜타 센테니얼공원의 재개장이었습니다.[1] 퓰리처상을 받은 릭 브래그가 이 사건의 정신 잘 포착했는데, 그는 조지아 출신의 두 할머니에 대해 이야기합니다. 한 분은 백인, 한 분은 흑인인데, 두 분 다 올림픽에 오려고 했던 건 아닌데, 공원의 재개장을 기다리며 줄 서 있는 사람들 속에서 오전 6시 30분에 만난 사이였습니다. 두 분은 단번에 서로 친해져서 그날 하루 뗄 수 없는 사이가 되었습니다. 그중 한 분이 우리는 "공포와 뒤틀린 생각을 이기자"고 주장하고 싶어서 왔다고 말했습니다. 저는 이 작은 사건이 금메달 12개보다 더 주목할 만하다고 생각합니다. 공원이 재개장할 때 5만 명의 사람들이 왔는데, 이들 중 다수는 아무 일 없었다는 듯이 사건을 부인하는 게 아니라 폭력과 증오에 저항하는 정신으로 온 것 같았습니다. 애틀랜타의 아프리카계 미국인 크레미아 맥기는 이렇게 말했습니다. "어떤 미치광이도 우리가 함께 모이는 것을 막을 수 없다는 것을 아는 자유를 위해, 우리에게 이것이 필요합니다." 5대째 애틀랜타에 살고 있는 백인 이블린 윈본은 이렇게 말했습니다. "우리는 이렇게 함으로써 폭탄을 든 광대에게 말하고 있는 것입니다. 우리는 굴복하지 않을 것이며 우리가 당신

---

1 애틀랜타 올림픽 중 무의미해 보이는 폭탄 테러가 일어났고, 미국 전역은 경악했습니다. 〔당시 사람들은 이 사건을 인종 갈등과 관련된다고 보았습니다. 나중에 밝혀진 진범도 백인 우월주의 운동을 하는 사람이었습니다.〕

보다 더 크다는 것을 말이죠."[2] 그래서 바울이 로마서에 썼듯이, "하나님은 모든 것 안에서 하나님을 사랑하는 사람들과 함께 선을 이루십니다"(8:28).

냉소적인 언론인들도 앤드류 영[*]이 공원 재개장의 운명의 사람이라고 인정했습니다. 사실상 모든 사람이 이 결정적인 기회에 그가 그리스도교 설교자라는 원래의 역할을 다시 시작했음을 압니다. 한 기자는 영이 "부당한 고통을 구속하는 힘을 나타내는 마틴 루터 킹 주니어의 정신"을 상기시켰다고 말합니다. 앤드류 영은 고통에 대해 알고 있습니다. 그는 그저 흑인이 성공했다는 이유로 수년간 미움을 받았습니다. 저는 노스캐롤라이나 해변에 있을 때 한 무리의 백인 친구들이 제가 이해할 수 없는 이유로 앤드류 영에 대해 끔찍한 말을 하는 것을 들었습니다. 그러나 하나님은 이번 주에 정체 모를 악의로부터 애틀랜타를 회복하는 일에 영을 강력하게 사용하셨습니다. 전(前)시장은 도시가 역경을 극복하는 일의 중심에 서 있었습니다. 그 기자는 화요일에 이렇게 이어갔습니다. 발발한 사건에 대한 영의 애통은 "일종의 간구가 되었다. '우리는 누구도 소외되어서는 안 된다는 것을 모두가 알기를 바랍니다. … 가슴을 열지 않고 마음을 열지 않고 이 행성이 모든 시민에게 제공하는 동료애와 사랑을 꺼리는 것 말고는 금할 것이 없습니다. … 그래서 우리는 여기서 고통을 겪는 이들에게, 당신의 고통이 헛되지 않음을 확신한다고 말합니다. … 우리는 미래를 냉소나 소외가 아니라 기쁨으로 규정할 것입니다.' 그가 말을 마치자 5만여 군중—공원에 모인 것을 저항의 행위로 본 사람들, 무고한 사람을 죽인 것 말고는 아무것도 이루지 못했음을 폭파범에게

---

2 이 이야기는 밥 홀러가 한 것으로《보스턴 글로브》(Boston Globe, 1996. 7. 31.)에 실려 있습니다.

• 앤드류 영은 민권운동가이자 목사이며, 애틀랜타 시장이었습니다.

보여 줄 기회로 삼고자 모인 사람들 — 이 여러 언어로 환호성을 질렀습니다."[3]

살해된 여성의 가족과 아직도 병원에 있는 그녀의 딸이 축하 행사에 참여할 것으로 기대하기는 어렵습니다. 그 모든 것이 부인에 관한 대규모 행사였나요? 인간 본성 자체는 어느 정도 그럴 수도 있습니다. 하지만 저는 대체로 그렇지 않다고 생각합니다. 확실히 두 할머니는 그렇지 않았습니다. 폭탄이 터진 지점에 놓인 꽃들도 사건을 미화하는 것이 아니라, 아무리 미미하더라도 고통을 인식하고 나누려는 시도로 이해될 수 있을 것입니다. 저는 우리가 공원 재개장을, 너무 끔찍해서 아무 말도 할 수 없었던 상황의 한복판에서 인간의 영을 회복하시는 하나님의 운동으로 이해할 수 있다고 믿습니다. 로마서의 이 구절은 종종 "모든 것이 함께 선을 이룬다"로 잘못 번역됩니다. 이 것은 바울이 의도한 바가 아닙니다. 그것은 부인입니다. 진실이 아닙니다. 사물이나 사건은 반드시 최선을 이룰 필요가 없습니다. 바울은 완전히 다른 것을 말하고 있습니다. "**하나님은** 모든 것 안에서 하나님을 사랑하는 사람들과 함께 선을 **이루십니다**."**

저는 고난을 꽤 거창하게 생각하곤 했습니다. 저는 그리스도를 위해 고난당하는 것이 아프리카 선교사가 되어 군중 가운데서 십자가에 못박히는 것이라고 생각했었습니다. T. S. 엘리엇의 《칵테일 파티》*The Cocktail Party*에서 셀리아 코플스턴처럼 말이죠. 저는 그리스도인의 고난이 독재자와 맞서거나 거리에서 행진하거나 총살대 앞에 서는 것을 의미한다고 생각했었습니다. 그러나 이제 우리 대부분에게 그리스도인의 고난은 훨씬 덜 화려하고 더 평범한 것을 의미한다고 생각합니

---

3 릭 브래그와 로널드 스머더스가 《뉴욕 타임스》(1996. 7. 31.)에 기고한 기사를 결합한 것입니다.

** 몇몇 사본에는 하나님이 주어로 나와 있고, 혹은 '하나님'을 암묵적 주어로 보기도 합니다.

다. 다른 사람들의 필요를 의식하고, 그리스도와 같이 희생의 방식으로 우리 자신을 내어 주는 것이 꼭 탱크 앞에 서야 하는 것을 의미하지는 않습니다. 다른 배경이나 인종의 사람에게 손을 내미는 것을 의미할 수도 있습니다. 자녀나 배우자에게 자신의 결점을 용서해 달라고 부탁하는 것일 수도 있습니다. 친구의 자기 파괴적인 습관을 두고 친구와 대립하는 것일 수도 있고, 아니면 자신의 자기 파괴적인 습관에 대해 도움을 요청한다는 의미일 수도 있습니다. 이러한 매일의 삶의 상황에서, 우리는 **종일 그리스도를 위하여 죽임을 당합니다.** 그러나 **우리는 이 모든 일에서 우리를 사랑하여 주신 그분을 힘입어서, 이기고도 남습니다.**

가장 좋은 유머가 블랙 유머일 수도 있습니다. 저는 이번 주에 어떤 이야기를 듣고 거기에 마음이 쏠렸습니다. 여러분들은 우리 지역 퇴직자 마을에 휠체어로 건물 사이를 오갈 수 있는 통로가 있다는 걸 알고 계실 겁니다. 이제 퇴직자 공동체 관리부에서는 이를 무지개 다리 또는 노란 벽돌길 등 유쾌한 이름으로 부릅니다. 그러나 공동체 거주인들은 유명한 베네치아의 장소 이름—한숨의 다리—을 따서 부릅니다. 멋집니다. 이는 재밌기도 하고 슬프기도 합니다. 저 다리에는 후회도 있고 반항도 있습니다. 이는 부인하기를 거부하지만, 마찬가지로 패망도 거부합니다. 그렇습니다. 그리스도의 사랑을 위한 고난은 그리스도교적 삶의 특징입니다. "우리는 종일 그리스도를 위하여 죽임을 당합니다. 우리는 도살당할 양과 같이 여김을 받습니다." 그러나 우리가 확신하는 것은

우리는 이 모든 일에서 우리를 사랑하여 주신 그분을 힘입어서, 이기고도 남습니다. 나는 확신합니다. 죽음도, 삶도, 천사들도, 권세자들도, 현재 일도, 장래 일도, 능력도, 높음도, 깊음도, 그 밖에 어떤 피조

물도, 우리를 우리 주 예수 그리스도 안에 있는 하나님의 사랑에서
끊을 수 없습니다.

아멘.

누가 정죄하겠습니까?

의롭다 하시는 분이 하나님이신데, 누가 감히 그들을 정죄하겠
습니까?

로마서 8:33-34

제 사제 친구들과 저는 삼 년마다 여름 내내 사도 바울의 로마서 읽는
시기를 고대합니다. 이 위대한 편지를 통해 곧장 설교할 수 있는 최고
의 기회입니다. 저는 그 세 번째 해가 되면 항상 신납니다. 바울이 다
루는 가장 중요한 주제 중 하나는 "하나님의 은총이 아니었다면 내가
〔교수대로〕 가고 있었을 거야"[1]로 표현될 수 있습니다. 만일 우리가 어
떤 상황에서든 이렇게 말하는 법을 배운다면, 복음의 메시지를 활용
하는 데 큰 도움이 될 것입니다. 그리스도인이 하나님 앞에서 죄와 무
가치함을 고백할 때 자유가 있습니다. 우리 각 사람이 하나님의 자비
가 필요한 죄인임을 아는 지식은 이상하고도 놀랍게도 우리를 자유롭
게 합니다. 내가 당신보다 더 자격이 있다는 듯이 나 자신을 다른 사

---

1 이 문장을 처음 말 한 건 16세기 영국인 존 브래드포드(1510-1555)입니다. 그는 런던에
   서 악당들이 사형장으로 가는 걸 보고 "마땅히 벌 받을 만한 사람이 벌을 받는군"이라고
   말하지 않고, "하나님의 은총이 아니었다면 존 브래드포드가 〔교수대로〕 가고 있었을 거
   야"라고 했습니다.

람과 견줄 필요가 없습니다. 우리는 다른 사람이 처한 환경을 정확히 평가할 수 없다는 걸 알기에, 서로를 대할 때 어느 정도 동정심을 갖게 됩니다. 우리가 다른 사람에게 베푼 자비는 하나님께서 평가하시고 하나님께서 다른 이의 삶에서도 일하심을 신뢰한다는 표지입니다.

하지만 자비와 용서라는 그리스도인의 길은 자주 당혹스럽습니다. 신앙 바깥에 있는 사람들에게뿐만 아니라 때로는 특히 신앙 안에 있는 사람에게 베풀 때 그렇습니다. 우리는 심각한 불의에 어떻게 반응해야 하는지 진정으로 혼란스러울 때가 많습니다. 디트리히 본회퍼라는 유명한 독일 신학자가 있습니다. 그는 히틀러에 저항하다 연합군이 독일 전선을 무너뜨리기 3일 전에 교수형을 당했습니다. 어쨌든 그는 하나님의 은혜는 대가가 없지만 싸구려는 아니라는 굉장히 유용한 구분을 만들었습니다.[2] 그는 자신이 시련을 겪기 훨씬 전에 이를 썼는데, 그때 그는 하나님 우편에 계신 영원하신 아들이신 예수님이 우리 죄인들을 대신하여 십자가에서 치욕과 죽음에 자신을 내어 주시기 위해서 자신의 신위, 특권, 힘, 부, 명성을 버리신 희생에 대해 생각하고 있었습니다(빌 2:6-8; 고후 8:9). 하나님의 은혜는 **값없으나, 값싼 것은 아닙니다.** 왜냐하면 주님이 치르신 대가가 너무 크기 때문입니다. 그래서 성경 저자들도 이를 담아낼 표현을 궁리해야 했습니다. 바울은 오늘 본문에서 이를 가리켜, 하나님이 "자기 아들을 아끼지 않으시고, 우리 모두를 위하여 내주셨다"라고 말합니다.

따라서 용서와 자비는 값비싼 것입니다. 쉽고 간편하게 주어지지 않습니다. 우리는 용서하는 사람이 치를 비용을 충분히 고려하지 않은 채, 너무 빠르게, 너무 술술 나오는 용서를 조심해야 합니다. 로렌스 젠코 신부님이 지난주에 암으로 돌아가셨습니다. 여러분 중에 이

---

2 Dietrich Bonhoeffer, *The Cost of Discipleship* (New York: Macmillan, 1959), "값비싼 은혜"(Costly Grace)에 관한 장.《나를 따르라》(역본 다수).

슬람 과격주의자들이 1980년대에 18개월 동안 젠코를 베이루트에서 인질로 잡고 있었음을 기억하는 분도 계실 겁니다. 테리 앤더슨과 테리 웨이트를 비롯하여 여러 사람이 인질로 잡혔습니다. 여러 잔혹한 행위가 있었습니다. 젠코는 6개월 동안 독방에 갇혔는데, 곧 풀려날 것이라는 말을 세 번 들었지만 몇 시간이 지나서야 그 말이 농담임을 알게 되었습니다. 그는 자신의 경험을 《용서의 의무: 베이루트 인질의 화해를 위한 순례》*Bound to Forgive: The Pilgrimage to Reconciliation of a Beirut Hostage*라는 책에 담았습니다. 제목이 눈에 확 띕니다. 제목의 앞부분, **용서의 의무**는 그가 그리스도인으로서 용서하라는 명령을 받았음을 나타냅니다. 그러나 제목의 뒷부분, **화해를 위한 순례**는 용서가 반드시 즉각적이지는 않음을 보여 줍니다. 용서는 분투와 희생, 인내와 견딤을 수반합니다 ─ 순례처럼 말이죠. 젠코 신부님은 이렇게 씁니다. "나는 잊는 것이 용서의 표지 중 하나라고 생각하지 않는다. 나는 고통을, 외로움을, 아픔을, 끔찍한 불의를 잊지 않았다. 하지만 나는 미래의 보복을 위해서 [이러한 것들을] 기억하는 것이 아니다."[3]

남아프리카공화국에서는 특별한 과정이 진행되고 있습니다. 성공회 대주교 데스몬드 투투는 아파르트헤이트 시대에 정부와 경찰이 저지른 만행에 대한 청문회를 진행하는 특별 위원회의 수장입니다. 넬슨 만델라 행정부는 보복을 가하는 데 관심이 없습니다. 만델라는 백인들에게 손을 내밀고 화해와 치유라는 미래 지향적 정책을 추구함으로써 개인적인 본을 보여 주었습니다. 그러나 고문자와 사면자를 완전히 공개하지 않는 사면은 없을 것이라는 결정이 내려졌습니다. 이것이 투투 주교의 청문회의 목적입니다. 저는 최근 관련하여 한 가지 이야기를 들었습니다. 보통 때는 활기 넘쳤던 대주교가 잔혹 행위 목

---

3 《뉴욕 타임스》(1996. 7. 22.)에 실린 부고 기사.

격자들이 제공한 자세한 내용을 접하고는 법정에서 탁자에 고개를 숙이고 눈물을 흘렸다는 것입니다.[4]

그렇습니다. 남아공에서 용서는 쉽게 나온 것이 아닙니다. 그러나 위대한 것은 저 지도자가 하나님의 시간에 용서가 올 것이라고 밝혔다는 사실입니다. 남아공 국민은 그들이 "화해를 위한 순례" 중이며 용서의 선물이 올 때 받으려면 주의를 기울여야 한다는 것을 말과 본으로 배우고 있습니다. 햄릿이 말했듯이 "준비가 전부"입니다. 우리가 주님의 기도로 "우리가 우리에게 죄 지은 사람을 용서하여 주는 것 같이 우리의 죄를 용서하여 주옵소서" 하고 고백할 때, 이러한 의미도 포함되어 있습니다. 우리가 다른 사람을 용서하는 일은 하나님이 우리를 용서하신 일에서 비롯됩니다. 용서는 우리가 인간 의지의 힘으로 스스로 생성한 것이 아닙니다. 우리는 용서를 하나님의 선물로 받습니다. 하나님의 완벽한 뜻이 우리 안에서 역사합니다. "**당신의** 뜻을 하늘에서 이루심 같이, 땅에서도 이루어 주십시오." 우리의 역할은 용서의 선물을 기대하는 것이며, 선물이 올 때 환영하는 것입니다.

그렇지만—그렇지만—하나님이 우리 안에서 하시는 일을 총체적으로 나타내려 한다면, 용서는 너무 약한 표현입니다. 여러분 중 수요일 신문에서 수전 코헨에 관한 강력한 기고문을 보신 분도 계실 것 같습니다. 그녀는 20살 된 자기 딸을 7년 전 잃었습니다. 그녀의 딸 시어도어는 로커비 상공에서 팬암 103편을 타고 있었습니다. 7년이 지났는데도 그녀의 슬픔과 분노는 좀처럼 수그러들지 않았습니다. 그녀는 이렇게 말했습니다. "고통이 사라지지 않을 것이다. 결코 사라지지 않을 것이다. 시어를 죽인 인간들은 여전히 해외에 있다. 아무도 처벌

---

4 이 책 출간을 준비할 때쯤인 10년 뒤에, 남아프리카공화국 진실과 화해 위원회는 전 세계의 모범 사례로 떠오르고 있습니다. 이에 관한 투투 주교의 책은《용서없이 미래없다》(*No Future without Forgiveness*, New York: Doubleday, 1999. 사자와어린양 역간)입니다.

받지 않았다."[5] 우리가 여기서 주목하는 것은 불의와 잘못에 대한 강렬한 느낌입니다. 이는 그녀가 느끼는 슬픔과 상실감만이 아닙니다. 물론 이것들도 충분히 나쁜 느낌이지만 말이죠. 그녀는 이름도 모르고 짐작건대 뉘우치지도 않는 테러리스트들이 자유의 몸으로 살고 있는데도 자신이 완전히 무력할 뿐이라는 사실과 싸워야 합니다. 불의로 고통당하는 사람의 아픔을 고려하지 않는다면, 그리스도교의 용서 메시지는 다 죽어 가는 불충분한 것입니다.

그래서 바울은 '용서'라는 단어를 사용하지 않았습니다. 바울은 다른 단어를 썼습니다. 이 단어를 해석하는 것은 큰 도전입니다. 때때로 사람들은 바울이 더 쉬운 단어를 선택했더라면 하는 마음이 듭니다. 설교자들과 성경 교사들은 이 단어의 의미를 살릴 최선의 방안을 찾으려고 오랫동안 노력해 왔습니다. 오늘 읽은 로마서 본문에 그 단어가 있습니다. "의롭다 하시는 분이 하나님이신데, 누가 감히 그들을 정죄하겠습니까?"(8:33-34).

이 말씀이 너무 중요하기에, 저는 이 부분에 네온사인을 달아 놓고 싶습니다. **"의롭다 하시는 분이 하나님이신데, 누가 감히 그들을 정죄하겠습니까?"** 그리스도인이 여기에서 영원까지 앙심을 품을 필요가 없는 까닭은 하나님께서 불의를 다루실 것이기 때문입니다. 하나님은 사악함을 처리하실 것입니다. 하나님은 배신과 테러와 온갖 종류의 악행을 처리하실 것입니다. 이것이 **의롭게 함**이란 말이 의미하는 바입니다. 하나님은 의롭게 하실 것이며, 하나님은 바로잡으실 것이며, 하나님은 그 모습들을 올바르게 만드실 것입니다. 하나님은 그저 인류의 머리를 쓰다듬으며 "괜찮아, 모든 것이 용서되고 잊혔어. 여기서 약간만 지우고 저기서 약간만 조정한 다음, 모든 것을 잊고 앞으로 가

---

5 "Our Towns" column by Evelyn Nieves, *The New York Times* (1996. 7. 24.).

자"라고 말씀하지 않으실 겁니다. 이건 요즘 말로 '부인'이라고 합니다. 모두에게 나쁜 것이죠. 이것은 하나님이 하시는 일이 아닙니다.

그렇다면 하나님께서는 어떤 일을 하실까요? 하나님께서는 어떻게 이런 바로잡는 일을 해내실까요? 하나님은 어떻게 모든 것을 올바르게 만드실까요? 그것은 지금 우리가 가진 언어로는 그저 부분적으로밖에 담아낼 수 없는 신비의 한 조각입니다. 성경은 이를 은유적 언어로, 새로운 창조의 언어로 묘사합니다. 바울은 말합니다. "현재 우리가 겪는 고난은, 장차 우리에게 나타날 영광에 견주면, 아무것도 아니라고 나는 생각합니다." 바울은 현재의 고난이 아무것도 아니라고 수사적 과장법을 사용했지만, 악이 완전히 패배하고 모든 고통과 슬픔이 영원히 사라지는 새 하늘과 새 땅이 세워진다는 요한계시록의 그림에서 고난을 겪던 여러 공동체가 큰 위안을 얻었다는 사실은 주목할 만합니다.

우리가 이따금 보는 현상인데, 지금 한번 상상해 봅시다. 지난주 《뉴욕 타임스》에서 고주망태에서 회복된 한 무리의 떠돌이 기술자에 관한 이야기를 다룬 것처럼, 특집 기사에서 종종 다루는 현상입니다. 자신의 결점과 잘못에 대한 책임으로 모든 것—지위, 집, 아내, 아이들, 공동체, 평판, 미래—을 잃은 사람을 상상해 봅시다. 이 사람은 가인처럼 이 땅에서 부랑자가 되었고 평생 표를 달고 살게 되었습니다. 오늘 예배에 참석한 분 중, 하나님께서 이 사람을 건강과 축복으로 회복시켜 주시기를 바라지 않는 분이 있을까요? 하지만 우리는 이것이 비용 없이 불가능하다는 걸 알고 있습니다. 우리는 큰 잘못을 범한 사람과 함께 칵테일파티에 가서 아무 일도 없었다는 듯이 즐겁게 지낼 수 없습니다. 남아공 사람들이 아무런 악행도 없었던 척하며 살 수 없는 것처럼 말이죠. 하나님께서 **바로잡으시는 일**에는 큰 잘못이 있었다는 우리의 인정이 포함됩니다.

하나님이 나쁜 짓을 그저 못 본 척하고 넘어가신다는 암시는 성경 어디에도 없습니다. 어떤 그리스도인도 죄에 대한 심판을 피할 수 없습니다. 신약성경 여기저기에서 이를 분명히 하고 있습니다. 마태복음 25장의 최후의 심판에 대한 묘사가 그렇습니다. 바울은 로마서 14장 10절에서 "우리는 모두 다 하나님의 심판대 앞에 서게 될 것입니다"라고 말합니다. 여기에 자기 자신도 분명히 포함시킵니다(고전 4:4). 우리의 죄는 빛 가운데 드러날 것입니다. "주님께서는 어둠 속에 감추인 것들을 환히 나타내시며, 마음속의 생각을 드러내실 것입니다"(고전 4:5). 주님은 정말로 산 자와 죽은 자를 심판하러 오실 것입니다. 그러나! 이는 엄청난 **그러나**입니다! 우리가 2주 전에 로마서 8장 1절에서 들었듯이, "그리스도 예수 안에 있는 사람들은 정죄를 받지 않습니다." 하나님 앞에서의 심판이 있습니다. 그러나 그리스도께서 십자가에 죽으심으로써—궁극의 대가를 치르심으로써—우리에게 영원한 정죄가 제거되었습니다. 단번에 말이죠. 용서는, 하나님이 자신의 모든 것을 비용으로 지불하셨기 때문에 결코 값싸지 않습니다.

프린스턴에서 설교를 가르치는 제임스 F. 케이라는 친구가 있습니다. 그는 새롭게 제안된 장로교 세례 예배를 분석하는 논문을 쓰고 있는데, 이 예배는 참가자들에게 "예수 그리스도와 우리를 갈라놓는 죄의 길"을 폐기할 것을 요구합니다. 이 제안문은 케이 박사가 지적했듯이, 로마서가 우리에게 약속하는 것과 정반대입니다. **그 무엇도** 예수 그리스도와 우리를 갈라놓을 수 **없습니다**. 죄는 우리를 그리스도와 갈라놓지 못합니다. 만일 그게 가능하다면, 우리는 정말로 파멸하게 됩니다. 바울의 메시지는 우리의 나약한 인간 본성을 고려하면 이생에서 우리가 죄를 폐기하는 것은 늘 불충분할 수밖에 없기에 죄를 폐기하는 것에 대해 우리가 자신할 수 없다는 것입니다. 우리는 오히려 하나님의 사랑을 확신합니다. 바울은 **그 무엇도** 우리를 하나님의 사랑에서 갈라놓을 수 **없다**고 말합니다. "죽음도, 삶도, 천사들도, 권세자들도, 현재 일도, 장래 일도, 능력도, 높음도, 깊음도, 그 밖에 어떤 피조물도" 심지어 나 자신이 최악의 상태이더라도 "우리를 우리 주 예수 그리스도 안에 있는 하나님의 사랑에서 끊을 수 없습니다." 주 예수 그리스도 안에서 우리는 우리 자신에 대한 모든 변호를 끝낼 수 있습니다. 우리는 예수님의 미래에 죄의 용서만이 아니라 만물의 바로잡음이 도래할 것임을 알기에, 그래서 인간의 상상을 초월하는 힘으로 인해 딸을 잃은 아버지에게 딸이 돌아올 것이며 아들을 잃은 어머니에게 아들이 돌아올 것이며 부모를 잃은 자녀에게 부모가 돌아올 것임을 알기에, 우리의 소송을 끝낼 수 있습니다.

하나님이 우리 편이시면, 누가 우리를 대적하겠습니까? 자기 아들을 아끼지 않으시고, 우리 모두를 위하여 내주신 분이, 어찌 그 아들과 함께 모든 것을 우리에게 선물로 거저 주지 않으시겠습니까? 하나님께서 택하신 사람들을, 누가 감히 고발하겠습니까? 의롭다 하시는 분이 하나님이신데, 누가 감히 그들을 정죄하겠습니까? 그리스도 예수는 죽으셨지만 오히려 살아나셔서 하나님의 오른쪽에 계시며, 우리를 위하여 대신 간구하여 주십니다.

아멘.

이스라엘과의 연결점:
로마서 9-11장에 관한 세 편의 설교

해변에 있는 실마리

알림: 이 설교와 이어지는 두 설교는 세 부분으로 된

로마서 9-11장 연속 설교입니다.

따라서 한 섹션으로 함께 묶어 두었습니다.

로마서 9-11장을 다루는 다른 설교들은 다음 섹션에서 다룹니다.

나는 그리스도 안에서 참말을 하고, 거짓말을 하지 않습니다. 내 양심이 성령을 힘입어서 이것을 증언하여 줍니다. 나에게는 큰 슬픔이 있고, 내 마음에는 끊임없는 고통이 있습니다. 나는, 육신으로 내 동족인 내 겨레를 위하는 일이면, 내가 저주를 받아서 그리스도에게서 끊어질지라도 달게 받겠습니다. 내 동족은 이스라엘 백성입니다. 그들에게는 하나님의 자녀로서의 신분이 있고, 하나님을 모시는 영광이 있고, 하나님과 맺은 언약들이 있고, 율법이 있고, 예배가 있고, 하나님의 약속들이 있습니다. 족장들은 그들의 조상이요, 그리스도도 육신으로는 그들에게서 태어나셨습니다. 그는 만물 위에 계시며 영원토록 찬송을 받으실 하나님이십니다. 아멘.

로마서 9:1-5

지난여름 저는 책 한 권을 읽었는데, 강력한 인상을 받았습니다. 데이비드 구쉬라는 젊은 침례교 목사님이 쓴 책입니다. 유니언신학교 박사학위논문을 수정하여 낸 책으로,[1] 제목은《홀로코스트의 의로운 이방인들》 *The Righteous Gentiles of the Holocaust* 입니다. 정말 놀라운 책입니다. 이 책에는 나치 통치하에서 유대인들에게 벌어진 일을 조사한 내용이 있는데, 제가 이제까지 읽은 책 중에서 이 내용을 가장 잘, 명확하고 간략하게 담고 있습니다. 이 점 하나만으로도 충분히 제 값하는 책입니다. 하지만 제 마음에 가장 큰소리로 와닿은 점은 책 곳곳에서 느껴지는 저자의 비통한 어조입니다. 그리스도인들로 구성된 유럽의 가장 중심부에서, 육백만 유대인이 최후를 맞이했습니다. 교회에 다니는 사람 대부분이 외면하는 가운데 말이죠. 저자는 한 사람의 그리스도인으로 이를 깊이 애통하며 슬픔을 주체하지 못합니다. 그리스도인들은 이 시대가 끝날 때까지 이 끔찍한 사실을 떠안고 살아야 합니다.[2]

로마서 9-11장은 흥미로운 역사를 담고 있습니다. 이 세 장은 대부분 오랜 세월 동안 여러 집단의 시야 밖으로 밀려났습니다. 예를 들면, 19세기의 유명한 설교가 알렉산더 맥라렌은 평생에 걸쳐 성경 전체를 설교했습니다. 그의 설교는 총 17권으로 출간되었습니다. 하지만 맥라렌이 로마서 9-11장에 이르자 커다란 공백이 발생합니다. 그는 이 부분을 간단히 지나쳤습니다. 그는 8장에서 12장으로 곧장 넘어갔습니다. 마치 8장과 12장 사이에 아무것도 없다는 듯이 말이죠. 이것이 수 세기 동안 수많은 성경 해석자의 전형적인 방식입니다.[3] 더

---

1 데이비드 구쉬는 (1996년부터) 좋은 작품을 많이 내고 있습니다. 고문에 관한 그의 글은 《크리스채너티 투데이》(*Christianity Today*, 2006. 2.)의 표지 기사로 실렸는데, 저 출간물의 새로운 장을 열었습니다.

2 구쉬의 책에 대해 제가 아쉽게 생각하며 심히 비판하는 한 가지 점은 로마서 9-11장을 고려하지 않고 있다는 사실입니다. 굉장히 이상하게 이를 빠뜨리고 있습니다. 그럼에도 이 책이 여전히 훌륭한 책이라는 생각은 변함없습니다.

많은 예를 들지는 않겠습니다. 이제 우리는 그리스도인들이 제2차 세계대전 중에 유대인들을 지키지 않았다는 사실을 결코 지나쳐서는 안 되기 때문에, **결코** 로마서 9-11장을 지나치면 안 됩니다. 저와 함께 로마서 9-11장에 머물러 본다면, 로마서 9-11장이 복음 메시지의 가장 핵심이라는 점, 따라서 모든 사람을 위한 깜짝 놀랄 만한 좋은 소식이라는 점을 우리 모두가 함께 발견할 수 있으리라 믿습니다.

오늘 읽은 로마서 9장의 시작부에서, 바울은 1세기 유대인 대부분이 그리스도교로 회심하지 않았다는 것을 기정사실로 받아들이려고 애쓰고 있습니다. 바울 사도는 이 사실 때문에 깊은 슬픔에 빠졌습니다. 예수님은 유대인이셨고, 바울도 유대인이었습니다. 성경은 히브리어로 되어 있고, 메시아에 대한 예언도 히브리 예언자들이 한 것이며, 예수님은 유대인의 회당과 성전에서 가르치셨습니다. 어떻게 유대인들이 그리스도 믿기를 거부할 수 있었을까요? 바울의 말을 들어봅시다.

나는 그리스도 안에서 참말을 하고, 거짓말을 하지 않습니다. 내 양심이 성령을 힘입어서 이것을 증언하여 줍니다. 나에게는 큰 슬픔이 있고, 내 마음에는 끊임없는 고통이 있습니다. 나는, 육신으로 내 동족인 내 겨레를 위하는 일이면, 내가 저주를 받아서 그리스도에게서 끊어질지라도 달게 받겠습니다.

이 말은 좀 과한 표현으로 들립니다. 하지만 이러한 모티프는 성경 안에 깊이 자리하고 있습니다. 어머니나 아버지가 자기 자녀를 위해

---

3 예를 들어, 스미스 칼리지 교수 메리 엘렌 체이스가 쓴, 40년대와 50년대에 인기를 누렸던 《성경과 일반 독자》(*The Bible and the Common Reader*)는 "[로마서의] 논증은 수려한 8장에서 최고조에 이른다"라고 쓰고 있습니다. 마치 9-11장과 그 결론에 해당하는 송영이 존재하지 않는 것처럼 말이죠.

서라면 기쁘게, 기꺼이, 고민조차 없이 자기 삶을 포기할 수 있듯이, 사도도 자기 **동포**와 **겨레**를 위해서라면 자신의 구원도 기꺼이 포기하겠다고 말합니다. 이는 다름 아닌 모세가 했던 기도와 똑같습니다. 그는 하나님께 이렇게 말했습니다. "이제 주님께서 그들의 죄를 용서하여 주십시오. 그렇게 하지 않으시려면, 주님께서 기록하신 책에서 저의 이름을 지워 주십시오"(출 32:32).

저는 장로교인들이 안수받는 사람들에게 했었던 질문 때문에 매도당하는 일을 종종 봤습니다. "하나님의 영광을 위해서라면 저주도 기꺼이 받을 수 있습니까?"라는 질문이었습니다. 그렇습니다. 예전에는 정말로 그렇게들 질문했습니다. 만일 우리가 오늘날 성경 신학을 더 잘 이해했다면, 그렇게 두려워 떨지 않았을 텐데 말이죠. 이러한 맹세는 모세에서 바울에 이르는 위대한 전통입니다. 무엇보다도, 이는 우리를 대신하여 정죄받도록 십자가에서 자신을 내어 주신 분의 마음, 그리스도의 마음을 볼 수 있는 창입니다.

많은 그리스도인이 우리가 오늘 읽은 이 구절 속에서 바울이 느끼는 것과 같은 느낌을 받습니다. 제 자신도 우리 미국 그리스도인의 전통이 매우 약해짐을 보는 게 너무 힘들고 미어지기까지 합니다. 주일 예배가 그저 여러 선택지 중 하나가 되고 있고, 많은 가정이 성경책을 (읽기는커녕) 가지고 있지도 않습니다. 그리스도인의 가정에서 저녁 기도와 식사 기도를 드리지도 않으며, 교회에서 자란 많은 젊은이가 그리스도를 떠나 자칭 전문가들이 이끄는 최신 '영성'을 좇습니다. 이런 모습을 보면 정말 너무 애통합니다. 제가 모세와 바울이 한 말에 정말 공감한다고 말하더라도, 사람들이 예수께로 돌아오기만 한다면 그리스도의 영광을 위해 저주도 기꺼이 받겠다는 말과 다를 바 없는 그 말을 제가 진심으로 이해할 수 있다고 말하더라도, 여러분이 저를 멜로드라마에 빠진 사람처럼 너무 감상적이라고 생각하지 않기를 바랍니다.

우리는 이 다문화 시대에, 상당수의 좋은 사람이 '유대-그리스도교 전통'에 호소하는 것을 듣지만, 저는 그 많은 사람이 그게 무엇인지 알고 있다고 확신하지 않습니다. 저에게는 메리 버지니아라는 이모가 있는데, 이모는 큰 복입니다. 저는 항상 이모에 대해 말하는데, 이모와 할머니가 저에게 성경을 펼쳐 주셨기 때문입니다. 이모는 유대인을 가리켜 "이스라엘 자손"이라고 말하곤 했습니다. 이모가 버지니아 프랭클린에서 살았기 때문에 개인적으로 아는 유대인이 있었을까 싶긴 합니다만, 이모가 구약성경을 사랑했고 "이스라엘 자손들"이라는 말을 썼다는 사실이 저에게 강하게 남아 있습니다. 데이비드 구쉬가 자신의 책에서 지적하는 희망적인 것 중 하나는 유대인들에 대한 깊은 존경심이 일부 독실한 유럽 그리스도인의 특징이라는 점입니다. 이것이 "이스라엘 자손"과의 연결점입니다. 바울은 이 로마서 구절에서 "그들은 이스라엘 자손입니다"라고 말합니다. 바울은 유대인의 견줄 수 없는 유산이 떠오르게 하기 위해서 히브리 성경에 있는 유대인들의 옛 이름을 불러 생각나게 합니다. "내 동족은 이스라엘 백성입니다. 그들에게는 하나님의 자녀로서의 신분이 있고, 하나님을 모시는 영광이 있고, 하나님과 맺은 언약들이 있고, 율법이 있고, 예배가 있고, 하나님의 약속들이 있습니다. 족장들은 그들의 조상이요, 그리스도도 육신으로는 그들에게서 태어나셨습니다. 그는 만물 위에 계시며 영원토록 찬송을 받으실 하나님이십니다. 아멘"(9:4-6). 유대인이 없다면 우리 그리스도인도 없었을 것입니다. 그들은 선택받은 민족이었고, 여전히 선택받은 민족입니다.

그들이 그렇습니까? 바울은 스스로에게 묻습니다. "그러면 내가 묻습니다. 하나님께서 자기 백성을 버리신 것은 아닙니까?"(11:1). 제가 뉴욕시에 있는 그레이스교회에서 바로 이 주제, 그리스도인과 유대인이라는 주제를 가르쳤던 수업이 아직도 기억납니다. 우리 수업에는 새로운 사람이 항상 몇 명씩 왔는데, 그들은 우리와 다른 다양한 방식으로 주류 교회에서 신앙이 형성된 분들이었습니다. 우리는 우리의 가르침의 토대들을 다시 한 번 설명하기 위해 여러 번 수업에 브레이크를 걸어야 했습니다. 이런 일은 늘 어려웠지만, 그럼에도 제가 지금 이야기하려는 날에 있었던 일은 중요했습니다. 전에 한 번도 본 적이 없었던 어떤 남성분이 손을 들고 권위적인 목소리로 이렇게 말했습니다. "유대인들이 전쟁에서 죽은 건 하나님께서 그들의 불신 때문에 그들을 버리신 겁니다." 청중들이 경악해서 헉하는 소리가 들렸습니다. 사람들이 전부 제가 어떻게 말할지 보려고 저를 주목했습니다. 제가 뭐라고 말했을까요? 저는 그리스도인이라면 모두 이 문제를 숙고해 볼 필요가 있다고 생각합니다.

우리가 이 문제에 대답하려면 성경을 알아야 합니다. 대부분의 성직자는 대개 구약성경의 가르침이나 이 서신에 대해 설교하지 않고, 복음서를 가지고 설교할 것입니다. 이는 크나큰 실수입니다. 성경 **전체에** 초점을 맞추는 여러 핵심 이유 중 하나는 유대인에 대한 문제입니다. 복음서에는 로마서 9-11장 같은 것이 없습니다. 오직 복음서—특히 요한복음—와 사도행전만 읽으면 유대인들이 악해서 지옥으로 가고 있다는 생각을 하게 됩니다. 가장 포괄적인 시각으로 '이스라엘 자손'을 바라보는 사람이 바로 사도 바울입니다.

하나님께서 유대 민족을 버리셨다고 선언하는 사람에게 우리는 무어라 말해야 합니까? 우리는 다음과 같은 바울의 말을 언급해야 합니다.

> 그러면 내가 묻습니다. 하나님께서 자기 백성을 버리신 것은 아닙니까? 그럴 수 없습니다. 나도 이스라엘 사람이요, 아브라함의 후손이요, 베냐민 지파에 속한 사람입니다. 하나님께서는 미리 아신 자기 백성을 버리지 않으셨습니다(11:1-2).

바울의 말이 의미하는 바는 그리스도를 믿는 유대인이 다수는 아니지만 소수 있다는 사실이며, 또한 그 사실이 우리 모두를 위한 하나님의 궁극적 계획을 알리는 하나의 표징이라는 점입니다. 바울은 자신이 선택된 것을 예로 들고 있습니다.

이어지는 말씀에 나타나는 바울의 사고방식은 아주 도전적입니다. 그는 단지 믿음에 대한 목적이 아니라 불신에 대한 목적도 있다고 말하고 있습니다. "그래서 내가 묻습니다. 이스라엘이 걸려 넘어져서 완전히 쓰러져 망하게끔 되었습니까?" 다른 말로 하면, 유대인들이 그리스도께 이르지 않았기 때문에, 하나님의 약속에서 끊겨졌습니까?

> 그럴 수 없습니다! ⋯ 그들의 허물[불신] 때문에 구원이 이방 사람에게 이르렀는데, 이것은 이스라엘에게 질투하는 마음이 일어나게 하려는 것입니다. 이스라엘의 **허물**이 세상의 부요함이 되고, 이스라엘의 실패가 이방 사람의 부요함이 되었다면, 이스라엘 **전체가 포용**full inclusion될 때에는, 그 복이 얼마나 더 엄청나겠습니까? ⋯ 하나님께서 그들을 **버리심**이 세상과의 화해를 이루는 것이라면, 그들을 **받아들이심**은 죽음에서 생명을 주심이 아니면 무엇이겠습니까?(11:11-12, 15, 강조를 추가함).

이 말이 복잡하긴 하지만 한번 생각해 봅시다. 다음과 같이 바울이 한 말 중 몇 개는 왼쪽에, 몇 개는 오른쪽에 배치해 보겠습니다.

허물	전체가 포용됨
실패	받아들이심
버리심	죽음에서 생명

대부분의 유대인이 계속 믿지 않는 것(그들의 허물, 그들의 실패, 그들을 버리심그들의복음거부*)은 하나님이 이방인들(전에는 배제되었고, 빈곤했던 사람들)을 포용하시고 풍성하게 하려는 계획의 일부라고 바울은 말하고 있습니다. 또한 바울은, 이 점이 하나님의 때에 이스라엘로 하여금 "질투하게" 만들 것이고 또한 그들 전체가 포용되고 받아들여지는 일로 이어질 것이라고 말합니다. 바울은 자신이 잘 쓰는 "얼마나 더"라는 구문으로, 사실상 나중 된 자가 먼저 된 자를 압도한다고 말하고 있는 것입니다. 유대인이 배제됨이 이방인의 영적 풍요로움을 의미한다면, 마침내 유대인이 다시 돌아올 때는 얼마나 더 풍성하겠습니까!

워커 퍼시의 유명한 소설 《무비고어》The Moviegoer를 보면, 주인공 빙스 볼링은 전형적인 남부 와스프 한량인데, 의미—사실상 하나님—를 "찾을" 가능성으로 시간을 허비합니다. 그는 이렇게 말합니다. "찾을 가능성을 인식하게 된다는 것은 뭔가를 알아냈다는 것이다. 뭔가를 알아내지 못하면 절망에 빠진다." 그러고 나서 이렇게 말합니다. "나는 유대인을 잘 알게 되었다. … 유대인들은 내가 가진 진정한 첫 번째 단서다. … 어떤 사람이 찾을 가능성을 깨달았을 때 그리고 그러한 사람이 처음으로 거리에서 유대인과 스쳤을 때, 그는 해변에 있는 발자국을 보는 로빈슨 크루소와 같다."[4]

유대인이 세상에 계속 있다는 사실은 하나님이 신실하시며, 하나님

• 러틀리지가 여기서 사용한 문구를 그대로 옮기면 "그들의 복음 거부"(their rejection of the gospel)입니다. 한글 성경은 대체로 '그들'(그리스어 아위톤ᾱὐτῶν)을 목적격(적 속격)으로 보고 "하나님께서 그들을 버리심"으로 옮깁니다. 그러나 러틀리지가 위에서 인용한 RSV는 '그들'을 주격(적 속격)으로 보고 "그들의 거부"(their rejection)로 옮깁니다. 따라서 RSV와 그녀의 표현(of the gospel)을 종합하면 15절을 다음과 같이 옮길 수도 있습니다. "그들의 [복음] 거부가 세상의 화목이라면, 그들의 [복음] 수용은 죽은 자 가운데서 살아나는 것이 아니면 무엇이겠습니까?"

4 Walker Percy, *The Moviegoer* (1962; New York: Alfred A. Knopf, 1977), pp. 13, 88-89.

이 참되시며, 하나님이 적극적으로 세상을 구속하시는 중이라는 표징입니다. 하나님께서 온 인류를 붙잡으시려고 손을 뻗고 계신다는 의미입니다. 고대 이스라엘의 이야기, "자녀로서의 신분, 하나님을 모시는 영광, 하나님과 맺은 언약들, 율법, 예배, 약속들", 이 모든 위대하고 아름다운 것들이 여전히 유대인들에게 속해 있다는 의미입니다. "왜냐하면 하나님께서 주시는 은사와 부르심은 철회되지 않기 때문입니다"(11:29). 이러한 것들이 이방인인 우리에게도, 이교도인 우리에게도, 경건치 않은 우리에게도 주어졌다는 것이 기적입니다.

그리스도 안에 있는 형제님들, 자매님들, 이 이야기는 오래 전 성경 시대 사람들의 이야기가 아닙니다. 이 이야기는 **우리의** 이야기입니다. 유대인들은 해변에 있는 실마리이며, 하나님의 발자국입니다. 오늘날 좋은 소식은 우리가 누군가보다 우월하기 때문에 굳건하게 서 있는 게 아니라는 것입니다. 유대인이기 때문에, 이방인이기 때문에, 흑인이기 때문에, 백인이기 때문에, 높은 위치에 있기 때문에, 낮은 곳에 머물기 때문에, 경건하기 때문에, 경건치 않기 때문에가 아니라, 오직 은혜(*sola gratia*) 때문에 굳건히 서 있다는 것이 좋은 소식입니다. 우리는 우리 자신의 노력으로 버티는 게 아니라, 하나님 고유의 자비로 버티고 있습니다. 우리가 "무언가를 알아낸" 게 아닙니다. **누군가 우리를 아시는 것입니다.**[5] 그게 복음입니다. 왜냐하면 사도 바울이 구약성경을 인용하여, 유대 민족의 이야기가 우리 모두에게 이를 의미한다고 선언하기 때문입니다.

---

5 《무비고어》의 마지막 부분에서 빙스 볼링은 성숙함을 배우는데, '영적인 계몽'이나 자신이 '찾아낸' 명백한 결론을 통해서가 아니라, 젊은 골칫거리 여성에 대한 헌신을 통해, 자기 가족에 대한 헌신을 통해 배웁니다. 이것은 유대교-그리스도교 전통이 작동하는 방식을 보여 주는 좋은 예입니다.

[하나님께서 하나님을] 구하지 않는 사람들에게 [하나님] 자신을 나타내 오셨다(10:20).

[주님께서 말씀하십니다.] 내 백성이 아닌 사람을 "내 백성"이라고 하겠다(9:25).

"너희는 내 백성이 아니다" 하고 말씀하신 그 곳에서, 그들은 "살아 계신 하나님의 자녀"라고 일컬음을 받을 것이다(9:26).

유대인이나 그리스인이나 차별이 없습니다. 그는 모든 사람에게 똑같이 주님이 되어 주시고, 그를 부르는 모든 사람에게 풍성한 은혜를 내려주십니다. "주님의 이름을 부르는 사람은 누구든지 구원을 얻을 것"이기 때문입니다(10:12-13).

아멘.

더 나은 판돈

랍비 아서 허츠버그(1921-2006)를 기억하며

본문: 로마서 9-11장

이번 주에 진행된 공화당 전당대회는 매우 흥미롭습니다. 당이 1992년과 1994년에 만들어 낸 분위기가 너무 무자비하다는 데 전반적으로 의견이 모아졌습니다. 이번 주에는 공화당원들이 인정이 있고 포용적이라는 것을 보여 주고자 하는 일치단결이 있었습니다. 이런 시도가 진실한지 그렇지 않은지는 여전히 논의해 볼 문제지만, 좋다고 말할 만한 것도 분명 있었습니다. 파월 장군은 월요일 공화당 전당대회 연설에서 "공화당은 항상 포용의 정당이어야 합니다"라고 선언했습니다. 그는 이어서 이렇게 말했습니다. "우리는 정부의 지출 축소가 가난한 이들이나 중산층을 겨냥해서는 안 된다는 것을 확실히 해야 합니다. 기업 지원이나 부자들을 위한 복지가 지출 삭감의 1순위여야 합니다. **우리 모두**—친애하는 여러분, 우리 모두—는 정부의 지출을 덜 받고자 해야 합니다."

비록 우리가 인식하지 못하더라도, 이렇게 불우한 사람에 대해 풍족히 받은 사람의 책임을 강조하는 일은 유대교-그리스도교 전통이 작용한 것입니다. 이스라엘 이야기로 시작하여 예수 그리스도 이야기에서 그 절정에 달하는 구약과 신약에는 하나님께서 가난한 사람, 약자, 힘없는 사람에게 특별한 관심을 보이신다는 점이 강력한 주제로 나타납니다. 특히 가장 급진적인 것은 받을 자격이 없는 자를 향한 하나님의 자비입니다. 우리가 지금 여기서 이러한 것들을 이야기하고 있는 까닭은 우리가 로마서 9-11장이라는 한복판에 서 있기 때문입니다. 바울의 편지에서 이 부분은 그리스도인과 유대인의 관계를 다룹니다. 저는 21년 동안 그 주일의 성서일과에 해당하는 본문으로 주일 설교를 해 왔습니다. 저는 우리의 성서일과를 만든 사람들의 작업을 존경하긴 하지만, 거기에 문제도 많다는 점을 보게 되었습니다. 오늘 로마서에서 본문을 골라 낸 방식이 그 예입니다. 유인물의 간지를 보시기 바랍니다. 여러분은 열 네 절이 생략되어 있다는 것을 모를 수도 있습니다. 줄임표 같은 것도 없이 생략되어 있기 때문입니다. 15절에서 29절로 곧바로 넘어가는 것이 원래 그런 것처럼 느껴질 수도 있습니다.[1] 이는 그리스도인들이 자기 성경책을 가지고 있어야 하며 또 자기 성경책을 읽어야 하는 여러 이유 중 하나입니다. 생략된 부분에서, 바울은 불신앙에 어떤 목적이 있으며, 그 목적은 하나님의 구원이 이방인에게 계시되는 것이라고 선언하고 있습니다. 전에는 소망이 없었다고[2] 여겨지는 이방인에게 구원이 계시되는 것이 불신앙의 목적이라는 말입니다.

생략된 부분은 이렇습니다.

이스라엘이 걸려 넘어져서 완전히 쓰러져 망하게끔 되었습니까? 그럴 수 없습니다! 그들의 허물[그들의 불신] 때문에 구원이 이방 사람에게 이르렀는데, 이것은 이스라엘에게 질투하는 마음이 일어나게

---

1 물론 바울의 편지에는 삽입구적인 부분(parenthetical sections)이 있습니다. 하지만 로마서 9-11장의 경우는 해당되지 않습니다. 전체 사고의 흐름이 연속선으로 그려집니다.

2 에베소서 2:12.

하려는 것입니다. 이스라엘의 허물이 세상의 부요함이 되었다면, 이스라엘의 실패가 이방 사람의 부요함이 되었다면, 이스라엘 **전체가 포용될** 때에는 그 복이 얼마나 더 엄청나겠습니까?

이제 저는 이방 사람인 여러분에게 말합니다. … 하나님께서 [유대인들을] 버리심이 세상과의 화해를 이루는 것이라면, 그들을 받아들이심은 죽은 사람들 가운데서 살아나는 삶을 주심이 아니고 무엇이겠습니까? … 형제자매 여러분, 나는 여러분이 이 신비한 비밀을 알기를 바랍니다. 그것은 여러분이 스스로 현명하다고 생각하는 일이 없게 하려는 것입니다. 그 비밀은 이러합니다. 이방 사람의 수가 다 찰 때까지 이스라엘 사람들 가운데서 일부가 완고해진 대로 있으리라는 것과, 온 이스라엘이 구원을 받게 되리라는 것입니다. … 하나님께서 주시는 은사와 부르심은 철회되지 않습니다. 전에 하나님께 순종하지 않던 여러분이, 이제 이스라엘 사람의 불순종 때문에 하나님의 자비를 입게 되었습니다. 이와 같이, 지금은 순종하지 않고 있는 이스라엘 사람들도, 여러분이 받은 그 자비를 보고 회개하여, 마침내는 자비하심을 입게 될 것입니다. 하나님께서 모든 사람을 순종하지 않는 상태에 가두신 것은 모두에게 자비를 베푸시는 것입니다.

이 놀라운 구절은 우리의 숨을 멈추게 합니다. 사도 바울과 예언자 이사야는 성경 전체에서 가장 '포용적인' 비전을 가지고 있지만, 성경 이야기를 다룬 책들은 그 비전들이 무엇과 관련되는지를 모릅니다. 대부분의 사람이 이사야와 바울에 대해 알고 있는 지식을 요약해 보면 이렇습니다. 바울은 다메섹 도상에서 무언가를 본 사람이고, 이사야는 헨델의 《메시아》를 작사한 사람이다.[3] 우리는 대부분 이 위대한

---

3 농담입니다만, 《메시아》 가사 중 일부는 이사야가 쓴 말씀입니다. "너희는 위로하여라, 나의 백성을 위로하여라, 너희의 하나님께서 말씀하신다…"

하나님의 종 바울과 이사야가 품었던 급진적인 비전에 대해 거의 모릅니다. 성서일과를 설계한 박학한 분들은 바울이 유대인들을 향한 하나님의 계획―전체의 포용―을 그리기 위해 사용한 구절을 이유 없이 생략하고 있기 때문에, 저는 그분들이 이 구절을 완전히 이해했다고 확신하지 않습니다.

이를 온전히 이해하기 위해서, 우리는 누가 포용된 자며 누가 배제된 자인지에 대해 생각해 볼 필요가 있습니다. 성경에서 포용된 자는 일반적으로 이스라엘 사람 내지 유대인이고, 배제된 자는 이방인입니다. 오늘날 복음서를 읽는 방식을 따르면, 예수님은 수로보니게 여인과 일종의 말싸움을 하고 계십니다. 그 여인은 유대인이 아니라, 이방인이었습니다. 그러니까 '경건치 않은' 사람이었죠. 이 이야기는 복음서에 있는 이야기 중 가장 자주 오해되고 있습니다. 예수께서 "자녀들[유대인들]의 빵을 집어서 개들[이방인들]에게 던져 주는 것은 옳지 않다"[4]고 말씀하실 때, 많은 사람이 이 말씀을 가지고 예수님도 우리 모두와 마찬가지로 편견에 빠지기 쉽다는 점을 보여 주려 하고 있습니다. 만일 그게 사실이라면, 예수님에 대한 신약의 다른 모든 이야기의 성격과 대치됩니다. 실제로 일어나고 있는 일은 이렇습니다. 예수님께서는 항상 그렇듯이 여인의 마음 깊은 곳을 보셨고, 그래서 여인이 논쟁에서 자기 입장을 지켜 낼 수 있는 사람이라는 점을 즉시 감지하셨습니다. 그리고 제자들은 이 여인을 돌려보내길 바라고 있었고, 그래서 예수께서는 그런 제자들에게 보여 주기 위해 이런 식으로 행동하고 계신 것입니다. 예수님의 목적은 그저 수로보니게 여인의 딸을 치료만 하는 것이 아니었고, 여인의 대담한 반응을 사용하셔서 교훈까지 주시려는 것입니다. 이 여인은 오늘날 우리가 쉽게 이해할 수 있는 것

---

4 마태복음 15:26.

보다 더 진취적으로 영리하게 반응했습니다. "주님, 그렇습니다마는 개들도 주인의 상에서 떨어지는 부스러기는 얻어먹습니다." 이는 마치 예수님이, 여인이 자신의 소송에서 이기게 해 주신 것 같고, 여인이 자신의 위상을 높이는 데 참여하게 해 주신 것 같습니다. 예수님은 여인과 더불어 메시아를 믿는 믿음에는 국가적, 인종적, 종교적 경계가 없다는 점과 경건한 사람만큼이나 '경건치 못한' 사람에게도 응답하신다는 점을 보여 주시고 계십니다. 여인은 그러한 예수님의 사역에 참여하고 있습니다. 로마서에서 이를 보여 주고 있습니다. 그러니까 바울의 말로 표현하자면, **경건하지 못한 사람을 의롭다고 하십니다** (4:5). 이와 같이 하나님은 완전히 울타리 밖에 있다고 생각되는 사람들까지 포용하시기 위해 일반적인 경계를 뛰어넘으십니다.

전당대회에서 공화당원들은 포용에 대해 이야기하고 있었습니다. 성공회도 포용에 대해 이야기하며, 어떤 이들은 지겹도록*ad nauseam* 이야기합니다. 포용은 90년대의 핵심어가 되었습니다. 하지만 교회를 향한 물음은 다음과 같습니다―**포용에 관심을 두는 밑바탕에는 무엇이 있는가**? 어떤 신념이 그 관심 뒤에 자리하고 있습니까? 이를테면 안네 프랑크의 유명한 말처럼, "그 모든 것에도 불구하고, 나는 여전히 사람들의 본심은 선하다고 믿어요"[5] 하는 신념인가요? 안네의 삶을 다룬 연극과 영화는 이 말로 끝맺습니다. 이런 감상적인 결론 때문에 각본을 쓴 작가는 엄청 비판받았습니다. 많은 사람들이 수용소에서도 안네의 낙관론이 과연 남아 있었을까 의심합니다.[6] 우리는 모든 사람 안에 무언가 선한 것이 있다는 희망에 기대어 포용의 비전을

<hr>

5 1944년 7월 15일의 일기. 안네가 "8월 4일 게슈타포가 왔다"고 쓴 것처럼 프랑크 가족이 배신당하는 상황이었습니다.

6 어쨌든, 이 문장은 맥락과 따로 떼서 들을 때보다 실제 일기를 쓴 맥락에서 훨씬 더 현실적으로 들립니다.

구상하는 것일까요? 바울은 분명 그러지 않았습니다. 로마서 3장에서 바울은 확실하게 쓰고 있습니다. "유대인이나 이방인이이나 다 죄의 힘 아래 있습니다. 성경에 이렇게 기록되어 있습니다. '의인은 없다. 한 사람도 없다. 깨닫는 사람도 없고, 하나님을 찾는 사람도 없다. 모두가 곁길로 빠져서 고장 났다. 선한 일을 하는 사람은 없다. 한 사람도 없다'"(3:9-12).

만일 우리가 동료 인간에게 희망을 품을 수 없다면, 그렇다면 어떻게 해야 합니까? 18개월 전, 저는 데이비드 리프(수전 손택의 아들)가 쓴 기사 하나를 읽었습니다. 제목이 "르완다에 있는 하나님과 인간"God and Man in Rwanda이었습니다. 우리가 지금 알고 있듯이, 르완다에서 교회는 르완다 학살을 막기 위해 거의 아무런 노력도 하지 않았습니다. 심지어 어떤 때에는 학살자들에게 협력하기도 했습니다. 리프 씨는 이렇게 썼습니다. "이야기는 1994년 봄의 대학살에서 살아남은 르완다의 프랑스인 사제에게, 하나님에 대한 믿음을 잃었는지를 물으며 시작된다. 그 사제는 '절대 아닙니다'라고 대답했습니다. 그리고 무덤덤하게 덧붙였습니다. '하지만, 이 나라에서 일어난 일은 인류가 영원할 것이라는 제 믿음을 산산조각 냈습니다.'" 리프 씨는 이야기를 이어갑니다. "요즘 르완다는 무신론자조차 인간보다 신에게 판돈을 거는 게 더 낫다는 생각을 떨쳐버릴 수 없는 시기입니다."[7]

다시 한번 말하자면, 이것이 성경이 정의하는 유대교-그리스도교 전통입니다. 히브리 예언자 예레미야도 그렇게 썼습니다. "[주께서 말씀하시기를] 나의 백성은 악한 일을 하는 데에는 슬기로우면서도, 선한

---

[7] 《허영의 시장》(Vanity Fair, 1994. 12.). 다윗 왕이 등장하는 성경의 역사에는 이와 관련된 인상적인 병행구가 있습니다. "그러자 다윗이 갓[그의 예언자]에게 대답하였다. '괴롭기가 그지없습니다. 그래도 주님은 자비가 많으신 분이니, 차라리 우리가 주님의 손에 벌을 받겠습니다. 사람의 손에 벌을 받고 싶지는 않습니다'"(삼하 24:14).

일을 할 줄은 모른다. … 만물보다 더 거짓되고 아주 썩은 것은 사람의 마음이니, 누가 그 속을 알 수 있을까?"(렘 4:22, 17:9). 성경의 인간관은 직설적이고 현실적입니다. '포용'을 향한 참되고 지속적인 헌신은 인간 본성에 대한 감상주의에 기초할 수 없습니다. 나쁜 짓을 하지 않는다는 미국의 편협한 견해에도 기초할 수 없습니다. 다른 믿음을 가진 사람이 없으면 온갖 종류의 편향에 빠질 여지가 있는 이데올로기에도 기초할 수 없습니다. 포용을 향한 참되고 지속적인 헌신은 순전히 인간의 상상이 구성해 낸 것보다 훨씬 더 큰 무언가에만 기초할 수 있습니다. 유대교-그리스도교 전통에서, 포용을 향한 참되고 지속적인 헌신을 감당할 수 있는 기초, 그러한 토대, 그러한 반석은 이스라엘의 거룩한 자이신 여호와 하나님의 자비이며 또한 정의입니다.[8] "사람보다 하나님께 판돈을 거는 것이 더 좋습니다."

성서일과에 오늘의 본문으로 정해진 로마서 구절 중에는 확신하건대 성경 전체에서 가장 포용적인 문장이 있습니다. 하지만 사람들은 대부분 그 구절의 존재를 모릅니다. "하나님께서 모든 사람을 순종하지 않는 상태에 가두신 것은 모두에게 자비를 베푸시[려]는 것입니다."

바울은 우리 모두가 하나님 앞에서 똑같은 상황에 있다고 말하고 있습니다. 아무도 다른 누구보다 더 우월하지 않다고 말하고 있습니다. 하나님께서 **모든** 사람을 순종하지 않는 상태에 가두신 것은 **모두**에게 자비를 베푸시[려]는 것입니다. 둘째, 이 구절은 하나님이 우리의 불순종, 죄악됨을 우리와 **싸우는** 일로 만드시지 않고 우리를 **위하는** 일로 만드실 것이라는 말입니다. 우리는 이 말씀 속에 충분히 들어가서, 우리가 참 하나님이 결코 아닌 어떤 것에 대해 이야기 하고 있었다면 그것이 얼마나 쓰라릴 만큼 불가능했을지를 이해할 필요가 있습

---

8 **이스라엘의 거룩한 자**는 이사야가 하나님을 지칭하는 특별한 호칭입니다.

니다. 오로지 하나님만이 인간의 사악함보다 더 크신 분이십니다. 정말로 "사람보다 하나님께 판돈을 거는 것이 더 좋습니다." 이는 "모든 것이 결국 최선을 이룬다"는 말을 다른 식으로 표현한 게 아닙니다. 성경은 결코 그렇게 말하고 있지 않습니다. 로마서 8장 28절이 말하는 바는 "하나님을 사랑하는 자들과 함께 **하나님께서** 모든 것 안에서 선한 일을 하신다"라는 뜻입니다. 선을 산출해 내는 것은 어떤 "것들"이 아닙니다. 어떤 "것들"에도 불구하고, 죄에도 불구하고, 불순종에도 불구하고, 우리 인간들이 다른 사람에게 해 대는 것들에도 불구하고, 최선을 이루어 가시는 분은 하나님입니다.

몇 주 전에 저는 아서 허츠버그와 긴 점심시간을 가졌습니다. 저는 그가 오늘날 영어권 세계에서 유대인을 주제로 글을 쓰는 사람 중 가장 인상적인 작가라고 생각합니다. 그는 저에게 최근 유럽에서 자신이 참석했던 영향력이 큰 종교 간 만남에 대해 이야기했습니다. 참석자들은 모든 종교가 동의할 수 있는 하나의 근본적인 헌신을 찾고자 했습니다. 허츠버그가 제시한 사안이 최종적으로 받아들여졌습니다. 제가 "그게 뭐죠?"라고 묻자 그가 대답했습니다. "힘없는 이의 힘이 되는 것입니다"The defense of the defenseless.[9] 저는 깊은 감동을 받았습니다. 하지만 충격적이기도 했습니다. 제 생각에 이러한 것은 확실히 그리스도인과 유대인의 근간이었습니다. 그러나 힌두교는 어떻습니까? 그들에겐 불가촉천민층이 있지 않습니까? 저는 그렇게 물었습니다. 그러자 그는 망설이다가 수긍하며 그게 문제라고 대답했습니다. 하지만 그들은 진보하고 있다고 말했습니다. 저는 여러분께 여기에 제 개인적인 편견이 나타나 있음을 고백합니다. 저는 힘없는 이들의 힘이 되는 것이 굉장히 유대교-그리스도교적인 것이라고 믿습니다. 이 유대

---

9   바로 그날(1996년 8월 18일), 《뉴욕 타임스》 1면에 사회적 약자를 향한 하나님의 특별한 관심을 다루는 기사에 아서 허츠버그가 인용되었습니다.

교-그리스도교적인 것은 다른 모든 이들에게 영향을 미쳐 왔습니다. 그들이 영향을 받았다는 사실조차 모른 채 말이죠.

랍비 허츠버그와 제가 67번가에서 헤어지면서 저는 이렇게 말했습니다. "아시다시피, 그 말이 정말 중요한 이유는 궁극적으로 그게 모든 사람을 포용하는 말이기 때문입니다. 형세는 언제든 변할 수 있습니다. 힘 있는 부자도 언제든 힘없고 약한 사람이 될 수 있습니다." 그는 그렇다고 동의했습니다. 바로 그 시간에도 끔찍한 병을 무력하게 견딜 수밖에 없었던 자기 동생에 대한 깊은 연민을 담아 말했습니다.

하지만 왜 힘없는 자의 힘이 되는 것이 유대교-그리스도교 전통의 핵심입니까? 그저 인류의 괜찮은 종교적 발상은 아닐까요? 대답은 '아니요'입니다. 바로 그것이 하나님의 본성이기 때문에 전통의 핵심입니다. 그것은 유대교의 핵심인데, 왜냐하면 하나님께서 궁핍한 그들을 돌보셨고 이를 명하셨기 때문입니다. 우리는 세속적인 유대인 사이에서도 박애와 봉사를 강조하는 모습 가운데 이 전통의 힘이 여전함을 발견합니다. 하지만 이제 더 중요한 부분입니다. 힘없는 자들의 힘이 되는 것은 그리스도교의 핵심입니다. 왜냐하면 모든 인간 역사의 가장 중심에 있는 사건, 그러니까 하나님의 아들이 이 세상을 구원하시기 위해, 심지어 경건치 않은 사람들을 위해, **스스로 힘없는 자가 되셨기** 때문입니다.

바울은 자신의 메시지에 있는 위엄과 두려움과, 또 말할 수 없는 기쁨을 가능한 분명하게 보여 주기 위해서, 자기 자신을 포함하여 모든 인류를 하나님의 심판대 앞에 소환합니다. "우리는 모두 다 하나님의 심판대 앞에 서게 될 것입니다"(14:10). 하나님은 포용하시기 전에 배제하십니다. 새로운 피조물 안에는 하나님의 사랑의 목적을 방해할 만한 어떤 것도 들어설 자리가 없습니다. 하나님께서 그러한 것들을 배제하실 것입니다. 그런 까닭에 하나님께서는 모든 인간 존재를 불순종의 결과에 내버려 두셨습니다. 이것이 바로 "하나님께서 사람들을 …에 내버려 두셨다"가 세 번 반복되는 로마서 1장 18절에서 3장 20절의 메시지입니다. 심판의 날에, 우리 모두는 자신을 지켜 낼 수 없는 힘없는 자가 될 것입니다. 그날에는 수임료가 높은 변호사를 모셔올 수도 없습니다. 그들도 모두 기소 대상이기 때문입니다. 그날에는 단 한 명의 변호사만 있을 것입니다. 그 마지막 날에는 사람에게 판돈을 거는 것보다 하나님께 거는 것이 더 좋다는 것을 알게 될 것입니다. 그날에는 변호사와 판사가 한 분이며, 같은 분이기 때문입니다.

하나님께서 택하신 사람들을, 누가 감히 고발하겠습니까? 의롭다 하시는 분이 하나님이신데, 누가 감히 그들을 정죄하겠습니까? 그리스도 예수는 죽으셨지만 오히려 살아나셔서 하나님의 오른쪽에 계시며, 우리를 위하여 대신 간구하여 주십니다[우리를 위해 변호해 주십니다](8:33-34).

그러므로 그리스도 예수 안에 있는 사람들은 정죄를 받지 않습니다(8:1).

하나님께서 모든 사람을 순종하지 않는 상태에 가두신 것은 모두—**우리 모두**—에게 자비를 베푸시려는 것입니다(11:32).

아멘.

하나님의 우주적 포용 계획

> 이스라엘의 허물[유대인의 불신]이 세상의 부요함이 되고, 이스
> 라엘의 실패가 이방 사람의 부요함이 되었다면, 이스라엘 전체
> 가 포용될 때에는, 그 복이 얼마나 더 엄청나겠습니까?
>
> 로마서 11:12

예수 그리스도와 별개로 구원이 가능한지 여부에 대한 미국 개혁교회 내의 맹렬한 논쟁을 다룬 기사가 목요일자 《뉴욕 타임스》 1면에 실렸습니다.[1] 저는 너무 놀랐습니다. 여러분들도 놀라실 것 같습니다. 이 주제는 정확히 여기 세인트존스교회에서 이번 달에 하고 있는 연속 설교의 주제입니다. 우리는 로마서를 읽고 있고, 그 중심부(9-11장)에는 불신에 대한 숨 막히는 논의가 있습니다. 특히 대부분의 1세기 유대인들이 그리스도를 이스라엘의 메시아로 믿기를 거부하면서 바울이 느끼는 괴로움과 관련되어 있습니다.

오늘날 수많은 미국인이 그러한 논쟁으로 혼란스러워합니다. 예수 그리스도에 대한 유일무이한 주장들이 거의 관심을 끌지 못할 만큼 그리스도교는 대부분의 사람의 삶에서 너무 밋밋해졌습니다. 주변부

---

1 "Christian Split: Can Nonbelievers Be Saved?" by Gustav Niebuhr, *The New York Times* (1996. 8. 22.).

로 밀려났습니다. 교회에 나가는 사람들마저 이런 초연한 감정을 지니고 있습니다. 저는 이런 모습이 잘 이해되지 않습니다. 우리가 주 예수를 알게 되면, 우리의 구원을 위해서 십자가에서 죽으셨다는 것을 알게 되면, 우리의 영생을 위해 부활하셨다는 것을 알게 되면, 거기에 견줄 만한 것은 아무것도 없습니다. "본디오 빌라도 치하에서 십자가에 못 박혀"라고 말하는 신경은 그 어디에도 없습니다. 빈 무덤은 다른 어디에도 없습니다. 바울은 온갖 종교적 추구 방식이 있었다고 썼습니다. "유대인은 기적을 요구하고, 그리스인은 지혜를 찾습니다. **그러나 우리는 십자가에 달리신 그리스도를 전합니다**"(고전 1:22-23).

"우리는 십자가에 달리신 그리스도를 전합니다." 어떤 성직자 한 분이 《타임》 기자에게 말했듯이, 사람들은 마호메트, 붓다, 조셉 스미스(몰몬경을 받아서 번역한 사람)를 예수님과 같은 방식으로 전하지 않습니다. 그리스도교와 다양한 세계의 종교들 사이에는 질적인 차이가 있습니다. "하나님께서는 그분의 안에 **하나님의 모든 충만함을** 머무르게 하시기를 기뻐하신다"(골 1:19)라고 말할 대상은 오직 한 분이십니다. 최근 예수님에 대한 비난이 빗발치고 있습니다. 그럼에도 예수님의 유일성은 그대로입니다. 신약성경이 선포하는 예수님의 우주적 중요성은 영원히 그 자리에 있을 것입니다. 독생자 안에 나타난 하나님의 계시는 모든 시간, 모든 장소에서, 모든 사람을 위한 것입니다. 인류의 전 역사에서 단 하나의 죽음만이 온 세계를 구할 능력이 있습니다.

로마서 9-11장에서 사도 바울은 그리스도인과 유대인에 대해 논하는데, 일부는 이러한 타종교 문제와 관련 있고 일부는 관련이 없습니다. 예수 그리스도를 메시아로, 하나님의 아들로 믿지 않는 사람들을 다룬다는 의미에서, 이 본문은 타종교와 직접적으로 관련됩니다. 하지만 또 다른 의미에서 이 본문은 구체적으로 하나님이 선택하신 백성인 유대인을 다루는 본문입니다. 유대인은 그리스도인에게 항상 특별한 중요성이 있습니다. 유대인의 신앙과 정체성을 단순히 "세계의 위대한 종교 중 하나로" 볼 수는 없습니다. 바울은 11장에서 감람나무 이미지를 사용합니다. 그는 유대인이 우리 이방인을 접붙임 하기 위한 뿌리 내지 몸통이라고 말합니다. 경작되지 않은 가지인 우리 이방인은 하나님의 순전한 자비로 저 뿌리에 접붙임 받았습니다.

> 그대가 본래의 돌감람나무에서 잘려서, 그 본성을 거슬러 참감람나무에 접붙임을 받았다면, 본래 붙어 있던 이 가지들[유대인들]이 제 나무에 다시 접붙임을 받는 것이야 얼마나 더 쉬운 일이겠습니까(11:24). 그러니 교만한 마음을 품지 말고, 도리어 두려워하십시오(11:20).

여기서 바울은 하나님이 경건치 않은 이방인들을 종교 경계 바깥에서 안으로 들이셨다고 논증합니다. 오직 하나님만 그렇게 하실 수 있습니다. 오직 하나님만 **"나를 찾지 않는 사람들**을 내가 만나주었고, **나를 구하지 않는 사람들**에게 내가 나타났다"(10:20)라고 말씀하실 수 있습니다. 다시 말해, 오직 하나님만이 신앙이 없는 곳에 신앙을 창조하실 수 있습니다. 이것이 로마서 전반에 걸쳐 바울이 나타내고 있는 주제입니다.

《타임》의 기사는 요한복음에 나온 예수님의 말씀이 구원에 대한 논란의 핵심이라고 말하고 있습니다. "나는 길이요, 진리요, 생명이다. 나를 거치지 않고서는, 아무도 아버지께로 갈 사람이 없다"(요 14:6). 이 구절은 장례식장에서 흔히 읽는 본문에 나오는 구절입니다. 사람들의 기분을 상하게 할까 봐 이 구절을 빼고 읽는 것을 종종 봅니다. 예수님의 기분을 상하게 하는 사람들은 늘 있습니다. 성경은 예수님을 "걸림돌"이라고 부릅니다. 바울은 다음과 같이 이사야서에서 두 구절을 가져다가 합쳐 놓습니다.

> [주께서 말씀하시기를] 보아라, 내가 시온에 사람들이 걸려 넘어질 걸
> 림돌과 떨어져 부딪힐 바위를 둔다(9:33).

많은 이가 그리스도를 믿는 신앙의 핵심에 이를 때 마음이 상할 것
입니다. 바울이 "그들은 걸림돌에 걸려 넘어진 것입니다"라고 말한
것처럼 말이죠. 그러나 바울은 유대인과 관련하여 다음과 같이 이야
기를 이어갑니다.

> 그러면 제가 묻습니다. 이스라엘이 걸려 넘어져서 완전히 쓰러져 망
> 하게끔 되었습니까? 그럴 수 없습니다! 그들의 허물[그들의 불신] 때
> 문에 구원이 이방 사람에게 이르렀는데, 이것은 이스라엘에게 질투
> 하는 마음이 일어나게 하려는 것입니다. 이스라엘의 허물이 세상의
> 부요함이 되었다면, 이스라엘의 실패가 이방 사람의 부요함이 되었
> 다면, 이스라엘 **전체가 포용**될 때에는 그 복이 얼마나 더 엄청나겠
> 습니까?(11:11-12)

구원에 관한 논쟁의 맥락에서 아주 도발적인 부분은 이 문구, 곧 **전
체의 포용**-full inclusion입니다. 바울이 **전체의 포용**이라는 말로 의미하고
자 하는 바는 무엇인가요? 바울이 "온 이스라엘이 구원을 받게 되리
라"(11:26)라고 말했을 때, 무엇을 의미하고자 한 것일까요? 바울은
"하나님께서 **모든** 사람을 순종하지 않는 상태에 가두신 것은 **모두**에
게 자비를 베푸시려는 것입니다"(11:32)라고 썼는데, 이게 무슨 말인
가요?

우리가 확신할 수 있는 것이 하나 있습니다. 바울은 우리가 어쨌든

모두 구원받을 테니 예수를 믿건 안 믿건 문제되지 않는다고 말하고 있는 게 아닙니다. 바울은 예수를 믿든 말든 문제되지 않는다는 말을 하려고, 고난당하고, 파선하고, 두들겨 맞고, 옥에 갇히고, 죽음의 위협을 무릅쓰며, 지중해 세계를 여행하고 결국 처형까지 당한 것이 아닙니다. 그 반대입니다. 바울은 (빌립보인들에게) 이렇게 썼습니다.

> 하나님께서는 … 모든 이름 위에 뛰어난 이름을 그에게 주셨습니다. 그리하여 … 모든 것들이 예수의 이름 앞에 무릎을 꿇고, 모두가 예수 그리스도는 주님이시라고 고백하여(빌 2:9-11).

마태복음 25장이 그리고 있는 마지막 심판의 때가 올 것입니다. 이제까지 살았던 모든 사람이 예수를 주님으로 인정할 날이 올 것입니다. 이 말이 모든 개개인의 구원을 의미하는지는 우리가 말할 수 없습니다. 사복음서에 기록된 여러 말씀을 고려해 볼 때, 우리는 그렇게 생각할 수 없습니다. 바울이 사용한 **모두**라는 말의 완전한 의미는 오직 하나님 안에 남겨져 있습니다. 특히 우리는 유대인을 향한 주님의 온전한 계획이 무엇인지 알 수 없습니다. 그러나 우리는 바울이 로마서 9장 4-5절에서 분명하게 말하고 있는 만큼 그것을 알 수 있고, 또 바울이 말한 만큼 계속해서 확언해야 합니다.

> 그들에게는 하나님의 자녀로서의 신분이 있고, 하나님을 모시는 영광이 있고, 하나님과 맺은 언약들이 있고, 율법, 예배, 약속들이 있습니다. 족장들은 그들의 조상이요, 그리스도도 육신으로는 그들에게서 태어나셨습니다. 그는 만물 위에 계시며 영원토록 찬송을 받으실 하나님이십니다. 아멘.

우리는 설교와 가르침을 통해서 로마서 9-11장이 보여 주는 어마어마한 비전의 풍요로움과 깊이를 그저 암시적으로 내비칠 수 있을 뿐입니다. 하지만 우리가 이 구절들 속으로 정직하게 들어가고자 한다면, 적어도 다음과 같은 정도는 인정할 수 있습니다.

- 우주적 구원에 대한 바울의 비전은 "배제를 포함하고 있다." 즉 그것은 심판을 포함한다. 그것은 하나님의 뜻과 통치에 반하는 모든 것에 대한 마지막, 최종적인 거부를 포함한다. 이런 의미에서 전체 세계와 전체 인류는 하나님께 심판받을 것이다.
- 로마서 11장 마지막에 있는 하나님의 우주적 승리에 대한 바울의 비전은 이기고 자랑하는 심판 및 정죄에 대한 비전이 아니라 이기고 자랑하는 긍휼에 관한 비전이다. 그것은 궁극적인 불순종과 불신에 대한 비전이 아니라, 궁극적인 은혜와 믿음에 대한 비전이다—유대인들은 저 궁극적 목적에 없어서는 안 될 선행하는 일원이다.
- 하나님의 목적의 최종 승리에 대한 바울의 비전은 예수님의 말씀처럼 "먼저 된 자로서 나중 되고, 나중 된 자로서 먼저 될 자가 많다" (막 10:31)는 점을 강조하고 있다.
- 하나님의 목적의 승리에 대한 바울의 비전은 아무도, 그 무엇도 하나님의 궁극적인 뜻에 저항할 수 없다는 점을 분명히 한다(9:19-24). 따라서 하나님께서 원하시면 믿지 않으려는 인간의 의지를 꺾고 이기실 수도 있음이 분명하다.[2]

---

2 *The Sermon-Conferences of St. Thomas Aquinas on the Apostles' Creed* (Eugene, OR: Wipf & Stock, 1988; 원래 University of Notre Dame Press에서 출간)의 편집자 니콜라스 R. 에이요(C.S.C.)는 세례받지 않은 아이들과 믿지 않는 어른들의 운명을 다룸에 있어 토마스 아퀴나스가 마주한 어려움에 대해 논합니다. 에이요는 "중세에는 불신자를 어떻게 다루어야 할지를 그저 알지 못했다"라고 썼습니다. 형용하여 말하자면 두 손을 들었다고 할 수 있습니다. 우리는 여기서, 중세에도 몰랐고 우리 시대에도 모르는 것을 하

- 바울의 비전은 그리스도 없이 구원받는 사람은 없다는 것입니다. 그들이 정확히 어떻게 예수께로 이끌리게 될지는 지금 우리에게 감추어진 하나님의 계획이지만, 그러나 **모든 사람**이 예수를 주로 인정하게 될 것입니다. 모든 무릎이 예수께 무릎 꿇을 것입니다. 모든 혀가 예수님을 고백할 것입니다.

바울은 이것들에 대해 거만하게 말하거나, 강제적인 혹은 제국주의적인 방식으로 말하고 있지 않습니다. 우리가 마지막에 보겠지만, 바울은 겸손하게, 놀람과 두려움으로 말하고 있습니다. "우리의 범죄 때문에 죽임을 당하셨고, 우리를 의롭게 하시려고 살아나신"(4:25) 분이 지불하신 대가를 충분히 생각하며 말하고 있습니다.

제가 여러분과 이 교구에서 함께한 지 아직 두 달도 안 되었습니다. 여러분과 저는 함께 저 목표를 향해 나아가고 있지만, 아직 서로를 잘 알지 못합니다. 우리가 서로에 대해 아직 발견하지 못한 것이 많이 있습니다. 여러분이 저에 대해 알았으면 하는 것들이 조금 있습니다. 주예수 그리스도를 믿는 저의 믿음은 때때로 힘에 부치는 시험이 있었지만 거의 59년을 견뎌 왔습니다. 저는 모든 종교가 동일한 진리를 가르친다고 믿기 때문에 사제로 안수받은 것이 아닙니다. 여기 강단에 서서 모든 길이 동일한 곳으로 이어진다는 말을 하려고 제 주말을 포기한 것도 아닙니다. 예수 그리스도는 여러 종교 중 하나의 선택지라고, 여러 파이 조각 사이에 있는 한 조각이라고[3] 설교하려고 제 사생

나님께서는 아신다고 로마서가 선언하고 있다고 말할 수 있습니다. 그뿐만 아니라 불신자들도 하나님의 목적 안에 있다고 로마서가 선언한다고 말할 수 있습니다. 에이요가 인정하듯이, 토마스의 논리는 "모든 사람을 구원하기 원하시는 하나님의 한없는 풍요로움"을 충분히 고려하고 있지 않습니다.

3 이러한 파이 조각 이미지는 구스타프 니버의 기사에 인용된 어느 성직자가 사용한 표현입니다. 그리스도 안에서 하나님의 계시가 완성되었다는 신약성경과 교회 교부들의 일관

활을 버리고 사역자에게 요구되는 생활로 들어선 게 아닙니다. 한 번의 설교로, 아니 여러 번 설교 하더라도 우리 하나님의 위대하심과 그리스도 복음의 유일함에 대해 어떤 암시를 내비치는 것 이상의 무언가를 전달할 수는 없습니다. 하지만 제가 이해의 출발점을 만들어 드릴 수 있도록 허락해 주시기를 기도하고 소망합니다.

오직 그리스도인의 복음만이 "경건치 못한 사람에 대한 의롭다 하심"(4:5)을 말하고 있습니다. 우리 하나님은 다들 구원받을 수 없다고 생각하는 사람을 구원하실 수 있습니다. 경건한 유대인이 모두 그리스도를 즉각적으로 믿었다고 한번 가정해 봅시다. 너무 당연해 보였을 것입니다! 쉽게 예측할 수 있는 일이었을 것입니다! 하지만 그 대신, 구원은 하나님의 자유임을 보이시기 위해, 그리고 믿음과 구원이 인간의 도덕적, 종교적, 영적 성취에 기초한다고 생각할 만한 모든 가능성을 제거하시기 위해 **경건치 않은** 수많은 사람(그건 바로 여러분과 저, 이방인들입니다)을 부르셨습니다. 하나님은 믿지 않는 사람을 믿는 사람으로 만드실 수 있습니다. 그렇지 않다면 저와 여러분은 이 자리에 있지 않았을 것입니다. 그것은 시작부터 끝까지 모두 하나님의 일입니다. "그러니 교만한 마음을 품지 마시고 도리어 두려워하십시오"라고 바울은 말합니다. 여러분의 신앙과 제 신앙은 하나님이 주신 선물이지, 자신이 이룬 성취가 아닙니다. 우리가 다른 사람들보다 더 우월감을 느끼는 데 사용할 수 있는 것이 아닙니다—특히 유대인이 이룬 것이 아닙니다.

어제는 제가 이 공동체에 온 후 처음으로 장례가 있었습니다. 그리스도교 사역자에게 장례식보다 더 큰 시험은 없습니다. 우리는 무덤 언저리에 서 있을 때 회중에게 무엇을 전합니까? 우리는 주 예수 그

된 주장에 비추어 볼 때, 어떻게 저 말이 맞다고 할 수 있겠습니까?

리스도에 대한 소식에서 뒤로 물러나고 있습니까? 우리는 죽음 이후의 삶에 대한 희망적인 생각에 기초해서 애매한 종교적 위안을 제공하고 있습니까? 우리는 그리스도 중심적인 사도 바울의 메시지에서 바울이 "그 무엇도 하나님의 사랑에서 끊을 수 없습니다"(8:38-39)라고 말한 부분만 떼어 내지는 않습니까? 그러니까 포괄적인 의미의 신, 즉 당신도 당신의 신이 있고 나도 나의 신이 있다는 듯이 신의 사랑을 이야기하고 있지 않습니까? 우리가 주 예수 그리스도에 관한 유일한 주장에서 뒤로 물러나고 있다면, 우리가 포기하고 있는 것들이 무엇인지도 분명히 해야 합니다. 우리가 귀 기울이는 '더 종교적인' 아니면 '더 영적인' 소리마저도 무색케 하는, 세상이 모르는 참으로 가장 급진적인 메시지의 정수를 로마서를 통해 우리가 듣고 있다는 사실을 대부분의 사람이 모르고 있습니다. 세상의 종교 전통 어디에도 성육신, 십자가, 부활과 같은 것이 없습니다. 누군가 그리스도를 거절하는 방식은 바울의 이해를 넘어섰듯이 완전히 제 이해를 넘어서는 일입니다. 바울은 로마서 9-11장에서 불신에 관한 이 난제를 곰곰이 생각했습니다. 그는 일종의 환희ecstasy로 이 부분을 마칩니다. 그 구절은 [성서 일과에 따라] 이 주일 아침에 읽도록 정해진 구절입니다. 사도의 모든 사색을 요약하고 있습니다. 바울은 유대인과 이방인이 똑같이 주님 앞에 서서 결정적이고 최종적인 긍휼을 받는 모습을 봅니다. 그때 온 세계가 하나님의 구원 계획의 마지막 일을 보게끔 부르시는 하나님을 봅니다. 바울은 하나님께서 그에게 보여 주신 그림에 너무 압도돼서, 편지 형식에서 완전히 벗어나 송영으로, 찬미의 노래로 이 부분을 마무리합니다.

신문 기사는 항상 잘못된 단어를 사용합니다. 기자들은 항상 "개종시키다"라는 표현을 씁니다. 그건 완전히 틀린 표현입니다. 우리가 하는 건 '개종시키는' 일이 아닙니다. 우리는 '**복음 전하는**'evangelizing 일을 할 뿐입니다. Evangel은 그리스어로 **좋은 소식**을 의미합니다. 좋은 소식이 있는데 혼자만 가지고 있는 사람은 이기적인 사람입니다. 아니, 그건 사실 불가능합니다. 그리스도교의 역할을 증언하는 일입니다. 다른 사람들이 그리스도를 믿게 될지 여부는 하나님께 달려 있습니다. 그러나 저 소식을 들고 나가게끔 만드는 원동력, 이를 나누게끔 하고 증거하게끔 하는 원동력은 그리스도교의 특성 깊숙한 곳에 자리하고 있습니다. 너무 깊이 들어가 있어서 믿음 자체를 파괴하지 않는 이상 사라지지 않습니다. 이는 우리가 이야기하고 있는 하나님의 독생자입니다. 이는 잃어버린 세계 전체를 하나님께 돌아오게 하시는 하나님의 행동입니다. 우리가 이에 대해 결코 침묵하지 않기를 기도합니다. 바울은 유대인에 관한 이 엄청난 구절의 마지막에서 그저 찬양 모드로 넘어갑니다. 찬양이야말로 최고의 증거 방식입니다. 이 설교를 마치면서 이 구절을 나의 찬송으로, 여러분의 찬송으로 함께 찬양드리시겠습니까?

오! 하나님의 풍요와 지혜와 지식은 심오합니다. 누가 그분의 판단을 헤아릴 수 있으며, 누가 그분이 하시는 일을 이해할 수 있겠습니까? "누가 주님의 마음을 알았으며, 누가 주님의 조언자가 되었습니까?" "누가 먼저 무엇을 드렸기에 주님의 답례를 바라겠습니까?" 모든 것은 그분에게서 나오고, 그분으로 말미암고, 그분을 위하여 있습니다. 영원토록 그분께 영광이 있기를! 아멘(11:33-36).

아멘.

로마서 9-16장 설교

좋은 소식을 정확하게 인용하기

로마서 9:30-33; 10:3-4

사람들은 예전에 했던 방식으로 성경을 인용하지 않습니다. 예전에는 킹제임스성경의 언어가 사람들의 생활에 스며 있었습니다. 고등교육을 받은 사람부터 교육을 받지 않은 사람까지 모든 사람의 언어에 킹제임스성경이 한 부분을 차지했습니다. 요즘에는 사람들이 성경을 인용할 때 종종 잘못 인용합니다. 이는 불행한 결과들을 낳습니다. 몇 가지 예를 살펴보겠습니다. 성 바울이 빌립보 교회에 보낸 편지의 어떤 구절을 놓고 실제 있었던 일입니다.

작년에 저는 도시 밖으로 설교 여행을 다니고 있었는데, 그때 어느 큰 성공회 교구의 저녁 기도회에 참석했습니다. 평신도가 인도하는 예배였습니다. 어느 날 저녁 어떤 분이 매우 재밌는 실수를 했습니다. 나이가 많으신 여성분이었는데, 성서일과를 읽기 위해 앞으로 나왔습니다. 그녀는 올바르고 단정한 환경에서 태어나고 자란 전형적인 와스프 같아 보였습니다. 저녁 일과는 빌립보서 2장의 한 부분이었고, 그녀는 일과를 봉독했습니다. 그런데 12절에 이르자 아주 엄숙한 목소리로 읽기 시작했습니다. "두렵고 떨리는 마음으로 자기의 구원을 이루어 나가십시오…" 그러더니 멈췄습니다. 그다음 구절의 위치가 어디인지 못 찾겠다는 듯이 읽기를 멈춘 것은 아니었습니다. 마침표가 아니라 쉼표에서, 의도적으로 강조하려고 완전히 멈춘 것이었습니다. 만일 그녀가 우리를 향해 검지를 좌우로 흔들었다면, 우리에게 무언가 명령하고 있었다는 게 완전 확실했을 겁니다. 그녀는 이렇게 말하는 듯했습니다. "나는 **내** 구원을 이루어 왔습니다. 여러분들도 **자신의** 구원을 이루어 가십시오. 두렵고 떨리는 마음으로 이루어야 합니다!" 너무 진지하지만 않았다면 재밌을 뻔했습니다.

예배가 끝난 후 저는 슬그머니 앞쪽으로 가서 강대상용 대형 성경책을 슬쩍 확인해 봤습니다. 저는 뭔가 표시가 잘못되어 있는 게 아닐까 생각했습니다. 그런데 그렇지 않았습니다. "3절에서 13절까지"라고 적혀 있는 자그마한 노란 포스트잇 하나가 붙어 있었습니다. 그뿐만 아니라 하나님께서도 증인이시거니와 그 포스트잇은 정확히 문장 **끝**에, 그러니까 봉독자께서 엄격·근엄·진지한 목소리로 생략하신 단어들 **밑**에 정확하게 붙어 있었습니다. 바울이 쓴 완전한 문장은 다음과 같습니다.

> 두렵고 떨리는 마음으로 자기의 구원을 이루어 나가십시오. 하나님은 여러분이 하나님을 기쁘게 해 드릴 것을 바라고 행하도록[또는 이루도록] 여러분 안에서 이루고 계십니다(빌 2:12-13).

그러니까 그 여성분은 바울 서신 최고의 구절 중 하나를 최악의 구절로 바꾼 것입니다. 그녀는 자기 바로 앞에 좋은 소식을 두고 있었는데, 그 좋은 소식을 가져다 나쁜 소식으로 바꿨습니다. 그녀는 그리스도교 복음('좋은 소식')의 아름다운 메시지를 우리에게 가져다주지 않고, 그 대신 우리에게 "조신하게 행동하세요!"라고 말하고 있었던 것입니다.

제가 그 여성분과 사교 모임에서 만났으면 분명 친구가 되었을 것입니다. 그 여성분과 저는 나이도 비슷하고, 옷 스타일도 비슷했고, 둘 다 교회를 사랑합니다. 그리고 예배에서 성경 읽는 일을 좋아하고, 도덕적인 것에 대해서도 많은 부분 서로 비슷한 생각을 가지고 있을 것 같습니다. 실제로 제가 살면서 많이 노력했던 것 하나는 "조신하게 행동하세요!"라고 말하고 싶은 제 개인적인 성향을 제쳐 두는 것입니다. "조신하게 행동하세요!"라는 말이 어울릴 만한 상황도 분명 있습니다만, 그것이 복음은 아닙니다. 그것은 좋은 소식이 아닙니다.

우리는 잘 알려져 있는 잘못된 성경 인용구를 살펴보고 있습니다. 여기에 두 번째 예가 있습니다. "하나님은 스스로 돕는 자를 돕는다" God helps those who help themselves 라는 말씀입니다. 저 말이 성경 어떤 책에 들어 있습니까?

교회에 다니는 정말 많은 수의 사람이 저 말을 성경 말씀으로 생각하고 있습니다. 다양한 설문 조사에 계속해서 그런 응답이 나오고 있습니다. 사람들은 자꾸 저 말을 성경인 것처럼 인용합니다. 저 말을 인용하려는 의도는 거의 늘 비슷한데, 저 말을 인용하고 있는 자신과 충분히 노력하지 않은 다른 사람을 미묘하게 구별하려는 것입니다. 가끔 대놓고 구별하기도 합니다. 예를 들어보겠습니다. 저는 최근 어려움을 겪고 있는 규모가 굉장히 작은 어느 성공회 교회에서 활동하는 평신도 분과 이야기를 나누었습니다. 그는 자신이 속한 교회가 침체에서 회복될 수 있을지 궁금해했습니다. 그는 시원찮은 사람들이 교회를 운영하고 있다고 말했습니다. 그 사람들은 분명 좋은 사람들이었지만, 무능했(다고 그가 넌지시 내비쳤)습니다. 그가 말하기를, 마땅히 교회를 운영해야 하는 사람은 그와 어울려 지내는 무리였습니다. 그들은 교회의 기금을 마련한 사람들이었습니다. 그가 보기에 다른 사람들은 확실히 자질이 부족한데, 왜냐하면 그와 그의 친구들만큼 성공하지 못했기 때문입니다. 때마침 스스로 돕는 자에 관한 격언을 벤저민 프랭클린의 《가난한 리처드의 달력》Poor Richard's Almanac에서 보았습니다. 여러분은 저 말을 위대한 미국의 복음이라 부를지도 모릅니다. 그러나 그리스도교의 복음은 저 말과 정반대입니다. 바울은 로마인들에게 보낸 편지에서 "우리가 아직 **연약할**helpless 때에, 그리스도께서는 경건하지 않은 사람을 위하여 죽으셨습니다"(5:6)라고 씁니다.

복음을 이런 식으로 오해하는 것은 굉장히 미국적인 것이긴 하지만, 그렇다고 딱히 새로운 것도 아닙니다. 바울 역시 동일한 문제를 자신의 회중에게서 발견했습니다. 로마서 9장과 10장에서, 바울은 자구책 자기 계발, self-help에 계속 눈을 두는 교회 사람들에 대해 쓰고 있습니다.

> 의를 추구하지 않은 이방 사람들이 의를 얻었습니다. 그것은 믿음에서 난 의입니다. 그런데 이스라엘은 율법에 기초하여 의를 추구하였지만, 그 율법에 이르지 못하였습니다. 어찌하여 그렇게 되었습니까? 그들은 믿음에 근거하여 의를 추구한 것이 아니라, 마치 의가 행위에 근거한다는 듯이 의를 추구했기 때문입니다. 그들은 걸림돌에 걸려 넘어진 것입니다…(9:30-32).

여기에 우리가 다른 말로 대체해 보아야 하는 두 개념이 있는데, 이는 바울에게 가장 급진적이지만 우선적인 것이기도 합니다. 오늘날 우리는 바울이 구별했던 것과 동일한 방식으로 '이방인'과 '이스라엘'을 구별하지 않습니다. 우리는 이해를 위해서 '이방인'을 '무종교인'이나 '이교도'나 '경건치 않은 사람'과 같은 말로 대체해 볼 필요가 있습니다. 유대인에게 이방인은 외부인이었고 불의한 사람이었고 부정한 사람이었습니다. 오늘날 우리는 이방인이란 단어를 그 행동이나 신념이 우리에게 낯설거나 혐오스러운 사람, 혹은 불쾌한 사람으로 대체할 수 있습니다. 한편 '이스라엘'은 바울의 글에서 정말 심오하고 중요한 무언가를 의미합니다―하나님이 선택하신 백성을 의미합니다. 이스라엘, 그들은 의로운 자입니다. 경건한 공동체입니다. 비꼬려는 의도 없이 말 그대로입니다. 그리고 '이스라엘'은 '우리'와 매우 밀접한 어떤 것을 의미합니다. 우리는 상속자요, 특권을 누릴 만한 사람입니다. 우리는 성공회인이고, 헌신적인 교인이며, 정직한 시민이고, 하나님을 경외하는 백성입니다―우리는 '이스라엘'입니다. '이방인'은 낯선 사람이고, 그야말로 우리가 가진 어떤 의로움의 기준에도 미치지 못하는 사람입니다. 우리는 '이방인'을 우리를 위협하는 강력한 적으로 생각할 수도 있고 아니면 우리가 멸시하는 나약한 사람들, 주변인들로 생각할 수도 있습니다. 하지만 이렇게 생각하든 저렇게 생각하든, 그들은 우리의 종교적 기준에 미치지 못하는 사람입니다. 하지만 바울은 **의를 추구하지 않은 이방 사람들이 의를 얻었다**고 말합니다. 이 진술이 그 당시 얼마나 쇼킹했을지 오늘날 우리가 완전히 짐작해 보기는 어렵습니다. 이 진술은 우리가 경건의 중요성에 대해 믿고 있는 모든 것을 약화시키고 있습니다.

어떻게 이런 상황이 발생했을까요? 이런 외부자들, 이런 영적인 자격이 없는 사람들이 어떻게 의로움을 얻게 되었습니까? 바울은 그들이 **믿음을 통해서** 의로움을 얻었다고 선언합니다.

어째서죠? 신앙을 통해서? 그게 다인가요? 어떻게 그렇게 될 수 있죠? 바울, 당신은 종교인들이 거룩하고 의로운 삶을 살고자 분투하는 것이 소용없다고 말하고 있는 건가요? 당신은 탈세자들과 창녀들이 선한 사람들과 경건한 사람들을 앞질러 천국에 들어갈 거라고 말하고 있는 건가요? 네, 바울은 그렇게 말하는 **중입니다**. 하지만 누가 먼저 그 말을 했을까요? 예수께서 먼저 그렇게 말씀하셨습니다(마 21:31). 예수님은 누구에게 저 말씀을 하셨습니까? 대제사장들과 장로들에게 하셨습니다. 가장 저명하고, 가장 탁월하고, 가장 존경받는 사람들에게 말씀하셨습니다. 즉, 대주교에게, 대성당의 참사회와 주임사제에게 말씀하신 것입니다. 이 사람들은 영적 사다리에서 가장 높은 곳에 있는 분들입니다.

예수님의 말씀과 행적은 바울의 글에서 신학적 형태를 띱니다. 이는 오늘날 우리가 가지고 있는 복음서가 기록되기 수십 년 전에 일어난 일입니다. 바울이 예수님의 단순한 가르침을 엉망으로 만들었다는 흔한 오해에 빠지지 마십시오. 오히려 바울은 예수님의 말씀과 행적을 조명하고, 거기에 집중시키고, 거기서 우리가 놓칠 수도 있었던 함축들을 끄집어냅니다.

이스라엘은 율법에 기초하여 의를 추구하였지만, 그 율법에 이르지 못하였습니다. 어찌하여 그렇게 되었습니까? 그들은 믿음에 근거하여 의를 추구한 것이 아니라, 마치 의가 행위에 근거한다는 듯이 의를 추구했기 때문입니다. 그들은 걸림돌에 걸려 넘어진 것입니다….

이는 세리와 창녀에 관한 예수님의 말씀에 대제사장들과 장로들이 반응한 모습을 거의 정확하게 묘사하고 있습니다. 다시 한 번 우리는 이 사람들이 우리라는 것을 상기할 필요가 있습니다. 우리는 '이스라엘'입니다. 우리는 강직한 공동체고, 경건한 집단입니다. 우리는 대제사장 및 장로들과 다르지 않습니다. 우리는 다른 이들에게 "네 자신의 구원을 이루라"고 말합니다. 우리는 "하나님은 스스로 돕는 자를 돕는다"고 말합니다. 종교 공동체의 구성원들은 선한 윤리와 도덕에 기초하여 의를 추구하며 일생을 보냅니다. 하지만 종교 공동체 사람들은 그러한 윤리와 도덕이 자신들 바로 앞에서 성육신으로 성취되자 걸림돌에 걸려 넘어졌습니다. 바울의 말을 다시 인용하겠습니다.

그들은 하나님으로부터 오는 의를 알지 못하고, 자기 자신들의 의를 세우려고 힘씀으로써, 하나님의 의에는 복종하지 않았습니다.

바울이 생각했던 방식을 이해하기 위해서는 약간의 시간과 노력이 필요합니다. 예를 하나 들어 보겠습니다. 바울이 "그들은 하나님의 의에는 복종하지 않았습니다"라고 말할 때, 하나님께서 보이신 어떤 척도나 하나님께서 관리하시는 어떤 시험을 의미한 것이 아닙니다. 바울이 이와 같은 구절에서 '하나님의 의'를 말할 때는 바로 우리 주님을 의미한 것입니다. 예수 그리스도는 하나님의 의로움입니다. 바울은 편지를 시작하며 "하나님의 의가 나타난다"(1:17)라고 말합니다. 그가 의미한 것은 **하나님의 아들이 나타난다**는 사실입니다. 그리스도는 몸소 우리 가운데 거하러 오신 진정한 하나님의 의로움입니다. 하지만 우리는 그에게 복종하지 않았습니다. 우리는 걸림돌에 걸려 넘어졌습니다. 우리가 **우리 자신의 의를 세우려고** 힘썼기 때문이고, 힘쓰고 있기 때문입니다. 그래서 우리가 여러 성경이 주장하는 요지를 계속 놓치고 있는 것입니다.

바울은 계속해서 말합니다.

그리스도는 율법의 마침end이 되셔서 모든 믿는 사람들에게 의가 되어 주십니다.

이 "마침"(텔로스τέλος)이란 단어에는 몇 가지 다양한 의미가 있습니다. 마침은 결론 내지 종결을 의미하기도 하지만, 목표나 달성을 의미하기도 합니다. 예수 그리스도는 종교적인 율법의 마침을 가져오셨습니다. 예수님 자신 안에서 율법을 완성하셨기 때문입니다. 예수님께서 스스로 "모든 의를 이루셨기"(마 3:15) 때문에, 율법은 더 이상 우리가 생각했던 것과 같은 기능을 하지 않습니다. 율법은 더 이상 우리가 다다르기 위해 노력해야 하는 외부의 도덕 표준으로 존재하지 않습니다. 이제 율법은 하나님께서 예수 그리스도 안에서 우리에게 주신 성령의 능력으로 우리 마음에 새겨졌고,[1] 우리 안에 있습니다. 바울은 우리가 이 하나님의 의를 받았다고 선포합니다. 행위로가 아니라 하나님께서 하신 일에 대한 믿음으로 받았습니다.

하지만 우리는 무의식적으로라도 이 기쁜 소식을 취소하기 위해 여전히 바쁘게 일하고 있습니다. 잘못된 인용에 관한 이야기를 하나 더 들려 드리겠습니다. 우연이긴 했지만, 이 아침에 우리가 보고 있는 것을 재밌는 방식으로 정확하게 조명하고 있습니다. 몇 해 전, 저는 대규모 성공회 컨퍼런스에 참석했습니다. 주요 국면들에 한없는 관심이 쏟아졌고, 이를 시작하는 개회예배가 있었습니다. 멋진 디자인에 고급 인쇄로 제작된 예배 순서지를 모두가 받았습니다. 한데 순서지에는 오타가 하나 있었습니다. 철자 검사 프로그램이 잡아낼 수 없는 오타였습니다. 사람의 눈으로만 잡아낼 수 있는 오타였는데 놓친 것이죠—아까 말씀드린 여성분께서 노란 포스트잇을 놓친 것처럼 말입니다. 성찬식 때 하는 유명한 기도문에서 실수한 것입니다. 원래는 "모든 성도^{성인}와 함께 우리가 당신의 영원한 나라의 **기쁨**^{joy}에 들어가게 하소서"라고 하나님께 요청하는 대목인데, 그렇게 되어 있지 않고, "모든 성도^{성인}와 함께 우리가 당신의 영원한 나라의 **과업**^{job}에 들어가게 하소서"라고 인쇄되어 있었습니다.

우리—항상 **기쁨**을 **과업**으로 바꾸고 싶어 하는 우리—와 같지 않습니까! 우리는 왜 그럴까요? 우리는 왜 항상 모든 것을 도덕 수업으로 바꾸고 싶어 할까요? 우리는 왜 **기쁨**을 가져와서 **과업**을 만들려

---

1 고린도후서 3:3-6. 신명기 30:14, 예레미야 24:7, 에스겔 36:26도 보십시오.

406 | 좋은 소식을 정확하게 인용하기

합니까? "자기 **자신의** 구원을 이루어 내십시오!" 우리는 하나님의 은혜라는 복된 소식을 가져와서, 왜 이를 새로운 형태의 법칙으로 왜곡합니까?

저는 우리가 모르기 때문에 그렇게 하고, 불안하기 때문에 그렇게 한다고 생각합니다. 바울은 이렇게 말합니다. **우리는 하나님으로부터 오는 의를 알지 못하여, 자기 자신의 의를 세우려고 힘쓴다.** 우리가 하나님께서 그렇게 하실 것을 신뢰하지 않는 데는 수많은 이유가 있습니다. 우리는 우리가 세운 기준을 내려놓으면 온갖 종류의 사람이 들어올 것이고, 그러면 세상이 더 이상 우리가 바라는 방식으로 존재하지 않을까 봐 두려워합니다. 우리는 사람들을 우리 방식 안에 가두지 않으면, 사람들이 자기 자리에서 나와서 우리를 방해할까 봐 두려워합니다. 더 깊이 들어가서 속마음을 드러내자면, 우리는 계속 철저히 통제되어야 하는 우리 자신의 어두운 면이 드러날까 두려워합니다. 우리가 **다른** 사람들을 두렵고 떨리는 상태에 둘 수 있다면, 사람들은 우리의 어두운 면을 알아채지 못할 수도 있습니다. 저는 자기 자신을 받아들이지 못해서 직원들을 공포에 몰아넣는 어떤 남성을 떠올리고 있습니다. 저는 제단의 꽃이 딱 맞지 않으면, 의욕을 잃는 어떤 여성을 떠올리고 있습니다. 그녀 스스로 모든 것이 올바르게 정돈된 법에 따라 살고 있기 때문입니다. 저는 관용과 포용에 대해 끊임없이 열변을 토하면서도 관료주의적 절차라는 위대한 신에게서 벗어나는 것을 조금도 허용하지 않는 교회 본부의 어떤 사람들을 떠올리고 있습니다. 이런 사람들은 모두 어떻게 **과업**을 수행해야 할지를 알지만, **기쁨**을 보는 눈을 잃은 것이 분명합니다.

제가 이 아침에 무엇보다 전하고 싶은 것은 만일 성 바울이 복음의 기쁨을, 기쁜 소식을 전할 수 없었다면, 그리스도교 교회도 없었을 것이라는 점입니다.

우리는 하나님의 은혜를 수고하여 얻어 낼 수도 없고, 얻어 내려 해서도 안 됩니다. 하나님의 은혜는 세례받을 때 이미 우리에게 내려졌습니다. 여러분이 하나님의 은혜를 얻어 내야 하는 것으로 생각하기를 바라는 사람들은 언제나 많이 있을 것입니다. 다시는 그런 사람들을 믿지 마십시오. 여러분이 노력하더라도 하나님의 은혜를 얻어 낼수 없습니다. 하나님의 은혜는 값없이 주어진 것입니다.《라이언 일병구하기》의 마지막 장면에서 영화는 안 좋은 방향으로 흘러갑니다. 젊은 병사는 자신을 구한 이의 희생을 "얻을 만한" 삶을 살아야 한다는 말을 듣습니다. 죽어가는 톰 행크스는 라이언 일병에게 "이를 얻을 만한 삶을 살라"고 말했고, 라이언 일병은 이를 얻을 만큼 자신이 좋은 사람이었는지를 물으며 여생을 살아가야 했습니다. 예수께서 우리에게 하신 말과는 완전히 다릅니다. 예수님은 우리에게 "이를 얻을 만한 삶을 살라"고 말씀하시지 않았습니다. 예수님은 "내게로 오라. 내가 너희를 쉬게 하겠다"고 말씀하십니다. 예수님은 "하나님은 스스로 돕는 자를 돕는다"고 말씀하지 않으셨습니다. "내가 의인을 부르러 온 것이 아니라 죄인을 부르러 왔다"고 말씀하셨습니다. 십자가에서 죽으시면서 "두렵고 떨림으로 너의 구원을 얻어 내라"고 말씀하지 않으셨습니다. "아버지, 저 사람들을 용서하여 주십시오! 저 사람들은 자기네가 무슨 일을 하는지 알지 못합니다"라고 말씀하셨습니다. 바울의 아름다운 언어를 가지고 "이를 얻을 만한 삶을 살라"라는 식으로 교훈하는 것은 복음을 우스꽝스럽게 모방하는 일입니다.

잠시 어떤 사람에 대해 생각해 봅시다. 이 사람은 자기 교구의 노동자 계층을 너무 무시하는 사람입니다. 우리는 그 같은 이야기를 듣고 충격을 받았습니다. 우리는 "너무 끔찍해! 너무 비그리스도교적이야!"라고 생각합니다. 우리는 여기서 잠깐 멈춰서 '나도 그런 사람인가?'라고 거의 생각하지 않습니다. 무엇이 우리 자신의 냉담한 말과 생각을 되돌아보게끔 만들까요? 무엇이 우리로 하여금 다른 사람에 대한 비판을 멈추게 하고, 그 대신 우리 자신에 대한 변화로 이끌까요?

만일 변화의 동기가 "조신하게 행동하라!"이거나 "이를 얻을 만한 삶을 살라!"라면, 우리를 행동하게 만드는 것은 오직 강박, 죄책, 불안함일 것입니다. 이것이 나쁜 소식과 기쁜 소식의 차이입니다.

바울은 가끔 경주 이미지를 사용했는데, 우리는 이를 잘못 이해하는 경향이 있습니다. 예수께서 결승선에 서서 우리가 비틀 거리며 올 때까지 기다리고 계신 모습을 상상해 봅시다. 경주가 그런 식일까요? 아닙니다! 전혀 그렇지 않습니다. 그리스도께서는 성령을 통하여 이미 우리의 마음속에 자신을 심어 놓으셨습니다. 그분의 능력은 우리가 달리는 **가운데**, 전진하는 **가운데**, 상을 받는 **가운데** 우리와 함께 있습니다. 예수께서는 결코 우리가 어떻게 하는지를 그저 서서 보고 계시지 않습니다. 실로 예수께서는 우리가 가난한 사람들을 돕는 행동**에 현전해** 계시며, 죄인들이 화해하는 **가운데 현전해** 계시며, 중독에서 회복되는 **과정에 현전해** 계시며, 예수님을 찬양하고 성찬 때마다 예수님의 자비를 새롭게 받고자 모인 회중 **가운데 현전해** 계십니다. 예수께서는 하나님이 사랑하시는 자녀들의 미래를 보장하기 위해 우리 안에서 강력하게 역사하고 계십니다.

예수님 자신이 하나님의 의로움**이기** 때문에, 예수께서 죽은 자 가운데서 살아나셨기 때문에, 예수님의 강력한 현전이 우리와 함께하시기 때문에, "두렵고 떨리는 마음으로 자기의 구원을 이루어 나가십시오"라는 말은 완전히 다른 의미를 지닙니다 — "왜냐하면 하나님은 여러분이 하나님을 기쁘게 해 드릴 것을 바라고 이루도록 여러분 안에서 이루고 계시기 때문입니다."

한 번 더 어떤 사람에 대해 생각해 봅시다. 이번에는 우월감에 젖어 있는 성직자입니다. 이 분은 "하나님은 스스로 돕는 자를 돕는다"라고 말할 준비를 갖추고 있습니다. 사나 죽으나 이 사람의 유일한 소망이 무엇이겠습니까? 변화할 수 있는 자기 자신의 능력일까요? 아니면 이 사람을 변화시킬 수 있는 우리 주님의 능력일까요? 여러분의 소망은 무엇입니까? 제 소망은 무엇인가요? 여러분의 소망은 여러분 자신의 의로움입니까? 나 자신의 우월한 미덕인가요? 우주가 우리의 죽음을 향해 입을 벌리는 날이 그 사람에게 올 것입니다. 그날이 저에게도 올 것이고, 우리 모두에게 올 것입니다. 장례식장에서 자주 부르는 유명한 찬송가 가사가 그때에, 저 마지막에 우리에게 정확하게 맞는 말이 될 것입니다.

> 무력한 자의 도움 되시는 주님,
> 나와 함께하소서[2]

아멘.

---

2   헨리 프랜시스 라이테(1793-1847)가 작시한 찬양[새찬송가 481장 1절 마지막 가사 "날 돕는 주여 함께하소서"에 해당합니다. 영어 가사는 "Help of the helpless, O abide with me."].

차별 없는 설교

본문: 로마서 10:5-13

오늘 저는 두 가지 본문을 가지고 왔습니다. 하나는《피플》*People*이라는 잡지의 지면에서 가져온 내용입니다. 이 잡지는 몇 주 전 죄에 관한 여론 조사를 했습니다. 다음은 편집자가 받은 편지입니다.

> 나는 본질상 순례자나 성경에만 적합하고 중요한 고대 종교의 관심사(즉, '죄')가《피플》지면에 등장한 것을 보고 놀랐습니다. 당신은 교회에서 이번 호를 썼습니까? 저에게 "그건 죄야"라는 문구는 몇 년 전에 완전히 속어가 되었습니다. …
>
> 더 중요한 뉴스를 싣지 않으면 당신네 잡지를 불태워 화형에 처할 겁니다.
>
> 주디 D. 맨
> 펜실베이니아 야들리

두 번째 본문은 바울이 로마의 그리스도교 교회에 보낸 편지에서 가져온 것입니다.

지난 10년 동안 그레이스교회에 자주 왔던 사람들은 로마서에 특별함을 느끼지 못하는 태도가 생겼을지 모릅니다. 어쨌든 해마다 로마서를 가르쳐 오지 않았습니까? 시도 때도 없이 로마서 설교를 듣지 않았습니까? 그레이스교회의 갱신이 로마서에서 비롯되었다는 것을 이미 다 알지 않습니까? 오랜 친숙함으로 인해 '급진적 은혜'라는 말을 쉽고 편하게 내뱉을 수 있지 않습니까? 축구 코치가 경기장에 지시하듯이 "로마서 8장!", "로마서 11장 32절", "로마서 5장 8절!"하고 외치고 있지는 않나요?

반면, 여러분 중 새로 오셨거나, 방문자이거나, 아주 오랜만에 교회에 다시 오신 분들은 벌써 속으로, 그레이스교회가 로마서처럼 애매하고 오래된 글을 중점적으로 다룬다면 대부분의 사람에게 이 교회는 굉장히 낯설고 불편한 장소임이 분명하다고 생각하실 수도 있습니다. 그리고 다음에 또 올지 말지 고민될지도 모릅니다. 사람들에게 외부인이 된 듯한 기분을 주는 우리들만의 '집단 내부적' 대화처럼 달갑지 않은 것도 없습니다.

그래서 사순절 첫 주일 본문으로 로마서를 택한 설교자에겐 이중적인 문제가 있습니다. 먼저 너무 익숙해 보이는 문제(우리 중 일부 사람에게 해당하는)—우린 이미 로마서를 알고 있지 않은가?—입니다. 다른 한편으로 종교 자체만큼이나 오래된 내부자와 외부자의 문제가 있습니다.

사실 설교하는 행위 자체가 질문과 문제를 설정합니다. 이제 사람들은 설교와 여타 공적 연설의 차이를 이해하지 못합니다. 저도 어느 지혜로운 교수님이 신학교 수업에서 그 점을 우리에게 입증해 보이기 전까지 몰랐습니다. 많은 사람이 설교를 종교와 관련된 것에서 위안을 받거나, 가르침을 받거나, 영감을 얻는 기회로 생각합니다—그래서 교회 문 앞에서 관습적으로 "설교 좋았어요"라는 말로 인사를 나눕니다. 오늘날에는 오랫동안 어떤 새로운 사고방식으로 살아온 회중만이 — 설교는 인간을 통해 **하나님이 전하시는 복된 소식**이기에 — 하나님의 말씀이 들려지기를 기대하며 앉아 있을 겁니다. 놀랍게도, 이것은 하나님께서 선택하신 소통 방법입니다. 하지만 이는 또한 불쾌감을 주는 사고방식이기도 합니다. 이에 반대하는 수백 가지 불만이 있습니다. 가장 흔한 반대는 "어떻게 감히 하나님의 말씀을 말하고 있다고 할 수 있지?" 하는 것입니다. 다른 식으로 표현하자면, "어떻게 사람이 교만하게 자신을 하나님의 대변자로 생각할 수 있겠는가?" 하고 묻습니다. 어떻게 그럴 수 있을까요? 이건 정말 좋은 질문입니다. 설교의 타당성 또는 부당성은 이러한 쟁점에 달려 있습니다. 만일 설교자가 '중요한 소식'을 설교하고 있지 않다면, 우리 설교자들은 주디 맨 식의 화형에 처해져야 합니다.

그렇습니다. 우리 중 어떤 이는 처음부터 로마서를 계속 경험해 왔고, 어떤 이는 로마서에 대해 들어 본 적 없고, 상당수는 이 둘 사이 어딘가에 위치할 것입니다. 오늘 봉독한 본문 중 일부를 다시 들어 봅시다.

모세는 율법에 근거한 의를 두고 기록하기를 "율법을 행한 사람은 그것으로 살 것이다" 하였습니다[레 18:5]. 그러나 믿음에 근거한 의를 두고는, 이렇게 말합니다. "너는 마음속으로 '누가 하늘에 올라갈 것이냐' 하고 말하지 말아라(그것은 그리스도를 끌어내리는 것입니다). 또 '누가 지옥에 내려갈 것이냐' 하고 말하지도 말아라(그것은 그리스도를 죽은 사람들 가운데서 끌어올리는 것입니다)." 그러면 그것은[믿음에 근거한 의는] 무엇을 뜻합니까? "하나님의 말씀은 네게 가까이 있다[신 30:11-14]. 네 입에 있고, 네 마음에 있다" 하는 말씀이 있습니다(이것은 우리가 전파하는 믿음의 말씀을 가리켜 하신 말씀입니다). 왜냐하면 당신이 만일 예수는 주님이라고 입으로 고백하고, 하나님께서 그를 죽은 사람들 가운데서 살리신 것을 마음으로 믿으면 구원을 얻을 것이기 때문입니다. …

유대 사람이나, 그리스 사람이나, 차별이 없습니다. 그는 모든 사람에게 똑같이 주님이 되어 주시고, 그를 부르는 모든 사람에게 풍성한 은혜를 내려주십니다. "주님의 이름을 부르는 사람은 누구든지 구원을 얻을 것입니다"[욜 2:23](10:5-9, 12-13).

이건 이제 어떤 면에서 매우 '집단 내부적' 본문입니다. 우선 10장은 구약 인용구가 너무 많아서 이를 이해하려면 용어집이 있어야 할 수도 있습니다. 또 하나는 바울이 구분하는 중요한 차이는 누군가에게는 매우 친숙하지만, 다른 대부분의 사람에게는 완전히 낯섭니다. 바울은 "율법에 근거한 의"에 대해 말하면서 "믿음에 근거한 의"와 대조합니다. 솔직히 말하면 요즘에는 사람들이 대체로 '의'에 대해 전혀 생각하지 않기 때문에, 바울의 언어를 이해하기 위해 노력할 가치가 별로 없어 보입니다. 뭐하러 이러한 "고대 종교의 관심사"를 해독하려 하겠습니까? 이건 순례자나 성경에만 적합하고 중요한 거 아닌가요?

하지만 이런 식으로 한번 봅시다. 세상의 주디 맨들도 '의'에 대한 감각이 있습니다. 물론 이 단어를 사용하진 않겠지만요. 다른 사람이 '의로운지' 명시적으로든 암묵적으로든 아무런 판단을 하지 않고 사는 사람은 없습니다. 챌린저호의 폭발 이후 국가 전체가 크게 슬퍼하고 괴로워했던 것은 대체로 우리가 우주 비행사들을 좋은 사람이라고 생각했기 때문이기도 합니다. 제 생각에 요즘 우리 대부분은 마르코스 대통령과 "베이비독" 뒤발리에가 '좋은 사람'이 아니라고 말할 것입니다.[1] 사람들은 자신이 속한 이데올로기를 뛰어넘어, 아나톨리 샤

---

1 필리핀 전 대통령과 아이티의 전 독재자에 대한 평판은 20년이 지난 지금도 별로 좋지 않아 보입니다.

란스키가 영웅적이고 고결하며 '의로운' 사람이라는 데 널리 동의할 것입니다.[2] 그래서 우리는 성경의 언어를 대대적으로 버리더라도, 선함이나 의로움의 기준에 대한 감각을 여전히 어딘가에 간직하고 있습니다. 그것이 아무리 모호하게 표현되더라도 말이죠.

만일 우리가 하나님을 믿지 않는다면, 아니면 우리가 모호하고 흐릿한 신을 믿는다면, 우리는 우리 자신에게 적합하게 이러한 표준을 변경할 수 있습니다. 그러면 우리는 항상 당연히 법을 지키는 게 되겠죠. 표준은 끝없이 변경될 수 있습니다. 우리는 패션, 교육 수준, 몸무게와 신체, 음악에 대한 식견, 힙한 정도, 클럽에서 물갈이당하지 않고 입장할 수 있는지 여부 등 수만 가지로 우리의 가치와 다른 사람들의 가치를 평가해 볼 수 있습니다. 만일 여러분에게 배우조합 카드가 있다면, 우리 교구의 배우 지망생 대다수보다 앞서가고 있습니다. 하지만 며칠 전 여러분 중 한 분이 제게 말했듯이, 배우조합 카드는 갖게 될 때까지만 가치가 있고, 그 후에는 아무런 가치가 없는데, 왜냐하면 카드가 있어도 여전히 일을 구하지 못할 수 있기 때문입니다. 이는 평가받으려고 하면 끝도 없이 분발해야 한다는 점을 잘 보여 줍니다.

마찬가지로, 우리는 사람들에게 개인적 특성을 부여하고, 그러면서 사람들에게 딱지를 붙입니다. 우리는 사람들을 아름답고, 성숙하고, 개방적이고, 배려심 있고, 사랑스럽고, 성실하고, 용기 있다고 여길 수 있고, 그럼으로써 그 사람들이 가치 있다고 선언할 수 있습니다. 아니면 사람들을 가식적이고, 기괴하고, 고지식하고, 기만적이고, 억누르고, 엄격하고, 비판적이라고 여길 수 있습니다 — 이에 따라 사람을 평가할 수 있으며, 우리가 그들에게 부여한 등급을 가지고 항상 우리 자

---

2 나탄 샤란스키(지금은 그의 이름을 이렇게 씁니다)는 1986년에 알려진 것보다 지금 더 복잡한 인물로 드러났지만, 그는 그가 양심수로 복역 중일 때 가졌던 영웅적인 성격을 확실히 어느 정도 간직하고 있습니다.

신과 비교하게 됩니다. 이것은 종교적인 훈련입니다. 이것이 확정적인 가치를 부여하는 한 가지 방식이기 때문입니다.

신이 정말 있다고 한번 가정해 봅시다―우리 자신의 정신으로 고안한 신이 아니라, 우리의 생각과 별개로 존재하는 신이 있다고 말이죠. 그리고 그 신이 성경이 말하는 것처럼 거룩하며 의로운 신이라고 가정해 봅시다. 그렇다면 이는 신이 우리의 기준이 아니라 자신의 기준을 적용한다는 의미가 됩니다. 그런 경우, 우리의 평가가 적용될 가능성―우리가 가치에 도달할 가능성, 우리가 '의롭다' 여겨질 가능성―은 그리 크지 않습니다.

어젯밤 저는 저녁 식사로 가리비를 요리했습니다. 우아한 식당에서 하는 것처럼, "샬롯과 와인 식초와 디종 머스터드를 약간 곁들인 저지방 크림소스로 맛을" 냈습니다. 저녁 식사 후, 저를 놀리기를 좋아하는 딕이 "5점 만점에 2.4점 정도?"라고 말했습니다. 저는 순간 멈칫했다가 바로 웃었습니다. 이 요리가 4.8점에 가깝다는 걸 알았기 때문입니다. 그런데 재밌는 점은 잠깐 멈칫하는 동안 제 마음속에서 일어난 일입니다. 정말 그 짧은 순간에 저는 아주 미세한 공포의 섬광을 느꼈습니다. 토요일 저녁 식사라는 것 말고는 이렇다 할 만한 점이 전혀 없었습니다! 만일 저 말이 정말 진지한 말이었다고 가정해 봅시다. 그랬다면 제 기분이 어땠을까요? 우리는 평가에 대한 두려움으로 고투합니다. 우리는 어떤 평가를 받게 될까요? 상사, 배우자, 자녀, 연인, 교수, 면접관, 동료들이 우리를 어떻게 평가할까요? 내가 고작 2.4점만 받으면 어떻게 하죠? 어쩌면 4.8점도 충분하지 않을 겁니다! 어쩌면 하나님은 5.0 만점을 요구하실지도 모릅니다!! 오늘은 사순절 첫 주일입니다. 죄라고 불리는 "고대 종교의 관심사"에 대해 생각할 때입니다. 재의 수요일은 저에게 힘든 하루였습니다. 참회의 연도^{화답기도,} Litany of Penitence를 드리면서 저는 제가 모든 항목에 −1점 정도 매겼다는 걸 알게 되었습니다. 의롭고 거룩한 하나님의 정밀 조사를 거치고서 누가 남아 있을 수 있을까요? 충분히 잘하지 못했다는 걱정에서 어떻게 자유로울 수 있을까요?

바울은 우리의 노력으로 우리의 점수를 올리려 하는 모든 시도를 "율법에 근거한 의"라고 부릅니다. 특히 바울이 여기서 말하고 있는 것은 **종교적인** 노력입니다. 그는 가늠해 볼 수 있는 경건의 성과에 대해 말하고 있습니다. 자선 행위, 봉사 시간, 기도 횟수, 종교적 체험 횟수, 십일조 액수, 감정의 강도, 흘리는 눈물의 양, 영적 규율에 충실한 정도—이 모든 것은 "율법에 따른 의"입니다. 하나님의 시각에서 우리의 공로를 세우는 데 무용한 것들입니다. 바울은 종교적인 노력을 가리켜 "그리스도를 끌어 내리려고 하늘로 오르는" 시도, "그리스도를 끌어 올리려고 지옥에 내려가는" 노력이라고 말합니다. 하나님의 손이 우리에게 은혜를 베풀게 하기 위해 우리가 할 수 있는 것은 아무것도 없습니다. 우리의 모든 행위를 다 합쳐도, 우리는 여전히 하나님 앞에서 가장 지독한 곤경에 처해 있습니다. 율법의 의를 따라 우리 자신을 가늠하면, 우리는 영원히 외부자, 이방인으로 남게 된다는 두려움을 갖게 됩니다.

우리 시대에 '좋은 사람'으로 몹시 존경받는 사람 중 한 명은 토머스 머튼입니다. 워커 퍼시는 최근 출간된 인터뷰에서, 겟세마니 수도원에서 머튼을 만나려고 어떤 순례에 나섰는지 이야기합니다. 퍼시가 머튼과 대화를 나누며 가장 생생하게 기억에 남은 것은 비폭력에 경건하게 전념해 온 트라피스트 수도사들조차도 다양한 방식으로 서로를 착취하고 유린한다는 머튼의 말이었습니다. 그렇다면 이들에게 어떤 점수를 매겨야 할까요? 그리고 여러분과 저는 어떻게 견줘야 할까요? 우리는 자신에게 트라피스트 수도사들보다 더 좋은 점수를 줘야 할까요, 더 나쁜 점수를 줘야 할까요? 그리고 하나님은 우리를 어떻게 평가하실까요?

이런 식의 생각은 모두 "율법에 따른 의"에 속합니다. 바울은 이런 종류의 의가 끝났다고 말합니다. 그리스도께서 가져오신 새로운 질서에서 중요하게 여겨지는 의는 오직 한 종류로 "믿음에 근거한 의"입니다.

> 믿음에 근거한 의를 두고는, 이렇게 말합니다. "너는 마음속으로 '누가 하늘에 올라갈 것이냐' 하고 말하지 말아라. … 또 '누가 지옥에 내려갈 것이냐' 하고 말하지도 말아라." … "하나님의 말씀은 네게 가까이 있다. 네 입에 있고, 네 마음에 있다"(이것은 우리가 전파하는 믿음의 말씀을 가리켜 하신 말씀입니다). 왜냐하면 당신이 만일 예수는 주님이라고 입으로 고백하고, 하나님께서 그를 죽은 사람들 가운데서 살리신 것을 마음으로 믿으면 구원을 얻을 것이기 때문입니다.

바울은 이 말로, 우리의 가시채 뒷발질이, 우리의 노력이, 우리의 절박한 여정이 헛됨을 보여 줍니다. 우리는 셜리 맥클레인처럼 안데스에 갈 필요가 없습니다. 우리는 토머스 머튼처럼 버마에 갈 필요가 없습니다. 우리는 (죄송합니다만) 꾸르실료[3]에 갈 필요도 없습니다. 여러분은 예수님을 찾으러 갈 필요가 없습니다. 예수님이 여러분을 찾으러 오십니다.

> "하나님의 말씀은 네게 가까이 있다. 네 입에 있고, 네 마음에 있다." 이것은 우리가 전파하는 믿음의 말씀을 가리켜 하신 말씀입니다.

"우리가 전파하는 믿음의 말씀." 우리 설교자들이요? 우리는 누구고 우리가 전파하는 것은 무엇입니까? 우리는 아무것도 아닙니다. 하지만

---

3 꾸르실료(Cursillo) 프로그램은 전성기 때 어떤 이들에게는 큰 의미가 있었지만, 거기에 가지 않은 사람들 또는 거기에 간 사람들과 동일한 반응을 보이지 않은 사람들이 미묘한 방식으로 '영적으로 열등함'을 느끼게끔 했다.

우리에겐 '중요한 뉴스'가 있습니다. 바울이 말했듯이 "하나님께서는 어리석게 들리는 설교를 통하여 믿는 사람들을 구원하시기를 기뻐하셨습니다"(고전 1:21). **하나님께서** 그것을 기뻐하셨습니다. 모든 것이 여기에 달려 있습니다. 봅시다. 주디 맨은 옳았습니다. 우리에게 중요한 소식이 있어야 합니다. 종교적 루머는 로우어 브로드웨이에 있는 양품점처럼 생겼다 사라졌다 합니다 ― 어제는 순례자가 전한 소식, 오늘은《피플》에 실린 소식, 내일은 명왕성에서 온 소식일 뿐입니다. 하지만 이것, "우리가 전파하는 믿음의 말씀"은 루머가 아닙니다 ― 이것은 하나님의 복된 소식입니다. 바울은 이것이 "모든 믿는 사람을 구원하는 하나님의 능력"(1:16)이라고 말합니다. 구원을 주는 "믿음의 말씀"은 바로 지금 여러분 가까이에 왔습니다. 여러분이 한 일 때문이 아니라, 설교자가 한 일 때문이 아니라, **이 말씀을 통해 가까이 오는 것을 하나님이 기뻐하시기 때문입니다.** 설교는 이 복된 소식에 관한 것입니다 ― 예수 그리스도의 공로로 여러분이 5점 만점에 5점을 받았고, 이 점수를 영원히 받는다는 복되고 중요한 소식 말이죠. 여러분 자신이 마련한 선물이 아니라 하나님의 선물로 말이죠. 그리고 이 선물은 차별 없이 주어집니다. 바울은 이렇게 씁니다. "차별이 없습니다. 그는 모든 사람에게 똑같이 주님이 되어 주시고, 그를 부르는 모든 사람에게 풍성한 은혜를 내려주십니다"(10:12). 이것은 제가 칼 바르트나 줄리아 차일드가 될 필요가 없다는 의미입니다. 켄 스완슨은 토머스 머튼이, 캐럴 스테인은 테레사 수녀가, 마크 버너는 윌리엄 버클리가, 켄딜 먼로는 밀러드 풀러가 될 필요가 없으며, 새로 부임한 젊은 여사제는 플레밍 러틀리지가 될 필요가 없습니다(제발 그런 일이 없기를).[4] 우리는

---

4 여기서 언급한 이름들은 이 예배에 참석한 회중과 사제의 이름입니다(참고로 칼바르트는 설교의 대가, 줄리아 차일드는 요리의 대가이며, 나머지 비교 대상자도 각 분야의 걸출한 인물입니다).

모두 자기 자신을 기뻐할 수 있습니다. 우리는 각자 주님께 받은 자신만의 선물이 있습니다. 우리는 다른 사람보다 더 우월하다고 느끼거나 더 열등하다고 느끼지 않습니다. "차별이 없기" 때문입니다. "그가 모든 사람에게 똑같이 주님이 되어 주시고, 그를 부르는 모든 사람에게 풍성한 은혜를 내려주시기" 때문입니다. 내부자도 외부자도 없습니다. 모든 선한 것의 아버지께 구속받은 가련한 사람들이 있을 뿐입니다.

이것은 급진적 은혜입니다. 중요한 소식입니다. 복된 소식입니다. "우리가 전파하는 믿음의 말씀"입니다. "하나님의 말씀은 여러분 가까이 있습니다. 여러분 입에, 여러분 마음에 있습니다." 하나님께서 그렇게 하십니다. 설교자와 회중은 강력한 메시지에 얽히게 됩니다. 바울이 말했듯이 "믿음은 들음에서 생기고, 들음은 그리스도를 전하는 말씀에서 비롯됩니다"(10:17). 여러분 중 누군가에게, 아마 여러분 다수에게 지금 이 순간 이런 일이 일어나고 있습니다 ─ 믿음이 당신 안에서 깨어납니다. 강화됩니다. "믿음의 말씀"이 가까이 왔기 때문입니다. 그리고 이런 일이 일어날 때, 우리는 **예수님이 주님**이라고 입으로 고백합니다. **하나님이 그를 죽은 사람들 가운데서 살리신 것**을 마음으로 믿습니다. 새롭게 확신하며 전능하신 아버지의 약속을 듣습니다. "네가 구원을 얻으리라."

제가 여기에 덧붙일 수 있는 것은 없습니다. 우리에게 이러한 응답을 일으키고 계신 분은 바로 하나님입니다. 두 가지 신앙 고백을 말입니다. **예수님은 주님이시다.** 그리고 **하나님이 그를 죽은 사람들 가운데서 살리셨다.** "주님의 이름을 부르는 사람은 누구든지 구원을 얻을 것입니다." 이것이 "믿음에서 비롯된 의"(10:6)입니다. 우리가 하나님 앞에서 의지할 수 있는 의는 오직 한 가지입니다. 그것이 하나님의 선물이기 때문입니다. 이제 함께 찬양을 부르겠습니다. 찬양하면서 바로 마음으로 믿고 입으로 시인하십시오. 예수님께서 "의롭다 인정을 받고 자기 집으로 간 사람은 이 사람이다"(눅 18:14) 말씀하신 바로 이 사람이 여러분임을 오늘 믿으십시오. 영원히 믿으십시오.

아멘.

문장의 순서

알림: 이 설교는 미네소타 세인트폴에 있는 루터신학교의
신학생과 교수 회중을 대상으로 전한 것임을 염두에 두고 읽어 주세요.

본문: 로마서 10:14-20

지난주, 신학을 가르치는 제 친구 한 명이 뉴욕 엘리트 지식인이라 불릴 만한 사람들(이는 거의 당연히 그리스도교 신앙을 공격적으로 경멸하는 사람들을 뜻합니다)의 모임에 있었습니다. 대화는 극한의 모험과 자연재해에 관한 책과 왜 사람들이 그런 책을 좋아하는지에 관한 이야기로 흘러갔습니다. 우리가 영웅적으로 생존해 내는 내용을 읽고 싶어한다는 뜻이겠죠. 이는 노아의 홍수에 관한 이야기로 이어졌습니다. 아마도 누군가 이 모임에 참석한 성직자를 배려하려 했기 때문일 수도 있습니다. 어느 여성분은 그 이야기가 역량과 인내의 시험을 극복한 노아의 능력을 기리고 있다고 열정적으로 논평했습니다. 제 친구는 그녀를 의심의 눈으로 보면서 말했습니다. "그 이야기는 노아에 대한 것이 아니에요! 하나님에 대한 것이죠!" 사람들은 이 폭로에 아득한 침묵으로 응했습니다. 잠시 후 하나님의 이름이 거론된 적 없었다는 듯이, 아라랏산의 지리적 위치와 고대 문학에서의 홍수 모티브에 대한 이야기로 대화가 다시 시작되었습니다.

저는 이 이야기에 흥미를 느꼈는데, 왜냐하면 저 자신의 경험을 정확하게 복사해 놓은 것 같았기 때문입니다. 8년 정도 전에 있었던 일인데, 저는 그 일을 잊지 못할 것 같습니다. 저는 유명하고 약간 겁날 정도로 지적인 사람과 뉴욕에서 점심을 먹고 있었습니다. 그는 고개를 한쪽으로 약간 기울이면서 비밀스러운 어조로 물었습니다. "당신은 하나님을 믿어요?" 저는 이 말에 특별히 놀라지는 않았습니다. 요즘 성직자들이 믿는 것이 무엇인지 거의 다 알 만큼 오랫동안 저는 교회 곳곳에 있었습니다. 저를 슬프게 한 것은 점심 식사 상대가 **이 점을 알고 있고**, 사실 이를 당연하게 여겼고, 제가 하나님을 믿는다면 제가 예외적이라고 생각하는 것 같았기 때문입니다.

여러분은 이게 극단적인 예라고 생각할지도 모르겠습니다. 하지만 제 관점에서는 그렇지 않습니다. 저는 제가 설교자로서 제 일에서 좀 유별난 게 하나 있다는 점을 설명할 필요가 있습니다. 저는 아마 제가 이제까지 만난 다른 설교자들보다 더 많은 교회에서 더 많은 성직자의 설교를 들어 본 것 같습니다. 저는 22년간 교구 목회를 했지만, 제가 살아온 65년 동안 주일과 성일에는 대부분 다른 사람의 설교를 들었습니다. 예컨대 작년에 저는 주일 설교를 15번 했습니다. 나머지 주일에는 미국 여기저기에서 회중석에 앉아 있었습니다. 따라서 모든 지점에서 하나님을 믿지 않는 듯한 인상을 주는 성직자들이 많다고 제가 말하는 것은 어느 정도 신빙성이 있습니다.

그러면 무얼 가지고 설교하냐고요? 제가 경험한 또 다른 일을 말씀드리면 설명이 될 것 같습니다. 저는 평생 티베트에 관심이 많았습니다. 저는 티베트에서 벌어지는 일들을 계속 지켜보았고, 2주 전에는 관련 주제 강의를 들으러 갔습니다. 강의하는 여성은 제가 뉴욕에 있을 때 친구였습니다. 그녀는 티베트에 10번 정도 가 보았고, 성스러운 카일라쉬산 둘레를 걸어서만 3번 돌았습니다. 제 나이 또래의 여성이 그 고도에서 그렇게 한 것은 엄청난 일입니다. 한 번 도는 데 4일 정도 걸립니다. 이러한 순회 행위가 혼탁함에서 자유롭게 하고 영적 자본을 쌓기 위해 하는 일이란 것을 여러분도 아실 겁니다. 그래서 강의가 끝난 후 질의응답 시간에 어떤 사람이 강연자에게 불교 신자인지 물었습니다. 그녀는 매우 단호하게 아니라고 대답했습니다. 그녀는 로마 가톨릭 신자로 자랐고, 그녀가 말했듯이 "수녀님들에게 양육되어 자라면, 가톨릭적인 것이 평생 자기 안에 자리 잡게 됩니다." 하지만 그녀는 계속해서 이렇게 말했습니다. "티베트 불교가 굉장히 매력적인 것은 하나님을 언급하지 않고도 **여러분이 할 수 있는 것**에 중점을 둔다는 점입니다."

이것이 오늘날 설교 경향입니다. **우리의** 행동, **우리의** 영적 여행, **우리의** 종교 활동을 가지고 설교하는 것이죠. 제가 뉴욕 유니언에서 목회학 신학 과정에 있을 때부터 확실히 이 점에서 꽤 극적인 변화가 있었습니다. 1970년대 초에는 설교가 보이콧과 시위행진, 압제자들의 방어벽을 공격하는 것에 관한 것이었습니다. 오늘날에는 사회 경제적 무대에서 우리가 할 일에 관하여 설교할 가능성은 줄었고, 우리의 '영적' 활동—우리의 일기, 우리의 순례, 우리의 기도 생활, 우리의 라비린토스 걷기, 우리의 내면 정리, 우리의 영적 훈련—에 관하여 설교하는 일이 많아졌고, 하나님에 대해서는 겨우 주변적으로만 설교할 뿐입니다. 제가 들은 오늘날 전형적인 설교에서 하나님의 이름이 등장할 때, 하나님은 우리가 추구해야 할 대상이지, 행동하시는 주체가 아닙니다. 저는 설교학을 가르치는 제 친구가 자신을 복음주의자로 생각하는 어느 학생이 한 설교를 듣고 불만을 표했을 때 이 점을 알아차리기 시작했습니다. 화가 난 친구는 "너는 네가, 하나님이 문장의 주어가 아닌 설교를 했다는 사실을 알고 있니?"라고 말했고, 학생은 충격을 받았습니다.

듀크대학교의 신약 신학 교수인 리처드 헤이스는 입문 과정 수업을 시작할 때 게시물을 하나 붙여 둡니다. 게시물에는 이렇게 써 있습니다. "이 수업은 하나님에 관한 거다, 바보야!" 그는 신학부에 입학한 학생에게 이 점이 분명하지 않다는 걸 봐 왔습니다. 신학부에 들어온 학생들은 하나님 대신 인간의 종교 활동과 종교 감정에 중심을 둔 기도, 찬양, 설교에 익숙한 상태였습니다.

저는 제가 언급한 두 가지 일—하나는 노아의 홍수에 관한 것이고, 하나는 티베트 프로그램에 관한 것—에 대한 여러분의 반응이 궁금합니다. 저는 첫 번째 사건을 재미있고 심지어 희망적이라고 생각했고, 두 번째 사건은 그저 우울하다고 생각합니다. 왜냐고요? 대답 대신 우리가 읽은 로마서 10장에 주의를 기울여 봅시다. 이 부분은 설교에 관한 구절 같아 보입니다. 그렇습니다. 설교는 인간의 활동입니다. 그렇죠? 우리는 설교를 '영적' 활동이라고 부를 수도 있습니다. 제 생각에 우리가 '영적'이라고 들어 온 활동들은 설교보다 더 고립된 내면의 활동이지만 말이죠. 어쨌든 설교는 여전히 하나님을 대상으로 하는 인간의 활동입니다. "전하는 자가 없으면 … 어떻게 [하나님을] 믿을 수 있겠습니까?" 그렇다면 설교자는 청자가 설교의 대상이신 하나님께 주의를 기울이게 하는 것입니다. 그렇지 않습니까?

이는 전적으로 로마서 구절을 읽는 방식에 달려 있습니다. 이 말씀을 읽을 때 루터와 칼뱅이 코앞에서 우리를 지켜보지 않는다면, 우리는 하나님을 계속 대상으로 생각할 것입니다. 그러나 종교개혁 전통은 다시 살펴보라고 가르칩니다. 17절이 핵심입니다.

ἄρα ἡ πίστις ἐξ ἀκοῆς, ἡ δὲ ἀκοὴ διὰ ῥήματος Χριστοῦ.

그러므로 믿음은 **들은 것**what is heard에서 나오고, 들은 것은 그리스도

를 전한 것[또는 그리스도의 말씀]에서 비롯됩니다(RSV와 NRSV[를 한국
어로 옮김]).

  핵심 문구인 "들은 것"(에크 아코에스ἐκ ἀκοῆς)에 모든 게 달려 있습니다.
이 문구를 어떻게 이해하고 어떻게 번역하느냐에 말이죠. 저는 킹제
임스성경을 너무너무 사랑하지만, 이 부분은 킹제임스성경이 개선되
어야 하는 이유를 보여 주는 좋은 예입니다. 킹제임스(KJV)는 "믿음
은 들음으로써 나오느니라"라고 말합니다. 새국제역(NIV) 역시 "믿음
은 **들음으로써**by hearing 나온다"라고 합니다. 백 중 아흔아홉 명은 이
말을 '듣는 것은 복음을 전하는 것에 대한 인간의 반응'이라는 의미로
이해할 것입니다. 킹제임스 번역자들이 전달하고자 한 의미는 이런
게 아닌데, 왜냐하면 **들음이 하나님의 말씀에서 비롯된다**는 번역으
로 명확하게 이어지기 때문입니다. 그러나 오늘날 이 문장을 듣는 사
람 대부분은 **우리가 받아들이려고 귀 기울이는 일**이 믿음으로 귀결
된다는 말로 이해할 것입니다. 이는 결국 '더욱 믿음을 가지라' 혹은
'믿음을 갖기 위해 열심히 노력하라'는 설교자의 권고로 이어질 것이
고, 따라서 충분한 양의 믿음 또는 믿음을 받아들일 수 있는 자질을
갖지 못한 것에 대한 과한 걱정으로 이어질 것입니다. 이는 마르틴 루
터가 심란해진 과정이기도 합니다.

  만일 우리가 아코에ἀκοῇ를 '들음'으로 번역하고 듣는 행위 주체를 인
간으로 놓는다면, 우리는 이 구절을 올바로 이해하지 못할 것입니다.
바울의 그리스어 단어 '아코에'는 이사야의 히브리어 쉐무아שְׁמוּעָה에 해당
합니다. 바울은 이 구절을 쓰면서 다음과 같이 이사야를 인용하고 있
음을 분명하게 나타냅니다. "이사야는 '주님, 우리의 **아코에**[이사야의
'쉐무아']를 누가 믿었습니까?' 하고 말하였습니다." 그래서 '아코에'를
'들음'으로 번역할 방법이 없습니다. "주님, 우리의 들음을 누가 믿었

습니까?"는 말이 안 됩니다. 이번만은 새영어성경(NEB)이 맞습니다. "이사야는 '주님, 우리의 **메시지**를 누가 믿었습니까' 하고 말하였습니다"(NEB). 그리고 이사야의 말을 바울이 이어갑니다. "우리는 믿음은 메시지에 의해 일어나고, 그것[믿음]을 일으킨 메시지는 그리스도의 말씀을 통해 나온다고 결론 내립니다"(NEB). ('아코에'를 '들은 것'으로 옮기는 RSV와 NRSV도 그리 나쁘지는 않지만, '메시지'로 옮기는 것이 더 명료합니다.)

바울은 이사야의 쉐무아를 아코에로 옮긴 70인역을 의존하고 있는데, 이는 명백히 메시지 자체를 의미합니다. 따라서 아코에를 '들음'으로 당찮게 옮긴다면(NIV), 인간의 선택이 강조됩니다. 그러나 아코에를 **하나님의 계시적·수행적 말씀**을 의미하는 '메시지'로 옮긴다면, 모든 강조점이 우리의 행동이 아닌 하나님의 행동으로 옮겨집니다. 이것이 바로 승리하는 힘으로, 인간의 '영적' 능력을 여지없이 제거하는 힘으로 이해된 메시지, **복음**이며, 그래서 하나님은 이렇게 말씀하십니다(한 번 더 이사야 말씀입니다).

나는 나를 찾지 아니하던 자에게 발견되었으며,
나를 구하지 아니하던 자에게 나를 나타내었다.

그러면 왜 첫 번째 이야기에서 활기를 보았고 두 번째 이야기에서 낙담했을까요? 이유는 단 하나입니다. 티베트 프로그램에 관한 이야기에서는 강연자의 말─"하나님에 관한 것이 아니라, 우리가 하는 것에 관한 것이다"─이 쿵 하고 떨어졌고, 아무런 반론도 일어나지 않았습니다. 그러나 첫 번째 사례에서는 메시지─아코에, **복음**─가 들렸습니다. 제 친구의 증언이 있었습니다. "그 이야기는 노아에 대한 것이 아니에요! 하나님에 대한 것이죠!"

주위에 있던 사람들이 이 증언을 받아들였을까요? 그건 설교자가 걱정할 게 아닙니다. 이사야는 사람들이 자신의 메시지를 듣지 않았다고 단호하게 말합니다. 사도 바울도 듣지 아니한 사람들의 손에 죽었습니다. 하지만 그러는 동안 촉발된 메시지는 그 자체의 힘으로 지중해 주변에 쏜살같이 전해지고 있었고, 메시지로부터 믿음이 일어났는데, 이 믿음은 단순한 불신이나 여타 인간적인 장애물이 막을 수 없었습니다. 왜냐하면 그것은 퀴리오스^{주님}의 믿음, 주 예수 그리스도의 믿음이기 때문입니다.

그리스도 안에서 사랑하는 여러분, 지금 여러분께 맡겨진 것이 바로 이 소식입니다.

묻습니다. 그들은 들은 일이 없습니까?
물론 그렇지 않습니다.
　“그들의 목소리가 온 땅에 퍼지고,
　　그들의 말이 땅끝까지 퍼졌다.”

아멘.

모든 사람에게 주는 금메달

알림: 이 설교는 1984년 하계 올림픽 기간에 저녁 예배에서 전한 것입니다.

본문: 로마서 11:5-6

여기 어떻게 오셨습니까? 지하철로 오셨나요? 아니면 버스나 택시, 아니면 걸어서 오셨나요?

그런데 오늘 밤 여기에 **정말로** 어떻게 오셨습니까? 그러니까 어떤 교통수단을 타고 오셨는지 말고, 여러분 머리에 무슨 일이 있었고, 마음에 무슨 일이 있었으며, 여러분 삶에 무슨 일이 있었기에, 이 눈부시게 아름다운 저녁에 설교를 듣고 우리 주 예수 그리스도의 살과 피를 받으러 이곳에 오게 되셨는지요?

이 질문에 여러 방식의 대답이 있을 것입니다. 어떤 분은 사실 오고 싶지 않았지만 기도 모임에 대한 책임 때문에 왔다고 하실 수도 있습니다. 이 도시에 처음 와서 이 아름다운 교회 내부가 어떤지 보고 싶어서 왔다고 하실 분도 계실 수 있겠습니다. 여기 있는 누군가가 보고 싶어서 왔을 수도 있습니다. 주말에 교회에 못 온 것을 만회하고자 오셨을 수도 있고, 무언가에 대해 용서받고자 하는 생각으로 오셨을 수도 있습니다. 어떤 분은 안정감을 원하실 수도 있고, 어떤 이는 진리를 추구해 보려고 왔을 수 있고, 자기 외의 다른 무언가와 관련된다는 느낌이 필요할 수도 있으며, 일종의 종교적 추구나 영적 여행이 이유라 말할 수도 있습니다.

그런데 이 질문에 대답하는 다른 방식도 있습니다. 더 간단한 것이죠. 여기 어떻게 오셨나요? 이렇게 대답할 수 있습니다.

하나님이 나를 데려오셨다.

물론 이렇게 대답한다면 이에 대해 여러 가지 질문이 나올 수 있습니다. 가령 하나님이 당신을 데려왔다는 걸 당신이 어떻게 압니까? 하나님은 왜 다른 누군가가 아닌 당신을 데려오셨죠? 등등. 하지만 잠시 단순한 대답에 머물러 봅시다.

하나님이 나를 데려오셨다.

사도 바울이 이 질문에 어떻게 대답했을지에 대해서는 의문의 여지가 없습니다. **하나님이 그를 데리고 오셨다.** 바울을 속박에서 해방으로, 심판에서 자비로, "죄에서 의로움으로, 죽음에서 생명으로"[1] 말이죠. 초대 교회 신자들에게 무슨 일이 일어났는지를 바울에게 묻더라도 그 대답에는 의문의 여지가 없습니다. **하나님이** 그들을 불순종과 불신에서 믿음과 구원으로 데리고 **오셨다.**

이 점이 로마서 9-11장만큼 분명한 곳도 없습니다. 9월 5일까지 모든 설교는 로마서 9-11장을 가지고 합니다. 이 세 장이 모든 성경의 모체이며 하나님 계시의 중심핵이라고까지 주장할 수도 있지만, 그럼에도 이 세 장은 별로 알려지지 않았고, 만만찮게 어렵고, 좀처럼 설

---

1 《성공회 기도서》, 감사성찬례 B.

교되지 않습니다! 다음 3주 동안 우리는 이런 상황을 바로잡기 위한 우리의 본분을 다할 것입니다.

오늘 저녁 예배에는 우리가 8월의 한복판에 있다는 사실을 고려하면 꽤 많은 분이 참석하셨습니다. 하지만 뉴욕의 엄청난 인파 중에서는, 일과 쇼핑을 마치고 돌아오는 수많은 사람 중에서는 터무니없이 적은 숫자입니다. 심지어 우리 회중만 놓고 본다면 정말 소수에 불과합니다. 성경에서 이런 사람들을 '남은 자'라고 부르죠. 우리는 여기 왔을지도 모르는 사람, 여기 와야겠다고 생각한 사람 중에서 '남은 자'일 뿐입니다.

바울은 로마 그리스도인들에게 보낸 편지의 11번째 장에서 이것이 하나님의 목적의 일부라고 말합니다.

지금 이 시기에도 은혜에 의해 택하심을 입은 사람들이 남아 있습니다.

여러분은 어떻게, 우리 신자 중 남은 사람들은 어떻게 오늘 밤 이곳에 왔습니까? 하나님이 우리를 여기에 데려오셨습니다. 우리는 "은혜에 의해 택하심을" 입었습니다. 엄청난 생각이죠!

이제 이 지점에서 우리 자신을 다시 살펴봅시다. 우리가 **왜** 은혜에 의해 택하심을 입었습니까? 자기 자신에 대해 생각해 보십시오. 여러분의 종교 본성 때문에 선택되었나요? 어쩌면 여러분의 기억이 시작된 때부터, 심지어 교회에 나오지 않았을 때도 하나님과 가까운 것 같은 느낌이 있었을 수도 있습니다. 그렇다면 이 점이 여러분이 오늘 밤 남은 자가 된 이유인가요?

예수 그리스도를 나의 구주로 받아들였기 때문에, 몇 달 전이나 몇 년 전에 그리스도께 헌신하였기 때문에, '그리스도를 향해 마음을 정했기' 때문에 선택받은 건가요? 여러분이 오늘 밤 여기 오신 이유가 그런가요?

여러분이 영적인 사람이기 때문에 택하심을 입게 되었나요? 하나님이 여러분께 말씀하셨고 여러분에게는 치유의 경험이 있고 죽음 이후의 삶에 대한 비전이 있기 때문에 택하심을 입게 되었나요? 여러분이 "은혜에 의해 택하심을 입은" 이유가 이것인가요?

바울은 이렇게 말합니다 ― 11장 5절과 6절입니다.

> 지금 이 시기에도 은혜에 의해 택하심을 입은 사람들이 남아 있습니다.
> 은혜에 의해 된 것이면, 행위에 의해 된 것이 아닙니다.
> 그렇지 않으면, 그 은혜는 이미 은혜가 아닙니다.

만일 하나님께서 우리의 영적인 능력이나 종교적 열심 또는 예수님에 대한 우리 믿음의 질에 따라 우리를 선택하셨다면, 우리의 행위에 근거하셔서 선택하셨을 것이고, 그렇다면 "은혜는 이미 은혜가 아닙니다." 이를 이해하는 것은 약간 어렵습니다. 여기 그레이스교회에 있는 우리는 우리의 선행, 이를테면 순결이나, 세금 완납, 노숙인을 위한 보호소에서 봉사하는 것 등에 근거하여 우리가 의롭게 된 게 아니라는 말에 익숙합니다. 하지만 우리의 믿음과 헌신과 '종교적 경험'이라는 선한 일로 우리가 의롭게 된 것도 아니라는 말에는 항상 놀랍니다. 믿음은 행위가 아닙니다. 믿음은 우리가 선택받게 된 **원인**이 아니라 **결과**입니다. 그렇지 않으면, "은혜는 이미 은혜가 아닙니다."

여러분 혹시 이 본문에서 바울이 '은혜'라는 단어를 마치 하나님과 동의어인 것처럼, 하나님의 이름들 중 하나인 것처럼 사용하고 있다는 점을 눈치채셨나요? 은혜에 의해 택해졌다. 하나님에 의해 택해졌다.

은혜는 어떤 **특성**이 아닙니다. 은혜는 **능동적 행위자**입니다. 바울은 명사를 동사로 바꾸면서 종종 이런 식으로 단어를 사용합니다. 갈라디아서에서 그는 '믿음'에 대해 이야기하면서, 마치 믿음이 예수 그리스도의 능동적 능력과 동의어인 것처럼 말합니다―바울은 "믿음이 오기 전"이라고 말하는데, "예수께서 오시기 전"이라고 말 같습니다. 그리고 또 고린도전서에서는 '사랑'이라는 단어를 이런 식으로 사용합니다. "모든 것을 견디는" 능동적인 사랑의 역사가 사랑 자체와 동의어인 것처럼 말이죠. 이건 어쩌다 그런 게 아닙니다. 사도 바울은 구약성경 저자들이 그랬듯이 하나님의 속성들―하나님의 특성들―이 하나님 안에 머물러 있기만 한 게 아니라 하나님으로부터 강력하게 흘러나와서 새로운 상황을 창조한다는 점을 깊이 이해하고 있었습니다. 하나님이 택하신 사람들, 하나님이 선택하신 사람들은 그의 **은혜**에 참여하고, **믿음**을 받으며, **사랑**할 수 있게 됩니다. 우리는 이를 기억해야 합니다. 많은 그리스도인이 자신의 믿음에 자부심을 갖고 있습니다. 자신이 '그리스도께 마음을 정한 것'에 자부심을 갖고 있습니다. 그러나 이 장 뒷부분에서 바울은 경고합니다. "[믿지 않는 사람들을] 향하여 자랑하지 말라" 공짜로 받아 놓고선 어떻게 자랑할 수 있을까요?

여기서 **은혜**가 무엇인지 모르는 분이 있나요? 은혜는 **자격 없이** 베풀어진 호의를 의미합니다. 자비가 훌륭한 사전적 정의에 따르면 "엄정함이 예상되거나 마땅히 엄정해도 되는 지점에서의 연민 또는 용서"인 것처럼 말이죠. '자격 없이 베풀어진 은혜'라는 문구는 '무료 선물'이라는 말처럼 동어반복입니다. 만일 은혜가 자격 없이 베풀어지는 게 아니라면 은혜가 아니겠죠. 하지만 하나님의 은혜를 받아들이는 것이 우리에게 얼마나 어렵습니까! 우리는 은혜를 받을 만한 무언가를 분명 언제 어디선가 했어야 합니다. 좋은 일이 생기면 우리는 "나는 올바로 잘살고 있는 게 틀림없어"라고 말합니다. 우리는 자격도 없는데 부당하게 베풀어지는 호의를 원하지 않습니다. 우리는 올림픽에서 금메달을 딴 사람처럼 자격이 있는 사람, 받을 만한 사람, 인정받는 사람이기를 원합니다. 그게 우리가 바라는 것이죠.

잘 들어 보세요. 인간에게 신을 선택할 능력이 있다고 말하는 것은 저보고 가서 메리 루 레턴*이 되라고 하는 것과 같습니다. 제가 체조에서 금메달을 따는 게 불가능하다는 데 다들 동의하시나요? 그런데 우리는 종교적인 영역에서라면 금메달을 딸 수 있을 것이라는 생각을 계속 고수합니다. 그래서 우리가 **하나님을** 선택할 수 있을 거라고 생각합니다. 저와 메리 루 레턴의 차이가 무엇인가요? 저에게는 레턴의 재능이 없습니다. 전혀요. 그녀의 재능gifts이 어디에서 왔습니까? 하나님께로부터 왔죠. 그렇다면 레턴의 투지와 결단, 노력과 정신은 어디서 왔냐고 물을지 모릅니다. 이에 대한 교회의 대답은 〈모든 것이 주께로부터〉입니다.

은혜에 의해 택하심을 입습니다. "은혜에 의해 된 것이면, 행위에 의해 된 것이 아닙니다. 그렇지 않으면, 그 은혜는 이미 은혜가 아닙니다." 우리가 하나님을 택한 게 아닙니다. 예수님이 직접 말씀하셨듯이 하나님이 우리를 택하셨습니다(요 15:16). 우리가 만일 예수님을 택한다면, "은혜는 이미 은혜가 아닙니다."

자격을 갖추고, 마땅히 그럴 만해서 하나님께 인정받은 사람은 없습니다. 왜요? 죄 때문입니다. 죄들 때문이 아니라 **죄** 때문입니다. 타락한 아담(우리 모두이기도 합니다)에게 절대적인 지배력을 행사하는 권세, 폭군으로 이해되는 **죄** 때문입니다. 하나님과 관련해서 보면 인류는 잃어버린 존재이고, 망하고 사라진 존재입니다. 오직 한 가지—**은혜로 다른 결과를 도출하기로 한 하나님의 결정**—우리 모두에게 금

메달을 주기로 하신 하나님의 결정만 빼면 말이죠. 이것은 하나님이 행위로 가 아니라 "은혜로 선택한" 것입니다.

음, 여기에는 문제가 있습니다. 모두가 금메달을 따면 무슨 의미입니까, 그렇죠? 경쟁자가 전부 다 함께 이기면, 아무런 영광도 없습니다! 모두가 1등이면 아무런 성취감도 없을 겁니다.

맞습니다. 그래서 우리는 하나님의 은혜를 원하지 않습니다. 더 깊이 들어가 보면, 우리는 하나님의 모든 백성을 사랑한다고 공언하면서도, 그의 호의를 **쟁취해 냄**으로써 내가 다른 누군가보다 더 낫기를 바랍니다.

모든 것은 매우 단순한 문제로 귀결됩니다. 여러분은 누구의 공로를 더 좋아합니까? 여러분 자신의 공로입니까, 아니면 예수 그리스도의 공로입니까? 여러분은 세상에 대한 궁극적인 결정을 누구에게 맡기겠습니까, 여러분 자신입니까, 아니면 하나님입니까? 여러분은 궁극적으로 누구의 선택이 우세하기를 원합니까? 물론 인간적으로 말해서 우리는 **우리의** 선택을 원합니다. 그러나 하나님의 위대한 계획, 우리를 "은혜로 택함을 입은 남은 자"로 선택하시려는 계획 때문에, 우리는 자유로워지고 있습니다. 바로 이 시간, 여기, 오늘 밤, 우리 모두가, 이곳에 전에 와본 적 없는 분이더라도, 하나님께 '예' 할 수 있고, 그의 아들 예수 그리스도께 '예'할 수 있고, **그의** 공로와 **그의** 목적에 '예'할 수 있을 만큼 자유로워지고 있습니다. 하나님이 "우리의 행위가 아니라 은혜로 택하셔서" 우리를 여기에 데려오셨습니다. 행위로 된 것이면, 은혜는 더 이상 은혜가 아니며, 저는 제가 무엇을 하든 결코 금메달을 딸 수 없다는 걸 알고 절망적인 상황에 머무를 것입니다.

하지만 물론 우리 모두의 진정한 운명은 기적이 될 것입니다. 불가능성에 이를 것입니다. 내가 금메달 따는 것(사도 바울은 "상"이라고 합니다—빌 3:14)이 불가능하지만, 다른 모든 사람이 금메달을 따는데 누구의 은사도, 누구의 영광도 전혀 줄어들지 않고 오히려 각자가 전체 속에서 완벽해진다는 것을 기뻐하는 것이 불가능하지만, 이러한 불가 능성이 가능해질 것입니다. 그때 우리는, 우리 각 사람은 하늘 의의 옷을 입고 황금 면류관을 쓰고 설 것입니다. 천사들과 천사장들과 하 늘의 모든 친구가 찬송으로 합창을 들을 것입니다. 아무도 나를 보지 않는다는 사실에 전혀 신경 쓰지 않을 것이고, 나 자신에 대해 전혀 생각하지 않고 오직 그분만 생각할 것입니다. 보좌에 앉으신 어린양, 승리의 구세주, 왕의 왕, 주의 주를 말이죠. 우리 모두에게 자비를 베 푸셨고, 여러분과 저에게도 베푸셨으며, "은혜로써 택하신" 헤아릴 수 없는 자비의 하나님, 온 천하의 아버지를 말이죠. 죽임당하신 어린양 은 찬송 받으시기에 합당하십니다.

아멘.

불수종의 신비

하나님께서 모든 사람을 순종하지 않는 상태에 가두신 것은 그
들에게 자비를 베푸시려는 것입니다.

로마서 11:32

잠시 반항, 즉 불순종에 관해 생각해 봅시다. 부모의 입장에서 생각하
느냐, 아이의 입장에서 생각하느냐에 따라 불순종에 대한 태도는 많이
달라질 겁니다. 여러분 중 상당수는 아직 젊어서 모를 수도 있지만, 부
모가 된다면 아이에게 순종을 바랄 거예요. 난로에 손대지 마라, 거리
에 나가지 마라, 동생을 때리지 마라, 낯선 사람을 가까이하지 마라,
자전거는 길 오른쪽에서 타라, 마리화나를 피우지 마라, 수업 열심히
들어라. 하지만 여러분이 자녀라면, 불순종에 어떤 매력을 느낄 겁니
다—방구석에 몰래 담배를 숨겨 놓은 이야기를 어디서나 들을 수 있
다는 사실이 이를 잘 설명해 줍니다. 아이에게 불순종을 가르친 적이
없는데도 말이죠. 이러한 사실에 붙여진 신학적 이름은 **원죄**입니다.

　그런데 하나님, 하늘에 계신 우리 아버지는 우리가 하나님께 순종
하길 바라십니다. 부모처럼요. 하지만 하나님과 부모가 닮았다는 것
을 과하게 강조할 수는 없습니다. 지상의 부모는 온갖 실수를 저지르
기도 하고 그릇된 순종을 요구하기도 하지만, 하나님 아버지는 자기

자녀에게 가장 좋은 것, 우리를 참으로 행복하게 하는 것이 무엇인지 정확히 알고 계시고 또 실수하지도 않기 때문입니다.

하나님이 자기 자녀에게 순종하라고 주신 규율을 십계명이라고 합니다. 오늘날 미국 교회에서는 십계명에 대해 별로 많이 이야기하거나 생각하지 않습니다. 저는 그것이 잘못이라고 생각합니다. 우리는 십계명을 어떻게 하고 있나요? 이 아침에는 논의의 목적상 열 계명 중 두 계명을 취해서 이야기해 봅시다.

제1계명: "너희는 나 외에는 다른 신들을 네게 두지 말라."
제4계명: "안식일을 기억하여 거룩하게 지키라."

우리는 어떻게 하고 있습니까? 개인으로서 어떻게 하고 있으며, 공동체로서, 사회로서 어떻게 하고 있습니까? 순종하고 있나요 불순종하고 있나요?

정신분석학에는 "유아 전능성의 신화"로 불리는 인간 발달 단계에 관한 이론이 있습니다. 이 용어에 대해 비전문가로서 정의를 내리자면, 아이가 자신을 세상의 중심으로 여기며 자신이 세상을 완전히 통제한다고 생각한다는 것입니다. 저는 순전히 아마추어적인 제 방식으로 이를 유년기까지 확장하고자 합니다. 부모가 원하지 않는 것을 아이―서너 살쯤―가 하는 모습을 상상해 보세요. 부모는 이렇게 말할 겁니다. "너는 나쁜 아이야."

제 경험상 아이는 우선 부모님이 한 말이라서 이 말을 그대로 믿고, 또 세상을 뒤흔들 정도의 재앙이라고 생각할 수 있습니다. 아이들 스스로 다음과 같이 생각하지는 않습니다. '음, 무슨 뜻으로 "나쁘다"는 말을 썼는지에 따라 다르겠지만, 어쨌든 나는 동네 다른 애들에 비해 그리 나쁘지는 않아. 그냥 오늘 엄마가 예민한 듯. 뭐 괜찮아지겠지.

나는 그냥 밖에 나가서 놀면 될 거 같아.' 오히려 아이는 자신이 지구 상의 정말 나쁜 아이고, 어떤 엄청난 정체 모를 처벌이 도사리고 있다고 확신하게 됩니다. 아이는 비록 겉으로는 표현하지 못하겠지만 자신의 나쁜 점이 세상의 중심에 있고, 그 무엇으로도 이를 극복할 수 없다고 믿게 됩니다.

그러면서 두 가지 상반된 결과가 발생하는데, 우리 모두가 이 두 결과로 고통받습니다. 우리는 두 가지 태도를 지니며 자라는데, 둘 다 효과는 없습니다. 사실 두 가지는 서로 상쇄됩니다. 하나는 우리가 자신을 싫어하는 태도입니다(요즘에는 이를 '자존감 상실'이라고 합니다). 둘째는 반대로 우리가 타인에게 잘못을 전가하는 태도입니다. 이 두 태도는 동전의 양면과 같습니다. 자기에게는 나무랄 것이 없고 나머지 세상이 틀렸다고 생각한다면 자신을 전능한 존재로 착각하는 것인데, 모든 것이 자기 잘못이라 생각하는 것 역시 자신을 전능한 존재로 여기는 망상입니다. 두 가지 모두 자기 의로움에 집착하는 태도입니다. 우리는 자신의 잘못에 궁극적 중요성을 부여하거나, 자신에게 잘못이 없다는 환상에 궁극적 중요성을 부여합니다. 두 경우 모두 전능한 자아가 스스로 하나님이 된 것이죠.

무엇보다도 아이는(궁극적으로 어른은) 자신이 나쁘다는 것을 확신하게 된 다음, 하나님께서 그 점에 대해 아무것도 할 수 없거나 하지 않을 것이라고 똑같이 확신하게 됩니다. 여기에 감춰진 무언의 메시지는 늘 똑같습니다. 너는 좋은 아이여야 해. 그건 너 하기 나름이야. 너는 성공해야 해. 하나님은 스스로 돕는 자를 도우셔. 네가 만일 실패한다면 그건 네 문제인데, 왜냐하면 너의 나쁜 점을 하나님이 직접 극복해 주시지는 않거든. 하나님은 네가 어떻게 하는지 지켜보고 계실 거야(하나님은 목록을 만들어서 점검하고 계셔…).

성경에 기초하여 말하자면, 나쁨에는 특정한 형태의 불순종이 있습니다. 불순종은 최초의 죄이자, 태고의 죄이자, '원'죄이고, 아담의 죄입니다 —아담의 첫 번째 반응은 자기 몸을 가리는 것이었습니다. 왜냐하면 갑자기 온 세상이 자신을 보고 있다고 생각했기 때문입니다. 그는 처음으로 자의식을 갖게 되었고, 자신이 하나님의 창조 세계에서 어떤 위치를 차지하는지에 대한 시각을 완전히 잃었습니다. 아담은 새로운 자기 중심성에 몸을 떨었고, 하나님을 피해서 몸을 숨겼습니다. 하나님이 자신을 발견하자 자기 아내 탓으로 돌렸습니다 —아내는 뱀을 탓했습니다. 하나님은 슬픔에 차서 불순종한 아담과 하와에게 "너희 둘 다 **나쁘다**"고 말씀하셨습니다.

그러나 아담이 예견하지도 기대하지도 못했던 점, 그리고 우리가 오늘날까지도 거의 믿지 못하는 점은 하나님이 불순종으로 아담과 하와를 동산에서 쫓아내셨지만 버리지 않으셨다는 사실입니다. 하나님은 버릴 수 있었고, 버려야 했지만, 버리지 않으셨습니다. 하나님은 바로 심판의 한복판에서 그들에게 자비를 보여 주셨습니다. 엄격함과 정죄를 기대할 수밖에 없는 곳에서, 그것이 마땅한 곳에서 긍휼과 용서를 보여 주신 것입니다.

그래서 사도 바울은 이 이상하고 낯선 사실에 대해 말합니다. "하나님께서 모든 사람을 순종하지 않는 상태에 가두신 것은 그들에게 자비를 베푸시려는 것입니다"(11:32). 바울은 사실상 우리의 나쁨이 모든 사람을 좋게, 선하게 하려는 하나님의 궁극적인 계획의 일부가 되었다고 말하는 것 같습니다. 잠시 이러한 생각을 따라가 볼까요?

권위 있는 어떤 인물에게 "너는 나쁜 사람이야"라는 말을 들은 아이를 상상해 봅시다("너는 **나쁜 사람**이야"와 "네가 **한 일**은 나쁜 거야"라는 말의 차이를 아는 부모라면 이 둘을 세심하게 구분하여 사용하지만, 이렇게 말하든 저렇게 말하든 결국 아이는 정죄하는 말로 듣지 않을까 싶습니다). 이제 아이가 부모에게 이렇게 대답하는 것을 상상해 봅시다. "네, 저는 나쁜 사람이에요. 하지만 자비로우신 주님이 저를 선하게 만드시니까 저는 두렵지 않습니다." 아이들은 실제로 제임스 1세 시대의 문장으로 그렇게 말하는 법을 배우곤 했습니다. 물론 말하면서도 자기가 무슨 말을 하고 있는지 몰랐을 수도 있지만, 나중에 그 말이 마음속에서 되살아납니다. 옛 교리문답에는 가치 있는 것이 많이 있습니다.

> 문: 당신은 [하나님께 순종할] 의무가 있다고 생각합니까?
> 답: 네, 진정 그렇습니다. 그리고 하나님의 도우심으로 그렇게 할 것입니다. 나는 우리 주 예수 그리스도를 통해 나를 이 구원의 상태로 부르신 것에 대해 하늘 아버지께 진심으로 감사합니다. 그리고 나는 하나님께서 나에게 은혜를 베푸셔서 삶이 끝날 때까지 내가 이 같은 상태에 계속 머물 수 있기를 기도합니다.

저는 여기서 분명히 하고 싶은 것이 있습니다. 어릴 때부터 우리는 우리가 '나쁜 사람'이라면 우리는 영원히 우리의 나쁨에 매여 있을 것이고 하나님은 우리를 돕지 않으실 뿐만 아니라 정죄하실 것이라 생각하며 자라 왔습니다. 이는 적어도 세 가지 측면에서 틀렸습니다.

1. 이는 자신을 전능한 자아로 여기는 것이므로 **우상숭배**의 한 형태입니다.
2. 이는 하나님이 우리의 공로 여부에 따라 우리를 평가하신다고 상정하고 있으므로 **행위-의**의 한 형태입니다.
3. 이는 "모든 사람에게 자비를 베푸시려고 순종하지 않는 상태에 가두신" 주님을 신뢰하지 않겠다는 것이므로 **불순종**의 한 형태입니다.

이 놀라운 본문에서 바울은 하나님이 우리의 '나쁨'보다 상상할 수 없을 만큼 무한히 크고 강하시다는 점, 그리고 하나님께서 우리의 '나쁨', 우리의 불순종이 궁극적으로 우리에게 좋게 작용하도록 하실 것이라는 점을 보여 줍니다. 그것은 **하나님의** 호의, **공로 없는 자에게** 베푸시는 호의, 바로 하나님의 은총 때문입니다.[1]

바울은 이 구절에서 유대인과 이방인에 대해서 말하는 중입니다. 유대인은 '경건한' 백성이며 선택받은 공동체입니다. 이방인은 '경건치 않은' 이교도이며, 야만인입니다. 그러나 바울이 썼듯이 로마 교회에서는 놀라운 변화가 일어나고 있습니다―물론 인간 본성을 고려해 본다면 그리 놀랄 일이 아닐 수도 있습니다. 어쨌든, 무슨 일이 일어났죠? 최근까지 바깥에 있었던 이방 그리스도인들이 갑자기 자신들의 신앙을 '우쭐대기' 시작했습니다(11:25). 유대인들은 신비하게도 대부분 그리스도인이 되지 않았는데, 이런 유대인들을 향해 '자랑한' 것입니다(11:18). 아시다시피 반전이 있습니다. '경건치 않은' 사람들은 그리스도인이 되자마자 최근까지의 자기 상태를 깡그리 잊고 신자가 되기로 한자신의 분별력을 놓고 자축하기 시작했습니다. 인간은 항상 이런 식입니다. 우리가 늘 하는 일이죠. 우리는 하나님이 실제로 우리의 나쁨, 우리의 경건치 않음, 우리의 불순종을 꺾고, 우리 안에 믿음을 창조하시고 우리를 선하게 만들기 시작하신다는 점을 믿을 수도 없고 믿지도 않을 것입니다. 우리는 하나님이 소위 '경건치 않은 자'는 의도적으로 선택하지 않으셨을 것이라고 추론합니다. 선택받은 사람의 경우, 하나님이 분명 우리 안에 어딘가 깊숙한 곳에 숨겨진 '경건함'을 보셨다는 말이죠. 로마 교회의 이방 그리스도인들은 이런 식으로 추론하고 있었

1 이 지점에는 신학적 위험이 있습니다. 죄나 악이 어떤 유용한 목적에 기여할 수 있다고 생각하지 않는 것이 중요합니다. 저는 죄가 유용하다고 말하는 게 아닙니다. 하나님이 죄를 자신의 목적에 맞게 바꾸신다는 말과 죄도 창조 세계에서 적절한 자리가 있다는 말에는 결정적인 차이가 있습니다. 비록 교회 성가대가 크리스마스철마다 "사과를 따 먹은 그 시간이 복되도다" 하고 노래하지만, *felix culpa*(복된 죄)라는 옛 개념은 잘못된 생각입니다.

습니다. 그들은 하나님께 약간의 도움을 받아서 스스로 하나님께 돌아왔다고 생각하기 시작했습니다.[2] 그래서 바울은 11장 20절에서 이들에게 경고합니다. "그대는 오직 믿음으로 그 자리에 붙어 있는 것입니다." 그러니 "교만한 마음을 품지 말고, 도리어 두려워하십시오." 믿음이 순수 하나님의 선물이지 인간이 자신에게 공로를 돌릴 수 있는 공적이 아님을 이해할 때, 바울이 이방 그리스도인에게 무어라 말하는지 보일 것입니다. 바울은 사실상 이렇게 말하고 있는 것입니다. "네가 순종하지 않고 경건하지 않음에도 불구하고, 자비의 하나님이 너를 은혜로 구원하기로 택하셨다." 그의 말을 인용해 보겠습니다.

전에 하나님께 순종하지 않던 여러분[이방인]이, 이제 그들[유대인]의 불순종 때문에 하나님의 자비를 입게 되었습니다. 이와 같이, 지금은 순종하지 않고 있는 이 사람들도, 여러분이 받은 그 자비를 보고 회개하여, 마침내는 자비하심을 입게 될 것입니다. 하나님께서 모든 사람을 순종하지 않는 상태에 가두신 것은 그들에게 자비를 베푸시려는 것입니다.

이는 "신비"입니다(11:25). 하나님의 메시아를 받아들이지 않은 이들의 "불순종"은 **일시적인 것**입니다. 그것은 하나님의 계획의 일부입니다. 신약성경에서 **신비**는 단지 '비밀'만을 의미하지 않습니다. '계시된 비밀'을 의미합니다. 바울이 말하는 불순종의 신비는 하나님이 어떤 사람들은 믿고 어떤 사람들은 일시적으로 "완고하도록" 택하셨다

2 로마 교회에 관한 이러한 가설은 인정하건대 입증할 수 없습니다. 바울은 아직 로마에 가지 않았습니다. 하지만 우리는 16장을 통해 그가 로마 교회의 수많은 사람을 알고 있었다는 점을 압니다. 그는 그곳 회중에게서 보고를 받았을지도 모릅니다. 어쨌든 우리가 논의하고 있는 이런 식의 사고 경향은 로마 교회의 상태와 상관없이 어디서든 보편적입니다.

는 것입니다(11:25). "이방 사람의 수가 다 찰 때까지 이스라엘 사람들 가운데서 일부가 완고해진 대로 있으리라는 것과 온 이스라엘이 구원을 받게 되리라는 것입니다. 성경에 기록되었듯이 '야곱[이스라엘]에게서 경건치 않음을 제거하실 것'"입니다.

"하나님이 경건치 않음을 제거하실 것입니다!" 하나님은 나쁨을 선함으로, 불순종을 순종으로, 의심을 신뢰로, 죽음을 삶으로 만드실 것입니다. 바울이 선포하듯이 "죽은 사람들 가운데서 살아나는 삶을" 말이죠(11:15). 우리는 그렇게 하지 못합니다. 하나님은 우리의 모습에 굴하지 않고, 우리가 "죄에 팔렸음"에도(7:14) 불구하고 우리 안에서 그렇게 하실 것입니다. 하나님은 어떤 사람들이 일시적으로 믿지 않고 한시적으로 불순종하도록 택하셨습니다. 자신의 자유를 드러내시려고, 자비를 받은 우리가 그의 능력과 은혜로만 산다는 것을 가르치려고 말이죠. 이방인이 유대인을 생각할 때, "경건한 자"가 "경건치 않은 자"를 생각할 때, 순종하는 자가 불순종하는 이를 생각할 때, 교회 다니는 사람이 다니지 않는 사람을 생각할 때, 겸손히 "하나님의 은총이 아니었다면 내가 그랬을 것이다" 하고 생각하도록 말이죠. 우리는 **그들의** 불신앙이 우리 자신의 장점을 신뢰하지 않고 오직 하나님만을 신뢰하도록 **우리를** 가르친다고 이해해야 합니다. 결국 우리 중 누가 십계명을 지키고 있습니까? 누가 좋은 아이입니까? 우리 가운데 누가 마음과 목숨과 뜻을 다하여 우리 주 하나님을 사랑하고 있습니까? "거기에는 아무 차이가 없습니다. 모든 사람이 죄를 범하였습니다"(3:22-23). "의인은 없나니 하나도 없습니다"(3:10). "유대인이나 그리스인이나 모든 사람이 다 죄의 권세 아래 있습니다"(3:9). 우리는 이 점에서 모두 동일합니다. "하나님께서 모든 사람을 순종하지 않는 상태에 두신 것은 그들에게 자비를 베푸시려는 것입니다."[3]

로마서 해석의 역사에서 9-11장은 최근에서야 마땅히 받아야 할 주목을 받기 시작했습니다. 여러분이 직접 읽어 보시길 바랍니다. 우리의 시대는 이 구절들을 새로운 시각으로 바라볼 만큼 무르익었습니다. 오랫동안 그리스도인들은 대부분 여기에 함축된 의미를 놓쳤습니다. 예를 들어 C. S. 루이스는 이 지점에 이르자 바울의 급진적인 복음에서 뒤로 물러났습니다. 그는 결국 불순종을 "선택"한 사람들이 불순종을 벗하여 살도록 그대로 방치될 것이라 생각했던 것 같습니다.[4] 그는 《천국과 지옥의 이혼》*The Great Divorce*에서 그 논거를 설득력 있게 펼쳐 내지만, 우리가 스스로 선택해서 지옥에 들어갈 수 있다는 게 사실

---

3   여기서 "이것이 모든 사람이 구원받는다는 의미인가?"(보편 구원)라는 물음이 불가피하게 제기됩니다. 우리는 여기에 답할 수 없습니다. 복음서에는 하나님의 은혜를 거부한 사람들에 관한 정죄(condemnation)를 함의하는 구절이 많습니다. 우리는 (이사야 40-55장과 더불어) 바울 서신에서 보편 구원에 관한 암시를 발견하지만, 개개인의 측면에서는 (의도적으로) 답을 주지 않습니다. 장로교 신학자인 조지 헌성어의 말처럼, "우리는 보편 구원을 소망할 여지가 있습니다." 우리는 하나님이 하실 일을 확언할 수 없지만, 하나님의 일이 하나님의 은혜로운 결정이지 우리의 것이 아님을 압니다. 바로 거기에 우리의 자유가 있습니다─인정하건대 이해하기 어려운 역설이지요. 여기서 핵심 인물은 히포의 주교인 아우구스티누스(354-430)입니다. (바울이 그랬듯이) 그는 종노릇과 자유(service and freedom)라는 서로 모순으로 보이는 개념을 하나로 묶어 자유의 역설을 여러 방식으로 표현했습니다. 자유에 대한 아우구스티누스의 정의는 이렇습니다─구속받은 창조 세계에서는 *non posse peccare*, 즉 더 이상 죄를 짓는 것이 불가능하다. 그는 이를 가리켜 *beata necessitas non peccandi*, 즉, "죄를 짓지 않는 복된 필연성"이라고 했습니다(《신국론》, 32.30). 또다시 말하자면, 여기서 핵심은 이것이 전적으로 하나님의 일이 될 것이라는 점입니다.

4   여기서 문제는 "모두가 구원을 받는가?"가 아니라, "우리는 스스로 선택한 결과로 구원을 받는가?"입니다. 이는 5세기에 아우구스티누스와 펠라기우스 사이에 벌어진, 그리고 종교개혁 이후 칼뱅주의자들과 아르미니우스주의자들 사이에 벌어진 고전적인 문제입니다. 마르틴 루터의 고전적인 글 〈노예 의지에 관하여〉(The Bondage of the Will)는 에라스무스의 〈자유 의지에 관하여〉(The Freedom of the Will)에 반대하는 주장을 제시한 것입니다. 성공회(Anglicanism)는 몇몇 초기 성공회 신학자들의 최고의 노력에도 불구하고 종종 펠라기우스 쪽으로 기울어지곤 합니다(FitzSimons Allison, *The Rise of Moralism* [London: SPCK, 1966]을 보십시오). 사실 자유 의지를 믿는 펠라기우스주의는 대부분의 미국인이 기본 장착한 삶의 태도입니다. 뉴욕 그레이스교회에는 1980년대와 1990년대에, 존재하지도 않는 "성 펠라기우스 축일"이 만우절 주보에 등장했습니다.

이라면 하나님이 아니라 우리가 궁극의 결정을 내리는 자입니다—그렇다면 (바울이 다른 맥락—고전 15:19—에서 썼듯이) "우리는 모든 사람 가운데서 가장 불쌍한 사람입니다." 저는 J. 크리스천 베커의 결론이 더 낫다고 생각합니다.

> 최후에 있을 하나님의 종말론적 승리는 창조 세계에 영구적인 악의 구역 또는 하나님께 저항하는 구역을 허용하지 않는다. 창조 세계의 "어두운 면"에 대한 해결책은 임박한 하나님의 종말론적 승리 안에 있다. 거기서 하나님을 반대하는 악과 비극을 비롯한 창조 세계의 모든 것이 하나님의 영광 속에서 극복된다. 또는 하나님의 영광에 참여한다.[5]

우리 대부분은 언젠가 권위 있는 누군가에게 직간접적으로 '나쁘다', 실패자다, 자격이 없다는 말을 들었습니다. 네, 틀린 말은 아닙니다. 사실입니다. 하지만 그 사람이 의미한 바에 따라서, 우리가 느낀 바에 따라서 사실이지는 않습니다. 이런 느낌은 평생의 짐이 됩니다. 맞습니다, 우리는 '나쁜' 사람입니다. 하나님의 관점에서 우리는 실패했고, 무엇보다 하나님의 은혜를 받을 자격이 없는 사람입니다. 하지만 은혜로 된 것은 "행위에 근거하지 않습니다. 그렇지 않으면 은혜는 더 이상 은혜가 아닙니다"(11:6). **불순종의 신비**는 이제 우리에게 드러났습니다. 그것은 거절당해 마땅한 사람들이 거절 대신 선택되었다는 것입니다. 하나님 나라에서 순종이라는 새 옷을 입도록 선택되었다는 것입니다. 하나님 나라에서는 십계명도 더 이상 필요 없습니다. 하나님의 법이 우리 마음에 새겨지기 때문입니다(렘 31:33). 그리고 더

---

5 J. Christiaan Beker, *Paul the Apostle* (Philadelphia: Fortress Press, 1980), p. 194.

이상 불순종의 가능성이 남아 있지 않을 것입니다(하나님은 창조 세계에 영원한 저항의 공간을 허락하시지 않을 겁니다). 우리가 진정으로 무소불능한 분, 전능하신 하나님께 속하게 되기 때문입니다. "그분께 종노릇하는 데 완전한 자유가 있습니다."[6]

아멘.

---

6 여기서 아우구스티누스를 두 번 참고했습니다. 첫째, 구속된 창조 세계에서는 더 이상 죄를 지을 수 없게(*non posse peccare*) 된다는 그의 가르침입니다. 둘째는 첫째와 관련됩니다. 이는 《성공회 기도서》에서 평화를 위한 기도 모음에 나오는 "그분께 종노릇 하는 것이 완전한 자유입니다"를 인용한 것인데, 이는 "그분께 종노릇 한다는 것은 그분이 왕으로 다스린다는 것이다"라는 아우구스티누스의 문장을 바꿔 표현한 것입니다.

적진을 찾기 어렵다

자기 잘못을 깨달을 자 누구입니까?

미처 깨닫지 못한 죄까지도 깨끗하게 씻어 주십시오.

시편 19:12

그리스도께서 경건하지 않은 사람을 위하여 죽으셨습니다.

로마서 5:6

하나님께서 모든 사람을 순종하지 않는 상태에 두신 것은 그들에게 자비를 베푸시려는 것입니다.

로마서 11:32

아동 심리학자인 제 친구가 들려준 이야기입니다. 그녀의 어린 환자가 한 말이라고 합니다. 치료실에서 아이들에게 장난감을 줘서 놀이를 통해 갈등을 해결하는 방식은 널리 통용되고 있는데, 이 남자아이는 장난감 병정을 받아서 늘어놓고 배치하며 놀았습니다. 그는 이렇게 하고 나서 어리둥절한 표정으로 자그마한 전쟁터를 보면서 말했습니다. "적진을 찾기 어렵다."

1944년 말 연합군이 노르망디 상륙에 성공하여 유럽 대륙을 가로

질러 빠르게 진군하던 시기에,《반지의 제왕》의 저자인 J. R. R. 톨킨은 RAF(영국 공군)에서 복무 중인 그의 아들 크리스토퍼에게 편지를 썼습니다. 톨킨은 제1차 세계대전에서 독일과 싸웠습니다. 그는 솜에서 악명 높은 참호전을 치렀습니다. 이 아버지와 아들은 확실히 평화주의자는 아니었습니다. 그래서 톨킨이 자기 아들에게 쓴 편지의 내용이 더 주목할 만합니다. 그는 영국 언론이 모든 독일인을 치유 불가능한 악으로 혹독하게 묘사한 방식이 매우 거슬린다고 썼습니다. 톨킨은 지역 신문의 말을 인용하기도 했는데, 이 신문의 편집자는 독일 국민 전체를 "조직적으로 말살"하자고 강하게 주장하는 사람이었습니다. 왜냐면 "독일 국민은 뱀이라서 선악의 차이를 구별하지 못한다"는 것입니다. 톨킨은 이렇게 이어갑니다.

> 그럼 저렇게 쓴 사람은 구별한다는 걸까? 우리에게 독일인을 딱 집어낼 권리가 있듯이, 독일인도 마찬가지로 유대인을 가리켜 말살해야 하는 인간 이하의 해충이라고 … 선언할 권리가 있지. 다시 말해, 우리에게 그럴 권리가 없다는 말이야. 그들이 무엇을 했든 간에.[1]

어떤 사람이 다른 사람이나 집단을 악으로 규정한다면, 그 사람은 본인이 생각하는 것보다 위험한 상태입니다. 다른 사람이나 집단을 악으로 판단하는 건 인간의 본성입니다. 우리는 다른 누군가를 인간 이하로 취급할 수 있다고 여기며 그런 사람들을 배척하거나 박해하고, 결국 자신들에게 그들을 파괴할 권한이 있다고 생각합니다. 일단 이 게임을 시작하면, 우리가 게임을 조정하는 게 아니라 우리도 모르

---

[1] *The Letters of J. R. R. Tolkien*, ed. Humphrey Carpenter (Boston: Houghton Mifflin, 2000; 초판은 영국의 George Allen & Unwin에서 1981년에 출간), p. 93. 강조를 추가했습니다.

게 게임이 우리를 지배하기 시작합니다.

누가 악이고 누가 악이 아닌지를 누가 결정합니까? 두 주 전《뉴욕 타임스》는 미국의 폭격으로 난민이 된 아프간 소년들에 대해 보도했습니다.[2] 이 아이들은 지금 파키스탄 카라치에서 생활하고 있습니다—'생활하다'라는 말이 적절하다면 말이죠. 이 기사에 나온 아이들은 쓰레기 더미에서 삽니다. 썩은 음식, 깨진 유리, 폐주사기를 뒤지며 팔 만한 것을 구해서 동전 몇 푼을 받습니다. 이들은 심하게 지저분하고 악취가 납니다. 항상 배고픕니다. 이들의 희망은 무엇일까요? 이들의 희망은 마드라사—무슬림 종교 학교—입니다. 전에는 몰랐지만, 이제는 우리 모두 파키스탄에 있는 이런 학교 중 다수가(전부는 아닙니다) 강경한 극단주의자들에 의해 운영된다는 걸 압니다. 탈레반의 온상이었습니다.[3] 《뉴욕 타임스》 리포터는 쓰레기 더미에 있는 아프간 난민 소년 몇 명을 인터뷰했습니다. 소년들은 마드라사에서 학생으로 받아 줄지도 모른다는 가능성에 신이 났습니다. 아이들은 이렇게 말했습니다. "우리는 먹을 것과 입을 것을 무료로 받게 될 거예요. 그래서 우리는 행복해질 것 같습니다." 리포터는 미국인에 대해서는 어떻게 생각하냐고 물었습니다. 소년 중 한 명인 무하메드는 이렇게 대답했습니다. "미국인은 굉장히 잔인합니다. 그들은 우리 민족을 죽입니다." 샤힌이라는 이름의 또 다른 아이는 이렇게 말했습니다. "저는 미국이 끝장나길 바랍니다. 미국인들은 아프가니스탄을 파괴했어요. 방방곡곡에 폭탄을 퍼부었고요."[4]

---

2 2003년 3월 25일 디스커버리 채널에서 이에 관한 TV 다큐멘터리가 방영되었습니다.

3 이 기사에 따르면, 파키스탄에 있는 10,000개의 마드라사 중 40% 정도가 온건파고, 60%는 강경파인 데오반디(Deobandi) 종파가 운영합니다.

4 David Rohde, "A Dead End for Afghan Children Adrift in Pakistan," *The New York Times* (2003. 3. 7.).

아이들에게 누가 악이고 누가 악이 아닌지를 가르치는 건 쉬운 일입니다. 제가 몇 년 전 모아 둔 또 다른 기사가 있습니다. 코소보에서 도망친 알바니아인 수십만 명이 마케도니아 수용소에 있을 때였습니다. 한 아버지는 어린 아들에게 교리문답 하듯 세르비아인에 대해 가르쳤습니다. 아버지는 문제를 냅니다. "누가 우리의 적이지?" 아이가 잘 모르는듯한 표정을 하자 아버지가 대신 답합니다. "우리의 적은 세르비아인이다! 그들은 우리 민족을 죽였어!" 그리고 또 물었습니다. "너는 커서 뭘 할 거니?" 이번에는 소년이 답할 준비가 되었습니다. "저는 고약한 세르비아인들을 죽일 거예요!" 아버지는 아들의 답변에 매우 흡족했습니다.

전에는 독일인이었고, 그다음엔 세르비아인이고, 요즘은 프랑스인 같습니다.[5] 적진을 찾기 어렵습니다. 우리는 1980년대에 아프가니스탄이 소련과 싸울 때 미국 정부가 어느 정도 마드라사에 자금을 지원했다는 걸 기억해야 합니다. 우리가 아프가니스탄을 탈레반에 내맡긴 것이죠. 우리는 또한 이란-이라크 전쟁 기간에 사담 후세인을 지원했다는 것을 기억해야 합니다. 악의 축은 여기나 저기나 어디에나 있습니다. 알렉산더 솔제니친은 소련 강제 수용소에서 이런 글을 썼습니다.

> 선악의 경계를 국가로, 계급으로, 정치 정당으로 나눌 수 없다는 것이 점점 명확해 보였다 ― 하지만 각 사람의 마음에는 선악의 경계가 관통하고 있다. … 이 경계선은 변한다. 시간이 흐르면서 우리 안에서 왔다 갔다 한다. 악이 장악한 마음속에서도 자그마한 선의 발판이 남아 있다. 최선의 마음 가운데도 … 근절된 줄 알았던 악한 구석이

---

5 부시 행정부는 프랑스가 이라크 전쟁을 지지하지 않은 것에 격분했습니다. 프랑스인은 족제비로 희화화되어 뉴욕시의 어느 타블로이드판 신문을 장식했고, 프렌치프라이를 "프리덤프라이"(freedom fries)라고 부르는 게 잠시 유행하기도 했습니다.

남아 있다.[6]

사순절 기간은 선악의 경계가 여러분과 저를 관통한다는 것을 그리스도교 공동체에 상기시켜 줍니다. 사순절은 선한 쪽인 우리와 악한 쪽인 타자로 구분하여 선 긋는 태도에 경각심을 일깨워 줍니다. 재의 수요일에 교회에 계셨던 분들은 함께 무릎 꿇고 시편 51편을 읽는 것이 매우 강력한 행동이라고 했던 제 말뜻을 이해하실 겁니다. 우리는 우리 자신에 대한 진실을 인정합니다. 저 시편 말씀대로, "무릇 나는 내 죄과를 아오니 내 죄가 항상 내 앞에 있습니다"(시 51:3). 그리고 오늘 읽은 시편 말씀대로, "자기 잘못을 깨달을 자 누구입니까? 미처 깨닫지 못한 죄까지도 깨끗하게 씻어 주십시오"(시 19:12).

우리가 우리 자신에 대한 이런 말씀에 귀 기울이지 않고 방어막을 가동하며 발끈한다면, 우리는 곤경에 빠집니다. 진심으로 잘못을 말하고 용서를 구할 수 없다면, 우리에게 가장 중요한 관계가 틀어집니다. 한 나라가 의견 차이를 자기 국가의 해악으로 간주할 때 전 세계가 곤경에 빠집니다. 사순절의 주제인 회개는 인간의 안녕에 필수입니다. 우리의 옛 지도자들은 이 점을 알고 있었던 것 같습니다. 우리의 위대한 두 대통령 조지 워싱턴과 에이브러햄 링컨은 온 나라에 회개를 촉구했습니다. 오늘날에는 어느 정당의 대통령이든 이렇게 하는 것을 상상하기 어렵습니다.

저는 최근 프레드리카 메튜스-그린이 쓴 회개에 관한 글을 읽었습니다. 그녀는 그리스도교를 주제로 글을 쓰는 유명한 작가인데, 회개를 새롭게 정의했습니다. "회개는 엉엉 울며 자신을 혐오하는 것이 아

---

6 Aleksandr Solzhenitsyn, *The Gulag Archipelago*, Part IV, Chapter 1. 《수용소군도》
   (열린책들).

니다. 회개는 통찰이다."[7]

회개는 통찰입니다. 회개는 땅에 엎드리는 게 아닙니다. 아마 여러분은 트렌트 롯이 넙죽 저자세를 취하자 많은 사람이 그의 잘못에 관심을 끄게 되었던 것을 떠올리실 것 같습니다.[8] 게다가 회개는 "누군가 기분이 상했다면 미안합니다"라고 말하는 것과도 완전히 다른 일입니다. 회개에는 왜 사람들의 마음이 상했는지offended, **왜** 상처받았는지, **왜** 진실을 듣고 싶어 하고 진심 어린 사과를 듣고 싶어 하는지, **왜** 우리 자신이 잘못한 것인지를 이해하려는 노력이 수반됩니다. "자기가 잘못한offends 것을 깨달을 자 누구입니까? 미처 깨닫지 못한 죄까지도 깨끗하게 씻어 주십시오."

회개는 통찰을 의미합니다. 톨킨이 아들에게 편지를 쓰면서 "그럼 저렇게 쓴 사람은 구별한다는 걸까?" 하고 말했던 것도 바로 그런 까닭입니다. 그는 신문 편집자가 통찰하지 못했다고 말한 것입니다. 신문 편집자는 본인의 성향을 모르기 때문에 타인에게 너무 쉽게 악이라는 꼬리표를 붙였습니다. 신문 헤드라인은 바로 그런 문제가 있습니다. 독자들이 별다른 고민 없이 손쉽게 사담 후세인을, 그의 아이들을 악으로 식별하도록 부추깁니다. 이런 건 어렵지 않습니다. 우리는 타인을 악으로 보는 것을 즐깁니다. 악한 것은 우리가 아니라 타자니까 **우리 자신을** 점검할 필요가 없습니다. 우리 자신을 점검하는 일은 훨씬 더 어려운 일입니다. 혹시 《피아니스트》라는 영화를 보셨나요? 제 생각에 《피아니스트》는 홀로코스트에 관한 최고의 영화입니다. 무엇보다도 이 영화는 가장 날카로운 물음을 던집니다. 만약 내가 거기 있었다면 나는 어떻게 했을까? 저는 압박감으로 인해 선악의 경계가

---

7 "Whatever Happened to Repentance?" *Christianity Today* (2002. 2. 4.).

8 이 상원 다수당 지도자는 인종 차별로 해석되는 무신경한 발언으로 인해 자기 지위를 내려놓아야 했습니다.

흐려지는 방식을 이렇게 생생하게 묘사한 영화를 본 적이 없습니다. 이 영화는 통찰을 줍니다.

저는 두 주 전에 다른 교회에서 설교를 하면서 밥 케리 전 상원의원이 쓴 책을 언급했습니다. 이 책에서 케리는 자신이 베트남에 있을 때 어떻게 어린이와 여성 학살에 휘말렸는지 이야기합니다. 그는 나중에 이 일을 반성하면서 "나는 내가 어떤 사람이 되었는지를 인식하지 못했다"라고 썼습니다. 설교가 끝난 후 어떤 남성분이 저에게 다가와서 그도 같은 감정을 느꼈다고 말했습니다. 그 또한 베트남전에 참전했던 군인이었습니다. 그는 헬리콥터 문에서 총을 쏘는 기관총 사수였는데, 듣기로는 매우 위험한 임무입니다. 그는 자신이 원거리에서 총을 쐈는데 분명 수많은 여성과 아이를 죽였을 것이라고 말했습니다. 케리처럼 말이죠. 그리고 그는 자기 안에 있는 폭발적인 분노를 느꼈는데, 그런 분노가 자기 안에 있는 줄 몰랐다고 말했습니다. 정확히 옮기면, 그는 "너무 무서웠다"라고 말했습니다. 헬리콥터 문에 서 있는 것보다 자기 안의 충동이 더 두려웠다는 말입니다.

그리스도인이 그리스도교 공동체의 맥락에서 이런 식의 고백을 하면 마음이 깊이 가라앉게 되지만 또한 자유롭게 됩니다. 역설이죠. 우리는 복음을 안전하게 품은 채 고백합니다. 복음이 무엇인가요? 로마서에서 바울이 한 말에 귀를 기울여 봅시다. "하나님께서 모든 사람을 순종하지 않는 상태에 두신 것은 그들에게 자비를 베푸시려는 것입니다."

우리는 모두 인간의 조건을 공유하고 있습니다. 그것이 이 사순절 기간의 비밀입니다. 우리에게는 살인자가 될 수도 있는 어두운 충동이 있습니다. 쓰레기 더미에서 자랐다면, 증오와 복수심에 불타는 아버지에게 교육받았다면 살인자가 되었을지 모르는 그런 충동이 우리에게 있습니다. 사담의 아들들이 사악한지 아닌지 누가 압니까? 여러분이 아니요? 어떻게 아시죠? 누가 말해 주었나요? 만일 그들이 악하다면 어떤 영향으로 그들이 악하게 되었는지 누가 압니까? 분명히 말씀드리자면 악한 행동에 대해서는 조치가 취해져야 합니다. 그러나 그리스도인이라면 바깥에서뿐만 아니라 **안에서** 악행이 더 분출되지 않도록 조심할 것입니다.

우리에게 자비를 베푸시려는 것은 하나님의 계획입니다. "하나님께서 모든 사람을 순종하지 않는 상태에 두신 것은 그들에게 자비를 베푸시려는 것입니다." 베드로전서는 다른 표현으로 이 점을 말합니다. "그리스도께서도 단번에 죄를 사하시려고 죽으셨습니다. 곧 의인이 불의한 사람을 위하여 죽으신 것입니다"(벧전 3:18). 의인이 불의한 자를 위해 죽었습니다. 그러니까 단 한 분이신 진정으로 의로운 분께서 불의한 자를 위해 죽으신 것입니다. 바울도 그렇게 썼습니다. "우리가 아직 약할 때에, 그리스도께서 경건하지 않은 사람을 위하여 죽으셨습니다"(롬 5:6).

오늘날 우리가 범할 수 있는 큰 실수 하나는 자신을 잘못된 범주로 분류하는 것입니다. 주 예수께서는 의로운 자를 위해 죽지 않았습니다. 경건한 자를 위해 죽지 않았습니다. 그리스도께서는 뛰어난 자들을 위해 죽지 않았습니다. 우리 구원받은 자들이 우리의 탁월함을 즐기며 다른 사람을 내려다볼 수 있게 하려고 죽으신 게 아닙니다. 성경은 하나님이 우리를 보는 눈으로 우리가 자기 자신을 보도록 가르칩니다. 우리의 적이 우리를 어떻게 생각하는지에 따라 여러분과 제가 좌우된다면 어떻게 되겠습니까? 감사하게도 인간의 궁극적 운명은 적의 손에 결정되지 않습니다. 우리는 하나님의 자비로 살고 죽습니다. "우리 마음속 모든 것을 아시며 우리가 바라는 것을 다 아시며 우리 마음속 그 무엇도 숨길 수 없는 하나님." 그 하나님의 자비로 살고 죽습니다. "오 하나님, 미처 깨닫지 못한 죄까지도 깨끗하게 씻어 주소서."

하나님은 여러분의 실제 모습을 보시고 사랑하십니다. 나 자신에게 조차 숨기고 싶은 그런 부분이 있잖아요. 하나님은 그런 부분들을 보시면서 사랑하십니다. 하나님은 우리가 모두 세상을 선과 악으로 나누는 모습을 보시지만, 선과 악을 나눌 자격이 있는 유일한 분, 우리의 모든 분쟁 위에 좌정해 계실 수 있는 유일한 분은 하나님이십니다. 그리고 그 하나님이 사랑 때문에 세상에 오셔서 "범죄자 중 하나로 헤아림을 받으셨습니다"(사 53:12). 자기 아들 예수 그리스도를 통해 하나님은 우리의 상황 속에 들어오셔서 인간의 복수심, 무관심, 잔인함, 증오에 공격당하셨습니다. 우리 모두에게, **특히 가해자들에게** 자비를 보여 주시기 위해서 말이죠.

그는 거절당한 자로, 정죄받은 자로 죽으셨습니다. 국가와 교회의 모든 의로운 자에 대한 적으로 선고받고 죽으셨습니다. 마지막 한 모금의 숨과 마지막 한 방울의 피까지 적을, 원수를 구원하는 데 사용하셨습니다. 우리에게 구원을 베풀어 주신 것입니다.

아멘.

누구의 삶의 방식?

알림: 이 설교에 있는 예화는 특정한 해에 일어난 사건이
16년 후의 사건과 놀랍게 연결될 수 있음을 보여 줍니다.

본문: 로마서 11:33-36

우리는 지난 2주 동안 '미국인의 삶의 방식'에 관하여 많이 들었습니다. 우리는 이 문구를 평생 들어 왔습니다. 하지만 요즘 상황이 무섭게 돌아가는 중동의 맥락에서 미국인의 삶의 방식은 긴박한 논쟁이 되었습니다—어떤 사람에게는 분명 생사가 달린 문제입니다.[1]

목요일에는 신문 같은 면에 서로 반대되는 말을 하는 두 기고자의 글이 실렸습니다. 한 분은 전쟁에 소집된 해병 아들을 둔 아버지입니다. 그는 부시 대통령이 미국인이 저렴한 가스를 구매할 '권리'를 지키려고 중동에 병력을 파견했다고 비난했습니다. 다른 분의 글은 바로 옆줄에 실렸습니다. 그는 부시가 갤런당 몇 센트 절약하려고 미국인이 사막에서 죽음에 직면하게 한 것이 **아니**라고 썼습니다. 며칠 전 러셀 베이커는 우스우면서도 다소 씁쓸한 칼럼을 썼습니다. 미국인을 비롯한 서구인이 왜 이 상황의 진짜 인질인지에 관한 글이었습니다.

---

1 설교가 진행되면서 맥락이 분명해질 것입니다. 아버지 부시 대통령 시절 1차 걸프전이
 설교의 맥락입니다.

서구인들은 개발 도상국에 사는 사람 대부분이 이해할 수 없는 삶의 방식을 유지하려면 석유가 끝없이 필요해서 석유의 노예가 되었다는 것이죠.[2]

저는 이 시점에 이러한 문제에 대해 결정적인 판단을 내릴 만한 확신이 없습니다. 다만 제가 확신하는 것은 그리스도인에게는 우리의 삶의 방식에 관한 문제들과 씨름하는 것이 가장 중요하다는 점입니다. 우리는 그리스도인 개인으로서 개인적으로 결정을 내리며 그런 문제들과 씨름해야 합니다. 그러나 더 중요한 점은 하나님의 가족으로서 그런 문제들과 집단적으로 씨름해야 한다는 것입니다. **미국인의** 삶의 방식은 뭘까요? **그리스도인의** 삶의 방식은요? 이 두 방식이 같이 갈 수 있나요? 그렇지 않다면 어디서 차이가 나죠? 우리는 어디에 궁극적인 충성을 바쳐야 합니까?

그리스도교 신앙에서 이것보다 더 어려운 문제는 별로 없는 것 같습니다. 미국 그리스도인은 대부분 우리 나라의 이익과 그리스도인의 헌신 사이의 실질적 차이를 보지 않고 있습니다. 미국 그리스도인에게 이 둘은 하나입니다. 사실상 같은 것입니다. 지난주 어느 아침에 저는 기차를 기다리고 있었는데, 신문 가판대 앞에서 두 남자가 이 주제에 대해 큰 소리로 이야기하고 있었습니다. 둘은 본질상 같은 말로 같은 이야기를 하고 있었습니다. '미국인의 삶의 방식', 히틀러 같은 사담 후세인, '하나님이 미국 소년들을 축복하시기를 바란다'는 내용이었습니다. 보통 출퇴근하는 사람들이 《월스트리트 저널》을 집으며 동전 올려놓는 소리가 나던 곳에서 이런 말을 듣게 돼서 조금 놀랐습니다. 국제적인 긴장이 감도는 시기에는 교양 있는 사람들도 '하나님이 미국을 축복하신다'는 주제로 돌아가려는 경향이 있는 것 같습니다.

---

2 *The New York Times* (1990. 8. 22.).

이 설교가 일종의 새로운 유화 정책Munich을 권하는 게 아님을 아셨으면 합니다. 그리스도인이 된다는 것은 단연코 순진해진다거나 나약해진다는 의미가 아닙니다—사실상 정반대입니다. 그리스도인이 되면 '삶의 방식'에 관한 문제를 끊임없이 재평가하게 됩니다. 어떤 삶의 방식으로 살 것인가? 누구의 방식대로? 어떤 기준에 따라서? 누구의 인도 아래? 그리고 **누구의 유익을 위해서** 살 것인가? 하고 항상 묻게 됩니다.

먹고 생육하는 것과 더불어 우위를 다투는 인간의 가장 기본적인 본능 중 하나는 자기 부족이나 집단에 충성하려는 성향입니다. 처음에는 생존 자체와 관련된 본능이었을 겁니다. 생태학적 재앙과 핵으로 인한 공멸이 전 지구를 위협하는 오늘날, 우리는 협력의 필요성을 전보다 더 많이 인식하고 있습니다. 그럼에도 우리는 자기 집단에 대한 거의 원초적인 충성을 여전히 소중하게 간직하고 있습니다. 이러한 본능이 너무 강력하기에, 매우 사려 깊은 사람조차도 우리가 나아갈 방향에 대한 감각을 상실할 수 있습니다. 전체를 보지 않고 자기 집단에 충성하는 것이죠.

이런 문제는 로마서 9-11장에서 바울이 보인 우려와 연결됩니다. 여기서 바울은 이스라엘 민족과 새롭게 부상하는 그리스도교 교회의 관계라는 곤란한 문제를 다룹니다. 이 단락 마지막에 바울이 쏟아내는 말에 초점을 맞춰 봅시다. 몇몇 해석자들은 바울이 이 본문에서 이전보다, 아마 제2 이사야를 제외하면(바울은 제2 이사야의 어깨 위에서 미래를 내다봅니다)[3] 다른 성경 저자들보다, 더 멀리까지 나갔다고 봅니다.

---

3 오늘날 학자들은 이사야 40-55장이 제1 이사야 전통의 어떤 예언자에게서 나온 것이지만, 200년 후 바벨론 유수 중 쓴 것이라는 데 대부분 동의합니다. 이사야 40-55장은 성경의 예언시(prophetic poetry) 중 가장 오래 지속된 구절이며, 보편 구원을 고상하게 보여 주는 약속으로는 구약성경에서 이에 비길 만한 것이 없습니다. 신약성경에서는 이론의 여지가 있는 요한계시록을 제외하면 로마서 11장이 이에 가장 가깝습니다.

바울은 너무 많은 동족이 예수를 메시아로 인정하기를 거부한다는 사실을 놓고 고민해 왔습니다. 바울은 그리스도를 전하는 일에 일생을 바쳤지만, 이스라엘 민족은 그의 말을 무시했습니다. 그는 자신의 문제를 소리 내어 생각하면서(대필자가 받아 적습니다) 유배기의 위대한 구약성경 예언자가 사로잡혔던 것과 같은 일종의 황홀한 환상에 사로잡힌 것으로 보입니다. 한 나라라는 좁은 범위에서 여러 나라로, 한 민족에서 여러 민족으로 이끌어 가시는 하나님의 목적에 관한 환상에 말이죠. 바울은 앞서 제2 이사야처럼, 아니 더 대담하게, 하나님 나라를 상속받는 유대인을 본 게 아니라, 이방인을 본 게 아니라, 이 둘이 하나님의 시간에 함께 있는 것을 봅니다. 바울은 비종교적인 사람, 경건치 않은 사람, 비도덕적인 사람까지 통합하기 위해 종교와 경건함과 도덕성이라는 범주를 벗어나는 하나님을 봅니다. 이것이 로마서 전체가 선언하는 바입니다—**경건하지 않은 사람을 의롭게 하신다**(4:5).

이 신약성경의 주장은 너무 급진적이어서 더 과장할 수도 없습니다. 세계의 어떤 종교에도 이에 견줄 만한 것이 없습니다. 경건치 않은 자를 의롭다 하시는 선언은 '종교'를 떠받치는 온갖 존경과 버팀목을 무너뜨립니다. 우리는 이제 선함이나 의로움이 우리 것이라 주장할 수 없고, 하나님의 것이라고 할 수밖에 없습니다. 하나님께서 원하시는 대로 베푸시는 것이라고 말이죠. 바울은 이를 토기장이와 진흙이라는 유명한 이미지로 되풀이합니다. 그러니까 진흙의 입장에서 좋든 싫든 상관이 없이, 토기장이는 자기가 원하는 대로 온갖 종류의 그릇을 만들 수 있습니다. 이 설명은 좀 유머러스하죠. 그릇이 제작자에게 "지금 이 모양은 맘에 안 들어!" 하고 말하는 모습을 떠올리게 합니다(9:19-21).

바울은 이러한 이미지를 사용하여, 하나님이 다양한 집단의 사람을 다양한 방식으로 형성하여 각 사람에게 하나님 자신의 특수한 목적을 두실 권리가 있다고 옹호합니다. 어떤 집단도 하나님을 좌지우지할 특별 권한을 가질 수 없습니다—바울은 구약성경을 인용하면서 이 점을 강조합니다. "누가 먼저 무엇을 드렸기에 하나님의 답례를 바라겠습니까?"(욥 35:7). 하나님은 특별한 목적을 위해 민족들을 선택하고 **계시는데**, 그중 가장 중요한 민족이 이스라엘입니다. 하지만 우리는 하나님이 다른 집단에도 특수한 때에 특수한 임무를 주셨다고 주장할 수 있습니다—이를테면 1940년의 영국, 1950년대 미국의 남부 흑인, 1980년대 폴란드의 연대 운동, 1989년의 중국 학생들이 그렇습니다. 저는 개인적으로 하나님이 미국에 독특한 역할을 주신 것이 입증 가능한—하나님을 믿는 사람에게 입증될 수 있는—사례라고 생각합니다. 엘리스섬의 새 박물관이 생생하게 보여 주고 있습니다. 따라서 미국 그리스도인들이 이 신성한 신뢰를 '남용'하지 않도록 경계해야 하는 이유가 더욱 분명합니다. 이번 주 《타임스》 기사에 확실한 예가 있습니다. 보스턴 출신 하원의원 조 모클리에 관한 이야기인데, 그는 자신의 깊은 로마 가톨릭 신심 때문에, 엘살바도르에서 예수회 회원 6명이 살해된 사건에 미국이 가담했는지 조사하도록 실질적인 운동을 벌였습니다.

아마 우리는 모두 사담 후세인의 카메라 앞에서 행한 영국인 가족들의 열병식이 영국 외무장관의 말을 인용하자면 "한동안 가장 역겨운 일"이라는 데 동의할 것 같습니다. 자녀를 착취하는 것은 용납할 여지가 없습니다. 하지만 자녀를 잘못 다룬 행태에 분노로 반응하는 것은 당연한 일이지, 특수한 일은 아닙니다. 오히려 특수한 일은 후세인이 자신의 국경 안에서 쿠르드족 아이들을 가스로 공격할 때 영국인과 미국인이 했던 시위일 것입니다.[4] 최근 몇 년 동안 미국은 후세

4 12년 후, 서맨더 파워는 퓰리처상을 받은 자신의 책에서 사담 후세인의 안팔 작전(Anfal Campaign, 이제는 쿠르드족에 대한 학살로 여겨지고 있습니다)과 미국의 실패를 분

인의 행동을 보고도 못 본 체했습니다. 미국이 자국 이익에 위협을 받은 다음에야 비로소 이라크의 독재자가 갑자기 히틀러가 되었습니다. 쿠웨이트에 석유가 없었다면 미국 장병들이 우주복 같은 복장으로 사막에 갔겠습니까?

이 모든 일이 시사하는 바는 자신을 살피고 자신의 '삶의 방식'에 책임지는 것보다 다른 나라의 '얼간이', '폭력배'에게 호통치는 게 더 쉽다는 겁니다. 우리 칼럼니스트들처럼 말이죠. "옳든 그르든 내 조국"이라는 문구는 늘 강력한 신조였습니다. 미국인만 이런 신조를 고백하는 건 아닙니다. 사담 후세인이 비디오테이프를 통해 "우리 아랍인들은 하나님께 더 가까워지는 법을 부시에게 가르칠 것이다"라고 말하는 걸 보면, 웃어야 할지 울어야 할지 텔레비전에 뭘 집어 던져야 할지 아리송합니다. 하지만 그리스도인의 삶의 방식이 이 경우나 다른 모든 경우에 우리 미국인들에게 요구하는 바는 우리 자신을 잘 살피고 또 우리가 미국을 위한 하나님을 그렇게 술술 주장하는 방식을 잘 살피라는 것입니다. 우리는 아마 후세인이 하나님을 바라보는 시각을 바꿀 수 없을 겁니다. 그래도 우리에게는 우리 자신의 견해를 조심스럽게 경계해야 할 특별한 책임이 있습니다.[5]

로마서 11장 마지막에 나오는 바울이 본 하나님의 목적에 관한 비전은 인간이 상상할 수 없을 정도로 포괄적입니다. 바울은 찬송을 부르듯 감탄을 쏟아 냅니다.

하나님의 지혜와 지식은 어찌 그리 깊고 깊습니까! 그 어느 누가 하나

석했습니다. *"A Problem from Hell": America in the Age of Genocide* (New York: Basic Books, 2002), pp. 171-246.

5 군이 지적할 필요도 없겠지만, 지금 2007년에는 정말 그렇습니다. 1990년에는 상상할 수 없었을 정도로 말이죠.

님의 판단을 헤아려 알 수 있으며, 그 어느 누가 하나님의 길을 더듬어 찾아낼 수 있겠습니까! … 만물이 그에게서 나고, 그로 말미암아 있고, 그를 위하여 있습니다. 그에게 영광이 세세에 있기를 빕니다.

이 송영의 **맥락**이 중요합니다.[6] 이는 여러분과 저를 포함하여 온갖 경건치 않은 백성을 자기 구원 계획에 포함하신 주님을 찬양하는 일에 동참하도록 하는 바울의 초대입니다. 우리가 예배드리려고 만날 때마다 죄를 고백하는 것은 가볍게 볼 일이 아닙니다. 그리스도인들이 기도하러 모인다면 다른 사람을 얼간이, 폭력배라고 부를 시간이 없습니다. 우리의 어리석은 행동, 폭력적인 행동을 회개할 시간이 있을 따름입니다. 그토록 자주 하나님의 이름을 들먹이지만, 정작 하나님을 잘 드러내는 대리자가 되지 못한 것을 인정할 시간이 있을 따름입니다.

로마서 11장 마지막에서 바울은 하나님의 구원 목적이 이 땅의 모든 민족을 아우르는 때를 꿈꾸고 있습니다. 이 어렵지만 눈부신 성경 구절의 절정은 바울의 말을 듣는 모든 사람을 초대해서 이스라엘의 삶의 방식도 미국인의 삶의 방식도 아닌 **하나님의** 삶의 방식에 다시 헌신하게 합니다. 바울은 '최악의 상태에서 은혜를 입은 민족'이라는 모토를 제안하고 있습니다. "교만한 마음을 품지 말고 도리어 두려워"하라고 말이죠(11:20). 어떤 부족이나 나라나 회중이, 혹은 회중에 속한 어떤 무리가 다른 이들보다 자신들이 하나님과 더 가깝다고 생각한다면 진정으로 하나님의 하실 일을 바라보는 눈을 이미 상실한 것입니다. 바울은 "누가 주님의 마음을 알았으며, 누가 주님의 조언자가 되었습니까?"라고 묻는데, 그의 반어적 의문문 rhetorical question 은 창조하고 구속하고 유지하는 하나님께 우리가 신뢰를 두도록 요청하는 것

---

6 송영(doxology)은 하나님의 영광(독사δόξα, *doxa*)을 찬미하는 찬송입니다.

입니다. 유대인과 이라크인과 영국 아이들과 중국 학생들을 향한 하나님의 계획은 여러분이나 제가 제한적이고 왜곡되어 있고 유한한 관점으로 고안할 수 있는 그 어떤 계획보다 훨씬 크고 좋으며 정의롭고 또 궁극적으로 진정으로 인간다운 것입니다. 저는 이런 하나님의 계획을 전 **세계적인** 차원에서 생각합니다. **개별적인** 차원에서는 좋은 의도더라도 가장 마음 쓰던 것을 망가뜨릴 수 있다는 것을 경험해 왔기 때문입니다. 여러분과 저와 전체가 고통받는 이 세상은 하나님이 필요합니다. 우리의 잘못된 행위는 거대하며 끝없이 돌고 도는데, 이를 바로 잡으실 분이 하나님이기 때문입니다.

국제 무대에서 눈을 돌려 우리 회중을 살펴봅시다. 지난 몇 주간 우리 가운데 들어온 다른 사람들, 비교적 새로 온 사람들이 제게 여기 있는 것이 좀 불편하다고 말했습니다. 어느 젊은 남자분은 "이 교회에서는 내가 이방인인 것 같은 느낌이 가끔 들어요"라고 말했습니다. 구체적으로 말하면, 여기서 만난 사람들보다 자기가 덜 독실하고 덜 '영적이고' 그리스도교적 삶의 방식에 덜 헌신적이라는 느낌이 든다는 겁니다. 여기에 오래 있었던 우리 죄인들은 이 말이 믿기지 않다는 듯 미소 짓고 싶을지 모릅니다. 자신이 그런 사람이 아니라는 걸 너무 잘 아니까요. 그럼에도 하나님의 훌륭한 종들이 여기 있을 테고, 하나님의 훌륭한 종은 제가 전혀 염두에 두지 않았던 사람일 겁니다. 하나님이 나머지 사람들이 부끄러움을 느끼도록 우리 중 몇몇 사람에게 거룩함이라는 특성을 부여하신 것은 사실이며, 우리는 내가 과연 이에 미칠 수 있을까 싶습니다.

물론 정답은 우리는 할 수 없다는 것이죠. 새로 온 사람들이 오래 머무르다 보면 우리 **모두**에게서 결점과 구멍과 균열을 보게 될 것입니다. 우리가 한 회중으로서 배운 것이 있다면, 그것은 바로 우리 한 사람 한 사람이 하나님의 자비를 받을 자격이 전혀 없다는 점입니다.

이러한 앎은 행복한 앎입니다. 이 지식이 우리를 기쁘게 하고 자유롭게 합니다. 우리는 더 이상 우리 자신을 판단할 필요가 없습니다. 우리 가운데 이방인은 없습니다. 전혀요. 하나님 앞에서는 그 누구도 다른 사람보다 유리한 위치에 있지 않습니다. 우리 주님께서 친히 말씀하셨듯이 "하나님이 악한 사람에게나 선한 사람에게나 똑같이 해를 비추시며 의로운 사람에게나 불의한 사람에게나 똑같이 비를 내려주시기" 때문입니다. 해와 비에 관한 저 기쁜 생각의 맥락을 살펴볼 필요가 있습니다. 이 예수님의 말씀 바로 앞에는 매우 따르기 어려운 산상수훈의 가르침이 나오는데, 이 말씀이 이 어려운 가르침 속에 들어 있기 때문입니다. 바로 이 가르침입니다. "네 이웃을 사랑하고 네 원수를 미워하라 하였다는 것을 너희가 들었으나, 나는 너희에게 이르노니 너희 원수를 사랑하며 너희를 박해하는 자를 위하여 기도하라 … 이는 하나님이 악한 사람에게나 선한 사람에게나 똑같이 해를 비추시며 의로운 사람에게나 불의한 사람에게나 똑같이 비를 내려주심이라"(마 5:43-45). 바울이 한 말도 바로 이 같은 급진적인 맥락에서였습니다.

하나님의 지혜와 지식은 어찌 그리 깊고 깊습니까!
그 어느 누가 하나님의 판단을 헤아려 알 수 있으며,
그 어느 누가 하나님의 길을 더듬어 찾아낼 수 있겠습니까!
　"누가 주님의 마음을 알았으며,
　　누가 주님의 조언자가 되었습니까?" [사 40:13]
　"누가 먼저 무엇을 하나님께 드렸기에
　　하나님의 답례를 바라겠습니까?" [욥 35:7]
만물이 그에게서 나고, 그로 말미암아 있고, 그를 위하여 있습니다.
그에게 영광이 세세에 있기를 빕니다(11:33-36).

바울은 이 절정에 이르는 위대한 찬송으로, 하나님의 삶의 방식에 동참하도록 우리를 초대합니다. 하나님의 기준을 따라, 하나님의 인도 아래, 모든 경건치 **않은** 이의 유익을 위한 삶의 방식으로 말이죠. 바울은 이 글을 쓸 때, 이 글이 스스로 의롭다고 생각하는 사람에게는 매우 역겹겠지만 자신의 잘못을 고백하는 자에게는 사막의 샘물이 되리라 생각했습니다. 불순종하는 주님의 자녀들이 함께 있을 때 그 누구도 이방인이 아닙니다. 만사―죄의 용서, 경건치 않은 자를 의롭다 하심, 광야의 만나, 비둘기 같은 성령의 오심, 사탄과의 전투, 악의 정복, 죽은 자의 부활―가 하나님에게서 나고 하나님으로 말미암아 있고 하나님을 위해 있기 때문입니다

따라서 교만한 마음을 품지 말고 도리어 두려워하십시오. 그때에야 비로소 이 노래를 참되고 진실하게 부를 수 있습니다.

미국이여, 미국이여!
하나님이 너에게 은총을 내리시기를.
대서양에서 태평양에 이르도록
형제애로 너의 선행을 장식하여라.

아멘.

구조하시는 하나님

하나님께서 모든 사람을 순종하지 않는 상태에 두신 것은 그들에게 자비를 베푸시려는 것입니다.

로마서 11:32

요즘에는 교회가 구속, 구원, 칭의 같은 단어 사용을 포기해야 한다는 말을 많이들 합니다. 사람들이 저 말뜻을 모르기 때문이라는 거죠. 여기 그레이스교회에서 우리가 경험한 바에 따르면 이 말은 사실일 것 같지 않습니다. 어쨌든 성경은 대대로 지혜로 남아 있고, 이 말들은 성경 전체에 반복되고 있습니다. 게다가 성경에는 평범한 삶에 관한 수천까지는 아니더라도 수백 개의 이야기와 사례가 있는데, 문학 평론가라면 누구나 알겠지만, 이는 성경이 인류의 상상력을 붙잡은 비결입니다. 그리고 이런 성경 속 이야기는 저 단어들의 의미를 예시해 줍니다.

이번 주 여기 뉴욕에서 구원에 관한 이야기가 있었습니다. 온 도시가 그 이야기로 들끓고 있습니다. 윌리엄 몬도르 형사가 검고 축축하고 더러운 구덩이에서 하비 코헨을 꺼내 주었는데, 코헨이 이렇게 했습니다. "나는 내가 집에 돌아왔다는 걸 알았고, 안전하다는 걸, 하나님이 나를 내려다보시며 미소 지으셨다는 걸 알았습니다."[1] 이는 바로 탕자가 했던 말일 수도 있습니다. 이는 오랫동안 들어 온 속죄에 관한 좋은 표현입니다. "나는 내가 집에 돌아왔다는 걸 알았고, 안전하다는 걸 알았고, 하나님이 나를 내려다보시며 미소 지으셨다는 걸 알았습니다." 제 생각에는 이 놀라운 구조 이야기를 들으면서 심장 박동이 빨라지지 않고 숨이 벅차지 않고 울컥하지 않을 만큼 이런 이야기에 너무 물린, 너무 차갑고 냉담한 사람이 뉴욕시에는 거의 없을 것 같습니다.

예수라는 이름의 의미는 '하나님이 구원하신다'입니다. 저는 영국의 설교자이자 성경학자인 마이클 그린이 이 이름의 히브리어를 번역한 것을 가장 좋아합니다. 그는 예수라는 이름이 "구조하시는 하나님!"을 뜻한다고 썼습니다.

구약성경은 온통 하나님이 구조하러 오시는 이야기입니다. 시편 저자는 "하나님, 나를 구원해 주십시오. 목까지 물이 찼습니다. 발붙일 곳이 없는 깊고 깊은 수렁에 빠졌습니다"(시 69:1) 하고 외칩니다. 야곱은 자신의 원수가 자기와 싸우려고 사람들을 데리고 다가오자 얍복강 가에 서서 두려워하며 전에 기도한 적 없었다는 듯이 기도합니다. "내 조부 아브라함과 내 아버지 이삭의 하나님이시여 … 나는 주께서 베푸신 모든 은총을 받을 자격이 없습니다마는 나를 건져 주시기를 기도합니다"(창 32:9-11). 다니엘도 하비 코헨처럼 굴에 던져졌습니다.

1   구조된 사람의 진짜 이름은 하비 와인스타인입니다. 저는 여기서 "코헨"이라고 바꿔서 썼는데, 왜냐하면 1993년부터 또 다른 하비 와인스타인이 유명해져서 그 이름을 그대로 사용하면 혼란이나 오해를 초래할 수 있기 때문입니다. 유명한 리포터 프랜시스 X. 클라인스가 들려준 이 놀라운 이야기는 《뉴욕 타임스》 기록물 보관소(1993. 8. 19.)에서 찾아볼 만한 가치가 있습니다. 의류 회사 임원인 와인스타인 씨는 납치범들에 의해 헨리 허드슨 파크웨이 근처에서 4×6 크기의 구덩이에 12일간 생매장되었습니다. 그는 고문과 고립에 관한 아서 쾨슬러의 글을 떠올리며 이 시련을 견뎌 냈습니다(이 글은 때마침 최근 고문에 관한 논쟁과 매우 연관성 있습니다).

다니엘의 경우에는 굴속에 굶주린 사자도 있었습니다. 다니엘이 아무런 해를 입지 않고 풀려나자 이교도인 왕조차도 하나님께 영광을 돌리며 말했습니다. "다니엘의 하나님은 … 살아계신 하나님이시요 … 그는 구조하시기도 하고 건져 내시기도 하며, 하늘과 땅에서 표적과 기사를 행하시니, 다니엘을 사자들의 힘에서 구조하셨다"(단 6:26-27).

성경 이야기는 하나님이 구조하러 오시는 이야기입니다. 하나님은 불타는 떨기나무에서 모세에게 자기 백성의 고통을 보았다고 선언하십니다. "나는 이집트에 있는 나의 백성이 고통받는 것을 똑똑히 보았고, 또 억압 때문에 괴로워서 부르짖는 소리를 들었다. 그러므로 나는 그들의 고난을 분명히 안다. 이제 내가 내려가서 이집트 사람의 손아귀에서 그들을 구하겠다"(출 3:7-8). 유월절과 이집트 탈출은 히브리인의 역사를 형성한 사건이며, 이 두 사건은 유대인과 그리스도인에게 모두 하나님 활동의 핵심 이미지입니다. 그래서 초기 그리스도인들은 십자가 처형과 부활 사건을 즉시 새로운 유월절과 출애굽으로 이해했습니다. 구원 드라마의 절정으로 말이죠. 그리스도교 이야기는 우리가 안전하며 우리가 집에 왔으며 하나님이 우리를 보고 미소 지으신다는 사실을 발견하는 이야기입니다. 선한 목자가 내려오셔서 잃어버린 자기 양을 찾아 우리 안에 모으십니다. "삐뚤어진 바보 같은 나는 자주 길을 잃지만/그는 사랑에 빠져 나를 찾았습니다/그의 어깨에 부드럽게 메고/기뻐하며 나를 집으로 데려왔습니다."[2]

자신이 구조되어야 한다는 걸 모두가 알고 있지는 않습니다. 많은 사람이 자신이 곤경에 처해 있다는 걸 인정하지 못하거나 인정하고 싶어 하지 않습니다. 사람들의 곤경은 두 종류입니다. 바깥에서 부과된 곤경과 안에서 나오는 곤경이죠. 저는 지난 몇 주간 이런저런 상황

---

[2] 시편 23편을 개작한 헨리 윌리엄스 베이커(1821-1877)의 〈내 목자는 사랑의 왕〉(The King of love my Shepherd is).

을 통해, 자신이 문제를 일으킬 행동을 했다는 걸 보지 못하는 게 얼마나 끔찍할 수 있는지 어느 정도 직접적으로 경험했습니다. 몇몇 집단에서 통용되는 의견과는 달리, 잘못을 인정하는 것은 약점이 아니라 강점입니다. 진정한 리더라면 회개할 수 있는 능력이 있어야 합니다. 최근 몇 년간 너무 많은 공인(게리 하트, 리처드 닉슨, 올리버 노스, 척 롭, 클락 클리퍼드—수없이 더 나열할 수 있습니다[3])이 자기 잘못을 인정하지 않는 것을 보았습니다. 매우 고통스러운 일이죠. 교회 안에도 그런 사람이 많습니다. 가정 안에서도 그런 일이 많습니다. 인간관계에 매우 파괴적인 일입니다. 자신이 용서받아야 한다고 생각하지 않는 사람을 용서하는 일은 매우 어렵습니다. 잘못을 인정하지 않고 회개하지 않을 때는 어떤 관계도 진척되기 어렵습니다. 우리는 회개하지 않고서는 우리가 처한 상황의 참모습을 이해할 수 없습니다. 하나님의 구속이 필요하다는 사실을 분명히 이해하지 못한다면, 살아계신 하나님이 우리에게 하신 일이 얼마나 어마어마한지도 영원히 모를 것입니다. 우리는 하비 코헨의 이야기에서 코헨이 구출된 것을 기뻐하며 구조대원들에게 감사하는 모습을 보면서 어느 정도 즐거움을 느꼈을 겁니다. 그가 아무 일 없었다는 듯이 그냥 가 버렸다면 우리는 오히려 슬프고 황당했을지 모릅니다.

성경의 구원 이야기는 하나님이 우리를 내려다보시며 미소 지으신다고 말합니다. 이미 일어난 일입니다. 이미 완성되었고요. 우리는 안전합니다. 우리는 집에 돌아왔습니다. 예수님께서 우리를 위해 이 모든 것을 이미 이루셨습니다. 여기 계신 많은 분이 이미 저에게 칼 바

---

3 이 설교는 1993년에 했습니다. 이 책을 출간하려고 준비할 즈음에는 리지 그러브먼, 마사 스튜어트, 케이트 모스, 패리스 힐튼, 배리 본즈, 버나드 B. 케릭을 비롯하여 회개하지도 않을뿐더러 오히려 더 의기양양하며 부끄러움을 모르는 여러 다양한 사람이 언급될 만합니다.

르트가 좋아했던 스위스 전설을 들으셨을 겁니다. 말을 타고 가다 한밤중에 길을 잃고 얼어붙은 콘스탄츠 호수를 건너는 사람에 관한 이야기입니다. 이 남자는 자기가 하는 행동에 대해 알지 못했습니다. 그는 반대편 안전한 곳에 도착하자 자신이 끔찍한 죽음에서 가까스로 탈출한 것이라는 사실을 듣게 되었습니다. 그는 공포와 안도감에 휩싸여 다리가 풀렸습니다. 우리가 처한 상황이 그렇습니다. 우리는 이미 반대편 안전한 곳에 도착했는데, 왜냐하면 하나님께서 우리를 향한 은총과 선하심을 선포하셨기 때문입니다. 그러나 우리가 처한 곤경의 심각성을 깨닫지 못하면, 우리는 우리 주님께서 우리를 위해 이루신 구원의 위대함을 결코 알 수 없습니다. 그건 마치 하비 코헨이 구덩이에 빠진 것을 모르고 있는 상황입니다.

우리는 이번 여름 주일 성서일과에서 로마서를 읽고 있습니다. 우리는 로마서의 신학적 핵심이자 감정의 중심인 11장 마지막에 이르렀습니다. 이 부분을 성경 전체의 근본이 되는 핵심이라고 생각하는 사람도 있습니다. 저도 그중 하나입니다. 11장 32절에 주의를 기울여 봅시다. "하나님께서 모든 사람을 순종하지 않는 상태에 두신 것은 그들에게 자비를 베푸시려는 것입니다." 조엘 마커스는 이곳 그레이스교회에서 가르치면서 신약 박사학위를 받았는데, 이 구절을 복음의 열쇠로 지목하곤 했습니다. 지난 금요일 저는 이 교구의 사제였던 피츠시몬스 앨리슨이 최근에 쓴 글을 읽었는데, 그 역시 이 구절을 인용한 것을 보고 매우 기뻤습니다. "하나님께서 모든 사람을 순종하지 않는 상태에 가두신 것은 그들에게 자비를 베푸시려는 것입니다"(NIV).

이것은 인간의 이야기입니다. 우리 모두는 죄와 불순종의 영향으로 고통받고 있습니다. 개인으로서도 그렇고 공동체로서, 도시, 집단, 민족으로서 우리는 온갖 종류의 탐욕, 질투, 폭력, 불화, 갈등, 자기 추구에 중독되어 있습니다. 우리는 "최악이야"It's the pits라는 말을 자주 하는

데, 우리가 말하면서도 우리가 아는 것보다 많은 의미를 발하고 있는 것일지도 모릅니다. 예언자 예레미야는 38장에서 보듯이 구덩이에 갇혔습니다. 그러나 그의 개인적인 곤경은 그가 본 이스라엘의 임박한 심판만큼 끔찍하지는 않았습니다. "나의 백성 나의 딸이 채찍을 맞아 상하였기 때문에 내 마음도 상처를 입는구나. 슬픔과 공포가 나를 사로잡는구나. 길르앗에는 유향이 있지 않은가? 그곳에는 의사가 있지 않은가? 어찌하여 나의 백성, 나의 딸의 병이 낫지 않는 것일까?"(렘 8:21-22).

예레미야는 이러한 물음에 대해 **아니, 길르앗에는 유향이 없다**고 답할 만한 온갖 이유가 있었습니다. 정말 거기에 아무것도 없을 수 있다는 점을 이해하지 못한다면, 하나님의 구원 사역의 규모도 이해하지 못할 겁니다. 2주 전 휴가 때 저는 딕과 함께 유명한 성가대 지휘자가 이끄는 찬양 집회에 갔습니다. 그날 찬양 목록에는 유명한 〈길르앗에는 유향이 있다〉There is a balm in Gilead●도 있었습니다. 그런데 거기 참석한 어떤 여성분이 "이게 무슨 뜻인가요?" 하고 물었는데, 아무도 몰랐습니다. 성경에 나온 말이라는 것을 아는 사람도 없었습니다. 지휘자도 몰랐습니다. 저는 깜짝 놀랐습니다. 우리가 무슨 말을 하고 무슨 노래를 하는지도 모른다면, 어떻게 신앙 안에서 자라나기를 바랄 수 있을까요? 이 찬양의 가사는 이렇습니다. "길르앗에는 유향이 **있다네**/상처받은 이를 온전하게 할/길르앗에는 유향이 **있다네**/죄로 병든 영혼을 치유할." 길르앗에 유향이 **전혀 없었을 것**이라는 점을 모른다면, 저 가사는 시시하게 들릴 겁니다. 아무도 스위스인 마부에게 이야기해 주지 않았다면, 그는 자신이 어떤 위험에서 벗어난 것인지 결코 몰랐겠죠.

● 우리말로는 〈은혜로운 곳 길르앗〉이라는 제목의 찬양으로 번역되어 있습니다.

"하나님께서 모든 사람을 순종하지 않는 상태에 두신 것은 그들에게 자비를 베푸시려는 것입니다." 여러분과 제가 이기심과 우상숭배와 하나님 없는 상태에 빠진 게 분명한 만큼, 주님께서 구약성경의 말처럼 "강한 손과 펴신 팔로" 우리에게 내려오신 것도 분명합니다. 우리가 하나님의 진노와 정죄를 받아 마땅한 게 분명한 만큼, 그의 아들이 구덩이에 있는 우리를 대신하여 우리를 구하러 오신 것도 분명합니다. 바울이 로마서 5장에 썼듯이, "지금 우리가 [그리스도의 피로] 의롭게 되었으니, 그리스도로 말미암아 하나님의 진노에서 구원을 얻으리라는 것은 더욱 확실합니다! 우리가 하나님의 원수일 때에도 하나님의 아들의 죽으심으로 말미암아 하나님과 화해하게 되었다면, 화해한 우리가 하나님의 생명으로 구원을 얻으리라는 것은 더욱더 확실한 일입니다! 그뿐 아니라 이제 우리로 화목하게 하신 우리 주 예수 그리스도로 말미암아 하나님 안에서 또한 **즐거워합니다**"(5:9-11).

여기 그레이스교회에 모인 우리는 모두 죄인입니다. 우리는 참된 의로움과 거리가 굉장히 먼 사람입니다. 오늘 밤 이곳에 새로 오신 분이 계시다면, 저는 그분의 모든 요구에 완벽한 응답을 약속드릴 수 없습니다. 하지만 이렇게 말씀드릴 수는 있습니다. 이 회중은 여러 해 동안 복음으로 형성되어 왔으며, 복음은 우리에게 구원―이 땅에서 두려움으로부터의 구원, 그리고 하나님의 마지막 심판의 정죄로부터의 구원 약속―의 지식과 더불어 기쁨을 준다고 말이죠. 복음은 이 모임 사람들에게 이 땅의 많은 슬픔에도 불구하고 남아 있는 깊은 내적 기쁨을 주고 있습니다. 하나님께서 우리의 가장 나쁜 모습을 아시지만 그럼에도 불구하고 모든 잘못을 바로잡는 길을 열어 주셨다는 사실을 인지하면 비교할 수 없는 자유를 누리게 됩니다. 무겁게 누르던 것이 가벼워집니다. 우리는 온갖 죄 가운데 있지만 서로에게 자비가 임했음을 아는 동료입니다. 이 즐거운 지식 속에서 우리는 온갖 새로 온 분과 동료 여행자를 환영합니다. 이제 아이들처럼, 자녀처럼 아버지의 식탁으로 갑시다. 거기가 우리의 집이며, 거기서 안전함을 느낍니다. 주님이 우리에게 미소 지으십니다. "기뻐하십시오! 다시 말합니다. 기뻐하십시오!"

아멘.

우리 자신을 드리기

본문: 로마서 12:1-12

지난 월요일 데이비드 콘은 수술 후 4개월간의 회복기를 거치고 양키스로 돌아와서 오클랜드 에이스를 상대로 7이닝 무안타의 투구를 보여 주었습니다. 이 환상적인 복귀는 뉴욕에서 신문 1면을 장식했습니다. 조 토리 감독은 85번의 투구(그중 54번이 스트라이크) 후에 콘을 마운드에서 내렸는데, 최고의 선발 투수가 다시 부상당하지 않는 것이 무안타 경기보다 훨씬 중요하기 때문입니다. 나중에 데이비드 콘은 이렇게 말했습니다. "저는 겸손해졌습니다. 제가 겪은 일을 겪으시면 당신도 자신이 필멸자임을 깨달으실 겁니다. 타이어의 접지면은 수명이 있습니다. 저를 마운드에서 내려 줘서 고맙습니다. 월드 시리즈에 참여하는 게 더 중요합니다."

아마 데이브 콘이 들으면 놀라지 않을까 싶습니다만, 콘의 말은 지난주와 이번 주 우리가 읽고 있는 로마서 12장에서 바울이 교회를 묘사한 정신과 크게 다르지 않습니다.

나는 내가 받은 은혜를 힘입어서, 여러분 각 사람에게 말합니다. 여러분은 자신을 마땅히 생각해야 하는 것 이상으로 생각하지 말고 …

냉철하게 판단하여 생각하십시오. 한 몸에 많은 지체가 있으나, 그 지체들이 다 같은 일을 하는 것이 아닙니다. 이와 같이 우리도 여럿이지만 그리스도 안에서 한 몸을 이루고 있으며, 각 사람은 서로 지체입니다. 우리에게 주신 은혜를 따라, 우리는 [그리스도의 몸을 세우기 위해] 저마다 다른 은사를 가지고 있습니다.

데이브 콘은 "저는 겸손해졌습니다"라고 말했습니다. 그는 자신을 마땅히 생각하는 것 이상으로 생각하지 않았습니다. 바울이 말한 것처럼 그는 "냉철하게 판단하여" "자신이 필멸자임을 깨닫는다"고 말했습니다. 콘은 자신이 팀에 없어서는 안 될 구성원이라고 생각합니다 (우리도 여럿이지만 그리스도 안에서 한 몸을 이루고 있으며 각 사람은 서로 지체입니다). 특히 그는 "우리는 우리에게 주신 은혜를 따라 저마다 다른 은사gift를 가지고" 있고 우리 중 누군가는 더 화려한 은사를 가지고 있지만 그렇더라도 그 용도는 개인의 명성을 위해서가 아니라 전체의 유익을 위한 것임을 이해하고 있습니다. 저는 특히 콘이 한 말 중에서 "저를 마운드에서 내려 줘서 고맙습니다. 월드 시리즈에 참여하는 게 더 중요합니다"라는 말이 인상적이었습니다. 그는 감독이 더 큰 그림을 위해 내린 지시에 자신의 영광을 기꺼이, 심지어 즐겁게 희생했습니다. 이는 바로 그리스도의 군사들이 하는 일입니다.

여러분은 "한 손에는 성경을, 다른 손에는 신문을" 들고 설교를 쓴다는 유명한 격언을 저에게 자주 듣게 되실 겁니다. 저는 한 주 내내 이 로마서(성경)의 맥락에서 데이브 콘의 발언(신문)을 생각해 보았습니다. 이 두 가지에 더해서 세 번째로 동반된 것은 세인트존스교회라는 그리스도의 몸이었습니다. 사람들은 제가 옛날에 했던 설교를 재활용할 거냐고 묻습니다. 글쎄요, 저는 그렇게 하지 않을 것 같습니다. 왜냐하면 오래전 유니언신학교에서 주님 안에서 특출난 멘토들에게 배웠듯이, 그리스도교 설교의 상당 부분은 설교가 행해지는 맥락 안에 있어야 하며, 그 맥락에 관한 것이어야 합니다. 오늘 아침에는 여러분과 제가 맥락입니다. 바울이 그리스도교 회중에게 호소한 로마서를 새롭게 듣는 맥락이 오늘 아침에는 여러분과 저입니다.

지난 주일 저는 여러분과 함께 성체성사 1부를 집례할 때, 토머스 크랜머가 감사 기도^{eucharistic prayer}를 로마서 12장에 얼마나 밀접하게 기초하여 작성했는지를 처음으로 알게 되었습니다.

> 오 주님, 우리는 당신께 드릴 합당하고 거룩한 산 제물이 되도록 우리 자신을, 우리 영혼을, 우리 몸을 주님께 봉헌하며 바칩니다. 겸손히 구하오니, 우리와 이 성찬에 참여하는 모든 사람이 … 그와 함께 한 몸이 되어, 그가 우리 안에 거하시고 우리가 그 안에 거하게 하여 주옵소서.

이는 로마서 12장에 있는 바울 사도의 말을 그대로 본뜬 것입니다.

> 형제자매 여러분, 그러므로 나는 하나님의 자비하심으로 여러분에게 권합니다. 여러분의 몸을[여러분 자신을] 하나님께서 기뻐하실 거룩한 산 제물로 드리십시오. 이것이 여러분이 드릴 영적 예배입니다.[1] … 우리도 여럿이지만 그리스도 안에서 한 몸을 이루고 있으며, 각 사람은 서로 지체입니다.

저는 토머스 크랜머의 감사 기도와 로마서 12장이 이렇게 직접적

---

1 구약성경과 신약성경 저자들은 헬레니즘 철학의 영향을 받은 이후의 사상가들처럼 몸과 영혼을 구분하지 않았습니다. 바울은 몸과 분리된 영혼이 아니라 오롯한 사람에 대해 말하고 있습니다.

으로 연결되어 있음을 인지하고는 그 어느 때보다 이 회중의 현재와 미래에 대해 생각해 보게 되었습니다.

그리스도인으로 존재한다는 의미는 상당 부분 인지에 기초합니다. 수많은 그리스도교 교육자는 우리가 무언가를 인지할 만큼 우리의 전통을 충분히 알지 못하기 때문에 이런 인지가 불가능해질까 우려합니다. 유소년 주일학교의 주된 목적은 지금은 이해하지 못하더라도 나중에 자라서 인지하게 될 것들을 익숙하게 하는 것입니다. 찬송가 가사, 성경 구절, 기도, 그림, 조각상을 연결할 수 있는 것은 신나는 일입니다. 우리가 저 감사 기도에서 로마서 12장을 알아볼 수 있을 만큼 이 말씀을 잘 알고 있으면 메시지가 형성한 자극이 힘을 얻습니다. "오 주님, 우리는 당신께 드릴 합당하고 거룩한 **산 제물**이 되도록 **우리 자신을 … 봉헌하며 바칩니다.**" 우리는 이 기도서의 언어가 부활 사건으로부터 20-30년 후 사도가 로마 그리스도인에게 쓴 편지에서 취한 것임을 보면서, 이것이 마치 주문처럼 사제가 매주 낭독하는 그저 아름다운 문장이 아님을 깨닫게 됩니다. 성경과의 연관성을 인지하면, 우리의 마음은 고양되고 우리의 삶에 변화를 줄 수 있게 됩니다. 실제로 **산 제물**로 **우리 자신을 바친다**는 생각이 말에 그치지 않고 실제로 우리에게 영향을 미치게 됩니다. "형제자매 여러분, 그러므로 나는 하나님의 자비하심을 힘입어 여러분에게 권합니다. 여러분의 몸을[여러분 자신을] 하나님께서 기뻐하실 거룩한 산 제물로 드리십시오"라는 바울의 초대를 듣는 바로 오늘, 하나님은 여러분의 마음에서 이 일이 일어나도록 행동하고 계십니다.

바울은 로마서의 거의 모든 곳에서 설교하고 있습니다. 전통적으로는 12장부터 설교에서 권면으로 넘어간다고 말합니다. 부분적으로만 맞는 말입니다. 12장은 1-11장에서 도출되는 핵심 사안으로 시작합니다. 그래서 12장은 **그러므로**라는 말로 시작합니다.[2] "그러므로 나는 하나님의 자비하심으로 여러분에게 권합니다. 여러분의 몸을 하나님께서 기뻐하실 거룩한 산 제물로 드리십시오." 바울은 "하나님의 자비하심으로"라고 하면서 판에 박힌 문구를 남발하는 게 아닙니다. 자기 삶에서, 그리스도교 공동체에서 본인이 본 변화에 대해 말하고 있습니다. 설교하고 있습니다. 바울이 "사랑에는 거짓이 없어야 합니다. 악한 것을 미워하고, 선한 것을 굳게 잡으십시오" 같은 말을 할 때, 그는 그저 격언을 전하고 있는 게 아닙니다. 단순히 회중에게 더 잘하라고 권면하고 있는 게 아닙니다. 그는 **성령의 능력으로 그리스도의 마음이 공동체 안에서 구체화되는 모습을 묘사하는** 중입니다. 이는 우리가 하는 것이 아닙니다. 하나님께서 우리 안에서 하시는 것입니다.

　어느 날 제 설교를 듣고 교구민 한 분이 저에게 이렇게 말했습니다. "사제님은 분명 우리에게 많은 기대를 하고 있군요!" 이 말을 듣고 저는 사실 좀 낙심했습니다. 어이쿠! 설교가 그렇게 들렸다면 그 설교는 결코 우리를 자유롭게 하는 복음이 아닙니다. 죄책감을 심어 주는 말인 것이죠. 로마서 12장이 해방하는 목소리로 들리지 않는다면, 우리는 앞 장으로 돌아가서 좋은 소식을 전부 다시 읽어야 합니다.

　　우리는 하나님의 영광에 참여할 희망을 안고 기뻐하고 있습니다 (5:2).

　　하나님의 사랑을 우리 마음에 부어주셨습니다(5:5).

　　우리는 율법 아래 있지 않고 은혜 아래 있습니다(6:15).

2　신학교에서 교육받을 때 "저기에 '그러므로'가 있는 목적은 무엇인가?"(What is the 'therefore' there for?)라는 말을 흔히 듣습니다. 이것은 생각보다 중요합니다.

우리는 낡은 문자 아래서 하나님을 섬기지 않고, 성령이 주시는 새 삶 속에서 하나님을 섬깁니다(7:6).

바울의 윤리적 메시지를 다른 식으로 표현한 유명한 문구가 있습니다. 바로 "지금의 네가 돼라"^{당신은 이미 이루어진 당신 그대로가 되십시오!, Become what you already are!}는 말입니다. 불가능한 기대를 짊어지고 버티라는 것과는 완전 다릅니다. 모든 것을 바꾸는 일이 일어났습니다. 우리는 이미 성령이 주시는 새 삶 속에서 섬기고 있습니다. 바울은 이미 현실이 된 것을 묘사하는 중입니다. "하나님의 사랑을 우리 마음에 부어주셨기" 때문에 이미 현실이 된 것입니다. 12장은 처방^{prescription}이 아니라 묘사^{description}입니다.

> 사랑에는 거짓이 없어야 합니다. 악한 것을 미워하고, 선한 것을 굳게 잡으십시오. 형제의 사랑으로 서로 다정하게 대하며, 존경하기를 서로 먼저 하십시오. 열심을 내어서 부지런히 일하며, 성령으로 뜨거워진 마음을 가지고 주님을 섬기십시오.

이는 연하장에 적혀 있을 법한 멋진 종교적 발상이 아닙니다. 그리스도의 마음을 묘사한 것입니다. 그리스도의 마음은 살아 있고 세상에서 역사하고 있습니다. 주 예수님이 살아서 세상에 역사하고 계시기 때문입니다.

다시 데이브 콘 이야기로 돌아가면, 그는 월드 시리즈가 가장 중요하기 때문에 자신이 경기에서 빠진 것에 감사하다고 말했습니다. 저는 교회에서 벌어진 다툼이 생각납니다. 성찬대 관리를 담당하는 교인은 다른 사람이 부활절 꽃 장식을 하라는 말에 기분이 상했습니다. 어느 복사단원은 2년 동안 크리스마스 이브에 십자가 운반을 맡았는데, 3년째에는 다른 사람이 맡자 발끈했습니다. 교구위원장이 될 예정이었던 교구위원은 중대 사안에 관한 투표에서 자기 의견을 관철하지 못하자 교구위원장 자리를 거부했습니다. 여러분은 이것이 단면을 과장한 것이라고 생각할 수도 있겠습니다. 이런 일들은 제가 목회를 하면서 본 현실의 아주 작은 표본에 불과합니다. 자기 방식을 원하는 것은 인간의 본성입니다. 바울은 이러한 점을 로마서 1-3장에서 자세히 묘사했습니다. 그러나 바울이 말하기를, 인간의 삶에 새로운 일이 일어났습니다.

> 우리의 옛 자아가 그리스도와 함께 십자가에 달려 죽은 것은 … 우리가 다시는 죄의 노예가 되지 않게 하려는 것임을 우리는 압니다(6:6).

> 그것은, 그리스도 예수 안에서 생명을 누리게 하는 성령의 법이 당신을 죄와 죽음의 법에서 해방하여 주었기 때문입니다(8:2).

새로운 상황이 탄생했습니다. 그래서 바울이 **그러므로**라고 한 겁니다. "형제자매 여러분, **그러므로** 나는 하나님의 자비하심으로 여러분에게 권합니다. 여러분의 몸을 하나님께서 기뻐하실 거룩한 산 제물로 드리십시오."

우리가 올해 새롭고 신선한 방식으로 이렇게 한다면, 세인트존스교회는 어떤 모습일까요? 바로 오늘 우리 각자가 자신을 하나님을 섬기는 데 바치겠다고 진지하게 기도드린다면 무슨 일이 일어날까요? 우리가 여기 코네티컷주 북서부 끄트머리에서 이번 계절에 함께 새 출발을 한다면 우리는 어떻게 될까요? 우리가 한적한 작은 공동체처럼 보일지 몰라도 하나님의 영이 일하실 때 한적한 작은 공동체 같은 것은 없습니다. 그리스도교 공동체는 자신들이 새로운 상황에 처했음을 아는 사람들의 모임입니다―바로 은혜의 상황, 자비의 상황, 약속의 상황, 새 생명의 상황입니다. 이런 상황이 어떻게 가능한가요? 무엇이 차이를 만들어 낸 것일까요?

바울은 우리에게 이야기합니다. 바울은 그리스도교 복음의 최핵심을 이루는 말로 이렇게 씁니다.

> 우리가 아직 약할 때에, 그리스도께서는 제 때에, 경건하지 않은 사람을 위하여 죽으셨습니다. … 우리가 아직 죄인이었을 때에, 그리스도께서 우리를 위하여 죽으셨습니다. 이리하여 하나님께서는 우리들에 대한 자기의 사랑을 실증하셨습니다(5:6, 8).

이것이 바로 모든 상황을 새롭게 만든 것입니다. 이를 아직 충분히 인식하지 못할 수도 있지만, 주님의 몸과 피를 받으러 나올 때 여러분은 성령으로 새롭게 빚어지고 있습니다. 우리가 이 일을 하는 게 아닙니다. 하나님께서 하시는 것입니다. 우리는 이 선물을 받으러 나오면서 우리 자신에 대해 아무것도 기대하지 않습니다. 우리는 하나님께로부터 오는 모든 것을 기대합니다. 이 은혜의 복음을 통해서, 이 새로운 현실에서, 이 능력으로 말미암아, 이제 우리는 그리스도 안에서 지금의 내가 될 수 있게 되었고, 그래서 우리는 우리 자신을 "**하나님께서 기뻐하실 거룩한 산 제물로**" 드리고 있습니다. "**이것이 우리가 드릴 영적 예배입니다.**" 그리고 바로 이럴 때, 형제자매 여러분 조심하십시오. 하나님은 늘 자신이 시작하신 일의 끝을 보시니까요. 자신이 기뻐하실 거룩한 상태로 우리를 만들어 가실 테니까요.

그래서 오늘 저는 여러분 모두 앞에 한 가지 부르심을 두려 합니다. 여러분, 오늘 하나님께 자기 자신을 산 제물로 드리겠습니까? 함께 몇 분 동안 소리 내어 기도하면서 여러분이 무슨 말로 기도하고 있는지 생각해 보십시오. 하나님께서 여러분을 부르고 계심을 믿는다면,

여러분은 하나님이 기뻐하실 거룩한 산 제물로 자기 자신을 드리도록 초대받았음을 인식할 수 있습니다. 그뿐만 아니라 그리스도 안에서 다른 이를 위해 자신을 드리도록 초대받았음을 인지할 겁니다. 사회적 지위에 따라서 서로를 인식하지 않고, 소속에 따라서도 아니고, 누가 소개해 주었는지, 방문객인지 아니면 몇 대 째 교인인지에 따라서도 아니고, 다만 성령의 능력으로 이 공동체 안에 형성되고 있는 그리스도의 마음을 따라서 서로를 인식하면서, 우리는 서로에게 자신을 드리도록 부름받고 있습니다.

제가 올해 어떤 이유에서건 여러분 가운데 있다면, 그 이유는 이 세상에서 가장 엄청난 소식을 여러분께 분명히 나타내기 위해서입니다. "우리가 아직 죄인이었을 때에, 그리스도께서 우리를 위하여 죽으셨습니다. 이리하여 하나님께서는 우리들에 대한 자기의 사랑을 실증하셨습니다." 그리고 이 소식과 함께 변화라는 결과도 생깁니다. 하나님께서 원하시는 식의 섬김은 예수님이 우리에게 하신 그런 섬김입니다. 바로 각 사람에 대한 하나님의 한없는 사랑을 보여 주는 데 초점을 두면서, 사람을 가리지 않고 나 자신에게 관심을 쏟지 않으며 다른 이의 유익을 구하는 섬김입니다. 이 두 달 동안 여러분은 제가 마땅히 받을 만한 것 이상의 큰 사랑을 보여 주었습니다. 이제 서로를 섬기려는 열망이 배가 되도록, 그러면서 우리가 날마다 **산 제물**이 되도록 복음의 메시지가 우리 안에서 역사하게 합시다. 이것은 창조 세계 전체를 위한 길입니다. 왜냐하면 진실로 진실로 이르자면, 궁극의 '월드 시리즈'가 우리 주 예수 그리스도께 속해 있기 때문입니다.

아멘.

우리 성품의 내용

본문: 로마서 12:1-3

대통령 선거 운동이 성품의 문제에 초점을 맞추고 있습니다. 빌 클린턴의 성품은 선한가요? 밥 돌의 성품은요?[1] 《월스트리트 저널》은 이 점에 대해서 보도했습니다. 편집자는 목요일에 편지를 하나 받았는데, 호러스 그릴리의 말이 인용되어 있었습니다. "명성은 수증기와 같고, 인기는 우연이며, 부는 날아갈 수 있다. 단 하나 계속 남아 있는 것은 성품이다." 저는 프랭클린 루즈벨트의 머리는 이류였지만 성품은 일류였다는 말을 들은 적이 있습니다. 성품이 뭔가요? 마틴 루터 킹 주니어는 이렇게 말했습니다. "나는 꿈이 있습니다. 언젠가 나의 네 아이가 피부색이 아니라 성품으로 평가받는 나라에 사는 꿈을 꿉니다." 그가 말한 성품은 어떤 의미입니까?

어떤 사람은 성품이란 새벽 3시에 어둠 속에 혼자 있을 때 자기 모습이라고 말합니다. 저는 종종 넬슨 만델라 같은 수감자나, 오랜 세월 말 못 할 고난을 견디고도 분개하거나 무너지지 않은 전쟁포로를 생각합니다. 그들의 성품은 어떻기에 이런 시련을 견뎌 낼 뿐만 아니라

---

1 이 설교를 할 때 클린턴과 돌이 선거에 출마해 격돌했습니다.

정복할 수 있었던 걸까요? 여러분이나 제가 그렇게 할 수 있을까요? 청년들은 박탈감을 견뎌 낼 수 있으신가요? 다른 건 몰라도 확실히 성품은 역경을 인내하고 이겨내는 능력입니다. 킹 박사님은 그 위대한 날에 행진하는 사람들에게 말했습니다. "여러분은 창조적 고난의 베테랑입니다." 신약성경 저자들은 분명 이 말에 동의할 겁니다. 신약성경의 핵심어 중 하나는 휘포모네ὑπομονή입니다. 이 그리스어는 굴하지 않음 내지 견딤을 뜻합니다. 이 단어는 흔히 인내patience로 번역됩니다. 인내라는 말은 어감이 좀 약하지만 사실 위대한 힘을 지닌 덕목입니다. 왜냐하면 인내는 오랜 고군분투를 통해서 얻게 되는 강하고 성숙한 성품이기 때문입니다.

우리는 마르쿠스 아우렐리우스에서 콜린 파월에 이르는 세속 사상을 빌려서 좋은 성품에 대해 많은 말을 할 수 있습니다. 오늘날 우리 문화가 덕에 대한 감각을 상실했다는 탄식이 곳곳에서 쏟아져 나옵니다. 저는 우리 모두가 이러한 문제의식을 공유하길 바랍니다. 하지만 그리스도교 공동체의 일원인 우리에게 더 중요한 것은 **그리스도인에게** 특수한 성품에 대한 이해를 공유하는 것입니다. 오늘 복음서 본문에서 우리 주님은 이런 말씀을 하십니다. "누구든지 나를 따라오려거든, 자기를 부인하고, 제 십자가를 지고, 나를 따라오너라. 누구든지 자기 목숨을 구하고자 하는 사람은 잃을 것이요, 나 때문에 자기 목숨을 잃는 사람은 찾을 것이다"(마 16:24-25). 다시 말해 그리스도인의 성품은 **십자가 형상**입니다—십자가에 못 박히신 분의 모습입니다. 그것은 자기희생적입니다. 기꺼이 고난을 감수하는 것이죠. 그리스도인의 성품은 그리스도와 닮았기에 독특한 것입니다. 바울이 로마서 8장 29절에 썼듯이, 우리는 "자기 아들의 형상과 같은 모습이 되도록 미리 정함"받은 사람입니다. 그리스도를 닮은 성품이라면 모두가 인정하고 존경합니다. 그리스도교에 반대하는 사람이나 비종교적인 사람도 인정하고 존경합니다.

《뉴스위크》최신호 표지에는 대통령스럽게 찍은 클린턴의 사진과 함께 "변신"Makeover이라는 글자가 크게 박혀 있습니다. 그걸 본 제 첫인상은 "변신이 필요하다면 성품character이 없는 것이다"였습니다. 그리고 다른 한편으로 우리 모두 변신이 필요하다는 생각도 들었습니다. 오늘의 성서일과 로마서 본문을 보면 바울도 이와 비슷한 말을 합니다. "여러분은 이 세상을 본받지 말고 … 변화를 받아서." 우리가 여름 내내 읽었던 로마서를 아직 기억하시는 분들은 우리 **모두가** 변화받아야 한다는 점을 이해하실 겁니다. 바울이 강조한 "모든 사람이 죄의 권세 아래 있다"(3:9)는 말이 사실이라면, 우리는 분명 대대적인 변신이 필요합니다. 그리고 믿음으로 그리스도께 나아가는 각 사람에게 하나님이 하시는 일이 바로 이겁니다.

이 변신이라는 게 어떤 걸까요? 바울은 이렇게 말합니다.

> 형제자매 여러분, 그러므로 나는 하나님의 자비하심으로 여러분에게 권합니다. 여러분의 몸을 하나님께서 기뻐하실 거룩한 산 제물로 드리십시오. 이것이 여러분이 드릴 영적 예배입니다. 여러분은 이 세상을 본받지 말고, 마음을 새롭게 함으로 변화를 받아서, 무엇이 하나님의 뜻인지, 무엇이 선한 것인지, 무엇을 하나님이 기뻐하실지, 무엇이 완전한 것인지 분간하도록 하십시오.

다시 말해, **세상**이 아니라 **하나님**이 생각하는 "선하고 마음에 들고 완전한" 것을 본받게 된다는 것입니다. 그리스도인의 인생은 자아라는 제단이 아니라 **하나님의 자비**라는 제단에 **산 제물**로 소모되는 삶입니다.

우리는 오늘날 집요한 자기중심적 문화 속에서 살고 있습니다. 그리스도교적 삶의 방식을 이야기할 기회를 얻기가 점점 어려워지고 있지만, 실제로 누군가 그리스도와 같은 방식으로 **삶**을 영위하면 아무리 무심한 사람이라도 탄복하게 됩니다. 우리의 과제는 입과 몸 사이의 올바른 균형을 찾는 것입니다. 그리스도인에게 그리스도와 같은 삶의 **원천**을 인정하지 않으면서 그리스도와 같은 방식으로 산다는 것은 용어상으로도 모순이며, 신약성경의 교회라면 이런 말을 이해하지 못했을 겁니다. 바울은 주님에 대해 신실하게 **말**하는 것이 **행함**을 산출한다는 점을 우리가 알기를 바랐습니다—우리가 우리 자신을 산제물로 드리는 행위가 나오는 것이죠. 아, 그런데 이 둘이 함께 나오는 것을 잘 볼 수 없습니다. 뉴잉글랜드와 같이 속을 터놓지 않는 문화에서는 말한다는 것 자체가 어렵습니다. 우리가 할 수 있는 모든 선한 일의 창시자이신 그리스도의 이름을 부끄러워하지 않고 공개적으로 증언하는 것보다 악행을 저지른 그리스도인을 비판하는 것이 훨씬 쉽습니다.

오해하시지 않도록 투명하게 터놓기 위해 말하자면 저는 민주당을 지지합니다(선거가 끝날 때까지 강단에서 다시는 이런 말을 하지 않을 것을 약속합니다).[2] 하지만 수많은 미국인이 그렇듯 저도 클린턴 대통령에 대한 우려가 있습니다. 그는 사람들의 감정을 잘 느낄 수 있다고 상당히 과시하고 있지만, 가끔 확연히 속 좁아 보입니다. 가장 최근의 사례로는 민주당 전당대회에서 카터 전 대통령에게 어떤 역할도 주지 않았다는 점입니다. 바울이 (몇 구절 뒤에서) 그리스도인의 자유를 설명하며 강하게 내비치듯이, 넓은 정신은 확실히 그리스도교적 성품입니다. 하나님의 자비에 대한 적절한 반응은 감사와 그에 걸맞은 너그러움입니다.

---

2 이 회중의 80퍼센트 정도가 공화당 지지자였습니다.

그래서 여러분은 제가 대통령에게 별로 탐복하지 않는다는 점을 아시게 될 겁니다. 딕 모리스와 같은 의심스러운 성품을 지닌 인물을 고용한 사람은 아마도 자신에게 닥칠 모든 것을 마땅히deserve 감당해야 할 것이라는 점에 우리 모두 동의할 것 같습니다.[3] 그런데 저는 최근 대통령에 관한 글을 읽고 놀랐습니다. 그는 사람들이 자기에게 안부를 물으면 입버릇처럼 하는 말이 있습니다. 그의 말은 아마도 10% 정도 진실하고 나머지 90%는 변신 전략가들이 용의주도하게 만들어낸 작품일 테지만, 그렇더라도 그의 말은 신학적으로 매우 흥미롭습니다. 사람들이 안부를 물으면 그는 이렇게 말합니다. "분에 넘치게 잘 지내고 있습니다Better than I deserve. 고맙습니다." 오늘 아침 메시지가 여러분께 가닿기 위해서 이 말을 누가 했는지는 잠시 잊으셔도 좋습니다. 아니, 다시 생각해 보니 기억하시는 게 좋겠습니다. 클린턴을 싫어한다면 오히려 저 말의 의미가 더 특별해질 것 같거든요. 왜냐하면 클린턴에게 마땅한 것 이상으로 그가 분에 넘치게 누린다는 말에 완전 동의할 수 있을 테니까 말이죠.[4] 하지만 로마서에서 시종일관 바울은 **우리 모두가** 마땅한 것 이상을 누리고 있다고 주장합니다. 그래서 바울은 "내가 받은 은혜를 힘입어" 말하니 "여러분은 스스로 마땅히 생각해야 하는 것 이상으로 자신을 과대평가하지 말라"(12:3)고 합니다. 만일 우리 인간이 받아 마땅한 것을 받았다면, 지금쯤 우리는 자멸했겠죠. 혹시 이 점에 대해 생각해 보신 적 있나요? 서로를 향해 끔찍한 일을 저지르는 게 르완다인과 캄보디아인과 보스니아인뿐인가요? 미국인들은 그런 일에 면역되어 있습니까? 흑인 노예의 후손들에게 물어보십시오. 미라이 마을 주민들에게 물어보십시오. 사도 바

---

3 클린턴의 측근인 딕 모리스는 당시 성 추문에 휩싸였습니다.
4 모니카 르윈스키와의 사건 이전이라는 점이 중요합니다.

울은, 사실상 성경 전체가, 그 어느 곳도 면역되어 있지 않다고 말합니다. "하나님께서 **모든 사람**을 순종하지 않는 상태에 두신 것은 **모두에게 자비를** 베푸시려는 것입니다"(11:32).

그리스도인이 변화하는 배후에 있는 원동력은 감사입니다. 나는 마땅히 받아야 할 것 이상을 누리며 분에 넘치게 지냅니다. **감사합니다.** 이것이 우리가 우리 "몸을(즉, 우리 전 존재를) 하나님께서 기뻐하실 거룩한 산 제물로 드리는" 이유입니다.

우리 교구 성도 중 한 분이 저에게 재밌는 책을 한 권 주셔서 읽고 있습니다. 제목은 《어둠을 마주하여》 *Encountering Darkness* 고, 남아프리카 반아파르트헤이트 운동가인 곤빌 프렌치-베이타[5] 사제님이 쓴 책입니다. 그는 영국 성공회 소속으로 요하네스버그 대성당의 주임사제였습니다. 그가 운동 현장에서 빠지길 바랐던 아프리카너[*] 정부는 그에게 누명을 씌워서 체포했습니다. 그는 투옥 기간에 심적 고문받았고, 육체적인 고문을 받고 죽게 될까 봐 두려워하며 지냈습니다. 프렌치-베이타는 전형적인 용감한 사람도 초연한 사람도 아니었습니다. 그는 감옥에서 '울며 발작하는 증상'이 생겨서 힘들어했습니다. 하지만 그는 자신을 괴롭히는 사람보다 자신이 우월하다는 생각으로 스스로를 위로하는 대신, 자신의 동료 영국인들이 아프리카너들을 요하네스버그의 컨트리클럽에 들어오지 못하게 어떻게 배제해 왔는지를 비롯하여 남아프리카 공화국 상류층의 삶에 대해 성찰했습니다. 이런 상류층의 태도가 아프리카너들의 열등감을 부추겨서 결국 아프리카 흑인들에 대한 분풀이로 이어졌습니다. 프렌치-베이타는 이러한 추론을 통해 자신을 심문한 이들도 자신과 같은 인간이구나 하고 생각할 수

---

5 이 웨일스식 이름(Gonville ffrench-Beytagh)의 앞부분은 소문자로 시작합니다.

• 남아프리카에서 태어난 유럽계 사람을 일컫는 말.

있었고, 이로써 그리스도인인 자신의 성품이 변하지 않는다는 경험에서 벗어났고, 실제로 그리스도교 신앙의 영웅으로 떠올랐습니다.

우리의 본문인 로마서 12장에 다시 귀 기울여 봅시다.

> 형제자매 여러분, 그러므로 나는 하나님의 자비하심으로 여러분에게 권합니다. 여러분의 몸을 하나님께서 기뻐하실 거룩한 산 제물로 드리십시오. … 여러분은 이 세상을 본받지 말고, 마음을 새롭게 함으로 변화를 받아서, 무엇이 하나님의 뜻인지, 무엇이 선한 것인지, 무엇을 하나님이 기뻐하실지, 무엇이 완전한 것인지 분간하도록 하십시오.

'마음을 새롭게 함으로'라는 구절을 오해하지 마십시오. 바울은 자기 개선을 의미하는 게 아닙니다. 그는 완전히 다른 것을 말하고 있습니다. **그리스도의 마음**을 의미한 것입니다(고전 2:16). 바울은 우리가 그리스도의 마음을 가지고 있다고 말하면서 예수님을 모방하는 것에 대해 이야기하는 게 아닙니다. 마치 구루guru나 영성의 대가를 좇듯이 예수님의 길을 따르라고 이야기하는 게 아닙니다. 바울은 그리스도교 공동체와 주님의 관계를 묘사하면서 독특한 용어를 사용합니다. 그는 우리가 **그리스도 안에** 있다고 말합니다. 우리는 마치 성품을 창조하는 것이 우리에게 달려 있다는 듯이 더 좋은 성품을 지니라는 권고를 받는 게 아닙니다. 오히려 살아 계신 주 예수님의 성품이 그리스도교 공동체 안에 형성되고 있다는 것이 우리에게 기쁜 소식으로 선포되고 있습니다. 이미 세상을 하직한 다른 어떤 인물도 이렇게 언급되지 않습니다. 그러나 아시다시피 예수님은 하직하신 게 아니라 살아계시며, 성령의 능력으로 임재해 계십니다.

미국에서 가장 감동을 주는 사람 중 하나인 시카고의 조셉 베르나

딘 추기경은 췌장암으로 임종이 가까워지고 있습니다. 68세인 그는 의심할 여지 없이 세계에서 손꼽히는 로마 가톨릭 온건파 지도자입니다. 그는 현재 교황과 다음 교황 사이에 다리를 놓을 핵심 인물로 여겨졌습니다. 세상이 그의 역할을 이해할 때쯤 그의 삶과 사역은 끝나고 있습니다. 그러나 그는 **이 세상을 본받아** 산 게 아닙니다. 오랜 세월 **그리스도의 마음**을 경험하면서 자신의 마음도 변화되었습니다. 저는 어제 그에 관한 기사를 읽었습니다. 그는 수많은 고난을 겪어 왔습니다. 최근에는 성추행 혐의로 공격받았습니다. 성추행 혐의는 완전 사기극이었지만, 협잡임이 입증되기까지는 오랜 시간이 걸렸습니다. 베르나딘 추기경은 이러한 시련 속에서 그리스도인의 성품의 본보기를 보여 주었습니다. 지금 그는 고통스럽게 시들어가는 죽음이라는 궁극의 시험을 마주하고 있지만, 평화로운 사람입니다. 그는 마지막 전투를 치르면서 일반적인 종교 원리보다 훨씬 더 큰 무언가로 힘을 얻고 있습니다. 그는 죽음 이후의 삶에 대한 막연한 종교적 희망 같은 걸 기대하고 있지 않습니다. 그가 기대하는 것은 그가 말한 그대로입니다. "나는 주님의 약속을 압니다. 그것은 그와 함께 하는 것, 그와 함께 행복을 누리는 것입니다. 믿음으로 나는 주님이 나를 기다리실 것이며 주님의 약속이 이루어질 것임을 압니다."

성경 본문과 '역사적 예수'에 관한 학문적 다툼은 모두 이러한 신앙 앞에서 무색해집니다. 이 예수님이 살아 계신 주님이십니다. 그의 성품이 자기 백성의 성품을 형성합니다. 예수님은 죽음 가운데 우리를 위해 자신을 주셨고, 부활 가운데 우리를 위해 사십니다. 예수님은 우리 편입니다. 이는 예수님이 먼저 거기에 계셨고 그 무엇도 그 누구도 무산시킬 수 없는 방식으로 우리가 자신을 닮게 하시기 때문에 구속입니다. 우리가 이기적인 선택이 아니라 이타적인 선택을 한다면 그것은 우리 자신의 선함을 반영하는 게 아닙니다. 희생적인 삶을 살게 하는 원동력은 우리 모두에게 자신을 내어 주신 우리 구주의 십자가에서 비롯됩니다. 자신이 한 약속을 지키시며 우리의 삶이 끝날 때 우리를 기다리시는 분을 믿는 신뢰를 통해, 은혜로 인해, 다른 이들을 위해 고통을 감내할 능력이 우리에게로 옵니다. 주 예수 그리스도가 바로 성령의 능력으로 우리 성품의 내용이 되시기 때문입니다.

아멘.

그리스도에게까지 변화

알림: 이 설교는 매사추세츠주 셰필드에 있는 크라이스트교회에

앤 라이더가 교구사제로 임명될 때 전한 것입니다. 이 작은 교회는 주목할 만한데,

이 지역의 여러 교구가 죽었는데도 여전히 건강한 교회로 남아 있기 때문입니다.

이렇게 건강히 보존된 것은 굳건한 리더십을 통해 역사하는

하나님의 능력을 생생히 보여 줍니다.

마음을 새롭게 함으로 변화를 받아서.

로마서 12:1-21

애니 라이더의 새로운 사역을 축하하는 상황에서 제가 오늘 밤 복음 메시지를 전한다는 것은 굉장한 특권이자 고귀한 소명입니다. 여기 모인 회중은 오랫동안 복음의 메시지를 사랑하고 있습니다. 저는 이 사랑이 절제된 양키식* 사랑이지만 어쩌다 우연히 그렇게 된 건 아니라고 생각합니다. 제가 1982년에 이곳에 처음 방문하기 시작한 후만 해도 두 분의 훌륭한 교구사제가 이곳을 담당했습니다. 이제는 훌륭한 세 분이죠. 모두 깊이 헌신한 그리스도인이고요. 이는 여러분이 생각하는 것보다 더 드문 일입니다. 이는 하나님이 주신 큰 선물이며,

---

* 양키는 뉴잉글랜드를 가리킬 때 주로 사용되는 말입니다. 뉴잉글랜드에는 엄격한 청교도식 생활 풍습이 있습니다.

여러분에게 특별한 소명이 있다는 의미이기도 합니다. 오늘 밤 우리가 읽은 두 번째 본문은 사도 바울이 로마에 보낸 편지 12장입니다. 이 구절은 여러분을 향한 부르심이 무엇인지 되돌아보는 데 도움이 됩니다—이 예배는 사실 애니를 위한 것이라기보다 주님의 교회에 속한 여러분을 위한 것입니다.

이번 주는 모든 성도와 모든 영혼을 기념하는 기간입니다. 모든 영혼의 날—오늘 밤 우리가 지키고 있는—에는 성경의 수많은 저자 가운데서 사도 바울이야말로 (그가 바짝 붙어 있는 제2 이사야와 더불어) 가시적 교회 **밖** 사람들의 구속에 대해 가장 광대한 비전을 제시한다는 점을 기억하는 것이 옳습니다. 9-11장 메시지가 지닌 굉장히 급진적인 성격을 인정하는 것이 중요한데, 이 점을 이해하지 못한 사람들은 바울을 혹평했습니다.

오늘 특별히 읽은 12장은 11장 바로 뒤에 나옵니다. 여러분은 '뭐야, 당연한 거잖아' 하실지도 모르지만, 중요한 것은 **숫자**가 이어진다는 점이 아니라 **생각**도 이어진다는 점입니다. 12장 1절은 이렇게 시작합니다. "**그러므로** 나는 … 권합니다." 누군가 농담 삼아 말했듯이 "'그러므로'therefore가 거기 **왜**there for 있는 걸까요?" **그러므로**는 이어질 내용 전체에 대한 실마리입니다. 바울이 앞서 말했던 것이 이어질 내용의 의미를 열어 줍니다. 그렇다면 우리는 성경에서 가장 밀도 있고 가장 까다롭지만 또한—역사적으로—가장 혁명적인 11장의 의미를 어떻게 검토해야 할까요? 그리고 그것이 우리에게 무슨 차이를 가져다줄까요?

오늘은 모든 영혼의 날입니다만, 여기 있는 것은 모든 성도의 본문에 더 가깝습니다. 이 본문이 성도에 관한 설명이기 때문입니다. 즉 여러분에 관한 설명입니다. 여러분은 성도입니다. 교회는 성도로 이루어집니다. 특별히 '성스러운' 개인으로 이루어지는 게 아니라, 흠 많

은 죄인으로 이루어집니다. **이들에게 어떤 일이 일어나서** 하나의 몸
으로 모이게 된 것입니다. 우리가 이 본문을 읽고 기억할 때 우리는
우리에게, 우리를 위해 일어난 것들도 함께 기억합니다. '그러므로'가
만들어 내는 모든 차이가 바로 여기에서 나옵니다. 로마서 12장이 현
실이 되게 하는 것이 바로 이 점입니다. 1-11장에 스케치된 하나님의
계획은 우리가 그릴 수 있는 관습적인 종교적 경계 너머로 예수 그리
스도를 통한 구원의 범위를 넓힙니다. 그런 까닭에 우리는 하나님의
계획에서 우리가 맡은 역할을 늘 유념하며, 그리스도를 아직 모르는
이들에게 그리스도의 형상이 되어야 합니다. 12장은 전부 이 특별한
역할에 관한 내용입니다.

외람된 말이지만 사랑받는 찬송 〈나는 하나님의 성도들에 대한 노
래를 부른다〉I sing a song of the saints of God에는 문제가 있습니다. 몇십 년을
거슬러 올라가서 제가 처음 성공회 총회에 참석하기 시작했을 당시
에, 기도서와 찬송가에 관한 큰 논쟁이 있었습니다. 저 찬송은 새로운
찬송가에서 빠질 예정이었지만, 너무 많은 사람이 반발해서 계속 남
게 되었습니다. 어떤 논쟁이었을까요?

신학적으로 예민한 수많은 사람이 후렴에 몇 가지 문제가 있다고
지적했습니다. 여러분도 후렴이 어떻게 흘러가는지 아실 겁니다. 이
찬양 가사는 교회에서, 학교에서, 가게에서, 기차에서, 혹은 오후 간식
시간(매우 영국적인 찬송입니다!)에 만나는 다양한 사람을 나열한 다음
후렴을 반복합니다.

그들 모두 하나님의 성도였으며,
나 또한 하나님이 도우사 성도가 될 생각이다.

무엇이 문제인가요? 그렇습니다. "나 또한 성도가 될 생각이다"에

서 보듯이 온통 '나'를 강조하고 있습니다. 물론 "하나님이 도우사"라는 구절도 있지만, 확실히 부차적으로 들립니다. 이 문장에서 행위 주체는 '나'입니다. 마치 성도가 된다는 것이 **내가, 우리가, 여러분이** 충분히 노력한다면 어느 날엔가 이룰 수 있는 미래의 상태인 것처럼 들립니다. 그러나 성경은 전혀 이렇게 말하고 있지 않습니다. 가장 주된 것은 우리가 굳게 결심하는 것이 아니라 하나님의 **목적**입니다. 성도는 자신도 모르게 성령의 행위로 되는 것입니다. 이것이 우리에게 일어난 일입니다. 바울이 6장에서 하는 말에 귀 기울여 봅시다.

> 그러므로 우리는 세례를 통하여 그의 죽으심과 연합함으로써 그와 함께 묻혔던 것입니다. 그것은, 그리스도께서 아버지의 영광으로 말미암아 죽은 사람들 가운데서 살아나신 것과 같이, 우리도 또한 새 생명 안에서 살아가기 위함입니다(6:4).

이 모든 일을 누가 하고 있나요? 하나님입니다. 우리가 '되려 했기' 때문에, 의도했기 때문에 새 생명 안에서 살아가는 게 아닙니다. 우리가 의도했기 때문에 아버지의 영광에 받아들여지는 게 아닙니다. **하나님이** 하려 하시고, **하나님이** 의도하시고, **하나님이** 하시기 때문에, 우리가 죽음에서 하나님의 영원한 생명으로 살아나는 것입니다. 눈치채지 못하셨을 수도 있지만, 성경에서 문장의 주어는 대체로 하나님입니다. 하나님이 주연이고, 하나님이 시작하신 것을 하나님이 완성하십니다. 이것이 로마서의 가장 중요한 주제 중 하나입니다. 사실 성경 전체의 가장 중요한 주제이기도 합니다.

로마서를 비롯하여 바울이 보낸 편지는 모두 힘power에 관한 것입니다. 하나님은 약속을 지킬 힘이 있고, 교회에 힘을 주십니다. 저 '그러므로'는 힘에 관한 것입니다. 여러분은 그리스도교가 힘을 포기하는 것과 관련된다고 생각하실 수도 있습니다. 맞는 말입니다. 하지만 그리스도를 위해 힘을 포기하는 것은 그 자체가 다른 방식의 힘입니다. 이것이 너무 중요해서 빨간색으로 쓰고 싶습니다. 바울은 12장 마지막쯤에 이 다른 힘을 설명합니다.

> 네 원수가 주리거든 먹을 것을 주고, 그가 목말라 하거든 마실 것을 주어라. 그렇게 하는 것은, 네가 그의 머리 위에다가 숯불을 쌓는 셈이 될 것이다.

미국 정부는 현재 이라크와 아프가니스탄 포로들의 처우를 놓고 싸우고 있습니다. '구류자'라는 말은 맞지 않습니다. 어떤 사람이 완전히 우리 힘 아래 있다면 그는 포로입니다. 상원은 포로들에 대한 가혹한 처우를 제한하자는 매케인 의원의 결의안을 90대 9로 찬성했지만, 체니와 럼스펠트는● 자신들의 "손이 묶이는 걸" 원하지 않는다고 말합니다. 이번 주 신문 편집자에게 어떤 편지가 왔는데, 제네바 협약에는 "보통의 적"으로 지칭하게 되어 있지만, 서한을 보낸 사람은 "알카에다는 보통의 적이 아니다"라고 말했습니다. 예수께서 포로된 자들에게 특별히 관심을 나타내시며, "적_{원수}을 사랑하라"고 말씀하셨는데, "오로지 보통의 적만을 사랑하라"는 뜻으로 말씀하셨을까요?

이는 심각한 문제입니다. 어떻게 우리가 우리 적을 사랑하게 될 수 있을까요? 그렇게 '되려고 의도하면' 될까요?

로마서 12장에서 바울은 성도에 관해 묘사하고 있습니다. 권고라기보다는 묘사에 가깝습니다. 예부터 바울의 메시지는 "지금의 네가 돼라!"^{당신은 이미 이루어진 당신 그대로가 되십시오!, Become what you already are!} 라는 말로 표현되

● 각각 당시 미국 부통령과 국방부 장관.

곤 했습니다. 교회 안에서 성령의 능력으로 **하나님**은 다른 식의 사람을 **창조하십니다.** 이런 사람에겐 다음의 묘사가 어울립니다.

> 사랑은 진실해야 합니다. 악한 것을 미워하고 선한 것을 굳게 잡으십시오. 사랑으로 서로 다정하게 대하며, 존경하기를 서로 먼저 하십시오. 열정을 내되 성령 안에서 열심히 주님을 섬기십시오. 소망을 품고 즐거워하며, 환난 때에 인내하며, 꾸준히 기도하십시오. 성도들[모든 성도]이 쓸 것을 공급하고, 낯선 이[모든 영혼]를 후히 대접하십시오. 여러분을 박해하는 사람들을 축복하십시오. 축복하고 저주하지 마십시오.

 여러분을 박해하는 사람들을 축복하십시오. 축복하고 저주하지 마십시오. 여러분은 이런 사람인가요? 나는 그런 사람입니까? 미국은 이 묘사에 걸맞은 그리스도교 국가처럼 행하고 있나요? 그리스도교 교회들은 이러한 목소리를 내고 있나요? 바울은 "악한 것을 미워하라"라고 말합니다. 네, 그러나 12장을 더 읽어 보면 이런 말을 보게 됩니다. "'원수 갚는 것은 내가 할 일이니 내가 갚겠다'고 주님께서 말씀하십니다." 그리고 또 말합니다. "악에게 지지 말고 선으로 악을 이기라." 전형적인 그리스도교 회중의 모습이 이러합니까? 심각한 문제입니다.

　사람들은 영화에서, 삶에서 '착한 사람'과 '나쁜 사람'에 대해 계속 이야기합니다. J. R. R. 톨킨의 책 《반지의 제왕》은 소위 '착한 사람'이 이른바 '악한 사람'처럼 어떻게 쉬이 악을 허용하는지 잘 보여 줍니다.[1] 이는 바울이 로마서 7장에서 묘사했듯이 인간의 곤경입니다.

1　제가 톨킨을 언급한 까닭은 이 지역에 이를 주제로 한 프로그램이 있었기 때문입니다.

나는 내가 하는 일을 도무지 알 수가 없습니다. 내가 해야겠다고 생각하는 일은 하지 않고, 도리어 해서는 안 되겠다고 생각하는 일을 하고 있으니 말입니다. … 그렇다면, 그와 같은 일을 하는 것은 내가 아니라, 내 속에 자리를 잡고 있는 죄입니다(7:15, 17).

우리는 확실히 이런 상태를 인식할 수 있습니다. 이는 경건한 사람이 자신의 악한 충동과 싸우는 모습입니다. 하지만 우리는 이러한 곤경을 우리 자신의 힘으로 헤쳐 나가는 것이 아닙니다. 무언가 달라졌습니다. 시종일관 그리스도교의 메시지는 하나님이 새로운 일을 하셨고 계속해서 하실 것이라는 성경의 발표에 기초를 둡니다. 교회는 계속해서 그리스도의 마음을 본받아 가고 있습니다. 본문에 다시 주의를 기울여 봅시다.

형제자매 여러분, 그러므로 나는 하나님의 자비하심으로 여러분에게 권합니다. 여러분의 몸을 하나님께서 기뻐하실 거룩한 산 제물로 드리십시오. 이것이 여러분이 드릴 영적 예배입니다. 여러분은 이 세상을 본받지 말고, 마음을 새롭게 함으로 변화를 받아서, 무엇이 하나님의 뜻인지 … 분간하도록 하십시오.

우리가 여기서 '그러므로' 없이 이 구절을 읽는다면, 바울이 말하고 있는 변화가 전적으로 우리에게 달려 있다고 볼 수 있습니다. 우리 자신의 의욕적인 태도로 다룰 수 있는 변화인 셈이죠("나 또한 성도가 될 생각이다"). 오히려 여기에는 우리가 자각하지도 못하는 사이에 변화가 일어난다는 의미가 있습니다. 만일 이런 변화가 일어나는 걸 본다면 인식하지 못할 수 없겠지만, 변화된 사람들은 대개 이 새로운 힘이 어디에서 왔는지 알지 못합니다.

어느 성도에 관한 이야기를 들려 드릴까 합니다. 여러 면에서 굉장히 평범한 여성에 관한 이야기입니다. 지난주 소천하신, 로사 파크스를 기리며 이 말을 전합니다. 그녀는 하나님이 변화시키시는 걸 보여 준 특별한 증인이었습니다. 이 여성은 제가 자란 버지니아주 프랭클린에 있는 작은 성공회 교회 교우였습니다. 교회 크기가 이 교회와 거의 비슷합니다. 저는 그곳에 갈 때면 늘 프랭클린 공동묘지에서 산책하면서 제 아버지와 조부모님, 그리고 그 마을에서 알았던 모든 사람과 교감합니다. 젊은 남성의 무덤도 있습니다. 그의 아버지와 어머니가 그의 옆에 나란히 묻혀 있습니다. 제가 말하고 있는 여성이 바로 이 어머니입니다. 그녀의 아들이 몰던 차가 다른 차와 충돌했는데, 상대편 차는 흑인 청년들이 술에 취해 폭주한 도난 차량이었습니다. 이 이야기를 이해하려면 50년 전 버지니아 남부의 분위기가 심각하게 인종차별적이었다는 사실을 염두에 두어야 합니다. 거기에는 이른바 남부 생활 방식이 사라질 것에 대한 두려움이 있었고, 그 두려움은 이전에 노예였던 취약 계층 사람들에게 상당히 투사되었습니다. 그렇다고 북부인들이 이들보다 우월하다고 생각해서는 안 됩니다. 우리는 우리가 이해하지 못하는 사람들, 거리를 두고 싶어 하는 사람들, 소수자들을 쉽게 얕잡아 보고 또 그런 생각을 쉽게 입으로 내뱉습니다. 어쨌든 젊은이는 사고로 죽었고, 몇 주 후 슬픔에 잠긴 어머니가 제 어머니와 저희 집 거실에 앉아 차를 마셨는데, 저는 그 장면이 잊히지 않습니다. 이 여성분은 마을의 어느 다른 백인 여성과 다르지 않았습니다—교회에 다녔고, 독실했으며, 성경을 꾸준히 읽었고, 어릴 때부터 차별주의자이자 백인 우월주의자로 자랐습니다. 그녀는 이렇게 말했습니다.

"나는 내가 왜 그 술 취한 유색인들을 미워하지 않는지 모르겠습니다. 이유를 모르겠어요. 그냥 미운 마음이 안 생기는 거예요."

저는 아직 젊었고 감수성이 예민했는데, 그녀가 자기 마음에 **무언가 다른 힘**이 작용했다는 암시를 내비치고 있다는 게 분명해 보였습니다.

> 여러분은 이 세상을 본받지 말고, 마음을 새롭게 함으로 변화를 받아서, 무엇이 하나님의 뜻인지 … 분간하도록 하십시오.

다시 말씀드리지만 만일 여러분이 이 **그러므로**를 기억하지 않는다면, 우리가 아니라 하나님이 성령의 역사를 통해 이 변화를 가져오시고 새롭게 하신다는 사실이 불분명해집니다.[2] 바울이 **그리스도의 마음**(고전 2:16)이라고 부른 것에 이르도록 변화되는 것은 인간의 의지에 호소하여서는 이루어질 수 없습니다. 오로지 하나님(우리가 "**당신의 뜻이 이루어지이다**"라고 기도드리는 하나님)의 행위로만 이루어질 수 있습니다. 로마서 8장에서 이런 메시지를 읽어 봅시다.

> 육신으로 말미암아 율법이 미약해져서 해낼 수 없었던 그 일을 하나님께서 해결하셨습니다. 곧 하나님께서는 자기의 아들을 죄된 육신을 지닌 모습으로 보내셔서, 죄를 없애시려고 그 육신에다 죄의 선고를 내리셨습니다. 그것은, 육신을 따라 살지 않고 성령을 따라 사는 우리가, 율법이 요구하는 바를 이루게 하시려는 것입니다.[3]

---

2 바울이 '변화를 받아'를 수동태로 사용한 것은 하나님의 활동이 현전함을 나타냅니다. "마음을 새롭게 함"(the renewing of your mind)은 성령의 활동으로 이미 수행되고 있는 것을 가리킵니다. 새롭게 하시는 이는 하나님이십니다. 우리의 몫은 이 하나님의 일하심을 인식하고 함께하는 것입니다.

3 바울이 '육신'이라는 말을 사용할 때 물리적인 육체를 가리키는 게 아님을 기억해야 합니다. 그는 육신이라는 말로 죄된 인간의 상태를 나타냅니다. 그는 '영'(the Spirit)이라 불리는 구속된 상태와 '육신'을 대조하고 있습니다.

바울 서신 전체의 맥락에서 이 부분을 주의 깊게 읽어 보면, 이것이 처음부터 끝까지 하나님이 하시는 일이라는 걸 알 수 있습니다―옛 기도서에 나와 있듯이, "우리의 모든 수고는 당신 안에서 시작되고, 계속되고, 끝납니다." 정당한 율법의 요구가 우리 안에서 이루어지는 것은 하나님의 역사하심입니다.

이 이야기에는 결론이 있습니다. 결론은 저의 어머니와 제가 경험한 가장 친밀한 신학적 순간이었습니다. 유가족이 다녀간 뒤, 어머니와 저는 잠시 침묵 속에서 컵과 접시를 정리했습니다. 제 어머니는 주위 사람들과 매우 사이가 좋았지만, 교육받은 지성인이셨고 버지니아주 프랭클린에 만연한 신앙심에 늘 회의적이었습니다. 그녀는 갑자기 소리쳤습니다. "어떻게 그 사람들을 용서할 수 있는 건지 도무지 모르겠어! 난 절대 못 그럴 거 같은데!" 그리고 또다시 침묵이 흘렀습니다. 저는 어머니의 마음이 작동하는 소리를 들을 수 있었습니다. 그러고 나서 어머니는 말했습니다. "그래, 하나님이 하신다면 나도 아마 그럴 수 있겠지."[4]

로마서의 메시지는 우리가 하나님의 길에 장애물을 놓더라도 자기 목적대로 밀고 나가시는 하나님의 힘에 관한 내용입니다. 지중해 전역에(그리고 바울의 편지에 나오는 다른 여러 장소에) 그리스도의 이름으로 모인 자그마한 모임들을 향한 하나님의 목적이 12장에 설명되어 있습니다. 자기 백성을 향한 하나님의 목적. 제가 방금 말한 이야기와 새로운 사역을 축하하는 일이 하나님의 목적으로 연결됩니다. 우리는 작년에 애니가 **이** 작은 회중을 그리스도의 마음으로 인도하고 그분의

---

4 저는 전에 언젠가 〈새로운 언약〉이라는 제목의 설교에서 이 이야기를 했습니다. 그 설교는 저의 책 《성경과 "뉴욕 타임스"》(*The Bible and "The New York Times"*)에 실려 있습니다. 제 생각에 그때 설교가 좀 더 온전하고 당시 나눈 대화에 더 가깝습니다. 하지만 두 설교 모두 본질적으로 같습니다.

이름으로 섬기는 본을 보이려고 얼마나 지칠 줄 모르고 헌신했는지 보았습니다.

아마 우리 중 누구도 지금 이대로의 세상에 만족하지 못할 겁니다. 우리는 세상을 바로잡길 원하고, 그러한 움직임에서 우리의 몫을 하길 원합니다. 우리는 도움이 되고 싶어 합니다. 하나님은 바로 이것을 우리와 더불어 하겠다고 약속하셨습니다. 12장은 다른 양태로 나타나는 하나님의 힘에 관한 묘사입니다. 하나님의 힘은, 몽고메리에 있는 유명해지기 전의 로사 파크스와 같이 단순하고 평범한 사람들을 통해 나타납니다. 당시 그녀는 자그마한 아프리카 감리교 감독교회AME church의 충실한 교인이었습니다. 그녀는 간증으로 제 어머니와 저에게 큰 영향을 미쳤고, 이런 사람들을 통해 하나님의 힘을 보게 됩니다. 며칠 전 신문에서 알게 된 어느 남성을 통해서도 하나님의 힘을 보게 되었습니다. 그는 뉴올리언스에 있는 작은 교회의 목사인데 날마다 로우어 나인스 워드의 흙길을 터벅터벅 걸어 다니며 소망을 전하고 있습니다. 작은 교회들이 굉장히 큰일을 할 수 있습니다. 하나님이 하고 계십니다. 그분은 믿을 만한데, 우리에게 믿을 만한 대상이 필요해서가 아니라(물론 우리에겐 믿을 대상이 필요합니다) **그가 하나님이시기 때문입니다.** 하나님은 모든 시대와 장소의 그리스도인을 부르셔서 새 생명을 영위하게 하십니다. 우리로서는 불가능한 일이지만 주님은 이렇게 말씀하셨습니다.

> "사람에게는 불가능하나, 하나님께는 그렇지 않다. 하나님께는 모든 일이 가능하다"(막 10:27; 마 19:26).

여러분과 저 같은 죄인들도 내일이 아니라 바로 오늘 성도인 게 가능합니다—하나님이 하시는 일이기 때문입니다.

이에 대해 의아한 마음이 조금이라도 남아 있다면, 저는 오늘 밤 복음서 독서에서 주님이 직접 하신 말씀으로 입증해 드리겠습니다.

> 너희가 나를 택한 것이 아니라, 내가 너희를 택하여 세운 것이다. 그
> 것은 너희가 가서 열매를 맺어, 그 열매가 언제나 남아 있게 하려는
> 것이다(요 15:16).

아멘.

두 13장 사이에서

폴 루이스 레만을 추모하며

이렇게 하십시오. 여러분은 지금이 어느 때인지 압니다.

로마서 13:11, NIV

현재 선거인단의 위기는 미합중국이 된다는 것이 어떤 의미인지에 대해 여러 반성을 낳았습니다.[1] 지난주 매들린 올브라이트는 미국을 "없어서는 안 될 나라"라고 불렀습니다. 제가 알기로 어떤 사람도 그녀의 오만함에 알랑방귀를 뀌지는 않았지만, 한 사설 집필자의 말을 빌리자면 균형감 있는 많은 사람이 "세계가 미국을 정치적 안정의 모델로 본다"는 생각을 상기시켜 주었습니다.[2] 또 다른 기고자는 이렇게 썼습니다. "모든 사람을 위해 미국 민주주의는 조작될 수 없는 것으로 보여야 한다. 세계의 안정이 여기에 달려 있다."[3]

오늘 우리는 추모실 벽에 이름이 새겨진 분들을 기립니다. 조국을

---

1 지금은 잘 기억이 안 날 수 있지만, 2000년 11월에 2주 동안 누가 새로운 대통령이 될지 애매한 상황이었습니다.

2 *The New York Times* (2000. 11. 10.). 이후에 일어난 일들로 미루어보면, 요즘 올브라이트 씨는 2000년에 비해 훨씬 덜 거만해 보입니다.

3 Thomas L. Friedman, "Original Sin," *The New York Times* (2000. 11. 10.).

위해 죽은 하버드인들은 그들이 인식했는지와 관계없이 조국보다 더 큰 대의를 위해 죽은 것입니다. 1960년대 후반에 청년이었던 우리 같은 사람들은 세계에서 미국의 역할에 환멸을 느끼는 게 어떤 느낌인지 기억하고 있습니다. 그럼에도 불구하고 미국은 자국민의 우월한 덕목이 아니라 하나님의 은총에 훨씬 가까운 무언가를 통해 전 세계에 최상의 희망을 계속 구현하고 있습니다. 며칠 전 토머스 L. 프리먼은 "미국을 세계에서 유일무이한 나라로 만드는 것"에 대해 썼습니다. 그는 해외여행을 많이 할수록 미국의 진가를 알게 된다고 말합니다. 그는 되돌아보니 워싱턴의 공무원들처럼 일상적인 것도 감사해야 할 부분이었다고 합니다. 또한 인도네시아나 나이지리아 같은 나라 사람들은 정말로 부패하고 타락하여 영혼을 메마르게 하는 정부의 손아귀에서 산다는 게 어떤 의미인지 안다고 말합니다.[4] 사실상 텔레비전에서 실황을 전하는 아나운서들은 모두 "거리에서 탱크를 볼 수 없는 것"을 감사해야 한다고 일러 줍니다. 외국에서 태어난 친구가 얼마 전 저에게 이야기하기를, 미국은 온갖 잘못이 있지만 그럼에도 불구하고 계속해서 "관대함과 가능성"을 내뿜는다고 합니다. 오늘 이 기념일 예배에서 우리는 잠시 멈춰서 우리 앞에 계셨던 분들이 이 값진 유산과 엄숙한 책임을 우리에게 남겼다는 것을 생각해 봅니다.

후원자—특별히 이 대학 교회를 섬긴 사람들—목록이 오늘 우리 예배의 일환으로 낭독될 예정입니다. 이 목록을 보며 하버드인이 아닌 저는 예상했던 것보다 훨씬 깊이 감동하였습니다. 이 목록에는 저와 친한 친구의 부모님도 있고, 뉴욕에서 제가 14년간 섬긴 성공회 교회에서 시무했던 사제님도 있네요—그리고 코플리 광장 트리니티교회의 페리스 박사님도 있습니다. 페리스 박사님은 설교자로서 저에게

---

4 Thomas L. Friedman, "I Love D.C." (Foreign Affairs column), *The New York Times* (2000. 11. 8.).

큰 의미가 있는 분입니다. 우리는 이런 분들께 감사를 표합니다. 고메스 박사가 4년 전 이 기념일 설교 때 했던 말을 되새겨 봅시다. "우리는 스스로 존재하는 게 아니며, 스스로 여기까지 이른 것도 아닙니다. 우리가 가진 것은 우리만의 것도 아니며, 영원한 내 것도 아닙니다. 그러므로 감사한다는 것은 우리가 다른 누군가에게 신세 지고 있다는 것[을 인정하는 것]입니다."[5]

하지만 존경받아야 할 사람을 이런 식으로 파악하는 것은 쉽지 않을 수도 있습니다. 군인이 적의 총알이 빗발치는 데서 전우를 구하는 일이 하반신 마비 환자가 스스로 생계를 위해 고군분투하는 일보다 더 용감하다고 말하기는 쉽지 않습니다. 의료 선교사는 열대병에 계속 노출됩니다. 빈민가 학교의 선생님은 매일매일 학생들의 마음을 얻기 위해 씨름하는데, 이를 매년 반복합니다. 이분들은 군인 못지않게 용감합니다. 전쟁은 가지각색이고 전사자도 다양합니다. 맞서 싸워야 할 전투도 많고, 참전해야 할지 말지, 한다면 언제 해야 할지 등 내려야 할 결정도 많습니다. 우리는 '목숨 걸 만하다'to die for라는 표현을 흔하게 듣습니다. 물건을 광고하는 글에서 늘 보는 말입니다. 최신 퓨전 요리, 전자 제품, 마놀로 블라닉 신발을 선전할 때 '죽이네'to die for라는 표현이 따라붙습니다. 그런데 우리가 **정말로** 목숨을 걸 만한 건 무엇입니까? 이번 주 《뉴욕 서평》에 티모시 가튼 애쉬가 세르비아 혁명에 관한 글을 썼습니다. 그는 어느 세르비아 마을에 갔고, 시장을 비롯하여 여러 지역 사람들이 베오그라드로 갈 준비를 하고 있었다고 합니다. 가튼 애쉬는 그들 중 한 사람에게 여행의 목적에 관해 물었습니다. "이전에 공수부대원이었던 건장한 사람"이 여행의 목적은 그날 밤 국영방송에 보이슬라브 코슈투니차를 내보내는 것이라고 대답했

---

5 Peter J. Gomes, "What the Dead Have to Say" (1996. 11. 10.).

습니다. 그날 시장은 "우리는 자유를 얻거나 죽거나 할 것이다" 하고 말했습니다.[6]

또 다른 저널리스트 미샤 글레니는 그날, 그러니까 10월 5일에 베오그라드에 있었습니다. 그는 시위대와 자유의 투사들이 주변 도시에서 이곳으로 몰려들 때 코슈투니차의 본부에 갔습니다. 그는 메모를 하고 있었습니다. 그는 날짜가 기억이 안 나서 안내데스크의 젊은 직원에게 물었습니다. 그녀는 이렇게 말했습니다. "수드니 단"*Sudnji dan*. 최후 심판의 날.[7] 다음 날 아침 전 세계는 의회 건물에서 연기가 피어오르는 모습을 보았습니다. 저는 바로 요한계시록 19장이 떠올랐습니다. 19장에서는 사악한 도시가 파괴되고 하늘의 큰 무리가 외칩니다. "할렐루야! 그 여자에게서 나는 연기가 영원히 올라가는구나"(계 19:3).

이 아침에 우리 앞에는 로마서 13장과 요한계시록 13장이 있습니다. 이 두 본문을 서로 함께 놓고 서로 대화하도록 한 역사는 꽤 깁니다. 몇 분 전 로마서 본문을 낭독했을 때 여러분 상당수가 움찔하지 않았다면 제가 놀랐을 것 같습니다. "사람은 누구나 위에 있는 권세에 복종해야 합니다. 하나님께서 주시지 않은 권세는 하나도 없고 세상의 모든 권세는 다 하나님께서 세워 주신 것이기 때문입니다. 그러므로 권세를 거역하는 사람은 하나님의 명을 거역하는 것이요, 거역하는 사람은 심판을 받게 될 것입니다"(13:1-2). 이 본문은 오랫동안 온갖 압제와 폭정을 정당화하는 데 사용되었습니다. 이 본문은 또한 "현재의 권력"을 비판하지 못하게 억누르고 개혁을 저지하는 데 사용되기도 합니다. 소저너 트루스, 마틴 루터 킹과 남미 해방 신학자들을 향해 이 구절을 인용하는 이들도 있었습니다. 하버드 같은 곳을 드나

---

6 Timothy Garton Ash, "The Last Revolution," *The New York Review of Books* (2000. 11. 16.).

7 Misha Glenny, "The Redeemers," *The New Yorker* (2000. 10. 30.).

드는 사람들은 대체로 이 구절이 억압적이라 생각합니다. 하지만 늘 그런 것은 아닙니다. 나치 시대 전에는 대부분 이러한 생각에 순응했습니다. 그러나 히틀러가 권력을 잡자 독일 루터교 목사 디트리히 본회퍼는 자신이 이전에 당연하게 여겼던 모든 것을 다시 생각하게 되었습니다. 그는 때로는 "바퀴에 다친 희생자에게 붕대를 감아 주는 데 그쳐서는 안 되고 바퀴 자체에 제동을 걸어야" 하는데, "그런 행동은 직접적인 정치적 행동일 것"이라고 생각했습니다.[8] 본회퍼 목사는 자신이 말한 대로 되었습니다. 1945년 4월에 그는 나치에 의해 교수형을 당했습니다. 그는 **분별**이라고 불리는 영적 은사를 발휘하여, 요한계시록 13장의 짐승에 맞서 직접적인 정치적 행동을 하는 길을 택했습니다.[9]

평신도 신학자 윌리엄 스트링펠로우는 **분별**이 "성경적 삶의 방식이 지닌 특성"이라고 썼습니다.

> 이 은사는 하나님의 백성으로 하여금 국가와 제도 속에서 죽음의 힘을 구별하고, 인식하고, 확인하고, 드러내고, 알리고, 꾸짖게 한다. … 하나님의 백성은 또한 예수 그리스도 안에 현저하게 예시되고 삶의 모든 곳에 성육신하신 하나님의 말씀을 긍정한다. … 이것[분별력]은 우상숭배를 드러내고 꾸짖는 은사다. 이것은 신성모독을 반박하고 멈추게 하는 은사다.[10]

---

8 *No Rusty Swords* (New York: Harper & Row, 1965).

9 아이스테시스αἴσθησις, 분별(빌 1:9, 히 4:14)는 "도덕적 식별력, 윤리적 판단력"입니다 (*Theological Dictionary of the New Testament*, vol. 1 [Grand Rapids: Eerdmans, 1964], p. 188).

10 *An Ethic for Christians and Other Aliens in a Strange Land* (Waco, TX: Word Books, 1973), p. 139.

로마서 13장과 요한계시록 13장을 나란히 놓고 보면 분별이 필요하다는 것을 알게 됩니다. 이 추도의 시간에, 국민 생활에 긴장이 감도는 이 시기에, 교회력으로 한 해가 끝나고 대림절이라는 큰 절기가 다가오는 이 시기에, 하나님의 말씀 주위에 모인 공동체는 로마서 13장에서 그다음 부분을 숙고하게 됩니다. "여러분은 지금이 어느 때인지 압니다. 잠에서 깨어나야 할 때가 벌써 되었습니다"(13:11). 또는 개역 영어 성경(REB)의 번역으로 보면 이렇습니다. "지금이 위기의 시간임을 늘 기억하십시오." 신약성경 그리스어에서 '시간'에 해당하는 단어는 카이로스καιρός입니다. 일상적인 시간을 뜻하는 크로노스χρόνος와는 다른 단어입니다. 카이로스를 분별하는 것은 그날의 사건들 속에서, 그날의 사건들을 통해 하나님의 활동을 인식하기 위해 그날의 사건들을 꿰뚫어 보는 것입니다.

그런데 "위기의 시간" 혹은 카이로스가 무슨 뜻입니까? 금요일《뉴욕 타임스》에는 로지 오도널과 로버트 드 니로 같은 연예인, 토니 모리슨과 E. L. 닥터로 같은 작가, 피터 게이와 로널드 드워킨 같은 스타 학자들이 비용을 지불하고 전면광고를 실었습니다. 그 광고에는 우리가 "헌법적 위기"가 될 위험이 있는 "선거 위기"에 처해 있다고 적혀 있습니다. 현 상황이 정말 위기crisis인지 아닌지는 논외로 하고, 지금이 바울이 염두에 둔 것과 같은 식의 카이로스일까요?[11] 그가 로마서 13장에서 정확히 의미하고자 했던 바가 무엇인가요(그런데 이 구절은 대림절 첫 주일과 늘 관련되는 구절인데, 이제 대림절까지 겨우 3주밖에 안 남았습니다).

---

[11] 신약성경 그리스어에서 크리시스(κρίσις, krisis)는 시간과 영원, 죽음과 생명의 차이처럼 심판과 결단을 요구하는 어떤 차이를 가리키며 따라서 크리시스가 카이로스와 관련되는 것은 우연이 아닙니다.

여러분은 지금이 어느 때인지 압니다. 잠에서 깨어나야 할 때가 벌써 되었습니다. 지금은 우리의 구원이 우리가 처음 믿을 때보다 더 가까워졌습니다. 밤이 깊고, 낮이 가까이 왔습니다. 그러므로 우리는 어둠의 행실을 벗어버리고, 빛의 갑옷을 입읍시다. … 주 예수 그리스도로 옷을 입으십시오(13:11-14).

이 구절은 어떤 의미이며, 정부를 존중하는 것에 관한 앞부분과 무슨 관계가 있을까요?

바울이 의미하고자 한 바는 그리스도께서 세상에 오시고 통치자들과 권력자들에 의해 십자가에 못 박히시고 죽음에서 부활하시고 미래에 다시 오신다는 사실이 이 세상에서 인간의 삶에 관한 이전의 모든 관점을 뒤엎었다는 점입니다.[12] 로마서 13장에서 정권에 관한 부분은 그 맥락에 비추어 보지 않으면 현재의 권력 앞에 굴복하라는 보수주의자의 평범한 수사법처럼 들립니다. 이 본문은 바울의 "이 시대에 순응하지 마십시오"(12:2, NAB)라는 급진적인 세계-전환적 요구와 "여러분은 지금이 어느 때인지 압니다. … 밤이 깊고, 낮이 가까이 왔습니다"라는 말로 둘러싸여 있습니다. 거의 20세기 내내 이 극적인 본문들은 독재와 폭압에 맞서 싸운 그리스도인의 동반자였습니다. 이러한 맥락 속에 있는 로마서 13장과 이에 상응하는 요한계시록 13장은 시대의 징조를 읽는 특별한 변증법을 창조해 냈습니다.

윌리엄 스트링펠로우는 요한계시록 주석을 썼습니다. 언젠가 저는 그가 "우리는 요한계시록에 관한 가짜 상품을 팔았습니다. 저는 계시록이 그렇게 어려운 책이라 생각하지 않습니다" 하고 말한 것을 들었습니다. 하버드 신학부의 엘리자베스 쉬슬러 피오렌자도 계시록은 어

---

12 Paul Louis Lehmann, *The Transfiguration of Politics* (New York: Harper & Row, 1975), p. 37 등 여러 곳.

려운 책이 아니라고 보고 있습니다. 그녀의 작업 중 상당수가 계시록에 초점을 두고 있습니다. 그녀의 글을 조금 인용해 보겠습니다.

> 현재[피오렌자는 현재라는 말로 우리가 우리 자신을 발견하는 모든 현재적 시간을 의미합니다]는 대단히 중요한데, 왜냐하면 우주적-정치적 투쟁이 그리스도의 죽음과 승귀에서 잇따른 것이기 때문이다. 계시록은 그리스도인들이 현재의 투쟁에 적극적으로 참여하게끔 장려하려 한다. 그리고 그 결과는 이미 알려져 있는데 … 질적으로 새로운 땅이 이 투쟁의 결과이며, 이는 비인간화하는 모든 압제 세력으로부터 자유로운 세상이다.[13]

우리 시대에 그리고 제가 속한 교파에서 이러한 계시록의 관점과 가장 밀접한 삶을 사는 사람은 남아프리카공화국의 데스몬드 투투 대주교입니다. 그는 아파르트헤이트에 맞서 싸운 영웅입니다. 그 악한 체제로 암흑 같은 나날 동안 투투 주교는 대규모 시위대 및 활동가들과 함께 정부 관료들을 만나려 했습니다. 그러나 받아들여지지 않았고, 그래서 그들이 예배드렸던 대성당으로 갔습니다. 경찰들이 줄지어 서서 벽을 만들어 회중을 경계하고 있었습니다. 한 목격자의 말에 따르면, 투투 주교는 설교가 힘을 얻자 갑자기 경찰을 똑바로 주시했습니다. 그는 외쳤습니다. "당신들은 이미 졌습니다!" "우리는 당신들이 와서 승리의 편에 합류하도록 초대합니다!"[14] 그날 누가 자유인이며 누가 사슬에 묶인 사람인지는 말하지 않아도 아실 겁니다. 1963년 미시시피 프리덤 섬머Freedom Summer*의 카리스마 있는 지도자였던 밥

---

13 Elisabeth Schüssler Fiorenza, *Revelation: Vision of a Just World*, Proclamation Commentaries (Minneapolis: Fortress Press, 1991).

14 짐 월리스의 신간에 나온 말입니다. *Faith Works* (New York: Random House, 2000).

모지스에 대해서도 저 계시록의 관점을 이야기할 수 있습니다. 모지스는—언제든 총에 맞을 수 있었지만—이미 자유로운 것처럼 행동하기를 고집했고, 이런 그의 행동은 백인 분리주의자들이 완전히 눈 돌아가게 했습니다. 마찬가지로 솔리다르노시치Solidarity 운동**의 지적 지도자인 아담 미치니크는 코뮤니즘에 맞서 싸우는 동안 감옥에서 이런 말을 썼습니다. "우리 나라는 패배한 사회의 전형적인 딜레마, 즉 예속과 절망 사이에서 희망 없는 선택을 어떻게 극복할 수 있었을까? 폴란드 국민은 패배했다고 생각하지 않는 듯하다."[15] 이것이 바로 현시대의 현상을 뚫고서 바울의 편지와 계시록이 우리 앞에 가져다주는 새로운 세계를 내다보는 사람들의 용기입니다.

보통은 로마서 13장과 계시록 13장을 완전히 반대되는 것처럼 대조합니다. 이러한 이해에 따르면, 통치자의 권세가 상서로울 때는 그 권세가 하나님께로 온 것이며 그리스도인은 이 권세에 순종해야 합니다(로마서 13장). 만일 통치자의 권세가 압제적으로 바뀌면 그 권세는 사탄적이며 우리는 여기에 저항해야 합니다(요한계시록 13장). 이것이 이 두 본문에 관한 가장 익숙한 해석입니다. 성찬대에서 등에 총을 맞은 엘살바도르의 오스카 로메오 주교가 이에 관하여 정립한 것보다 더 나은 정리는 없을 것입니다. "우리가 탄압과 공포에 기초한 가짜 평화와 거짓 질서에 협력하라는 요청을 받는다면, 하나님이 원하시는 유일한 질서는 진리와 정의에 기반한다는 사실을 기억해야 합니다. 이 점을 분명히 합시다."[16]

- 미시시피에서 최대한 많은 흑인 유권자를 등록하기 위해 벌인 운동.
- 폴란드에서 국가로부터 자유로운 노동조합을 설립하기 위한 운동.

[15] Adam Michnik, "Letter from the Gdansk Prison," *The New York Review of Books*, (1985. 7. 18.).

[16] 1979년 7월 1일 설교.

그러나 다른 몇몇 주석가가 지적했듯이, 이 두 장의 관계는 익숙한 해석들로 담을 수 있는 것보다 훨씬 더 미묘하고 급진적입니다.[17] 이 두 장은 모두 정부가 오로지 잠정적이라는 점을 명확히 하는 까닭에 정부에 문제를 제기합니다. 바울도 계시록도 인간의 제도에 궁극의 정당성을 부여하지 않습니다. 일단 우리가 이 점을 인식하면, 현재의 결정을 일시적 중대함을 넘어서는 것으로 여기지 않습니다. 그러므로 바울이 말하는 바는 정부를 진지하게 여겨야 한다는 것이며 또한 진지하게 여기지 말아야 한다는 것입니다. 바울이 고린도전서 7장에서 말한 구절처럼 말입니다.

> 형제자매 여러분, 내가 말하려는 것은 이것입니다. 때(카이로스)가 얼마 남지 않았으니, 이제부터는 ⋯ 우는 사람은 울지 않는 사람처럼 하고, 기쁜 사람은 기쁘지 않은 사람처럼 하고, 무엇을 산 사람은 그것을 가지고 있지 않은 사람처럼 하고, 세상을 이용하는 사람은 그렇게 하지 않는 사람처럼 하도록 하십시오. 이 세상의 형체는 사라집니다(고전 7:29-31).

초탈이라는 궁극의 윤리처럼 들릴 수도 있겠지만 그렇지 않습니다. 사실 그 반대입니다. 미래가 주님께 속해 있음을 알고 기뻐하고 신뢰하며 오늘의 도전에 임할 수 있다는 뜻입니다. 저 미래를 초래하는 것은 우리의 몫이 아닙니다. 우리의 몫은 하나님이 이미 하고 계신 일의

---

17 예를 들어, John Howard Yoder (*The Politics of Jesus.* 《예수의 정치학》, IVP 역간), Vernard Eller (*Christian Anarchy: Christ's Victory Over the Powers*), Will D. Campbell and James Y. Holloway (*Up to Our Steeples in Politics*), William String-fellow (*An Ethic for Christians and Other Aliens in a Strange Land*), Hendrikus Berkhof (*Christ and the Powers.* 《그리스도와 권세들》, 대장간 역간), Jacques Ellul (*The Ethics of Freedom* [《자유의 윤리》 1-2, 대장간 역간] 등 엘륄의 여러 작품).

징조를 분별하고 거기서 우리의 위치를 잡는 것입니다. 하나님의 미래에는 인간의 자유와 온전함이 있으며, 우리는 진정 하나님의 미래를 향하여 살고, 필요하다면 하나님의 미래를 '위해 죽습니다'to die for. 하나님이 활동하는 곳이 바로 우리가 있고 싶어 하는 곳입니다.

전 세계가 알듯이 그날 밤 코슈투니차 씨는 베오그라드에서 국영 방송에 나와서 외쳤습니다. "좋은 밤입니다. 사랑하는 해방된 세르비아여!" 가튼 애쉬의 말처럼 역사책에 기록될 순간이었습니다. 카이로스는 붙잡혔습니다. 바다에서 나온 짐승은 전복되었습니다. 그러면 이제 미국은 어떻게 반응해야 할까요? 지금 우리가 발칸반도와 중동, 개발 도상국을 위해 할 수 있는 일은 우리가 할 수 있는—그 어느 때보다—최고의 미국이 되는 것입니다. 여러분과 저는 분명 미국의 민주주의가 세계에 의미하는 바를 위해 죽으라는 부름을 받지 않을 것입니다. 물론 이를 위해 살 수는 있습니다. 며칠 전《타임》에는 하버드 법대 졸업생 조셉 F. 하스의 부고가 실렸습니다. 그는 미시시피에서 유권자 등록 운동을 힘껏 지원하고 1965년 민권법을 가능하게 한 유권자 교육 프로젝트Voter Education Project의 저명한 지도자였습니다. 부고에는 버논 조던의 말이 인용되었습니다. "여러분은 그 당시 남부 백인 사회에서 꼿꼿한 남녀가 누군지 압니다. 그도 그중 하나입니다."[18] 조셉 하스는, 카이로스를 분별하여 하나님이 미국을 위한 새로운 현실을 창조하려고 역사하신—그리고 역사하고 계신—최전선에서 자신의 자리를 지키기 위해 갔던 수많은 증인 중 한 명입니다. 정의와 자비의 하나님께서 우리 시대에도 이 같은 일을 할 수 있게 우리 각 사람에게 용기와 믿음을 주시기를 빕니다.

아멘.

18 Obituary, *The New York Times* (2000. 11. 8.).

카트리나 이후의 악함과 강함

본문: 시편 6편, 로마서 14:7-13, 마태복음 18:21-35

며칠 전만 해도 아무도 예상하지 못했습니다. 오늘은 2001년 9월 11일에 공격을 당한 지 4주년이 되는 날인데, 원인은 전혀 다르지만 결과의 어마어마함은 별로 다르지 않은 또 다른 재앙이 4주년 기념일을 무색하게 할 정도로 닥치리라고는 상상도 못했습니다. 저는 제가 미국에서 특별히 두 도시에 깊은 정서적 애착이 있다는 것 말고는 이 아침에 개인적인 이야기를 하지 않으려 합니다. 그 두 도시는 뉴욕과 뉴올리언스입니다. 저는 뉴올리언스에 좋은 친구들이 가장 많습니다. 지난주에는 그 친구들과 이야기 나누며 많은 시간을 보냈습니다.

오늘 아침 예배 순서 중에 허리케인 카트리나가 남긴 여파를 생각해 보기 위한 부분이 있습니다. 마지막 찬송은 "거대하고 깊은 바다에게/정해진 한계를 지키라 명하시는"—때에 따라 그렇게 아니하실 수도 있습니다—우리의 영원한 아버지께 드리는 기도입니다.[1] 우리가

---

1 이 문제를 계속 파고들고자 하는 사람이라면 신학자 데이비드 벤틀리 하트(David B. Hart)가 쓴 *The Doors of the Sea: Where Was God in the Tsunami?* (Grand Rapids: Eerdmans, 2005. 《바다의 문들》, 비아 역간)를 읽어야 합니다. 이 얇지만 심오한 책은 인도양에서 어마어마한 쓰나미가 일어난 후 젊은 동방 정교회 신학자 하트 박사가 《월스트리트 저널》에 쓴 칼럼을 확장한 것입니다.

좀 전에 읽은 시편 6편은 오늘 성서일과에 포함된 말씀이 아닙니다만, 왜 오늘 본문에 포함했는지 말씀드리겠습니다. 《뉴욕 타임스》에는 휴스턴 아스트로돔에 피난민이 쏟아져 들어가는 장면에 관한 기사가 실렸습니다. 기자는 44세의 흑인 여성 시슬 콘웨이에 관해 이야기합니다. 그녀는 안전한 곳까지 헤엄쳐 왔지만 가족의 행방은 놓쳤습니다. 콘웨이 씨는 아스트로돔의 간이침대에 앉아 성경을 읽으며 녹색 연필로 시편 6편에 밑줄을 그었습니다(상당수의 아프리카계 미국인이 그렇듯 그녀도 킹제임스 성경을 읽었습니다).

주님, 분노하며 나를 책망하지 마십시오.

진노하며 나를 꾸짖지 마십시오.

주님, 내 기력이 쇠하였으니, 내게 은혜를 베풀어 주십시오.

내 뼈가 마디마다 떨리니, 주님, 나를 고쳐 주십시오.

내 마음은 걷잡을 수 없이 떨립니다.

주님께서는 언제까지 지체하시렵니까?

돌아와 주십시오, 주님. 내 생명을 건져 주십시오.

주님의 자비로우심으로 나를 구원하여 주십시오(시 6:1-4).

기자는 이 여성과 이 여성이 성경을 읽은 것에 주목하고, 다른 내용으로 넘어갑니다.[2]

연구 결과에 따르면 기자들은 전체 미국인 중 가장 종교심이 없는 집단에 속합니다. 저는 기사를 읽으면서 이 기자가 시편 6편에 대해 어떻게 생각하는지 궁금했습니다. 자신이 어떤 맥락에서 읽는지는 상당히 중요합니다. 그렇죠? 우리가 오늘 예배에서 이 시편을 어떻게

---

2 Ralph Blumenthal, "Astrodome an Orderly Host to Its Restless Guests," *The New York Times* (2005. 10. 11.).

읽었는지 잠시 생각해 봅시다. 여러분 각자가 어떤지는 모르지만, 저는 대부분의 성공회 신자가 단어에 별로 많이 주의를 기울이지 않고 습관적으로 주일마다 시편을 읽는다는 인상을 받았습니다. 하지만 여러분 한번 상상해 봅시다. 여러분은 지금 집도 가족도 없이 낯선 도시의 지옥 같은 돔구장에서 나흘을 보내고 있고 지금 수천 명의 사람과 함께 있습니다. 간이침대에 앉아 있고 사생활은 전혀 보장되지 않습니다—그리고 여러분은 시편을 읽고 있습니다. 이런 상황에서는 다른 절박함이 있습니다. 그렇죠? 여러분은 희망이 **있는 삶**과 **없는 삶**의 차이를 담고 있을지 모르는 메시지를 찾기 위해 단어를 살펴봅니다. 이런 극단적인 상황에서 성경의 이 단어들을 정말로 살아 계신 하나님의 메시지로 인식하는지에 따라 여러분에게 상당한 차이가 생길 수 있습니다.

성경은 단지 여러 종교 서적 중 하나가 아닙니다. 성경이 우리에게 거짓말하고 있는 게 아니라면, 성경은 하나님의 말씀입니다. 지금은 성경이 **어떻게** 정확히 하나님의 말씀인지에 관해 논하는 시간이 아닙니다. 지금 우리가 고려해야 할 점은 교회가 무어라 주장해 왔는지, 성경 자체가 처음부터 끝까지 무어라 주장하고 있는지입니다. 교회와 성경은 참 신이신 하나님이 이 말씀을 통해 정말로 우리에게 말씀해 오셨고 그 하나님을 신뢰할 수 있기에 성경도 신뢰할 수 있다고 주장합니다. 그리스도교 신앙은 성경에 따라 서기도 하고 넘어지기도 합니다. 이 말씀이 어떤 사실적 의미에서 **하나님으로부터** 온 것이 아니라면, 주일 아침에 하는 설교는 영감을 주는 인간의 생각에 불과합니다. 군이 이걸 들으러 교회에 올 필요도 없습니다.

오늘 우리에게 주어진 성서일과의 신약성경 본문을 보면, 두 본문을 통해 하늘과 땅의 주님께서 우리에게 불행하고 궁핍한 사람들에 대한 긍휼과 자비를 말씀하십니다. 주님은 또한 특권을 누리고 연줄

이 튼튼한 사람들에 대해서 세게 말씀하십니다. 하지만 이를 보려면 약간의 노력이 필요합니다. 특히 로마서 본문이 그렇습니다. 그러니 다시 한 번 살펴봅시다. 오늘 읽은 말씀은 바울이 "강한 사람"과 "약한 사람"에 관해 논하는 맥락에서 나옵니다. 구체적으로 그는 믿음이 약한 사람과 강한 사람을 언급하고 있지만, 그 외연을 확장해 볼 수 있습니다. 바울은 자신의 회중이 약한 사람이든 강한 사람이든 상관없이 하나님 앞에서 "구별 없이"(3:22) 같은 위치에 있다는 사실을 이해하길 바라고 있습니다. 게다가 바울은 인간이 돌이킬 수 없는 방식으로 우리 각 사람 모두가 주님 안에 결속되어 있다는 점을 알려 주고자 합니다. "우리 가운데는 자기만을 위하여 사는 사람도 없고, 또 자기만을 위하여 죽는 사람도 없습니다. 우리는 살아도 주님을 위하여 살고, 죽어도 주님을 위하여 죽습니다"(14:7-8). 바울은 그리스도 안에서 인간의 차이가 철저히 평준화되는 일이 일어났음을 다른 성경 저자들보다 더 분명하게 말합니다. 그는 이렇게 씁니다.

> 그런데 어찌하여 그대는 형제나 자매를 비판합니까? 어찌하여 그대는 형제나 자매를 업신여깁니까? 우리는 모두 다 하나님의 심판대 앞에 서게 될 것입니다. … 그러므로 이제부터는 서로 남을 심판하지 마십시다. 형제자매 앞에 장애물이나 걸림돌을 놓지 않겠다고 결심하십시오(14:10, 13).

한번 생각해 보면 알겠지만, 우리는 모두 이 구절의 심판 아래 있습니다. 저는 얼마나 많이 다른 사람들 앞에 걸림돌을 놓았습니까? 오늘 이 자리에 계신 여러분 중에도 아마 분명 제가 걸림돌을 놓은 분이 계실 겁니다. 제가 셀 수도 없을 만큼 많을 겁니다. 제가 알아채지도 못한 걸림돌도 많겠지요. 그래서 하나님 말씀의 약속을 붙드는 것이 매우 중요합니다. "주님께서 말씀하신다. 내가 살아 있으니, 모든 무릎이 내 앞에 꿇을 것이요, 모든 입이 나 하나님을 찬양할 것이다." 우리는 평생 노력해도 하나님의 심판과 긍휼을 피하지 못할 것입니다.

　오늘의 성서일과 복음서 본문에서 예수님이 말씀하신 비유는 무척 충격입니다. 다른 여러 비유와 마찬가지로 충격을 주기 위한 것입니다. 우리는 우리 자신을 처음에 빚을 탕감받은 사람과 동일시해야 합니다. 그는 막대한 빚을 졌습니다. 그래서 그가 "아내와 자녀들과 그밖에 그가 가진 것을 모두" 팔아야 한다고 자세히 나와 있습니다(마 18:25). 우리는 그가 무릎을 꿇고 구걸할 때 그에게 동감을 느껴야 합니다. 우리는 주인이 그를 풀어 주고 빚을 탕감해 준다는 소식을 듣고 기뻐하게 됩니다. 이 비유는 하나님의 자비를 그립니다. 실제로 자비, 불쌍히 여김, 용서(탕감)와 같은 단어가 이 비유에서 여러 번 반복됩니다. 이것으로 이야기가 끝나면 깔끔합니다. 그렇죠? 하지만 이렇게 끝나지 않습니다. 황당하게도 탕감받은 종은 돌아서서 다른 사람을 잔인하게 대합니다. 본문은 그 다른 이를 의미심장하게도 "동료 종"으로 식별해 줍니다. 동료 종은 탕감받은 종에게 훨씬 더 적은 빚을 지고 있지만, 이미 탕감받은 종은 자비를 베풀지 않습니다. 만일 우리가 자기 의로움이 충만한 시각(이는 사실 평범한 인간의 시각입니다)으로 이 이야기를 듣는다면, 우리는 첫 번째 종에게 분개하고 그를 역겨워할 것입니다. 하지만 세례받은 심정으로, 성령님의 관점으로 이 이야기를 듣는다면, 우리는 **우리 자신을** 인식하게 됩니다. **우리는** 주님이 베푸신 완전 값없는 자비의 결과로 모든 것을 받았고, 따라서 모든 것을 빚지고 있습니다. 그러나 우리는 또한 우리의 시선으로 우리 동료들을 놓고 이렇게 저렇게 선별합니다. '저 사람이라면 그럴 만해.' '저 사람은 아니지.'

　이러한 선별, 우리가 연민을 보일 가치가 있는 범주와 없는 범주로 사람들을 구분하는 일이 바로 지금 진행되고 있습니다. 온 나라가 뉴올리언스 대재앙에 대해 논쟁하고 있습니다. 우리처럼 온통 백인 중상류층으로 구성된 회중에 속한 사람은[3]—가난한 사람들과 관계를 구축하기 위해 열심히 노력한 사람들조차도—돔구장과 컨벤션센터에 있는 가난한 아프리카계 미국인을 보면서 온갖 비그리스도교적 생각이 머리에 떠올랐다는 점을 인정해야 할 겁니다. 우리가 의도적으로 그렇게 생각하려 한 건 아닙니다. 그냥 나도 모르게 떠오른 것이죠. 바로 이런 생각들 말입니다. '아마도 그들은 가난하고, 나태하고, 비만에, 머리에 든 게 별로 없어서 이런 재앙을 자초했을 거야. 어쩌면 체질적으로 그들은 나가서 상점을 약탈하는 경향이 있을지도 모르지. 아마도 상당수의 흑인은 영원히 그럴 거야.' 그리고 이런 생각이 들지 않는 사람도 있을 겁니다. 그들은 스스로 "강한 사람"이라고 생각합니다. 이런 사람들은 가난하고 교육받지 못한 흑인들과 중요한 접촉을 해 본 적이 없고, 인종은 고사하고 계층과 문화를 초월하여 소통하는 데도 얼마나 많은 인내와 노력이 필요한지 알지 못하기 때문에, 자신에게는 편견이 없다고 자만할 수 있습니다. 바울은 강한 사람과 약한 사람에 관한 글을 쓰면서 다소 빈정거리는 말투로 하고 있습니다. 왜냐하면 하나님 앞에서는 우리 **모두**가 약하기 때문입니다. 하나님 앞에서 우리는 **모두** 심판 아래 있습니다. 하나님이 보시기에 우리는 **모두** "내 기력이 쇠하였으니 … 내 뼈가 마디마다 떨리니, 주님, 나를 고쳐 주십시오. 내 마음은 걷잡을 수 없이 떨립니다"라는 시편의 고백이 알맞습니다. 우리는 **모두** 죽음에 이르는 병으로 고통받고 있고 주님의 치유가 필요합니다. 이를 깨달으면, 이 사실이 여러분이 상상할 수 있는 가장 큰 자유를 가져다줄 것입니다. 이는 우리가 "강한

---

3 중상류층 아프리카계 미국인 회중도 그렇습니다.

사람"인 척하려는 태도를 버릴 수 있다는 의미입니다. 우리 자신을 하나님의 도우심이 필요함을 아는 "약한 사람" 대열에 놓을 수 있다는 의미입니다.

카트리나의 여파가 시작된 첫 주부터 텔레비전에 많은 장면이 나왔는데, 그중에 특히 머릿속에서 떠나지 않는 두 장면이 있습니다. 둘 다 비슷한 인터뷰인데, 하나는 젊은 흑인 여성의 인터뷰고 다른 하나는 나이 드신 흑인 여성의 인터뷰입니다. 이들은 동물처럼 네댓새 동안 거리에서 지냈습니다. 젊은 여성은 식사 하나를 받았습니다. 그녀는 울음을 참지 못하며 말했습니다. "집에 가고 싶어요. 내 음식을 먹고 싶습니다. 이건 우리가 사는 방식이 아니에요"(우리라는 단어에 주목하십시오). 나이 든 여성은 특히 품위가 돋보였습니다. 그녀는 지저분하고 헝클어진 모습에 말도 문법에 맞지 않았지만, 눈물을 흘리며 "우리는 이렇게 살지 않습니다"라고 말할 때, 찢어지게 가난하고 때로는 글도 거의 읽지 못하지만 기쁘고 품위 있는 삶의 모습을 유지하려고 노력하는 사람들의 공동체 전체를 대변하는 것 같았습니다. 그녀는 자기 집 바닥을 쓸고 식물에 물을 주고 냄비를 닦고 매년 마르디 그라Mardi Gras 장식을 상자에 담아 두는 수천 명의 사람을 대변하고 있었습니다. 이 사람들은 거리에서 볼일을 보는 사람, 며칠 동안 씻지 않은 손으로 밥을 먹는 사람, 자격이 있느냐 없느냐의 구분 아래서 사는 사람이 아닙니다.

뉴올리언스에 관한 수많은 논문이 말해 주듯이, 이 도시의 인구 중 80%는 원주민입니다. 아마 다른 어떤 미국 도시보다 뉴올리언스 사람들은 여러 세대에 걸쳐 자신들의 전통과 역사를 보존해 왔습니다. 그리고 다른 사람들도 있습니다. 제 친구 중에는 원주민은 아니지만 가든 지역에서 20년 동안 살면서 이 도시를 깊이 사랑하게 된 여성이 있습니다. 저는 그 친구에게 이 도시의 독특한 특성에 관해 물었습니다. 그녀의 대답 중 특히 기억에 남는 건 "여기 사람들은 고난을 이해한다"라는 말이었습니다.

그러니까 이들은 더욱 고통받지 않아야 합니다. 우리 주님께서 멕시코만의 노숙자들 사이를 걸으시기를 빕니다. 그러나 더 나아가 주님의 자비를 아는 모든 사람의 마음을 여셔서 동료 종들을 돕기를 빕니다. 그래서 자기 전통과 역사에 우리 주님의 입에서 나온 이 말씀을 포함하는 날이 이르기를 원합니다. "내가 주릴 때에 내게 먹을 것을 주었고, 목마를 때에 마실 것을 주었으며, 노숙자로 있을 때에 영접하였다." 이 자비야말로 우리 구주 예수 그리스도께서 이미 우리를 위해 하신 일의 핵심입니다.

아멘.

심판과 은혜

알림: 이 설교는 1975년에서 1980년대 말 그레이스교회가 처한

특정 상황에서 전한 것입니다.

우리는 모두 다 하나님의 심판대 앞에 서게 될 것입니다.

로마서 14:10

우리는 모두 그리스도의 심판대 앞에 반드시 나타나게 됩니다.

고린도후서 5:10

그레이스교회에서 사역하면서 느낀 가장 멋진 점 하나는 우리 회중의 상당수가 젊은 사람 내지 새로운 사람이라는 것입니다. 저는 이곳 삶의 그런 측면을 좋아합니다. 하지만 다른 여러 교회가 상당한 역사를 공유하고 있는 반면 우리는 그렇지 않습니다. 피츠 앨리슨[1]이 떠난 지 불과 1년 후에 제가 이곳에 왔던 때가 기억납니다. 저에게 피츠는 거의 전설에 가까운 인물입니다. 제가 여기서 사역하고 싶었던 이유는 하나님이 피츠를 통해 시작하신 갱신에 함께하고 싶었기 때문입니다. 그해 9월 제가 처음 했던 일 하나는 기도 모임을 방문하는 것이었습

---

1 이 사제님은 사우스캐롤라이나 성공회 주교가 되기 위해 떠났습니다.

니다. 기도 모임에 참여한 어떤 분이 "이 피츠는 어떤 분인가요?" 하고 물었을 때 제가 얼마나 놀랐을지 상상해 보십시오. 그가 떠나자 기도하러 모인 사람이 두 배가 늘었다는 것이 드러났습니다. 물론 이것은 멋진 일입니다―교구사제가 남길 수 있는 최고의 유산입니다.

아마 여러분 중 상당수는 오륙 년 전 그레이스교회가 어땠는지 기억할 만큼 여기에 오래 출석하지 않았을 겁니다(그때 저도 여기서 사역하지 않았지만 자주 주위에 있었습니다). 그때는 감옥 문이 열리는 것 같았습니다. 세상 모든 인질이 풀려나는 것 같았습니다. 가장 끔찍한 짐이 영원히 들어 올려진 것 같았습니다. 사람들이 하나님의 은혜만으로 그리스도 안에서 값없이 의롭다 함을 얻어서 그리스도 안에 "이제 정죄함이 없다"(8:1)는 말을 처음으로 듣고자 문으로 쏟아져 나왔습니다. 사람들이 "그러나 우리가 아직 죄인이었을 때에 그리스도께서 우리를 위하여 죽으셨습니다"(5:8)라는 말을 처음으로 듣고 있었습니다. 매주 강단에서 "사람이 율법을 행하는 행위로 의롭게 되는 것이 아니라, 예수 그리스도를 믿는 믿음으로 의롭게 된다"(갈 2:16)는 위대한 소식이 선포되었습니다. 매주 "하나님은 자비가 넘치는 분이셔서 … 범죄로 죽은 우리를 그리스도와 함께 살려 주셨습니다. 여러분은 은혜로 구원을 얻었습니다"(엡 2:4-5)는 말씀을 들으니 깨끗한 산소를 들이마시는 것 같았습니다. 이는 원래의 복음입니다. 이 복음이 선언될 때마다 사람들은 기쁨으로 이 소식을 듣게 될 것입니다. 이는 온갖 형태의 정죄와 배제에서, 다른 사람들이 우리에게 내리는 모든 판단에서, 심지어 우리가 자신에게 내리는 판단에서, 나는 열등하고 무가치하다는 내 안에 숨은 의구심에서 구조되었다는 소식이기 때문입니다.

지난 이삼 년 동안 우리는 이 은혜의 복음을 계속해서 전하고 실천해 왔으며, 이 복음은 여전히 우리의 중심에 있습니다. 그러나 우리는 또한 이 복음을 공동체 생활에서 실천하고자 씨름해 왔으며, 그래서 이 메시지를 아마 예전처럼 매우 일정하고 순수하게 듣고 있지 않다고 말하는 게 정직한 성찰인 것 같습니다. 제 생각에 여러분 중 상당수는 우리가 병든 세상의 한복판에서 하나님의 백성이 되는 일상에 정착하자 "처음 느낀 근심 없고 더할 나위 없는 황홀경"이 차츰 희미해지기 시작했을 때 이 회중에 들어오신 것 같습니다. 하지만 그 처음의 열광이 어떠했을지 상상할 수 있다면, 제가 처음 이 회중에 들어왔을 때 겪은 경험도 상상할 수 있을 겁니다.

저는 이곳의 은혜와 자유의 분위기에 대해 전부 알고 있습니다. 왜냐하면 저도 그 샘물을 깊이 마셨고 그 진리는 여전히 "아침마다 새롭기" 때문입니다. 두말하면 잔소리지만, 저는 저를 흥분시켰던 성경의 몇 가지 주제에 대해 가르치고 설교하고 싶어 했습니다. 그리고 대림절이 다가오자 신약성경의 묵시적인 틀에 관해 말하는 것은 자연스러운 일이었고, **그러기** 위해서는 최후의 심판을 언급해야 했습니다. 저는 1981년 11월에 저를 꾸짖은 진노와 분노를 여러분이 상상할 수 있을지 궁금합니다. 심판이라는 주제를 언급했기 때문입니다! 우리의 회중 가운데 젊은이들이 여기 모인 이유는 심판으로부터의 **자유**, 정죄로부터의 **자유**, 참혹한 죄의 형벌로부터의 **자유**라는 그 비할 데 없는 메시지를 듣기 위함이었습니다. 저는 어느 날 수업이 끝나고 한 젊은 여성분이 제게 다가와 저를 바로잡아주던 일을 잊지 못할 겁니다. 그녀는 이렇게 말했습니다. "그레이스교회에서는 심판을 믿지 않습니다."

그럼 진지하게 한번 묻겠습니다. 만일 "이제 그리스도 예수 안에 있는 사람들이 정죄를 받지 않는다면" 우리는 고린도후서와 로마서의 이 두려운 구절을 어떻게 이해해야 합니까?

"우리는 모두 그리스도의 심판대 앞에 반드시 나타나게 됩니다."

"우리는 모두 다 하나님의 심판대 앞에 서게 될 것입니다."

이 점은 바울 사도에게 굉장히 중요한 의미였을 겁니다. 그렇지 않다면 거의 같은 단어로 두 번이나 말하지 않았을 겁니다. 또한 예수님께도 중요한 부분이었습니다. 예수님은 하나님께서 마지막 날 최후의 심판 때 자신에게 주실 역할에 대해 자주 말씀하셨습니다. 이에 관하여 예수님이 하신 말씀 중 가장 유명한 것은 마태복음 25장에 나옵니다. 사람의 아들이 자기 영광에 둘러싸여 올 때 "그는 영광의 보좌에 앉을 것이다. … 그는 모든 민족을 그의 앞에 불러 모으고 … 그들을 갈라서 … 양은 그의 오른쪽에, 염소는 그의 왼쪽에 세울 것이다." 이 그림이 불러일으키는 공포감, "명단에 들지" 못하는 것에 대한 두려움이 없는 사람이 있을지 모르겠습니다.

"**모든** 민족을 그의 앞에 불러 모으고." 바울도 그렇게 말합니다. "우리는 **모두** 그리스도의 심판대 앞에 반드시 나타나게 됩니다"—그리스도인이든 아니든 지금까지 살았던 모든 사람이 말이죠. 저는 우리가 어떤 식의 열정적인 그리스도인인지 상관하지 않지만, 이 말씀은 우리에게 어떤 식으론가 거룩한 두려움을 안겨 주어야 합니다. 조금 전에 들은 말을 생각해 봅시다—"전능하신 하나님, 하나님은 각 사람의 마음을 다 아시며 무엇을 바라는지 은밀한 것까지도 다 아십니다…"—이 말 앞에서 우리가 떨지 않는다면 우리는 아직 하나님을 알지 못하는 것입니다. 하나님 앞에 선다는 것은 숨길 수 없다는 것, 폭로된다는 것, 자신의 실제 성품이 완전히 드러난다는 것입니다. 그리스도께서 살피심으로 우리의 모든 위선과 은폐가 드러날 것입니다.[2]

사도 바울은 "우리는 모두 다 하나님의 심판대 앞에 서게 될 것입

2 Philip E. Hughes, *The Second Epistle to the Corinthians*, New International Commentary on the New Testament (Grand Rapids: Eerdmans, 1962), p. 180.

니다"라고 쓰면서, 그리스도인이 된다는 것이 우리의 모든 방종을 유지할 수 있는 안전한 비밀 장소로 도피한다는 의미가 아님을 최대한 명확히 이해하기를 바랐을 것입니다. 테러리스트나 살인자나 하나님의 은혜를 믿지 않는 사람들만 심판을 기다리는 게 아님을 알기를 바랐을 겁니다. 1970년대 그레이스교회의 갱신에서 로마서만큼이나 마르틴 루터의 말도 중요했습니다. 우리는 죄인인 동시에 의인이다*simul peccator et justus*. 우리의 죄 있는 자아(사도 바울은 옛 사람, 옛 본성이라 부릅니다)는 하나님의 최후 심판을 받게 될 것이며, 파괴될 것입니다. 이는 우리에게 고통도 대가도 없는 게 아닙니다. 이는 예언자 말라기가 쓴 정화의 연단일 것입니다. "너희가 오랫동안 기다린 주가 갑자기 자기의 궁궐에 이를 것이다. … 그러나 그가 이르는 날에, 누가 견디어 내며, 그가 나타나는 때에, 누가 살아 남겠느냐? 그는 금과 은을 연단하는 불과 같을 것이다"(말 3:1-2). 우리는 예수님의 연단 불에 정화될 때에만 "주님께 올바른 제물을 드릴" 수 있습니다(말 3:3).

그래서 바울은 로마와 고린도의 그리스도인들에게 몹시 실제적인 이유로 "우리가 모두 다 하나님의 심판대 앞에 서게 될 것"을 알라고 촉구했습니다. 그리스도교 공동체가 자기 임무를 위해 정화되는 건 매일 기도하는 마음으로 우리가 죄로 가득함을 인정하고 신성한 의사에게 계속 자신을 맡겨 드릴 때입니다. 그러므로 우리에게 참된 자유는 심판을 피하는 것이 아니라, 우리 형제자매들과 연대하여 하나님의 심판 앞에 기꺼이 나아가는 것입니다. 독일 목사 크리스토프블룸하르트가 쓴 것처럼 말입니다.

그리스도교 세계Christendom에는 자신들이 변모되어 하늘로 떠오를 것을 기뻐하고, 남겨진 가난한 사람을 비웃을 무리가 있다. 그러나 이는 그 길이 아니다. 지금은 **우리가** 천국에서 제일 먼저 앉을 자리를 자청할 때가 아니라, 가장 먼저 심판받는 일을 자청할 때다. 심판의 주님 앞에 진정으로 첫 번째, 가장 먼저 서는 사람들만이 나머지 인류 가운데서 주님의 사역을 진행하는 도구가 될 수 있기 때문이다.[3]

그런데 우리가 어떻게 불 심판 앞에 설 수 있습니까? 어떻게 이사야가 말한 "더러운 옷"[4]을 입고 설 수 있겠습니까? 어떻게 우리가 위대한 재판관의 깨끗한 의로움 앞에 설 수 있습니까?

오늘처럼 파란 아침 하늘에서 뜬금없이 비가 쏟아지듯이—물론 비가 오진 않았습니다만—갑자기 메흐다드 아비다리에게 우편으로 그림 하나를 받았습니다. 그는 여기서 일한 신학생입니다. 이 년쯤 전에 그가 이 그림을 보낸다고 약속했는데, 저는 우편물을 받기 전까지 까맣게 잊고 있었습니다. 그것은 프랑스 화가 오노레 도미에가 그린 아주 작은 그림입니다. 제목은 〈르 파흐동〉*Le Pardon* 입니다—영어로 "사면"The Pardon 으로 번역되어 있지만 '무죄 선고'acquittal 가 더 좋은 번역일 것 같습니다. 이 그림은 프랑스 법정을 보여 줍니다. 왼쪽에는 나폴레옹 법에 따라 세 명의 판사가 검은 법복을 입고 앉아 있습니다. 그 세 사람은 인격체라기보다 얼굴 없이 선고를 내리는 인물처럼 보입니다. (저는 이 이미지가 너무 무섭습니다. 제가 꾼 최악의 꿈에서 검은 법복을 입은 남자들이 저를 심판할 준비를 하며 노려보는 장면이 있었습니다.) 그림 한편에는 또한 방청인과 배심원이 있습니다. 그리고 가련한 피고인이 있습니다. 그리고 실제보다 좀 더 큰 변호인이 있습니다. 그도 검은 법복에 흰 장식을 하고 있습니다. 변호인은 길쭉한 손가락으로 뭔가를 가리킵니다. 그런데 판사들 머리 위 뒤쪽에 있는 것이어서 판사들

---

3 이 문구는 베드로전서 4장 17절, "하나님의 집에서부터 심판을 시작할 때가 되었기 때문입니다"에 기초하고 있습니다.

4 "우리의 모든 의로운 행실은 더러운 옷과 같습니다"(사 64:6).

에게는 보이지 않습니다. 그것은 십자가에 처형당하는 초대형 그림입니다. 그림에서 보이는 건 이게 전부입니다.

저는 이 그림의 역사에 대해 공부하지 못했지만, 그래도 제가 본 것을 이야기하겠습니다. 저는 피고인입니다. 여러분도 피고인입니다. 성령님은 변호인이고, 대변인이며, 중재자입니다―이것이 '위로자'라는 말의 실제 의미입니다. 우리가 요한복음에서 여러 번 읽었듯이, 성령님은 그리스도의 피를 증거하는 변호인입니다. 바울은 이렇게 씁니다. "누가 정죄하겠습니까?" "하나님께서 택하신 사람들을 누가 감히 고발하겠습니까?" "하나님이 우리 편이시면 누가 우리를 대적하겠습니까?" "의롭다 하시는 분이 하나님이신데, 누가 감히 그들을 정죄하겠습니까? 그리스도 예수는 죽으셨지만 오히려 살아나셔서 하나님의 오른쪽에 계시며, 우리를 위하여 대신 간구하여 주십니다"(8:31, 33-34).

심판 없이는 완전한 복음도 없습니다. 하나님께서 모든 잘못된 것을 바로잡으시려면 심판이 있어야 합니다. 바울은 하나님의 심판의 **공정함**을 이해시키고자 했습니다. 누구도 이 심판을 피해갈 수 없지만, 교회는 온 세상을 위해 이 심판을 자발적으로 맡고 있습니다. 이 점에서 교회와 세상의 차이가 있다면 세상이 알지 못하는 것을 교회는 안다는 것입니다. 우리는 하나님의 심판이 그의 자비로 완전히 에워싸여 있음을 압니다. 이는 우리가 다른 사람들과 나누도록 우리에게 맡겨진 좋은 소식, 기쁜 소식입니다. 〈테 데움〉Te Deum의 노랫말이 이를 완벽히 표현하고 있습니다.

우리는 주님이 심판관으로 오실 것을 믿습니다.
그러므로 기도하오니, 주님의 보배로운 피로 구속하신 주님의 종들을 도우소서.

그러므로 저와 여러분처럼 반드시 심판대 앞에 서게 되지만 그리스도 예수의 한계 없는 자비와 전능하신 하나님의 한 없는 목적 안에서 이미 안전한 사람들은 이제 정죄를 받지 않습니다(8:1, 32-34).

아멘.

기록되었고, 기록될

알림: 9/11 이후 시기인 요즘에도 뉴욕은 활기차고

폭력 범죄로부터 비교적 자유로워 보입니다.

그래서 이 설교를 전했던 1990년대의 맥락을 떠올리려면 약간의 노력이 필요합니다.

하지만 신학적 메시지는 그 어느 때만큼이나 지금도 적절합니다.

본문: 로마서 14:5-12

도시는 혼란하고 세계는 격변하는 시대입니다. 이 시대에 그리스도교는 새로운 방식으로 시험받고 있습니다. 이제 우리가 그리스도교 문화 속에 살지 않는다는 사실이 눈에 보입니다. 전에는 그리스도교 문화 속에 살았지만 지금은 아닙니다. 이런 변화가 제 평생에 걸쳐 일어났습니다. 이 변화는 지금 이 순간에도 우리 주위에서 일어나고 있습니다. 25년 전만 해도 북부 학교에서 벽에 십자가 처형 그림이 걸려 있다고 반대하는 사람은 없었습니다. 그런데 지난달에 법원에서 명령하여 치워졌습니다. 우리는 이제 미국에서 사람을 만날 때 그 사람이 그리스도인일지 추정할 수 없습니다. 우리는 동료 시민이 유대-그리스도교 가치들을 공유할 거라 가정할 수 없습니다. 이는 미국 역사상 전례 없는 방식으로 그리스도교 교회를 도전합니다.

우리 그리스도인은 우리의 사명에 대해 숙고해야 합니다. 우리는 다른 사람이 그리스도인이 되기를 바랍니까? 우리는 우리 삶의 방식을 다른 사람에게 권하고자 합니까? 아니면 종교화된 게토 안에서 우리끼리만 이런 것들을 향유하려 합니까? 한때 주류 개신교 교회는 미국 사회에서 굉장한 영향력을 미쳤지만, 이제 말과 행동의 영향력에 대한 감각을 잃은 것 같을 때가 종종 있습니다.

교회의 영향력이 급격히 쇠퇴하는 시대에도 그리스도인에게는 여전히 부인할 수 없는 권능이 있는데, 그것은 우리 주 예수 그리스도의 이름과 그분의 인격입니다. 예수님은 홀로 계속해서 관심을 일으키십니다. 아메리칸발레시어터 '55주년'을 기념하는 아주 호화롭고 비싼 기념 프로그램이 있는데요, 거기에는 애니 레보비츠가 찍은 사진, 티파니가 만든 귀걸이, 산탄젤로가 만든 옷 등이 있습니다. 디워의 스카치 광고를 모방한 듯한 메인 섹션에는 수석 무용수들이 다양한 질문에 답을 합니다. 이를테면 "평생 단 한 번뿐인 저녁 식사를 같이 할 만한, 당신에게 최고의 인물은 누구인가?" 하는 물음입니다. 수석 무용수는 총 18명인데, 이들의 대답에 등장하는 인물로는 스티브 마틴, 멜 깁슨, 베티 데이비스, 마사 그레이엄, 윌리엄 셰익스피어가 있습니다. 18명의 무용수가 언급한 사람 가운데 유일하게 디아길레프만 두 번 거명되었습니다. 세 번 언급된 사람은 없었습니다. 다른 모든 이름 중에서 한 번도, 두 번도, 세 번도 아닌 네 번 언급된 눈에 띄는 이름은 '예수 그리스도'라는 이름이었습니다.

이제 우리 그리스도인이 기억해야 할 것은 예수님을 만나고 싶어도, 예수님의 저녁 식사 자리가 성찬에 차려져 있고 전파된 하나님의 말씀을 통해 예수님이 이야기하고 계시며 예수님이 자신을 따르는 이들을 통해 자기를 알게 하신다는 점을 모르는 수많은 사람이 있다는 사실입니다. 우리는 주님께서 이 땅에 계시는 동안 말씀하시고 행하신 모든 것에 비추어 볼 때, 바로 주님의 사람들을 통해, 교회를 통해 주님을 알게 하는 것이 주님의 뜻이었음을—뜻임을—압니다. 주님을 알게 하는 것은 언제나 약간 어색하고 쑥스러울 수 있으나, 이를 이겨 내고 로마서의 바울 사도와 더불어 "나는 복음을 부끄러워하지 않습니다"(1:16) 하고 말하는 것이 하나님의 계획입니다.

자신을 그리스도인이라 생각하는 사람들이 다른 사람들을 주 예수 그리스도께 이끌기를 바란다면, 저녁만 같이 하는 게 아니라 신뢰하고 따르고 순종하도록 이끌고자 한다면, 한 가지 필요한 게 있습니다. 아마 이것만 있으면 됩니다. 바로 그리스도인은 심판을 떠맡고자 한다는 점을 보여야 합니다. 우리는 한 가지 이유로 이를 해야 합니다. 어쩌면 유일한 이유일지도 모르겠습니다. 바로 예수님께서 그리하셨기 때문입니다.

예수님은 심판을 떠맡으셨습니다. 게다가 심판받으실 필요가 없으셨는데도 심판을 떠맡으셨습니다. 예수님이 받지 않으셨다면 우리에게 닥칠 심판이었습니다. 그런 심판을 스스로 짊어지셨고, 그럼으로써 세상을 구속하셨습니다. 이것이 그리스도교 복음이 선언하는 내용의 핵심입니다. 사도 바울은 갈라디아서에서 "그리스도께서 우리를 위하여 저주를 받은 사람이 되셨다"(갈 3:13)라고 씁니다. 예수님의 죽음은 깨끗하고 단정하고 평화로운 죽음이 아니었습니다. 예수님의 죽음은 섬뜩하고 굴욕적이고 보기 흉하며 하나님께 버림받은 죽음이었습니다. 우리는 이 점을 기억해야 합니다. 십자가 처형은 이 나무 기구에 박힌 사람이 경멸과 혐오와 공개 모욕을 당하고 절멸될 뿐이라는 점을 보여 주기 위해 특별히 고안된 것입니다. 특히 십자가형은 사람을 죽이기 위한 수단이 아니라, 그 사람의 일생을 심판하는 수단이었습니다. 예수님 머리 위에 플래카드가 있었다면 '살아서는 안 되는 사람'이라고 적혀 있었을 겁니다. 예수님은 인간 사회의 심판을 받았고, 그 심판 아래 머리를 숙였고, 정치 당국과 종교 당국에 넘겨져 공중 앞에서 정죄 대상으로 드러났습니다. 이는 하나님의 아들이 의식적으로, 의도적으로, 자발적으로 자신을 내어 준 죽음이었습니다.

제가 이 아침에 왜 이런 말을 할까요? 오늘은 사순절도 아니고, 하물며 성금요일도 아닙니다. 하지만 제게는 두 가지 이유가 있습니다. 하나는 오늘 성서일과 말씀인 로마서고, 다른 하나는 우리 사회의 상황입니다.

우리 사회가 어떤 상황인지 말씀드리지 않아도 될 것 같습니다. 3달 전 저는 인종차별에 관해 설교하면서 우리가 금방이라도 신경 쇠약증에 걸릴 듯한 도시로 묘사되고 있다는 점을[1] 말씀드렸습니다. 제가 이야기를 나눈 사람들은 모두 브라이언 왓킨스 지하철 살인 사건으로 결국 한계까지 갔다는 느낌을 받고 있습니다. 그는 자기 부모님을 지키려 했습니다. 저의 어머니는 지방 신문에서 칼럼 하나를 철해서 저에게 보냈는데, 거기에는 밥 그린이란 사람의 글이 있었습니다. 그는 이렇게 썼습니다. "뉴욕은 끝났다. 한때 아름다웠던 도시의 몰락에서 또 하나의 상징적 사건이 될 만한 범죄가 지난주에 발생했다. … 뉴욕은 나아지지 않을 것이다. … 뉴욕은 망했다." 예전에는 지방 사람들이 이런 말을 하면 우리는 다 안다는 듯이 웃어넘길 수 있었습니다. 그런데 이제 아닙니다. 《뉴욕 타임스》의 "메트로폴리스 일지"란은 보통 뉴욕시 특유의 행복하고 고무적인 소소한 이야기들을 전해 왔지만, 그런 것들은 이제 뉴욕과 전혀 상관없는 이야기가 되었습니다. 오히려 절망적인 이야기가 들려 옵니다. 이번 주 뉴욕의 화젯거리는 《뉴요커》 기사가 아니라 《타임》지 표지 기사—〈썩고 있는 빅애플〉*—였습니다.[2]

---

1 《뉴욕》 매거진에 조 클라인이 쓴 기사.

• '빅애플'(Big Apple)은 뉴욕시를 일컫는 말입니다.

2 잘 아시다시피 뉴욕시는 1990년대에 이러한 불안감에서 눈부시게 회복했다가 2001년 9월 11일에 타격을 입었습니다.

다양한 논평 중 가장 인상 깊었던 것은 시민들이 뉴욕시를 함께 경영하는 시의 일원이라는 느낌이 무너졌다는 점입니다. 과거 우리는 수십 개의 민족으로 구성되어 있어도 공통의 목표를 가지고 같은 방향으로 묶여 있다는 인식이 있었습니다. 그러나 이제 수많은 논평자가 지적하듯이, 진실에 대한 관심은 거의 혹은 전혀 없고, 죽음이 갈라놓을 때까지 집단 대 집단으로 맞서고 있습니다.

그렇다면 그리스도교 공동체의 역할은 무엇일까요? 오늘 성서일과의 로마서 14장 말씀에서 사도 바울은 자신의 회중이 첨예한 파벌로 균열이 생기는 분위기를 염두에 두고 있습니다. 바울이 무엇보다도 막고자 하는 것은 "사회가 서로 적대적인 집단으로 분열되는 것"[3]입니다. 바울의 모든 편지에는 이러한 우려가 중요한 역할을 합니다. 오늘 우리에게 주어진 로마서 본문에서 바울은 다음과 같이 쓰면서 그리스도교 공동체 윤리의 핵심을 짚습니다.

> 그런데 어찌하여 그대는 형제나 자매를 비판합니까? 어찌하여 그대는 형제나 자매를 업신여깁니까? 우리는 모두 다 하나님의 심판대 앞에 서게 될 것입니다. … 그러므로 이제부터는 서로 남을 심판하지 마십시다. 형제자매 앞에 장애물이나 걸림돌을 놓지 않겠다고 결심하십시오. … 그대가 먹는[하는] 것으로 그 사람을 망하게 하지 마십시오. 그리스도께서 그 사람을 위하여 죽으셨습니다(14:10, 13, 15b).

갈라디아서에서도 비슷한 이야기를 합니다.

---

3   Paul J. Achtemeier, *Romans* (Atlanta: John Knox Press, 1985), p. 222.《로마서: 목회자와 설교자를 위한 주석》(한국장로교출판사 역간). 아트마이어는 또한 이렇게 말합니다. "그는[바울은] … 어떤 집단이 자신들의 행동 방식을 확신하면서 오로지 그것만을 하나님의 선물(하나님의 아들)에 대한 참되고 신실한 응답의 척도로 여기도록 부추겨서 그리스도교의 일치를 위협한다고 보고 이에 대처하는 중이다"(p. 216).

여러분은 서로 남의 짐을 져 주십시오. 그렇게 하면 여러분은 그리스
도의 법을 성취하실 것입니다(갈 6:2).

"이제부터는 서로 남을 심판하지 맙시다"라는 명령은 모든 것에
대해 폭넓고 손쉽게 그저 관용해야 하며 옳고 그름, 선과 악, 멸망에
이르게 하는 것과 구원에 이르게 하는 것을 구분 짓지 말아야 한다는
의미로 종종 잘못 해석됩니다. 이는 추락하는 모든 것이 좋다는 앤디
워홀식 윤리, 바울이 생각하던 것은 아닙니다.

바울이 시종일관 염두에 두는 것은 예수 그리스도입니다. 바울이 그
리스도교 공동체에 권하는 모든 것은 '주님'께 뿌리를 두고 있습니다.
바울은 지칠 줄 모르고 주님을 불러들입니다. 그런데 바울이 어떤 의
미로 '주님'이라고 했는지 이해하는 게 중요합니다. 바울은 '주 예수 그
리스도'에 관하여 말할 때 주로 예수님의 생애와 사역을 염두에 둔 것
이 아닙니다. 바울은 예수님의 죽음—정죄받고 저주받고 하나님께 버
림받은 죽음—을 염두에 두고 있습니다. 바울이 고린도 교회에 "나는
여러분 가운데서 예수 그리스도 곧 십자가에 달리신 그분 밖에는, 아
무것도 알지 않기로 작정하였습니다"(고전 2:2) 하고 말한 것처럼요. 바
울은 예수께서 스스로 심판을 떠안으셨던 방식에 대해 생각하고 있습
니다. 바울은 교회에 있는 사람들을 유대인이나 그리스인, 남자나 여
자, 종이나 자유인으로 생각하고 있지 않습니다. 하나님의 정의로운 심
판이 그리스도 자신에게 머물고 그 사람들에게 이르지 않도록 그리스
도께서 죽으신 그리스도의 목숨값과 같은 사람들로 생각하고 있습니
다. 그래서 바울이 서로를 심판하지 말라고 한 것은 모든 행위가 허용
된다는 의미가 아닙니다. 바울은 훨씬 근본적인 도전을 던지고 있습니
다. 즉 예수께서 하신 그것을 그리스도인들이 해야 한다는 말입니다.
우리는 서로 남의 짐을 져야 합니다. **특히** 심판의 짐을 져야 합니다.

서로 심판의 짐을 지고 있다면, 다른 사람과 거리를 두고 자기만 옳고 자기만 의롭다고, 혹은 자기 무리만 옳고 의롭다고 주장하지 않습니다. 자기 무리와 다른 무리를 단절하지 않습니다. 대법관으로 지명된 데이비드 수터는 충직한 성공회 신자이자 교구위원입니다. 그는 이번 주 상원 청문회에서 판사에게 가장 중요한 것은 **경청**이라고 말했습니다. 그의 뜻이 정말 그러하기를 바랍니다. 다른 사람에게 귀 기울이는 것, 다른 사람의 관심 속으로 들어가는 것, 다른 사람의 곤경을 이해하는 것은 그리스도를 닮은 태도입니다. 하지만 경청하는 것만으로는 충분하지 않습니다. 결국 분별도 해야 하고 행동도 해야 합니다. 우리는 그리스도교 공동체에서 경청과 분별을 연습합니다. 그래서 아라비아 사막에서 전투하기 위해 힘들게 훈련하는 병사들처럼 전쟁이 한창일 때, 즉 뉴욕 거리에서, 경청과 분별을 사용하도록 준비될 것입니다.

현재 진행 중인 사건으로 설명하는 것은 어려운 일입니다. 왜냐하면 우리가 사건을 관찰하는 순간에도 정황이 바뀔 수 있기 때문입니다. 하지만 이러한 점을 염두에 두고 금요일에 젊은 뉴저지 여성이 연루된 사건을 살펴보겠습니다. 그녀는 불법 주차를 했습니다. 자기 차가 견인되는 걸 보자 히스테릭하게 와락 울음을 터트렸습니다. 그래서 지나가는 사람들의 관심을 끌었고 사람들은 연민의 행동을 취했습니다. 인간적인 관점뿐 아니라 윤리적 관점에서 보더라도 굉장히 복잡한 일입니다. 그 젊은 여성은 분명 법을 어겼고, 견인차 운전자들은 명백히 자기 일을 하고 있었습니다. 게다가 그들은 뇌물수수 방지 규정을 준수하고 있었습니다. 이는 이 부패한 사회에서 사소한 일이 아닙니다. 하지만 구경꾼들은 화가 났습니다. 젊고 경험 없는 외지인에 대한 감수성이 전혀 보이지 않았기 때문입니다. 곤경에 처한 젊은 여성에 대한 이러한 관심은 이 망해 가는 듯한 도시에서는 굉장히 놀라운 일이어서 메트로 섹션 일면과 야간 뉴스를 장식했습니다. 그녀가 내야 할 벌금은 아시다시피 몇 분 만에 해결되었습니다. 그녀에게 공감하는 사람들이 돈을 모아 주었습니다.

하지만 더 많은 이야기가 있습니다. 앞부분을 보면 그저 감상적인 이야기로 치부될 수 있습니다. 해변에서 오가지 못하는 고래를 구하려고 해안 경비대를 파견하는 식의 이야기처럼 말이죠. 하지만 뒷부분에서 더 용기 있는 모습을 볼 수 있습니다. 경찰이 현장에 도착했을 때 여러 행인이 "사정을 봐주시죠" 하고 경찰을 설득했습니다. 행인 중 한 명은 어린 흑인 학생이었는데, 경찰이 그를 길바닥으로 밀고 수갑을 채운 뒤 호송차에 태웠습니다. 기자들은 24시간 동안 그가 어디에 있는지 알 수 없었습니다. 그동안 젊은 여성 운전자와 여러 다양한 목격자들은 이번 체포가 명백한 인종 차별이라고 거듭 증언했습니다. 그녀는 이렇게 말했습니다. "주변에는 정장 차림의 사람도 많이 있었습니다. 그런데 본보기로 삼으려고 어린 흑인 학생을 택한 것이죠." 이제는 그녀와 다른 사람들이 흑인 학생을 위한 돈을 모으고 있습니다. 이는 하워드비치, 벤슨허스트, 센트럴파크 조깅 사건의 시대를 사는 우리에게 주목할 만한 행동입니다.[4] 이 사건에서 윤리적 책임의 경계는 다소 복잡하게 얽혀 있는데, 주차법을 위반하면 당연히 견인도 예상할 수 있어야 하기 때문입니다. 이 이야기에서 가장 인상 깊은 것은 젊고 예쁜 백인 여성의 곤경에 자발적으로 참여하려는 군중의 '다

---

4 이 사건들은 〔뉴욕시에서 일어난〕 인종과 관련된 악명 높은 범죄입니다〔하워드비치는 백인들에게 폭행을 당하던 흑인 중 한 사람이 달아나다 차에 치여 죽은 1986년의 사건입니다. 벤슨허스트는 백인 청소년들이 흑인 십 대 청년을 살해한 1989년의 사건입니다. 센트럴파크 조깅 사건은 센트럴파크에서 밤에 조깅을 하던 백인 여성이 폭행 및 강간당한 1989년의 사건입니다. 당시 흑인과 라틴계 십 대 청년, 총 5명이 범인으로 기소되면서, 한편에서는 인종 편견을 부추겼고 다른 한편에서는 인종과 무관한 개인 문제라고 주장했습니다. 하지만 2002년 진범의 자백으로 5명의 무죄가 밝혀졌습니다. 특히 마지막 사건은 기소·재판 과정 및 여론에 인종 편견이 작용하는 방식을 보여 줍니다〕.

분히 감정적이고 비이성적인 의지'가 사라진 흑인 소년의 편에 서서 지지하기로 한 '좀 더 냉철하고 이성적인 결정'으로 변했다는 점입니다. 잠시뿐이더라도 정의를 위해 투쟁했습니다. 사람들은 자신들이 심판의 짐을 담당할 준비가 되어 있음을 보여 주었습니다.

그러나 여기서 머무르지 말고 이 이야기를 더 고민해 봅시다. 이 사건에 관련된 또 다른 무리가 있는데 바로 경찰입니다. 모든 사람이 경찰의 행동은 나빴다고 합니다. 그렇다면 그 경찰들은 이 도시의 소수자 중 일부가 바라는 바대로 지워져야 할까요?[5] 신약성경의 신앙대로라면 **누구도 지워져서는 안 된다**고 말해야 할 것입니다. 바울이 말한 대로 "그리스도께서 경건하지 않은 사람을 위하여 죽으셨다"(5:6)는 점이 구체적인 이유입니다. 그리스도께서는 군중 가운데서 나와서 자발적으로 **지워지는** 길을 택하셨습니다. "지워지다"라는 말은 예수님께 정확히 해당합니다. 예수님은 경건하지 않은 우리 모든 죄인이 **기록되기** 위해 지워지셨습니다―생명책에 기록되게 하시려고 말이죠. 그래서 사도는 그대가 하는 것으로 다른 사람을 "망하게 하지 마십시오. 그리스도께서 그 사람을 위하여 죽으셨습니다"라고 말합니다. 이는 그리스도인들이 듣고 공감할 뿐만 아니라 다른 사람을 위해 심판의 짐을 지는 방식으로 행동할 준비가 언제든 되어 있다는 의미입니다―그 까닭은 무엇보다도, 예수 그리스도를 보고 싶어 하는 사람들에게 이러한 것들이 예수 그리스도를 보여 주기 때문입니다.

미국 그리스도교는 최근까지 이러한 점들을 잘 이해하지 못했습니다. 우리 문화는 만족감을 매우 많이 강조했고, 그리스도교는 너무 자

---

5 독자들은 1990년의 경찰이 9/11 이후만큼 널리 존경받지 못했다는 점을 기억해야 합니다. 1980년대에는 경찰에 대한 분노가 폭발하는 사건이 많았고, 특히 아프리카계 미국인 사회에서 그랬습니다. 그리고 이 책을 준비하는 2006년에도 무기가 없는 흑인에게 총을 쏜 추악한 사건이 뉴욕시를 떠들썩하게 하고 있습니다.

주 만족을 얻는 수단으로 해석되었습니다. 이런 식의 '판매술'이 어느 정도 매력 있다는 점은 부인할 수 없습니다. 하지만 사도가 인식했고 예수께서 친히 가르치셨듯이, 이런 식의 신앙은 얄팍합니다. 진정한 그리스도교 신앙은 다른 사람을 대신하여 심판을 짊어질 준비가 되어 있음을 드러냅니다.

캘리포니아 주립대학교 교수가 쓴 신간이 있는데, 제목이 《믿음의 오만함》*The Arrogance of Faith*입니다. 이 책의 517면이 전부 인종 차별, 식민 주의 등 여러 악행을 조장한 책임이 그리스도교에 있음을 보여 주려고 고안한 것입니다. 우리는 탈그리스도교 사회에 살고 있기에 이러한 목소리를 더 많이 듣게 될 것입니다. 틀림없습니다. 그리고 이러한 사실은 미국 그리스도인들에게 더 큰 도전과 기회를 제시합니다. 아마도 미국 문화의 탈그리스도교화는 하나님의 계획의 일부일 것입니다. 그리고 아마도 이는 모든 사람을 향한 하나님의 구속적 사랑을 나타낼 전에 없던 기회를 제공할 것입니다. 우리가 이런저런 소원을 놓고 기도할 때 하나님께서 어떻게 응답하셨는가를 이야기함으로써가 아니라, 우리 자신이 훈련됨으로써, 또한 기도, 예배, 성경 공부라는 훈련을 통해, 특히 어려움, 다툼, 갈등, 고통의 짐을 그리스도께서 짊어지신 그 마음으로 다른 이의 짐을 짊어지는 소그룹 모임을 통해 하나님의 사랑을 가장 잘 나타낼 수 있습니다. 이런 훈련은 우리가 뉴욕 거리에 나가도록 준비시킵니다. 바울이 썼듯이 예수님의 십자가를 짊어지고 말이죠—"우리는 언제나 예수의 죽임 당하심을 우리 몸에 짊어지고 다닙니다. 그것은 예수의 생명도 또한 우리 몸에 나타나게 하기 위함입니다"(고후 4:10).

사랑하는 형제자매 여러분, 여러분이 누구이든지, 여러분이 삶의 어떤 지점을 걷고 있든지, 하나님은 여러분에게 귀 기울이십니다. 여러분의 소리를 들으셨고 듣고 계십니다. 여러분을 이해하고 계십니다. 그러나 단지 귀 기울이고 이해만 하시는 게 아닙니다. 하나님은 행동하셨고 행동하십니다. 하나님은 상황을 근본적으로 바꾸셨습니다. 우리는 정죄받지 않습니다. 완전히 새로운 상황이기 때문입니다.

> 누구든지 그리스도 안에 있으면, 그는 새로운 피조물입니다. 옛것은 지나갔습니다. 보십시오, 새것이 되었습니다. 이 모든 것은 하나님에게서 났습니다. 하나님께서는 그리스도를 내세우셔서, 우리를 자기와 화해하게 하시고, 또 우리에게 화해의 직분을 맡겨 주셨습니다. … 그러므로 우리는 그리스도의 사절입니다. 하나님께서는 우리를 시켜서 여러분에게 권고하십니다. 우리는 그리스도를 대리하여 간청합니다. 여러분은 하나님과 화해하십시오(카탈라게테καταλλάγητε). 하나님께서는 죄를 모르시는 분[그리스도]에게 우리 대신으로 죄를 씌우셨습니다. 그것은 우리가 그리스도 안에서 하나님의 의가 되게 하시려는 것입니다(고후 5:17-21).

이는 정말 부끄러울 필요가 없는 복음입니다. "그러므로 그리스도 예수 안에 있는 사람들은 정죄를 받지 않습니다"(8:1). 따라서 우리는 울고 있는 젊은 여성을, **그리고** 억울하게 죄를 뒤집어쓴 소년을, **또한** 딱딱한 경찰들을, 사랑하지만 사면초가에 몰린 우리 도시의 다른 시민 **모두**를 자유롭게 섬길 수 있습니다. 예수 그리스도가 주님이시기 때문입니다. 예수 그리스도께서 죽으셨고, 예수 그리스도께서 부활하셨고, 예수 그리스도께서—그렇습니다—다시 오시기 때문입니다.

아멘.

누가 심판받습니까?

알림: 이 설교의 맥락은 중요합니다. 1987년 뉴욕시에서

노숙은 10년 내지 15년 전보다 훨씬 눈에 띄게 늘었고

어디서나 볼 수 있었습니다.

본문: 로마서 14:10-12; 시편 130, 마태복음 18:34-35

저는 최근 에이즈에 걸린 어느 젊은 여성에 관한 글을 읽었습니다. 그녀는 어린 자녀가 세 명 있는데 아이들을 보살필 수 없어서 친척들에게 보냈습니다.

그녀는 동거 중인 남성에게서 바이러스에 감염되었습니다. 그 남성분과 만나고 헤어지기를 반복하고 있습니다. 남성은 마약 중독자인데 그녀를 구타하기도 합니다. 그런데도 그녀는 "혼자가 되는 것이 두려워" 다시 그에게 돌아갑니다. 그녀가 에이즈 진단을 받았을 때 남성은 감옥에 있었습니다. 사람들이 그녀가 남성에게 얻은 것에 대해 말하자 그녀는 남성을 죽일 거라고 말했습니다. 하지만 남성이 감옥에서 나오자 그녀는 그에게 돌아갔습니다. 그녀는 "남자 없는 삶을 상상할 수 없었기" 때문입니다.

그녀는 《뉴욕 타임스》 기자에게 이렇게 말합니다. "너무 아프지 않기만을 바랄 뿐인데, 자꾸 곱씹지 않으려고 노력 중입니다. 나는 내

인생을 망쳤고, 인생을 망친 방식 하나를 압니다―나는 저기 하나님께로 올라가고 있지 않습니다."

최근 주말에 저는 남편과 함께 친구들과 시간을 보냈습니다―편의상 친구들을 샐리와 존이라고 부르겠습니다. 친구들은 그리스도교라는 주제를 꺼냈고, 그리스도교가 별로 쓸모없다고 생각했습니다. 저녁 늦게까지 우리는 토론하고 논쟁했습니다. 대체로 존이 자기 생각을 말했기 때문에, 저는 샐리에게로 몸을 돌려서 그녀가 그리스도교 신앙에 대해 어떻게 생각하는지 물었습니다. 샐리는 망설임 없이 제 눈을 바라보면서 입을 열었습니다. "아, 나는 존과 생각이 같아서 내 의견을 말할 필요는 없는 것 같아."

다음날 샐리는 정신 나간 노숙인 여성과 얼마 전 만났던 일을 약간 고조된 목소리로 말했습니다. 그녀는 꽤 집요하게 세부적인 것까지 저에게 말했습니다. 제가 좀 기지를 발휘했다면 그녀가 왜 그런 인상을 받았는지 자세히 말하게 했을 것 같습니다. 저는 샐리가 처음 본 노숙인에게 단순히 놀란 건지, 그 노숙인 여성의 행동에 기분이 상한 건지, 겁에 질린 건지 확실히 알 수 없었습니다―하지만 이렇든 저렇든 한 가지는 분명했는데, 바로 노숙인 여성이 잘 정돈되어 있던 샐리의 세계를 불안하게 만들었다는 점입니다.

저는 사도 바울의 말을 계속 생각하고 있습니다. "우리는 모두 다 하나님의 심판대 앞에 서게 될 것입니다." 마태복음 25장의 장면도 떠오릅니다―최후 심판 때 온 인류가 보좌 앞에 서고 주님이 말씀하십니다. "너희는 내가 주릴 때에 내게 먹을 것을 주지 않았다." 그러자 주님의 왼쪽에 있는 사람들이 묻습니다. "주님, 우리가 언제 주님께서 굶주리신 것을 보았습니까?" 주님께서 말씀하십니다. "저주받은 자들아, 내게서 떠나라."

이번 주 나는 얼마나 많은 노숙인을 도왔습니까? 여러분은요? 최근 몇 주간 여기 그레이스교회 노숙인 쉼터는 평소보다 더 어렵게 자원봉사자를 구하고 있습니다. 마약 중독자와 사귀는 여성, 샐리, 정신 나간 노숙인 여성, 여러분이나 저, 이 중 누구에게 그리스도교가 더 필요한가요? 바울은 이렇게 씁니다. "그러므로 우리는 각각 자기 일을 하나님께 사실대로 아뢰어야 할 것입니다."

"나는 내 인생을 망쳤고, 인생을 망친 방식 하나를 압니다—나는 저기 하나님께로 올라가고 있지 않습니다." 인생을 망치는 데 얼마나 걸립니까? 궁핍하지 않은 사람이 궁핍한 사람이 되는 데 얼마나 걸리나요? 여러분은 어느 쪽입니까? 여러분과 저는 어떤 일들을 하나님께 아뢰게 될까요?

시편 103편은 어떤 기준에서 보든 가장 위대한 시편의 하나입니다.

하나님은 두고두고 꾸짖지 않으시며…
　　우리 죄를, 지은 그대로 갚지 않으시고…
동이 서에서부터 먼 것처럼,
　　우리의 죄들을 우리에게서 멀리 치우시며.

위대한 말씀입니다. 그리고 아름다운 말씀입니다. 그런데 어떤 죄를요? 누구의 죄를 말이죠? 얼마나 많은 죄를요? 저는 몇 년 전 누군가 제게 한 일 때문에 앙심을 품고 있습니다. 이 죄가 제게서 치워질까요, 아니면 이 죄에 대해 제가 심판을 받게 될까요? 제가 노숙인에게 샌드위치를 준다면, 또 한 분에게 주기 전에 몇 명을 그냥 지나칠까요? 저는 거리에서 만나는 모든 노숙인—한 명 한 명—에게 동전과 친절한 말을 건네는 사람 한 명을 알고 있습니다. 그가 그렇게 하는 것을 보면서 저는 확실히 제 안일함을 떨쳐 버렸습니다. 그런데 제 죄책감이 최후의 심판에서 저를 더 좋게 만들까요, 아니면 더 안 좋게 만들까요? 제 친구 또 한 명이 있는데, 그녀는 열정적인 그리스도인입니다. 그리고 집 없는 사람들로 인해 전혀 마음의 동요가 일어나지 않는 사람으로 보입니다. 그 친구는 유쾌한 말투로 저에게 말했습니다. "나는 테레사 수녀가 되면 안 될 것 같아." 그녀는 자기 주변 부유한 친구들에게는 선행을 많이 했습니다. 그렇다면 그 선행들이 굶주린 사람들을 먹인 것으로 여겨지게 될까요?

사도 바울은 로마인들에게 편지를 쓰면서 14장에 이르렀을 때, 자신이 이제까지 쓴 것을 로마인들이 이해할 것이라고 추정했습니다. 바울은 편지를 읽는 사람들이 "율법에 근거한 의로움"과 "믿음에 근거한 의로움"(10:5, 6)의 차이를 이해하리라 생각했습니다. 여기 그레이스교회에 있는 우리는 오랫동안 로마서 말씀에 대한 아름다운 설교와 가르침을 들었기 때문에 이 차이를 이해할 수 있습니다. 하지만 제가 6년 전 이곳에 왔을 때는 '심판'이라는 말을 꺼내는 것만으로도 수십 명의 화를 돋우었습니다. 이런 식으로 은혜를 우상 삼고 싶은 유혹이 거듭 찾아온다는 사실을 바울도 인지하고 있었습니다. 말하자면 믿음으로 의롭게 되는 것 자체를 일종의 자기-의로움의 '행위'로 삼고 싶어 하는 것이죠. 그래서 바울은 교회에서 깨달음이 덜한 형제자매를 내려다보지 말라고 경고합니다. "어찌하여 그대는 형제나 자매를 심판합니까? 어찌하여 그대는 형제나 자매를 내려다봅니까? 우리는 모두 다 하나님의 심판대 앞에 서게 될 것입니다." 이미 자신들은 심판에서 벗어났고 심판은 다른 사람들, 즉 덜 깨달았고 덜 양육받았으며 덜 온전한 사람들을 향한 것이라 생각하는 그리스도인이 로마 교회에 있음을 바울은 알았습니다. 바울은 이들을 각각 "강한 사람"과 "약한 사람"이라고 칭했습니다. 바울은 '더 강한' 교사들이 '더 약한' 이들에 대해 우월감을 느낀다면 이는 그들이 더 이상 하나님을 신뢰하지 않고 그 대신 자기 자신의 영적 성취를 신뢰하기 시작한 것이라고 말합니다—심지어 믿음으로 의롭게 되는 것에 관한 자기 자신의 우월한 이해에 신뢰를 두기도 합니다.

어떤 의미에서 저는 이 설교를 샐리와 존에게 하고 있는 것 같습니다. 물론 그 친구들은 여기 없습니다. 어쨌든 여기 계신 여러분은 각자 자신이 어디쯤 있는지 인지할 수 있습니다. 어쩌면 여러분은 마약 중독자와 사귀는 여성처럼 얼마나 자신에게 해로운지 완전히 알고 있으면서도 계속해서 자신을 파괴하는 행동을 놓지 못하고 있는지도 모릅니다. 어쩌면 여러분은 자기 파괴적인 행동을 하는 사람보다 우월하다고 느끼고(그런 사람을 자신의 '심판대'에 세우고) 있는지도 모르겠습니다. 여러분 중에는 오늘 곤궁함을 느끼는 분도 계십니다. 그렇지 않은 분도 있고요. 여러분 중에는 HIV 바이러스에 걸린 여인에게 공감을 느낄 수도 있습니다. 또 어떤 분들은 자신이 그런 상황에 처하지 않았기에 그저 감사할 뿐이라고 생각할 수도 있어요. 그러나 여러분은 각자 어디쯤 있든지 판단의 위협을 받는다는 게 어떤 느낌인지 알고 있습니다. 우리 모두 실패라는 꼬리표가 붙는 것이 어떤 느낌인지 압니다. 모두가 이를 두려워합니다.

야구 우승 쟁탈전과 U.S. 오픈에서 한 팀 내지 한 사람의 성공은 다른 팀이나 사람의 실패를 바탕으로 합니다. 상대가 지지 않는다면 이길 수도 없습니다. 아마 이런 이유로 우리는 이런 식의 우월함이 모두 사라지는 하나님 나라의 본성을 파악하는 데 어려움을 겪는지도 모릅니다. 바울은 "어찌하여 그대는 형제나 자매를 내려다봅니까?"라고 묻습니다. **모든** 팀이 하나님의 월드시리즈에 참여할 것입니다. 하나님의 경기장 한가운데서 트로피를 수여할 때는 시드 배정을 받지 않은* 우승자들이 많을 것입니다. 아마 우리는 이런 하나님을 참아 낼

---

* 대회에서 처음부터 강한 상대끼리 맞붙지 않도록 선수(팀)의 능력에 따라 순위를 매겨 강자들을 골고루 배치할 때, 강자로 선별되는 것을 '시드를 배정받는다'라고 말합니다.

수 없을 것 같습니다. 예수님께서는 "내가 진정으로 너희에게 말한다. 세리와 창녀들과 에이즈에 걸린 사람과 기초 수급자 어머니와 노숙인들이 오히려 너희보다 먼저 하나님의 나라에 들어간다"(마 21:31)고 말씀하십니다.

누가 "저기 하나님께로 올라가고" 있나요?

상상하기 어렵긴 하지만 샐리와 존처럼 하나님을 거의 신경 쓰지 않을 만큼 하나님에 대해 아는 것이 별로 없는 사람들이 있다고 저는 생각합니다. 그러나 하나님의 주권은 자유로워서 우리가 신경을 쓰거나 안 쓰거나 제한되지 않습니다. 하나님의 목적은 창조 질서 전체를 포괄합니다. 하나님이 필요하다는 사실을 믿지 않는 사람들까지 포함해서 말이죠. 그러나 교회의 일부가 된다는 것은 교회 밖의 사람들이 알지 못하는 것을 안다는 의미입니다. 누가 저기 하나님께로 올라가고 있나요?

제가 아는 것은 이렇습니다. 저는 거기로 올라가지 못할 겁니다. 여러분도 올라가지 못할 겁니다. 하나님이 주관하시지 않는다면 말이죠. 하나님이 움직이시지 않는다면 완전히 의로우신 하나님과 우리의 격차는 너무 큽니다. 하나님께서 움직이셔야 합니다. 그리고 하나님은 "동이 서에서부터 먼 것처럼, 우리의 죄들을 우리에게서 멀리 치우십니다." 이 말은 곧 우리가 하나님 앞에 서는 것이 순전히 하나님의 은혜에 달려 있다는 뜻입니다. 자기 삶을 망쳤다고 생각하는 여인이나 우리나 하나님의 은혜에 달려 있다는 점에서는 차이가 없습니다. 그 여인이 가진 유일한 이점은 하나님의 은혜밖에는 도움이 없다는 사실을 안다는 것입니다. 그리고 그녀에게 말해 줄 수 있는 사람만 있다면 "동이 서에서부터 먼 것처럼, 우리의 죄들을 우리에게서 멀리 치우십니다"라는 약속을 듣고 신뢰하는 데서 도움을 발견할 것입니다.

우리가 심판 앞에 설 때는 어떤 인간적인 우월함도 아무런 가치가 없습니다. 가난하고 곤궁한 사람들에 대한 그리스도인의 관심은 감상적인 사회개량-주의가 아닙니다. 가난하고 곤궁한 사람들에 대한 그리스도인의 관심은 그리스도 안에서 세속적인 기준들을 철저히 제거하는 데 기초하고 있습니다. 그런 그리스도인의 관심은 그리스도의 형제 중 가장 작은 자에 대한 하나님의 특별한 관심이 나타난 것입니다. 목요일에 교황이 마이애미의 리틀 아이티에 갔는데, 아이티 사람 한 명이 이렇게 말했습니다. "하나님이 우리처럼 작은 사람들의 교황입니다. 당신은 하나님이 돌보시는 것을 볼 수 있습니다." 하나님을 신뢰하는 것에 관한 한, 작은 플라스틱 조각상을 지닌 미신적인 아이티 시골내기는 탁월한 개혁파 조직 신학자와 다름없습니다. 바울이 "강한 사람"은 "약한 사람"을 내려보지 말라고 경고한 것이 바로 이런 의미입니다.

제 인생에서 반세기를 보낸 지금 저는 두 가지 생각에 대해 어느 때보다 확신하고 있습니다. 첫 번째 확신은 아마 여러분이 아실 텐데요, 왜냐면 한동안 그레이스교회의 주제였기 때문입니다. 즉, 전 인류의 운명은 오로지 하나님께만 달려 있으며, 인간의 삶의 목적은 하나님을 영화롭게 하고 그의 놀라운 자비와 긍휼에 감사하는 것입니다.

두 번째 확신은 이번 여름 우리가 마태복음을 함께 공부하며 얻은 것입니다. 하나님은 자기 백성이 매우 진지하게 거룩함을 받아들이기를 원하십니다. 마태와 바울은 가끔 서로 상반되는 말을 한다고 여겨집니다. 하지만 바울 서신과 마태복음을 함께 놓고 보면 두 사도 모두 그리스도인의 '삶'을 매우 중요하게 생각하고 있다는 점을 볼 수 있습니다. 그리스도인의 삶이 하나님이 엑스트라로 출연하는 무언가 다른 식의 삶으로 보여서는 안 됩니다. 도리어 이 세상에서 우리의 삶은 도래하는 하나님 백성의 미래가 **지금 여기에서** 나타나는 것입니다. 자기 피조물을 향해 아낌없이 주시는 하나님의 자비에만 전적으로 달려 있는 미래, 그 미래가 그리스도인의 삶으로 나타나는 것이죠. 마태복음 18장에서 무자비한 종에 관한 예수님의 비유는 인색한 것, 용서하지 않는 것, 원한을 품는 것과 관련하여 특별히 끔찍한 게 있음을 가르쳐 줍니다. 마태가 묘사한 이러한 삶의 태도는 하나님의 목적과 심각하게 어긋나 있는 것입니다. 바울도 같은 마음으로 말합니다. "그런데 어찌하여 그대는 형제나 자매를 비판합니까? 어찌하여 그대는 형제나 자매를 업신여깁니까? 우리는 모두 다 하나님의 심판대 앞에 서게 될 것입니다." 그리고 바울은 우리가 손가락 까딱할 수 있기도 전에 그리스도 안에서 의롭게 되었다는 점도 상기시켜 줍니다. "우리가 아직 약하고 무력할 때, 그리스도께서 경건하지 **않은** 사람을 위하여 죽으셨습니다"(5:6-8).

그래서 오늘 복음의 메시지가 들리는 곳에 있는 모든 사람은 마치 처음 듣는 것처럼 복된 소식을 듣습니다. 여러분이 어떻게 실패했든지 간에, 여러분을 속박하는 것이 무엇이든지 간에, 여러분이 두려워하는 것이 무엇이든지 간에, 여러분의 죄가 무엇이든지 간에, "하나님은 두고두고 꾸짖지 않으시며, 노를 끝없이 품지 않으십니다." 이 놀라운 약속은 우리가 어찌할 수도, 예상할 수도 없는 방식으로 실현됩니다. 예를 들면, 제가 몇 년 간 품은 원한이 어느 날 아침 일어나 보니 더 이상 남아 있지 않다는 걸 깨달았습니다. 하나님이 제가 잠든 사이에, 그러니까 저도 모르는 사이에 그렇게 하셨습니다. "동이 서에서부터 먼 것처럼, 우리의 죄들을 우리에게서 멀리 치우십니다." 기대하지도 않았고 받을 자격도 없으며 상상할 수도 없었던 이 자비의 선언은 지금 우리의 유일한 희망이며, 우리 마음의 모든 비밀이 드러나는 날에도 우리가 품을 수 있는 유일한 희망일 것입니다.

그리고 그리스도교 공동체에서 하나님의 자비는 다른 사람의 허물을 웃어넘기며 인내하고, 원수를 용서하며, 방황하는 이들이 회복되고, 잘못한 사람을 너그럽게 대하면서 날마다 나타납니다. 지금부터 그 나라가 임할 때까지 말이죠. 우리 죄를 지은 그대로 갚지 않으시고 우리 잘못을 저지른 그대로 갚지 않으시는 분의 영광을 위해서, 찬미하기 위해서 말이죠. 그분께 영광이 세세에 있기를 빕니다.

아멘.